本书为2006年国家社会科学基金项目的结项成果
（项目批准号：06CSS007）

山东大学历史学书系

美国司法审查

制度的起源与实践

THE ORIGINS AND EXPERIENCE OF
AMERICAN JUDICIAL REVIEW

白雪峰◎著

人民出版社

目　录

序　言

在美国宪政体制中，"司法审查"（Judicial Review）是指司法机关依照宪法审查立法和行政机构的法律、法令及施政行为，并裁定其是否违宪的制度。虽然联邦宪法并未明确规定联邦司法机关拥有司法审查权，但自联邦最高法院在1803年的"马伯里诉麦迪逊案"①判决中确认了司法审查的正当性后，该制度就被根植于美国的宪政体制中，并深刻地影响了此后美国宪政演进的走向。本书力图对美国司法审查制度的起源与实践做深入研究，探究影响美国司法审查制度运作的内外因素以及司法审查在美国社会和宪政发展中的重要作用。

一

分权制衡（Checks and Balances）是美国宪政体制最重要的制度基石之一。在这一机制下，美国联邦政府在行政、立法和司法机构之间，既实现了权力分立，又保持了相互间的权力制约，从制度层面上防止了任何一个政府机构超越联邦宪法赋予的权力，在最大程度上减少了出现专制和暴政的可能性。在美国联邦建立以来的200多年中，联邦最高法院不仅是制衡总统和联邦国会的重要一环，而且也在很大程度上影响了美国社会的发展进程，是推

---

① *Marbury v. Madison*，5 U. S. 137（1803）.（本书中联邦最高法院案件的注释方法，采用学术界的通行体例。本案例的表述意思为：1803年的"马伯里诉麦迪逊案"，判决载《联邦最高法院判例汇编》第5卷，判决词始自第137页。）

动美国宪政演进的一个重要参与者。

但是，必须指出的是，在美国联邦政府建立之初，联邦最高法院的重要性却并不为大多数的美国人所认知。在很多美国人的眼中，联邦最高法院的权力并不明确，在美国的权力制衡机制中，它并不能发挥实际的作用，而且也与普通美国人的日常生活没有多少直接的联系。

联邦最高法院之所以在联邦建立初期不被大多数美国人所重视，原因首先在于联邦宪法在制度设计方面所存在的缺陷，使得联邦最高法院缺乏足够的权威。在 1787 年的费城制宪会议（Constitutional Convention）中，虽然美国的制宪者们极力试图设计出一个完美无缺的权力制衡机制，但事实上，联邦宪法有关权力制衡的最终规定却并不完善。这主要是因为，联邦宪法对总统与联邦国会之间的相互制约，以及总统和联邦国会对联邦最高法院的制约，都作出了详实的规定，但对联邦最高法院如何制约总统和联邦国会，却并没有明确提出具体的方案。

联邦最高法院的这一尴尬处境，使得在联邦政府建立初期，几乎没有人认为联邦最高法院是一个有权威的机构，许多著名的政治家和律师也不愿意出任联邦最高法院大法官（Justice）。例如，在 1789 年，当乔治·华盛顿（George Washington）总统任命联邦最高法院的 6 名首任大法官时，罗伯特·H. 哈里逊（Robert H. Harrison）就明确拒绝就任，原因是哈里逊认为他所担任的马里兰州最高法院首席法官一职，比联邦最高法院大法官更为重要。约翰·拉特利奇（John Rutledge）虽然同意就任联邦最高法院大法官，但却从未到任。1791 年，拉特利奇宣布辞职，就任了南卡罗来纳州最高法院首席法官一职。[1] 联邦最高法院的第一任首席大法官（Chief Justice）约翰·杰伊（John Jay）也于 1795 年辞职，出任纽约州州长。1801 年 1 月，杰伊又婉拒了约翰·亚当斯（John Adams）总统对他提出的再次出任联邦最高法院首席大法官一职的邀请，原因是他认为联邦最高法院缺乏"生气、力量和尊严"[2]。

---

[1]　Patricia C. Acheson, *The Supreme Court: America's Judicial Heritage*, New York: Dodd, Mead & Company, 1961, p. 34.

[2]　[美] 亨利·J. 亚伯拉罕：《法官与总统———一部任命最高法院法官的政治史》，刘泰星译，姚诗夏、朱启明校，商务印书馆 1990 年版，第 70—71 页。

除了缺乏足够的权力外，司法机关的运作机制也使得联邦最高法院在建立初期不为美国社会所关注。与美国联邦国会公开辩论重大的社会现实问题不同，联邦最高法院在建立初期所审理的案件，大多与普通人的切身利益联系不大，联邦最高法院大法官们对案件的讨论是保密的，审判也是相对封闭的。由于绝大多数美国人都倾向于关注与自身利益有关的现实问题，联邦最高法院的这种运作机制显然无法使它能像联邦国会那样成为美国社会瞩目的焦点。

此外，案件审理所涉及的法律问题通常不为普通人所熟悉，也成为联邦最高法院难以引起人们兴趣的原因之一。正如19世纪上半期的联邦最高法院大法官约瑟夫·斯托里（Joseph Story）所说，在司法审判中，联邦最高法院所要解决的法律问题，通常非常复杂，与普通人的日常生活相去甚远，理解并合理地阐释、解决这些法律问题，必须运用人类的"最高智慧"（highest faculties of mind）才能做到，这显然超出了一般人的认知范围。①因此，联邦最高法院在建立初期没有引起美国社会的广泛重视，并不是偶然的。

直到1803年，联邦最高法院借由"马伯里诉麦迪逊案"判决，明确阐述了司法机关拥有司法审查权后，联邦最高法院才凭借自身的努力从根本上改变了这一窘境，联邦最高法院也因此进入了一个崭新的发展阶段。司法审查不仅极大地扩展了联邦最高法院的权力，强化了联邦最高法院制约其他政府机构的宪政功能，完善了美国的权力制衡机制，而且也使联邦最高法院开始深深地卷入美国的社会和政治运作，成为美国社会普遍关注的焦点。

在马伯里案判决之后的200多年里，联邦最高法院通过司法审查，已经把司法的触角延伸到了联邦制（Federalism）、经济运行、社会调控、公共福利、公民权利和公民自由等众多的领域，甚至还在消除种族隔离、议席分配制度改革、州级刑事审判程序改革和堕胎权的保障等方面，发挥了关键性的"原动机"的作用，以至于美国学者内森·格拉泽（Nathan Glazer）把联邦最高法院比作"帝王般的司法机关"（Imperial Judiciary），联邦最高法院是

---

① George Lee Haskins and Herbert A. Johnson, *History of the Supreme Court of the United States*, Vol. II, *Foundations of Power: John Marshall, 1801—1815*, New York: Macmillan Publishing Co., Inc., 1981, p. 83.

"世界上最有权势的法院"①。

<h2 style="text-align:center">二</h2>

本书对国内外学术界在美国司法审查制度问题上的研究成果和观点进行了系统梳理和总结，在此基础上论述了美国司法审查制度的起源、发展及其对美国宪政体制运作所产生的重大影响，并力图阐明以下几个重要问题。

第一，美国的司法审查制度有着坚实的理论、制度和实践基础。虽然美国的 1787 年联邦宪法没有对司法审查作出明确的规定，美国司法审查制度的确立是源自于 1803 年联邦最高法院审理的"马伯里诉麦迪逊案"先例，但这并不等于说美国的司法审查就不存在合宪的基础。

本书认为，在马伯里案之前，欧洲"高级法"思想的发展及其对美国社会和宪政发展的深刻影响，为司法审查制度的确立提供了重要的理论基础。在制宪时期，权力分立与制衡机制在美国宪政体制中的确立，以及制宪者们对司法机关制衡作用的普遍重视和认可，为司法审查提供了制度基础。从殖民地时代到联邦宪法生效初期，美国社会对司法审查权的熟悉、州法院和联邦法院对司法审查权的初步运用等，为联邦最高法院在马伯里案中确立司法审查制度奠定了重要的实践基础。

第二，本书以司法审查与美国联邦制之间的互动发展为研究主线，可以更深入地探究司法审查在美国宪政发展的不同时期所发挥的重要作用。自 1803 年的"马伯里诉麦迪逊案"确立司法审查制度以来，司法审查就在美国的宪政发展中发挥着越来越重要的作用。其中，司法审查对美国联邦制发展演变所起的作用最为引人瞩目，是司法审查影响美国宪政发展的一条主线。可以说，司法审查对美国宪政体制运作各方面的影响，几乎都与联邦制问题有着密不可分的关系。

具体而言，从 19 世纪初到 19 世纪 60 年代初美国内战爆发前，联邦最高法院司法审查的重点在于协调联邦政府与州政府的权力关系，实现联邦

---

① 　Nathan Glazer, "Towards an Imperial Judiciary?", *The Public Interest*, Vol. 41, 1975, pp. 104, 106.

制的初步稳定。内战结束后尤其是 19 世纪 80 年代后到 1937 年以前，对联邦政府和州政府调控社会和经济的权力都加以限制，防止任何一级政府借由干预社会经济发展扩大权力，从而破坏"二元联邦制"（Dual Federalism）的稳定，则成为联邦最高法院司法审查关注的重心。司法审查的行为模式也从过去的"解释宪法"逐渐发展为"法官造法"。1937 年"宪法革命"（constitutional revolution）后，联邦最高法院实现了司法审查重心的转变，即从过去限制联邦政府和州政府调控经济，逐渐转向严格保护公民权利和自由。这一转变，彻底打破了"二元联邦制"的传统权力架构，使联邦权扩大成为未来美国联邦制发展的主要趋向。从 20 世纪 50 年代以来，在"消除种族隔离"、"议席分配制度改革"和"《权利法案》联邦化"、"堕胎权的保护"等方面，联邦最高法院的司法审查在事实上都起到了推动美国平等权利发展的"原动机"的作用，对美国当代宪政演进尤其是对联邦权扩大产生了重大影响。

第三，自 19 世纪初美国司法审查制度确立以来，联邦最高法院对诸多重大的政治和社会问题都作出过司法判决，但这些判决对美国社会发展的影响并非一致，而是积极与消极并存。究其原因，除特定的社会背景外，在联邦最高法院中占主导地位的司法理念对左右案件判决起到了至关重要的作用。本书认为，1787 年联邦宪法确立了联邦司法机关在美国分权体制中的独立地位，这就意味着在司法审查中，联邦最高法院大法官们以何种司法理念作为裁决案件的原则，就在很大程度上成为影响案件判决结果的决定性因素。

在美国内战以前，联邦最高法院内部主要存在着加强联邦权与保护州权两种司法理念的冲突，这种冲突从总体上实现了联邦权与州权在美国早期宪政体制运作中的相对平衡。

内战结束后，尤其是在进入 19 世纪 80 年代后，联邦最高法院中又长期存在司法保守主义（Judicial Conservatism）与司法自由主义（Judicial Liberalism）的对立。司法保守主义主张在司法审查中，联邦最高法院应恪守宪法和法律文本，严格遵循司法先例。这种司法理念虽然维护了联邦宪法和法律的至上性，但也忽视了法律的社会适应性，甚至以法律的形式认可了大量社会不公正事实的存在。在"自由放任"经济思想、社会达尔文主义和

"实质性正当法律程序"原则等的影响下，司法保守主义曾长期成为联邦最高法院司法审查的主流司法理念。

司法自由主义则主张，在司法审查中，联邦最高法院除了遵从宪法原则、法律规定和司法先例外，还应充分考虑法律对社会现实需要的积极反应，使法律适应社会发展，维护现实中的社会公正。这一司法理念最早由美国联邦最高法院大法官奥利弗·W. 霍姆斯（Oliver Wendell Holmes）和路易斯·D. 布兰代斯（Louis D. Brandeis）等人提出，形成于 20 世纪初的进步运动时代，但在 20 世纪 50 年代以前，它一直未能在联邦最高法院中占据主导地位。

进入 20 世纪五六十年代后，随着联邦最高法院中自由派大法官数量的逐渐增多，联邦最高法院的主流司法理念开始由司法保守主义转向司法自由主义。在司法审查中，联邦最高法院不断赋予联邦宪法和第 14 条宪法修正案的"平等法律保护"和"正当法律程序"等条款以新的内涵，对当时大量存在的社会不公正进行矫正，极大地影响了当代美国宪政的发展走向。

本书认为，尽管与霍姆斯和布兰代斯提倡的司法自由主义相比，当代联邦最高法院司法自由主义的表现形式发生了重大变化，出现了从"司法克制"（Judicial Restraint）向"司法能动主义"（Judicial Activism）的转变，但从本质上讲，司法自由主义的核心理念却是一脉相承的。它们都主张从法律必须符合社会现实需要、维护社会公正这一前提出发，实施司法审查。只是由于所处时代不同，美国宪政发展的特点也存在巨大的差异，司法自由主义的外在表现才呈现出相异的特征。

进入 20 世纪 80 年代后尤其是在进入 90 年代后，由于保守派大法官数量的逐渐增加，以及美国主流政治思潮的渐趋保守，联邦最高法院的司法理念又开始趋向司法保守主义，但"司法能动主义"仍然是其司法行为的主要特征。

第四，虽然司法审查是非民选的法官制约其他民选机构的重要手段，但这一制度并不意味着司法审查有违美国的民主制原则。实际上，联邦最高法院的司法审查不仅没有长期偏离美国民主机构的主流观念，而且还是美国民主制度的有益补充和完善，在很大程度上保证了美国社会的理性和稳定发展。

本书认为，尽管行使司法审查权的联邦最高法院大法官不是由民选产生的，但大法官的选任程序是由联邦宪法明确规定的，提名、审议和任命大法官的也是民选的总统和联邦参议院。这就意味着，联邦最高法院的大法官一旦获得任命，他或她也就成为了美国民主机制运作中的合法一员，联邦最高法院所拥有的司法权，以及根据联邦宪法的限权原则所行使的制衡其他政府机构的权力，不仅是合宪的，而且也是带有鲜明的民主色彩的。否则，就只能说明，由民选机构根据民主程序所作的慎重选择，本身却并不为民选机构及其所代表的人民所信任，这显然是一种悖论。不仅如此，作为美国宪政制衡机制的重要组成部分，司法审查还可以在民选机构违宪施政时，有效地加以干预，从而弥补民主机制运作过程中不可避免会出现的偏差。

本书认为，在美国联邦宪法所确立的限权制衡机制中，司法审查不仅可以有效地预防民主机制失控，将"多数人暴政"（Majority Tyranny）的危险降到最低，更为重要的是，司法审查也为个人尤其是少数人维护自己的宪法权利提供了一个合法的渠道，在很大程度上防止了美国社会出现非理性的过激行为。

尽管在美国宪政的发展过程中，美国社会给予了司法审查众多的批评，但不可否认的是，到目前为止，司法审查仍然是美国宪政体制中维护宪法至上和保护公民权利与自由的最重要的机制之一，其权威性是不可动摇的。

三

在研究和写作过程中，著者大量引用了联邦最高法院判决、联邦国会立法、联邦和州的政府文件、制宪时期制宪会议和各州批准联邦宪法草案的宪法会议记录等原始文献，这些文献均检索和下载自著者所在高校图书馆电子资源中的 HeinOnline 数据库。该数据库下属的诸多子数据库，如 U. S. Supreme Court Library、U. S. Presidential Library 和 U. S. Statutes at Large 等，都提供了各种内容丰富和全面的 PDF 格式的影印档案文献，如《联邦最高法院判例汇编》、《美国联邦国会法案大全》和《美国总统文件和演讲集》等，极大地方便了本书的研究。

本书引用的部分英文专著，尤其是出版年代较早甚至是 19 世纪出版的英文经典专著，基本上都检索和下载自 HeinOnline 的 Legal Classics 数据库。英文论文主要检索和下载自学校图书馆电子资源中的 JSTOR 外文过刊全文数据库、HeinOnline 数据库下属的 Law Journal Library 数据库，以及 ProQuest 学位论文全文数据库等。

其他大量的研究性英文专著和论文是著者在美国得克萨斯大学奥斯汀分校贾梅尔法学研究中心（Jamail Center for Legal Research）做访问学者期间搜集的，也有部分英文专著复印自北京国家图书馆和国内其他院校和科研机构的图书馆。

本书引用的中文研究专著主要来自于著者本人、学校和学院图书馆的藏书，以及学校图书馆电子资源中的超星数字图书馆等。中文论文主要检索和下载自学校图书馆电子资源中的 CNKI 中国学术文献总库数据库。

本书引用的部分英文专著虽在国内已有中译本，但著者在研究过程中，都阅读了能够收集到的英文原著，并根据自己的理解对引用原文做了翻译，故在注释中标注了英文原著的引用页码，但仍要感谢中译本译者所作的翻译给著者理解英文原著所提供的帮助。

第 一 章

美国司法审查制度研究综述

美国联邦最高法院前首席大法官查尔斯·E.休斯（Charles E. Hughes）曾经说过，在美国，司法审查使得联邦最高法院成了"依据宪法保护美国人自由和财产的卫士"，因为虽然"我们是生活在一部宪法之下，但宪法是什么，还是要由法官说了算"。[①] 的确，自 1803 年联邦最高法院在"马伯里诉麦迪逊案"判决中确立司法审查权以来，司法审查在美国宪政体制中所发挥的作用越来越大。在美国宪政发展的过程中，几乎在每一个时期所有重要的宪政领域中，都可以找见司法审查的身影。司法审查已不仅仅是美国宪政运作的一项原则，而且也成为美国人生活中的一部分。

司法审查在美国宪政体制中所显示出的巨大影响力，引发了美国政界和学术界的激烈争论，相关的研究成果也汗牛充栋。总体而言，自马伯里案判决以来，美国政界和学术界围绕司法审查所展开的论战可分为 4 个阶段。在这一过程中，美国社会对司法审查的争论不仅从政界逐渐转向了学术界，而且在讨论司法审查正当性的同时，也开始着力强调限制司法审查的范围等问题。

当代国内学术界对美国司法审查制度的研究始于 20 世纪 80 年代，进入新世纪以来研究不断加深。国内学术界的研究主要涉及美国司法审查制度

---

① Charles E. Hughes, "Speech Before the Elmira Chamber of Commerce, May 3, 1907", in *Addresses and Papers of Charles Evans Hughes*, *Governor of New York*, *1906—1908*, Charles E. Hughes, New York: G. P. Putnam's Sons, 1908, p.139.

的历史和正当性、司法审查与宪法解释以及司法审查的典型案例等方面。虽然与美国学术界的研究相比，国内学术界对这一问题的研究还处于"初级阶段"，但也已有相当的深度和广度，为后续的研究奠定了坚实的实证和理论基础。

一、美国社会对司法审查制度的早期争论

虽然美国是世界上首个确立司法审查制度的国家，但由于联邦宪法并无明确条文规定司法机关拥有司法审查权，因此，司法审查是否具有正当性，在美国是一个长久以来争论不休的难题。早在美国制宪时期，美国的建国先贤亚历山大·汉密尔顿（Alexander Hamilton）就对司法审查的正当性做了最早的辩护。汉密尔顿认为，所谓"限权宪法"，指的是为民选机构"规定一定限制的宪法"，为了防止民选机构违背人民的意志，制定违宪的法律，"法院必须有宣布违反宪法明文规定的立法为无效之权"，否则，"无异于说，代表的地位反高于所代表的主体，仆役反高于主人，人民的代表反高于人民本身"。汉密尔顿认为，联邦宪法"有意"使法院成为人民与民选机构的"中间机构"，法院有责任监督民选机构在"其权力范围内行事"，并可以将违宪的法律宣布为无效。在汉密尔顿看来，司法审查"并无假定司法权高于立法权的含意"，"仅假定人民的权力实在二者之上"。①

汉密尔顿的这一思想对"马伯里诉麦迪逊案"判决的执笔人联邦最高法院首席大法官约翰·马歇尔（John Marshall）的影响极大。可以说，马歇尔在马伯里案中正是沿着汉密尔顿的思想路径为司法审查寻找合宪的法理依据的。正如马歇尔所说，"解释法律是司法机关的职权和责任，在特定案件中运用法律的人，必须要阐述和解释法律"，如果一项法律与联邦宪法相冲突，法院就必须宣布该法律无效，这是"我们社会的基本原则之一"。②

但是，为了消除美国社会和其他政府机构对司法审查的疑虑，马歇尔也在马伯里案判决中确认了美国独立初期在各州宪政实践中出现的"部门解

---

① ［美］汉密尔顿、杰伊、麦迪逊：《联邦党人文集》，程逢如、在汉、舒逊译，商务印书馆1995年版，第392—393页。

② *Marbury v. Madison*，5 U. S. 137 (1803)，177.

释宪法理论"（Departmental Theory of Constitutional Interpretation）。根据这种理论，虽然美国的政府机构及其成员都有责任维护宪法的权威，但不同性质的政府机构应有不同的分工，政治机构（立法和行政机构）负责处理政治问题，司法机构则有专属的解决法律争讼的权力，监督法治的运行。① 在马伯里案中，马歇尔就明确提出，"政治问题或者根据联邦宪法和法律应该交由行政机构处理的问题，绝不能由法院来解决"②，以此来缓解司法审查可能会遇到的巨大阻力。

然而，尽管马歇尔试图限定司法审查的范围，减少与其他政府机构的冲突，但是，作为一项联邦宪法没有明确授予的权力，司法审查注定了从其产生开始就会不断面临严峻的挑战。

在马伯里案之后的半个多世纪里，由于司法审查推翻的联邦法律并不多③，联邦最高法院对州法律和州法院判决的司法审查又得到了《1789年司法条例》第 25 条④ 的授权，因此，这一时期美国学术界对司法审查并没有给予太多的关注，对司法审查的批评主要来自于联邦和州的政府机构。

例如，1807 年，时任美国总统的托马斯·杰斐逊（Thomas Jefferson）就在一封致友人的信中表示，很久以来，他就希望能有一个合适的机会让公众见识一下那个"站不住脚的马伯里案判决"，并"公开宣布它不具法律效力"。⑤ 杰斐逊认为，根据美国的分权原则，行政机关应是自己行为的"唯一裁判者"（sole judge），如果行政机关"受制于司法机关的指令"，那就意

---

① Kermit L. Hall, *The Supreme Court and Judicial Review in American History*, Washington, D. C.: American Historical Association, 1985, p.4.

② *Marbury v. Madison*, 5 U. S. 137 (1803), 170.

③ 1857 年，联邦最高法院在"德雷德·斯科特诉桑福德案"[*Dred Scott v. Sandford*, 60 U. S. 393 (1857)] 中推翻了 1820 年联邦国会制定的"密苏里妥协案"（Missouri Compromise）的合宪性。这是联邦最高法院在作出马伯里案判决 54 年之后，第二次利用司法审查推翻一项联邦国会立法。

④ U. S. Congress, "An Act to Establish the Judicial Courts of the United States" (September 24, 1789), in *United States Statutes at Large*, Vol. 1, pp.85—87. ["*United States Statutes at Large*"为《美国联邦国会法案大全》，囊括了自 1789 年联邦国会成立以来制定的所有法案。1845 年，在联邦国会的授权下，利特尔-布朗出版公司（Little, Brown, and Company）开始编制该法案大全。1874 年，联邦国会将该法案大全的编制出版权转授给"联邦政府印刷局"（Government Printing Office）。该汇编的全称为"*The Public Statutes at Large of the United States of America*"，学术界通常简写为"*United States Statutes at Large*"、"*Statutes at Large*"，或"*Stat.*"，本书采用第一种简写方式。]

⑤ Charles Warren, *The Supreme Court in United States History*, Vol. I, Boston: Little, Brown, and Company, 1926, p.244.

味着行政机关成了司法机关的附属物。①1823 年，杰斐逊再次表示了对马伯里案的不满，认为该案判决"无端干涉了"行政机关的自由裁量权，是"对法律的歪曲"。②

对于首席大法官马歇尔在马伯里案中所确认的"部门解释宪法理论"，杰斐逊也表示了不同的看法。与马歇尔主张的司法机关在法律问题上对联邦宪法的解释是至上的观点不同，杰斐逊认为，即使联邦最高法院作出了宪法解释，对其他政府机构也是不具有权威性的，每个与联邦最高法院平行的联邦政府机关都可以有自己对联邦宪法的理解。

在 1804 年的一封信中，杰斐逊指出，"联邦宪法并没有给予司法机构替行政机构做决定的权利"，在行政机构与司法机构各自的权力领域内，二者是"相互平等和独立的"。如果法官认为一项法律是合宪的，他"有权利对此作出判决"，但是，如果行政机关认为该法律是违宪的，它也"一定会拒绝执行这一法律"，因为联邦宪法已经把拒绝执行违宪法律的权力"授予了行政机构"。如果立法和行政机构在"它们自己的权力领域内"，也必须遵守司法机关对某一法律所作的违宪与否的判决，那么，"司法机关就成为一个专制的部门"。③1820 年 9 月，杰斐逊在一封信中又再次表示了对马歇尔观点的批评，认为司法审查"把法官视为一切宪法问题的最终裁判者……这将把我们置于寡头的专制统治之下"④。

杰斐逊对司法审查的抨击对美国社会的影响非常大。在此后相当长的时间里，美国人对司法审查的批评基本上都延续了杰斐逊的思想路径。例如，在1825年的"埃金诉劳布案"⑤中，宾夕法尼亚州最高法院的约翰·B.吉布森（John B. Gibson）法官就沿着杰斐逊的思路，从法理的角度对司法审查给予了批评。

在埃金案的"异议意见书"（Dissenting Opinion）中，吉布森法官认为，根据普通法传统，美国司法机关的权力只限于那些"必然从它当下处理的事

---

① John Yoo, "Jefferson and Executive Power", *Boston University Law Review*, Vol. 88, 2008, p.430.

② Charles Warren, *The Supreme Court in United States History*, Vol. I, p.245.

③ G. Edward White, "The Constitutional Journey of 'Marbury v. Madison'", *Virginia Law Review*, Vol. 89, No. 6, 2003, p.1490.

④ Archibald Cox, *The Court and the Constitution*, Boston: Houghton Mifflin Company, 1987, p.56.

⑤ *Eakin v. Raub*, 12 Sergeant & Rawle 330 (1825).

务中产生的权力"，这些权力"只与法院执行国内法律的事务相关"，或者换句话说，只与"实施分配给它的正义相一致"。这种只与实施法律相关的"民事权力"（civil power）是司法机关"一般的和适度的"权力，它"不依赖于任何宪法中假定的授权而存在"，"是司法权本质的一部分"。司法权绝不可以"被扩展运用到任何具有政治特性的事务上"，否则，司法机关就行使了"政治权力"（political power），即"一个政府机关能够控制另一个机关，或者是对其行为施加影响的权力"，从而使司法机关超越了自己的权力界限。①

吉布森认为，虽然立法机关制定的法律会与宪法存在冲突，但这不是司法机关可以作出裁断的"合法事项"。这是因为，在美国的宪政体制中，"所有的政府机关都具有相等的权力"，即使有所差别，"各机关也应被认为只在专属于自己的事务上具有更高的权力"。按照这一推论，立法机关不仅应有制定法律的权力，而且也应被视为"具有更高的权力去判断其自身制定的法律是否合宪"。如果司法机关有权推翻一项被它认为违宪的法律，那就等于说司法机关行使了"政治权力"，其地位高于了立法机关，这显然不符合美国的宪政要求。在吉布森看来，即使人们认为在立法方面，司法机关与立法机关的地位是平等的，也同样不能被接受。因为这无法让人理解，"一个给其他所有机构制定法律"的立法机关，"怎么会与接受其所制定的法律，且必须就遵守这些法律而向前者负责的机关处于同等地位呢"？②

吉布森认为，司法机关拥有司法审查权是没有宪法基础的。这是因为，如果制宪者们当初有意让司法机关成为制约其他政府机构的"额外的屏障"（additional barrier），联邦宪法就应该对这项"不同寻常的权力"作出"明确的规定"，法官们也就不会像现在这样，为了证明司法审查的正当性而去"求助于制宪会议辩论记录或当时普遍持有的观念"，而是会把这项权力"置于宪法明确授权这一牢不可破的基础之上"。③

---

① Stanley I. Kutler, ed., *The Supreme Court and the Constitution：Readings in American Constitutional History*, New York：W. W. Norton & Company, 1984, p.32.

② Stanley I. Kutler, ed., *The Supreme Court and the Constitution：Readings in American Constitutional History*, pp.32—33.

③ Stanley I. Kutler, ed., *The Supreme Court and the Constitution：Readings in American Constitutional History*, p.34.

吉布森指出，司法机关并不是"一贯正确的"，由它审查法律的合宪性根本不可靠。要矫正立法机关"滥用权力的弊端"，必须"依赖拥有完全和绝对主权的人民"，由他们"通过行使正常的选举权"，选择并"指示他们的代表去废除可憎的法案"，这是一个"更为适合的达到目的的方式"，"不会引发民众过激的情绪"。①

除吉布森法官外，安德鲁·杰克逊（Andrew Jackson）总统也继承了杰斐逊的思想。1832 年 7 月，杰克逊总统在否决联邦国会制定的《第二合众国银行延期法案》时，也对涉及的司法审查问题提出了自己的看法。杰克逊认为，虽然联邦最高法院曾在此前的案件②中，认可了联邦政府设立合众国银行的合宪性，但最高法院的判决却不能"束缚"其他"平行政府机构"（coordinate authorities）作出自我判断。

杰克逊认为，每一位政府官员所宣誓捍卫的联邦宪法，都是"他所理解的而不是别人所理解的联邦宪法"，因此，联邦国会、总统和联邦最高法院都必须按照自己对联邦宪法的解释履行职责，联邦国会的参众两院和总统都有"责任"对相关法案的合宪性作出自己的裁断，就好比联邦最高法院的大法官们对他们面对的法案作出"司法裁决"一样。联邦立法、行政和司法机构各自对联邦宪法的解释是不能对其他平行机构具有约束力的，联邦最高法院判决也"只在自己的权力领域内具有影响力"，司法审查并不具有宪法基础。③

由上述可见，虽然杰斐逊、吉布森和杰克逊也同马歇尔一样认同"部门解释宪法理论"，但杰斐逊等人从政府各平行机构都有解释宪法的权力这一路径出发，推论出司法机关的判决并不能约束其他平行机构，这就与马歇尔所主张的在法律问题上司法机关的宪法解释是至上的观点发生了冲突，司法审查的正当性遭到了严峻挑战。

1833 年，联邦最高法院大法官约瑟夫·斯托里出版了《美国宪法评注》

---

① Stanley I. Kutler，ed.，*The Supreme Court and the Constitution：Readings in American Constitutional History*，p.35.

② *McCulloch v. Maryland*，17 U. S. 316（1819）.

③ Andrew Jackson，"Veto Message，July 10，1832"，in *A Compilation of the Messages and Papers of the Presidents*，Vol. 3，James D. Richardson（ed.），New York：Bureau of National Literature，Inc.，1897，p.1145.

一书，对杰斐逊等人的质疑进行了回应，为司法审查的正当性做了辩护。在该书中，斯托里并不否认"部门解释宪法理论"的合理性，他也认为"某些完全属于政治性、立法性或行政性的措施"应当由立法和行政部门来作出，"不能在其他地方被重新审查"。但是，斯托里指出，当争议问题可以接受"司法调查和裁决"时，或者必须要对联邦政府和州政府制定法律的"合宪性"作出决断时，司法机关是有权对涉及的法律进行"司法修订"（judicial revision）的，而且，"最终的和公共的裁决者"（final and common arbiter）只能是联邦最高法院。①在斯托里看来，既然联邦宪法是国家的最高法律，按照联邦宪法的规定，涉及联邦宪法的"所有普通法和衡平法案件"也必须由包括联邦最高法院在内的联邦法院所审判，那么，"没有人可以怀疑或否认"，解释联邦宪法和法律是一种"恰当的"司法权力。②

斯托里认为，美国政府"是法治而不是人治的政府"，从美国人"移居这片国土"时开始，美国人就坚信，最高司法机关"通过众所周知的普通法程序"作出的司法裁决，是对引发争议的法律所做的"准确解释"（true construction）。美国人"不仅认为案件得到了审理和解决"，而且还相信案件判决"作为先例和权威"，对"未来同样性质的案件"也具有约束力，这就毫无疑问地确定了司法判决的权威性。在美国制宪时期，联邦宪法的制定者们是"完全清楚"司法机关所具有的司法审查的权威性的。他们相信，无论是谁，只要背离了这一宪政传统，就会被视为意图行使"暴虐的和专横的权力"（tyranny and arbitrary power）。③

除了从法理的角度阐述司法审查的合宪性外，斯托里还提出在美国的现实生活中，司法审查也有利于树立联邦宪法的权威，维护国家的统一。斯托里认为，立法和行政机构的人员构成是经常变动的，他们对联邦宪法的理解也会出现很大的不同。在联邦宪法的内涵经常出现差异的情况下，"它是不可能被视为一部法律的，更不要说是一部最高法律或基本法了"。司法审查则完全可以规避这一困境，它使联邦最高法院成为"最高的解释宪法的仲

---

① Joseph Story, *Commentaries on the Constitution of the United States*, Boston: Hilliard, Gray, and Company, 1833, pp.346—347.

② Joseph Story, *Commentaries on the Constitution of the United States*, p.348.

③ Joseph Story, *Commentaries on the Constitution of the United States*, pp.349—450.

裁者或权威"，可以实现"宪法解释的一致性"，也能够通过司法解释使宪法成为"联盟的永久纽带"。因此，从维护宪法的权威和国家统一的角度看，司法审查"如果不是绝对必不可少的，至少也是具有最大的实践效用和重要性的"。①

斯托里对司法审查的正当性以及现实必要性所做的阐述，虽没有平息美国社会对司法审查的疑虑，但由于联邦最高法院在马伯里案之后并未对联邦国会和总统的立法和施政措施做过多的干预，因此，司法审查没有成为美国宪政运作中一个持续争论的话题。即使在1857年的"德雷德·斯科特诉桑福德案"中，联邦最高法院对美国南方州的奴隶制度进行了维护，激化了南北方在奴隶制存废问题上的矛盾，使得亚伯拉罕·林肯（Abraham Lincoln）总统在1861年3月4日的就职演说中也表达了对司法审查的不信任，认为如果政府对"影响全体国民的关键性问题"所作的政策都要受制于"那个显赫的"联邦最高法院司法审查的话，那么，"人民将不再是他们自己的统治者了"。② 但是，司法审查在美国宪政体制中的地位并没有受到严重动摇。

例如，1868年，密歇根州立大学的法学院教授和该州最高法院法官托马斯·M.库利（Thomas M. Cooley）就在论及州宪法与州法律之间的关系时指出，"宪法是一个州的基本法"，如果任何的州法律、法规或法令与其相冲突，法院"就必须判决它们无效，从而在事实上废除它们"。库利认为，"法院有权利和权力这样做，这是非常清楚不过的事情"，法院的这一"责任"已经得到了"普遍承认"。③ 美国著名律师爱德华·J.菲尔普斯（Edward J. Phelps）也在1879年"美国律师协会"（American Bar Association）第二次年会上发言指出，马歇尔在马伯里案中确立的司法审查原则，是美国人探索宪政"迷宫"时的"指南"，它就像"水手们在暴风雨中使用的罗盘那样

---

① Joseph Story, *Commentaries on the Constitution of the United States*, pp.358—459.

② Congressional Research Service of the Library of Congress, *Inaugural Addresses of the Presidents of the United States: From George Washington 1789 to George Bush 1989*, Washington D. C.: U. S. Government Printing Office, 1989, p.139.

③ Thomas M. Cooley, *A Treatise on the Constitutional Limitations Which Rest upon the Legislative Power of the States of the American Union*, Boston: Little, Brown and Company, 1868, pp.45—46.

从来都不会出错"。①

二、美国学术界对司法审查制度的第一次大讨论

进入 19 世纪 80 年代后，由于受"自由放任"、"社会达尔文主义"和"实质性正当法律程序"等思想的影响，联邦最高法院利用司法审查，推翻了众多的联邦政府和州政府调控垄断、规范经济运行的措施，以保护经济自由（economic freedom）和企业主的财产权（property right）不受侵犯。同时，联邦最高法院也在诸多涉及民权保障的案件中，推翻了联邦和州政府的很多民权立法。联邦最高法院这种保守的司法倾向，引发了美国学术界对司法审查制度的第一次大讨论，并一直持续到 20 世纪初。

从 19 世纪 80 年代开始，美国学术界对司法审查制度的讨论重点集中在司法审查制度的正当性问题上，即司法审查制度的运作是否具有宪法基础。1883 年，得克萨斯州的地区法院法官罗伯特·G. 斯特里特（Robert G. Street）在"美国律师协会"的会议上宣读了一篇题为《政策问题在多大程度上应受司法裁判影响》的文章，揭开了美国学术界对司法审查大讨论的序幕。斯特里特提出，从 1803 年的马伯里案以来，联邦司法机构已经变成了"政府政治权力的组成部分"，成为各政党在公共政策争论中"最后的杀手锏"，而这是联邦宪法的制定者们在创建联邦司法机构的时候所"从没有想到的"。斯特里特认为，联邦政府各平行机构在解释宪法方面具有同等的权力，"司法机关以违宪为由推翻一项国会立法的权力，并不比联邦国会搁置一项它认为无效的法院判决有更大的权威"。②

很明显，斯特里特的观点只是承继了半个多世纪前杰斐逊的思想，其本身并无多大的新颖之处，但在 19 世纪 80 年代联邦最高法院极力限制联邦政府和州政府规范社会和经济运行的特殊背景下，斯特里特对司法审查的批

---

①　Robert L. Clinton，*Marbury v. Madison and Judicial Review*，Lawrence：University Press of Kansas，1989，p.164.

②　Robert G. Street，"How Far Questions of Policy May Enter into Judicial Decisions"，in *Reports of the American Bar Association*，Vol. 6，1883，p.181，pp.185—186. Quoted from：Robert L. Clinton，*Marbury v. Madison and Judicial Review*，pp. 166—167.

评还是引发了美国学术界的广泛关注和回应。

例如，1884 年，哈佛大学法学院教授詹姆斯·B. 塞耶（James B. Thayer）在致《国家》（*The Nation*）杂志的一封信中就提出，司法审查的正当性依赖于司法机关不能超越自己的权限，迈入其他政治机构的权辖领域。塞耶认为，在司法审查中，司法机关不能对那些"纯粹属于立法或政治性的问题陈述自己的意见"，而是必须将注意力集中在"真正的司法职能"上，即裁断"立法机关是否逾越了合理解释宪法的权限"。[1] 换句话说，在塞耶看来，在对平行政府机构的立法和施政行为进行司法审查时，司法机关所要做的，不是向外界阐述自己"对联邦宪法的正确解读"，而是去判断"其他政府机构是否合理地行使了它们的权力"。塞耶指出，由于联邦宪法的很多规定都不十分明确，因此，判断一项法律是否符合联邦宪法的标准也并非唯一，如果在某项法律的合宪性方面的确存在"两种意见"的话，"联邦立法机关是不能被剥夺从中作出选择的权力的"。[2]

在上述的"合理性评测规则"（Reasonableness Test）的基础上，1893年，塞耶在《哈佛法律评论》（*Harvard Law Review*）上发表了著名的《美国宪法性法律学说的起源与范围》一文，明确提出了必须对司法审查加以约束的观点。在该文中，虽然塞耶并不认为联邦宪法明确规定了司法审查制度，但他也并未否认司法审查制度在美国长期存在的事实，而是将论述的重点放在如何通过限制司法审查，使该制度能够具有存续的正当性。

塞耶认为，司法审查的正当性源自于这种权力必须被"严格界定为司法性的权力"[3]，即法院司法审查的对象必须是属于司法权辖范畴的。司法审查权必须与其他政治机构所行使的"政治权力"相区分，法院必须尊重宪法赋予其他政治机构的权力，以避免"剥夺其他政府机构任何适当的权力，或者限制它们在正当的自由裁量权范围内行使权力"。塞耶认为，在司法审查中，法官必须给"范围广大且没有明确界限的立法权"留出空间，因

---

[1]　Robert L. Clinton, *Marbury v. Madison and Judicial Review*, p.167.

[2]　G. Edward White, "The Constitutional Journey of 'Marbury v. Madison'", *Virginia Law Review*, Vol. 89, No. 6, 2003, p. 1490.

[3]　James B. Thayer, "The Origin and Scope of the American Doctrine of Constitutional Law", *Harvard Law Review*, Vol. 7, No. 3, 1893, p. 134.

为国家法律和政策的制定，不仅需要"广泛和灵活的思考"（wide margin of consideration），而且还需要解释宪法，这种权力只能属于立法机关。在塞耶看来，国家法律和政策的制定将"深刻地影响整个国家"，甚至还会给涉及的那些"最为紧急的事项"（most serious affairs）带来"革命性的改变"，因此，在面对如此重大的任务时，"立法者"必须享有"自由活动"（free foot）的权力。①

塞耶认为，由于国家法律和政策的制定"不是主要由立法机关决定，而是完全彻底地由立法机关决定"②，因此，司法机关在行使司法审查权时必须非常慎重。只有当立法机构"不仅犯了错误"，而且是犯了"非常明显的错误"，"以至于不再需要做理性质疑"的时候，法院才能拒绝适用立法机关制定的法案，这就是塞耶提出的影响非常深远的"明显的错误"（Clear Mistake）原则。③

塞耶认为，在政府处理"重大、复杂和不断变化的"问题时，在一些人看来是违宪的法律，或许对别人来说却并非如此。宪法允许人们对它做不同的解释，而且，人们在处理宪法性问题时也的确常常会有很多的选择。在这种情况下，"宪法不会把任何一种特定的意见强加给立法机关"，而是听任立法机关自由选择，"只要选择是理性的，它就是合宪的"，司法机关在司法审查时必须充分尊重立法机关的意志和选择。④

塞耶是美国学术界最早对司法审查制度进行理性反思的翘楚之一，他所提出的"合理性评测规则"和"明显的错误"原则，都体现了塞耶思想中突出的司法克制（Judicial Restraint）观念，这不仅是此后美国学者探讨司法审查正当性问题时无法绕过的话题，而且，在这种观念的影响下，在后来的联邦最高法院中也先后出现了奥利弗·W. 霍姆斯（Oliver Wendell Holmes）、

---

① James B. Thayer, "The Origin and Scope of the American Doctrine of Constitutional Law", *Harvard Law Review*, Vol. 7, No. 3, 1893, pp. 135—136.

② James B. Thayer, "The Origin and Scope of the American Doctrine of Constitutional Law", *Harvard Law Review*, Vol. 7, No. 3, 1893, p. 136.

③ James B. Thayer, "The Origin and Scope of the American Doctrine of Constitutional Law", *Harvard Law Review*, Vol. 7, No. 3, 1893, p. 144.

④ James B. Thayer, "The Origin and Scope of the American Doctrine of Constitutional Law", *Harvard Law Review*, Vol. 7, No. 3, 1893, p. 144.

路易斯·D. 布兰代斯（Louis D. Brandeis）和费利克斯·法兰克福特（Felix Frankfurter）等诸多秉持司法克制理念的大法官，在很大程度上影响了美国现当代宪政发展的走向。①

除斯特里特和塞耶外，其他学者也从司法篡权等角度对司法审查的正当性进行了批评。② 例如，在 1906 年发表在《美国法律评论》（*American Law Review*）杂志上的《大篡权》一文中，宾夕法尼亚州立大学迪金森法学院（Dickinson School of Law）的著名法学家威廉·特里克特（William Trickett）就认为，联邦宪法并没有明确把司法审查权授予司法机关，司法审查在马伯里案中得到确认，在很大程度上，只不过是首席大法官马歇尔的"想象"。③ 法官并不比总统和联邦国会"更可靠"、"更能干"、"更正直"和"更具有爱国心"④，当然也就不具有比行政和立法机构更大的权力。

特里克特指出，虽然联邦宪法的制定者们并不认为联邦国会是"万能的"（omnipotent），但他们也同样不打算设计出一个"万能的司法机关"。制宪者们的真实意图是让联邦国会"有能力处理重大危机"，"他们并不想让一个多管闲事的法院去干涉或宣布他们授予立法机关的权力为无效"，否则，"还有什么能够对抗万能的法院呢"？⑤ 在特里克特看来，制宪者们绝没有打算"让其他政府机构都放弃自己对宪法的理解，而去顺从法院对宪法的理解"，如果司法机关能够按照自己的意愿，随意将行政和立法机关出于"真诚、明智和爱国之心"所制定的法令和法案宣布为无效的话，那就是对行政权和立法权的"大篡权"。⑥

---

① Wallace Mendelson, "The Influence of James B. Thayer upon the Work of Holmes, Brandeis, and Frankfurter", *Vanderbilt Law Review*, Vol. 31, 1978, pp. 71—87.

② Camm Patteson, "The Judicial Usurpation of Power", *The Virginia Law Register*, Vol. 10, No. 10, 1905, pp. 855—859; Allan L. Benson, *The Usurped Power of the Courts*, New York: The Pearson publishing company, 1911; Horace A. Davis, "Annulment of Legislation by the Supreme Court", *The American Political Science Review*, Vol. 7, No. 4, 1913, pp. 541—587; Walter Clark, *Government by Judges*, Washington, D. C.: Government Printing Office, 1914; Walter Clark, "Back to the Constitution", *Virginia Law Review*, Vol. 3, No. 3, 1915, pp. 214—226; Robert L. Owen, *Withdrawing Power from Federal Courts to Declare Acts of Congress Void*, Washington, D. C.: Government Printing Office, 1917.

③ William Trickett, "The Great Usurpation", *American Law Review*, Vol. 40, 1906, p. 369.

④ William Trickett, "The Great Usurpation", *American Law Review*, Vol. 40, 1906, p. 367.

⑤ William Trickett, "The Great Usurpation", *American Law Review*, Vol. 40, 1906, p. 374.

⑥ William Trickett, "The Great Usurpation", *American Law Review*, Vol. 40, 1906, p. 375.

1911 年，美国著名的劳工律师和左翼最高法院史学家路易斯·B. 布丁 (Louis B. Boudin) 在《政治科学季刊》(*Political Science Quarterly*) 上发表了《司法之治》一文，也对司法审查的正当性进行了抨击。布丁认为，从联邦宪法中，"绝对找不出任何证据"能够证明，制宪者们打算授权司法机关来控制联邦和州的立法机关。[1] 法院对联邦国会制定的法律进行司法审查，使得法院能够决定是否需要对相关立法作出修订，这实际上是在行使一种"特殊的立法职能"[2]。布丁认为，如果容许司法机关拥有如此强大的权力，那就意味着"法院将主宰宪法和人民，并且把政府变成了司法专制 (judicial despotism)"[3]。

斯特里特和塞耶等人对司法审查正当性的批评在美国学术界引发了异议[4]，很多学者从不同的角度对司法审查的正当性进行了辩护。总体而言，主要观点有以下 4 端：首先，司法审查是成文宪法的应有之意。例如，1887 年，美国历史学家亚历山大·约翰斯顿 (Alexander Johnston) 在为纪念联邦宪法制定 100 周年所撰写的论文《联邦宪法的第一个百年》中指出，司法审查是与成文宪法的制定"不可分割的"，它是体现"民意"的"永恒的样板" (permanent exponent)。法院必须对成文宪法抱有"最高的敬意"，并依此审查立法机关的法律是否符合宪法的要求，从而尊重作为"真正最高统治者"

---

① Louis B. Boudin, "Government by Judiciary", *Political Science Quarterly*, Vol. 26, No. 2, 1911, p. 248.

② Louis B. Boudin, "Government by Judiciary", *Political Science Quarterly*, Vol. 26, No. 2, 1911, pp. 268—269.

③ Louis B. Boudin, "Government by Judiciary", *Political Science Quarterly*, Vol. 26, No. 2, 1911, p. 262.

④ A. Inglis Clark, "The Supremacy of the Judiciary under the Constitution of the United States, and under the Constitution of the Commonwealth of Australia", *Harvard Law Review*, Vol. 17, No. 1, 1903, pp. 1—19; Emlin McClain, "Written and Unwritten Constitutions in the United States", *Columbia Law Review*, Vol. 6, No. 2, 1906, pp. 69—81; W. F. Dodd, "The Growth of Judicial Power", *Political Science Quarterly*, Vol. 24, No. 2, 1909, pp. 193—207; John H. Dougherty, *Power of Federal Judiciary over Legislation*, New York: G. P. Putnam's Sons, 1912; Robert P. Reeder, "Constitutional and Extra-Constitutional Restraints", *University of Pennsylvania Law Review*, Vol. 61, No. 7, 1913, pp. 441—457; Frank E. Melvin, "The Judicial Bulwark of the Constitution", *The American Political Science Review*, Vol. 8, No. 2, 1914, pp. 167—203; Charles B. Stuart, *Power of the Supreme Court to Declare Acts of Congress Unconstitutional*, Washington, D. C.: Government Printing Office, 1917.

的"人民"的意志。①

按照约翰斯顿的这一观点，虽然联邦宪法中并没有关于司法审查的明确规定，但联邦宪法是成文宪法的这一事实，使得司法机关必须审查其他政府机构的立法和施政行为是否符合联邦宪法的规定，以维护联邦宪法的权威，这就使司法审查获得了存续的正当性。正如美国学者罗伯特·L.克林顿（Robert L. Clinton）所说，司法审查使得司法机关具有了宪法"卫士"的身份，司法机关实际上成了人民的"替身"（stand-ins），它时刻保持着警惕，随时防止人民的意志遭到"他们自己选举的代表们侵犯"。②

约翰斯顿的上述思想也得到了明尼苏达州立大学的法学教授查尔斯·B.埃利奥特（Charles B. Elliott）的支持。在 1890 年发表在《政治科学季刊》上的《立法机关与法院——宣布议会立法违宪的权力》一文中，埃利奥特也认为，司法审查"当然是成文宪法的产物"，只有借助司法审查，司法机关才得以保证立法和行政机构在行使联邦宪法"授予的权力"时，能够符合联邦宪法的明确要求。③ 在埃利奥特看来，自从联邦最高法院在马伯里案中确立司法审查制度以来，"这一权力就从来没有在联邦法院系统中受到过严重质疑"，该制度"也在各州逐渐得到了确立"。④

其次，司法审查是美国分权制衡体制的必然结果。20 世纪初的联邦最高法院大法官霍勒斯·H.勒顿（Horace H. Lurton）是这一观点的典型代表。1911 年，勒顿在《北美评论》（*The North American Review*）杂志上撰文《一个法治的政府还是人治的政府?》，细致分析了司法审查在美国分权制衡体制中的重要性。勒顿认为，由于公共舆论和官员就职时的宣誓并不能从根本上预防政府权力越界，因此，美国各州宪法和联邦宪法都按照孟德斯鸠的思想设计了分权制衡体制。在这种体制下，法院将负责判定立法和行政机构是否"超越了宪法授予的权力"，司法审查制度也因此构成了美国人自由的

① Alexander Johnston, "The First Century of the Constitution", *The New Princeton Review*, Vol. 4, No. 5, 1887, pp. 182—183.

② Robert L. Clinton, *Marbury v. Madison and Judicial Review*, p. 169.

③ Charles B. Elliott, "The Legislatures and the Courts: The Power to Declare Statutes Unconstitutional", *Political Science Quarterly*, Vol. 5, No. 2, 1890, p. 230.

④ Charles B. Elliott, "The Legislatures and the Courts: The Power to Declare Statutes Unconstitutional", *Political Science Quarterly*, Vol. 5, No. 2, 1890, p. 247.

"基石"。① 勒顿认为，美国人一直坚信，"在美国的宪政体制中"，任何政府的权力都不是"无限的"，不管是州议会还是联邦国会，只要它们以"宪法没有赋予的权力"制定了法律，那么，它们就都"漠视了人民的最高意志"，法院就必须将这样的法律宣布为无效。②

勒顿认为，早在联邦宪法制定和生效前，各州法院就已经开始行使司法审查权，也被各州人民所接受。只是由于大量"新移民"涌入美国，才使得"不习惯美国式民主管理和不熟悉美国宪政理念"的选民数量增多，并开始把司法审查看作是"对立法权的篡夺"。③ 但实际上，"在联邦和州司法机关的历史中"，它们通过司法审查约束和防止其他政府机构"滥用权力"，从来就没有"被曲解为是在行使立法权"，④ 而是被普遍视为美国人权利和自由的保障，因为美国人坚信接受人民委托的政府机构越权制定的法律，"对它的委托人是没有任何约束力的"。⑤

再次，司法审查符合联邦宪法制宪者们的"意图"，司法机关"篡夺"立法权的说法缺乏历史根据。在 1912 年刊载在《政治科学季刊》杂志上的《联邦最高法院——篡权者还是受托者?》一文中，哥伦比亚大学著名的政治学和历史学教授查尔斯·A. 比尔德（Charles A. Beard）集中阐述了这一观点。比尔德认为，在 1787 年的费城制宪会议中，虽然与会代表为 55 名，但真正对联邦宪法的制定起到关键性作用的是 25 名代表。在这 25 名重要代表中，至少有 17 名代表曾经直接或间接地宣布过司法机关拥有司法审查权。⑥ 在制宪会议中，"公开反对"司法审查的代表并不多，但不管反对的代表有多少，"他们肯定已经充分意识到，绝大多数的发挥领导作用的代表都把宣

---

① Horace H. Lurton, "A Government of Law or a Government of Men?", *The North American Review*, Vol. 193, No. 662, 1911, pp. 14—16.

② Horace H. Lurton, "A Government of Law or a Government of Men?", *The North American Review*, Vol. 193, No. 662, 1911, pp. 17—18.

③ Horace H. Lurton, "A Government of Law or a Government of Men?", *The North American Review*, Vol. 193, No. 662, 1911, pp. 16—17.

④ Horace H. Lurton, "A Government of Law or a Government of Men?", *The North American Review*, Vol. 193, No. 662, 1911, p. 24.

⑤ Horace H. Lurton, "A Government of Law or a Government of Men?", *The North American Review*, Vol. 193, No. 662, 1911, p. 19.

⑥ Charles A. Beard, "The Supreme Court: Usurper or Grantee?", *Political Science Quarterly*, Vol. 27, No. 1, 1912, p. 4.

布违宪法律为无效，视为一项正常的司法职能"。①

比尔德还认为，司法机关行使司法审查权并不意味着司法机关就"篡夺"了立法权。在文中，比尔德以弗吉尼亚和马里兰等州举行的批准联邦宪法草案的宪法会议为例指出，司法审查也得到了各州的认可。比尔德认为，尽管在批准联邦宪法时，各州宪法会议的代表或许对司法机关推翻联邦国会立法的问题没有给予太多的关注，"但却不能说他们对这一问题一无所知"，"如果他们对制宪者的意图和期望感兴趣的话"，他们能很容易地得到相关的信息。②

不仅如此，比尔德还指出，虽然司法审查是马歇尔在马伯里案中确立起来的，但司法审查绝不是马歇尔本人"完全凭空捏造的"。事实上，在马伯里案之前，联邦最高法院就已经在一些案件中显露出司法审查的迹象。可以说，在从制定联邦宪法到 1803 年马歇尔作出马伯里案判决这段时间里，司法审查是一个"在法律圈内"人们"很熟悉的一个学说"，很难理解那些指责司法审查为"篡权"的人为什么会如此的"鲁莽"。③

比尔德的观点得到了普林斯顿大学的爱德华·S. 考文（Edward S. Corwin）教授的支持。在 1914 年发表的《马伯里诉麦迪逊案与司法审查学说》一文中，考文指出，虽然联邦宪法并没有对司法审查作出明确规定，但不可否认的是，司法审查制度是制宪时期占主流的政治法律观念的"自然产物"。④ 考文认为，在制宪过程中，制宪者们认为，在美国社会已把司法审查视为司法机关固有权力的情况下，"没有必要"在联邦宪法中制定"专门的条款"对司法审查予以确认，就好比制宪者们认为在规定了总统的任命权后，没有必要对"总统的免职权"再作出具体规定一样。⑤

---

① Charles A. Beard, "The Supreme Court: Usurper or Grantee?", *Political Science Quarterly*, Vol. 27, No. 1, 1912, p. 22.

② Charles A. Beard, "The Supreme Court: Usurper or Grantee?", *Political Science Quarterly*, Vol. 27, No. 1, 1912, pp. 27—28.

③ Charles A. Beard, "The Supreme Court: Usurper or Grantee?", *Political Science Quarterly*, Vol. 27, No. 1, 1912, pp. 32—34.

④ Edward S. Corwin, "Marbury v. Madison and the Doctrine of Judicial Review", *Michigan Law Review*, Vol. 12, No. 7, 1914, p. 538.

⑤ Edward S. Corwin, "Marbury v. Madison and the Doctrine of Judicial Review", *Michigan Law Review*, Vol. 12, No. 7, 1914, p. 547.

在 1928 年和 1929 年连续发表的《美国宪法的"高级法"背景》上下篇中，考文又详细考察了蕴含于英国普通法中的"高级法"思想以及约翰·洛克（John Locke）等人的自然法思想，对美国的宪政理念尤其是对司法审查观念所产生的重大影响，以此说明在司法审查制度确立以前，司法审查观念早已根植在了美国人的思想深处。①

最后，司法审查是美国政治和社会发展的必然结果。爱德华·S. 考文是从这一角度论述司法审查正当性的代表性学者。考文认为，马伯里案带有很多"精心策划的党派政变（deliberate partisan coup）的特征"②，体现了当时联邦党人的政治观念。考文指出，在马伯里案发生时，美国的宪法之父和联邦党人"都是彻头彻尾的约翰·洛克理论学说的信徒"，他们都相信个人权利源于自然法，并"先于政府乃至社会而存在"，"政府的唯一职能就是给这些权利提供保护"。无论何时，只要包括"最高立法机关"在内的政府机构"超越了受托的权力"，损害了人民的权利，"人们就可以行使革命的权利"。③ 在考文看来，司法审查不仅反映了制宪者和联邦党人的政治理念，而且也可以有效地预防其他政府机构违宪施政，避免美国社会出现人民革命而导致社会动荡。

不仅如此，考文还提出，司法审查也可以使 18 世纪 80 年代生效的联邦宪法适应美国"时代前进的需要"。考文认为，如果说联邦宪法具有"自适应性"（adaptivity），能够解决美国社会中出现的所有宪政问题的话，那么这种"自适应性"也是建立在法官解读宪法原则以解决现实问题的过程中的。联邦宪法就是一部经过司法解释的宪法性法律（constitutional law）。在司法审查中，法官实际上是把联邦宪法"视为一部活的法律（living statute）"，法官作出"宪法解释的主要目的"，是为了"感知当下的社会意愿，并根据美国人民提出的新诉求及时作出反应"。因此，"从某些实用的角度看"，司

---

① Edward S. Corwin, "The 'Higher Law' Background of American Constitutional Law（Ⅰ）", *Harvard Law Review*, Vol. 42, No. 2, 1928, pp. 149—185；Edward S. Corwin, "The 'Higher Law' Background of American Constitutional Law（Ⅱ）", *Harvard Law Review*, Vol. 42, No. 3, 1929, pp. 365—409.

② Edward S. Corwin, "Marbury v. Madison and the Doctrine of Judicial Review", *Michigan Law Review*, Vol. 12, No. 7, 1914, pp. 542—543.

③ Edward S. Corwin, "The Supreme Court and Unconstitutional Acts of Congress", *Michigan Law Review*, Vol. 4, No. 8, 1906, p. 626.

法审查的正当性也是显而易见的。①

在美国历史中，19 世纪 80 年代到 20 世纪初是联邦最高法院与联邦立法和行政机构在政府是否拥有调控社会经济运行的权力以及这种权力有多大等问题上出现重大分歧的时期。联邦最高法院利用司法审查权限制政府矫正垄断弊端的做法，引发了美国社会的强烈不满。在此背景下，美国学术界围绕司法审查制度所出现的激烈争论，显示出随着司法机关对美国社会发展的介入程度不断加深，司法审查已不再是一个仅仅与政府机构运作相关的抽象的宪政机制，而是与美国人的日常生活都发生了紧密联系，这自然会促使美国学术界对司法审查的正当性进行深入的反思。

三、美国学术界对司法审查制度的第二次大讨论

进入 20 世纪 30 年代后，随着经济"大危机"的不断加剧和联邦最高法院连续推翻州政府的反危机措施和罗斯福总统的"新政"（New Deal）改革立法，美国学术界又展开了对司法审查制度的第二次大讨论，并一直持续到 20 世纪 40 年代初。

在这次大讨论中，部分学者继续批评司法审查制度缺乏宪法基础，否定司法审查的正当性。例如，1932 年，路易斯·B. 布丁出版了两卷本的《司法之治》一书。与他在 1911 年发表的同名文章一样，该书仍然认为司法审查缺乏历史和宪法文本的基础，并且还提出司法审查已经从马歇尔时代的"温和"形态，发展到"公然地蔑视人民和宪法"，"联邦宪法已经无法再为司法审查设置任何限制了"。② 布丁认为，正像所有的"神权政府"（theocratic governments）都把《圣经》的解释权完全控制在神职人员手中一样，司法审查也让司法机关尤其是联邦最高法院成了唯一的解释宪法的机构。为了维护自己的权威性，法院绝不会轻易地改正自己在司法审查中出现的差错，"这就使得错误永久地固化下来，不管它所带来的后果是什么"。③

---

① Edward S. Corwin, "Constitution v. Constitutional Theory", *The American Political Science Review*, Vol. 19, No. 2, 1925, p. 303.

② Louis B. Boudin, *Government by Judiciary*, Vol. 1, New York：William Godwin, Inc., 1932, p.vii.

③ Louis B. Boudin, *Government by Judiciary*, Vol. 2, New York：William Godwin, Inc., 1932, p.287.

在 1943 年出版的《多数人统治与少数人的权利》一书中，美国历史学家亨利·S. 康马杰（Henry S. Commager）也从司法审查违反民主制原则的角度，对司法审查的正当性提出了质疑。康马杰认为，司法审查问题在本质上是"民主问题"。这是因为，司法审查涉及的每一项法律都是"由多数人批准的"，而且也被"多数人"认定为是"与联邦宪法的规定一致的"。当法院对一项法律进行司法审查时，它所审查的不仅仅是多数人的"智慧"，更是多数人选择的"合宪性"。如果法院推翻了该项法律，那就意味着"一个未经选举产生的、不能撤换的政府机构"，正在拒绝"由选举产生的、可以撤换的政府机构"在法律合宪性问题上所作的决定，这显然是有悖于民主制原则的。[①] 在康马杰看来，真正能够推翻违宪法律的只能是由人民的代表组成的立法机关或者是"公共舆论的竞技场"。如果"个人自由问题"只能通过司法审查来解决，那么，公众甚至会逐渐对那些事关自己的根本性问题"变得漠不关心"。[②]

但是，在这次大讨论中，更多的学者则倾向于认可司法审查的正当性或者接受司法审查存在的事实，并强调司法审查应具有一定的限度。例如，1932 年，美国法律史学家查尔斯·G. 海恩斯（Charles G. Haines）对 1914 年出版的《美国的司法至上学说》一书进行了大幅修改，推出了该书的修订版。在书中，海恩斯认为，司法审查是美国的法律传统和美国政治思想及实践发展的产物，有着深厚的历史基础。海恩斯不同意很多学者提出的司法审查缺乏宪法支撑以及司法审查"篡夺"立法权的观点，但他也不认同应该在美国的宪政体制中确立"司法至上"（Judicial Supremacy）。

海恩斯认为，不可否认，在司法审查中，法官们经常会根据自己的意志，把他们认为"不明智的"的法律宣布为违宪，司法审查也因此在很多时候成为美国社会经济发展的"最大障碍"。[③] 但是，人们却没有必要对此过分担心。海恩斯提出，一方面，美国社会应具有"对人民保持信任的慷慨

---

①　Henry S. Commager, *Majority Rule and Minority Rights*, New York: Oxford University Press, 1943, p. 40.

②　Henry S. Commager, *Majority Rule and Minority Rights*, pp. 72—73.

③　Charles G. Haines, *The American Doctrine of Judicial Supremacy*, Berkeley: University of California Press, 1932, p. 529.

气魄",相信人民的选择终究能够得到实现;另一方面,司法机关也不能保持一种"傲慢的自信"(arrogant confidence),认为自己被授予了其他普通民众所不具备的"政治敏锐"(political acumen)。在海恩斯看来,在对其他政府机构制定的法律进行司法审查时,除非"基本法以明确的规定没有给其他的政策选择留出余地",否则,司法机关就不能草率地作出政府法律违宪的裁决。① 司法机关应将司法审查的范围限制在"界定和运用成文宪法的明确要求"方面,既不要"大幅度地削减司法权威",也不要给现行的法律带来"急剧的变化"。②

在 1936 年出版的《最高法院与宪法》一书中,康奈尔大学的政治学教授罗伯特·E. 库什曼(Robert E. Cushman)认为,尽管司法审查被很多人视为"篡权",但自从 1803 年马伯里案判决以来,"联邦最高法院一直都在行使着宣布法律违宪的重要权力"③,并逐渐在美国宪政体制中拥有了"司法至上"的地位。库什曼认为,司法审判的性质决定了联邦最高法院必须解释和运用联邦宪法,但由于联邦宪法很多条款的语意"模糊不清",最高法院在解释联邦宪法时有可能会与联邦国会的意志发生冲突,这就使司法审查带有了"决定立法政策"的特征。但是,在库什曼看来,这是美国宪政体制决定的,除了修改联邦宪法或者在宪法允许的范围内对联邦最高法院施加更多限制外,别无其他解决之道。④

在 1937 出版的《联邦最高法院与国家意志》一书中,美国法学家和政治家迪安·阿尔芬奇(Dean Alfange)指出,虽然美国社会对联邦最高法院的司法审查抱有高度的戒心,但实际上,除少数情况外,"长期以来",联邦最高法院都在司法审查中不断地作出调整,"以使自己适应公共情绪的主导趋向"⑤,联邦最高法院的司法审查并没有像该制度的批评者们所认为的那样,处于完全的失控状态。阿尔芬奇以联邦最高法院在 20 世纪初所作的州

---

① Charles G. Haines, *The American Doctrine of Judicial Supremacy*, pp. 538—539.

② Charles G. Haines, *The American Doctrine of Judicial Supremacy*, p. 540.

③ Robert E. Cushman, *The Supreme Court and the Constitution*, Washington, D. C.: Public Affairs Committee, 1936, p. 3.

④ Robert E. Cushman, *The Supreme Court and the Constitution*, pp. 35—36.

⑤ Dean Alfange, *The Supreme Court and the National Will*, Garden City: Doubleday, Doran & company, Inc., 1937, p. 40.

际贸易案件判决为例，指出虽然联邦最高法院的许多判决都遭到了外界的批评，但这些判决"大体上是与 20 世纪美国的经济和政治现实相吻合的"①。

阿尔芬奇认为，虽然司法审查"已经被扩展到具有了立法和政治功能"，联邦最高法院也因此变成了一个"政治机构"，但最高法院借由司法审查对联邦国会和总统施加的权力"制衡"，恰恰"有助于"美国"重新恢复立宪政府"②，其积极意义也是显著的。

1941 年，时任美国司法部部长的罗伯特·H. 杰克逊（Robert H. Jackson）在其出版的《争取实现司法至上》一书中也认为，虽然司法审查会使联邦最高法院不断对联邦宪法作出解释，使最高法院"几乎变成一个持续召开的宪法会议"，从而能够阻止其他政府机构制定"与大法官们的财产权观念不一致"的社会经济政策，但司法审查却是民主社会所必需的，"在美国的民主制度中，从来就没有哪个领导人愿意冒险实行缺少了司法限制的民主制度"③。

杰克逊指出，司法审查肯定会使法院成为美国政治斗争的参与者，"争夺权力的种子就根植在联邦宪法之中"。联邦宪法设计了受"民意"影响的立法和行政机构，但同时又创设了一个"完全独立于民意的"保守的联邦最高法院。三个"平等的"机构共享政府权力，这就无法避免会出现对政治权力的争夺。④ 杰克逊把本书的副标题确定为"美国权力政治危机研究"（*A Study of a Crisis in American Power Politics*），正是为了表达这一观点。

杰克逊认为，由于司法审查有可能会使司法机关违背"民意"的"病根"出在联邦宪法身上，因此，"在代议制政府原则"与"司法权威原则"之间不可能存在一个"永久性的调和之道"（permanent reconciliation）。⑤ 在美国的权力政治中，关键在于应当使司法审查实现"精神回归"，即用早期

---

① Dean Alfange, *The Supreme Court and the National Will*, p. 163.

② Dean Alfange, *The Supreme Court and the National Will*, pp. 229—230.

③ Robert H. Jackson, *The Struggle for Judicial Supremacy: A Study of a Crisis in American Power Politics*, New York: Alfred A. Knopf, 1941, pp. x—xi, vii.

④ Robert H. Jackson, *The Struggle for Judicial Supremacy: A Study of a Crisis in American Power Politics*, p. viii.

⑤ Robert H. Jackson, *The Struggle for Judicial Supremacy: A Study of a Crisis in American Power Politics*, p. vi.

大法官们对司法审查职能的认识来约束司法行为，使联邦最高法院在行使司法审查权时，不去推翻那些已经获得广泛"民意"支持的政策，只在"明显无可争议"的时候才去行使"不受控制的司法权"。[①] 在杰克逊看来，《权利法案》对政府权力所作的诸多限制才是司法审查正当运作的领域。[②]

20 世纪三四十年代美国学术界围绕司法审查所展开的大讨论，显示出美国学术界对司法审查的态度正在发生变化。如果说在 19 世纪 80 年代到 20 世纪初的第一次大讨论中，美国学术界争论的重点在于司法审查制度的正当性的话，那么，到 20 世纪三四十年代的第二次大讨论中，在联邦最高法院与罗斯福总统围绕"新政"改革发生激烈对抗的背景下，美国学术界显然已开始重视司法审查的限度问题。美国学术界出现的这一变化说明，在这一时期，美国的多数学者认为，在司法审查制度已经存在了一个多世纪后，单纯地批评司法审查制度缺乏宪法基础并不能解决美国宪政运作中面临的实际问题，真正急迫的任务应是如何限制司法审查的范围，减少司法机关与立法和行政机构之间发生剧烈冲突的可能性。

四、美国学术界对司法审查制度的第三次大讨论

进入 20 世纪 50 年代后，随着司法自由主义逐渐在联邦最高法院中占据主导地位，最高法院对美国社会的干预力度越来越大。在消除种族隔离、议席分配制度改革、州级刑事审判程序改革等方面，联邦最高法院都起到了重要的"原动机"的作用。虽然进入 20 世纪 70 年代后，联邦最高法院的能动势头有所减弱，但在推进消除种族隔离的"校车接送制"和允许自由堕胎等方面，联邦最高法院仍然延续了自由主义的司法趋向。进入 20 世纪 90 年代后，在占多数的保守派大法官们的影响下，联邦最高法院甚至表现出了比自由派大法官更为能动的司法态势。联邦最高法院在美国当代社会发展中所显示出的这种巨大的能量，不仅影响了美国当代宪政发展的走向，而且也引发

---

① Robert H. Jackson, *The Struggle for Judicial Supremacy: A Study of a Crisis in American Power Politics*, p. 323.

② Robert H. Jackson, *The Struggle for Judicial Supremacy: A Study of a Crisis in American Power Politics*, p. 319.

了规模宏大并持续至今的美国学术界对司法审查制度的第三次大讨论。

自 20 世纪 50 年代以来，美国学术界对司法审查制度的讨论，主要集中在以下 4 个方面：首先，与此前的两次大讨论一样，对司法审查制度的正当性这一永恒话题的争论也是第三次大讨论的重要内容。其中，司法审查与民主制的"兼容性"（Compatibility）成为美国学者们争论的焦点。

在 1962 年出版的《最小危险部门——政治法庭上的最高法院》一书中，耶鲁大学的法学教授亚历山大·M. 比克尔（Alexander M. Bickel）认为，司法审查权并不具有坚实的宪法基础，这不仅是因为人们无法从联邦宪法中推论出司法审查权，而且，更为重要的是，司法审查还使得司法机关面临着"反多数难题"（The Counter-Majoritarian Difficulty）。比克尔认为，当由非民选的联邦最高法院大法官们宣布一项国会立法或总统行为违宪时，"联邦最高法院反对的是实实在在的、此时此地的民众选出的代表们的意志"，"它并不代表占优势的多数人的利益，而是与之唱对台戏"。在比克尔看来，这恰恰是司法审查不民主的根本原因所在。① 很明显，比克尔提出的"反多数难题"论点，与 20 世纪 40 年代美国历史学家亨利·S. 康马杰提出的司法审查违反民主制原则的观点有着紧密的内在联系。

纽约大学的法学教授拉里·D. 克雷默（Larry D. Kramer）也从"人民宪政主义"（popular constitutionalism）的角度对司法审查进行了批评。2001 年11 月，克雷默为《哈佛法学评论》杂志的"联邦最高法院 2000 年开庭期"专题撰写了长篇前言《我们法院》一文。克雷默认为，司法审查使联邦最高法院的大法官们相信，"政治机构"并不能解决人民遇到的宪法性问题，"大法官，而且只有大法官，才是对联邦宪法负责任的"。在克雷默看来，大法官们的这种观念实际上是试图在美国宪政体制中树立"司法主权"（judicial sovereignty）。② 克雷默提出，虽然马伯里案判决确立了司法审查制度，但司法审查的目的是为了"保护人民宪政主义的本质内涵"，即让人民能够参与和主导宪法解释，而不是堵塞人民通过政治手段解决宪法性问题的途径。克雷默认为，"不管联邦最高法院如何一再宣称，自马伯里案以来它就是联

---

① Alexander M. Bickel, *The Least Dangerous Branch*: *The Supreme Court at the Bar of Politics*, Indianapolis: Bobbs-Merrill Educational Publishing, 1962, pp. 16—17.

② Larry D. Kramer, "We the Court", *Harvard Law Review*, Vol. 115, No. 1, 2001, p. 158.

邦宪法的终极解释者（ultimate expositor），它都仍将无法做到这一点"①。在
2004 年出版的《人民自己：人民宪政主义与司法审查》一书中，克雷默再次
强调了这种观点，认为人民宪政主义才是美国宪政主义的真谛，人民是宪法
的制定者也是宪法的解释者，法院不能利用司法审查独占宪法的解释权。②

　　与比克尔指出司法审查的"反多数"特性和克雷默提出人民应具有更
大的宪法解释权相比，哈佛大学法学院的马克·图什奈特（Mark Tushnet）
教授则从司法审查违背民主制原则的角度，直接否认了司法审查存在的价
值。在 1999 年出版的《让宪法远离法院》一书中，图什奈特认为，美国
应该废除司法审查，树立"平民宪政主义"（populist constitutionalism）观
念。美国人民通过民主的政治途径不仅可以实现美国宪政的正常发展，而
且也更有利于保护和扩大公民权利。在图什奈特看来，废除司法审查最
明显的效果，是可以"把所有的宪法性决策都归还给人民"，"通过政治行
为"得到实现，并最终使美国人民拥有一个"平民的宪法性法律"（populist
constitutional law）。③ 图什奈特认为，"平民的宪法性法律"是一个"实现《独
立宣言》和联邦宪法前言所提出的各项原则"的法律。④ 要实现这一目标，
每个人"都应该通过自己的政治行动"，参与到创造这种宪法性法律的进程
中去。⑤

　　比克尔等人提出的司法审查无法与民主制兼容的观点遭到了很多美国
学者的挑战。早在 1952 年，耶鲁大学法学院教授尤金·V. 罗斯托（Eugene
V. Rostow）就在《司法审查的民主特性》一文中指出，民主制并非是指人
民"在每个问题上都可以直接投票"，表达自己的意见，而是指人民有"终
极的责任"（ultimate responsibility）确保任何"选举或任命的官员"都必须
向人民负责。司法审查就是实现这一目标的重要手段，因为它可以约束其他
政府机构，使它们的行为不背离联邦宪法的要求。同时，由于人民握有修宪

---

　　① Larry D. Kramer, "We the Court", *Harvard Law Review*, Vol. 115, No. 1, 2001, p. 162.

　　② Larry D. Kramer, *The People Themselves: Popular Constitutionalism and Judicial Review*, New
York: Oxford University Press, 2004.

　　③ Mark Tushnet, *Taking the Constitution Away from the Courts*, Princeton: Princeton University Press,
1999, p. 154.

　　④ Mark Tushnet, *Taking the Constitution Away from the Courts*, p. 181.

　　⑤ Mark Tushnet, *Taking the Constitution Away from the Courts*, p. 157.

的权力，因此司法审查也不会失控，人民完全可以放手让"负责且独立的法官充当重要的宪法调解人"，"在适当的案件中"调节各种宪政关系，从而维持美国社会中"多元利益间的平衡"（pluralist equilibrium）。① 罗斯托认为，从这个角度看，司法审查不是一个非民主的宪政机制，而是实现民主目标的重要手段。

南伊利诺伊大学的政治学教授乔治·梅斯（George Mace）虽然承认司法审查不具有民主性，但又推论出司法审查正是实现真正民主的保障。在1972年发表的《司法审查的反民主特性》一文中，梅斯认为，按照亚里士多德的理论，民主有"坏民主"（bad democracy）和"好民主"（good democracy）之分，前者是掌握权力的多数人为自己谋利益的民主，后者则是为全体人民谋利益的民主，也是美国社会所追求的民主。虽然无论是从"坏民主"还是从"好民主"的角度看，司法审查都具有"反民主的特性"（antidemocratic character），但它却可以"抵制其他政府机构实行专制"，从而能够推动实现代表全体人民利益的"好民主"。在梅斯看来，司法审查是"宪法赋予司法机关的责任"，只是因为司法机关要履行自己的这一责任就必须"独立于多数人的控制"，因此才使得司法审查具有了"反民主的特性"。②

在1994年发表的《对民主设计的司法审查》一文中，哈佛大学约翰·F. 肯尼迪政府学院的政治学教授弗雷德里克·肖尔（Frederick Schauer），也从司法审查有助于完善民主运作程序的角度，为司法审查的正当性做了辩护。肖尔认为，虽然联邦宪法提出了诸多民主制原则，但"却没有专门对大量的民主程序做详细的规定"，司法审查能在很大程度上弥补这一不足。这是因为，通过"各种不同的司法判决"，司法审查可以为模糊的民主运作程序提供可行的建议③，司法审查也因此成为民主制的重要补充。

除了从实现民主的内在运行机制的角度论述司法审查的正当性外，部分学者也从司法审查并未背离民选机构的政策取向这一维度，论证司法审查

---

① Eugene V. Rostow, "The Democratic Character of Judicial Review", *Harvard Law Review*, Vol. 66, No. 2, 1952, pp. 197—198.

② George Mace, "The Antidemocratic Character of Judicial Review", *California Law Review*, Vol. 60, No. 4, 1972, pp. 1148—1149.

③ Frederick Schauer, "Judicial Review of the Devices of Democracy", *Columbia Law Review*, Vol. 94, No. 4, 1994, p. 1327.

符合民主制原则的要求。早在 1957 年，耶鲁大学的政治学教授罗伯特·A.达尔（Robert A. Dahl）就在《民主制中的决策——作为国家政策制定者的最高法院》一文中，提出了司法审查"回应选举"（Election Returns）的观点。① 在文中，虽然达尔认为借助司法审查，联邦最高法院也成为了国家政策制定进程中的重要参与者，但他又指出，"主导联邦最高法院的政策观点从来就没有长期背离过立法机关中多数人的主流政策观念"②，司法审查的过程与立法和行政官员"回应"选民意愿的政策制定过程并无多大的区别。

罗伯特·A.达尔这一观点的影响非常深远，直到今天，很多学者在论证司法审查正当性时还大多遵循了达尔的思维路径。例如，在 2002 年发表的《宪法政治和宪法理论》一文中，马里兰大学法学院教授马克·A.格雷伯（Mark A. Graber）就认为，在司法审查中，"司法判决并不比民选官员所做的决定更有可能偏离民意"，而且，"国家的主流政治联盟"也经常会主动"邀请"联邦司法机关"承担起解决各种复杂政治纠纷的责任"。③

在 2003 年发表的《调和的人民宪政主义》一文中，纽约大学法学院教授巴里·弗里德曼（Barry Friedman）指出，总体而言，"随着时间的推移"，法院在司法审查中对宪法的解释是"反映民意的"，只不过这种反映不是直接的，而是通过法院与民众的互动逐渐得以实现的。民众可以通过对法院判决作出回应，推动法院"认知并考虑民意"，从而最终实现法院与民意之间的"调和"。④

在 2006 年出版的《最民主的部门：美国最高法院的贡献》一书中，乔治·华盛顿大学的法学教授杰弗里·罗森（Jeffrey Rosen）也认为，"在美国历史上的大多数时候"，"法院基本上与民众意愿的步调一致"，"非民选的最高法院大法官有时比民选的代表更忠实地表达出多数民众的看法"，也比很

---

① Robert Dahl, "Decision-Making in a Democracy: The Supreme Court as a National Policy-Maker", *Journal of Public Law*, Vol. 6, Issue 2, 1957, pp. 279—295.

② Robert A. Dahl, "Decision-Making in a Democracy: The Supreme Court as a National Policy-Maker", *Journal of Public Law*, Vol. 6, Issue 2, 1957, p. 285.

③ Mark A. Graber, "Constitutional Politics and Constitutional Theory: A Misunderstood and Neglected Relationship", *Law & Social Inquiry*, Vol. 27, No. 2, 2002, p. 320.

④ Barry Friedman, "Mediated Popular Constitutionalism", *Michigan Law Review*, Vol. 101, No. 8, 2003, p. 2599.

多利益集团"更准确地体现出全国多数民众的宪法态度"。① 因此，虽然握有司法审查大权的联邦最高法院大法官并非民选产生，但相比其他利益多元对立的民选机构而言，保持独立地位的联邦最高法院更能维护民主的核心价值，因而也最具有民主性。

2007 年，美国普林斯顿大学的政治学教授基思·E. 惠廷顿（Keith E. Whittington）也在《司法至上的政治基础》一书中借鉴了达尔的观点，提出美国的宪政体制之所以呈现出司法至上的特征，是与民选机构对司法权的认同和支持有着密切关系的。惠廷顿认为，司法审查不是人们"简单设想出来的"，而是"被政治建构出来的"。② 在这一建构过程中，包括总统在内的民选的"政治参与者"（political actors）认识到，司法机关有利于他们实现自己的"政治和宪法目标"，因而非常"尊重法院的权力主张"。③ 惠廷顿由此提出，司法至上不仅没有违反民主制原则，反而恰恰是民主制度所必需的。

其次，在美国学术界对司法审查的第三次大讨论中，司法审查的限度问题也是学者们争论的重点。总体而言，学者们大致是从以下三个方面展开论述的。

其一，部分学者主张控制司法审查的力度，使司法机关保持司法克制。1959 年，美国哥伦比亚大学教授赫伯特·威克斯勒（Herbert Wechsler）在其发表的《走向宪法性法律的中立主义》一文中，对司法审查应保持何种限度做了深入分析。威克斯勒虽然承认司法审查是合宪的，但他坚持认为，司法机关在审判中不能根据自己的好恶，作出具有明显倾向性的判决。威克斯勒认为，司法审判的基本要求是司法机关必须"真正按原则办案"，司法审判的每一个环节都必须建立在"超越当下特定结果的分析和推理"的基础上，从而使司法判决具有"适当的中立性（neutrality）和普适

---

① ［美］杰弗里·罗森：《最民主的部门：美国最高法院的贡献》，胡晓进译，任东来校，中国政法大学出版社 2013 年版，第 v 页，4—5 页。

② Keith E. Whittington, *Political Foundations of Judicial Supremacy*: *The Presidency*, *the Supreme Court*, *and Constitutional Leadership in U.S. History*, Princeton: Princeton University Press, 2007, p. 4.

③ Keith E. Whittington, *Political Foundations of Judicial Supremacy*: *The Presidency*, *the Supreme Court*, *and Constitutional Leadership in U.S. History*, p. 18.

性（generality）"。① 在他看来，在 20 世纪 50 年代，联邦最高法院的很多司法判决恰恰缺乏"中立性"和"普适性"，明显带有大法官自己的思想倾向，这种势头必须予以遏制。

在前述的《最小危险部门——政治法庭上的最高法院》一书中，比克尔除了提出"反多数难题"这一观点外，还提出司法审查应保持"消极的美德"（passive virtues）。比克尔认为，尽管自 1803 年的马伯里案以来，美国社会逐渐认可并接受了司法审查，但联邦最高法院也必须时刻保持"消极的美德"②，即在司法审查中，如果一宗案件所涉及的宪法问题无法从联邦宪法中得出清晰明确的答案，联邦最高法院就应该尽可能地避免作出原则性和宽泛性的判决。

这是因为，首先，在司法审查中，"联邦最高法院必须按照真正的原则行事"，而不能把司法裁判建立在一项"并不能被统一适用的'原则'之上"，如果大法官们找不到"真正的原则"，那么，"他们就只能宣布立法机关的选择有效"③，即认定联邦国会、州及地方议会的立法合宪。其次，联邦最高法院的权威依赖于人们"自动地认可"，其司法判决之所以能够被"广泛而持久地适用"，是由于大多数人认为它们是"正确的"，而不仅仅因为这些判决是由联邦最高法院宣布的。④ 因此，即使在司法审查中，联邦最高法院能够找到"真正的原则"，它也必须考虑特定情况下社会对司法判决的接受程度。在比克尔看来，虽然"没有哪个良好的社会是不讲原则的"，但同样也"没有哪个富有生机的社会是完全被原则支配的"，联邦最高法院必须学会妥协，不能"向这个国家强加一种追求绝对原则的绝对规则"，从而成为"立法机关的第三院"。⑤ 由此，比克尔认为，在 20 世纪五六十年代，联邦最高法院秉持司法自由主义所作出的很多判决，既缺乏坚实的宪法基础，也违背了美国社会的传统价值观念，带有鲜明的反民主色彩，并不具有权威性。

---

① Herbert Wechsler, "Toward Neutral Principles of Constitutional Law", *Harvard Law Review*, Vol. 73, No. 1, 1959, p. 15.

② Alexander M. Bickel, *The Least Dangerous Branch: The Supreme Court at the Bar of Politics*, p. 111.

③ Alexander M. Bickel, *The Least Dangerous Branch: The Supreme Court at the Bar of Politics*, p. 58.

④ Alexander M. Bickel, *The Least Dangerous Branch: The Supreme Court at the Bar of Politics*, p. 258.

⑤ Alexander M. Bickel, *The Least Dangerous Branch: The Supreme Court at the Bar of Politics*, p. 64.

马凯特大学的政治学教授克里斯托弗·沃尔夫（Christopher Wolfe）也对 20 世纪五六十年代以来联邦最高法院越来越明显的司法能动主义（Judicial Activism）趋向表达了不满。早在 1986 年出版的《现代司法审查的兴起》一书中，沃尔夫就提出，自 1937 年以来，随着联邦最高法院将司法审查的重点从经济领域转向民权保护领域，司法审查越来越带有"立法的特性"（legislative in character）。到 20 世纪五六十年代司法自由主义在联邦最高法院中占据主导地位后，司法审查的这个特点更为突出，这就促使联邦最高法院日益走向司法能动主义。[1]

在 1997 年出版的《司法能动主义——自由的保障还是安全的威胁？》一书中，沃尔夫又明确表示了对司法能动主义的反对。他提出，"我坚信司法能动主义是一种不可取的现象"（unfortunate phenomenon），如果没有司法能动主义，"美国会变得更好"。[2] 沃尔夫认为，即使在"缺乏宪法指导"的情况下，很多棘手的"有关自由和平等的"政治问题也都可以"通过民主的途径得到解决"。联邦最高法院以能动的姿态，凭借司法审查代替立法、行政等民主机构处理重大的政治问题，给很多问题都打上"适合以非民主的方式来解决的标签"，显然是不合适的。[3] 沃尔夫认为，虽然联邦宪法的很多规定都不清晰和统一，但即使"有必要"对各种不同的宪法解释作出"统一"，"也没有理由让法官而不是政治机构来选择采用何种解释"。[4] 在他看来，"即使是一群真正谨慎的司法监护者"在行使着司法审查权，他们给社会带来的任何好处，也都是以"牺牲人民自我管理的经验"为代价的[5]，这是不符合民主制的基本原则的。

在 1999 年出版的《就事论事——美国最高法院的司法最低限度主义》一书中，芝加哥大学法学院教授凯斯·R. 桑斯坦（Cass R. Sunstein）也力主严格约束司法审查，认为司法机关应遵循"司法最低限度主义"（Judicial

---

① Christopher Wolfe, *The Rise of Modern Judicial Review：From Constitutional Interpretation to Judge-Made Law*, New York：Basic Books, Inc., 1986, pp. 6—7.

② Christopher Wolfe, *Judicial Activism：Bulwark of Freedom or Precarious Security？*, Lanham：Rowman & Littlefield Publishers, Inc., 1997, p. x.

③ Christopher Wolfe, *Judicial Activism：Bulwark of Freedom or Precarious Security？*, p. 58.

④ Christopher Wolfe, *Judicial Activism：Bulwark of Freedom or Precarious Security？*, p. 59.

⑤ Christopher Wolfe, *Judicial Activism：Bulwark of Freedom or Precarious Security？*, p. 102.

Minimalism)，"一案一决"（One Case at a Time），尽可能控制司法审查干预的广度和深度。桑斯坦认为，"司法最低限度主义"是指"除非对于论证结果的正当性确有必要"，否则，司法机关"就不发表意见，并且尽量对某些事情不做裁定"。① 桑斯坦指出，即使司法机关必须要作出司法判决，根据"司法最低限度主义"的要求，司法机关也应使自己的判决具有"窄"和"浅"两个基本特征。前者是指司法机关"只解决手头的案件"，不在判决中制定"宽泛的规则"，"除非这样做对解决手头的案子来说确实非常必要，而且他们非如此不可"；后者则是指司法机关"尽量避免提出一些基础性的原则"，而是提供一些可以使"意见不一致的人们都能够接受的东西"，从而达成"不完全的理论化合意"（incompletely theorized agreements）。②

桑斯坦提出，"司法最低限度主义"是有助于推动实现民主的"各种目标"的。这是因为，"司法最低限度主义"不仅能尽可能地"减轻判决的负担和错误成本"，而且，"在人们就某些根本性问题无法达成一致的多元社会中，它扮演了一个积极健康的角色"③，即它给"其他政府分支留下了运作的空间"，保持了"民主过程"的开放性，能够促使利益冲突各方"达成各种妥协"，并"赋予各种法律主题以新的信息和视野"。④

其二，部分学者提出应缩小司法审查干预的范围。1980 年，加利福尼亚大学伯克利分校的法学教授杰西·H. 肖珀（Jesse H. Choper）和斯坦福大学的法学教授约翰·哈特·伊利（John Hart Ely），分别在出版的著作中以实体权利和政治程序为出发点，论述了自己对缩小司法审查干预范围的认识。

在《司法审查与国家政治进程》一书中，肖珀在分析了联邦立法和行政机构的运作方式及其相互关系后指出，联邦最高法院是最不具有民主性的政府机构。从这一认识出发，肖珀认为，为了赢得其他政府机构和公众对其司法判决的认可，防止损害自身的权威，联邦最高法院应规避审理涉及联邦制以及联邦立法与行政机构之间关系的案件，把司法审查的重点集中在民权

---

① ［美］凯斯·R. 桑斯坦：《就事论事——美国最高法院的司法最低限度主义》，泮伟江、周武译，北京大学出版社 2007 年版，第 12 页。

② ［美］凯斯·R. 桑斯坦：《就事论事——美国最高法院的司法最低限度主义》，第 22—23 页。

③ ［美］凯斯·R. 桑斯坦：《就事论事——美国最高法院的司法最低限度主义》，第 65 页。

④ ［美］凯斯·R. 桑斯坦：《就事论事——美国最高法院的司法最低限度主义》，第 73 页。

保护领域。因为联邦最高法院所具有的独立性，使它具有免受政治机构影响的得天独厚的有利条件，更能够保护个人权利不受多数人的侵害。[1]

但是，肖珀的这一观点带有明显的缺陷。这是因为，虽然肖珀提出，联邦最高法院所保护的个人权利包括联邦宪法"明确表达的"权利和"至少能够以某些令人信服的方式"在联邦宪法"宽泛的哲学框架内发现的权利"[2]，但由于联邦宪法没有明确规定的基本权利究竟是什么，并没有一个明晰的判断标准，因此，肖珀所谓的联邦最高法院对个人权利的保护，就在很大程度上建立在大法官们自己的判断上，这仍然不可避免会与其他政府机构发生冲突。

在《民主与不信任》一书中，伊利试图提出一个能够规避肖珀困境的可行之法。在本书中，伊利将司法审查中已经存在的宪法解释方法归纳为"解释主义"（interpretivism）和"非解释主义"（noninterpretivism）。前者强调用成文宪法"规定的或明确暗示的执行标准"处理宪法性问题，后者则主张"超越"宪法文本，利用宪法之外的相关资料或法官个人的认知，解读宪法并解决相关的宪法性问题。[3] 伊利认为，这两种解释宪法的方法都存在严重的问题，"解释主义"过于依赖制宪者的原初意图，无法反映当下多数人的意志，"非解释主义"则有可能使法官把自己的价值观念融入对宪法条文的解读中，从而曲解宪法的本意，肖珀思想中所存在的缺陷也即在于此。

伊利认为，更为可取的也是更符合民主制原则的解读宪法的方法是程序解读法，即在司法审查中，联邦最高法院应回避解读联邦宪法所规定的"实体价值"（substantive merits）的内涵，而是把解读宪法的重点放在保证"政治参与"（participation）程序的公正方面。[4] 伊利认为，在运用程序解读法进行司法审查时，联邦最高法院应从两个方面保证政治参与程序的公正性：其一是"清理政治变化的渠道"，保证政治变革程序的畅通；其二是"矫

---

[1] Jesse H. Choper, *Judicial Review and the National Political Process: A Functional Reconsideration of the Role of the Supreme Court*, Chicago: University of Chicago Press, 1980, pp. 59, 123, 169—170.

[2] Jesse H. Choper, *Judicial Review and the National Political Process: A Functional Reconsideration of the Role of the Supreme Court*, p. 123.

[3] John Hart Ely, *Democracy and Distrust: A Theory of Judicial Review*, Cambridge: Harvard University Press, 1980, p. 1.

[4] John Hart Ely, *Democracy and Distrust: A Theory of Judicial Review*, p. 181.

正某些歧视少数群体的行为",使所有人都能够获得平等参与政治的途径。①
在伊利看来,采用程序解读的路径,不仅能最大限度地避免在"实体价值"
内涵方面与联邦国会可能发生的冲突,而且也能够保证政治参与程序的开放
性,保证所有人都有平等的参与政治运作的机会和路径,从而实现司法审查
与民主制原则的协调。

其三,部分学者提出司法审查应遵循联邦宪法及其制定者的"本意"。
早在1971年,耶鲁大学法学院教授罗伯特·H. 博克(Robert H. Bork)就在
《中立原则与第一条宪法修正案诸问题》一文中提出,联邦最高法院必须在
司法审查中恪守宪法条文的本意,不能用法官自己的政治和价值观念曲解宪
法。博克认为,只有当联邦最高法院能够在"合理的判决"中证明,自己所
运用的"正当理论"是"来自联邦宪法"时,司法审查才会具有"合法性"。
如果大法官们在判决中只是在体现"自己的价值选择",或者只是在"遵循
自己的某些偏好",那么他就无法证明司法审查的正当性,也"必将带来多
数人或少数人的专制"。②

在1977年出版的《司法之治——第14条宪法修正案的转变》一书中,
哈佛大学的法学教授拉乌尔·伯杰(Raoul Berger)吸收了博克的思想,提
出司法审查必须回归制宪者的"原初意图"(original intention),不能将法
官自己的政治价值观念注入对宪法的解释中。在书中,伯杰分析了第14条
宪法修正案出台的过程,以及后来该修正案的内涵和适用范围的变化,重
点研究了20世纪五六十年代联邦最高法院在首席大法官厄尔·沃伦(Earl
Warren)的引领下在司法审查中对该修正案的运用。伯杰认为,沃伦法院对
第14条宪法修正案的适用,完全忽视了该修正案制定者们的原初意图,大
法官们把自己的政治理念和价值观念注入了该修正案中,实际上是"以解
释宪法为幌子不断地对联邦宪法进行修正"③,这就"超越了法院的权力边
界"④,也使司法审查失去了正当性。

---

① John Hart Ely, *Democracy and Distrust: A Theory of Judicial Review*, p. 74.

② Robert H. Bork, "Neutral Principles and Some First Amendment Problems", *Indiana Law Journal*,
Vol. 47, No. 1, 1971, p. 3.

③ Raoul Berger, *Government by Judiciary: The Transformation of the Fourteenth Amendment*,
Cambridge: Harvard University Press, 1977, p. 1.

④ Raoul Berger, *Government by Judiciary: The Transformation of the Fourteenth Amendment*, p. 415.

到 20 世纪 80 年代，随着保守主义在美国社会中的盛行，司法审查必须遵循制宪者"原初意图"的思想得到了很多人的赞同。例如，1985 年 7 月初，时任联邦司法部长的埃德温·米斯（Edwin Meese）就在"美国律师协会"的一次会议演讲中指出，联邦最高法院在司法审查中应当采用"原初意图法理学"，"尊重联邦宪法文本和意图的要求"，只有这样，才能确立"那些不受意识形态偏好玷污的根基牢固的政府原则"。① 在 1986 年 2 月发表的题为《原初意图与宪法》的文章中，已经出任哥伦比亚特区联邦上诉法院法官的罗伯特·H. 博克也对那些在司法审查中不按照制宪者的原初意图解读宪法的法官进行了批评，认为他们是"把自己的伦理道德强加给其他人"，并把经他们解读后的宪法文本"称作联邦宪法"，这是毫无宪法基础的。②

对于美国学术界中盛行的"原初意图"观，很多学者提出了异议。例如，在 1988 年出版的《原初意图与制宪者们的宪法》一书中，克莱蒙研究生大学的历史学教授伦纳德·W. 利维（Leonard W. Levy）就认为，虽然学术界一直强调司法审查必须遵循制宪者的原初意图，但实际上，真正做到这一点是不可能的。联邦最高法院大法官们发现的所谓制宪者的原初意图，只不过是他们"理解"的原初意图，未必真的就是制宪者的原初意图。③ 利维指出，探寻制宪者的原初意图如果不是"不切实际的"，也是"难以把握的"。尽管人们总是把联邦宪法看作是"永恒的"，但实际上它只是一部"未完成的"宪法，很多宪法条文的规定都"模糊不清"，需要后人不断地去解读。在利维看来，即使人们在解读宪法时根据现实的需要"扩展了宪法原文的含义"，也应该被视为是"合法的"，因为"宪法文本确定的不仅仅是一种制度，更是一个其自身持续不断发展的过程"④，在司法审查中一味地苛求遵循制宪者的原初意图是不现实的。

但是，由于进入 20 世纪 90 年代后，联邦最高法院的司法能动主义倾

---

①　Edwin Meese III, "Speech by Attorney General Edwin Meese III before the American Bar Association, July 9, 1985", in *The Great Debate: Interpreting Our Written Constitution*, Edwin Meese III, et al., Washington, D. C.: Federalist Society, 1986, p. 9.

②　Robert H. Bork, "Original Intent and the Constitution", *Humanities*, Vol. 7, Issue 1, 1986, p. 26.

③　Leonard W. Levy, *Original Intent and the Framers' Constitution*, New York: Macmillan Publishing Co., 1988, p. xi.

④　Leonard W. Levy, *Original Intent and the Framers' Constitution*, p. xiv.

向日益强烈，"原初意图"观仍然在美国学术界具有很大的影响力。例如，1999 年，普林斯顿大学的政治学教授基思·E. 惠廷顿就在其所著的《宪法解释——文本含义，原初意图与司法审查》一书中再次强调，"原旨主义"（Originalism）必须成为司法审查的指导理念，联邦最高法院应当根据联邦宪法的文本含义和制宪者的原初意图解读宪法。惠廷顿指出，从一开始，美国的制宪者们就不仅认为"他们的政府必须建立在成文宪法的基础上"，而且，这种成文宪法还必须"被明确地界定为他们的基本法"，"除非通过特殊的程序，它是不可以被改变的"。① 但是，在实际的司法审查中，联邦最高法院的大法官们在很多情况下并未遵循"原旨主义"的解读路径，这种趋势必须要得到抑制。惠廷顿认为，在司法审查中，如果联邦最高法院拒绝采用"原旨主义"的路径解释联邦宪法，那么，就很有可能使最高法院"从根本上篡夺联邦宪法没有授予它的权力"，从而"歪曲美国的宪法设计"。②

再次，除了司法审查的正当性和限度问题外，在第三次大讨论中，美国学者还探讨了司法审查的属性问题，即司法审查究竟是政治性的还是法律性的。如前所述，早在 1957 年，耶鲁大学的政治学教授罗伯特·A. 达尔就在《民主制中的决策——作为国家政策制定者的最高法院》一文中，明确提出联邦最高法院是国家政策的重要参与者，司法审查具有政治属性。在达尔的影响下，很多学者也都提出了类似的观点。

例如，加利福尼亚大学伯克利分校的法学教授马丁·夏皮罗（Martin Shapiro）提出了司法审查"制定政策"（Policy-making）的观点。夏皮罗认为，在司法审查中，联邦最高法院的大法官们是从公共舆论和当下的政治气候出发作出政策选择的，并在司法判决中利用政体和权利原则使这一政策选择拥有宪法依据。只不过联邦最高法院在阐述自己的观点时，很少带有"明显政治性的特征"而已。③ 夏皮罗认为，20 世纪五六十年代的联邦最高法院与 1937 年以前的联邦最高法院并无本质不同，它们都是通过修正过去的司

---

① Keith E. Whittington, *Constitutional Interpretation：Textual Meaning，Original Intent，and Judicial Review*，Lawrence：University Press of Kansas，1999，p. 50.

② Keith E. Whittington, *Constitutional Interpretation：Textual Meaning，Original Intent，and Judicial Review*，p. 47.

③ Martin Shapiro，"The Constitution and Economic Rights"，in *Essays on the Constitution of the United States*，M. Judd Harmon (ed.)，Port Washington：Kennikat Press，1978，p. 85.

法标准来实现自己的政策需求。它们都确认了诸多权利并强调政府不得随意加以剥夺，只不过 1937 年以前的联邦最高法院在自由放任思潮的驱动下注重保护经济权利，而 20 世纪五六十年代的联邦最高法院则受二战后美国民众平等权利意识觉醒的影响，强调个人权利的平等而已。① 但是，夏皮罗并不赞成达尔所提出的联邦最高法院的司法判决是"回应选举"的观点，而是认为联邦最高法院的政策选择是通过自身的能力使模糊的宪法原则明确化，从而为自己的政策选择提供了宪法基础。

《纽约时报》（*New York Times*）的专栏作家、著名学者安东尼·刘易斯（Anthony Lewis）和哈佛大学法学院教授阿奇博尔德·考克斯（Archibald Cox）也提出了司法审查是美国社会发展"安全阀"（Safety Valve）的观点，认为联邦最高法院的司法审查弥补了其他政府部门的职能不足，调整了利益冲突各方的关系，保证了多元社会的正常发展。② 与夏皮罗一样，刘易斯和考克斯也认为联邦最高法院没有被动地回应联邦立法和行政机关的政策选择，而是充分发挥自身独立的司法监督作用，为所有人都提供了参与政治运作的机会。在 20 世纪五六十年代美国社会、政治急剧变动的时期，正是联邦最高法院司法审查"安全阀"作用的发挥，才保证了美国社会的相对稳定。

对于夏皮罗等人把司法审查视为政治行为的观点，其他一些美国学者提出了不同看法。他们认为，由于联邦最高法院在进行司法审查时，在判决中起关键性作用的是联邦宪法、联邦法律和司法先例等，因此，司法审查在本质上是法律性的而不是政治性的。这一论点的主要代表是哈佛大学的政治学教授罗伯特·G. 麦克洛斯基（Robert G. McCloskey）、普林斯顿大学的政治学教授沃尔特·F. 墨菲（Walter F. Murphy）和欧柏林大学的政治学教授

---

① Martin Shapiro, "The Supreme Court: From Warren to Burger", in *The New American Political System*, Anthony King (ed.), Washington D.C.: American Enterprise Institute, 1978, pp.179—210.

② Anthony Lewis, "Historic Change in the Supreme Court", in *The Supreme Court under Earl Warren*, Leonard Levy, (ed.), New York: Quadrangle Books, 1972, pp.73—81; Anthony Lewis, "Earl Warren", in *The Warren Court: A Critical Analysis*, Richard Sailor, Barry B. Boyer and Richard E. Goading, Jr., (eds.), New York: Chelsea House, 1969, pp.1—31. Archibald Cox, *The Role of the Supreme Court in American Government*, New York: Oxford University Press, 1976; Archibald Cox, *The Warren Court: Constitutional Decision as an Instrument of Reform*, Cambridge: Harvard University Press, 1968; Archibald Cox, *The Court and the Constitution*, Boston: Houghton Mifflin Company, 1987.

罗纳德·卡恩（Ronald Kahn）。

麦克洛斯基认为，在司法审查中，宪法规定的政体和权利原则是决定联邦最高法院司法判决的根本因素，联邦最高法院的所有司法判决都是大法官们对上述原则进行权衡的结果。尽管司法审查确实是联邦最高法院参与制定国家政策的一个重要手段，但它在本质上仍是一个法律行为。①

与麦克洛斯基一样，虽然墨菲认为，司法审查中充满了联邦最高法院大法官们之间的讨价还价和外部利益集团施加的各种压力，但他也强调指出，决定司法判决的关键因素是宪政原则与司法先例，因此，司法审查是一个法律性的宪政运作机制。②

卡恩也认为，虽然联邦最高法院的司法审查带有很强的制定政策的意味，但司法判决的制定是以大法官们对联邦宪法所规定的政体和权利原则的认识为基础的。由于司法理念差异的存在，任何大法官都不可能以自己的政策倾向左右判决，有时判决甚至会与社会上普遍的政策要求背道而驰。在卡恩看来，将司法审查视为政治行为的最大错误在于，这种观点夸大了联邦最高法院大法官在司法审查中对外界政策趋向的重视程度，低估了联邦宪法所规定的政体和权利原则对司法审查结果的最终决定作用。③

最后，在第三次关于司法审查的大讨论中，还有部分美国学者对司法审查的演变过程以及司法审查的运作机制进行了深入研究。例如，在1990年出版的《司法审查与宪法》一书中，加利福尼亚大学的政治学教授西尔维亚·斯诺维斯（Sylvia Snowiss）就从司法机关对联邦宪法认知变化的角度论述了马伯里案前后司法审查的发展演变。

斯诺维斯认为，在马伯里案之前，司法审查的初步实践在美国就已经

① Robert G. McCloskey, *The American Supreme Court*, Chicago: University of Chicago Press, 1960.

② Walter F. Murphy, *Elements of Judicial Strategy*, Chicago: University of Chicago Press, 1964; Walter F. Murphy, "Constitutional Interpretation: The Art of the Historian, Magician, or Statesman?", *The Yale Law Journal*, Vol. 87, No. 8, 1978, pp. 1752—1771; Walter F. Murphy, "The Art of Constitutional Interpretation", in *Essays on the Constitution of the United States*, M. Judd Harmon (ed.), Port Washington: Kennikat Press, 1978, pp. 130—159.

③ Ronald Kahn, *The Supreme Court and Constitutional Theory, 1953—1993*, Lawrence: University Press of Kansas, 1994; Ronald Kahn, "God Save Us from the Coercion Test: Constitutive Decisionmaking, Polity Principals, and Religious Freedom", *Case Western Reserve Law Review*, Vol. 43, Issue 3, 1992, pp.983—1020.

出现，但在早期的司法审查中，联邦宪法被视为"基本法"（fundamental law），不同于一般的普通法律（ordinary law），它的初衷是"约束主权"，而不是"约束个人行为"，只有当政府违反了重大的基本法原则时，司法机关才予以干预。因此，早期的司法审查被认为是一种"特殊的政治行为（extraordinary political act）"，是"替代革命的司法手段"。①

在马伯里案判决中，联邦最高法院首席大法官马歇尔开始改变"对待联邦宪法的方式"，即开始把联邦宪法变成普通的"最高成文法"，并"开创性地把成文制定法的解释规则运用到了对联邦宪法的解释当中"。在此之后，联邦宪法与其他普通法律的差别"仅在于地位高低不同"，司法机关也可以"运用和解释"联邦宪法了。② 斯诺维斯认为，在马伯里案之后的许多重要案件判决中，马歇尔都通过这种"悄无声息、不为人所察觉"的方式，实现了联邦宪法的可司法化。③ 司法审查的这种变化对美国的宪政发展产生了重大影响，也是马歇尔给美国司法审查制度作出的最重大的贡献。

在对司法审查运行机制的研究方面，一些学者也做了很多富有启发性的工作，如 1986 年弗吉尼亚大学的政治学教授戴维·M. 奥布赖恩（David M. O'Brien）出版的《风暴眼——美国政治中的最高法院》、得克萨斯大学法学院教授 H. W. 佩里（H. W. Perry, Jr.）于 1991 年出版的《择案而审——美国最高法院案件受理议程表的形成》，以及纽约大学的政治学教授杰弗瑞·A. 西格尔（Jeffrey A. Segal）等人合著的《美国司法体系中的最高法院》等。④ 其中，奥布赖恩的《风暴眼——美国政治中的最高法院》一书多次再版，被公认为是研究美国司法审查运行机制的经典之作。与前述的绝大多数论著侧重分析司法审查的理论问题不同，这些著作将研究的重点集中在

---

① Sylvia Snowiss, *Judicial Review and the Law of the Constitution*, New Haven: Yale University Press, 1990, p. 2.

② Sylvia Snowiss, *Judicial Review and the Law of the Constitution*, pp. 3—4.

③ Sylvia Snowiss, *Judicial Review and the Law of the Constitution*, p. 4.

④ David M. O'Brien, *Storm Center: The Supreme Court in American Politics*, New York: W. W. Norton & Company, 2000; [美] 戴维·M. 奥布赖恩:《风暴眼——美国政治中的最高法院》，胡晓进译，任东来校，上海人民出版社 2010 年版; [美] H. W. 佩里:《择案而审——美国最高法院案件受理议程表的形成》，傅郁林、韩玉婷、高娜译，中国政法大学出版社 2010 年版; [美] 杰弗瑞·A. 西格尔、哈罗德·J. 斯皮斯、莎拉·C. 蓓娜莎:《美国司法体系中的最高法院》，刘哲玮、杨微波译，北京大学出版社 2011 年版。

联邦最高法院在行使司法审查权的过程中如何选择案件、案件审理的流程以及大法官们之间的较量等方面，从更直观的角度展现了司法审查的运作过程和规则，以及潜藏于司法审查机制内的各方力量的对抗。

总结美国政界和学术界对司法审查制度的争论和研究，可以看出有以下 4 个显著的特点：

其一，美国社会对司法审查制度的争论呈现出从政府到学术界的发展过程。在马伯里案判决确立司法审查制度后的半个多世纪里，围绕司法审查所展开的争论主要是在政府层面上，杰斐逊、杰克逊和林肯等联邦总统以及州法院的法官等都对司法审查进行过深刻的批评。直到 19 世纪 80 年代，由于司法审查对美国社会运行的干预力度日益加大，普通人对司法审查的感知程度越来越高，美国学术界才开始展开对司法审查的激烈讨论。这说明，随着司法审查从一项抽象的宪政机制或原则逐渐转变成为美国人无法回避的日常生活的一部分，美国社会对司法审查的讨论也从政府层面延展到民间社会，美国学术界对司法审查制度开始进行广泛的讨论是顺理成章的。

其二，在美国学术界对司法审查制度的讨论过程中，学者们思考的重点从最初对司法审查正当性的关注，逐渐转向对约束司法审查方法的探讨。尽管在前述的美国学术界对司法审查的三次大讨论中，司法审查的正当性都是一个永恒的争论话题，但从第二次大讨论开始，美国学术界关注的重点明显已开始向如何限制司法审查的范围方向转变。到第三次大讨论时，对司法审查限度问题的研究更是引起了越来越多学者的重视和参与。这说明，在司法审查已经实际运作了一个多世纪后，美国社会已经从最初的对司法审查正当性的质疑，逐渐转向在接受司法审查存在事实的前提下探索对司法审查的约束之道。

其三，美国学术界对司法审查制度的讨论是与美国社会的现实发展紧密地联系在一起的。美国学术界对司法审查制度所进行的三次大讨论，都是在美国特定的社会发展背景下出现的。进入 19 世纪 80 年代后，由于联邦最高法院在司法审查中极力限制联邦和州政府调控垄断，使社会公平和正义难以实现，因此引发了美国学术界对司法审查的第一次大讨论。在 20 世纪三四十年代，联邦最高法院在司法审查中推翻了众多的联邦和州政府的反危机措施，尤其是对"新政"改革进行了极力阻拦，这不仅导致了联邦政府机构之间的激烈冲突，而且也引发了美国学术界对司法审查的第二次大讨论。到 20 世纪五六十年代，随着司法自由主义在联邦最高法院中逐渐占据主导地位，司法审查的能动倾向也愈发明显。虽然在司法审查过程中，联邦最高法院在民权保护方面发挥了促进美国社会变革的"原动机"的作用，推动了社会公平的实现，但也引发了美国学术界对司法审查制度尤其是对司法审查限度问题的第三次大讨论，并一直持续至今。

其四，司法审查与民主制的关系问题始终贯穿于美国社会对司法审查的讨论过程中。无论是早期的"部门解释宪法理论"、制宪者"意图"论，还是后来的司法审查的"兼容性"理论以及约束司法审查的相关主张等，其核心都是试图从多方面来论证司法审查是否与民主制原则相冲突，是否符合美国的立宪民主原则。这是美国社会莫衷一是的一个话题，更是美国学术界的一大心结。在这方面，不同的学者从不同的角度和立场出发，自然会得出不同的结论，这也注定了美国学术界对司法审查制度的讨论将会继续进行下去。

五、当代国内学术界对美国司法审查制度的研究

当代国内学术界对美国司法审查制度的研究开始于 20 世纪 80 年代初，进入新世纪后，国内学者对这一问题的理论研究不断加深。总体而言，在 20 世纪八九十年代，国内学者对美国司法审查制度的研究，主要集中在司法审查制度的起源、历史沿革和现状等问题上。

在 1980 年出版的《美国政治制度》一书中，北京大学的沈宗灵教授就对美国的司法审查制度给予了重视。沈宗灵指出，司法审查使得联邦最高法院拥有了"解释联邦宪法的权力"，通过"在具体案件中宣布某一项立法或行政法规是否'违宪'这种形式"，联邦最高法院"往往发展甚至改变某一宪法条文原有的含义"，因此，沈宗灵认为，司法审查"实际上是改变宪法的一个重大手段"。①

在沈宗灵研究的基础上，在 20 世纪八九十年代，国内学术界对美国司法审查制度的研究开始逐渐深入，主要表现在以下 6 个方面：

---

① 沈宗灵：《美国政治制度》，商务印书馆 1980 年版，第 25 页。

　　第一，学者们大都认为1803年联邦最高法院所作的"马伯里诉麦迪逊案"判决是确立司法审查制度的标志性事件。例如，曹德谦认为，1803年马伯里案判决确立的司法审查是"美国所首创的制度，也是美国司法制度中的特色"①。孙谦认为，1803年的马伯里案"开创了司法审查的先例"，"从此以后，美国法院的司法审查权为美国法学界所承认，为司法机关所行使，成为固定的制度"。② 龚祥瑞认为，"美国联邦的司法审查开始于1803年最高法院的一个判例。从此就使美国司法机关不但可以与国会和总统鼎足而立，而且成为牵制国会和总统的有效工具，从而对美国政治制度的发展起了很大的作用"③。李昌道认为，"联邦最高法院违宪审查权的确立，起源于1803年马伯里诉麦迪逊案"④。张定河也指出，在马伯里案之后，"法院的司法审查权逐渐得到公认，成为美国立宪体制中一项重要的政治制度"⑤。

　　第二，大多数学者认为，司法审查制度在美国出现是有合理性的。孙谦认为，美国的法律传统、启蒙思想的影响以及殖民地时期的司法先例等，都是"该制度产生的历史渊源"。⑥ 张毅认为，司法审查制度之所以能在美国的宪政体制中得到确立，主要有三个原因：其一是司法审查可以从联邦宪法条文中合理地推论出来；其二是"许多制宪人都表示过支持司法审查的观点"；其三是英国早期的司法审查实践对美国确立司法审查制度有重大影响。⑦ 张定河提出，美国司法审查制度的产生，与殖民地时期的违宪观念、各州早期的司法审查实践和启蒙思想的影响等因素有关。⑧ 舒扬认为，司法审查制度之所以"首创于美国"，除了其他学者们提出的美国的"司法传统"和"理论传统"等因素外，"制宪运动潜留下来的矛盾和党派之间的明争暗斗"等因素也起到了重要作用。⑨ 徐炳则提出，美国人认可司法审查的主要

①　曹德谦：《美国政治制度史》，甘肃人民出版社1982年版，第158页。
②　孙谦：《美国司法审查制度评介》，《河北法学》1984年第1期，第47页。
③　龚祥瑞：《比较宪法与行政法》，法律出版社1985年版，第116页。
④　李昌道：《美国宪法史稿》，法律出版社1986年版，第158页。
⑤　张定河：《美国的司法审查制度》，《山东师范大学学报》（社会科学版）1991年第2期，第33页。
⑥　孙谦：《美国司法审查制度评介》，《河北法学》1984年第1期，第47页。
⑦　张毅：《最高法院与美国宪法的发展》，《美国研究》1987年第4期，第19页。
⑧　张定河：《美国的司法审查制度》，《山东师范大学学报》（社会科学版）1991年第2期，第33—34页。
⑨　舒扬：《略论美国的违宪审查权》，《重庆师范学院学报》（哲学社会科学版）1987年第1期，第19—21页。

原因，是该制度符合美国宪政体制中的分权制衡原则。①

对于上述学者的观点，朱苏力提出了不同的看法。在 1998 年发表的《制度是如何形成的？——关于马歇尔诉麦迪逊案的故事》一文中，朱苏力虽然承认司法审查的出现具有合理性，但又认为"司法审查制度的发生完全是一个历史的偶然"，司法审查并不是理性设计的结果，而是 19 世纪初美国政坛中各党派"追求各自利益的副产品"。在朱苏力看来，马伯里案判决只是为司法审查"提出了某些理由，并在一定程度上为此后司法机关审查国会立法的合法性铺了路"，"但它创造的仅仅是一种可能性，而不是必然性"。②

第三，国内学者们分析了美国司法审查的主要内容。学者们大多认为，司法审查的发展是与美国时代发展的特征紧密相连的。如在 19 世纪初，司法审查的趋向是树立联邦权威，在内战后到"新政"时期，司法审查重点关注了经济的自由发展问题，"新政"后司法审查的重点则转向民权保障。③因此，总体而言，美国的司法审查主要涉及了三个重要的领域，即"各州和联邦政府的关系领域、联邦政府内部的分权领域和私人权利领域"。④

此外，部分学者还论述了联邦最高法院在司法审查中尽力回避触及的一些问题。例如，张定河提出，联邦最高法院在行使司法审查权时是很谨慎的，大致遵循了两个原则，即"不告不理"和"回避政治及行政问题"。⑤李毅也认为，美国的司法审查一般会利用"司法自制技术"，回避审理涉及政治问题和某些重大宪法问题的案件。⑥

第四，国内学者开始关注司法审查中的宪法解释问题。在这方面，最具代表性的是张毅在 1987 年发表的《最高法院与美国宪法的发展》一文。在文中，张毅论述了美国学术界在司法审查应如何处理宪法解释问题上的三个主要观点，即"按字面解释论"、"不按字面解释论"和介于前两种观点之

---

① 徐炳：《美国司法审查制度的起源——马伯里诉麦迪逊案述评》，《外国法译评》1995 年第 1 期，第 42 页。

② 朱苏力：《制度是如何形成的？——关于马歇尔诉麦迪逊案的故事》，《比较法研究》1998 年第 1期，第 69—70 页。

③ 舒扬：《略论美国的违宪审查权》，《重庆师范学院学报》（哲学社会科学版）1987 年第 1 期，第21—24 页；黄正东：《美国司法审查权的历史与现状》，《社会科学》1984 年第 8 期，第 44—45 页。

④ 钱福臣：《美国司法审查制度介绍》，《学术交流》1997 年第 5 期，第 91 页。

⑤ 张定河：《美国的司法审查制度》，《山东师范大学学报》（社会科学版）1991 年第 2 期，第 34 页。

⑥ 李毅：《美国联邦最高法院的司法审查权》，《法学杂志》1999 年第 1 期，第 47—48 页。

间的温和观点①，显示出国内学术界在美国司法审查制度研究方面已开始重视更为复杂的理论问题。

第五，国内学者对美国的司法审查制度给予了不同的评价。张毅认为，司法审查没有造成联邦最高法院与联邦国会和总统之间权力的失衡，联邦最高法院借助司法审查对联邦宪法所作的解释与联邦国会和总统的解释"同大于异"，司法审查在总体上顺应了美国社会的发展，因此，司法审查并不与美国的民主机制相冲突。②张定河则认为，美国的司法审查制度有很明显的缺陷，如司法审查不能摆脱法官"个人政治倾向性的影响"，司法审查中"出现的判决错误难以纠正"，司法审查所采用的"简单多数裁决投票制有失公允，不能令人信服"，"司法审查权的应用，使司法部门的权力凌驾于立法和行政部门之上"等，因此，司法审查带有显著的消极作用。③

还需要指出的是，在这一时期尤其是在 20 世纪 80 年代，国内学者大多是从阶级斗争的观点出发对美国的司法审查制度进行评价的，带有明显的时代痕迹。例如，黄正东认为，美国的司法审查"始终维护着资产阶级的根本利益"④。韩大元认为，美国的司法审查"为统治阶级进行有效统治提供法律依据"，是"调整统治阶级内部矛盾的有效工具"和"缓和国内阶级斗争和民族矛盾的有力工具"。⑤张锐智也认为，美国的司法审查"是维护资本主义制度长治久安，调整统治阶级内部矛盾，实现分权制衡统治的有力工具"⑥。

第六，部分学者还提出了美国司法审查制度的可借鉴性。韩大元提出，虽然司法审查是"资产阶级司法制度的一部分"，但"认真研究和探讨美国司法审查制度，对于我们健全适合我国国情的宪法保障体制是有一定借鉴意义的"。⑦张锐智认为，对于美国的司法审查制度，"我们不能全面否定，也不能盲目效仿，而应找出于我们有用的东西来"。在他看来，在研究美国司

---

① 张毅：《最高法院与美国宪法的发展》，《美国研究》1987 年第 4 期，第 24—26 页。

② 张毅：《最高法院与美国宪法的发展》，《美国研究》1987 年第 4 期，第 27—32 页。

③ 张定河：《美国的司法审查制度》，《山东师范大学学报》（社会科学版）1991 年第 2 期，第 34—35、31 页。

④ 黄正东：《美国司法审查权的历史与现状》，《社会科学》1984 年第 8 期，第 45 页。

⑤ 韩大元：《美国司法审查制度在政治生活中的作用》，《法学评论》1985 年第 3 期，第 54 页。

⑥ 张锐智：《司法审查权是实现美国分权制衡政治的可靠保证——西方政体可借鉴性思考之一》，《辽宁大学学报》1988 年第 6 期，第 25 页。

⑦ 韩大元：《美国司法审查制度在政治生活中的作用》，《法学评论》1985 年第 3 期，第 54 页。

法审查制度时，分权、制衡和法治问题是三个"值得研究借鉴"的重要问题。① 王庆珍则主张，借鉴美国司法审查制中蕴含的"以权力制约权力的制衡思想，吸取其以司法权制衡行政权的成功举措，应不失为我们的一项明智之举"。②

进入新世纪后，国内学者对美国司法审查制度的研究进一步深入，学者们在继续探讨美国司法审查制度起源与历史沿革的同时，开始重点关注与美国司法审查制度有关的诸多理论问题。尤其需要指出的是，进入新世纪后，以美国司法审查制度为研究主题的硕士和博士学位论文不断出现，显示了国内学术界对美国司法审查制度重视程度的加深。总体而言，在进入新世纪后，国内学术界对美国司法审查制度的研究主要表现在以下6个方面：

第一，国内学术界继续探讨美国司法审查制度的起源与历史沿革。与20世纪八九十年代不同，进入新世纪后，国内学者在研究美国司法审查制度起源问题时，除了论证马伯里案的重要性外，更加细致地探索司法审查在美国产生的原因。很多学者认为，欧洲的法律传统和美国早期的政治和司法实践等都对美国司法审查制度的产生起到了重要的推动作用。③ 例如，任东来认为，英国的普通法传统和洛克的政府思想构成了美国宪法的思想来源，也催生了美国的司法审查制度。④ 朱仁华认为，"美国违宪审查的思想渊源至少可以追溯到英国的爱德华·柯克爵士"，美国独立后，制宪时期的论战以及联邦和州法院早期的司法实践都为司法审查"奠定了思想、制度和先例

---

① 张锐智：《司法审查权是实现美国分权制衡政治的可靠保证——西方政体可借鉴性思考之一》，《辽宁大学学报》1988年第6期，第25、12页。

② 王庆珍：《以司法权制衡行政权——美国司法审查制的启示》，《学术界》1997年第1期，第76—77页。

③ 王希：《原则与妥协：美国宪法的精神与实践》，北京大学出版社2000年版，第168—184页；汪新胜：《美国司法审查制度研究》，硕士学位论文，武汉大学，2005年，第2—13页；李强：《美国联邦最高法院与司法审查》，硕士学位论文，山东大学，2007年，第7—18页；胡锦光主编：《违宪审查比较研究》，中国人民大学出版社2006年版，第1—23页；郭巧华：《美国司法审查制度的渊源及其确立》，《史学月刊》2008年第9期，第55—62页；张静文：《美国司法审查制度的起源》，硕士学位论文，华东政法大学，2011年，第4—41页；薄瑾：《美国司法审查制度研究》，硕士学位论文，辽宁大学，2012年，第8—15页。

④ 任东来：《美国宪法的英国普通法传统》，《美国研究》2002年第4期，第105—110页；任东来：《试论美国最高法院与司法审查》，《美国研究》2007年第2期，第28—47页；任东来、胡晓进、白雪峰、翟艳芳：《在宪政的舞台上——美国最高法院的历史轨迹》，中国法制出版社2007年版，第62—67页。

方面的基础"。虽然马伯里案催生了司法审查制度，但该案之前的"孕育"才是"违宪审查制度得以产生的关键"。[1] 刘大生质疑了美国司法审查制度产生的"偶然论"，提出"美国司法审查制度恰恰就是制宪会议设计的并由美国宪法加以确认的"，但他也认为"马歇尔受理马伯里诉麦迪逊案在程序上违反了美国宪法，马歇尔判决书的内容也违反了美国宪法"。[2] 范进学认为，美国的司法审查并非只由马伯里案判决确立的，而是"与同时代和前代人对相关法律的理解和阐释紧紧结合在一起的"[3]。张千帆等人也认为，"虽然司法审查的方法首先在美国得到有效实施，其理念却并非来自'马伯里决定'，而是几个世纪的欧洲和美洲殖民地时代自然法思想长期影响的逻辑结果"[4]。

在对美国司法审查制度的历史沿革研究方面，白雪峰分析了20世纪五六十年代沃伦法院司法自由主义出现的原因、表现及其对美国当代宪政发展的深刻影响，此外还有专文论述了19世纪末20世纪初联邦最高法院司法审查中的"司法达尔文主义倾向"。[5] 胡晓进和任东来分析了从19世纪末到罗斯福"新政"时期联邦最高法院在司法审查中所显示出的保守色彩，并分析了个中的原因。胡晓进还以联邦制案件为例，分析了伦奎斯特法院的保守倾向，认为伦奎斯特法院"通过复活州主权豁免理论"，"为州权找到了新的突破口，也更新了联邦主义的含义"。[6] 李强以司法审查权同其他政府部门之间的博弈为线索，分析了从美国独立到内战、内战到"新政"以及"新政"至今美国司法审查制度的发展演变。[7] 王绍迦解读了1938年联邦最高法院在卡罗琳产品案中附加的第四脚注，分析了该脚注所体现的保护权利和程序

① 朱仁华：《美国违宪审查的历史探渊》，《环球法律评论》2007年第5期，第7页。

② 刘大生：《美国司法审查制度是如何产生的——对一种流行说法的质疑》，《江苏行政学院学报》2006年第6期，第109—114页。

③ 范进学：《美国司法审查制度》，中国政法大学出版社2010年版，第1—64页。

④ 张千帆、包万超、王卫明：《司法审查制度比较研究》，译林出版社2012年版，第81页。

⑤ 白雪峰：《司法自由主义与沃伦法院研究》，博士学位论文，南京大学，2001年；白雪峰：《论19世纪末20世纪初美国联邦最高法院的"司法达尔文主义"》，《清华法治论衡》2004年第4辑，第156—175页。

⑥ 胡晓进、任东来：《保守理念与美国联邦最高法院——以1889—1937年的联邦最高法院为中心》，《美国研究》2003年第2期，第48—72页；胡晓进：《美国伦奎斯特法院保守性初探——以联邦主义问题的相关判决为中心》，《南京大学学报》（哲学·人文科学·社会科学）2004年第3期，第30—37页。

⑦ 李强：《美国联邦最高法院与司法审查》，硕士学位论文，山东大学，2007年，第19—34页。

公正的思想对此后美国司法审查制度的影响。① 刘昂论述了 20 世纪五六十年代沃伦法院时期司法审查的变化，认为沃伦法院的司法能动主义"提升了联邦最高法院的宪政地位"，"开启了司法审查制度的现代化嬗变"。② 顾寅跃论证了 1937 年"宪法革命"前后，联邦最高法院司法审查的变化，认为"宪法革命"推动联邦最高法院完成了"自身的重新定位"。③ 雷安军则分析了美国司法审查制度从早期阶段到传统阶段、转型阶段和现代阶段的发展转变，并分析了导致这一变化的原因。④

第二，国内学者开始研讨美国司法审查的限度问题，重点在于分析司法审查中存在的司法能动与司法克制两种观念的冲突。学者们一般认为司法能动和司法克制是美国司法审查中的两种司法哲学，它们在美国司法审查制度的历史演变中是交替出现的。其中，马歇尔法院、"洛克纳时代"的联邦最高法院、沃伦法院、伯格法院和伦奎斯特法院等是美国司法能动的典型时期，在其他时期联邦最高法院则主要秉持了司法克制哲学。⑤ 学者们大多认为，司法能动和司法克制的交替出现以及这两种司法哲学之间的冲突，与美国的法律传统、社会发展的需要、民主制的要求以及美国宪政体制的运作等有着密切关系。⑥

---

① 王轺迦：《第四脚注与美国司法审查制度——卡罗琳产品案的历史分析》，硕士学位论文，华东政法大学，2008 年。

② 刘昂：《试论美国司法审查制度的现代化嬗变——从沃伦大法官典型判例展开》，硕士学位论文，西南政法大学，2009 年。

③ 顾寅跃：《1937 年"宪法革命"与美国最高法院的转变》，硕士学位论文，华东政法大学，2011 年。

④ 雷安军：《美国现代司法审查的兴起》，《北方法学》2011 年第 6 期，第 38—48 页。

⑤ 李桂林：《司法能动主义及其实行条件——基于美国司法能动主义的考察》，《华东政法大学学报》2010 年第 1 期，第 86—97 页；杨建军：《美国司法能动的历史发展》，《浙江工商大学学报》2010 年第 4 期，第 24—31 页；程汉大：《司法克制、能动与民主——美国司法审查理论与实践透析》，《清华法学》2010 年第 6 期，第 7—19 页；刘冰净：《论美国的司法能动主义——以联邦最高法院司法的实践为视角》，硕士学位论文，华中师范大学，2012 年，第 6—10 页；刘佳：《浅析美国的司法能动主义》，硕士学位论文，山东大学，2012 年，第 17—22 页。

⑥ 曾初云：《美国司法能动主义述评》，《河北理工大学学报》(社会科学版) 2006 年第 3 期，第 46—48 页；黄先雄：《司法谦抑论——以美国司法审查为中心》，博士学位论文，湘潭大学，2007 年；刘练军：《论司法自制——以美国案例为材料》，《中国矿业大学学报》(社会科学版) 2007 年第 1 期，第 48—53 页；杨建军：《美国司法能动的历史发展》，《浙江工商大学学报》2010 年第 4 期，第 24—31 页；施嵩：《美国司法能动主义评析》，《云南大学学报》2010 年第 2 期，第 55—64 页；程汉大：《司法克制、能动与民主——美国司法审查理论与实践透析》，《清华法学》2010 年第 6 期，第 7—19 页；王卉：《论美国司法积极主义》，硕士学位论文，山东大学，2011 年；冯静：《美国司法积极主义哲学论》，博士学位论文，上海交通大学，2012 年。

第三，国内学者对美国司法审查的正当性问题进行了较深入的讨论。任东来、刘练军、周永坤和雷安军等人认为，美国的司法审查是自然法、普通法和分权制衡机制的合理产物。① 何海波认为，从长时段看，司法审查的结果符合民意的要求，因此，司法审查带有"多数主义"的色彩，并没有违反美国的民主原则。对于"反多数难题"而言，"真正的问题不是司法审查是否符合'民主'，而是现有的民主理论是否符合政治现实"②。李琦认为，由于美国的司法审查涉及民主、分权、人权等复杂问题，因此，司法审查"在理论上困难重重，在实践上却大行其道"，呈现出"知难行易"的特点。③ 范进学认为，除上述诸因素外，美国司法审查的早期实践、制宪者的意图、人民对司法审查的接受以及司法审查对少数人权利的保障等也构成了司法审查正当性的来源。④ 庞凌也从宪政视野下法院的职责、法院运用司法审查的优势等方面进一步论述了美国司法审查的正当性。⑤

第四，美国司法审查中的宪法解释问题引起了国内学者的关注。在这方面，范进学和崔雪丽从宏观的角度，论述了美国司法审查中出现的具有代表性的宪法解释理论，如原意主义或原旨主义、非原旨主义、解释主义、非解释主义、文本主义、道德解读、程序解读、历史解读等，分析了这些宪法解释方法产生的原因、法理基础、主要内容和司法运用等。⑥ 其他学者对美国宪法解释问题的研究主要集中在原旨主义或原意主义方面，论述了这一宪

---

① 任东来：《美国宪法的英国普通法传统》，《美国研究》2002 年第 4 期，第 105—110 页；刘练军：《司法审查之思想源流与制度预设——论美国制宪会议有关司法审查的辩论》，《厦门大学法律评论》2007 年 6 月第 13 辑，第 228—248 页；周永坤：《违宪审查的民主正当性问题》，《法制与社会发展》2007年第 4 期，第 78—89 页；雷安军：《美国司法审查理论基础：自然法和制衡分权学说》，《江苏警官学院学报》2008 年第 5 期，第 90—100 页；赵衡：《美国司法审查制度成因初析》，硕士学位论文，苏州大学，2003 年。

② 何海波：《多数主义的法院：美国联邦最高法院司法审查的性质》，《清华法学》2009 年第 6 期，第 103—135 页。

③ 李琦：《司法审查正当性论争之辨析》，《法律科学》（西北政法大学学报）2012 年第 6 期，第 11—26 页。

④ 范进学：《美国司法审查制度》，中国政法大学出版社 2010 年版，第 184—206 页。

⑤ 庞凌：《论司法审查的正当性基础》，博士学位论文，苏州大学，2008 年。

⑥ 范进学：《美国宪法解释方法论》，法律出版社 2010 年版；崔雪丽：《美国宪法解释研究》，博士学位论文，山东大学，2011 年。

法解释理论的基本主张、理论基础、面临的挑战和评价等。① 此外，刘连泰和江振春还对自然法理论在美国宪法解释中的运用做了较为细致的分析。②

第五，部分国内学者对美国司法审查中的典型个案或专题做了较为深入的分析。例如，白雪峰论述了 20 世纪五六十年代的议席分配案件、宗教自由案件、堕胎案件和《权利法案》联邦化问题；③ 隋永舜分析了种族隔离制度的典型案件；④ 桑东辉分析了堕胎案对美国宪法发展的影响等。⑤

第六，在新世纪，国内学者还翻译了很多国外关于美国司法审查的经典著作和联邦最高法院判决词。在译介国外经典著作方面，北京大学出版社组织翻译的"宪政经典"系列丛书和中国政法大学出版社组织翻译的"美国法律文库"系列丛书影响最大，其中的很多著作都涉及美国司法审查制度或联邦最高法院的历史和运作。⑥

---

① 张翔：《美国宪法解释理论中的原旨主义》，《山东社会科学》2005 年第 7 期，第 17—22 页；王春鹏：《论美国宪法解释中的原意主义》，硕士学位论文，山东大学，2008 年；侯学宾：《美国宪法解释中的原旨主义——一种学术史的考察》，《法制与社会发展》2008 年第 5 期，第 128—137 页；饶志静：《原旨主义与美国宪法解释理论的论争》，《广西政法管理干部学院学报》2008 年第 1 期，第 107—111 页；施嵩：《美国宪法解释理论与实践中的原意主义——基于美国宪政历程的考察》，《法律方法》2009 年第 9 卷，第 145—157 页；侯学宾、刘哲：《美国宪法解释中原旨主义的内在困境》，《法律方法》2009 年第 8 卷，第 94—104 页；施嵩：《美国宪法解释的原意主义研究》，博士学位论文，山东大学，2010 年；马洪伦：《美国宪法解释理论中的原旨主义和实用主义》，《云南大学学报法学版》2011 年第 2 期，第 2—6 页；马洪伦：《论美国宪法原意主义方法论之争——20 世纪 70—80 年代》，博士学位论文，山东大学，2012 年。

② 刘连泰：《自然法理论在宪法解释中的运用——以对美国宪法的解释为例》，《浙江社会科学》2009 年第 9 期，第 23—29 页；江振春：《美国联邦最高法院裁决中的自然法解释》，《美国研究》2011 年第 2 期，第 115—134 页。

③ 白雪峰：《沃伦法院与美国议席分配制度改革》，《世界历史》2001 年第 3 期，第 47—54 页；白雪峰：《上帝与权利之间的艰难选择：从"恩格尔诉瓦伊塔尔案"看美国宪政》，《甘肃社会科学》2005 年第 4 期，第 45—49 页；任东来、白雪峰：《当自由遇到"生命"的时候》，《法学家茶座》2005 年第 9 辑，第 62—68 页；白雪峰：《美国联邦最高法院与〈权利法案〉联邦化》，《文史哲》2012 年第 1 期，第 119—129 页。

④ 隋永舜：《美国最高法院与种族隔离制度的演变》，《山东师范大学学报》（人文社会科学版）2002 年第 3 期，第 99—102 页。

⑤ 桑东辉：《从堕胎权之争看美国宪政及美国社会——以"罗伊诉韦德案"为例》，《中华女子学院学报》2005 年第 5 期，第 55—59 页。

⑥ 例如，西尔维亚·斯诺维斯：《司法审查与宪法》，谌洪果译，北京大学出版社 2005 年版；亚历山大·M. 比克尔：《最小危险部门——政治法庭上的最高法院》，姚中秋译，北京大学出版社 2007 年版；凯斯·R. 桑斯坦：《就事论事——美国最高法院的司法最低限度主义》，泮伟江、周武译，北京大学出版社 2007 年版；克里斯托弗·沃尔夫：《司法能动主义——自由的保障还是安全的威胁?》，黄金荣译，中国政法大学出版社 2004 年版；罗伯特·麦克洛斯基：《美国最高法院》，任东来、孙雯、胡晓进译，任东

　　中国方正出版社出版的《宪法的精神——美国联邦最高法院 200 年经典判例选读》和商务印书馆出版的《最高法院与宪法——美国宪法史上重要判例选读》①，是联邦最高法院经典案例判决词选集。这两本书都译自美国历史学家斯坦利·I. 库特勒（Stanley I. Kutler）选编的英文版联邦最高法院判例选集②，虽属于重复翻译，但也方便了国内读者更准确地理解美国司法审查中的经典案例。法律出版社出版的《大法官的智慧——美国联邦法院经典案例选》，大部分内容取材自联邦最高法院的重要案件判决，但也有部分内容属于州法院判决。③

　　从上述国内研究现状可以看出，虽然国内学术界对美国司法审查制度的研究起步较晚，但也取得了很多有价值的研究成果。国内学者的研究已经从最初的对马伯里案和司法审查制度起源的研究，逐渐扩展到对司法审查涉及的诸多理论问题的研究，如司法审查的正当性、宪法解释等。这标志着国内学术界对美国司法审查制度的研究已经有了一定的深度和广度，为后续的进一步研究奠定了坚实的基础。

来、陈伟校，中国政法大学出版社 2005 年版；伯纳德·施瓦茨：《美国最高法院史》，毕洪海、柯翀、石明磊译，中国政法大学出版社 2005 年版；杰弗里·罗森：《最民主的部门：美国最高法院的贡献》，胡晓进译，任东来校，中国政法大学出版社 2013 年版。

　　①　北京大学法学院司法研究中心编：《宪法的精神——美国联邦最高法院 200 年经典判例选读》，邓海平等译，中国方正出版社 2003 年版；斯坦利·I. 库特勒编：《最高法院与宪法——美国宪法史上重要判例选读》，朱曾汶、林铮译，商务印书馆 2006 年版。

　　②　Stanley I. Kutler, ed., *The Supreme Court and the Constitution*：*Readings in American Constitutional History*，New York：W. W. Norton & Company, 1984.

　　③　邓冰、苏益群编译：《大法官的智慧——美国联邦法院经典案例选》，法律出版社 2004 年版。

第 二 章

美国司法审查制度的确立

在美国宪政史中，司法审查制度的确立源自于 1803 年联邦最高法院审理的"马伯里诉麦迪逊案"。虽然该案对此后美国联邦最高法院的权力运作和美国宪政体制的发展都产生了重大影响，但该案的案由却并不复杂。1801 年 12 月 17 日，威廉·马伯里（William Marbury）等 4 人在联邦最高法院起诉时任联邦国务卿的詹姆斯·麦迪逊（James Madison），要求联邦最高法院按照《1789 年司法条例》（Judiciary Act of 1789）① 第 13 条的规定，发布"执行令状"（Writ of Mandamus），强制麦迪逊将前任总统约翰·亚当斯签发的联邦地区法院治安法官（Justice of Peace）的委任状发还给他们，"马伯里诉麦迪逊案"遂由此产生。

虽然从表面上看，马伯里案涉及的只是普通的联邦官员任职问题，但实际上，该案之所以产生，却是缘于"1800 年革命"（Revolution of 1800）前后美国激烈的政党斗争。

一、政党斗争与"马伯里诉麦迪逊案"的缘起

"1800 年革命"是指在 1800 年的美国大选中，崇尚州权与自由的民主

---

① U. S. Congress, "An Act to Establish the Judicial Courts of the United States" (September 24, 1789), in *United States Statutes at Large*, Vol. 1, pp. 73—93.

共和党（Democratic-Republican Party）战胜了主张加强联邦政府权力的联邦党（Federalist Party），赢得了大选的最终胜利。在这次"革命"中，不仅民主共和党人托马斯·杰斐逊击败了联邦党人总统约翰·亚当斯，当选为下一任美国总统，而且民主共和党也成为联邦国会参众两院的多数党，从而预示着美国的政治发展将出现重大转向。

对于"1800 年革命"在美国政治和社会发展中的重大意义，杰斐逊曾给予过积极的评价。首先，杰斐逊认为，"1800 年革命"在美国历史上第一次实现了政治权力的和平交接。在杰斐逊看来，"1800 年革命"是一场"关于我国政府原则的真正革命"，"正如 1776 年的革命是关于我国政府形式的真正革命一样"。但是，"1800 年革命"更重要的意义在于，这场革命"并不像 1776 年革命那样用刀剑来完成，而是用合理而和平的改革手段，即人民的选举权来完成的"。在这场革命中，"全国人民在由选举而产生的行政和立法这两个机构中，宣布了他们罢免执行一种政策的人员而选举执行另一种政策的人员的意志"。① 这种和平的政治权力交接方式将会对美国此后的政治发展产生深远的影响。

其次，杰斐逊认为，"1800 年革命"标志着民主战胜了专制，共和主义（Republicanism）再次成为美国政治思想的主流。在就任总统后写给著名政治家约翰·迪金森（John Dickinson）的信中，杰斐逊就清晰地表达了自己对这一变化的深刻感触。杰斐逊认为，在"1800 年革命"前，联邦党人以专制手段控制了美国政坛，曾使美国这艘"航船"几乎"沉没"，但是，1800 年民主共和党人的胜利表明，美国经受住了"风浪的考验"，它又重新回到了"共和主义的航道上"。在杰斐逊看来，联邦党人之所以能够在执政期间推行专制政策，主要原因是他们"蒙蔽"了美国人民，使美国社会偏离了民主原则，但是，现在"蒙眼布已经被拿掉了"，美国人不久将会看到一个"完美的团结"，民主共和党人建立的是一个"公正和稳固的共和政府"，它"将成为其他国家的人民所争取和模仿的榜样"。②

但是，尽管杰斐逊对"1800 年革命"给予了高度的评价，但实际上，

---

① ［美］菲利普·方纳编：《杰斐逊文选》，王华译，商务印书馆 1963 年版，第 24 页。

② ［美］梅利尔·D. 彼得森编：《杰斐逊集》（下），刘祚昌、邓红风译，三联书店 1993 年版，第 1243 页。

这场所谓的"革命"并不彻底。虽然民主共和党人通过政治选举，成功地掌控了联邦行政和立法机构，但他们却无法在短时间内改造联邦司法机关。这是因为，在"1800 年革命"前，联邦党人完全控制了联邦司法机构，在联邦司法系统中，没有一名民主共和党人法官。① 根据联邦宪法的规定，如果联邦法官"行为端正"（during good behavior）则终身任职，这就意味着，在"1800 年革命"后，尽管联邦行政和立法机构都被民主共和党人所控制，但这并不等于说联邦司法机关也必然会出现民主共和党人所希望看到的重大变化。

联邦党对联邦司法机构的控制，集中地体现在联邦最高法院的人员构成和司法趋向上。在"1800 年革命"前，联邦最高法院的全体 6 名大法官，都是坚定的联邦党人。首席大法官奥利弗·埃尔斯沃思（Oliver Ellsworth）、大法官威廉·库欣（William Cushing）、威廉·佩特森（William Paterson）和塞缪尔·蔡斯（Samuel Chase），都是华盛顿总统精心挑选的坚定维护联邦政府权力的人。联邦党总统亚当斯任命的布什罗德·华盛顿（Bushrod Washington）和艾尔弗雷德·穆尔（Alfred Moore）大法官，也都在政治立场上与总统保持着高度的一致。

"1800 年革命"前，联邦最高法院之所以全部由联邦党人大法官组成，是与当时美国的政治现实密切相关的。在联邦建立之初，尽管华盛顿总统对美国政坛中开始出现的政党充满了厌恶之情，认为党争是"点燃一方的仇恨之火反对另一方"②，从而"使本应亲如手足般地聚集在一起的人们彼此疏远"③，甚至"终将导致更加正式的和永久的专制"④，但在提名和任命联邦最高法院大法官时，华盛顿总统还是明显地表现出更加偏重联邦党人的思想倾向。

华盛顿总统身上所体现出的这种思想与行为的矛盾，其实并不难理解。这是因为，虽然在提名联邦最高法院大法官时，华盛顿总统通常会综合考虑

---

① Bernard Bailyn, et al., *The Great Republic：A History of the American People*, Vol. I , Lexington：D. C. Heath and Company, 1985, p. 267.

② ［美］华盛顿：《华盛顿选集》，聂崇信、吕德本、熊希龄译，商务印书馆 1983 年版，第 319 页。

③ ［美］华盛顿：《华盛顿选集》，第 316 页。

④ ［美］华盛顿：《华盛顿选集》，第 318—319 页。

多种因素，如被提名人应支持联邦宪法，应有参加美国革命的经历，应积极参与所在州的政治活动，应有助于联邦最高法院体现美国不同地域的利益等，① 但是，"支持联邦宪法"是华盛顿总统最为看重的因素。华盛顿总统认为，尽管正当的司法是"构建良好政府的最强的黏合剂"，但只有把司法机关建立在可靠的基础之上，它才能够"对公民的幸福和美国政治制度的稳定发挥至关重要的作用"。② 而这个可靠的基础，在华盛顿总统看来，只能是美国人费尽心力才刚刚制定的 1787 年联邦宪法。

与 1781 年生效的《邦联条例》（Articles of Confederation）不同，联邦宪法改变了此前过分强调维护州权力的邦联制，架构了联邦政府与州政府分权的联邦制，组建了联邦政府，并赋予其足以维系整个联邦顺利运作的国家政府权力。在这一崭新的宪政体制开始运作时，新组建的联邦最高法院所面临的首要问题，便是如何凭借联邦宪法赋予的审判宪法性案件的权力，从宪法的高度界定并维护联邦政府的权威。这就要求联邦最高法院的大法官们必须尊重联邦宪法的至上性，严格遵循联邦宪法所确立的联邦制原则，巩固联邦政府的权力。从这个意义上讲，华盛顿总统在提名联邦最高法院大法官时，更加青睐那些主张加强联邦政府权力的联邦党人，乃是宪政体制变化后美国社会和政治发展的现实需要。

在华盛顿之后，亚当斯总统提名并任命联邦党人出任联邦最高法院大法官，除了与华盛顿总统有类似的宪政考量外，更多的则是出于联邦党与民主共和党进行政治斗争的考虑。正如美国学者乔治·L. 哈斯金斯（George Lee Haskins）所说，作为一个有着强烈党派观念的人，亚当斯本人绝不能接受那些心怀反联邦主义原则的人。在他看来，如果不能把所谓"安全的人"（safe men）安插进联邦最高法院，将会背弃那些联邦主义者们对他的信任。③ 亚当斯从党派立场出发提名和任命联邦最高法院大法官，更进一步在客观上延续了联邦党人主导联邦最高法院的局面。

---

① Matthew P. Harrington, *Jay and Ellsworth, The First Courts：Justices, Rulings, and Legacy*, Santa Barbara：ABC-CLIO, 2008, pp. 31—32.

② Matthew P. Harrington, *Jay and Ellsworth, The First Courts：Justices, Rulings, and Legacy*, p. 31.

③ George Lee Haskins and Herbert A. Johnson, *History of the Supreme Court of the United States*, Vol. II, *Foundations of Power：John Marshall, 1801—1815*, p. 129.

除大法官的人员构成体现了联邦党人对联邦最高法院的掌控外，联邦最高法院在成立初期所进行的诸多司法审判，也都带有鲜明的联邦党色彩。其中，联邦最高法院对《惩治叛乱法》（The Sedition Act）的大力支持，以及最高法院大法官坚持适用普通法（common law）扩大联邦司法权，是两个最突出的表现。

《惩治叛乱法》是联邦国会在 1798 年为压制国内不同政见、遏制民主共和党的政治影响而制定的一项法案。该法案规定，截止到 1801 年 3 月 3 日，凡是以"不正当的联合或合谋"的手段，阻碍联邦法律的实施或阻挠政府官员履职的行为，都是犯罪；"撰写、表达或出版……任何虚假、诽谤或恶意的文字"，"蓄意中伤"联邦政府、总统和任何联邦国会议员的行为，都是非法的。①

该法案是美法关系恶化和美国国内激烈政党斗争的产物。在当时，因法国革命而引发的欧洲动荡日益加剧。为保护刚刚获得独立的美国的自身利益，早在华盛顿总统执政时期，美国就竭力试图摆脱 1778 年《法美同盟条约》（Treaty of Alliance with France）的束缚。虽然根据该条约，美国应向独立时期的盟国法国提供必要的援助，但在联邦建立之初，美国并没有足够的国力承担这一条约义务。1793 年 4 月，华盛顿总统发表了《中立宣言》（Proclamation of Neutrality），宣布美国对欧洲交战各国采取"友好的和不偏不倚的态度"，并要求所有的美国人都必须"小心翼翼地避免采取任何有违上述立场的行为和举动"，努力在欧洲事务中保持中立。②

亚当斯总统执政后，美国的中立政策越来越引起法国的不满，法美关系逐渐恶化，并最终使两国关系进入了互相劫掠对方船只的"准战争"（Quasi-War）状态。③为防止同情法国革命的民主共和党人抨击亚当斯政府的外交政策，扩大民主共和党的政治影响力，由联邦党人控制的联邦国会于 1798 年 7 月制定了《惩治叛乱法》，在经亚当斯总统签署后迅速生效。

---

① U. S. Congress, "An Act in Addition to the Act Entitled 'An Act for the Punishment of Certain Crimes against the United States'" (July 14, 1798), in *United States Statutes at Large*, Vol. 1, pp. 596—597.

② "Washington's Proclamation of Neutrality, April 22, 1793", in *Documents of American History*, Vol. I, Henry Steele Commager (ed.), Englewood Cliffs: Prentice-Hall, Inc., 1973, pp. 162—163.

③ Alan Brinkley, *The Unfinished Nation: A Concise History of the American People*, Boston: The McGraw-Hill Companies, Inc., 2000, p. 174.

《惩治叛乱法》的出台引发了民主共和党人的强烈不满。他们认为，该法案严重侵犯了公民自由，其目的就是要打压民主共和党人或其支持者对联邦党政府内外政策的抨击。民主共和党人的这种思想，集中地体现在由杰斐逊和麦迪逊分别于 1798 年 11 月和 12 月匿名起草的《肯塔基州决议案》(Kentucky Resolution) 和《弗吉尼亚州决议案》(Virginia Resolution) 中。

在这两份决议案中，杰斐逊和麦迪逊首先认为，《惩治叛乱法》限制美国人自由地表达对时局的看法，严重侵犯了联邦宪法第 1 条修正案所明确保护的言论和出版自由，其本身就是违宪的。其次，他们认为，在制定联邦宪法这一"契约"(compact) 时，各州并未"无限制地授权给"联邦政府，而只是把那些目的明确、范围有限的权力给予了联邦政府。《惩治叛乱法》的制定，使得联邦政府得以把自己的权力扩张到联邦宪法所禁止的领域中，这种行为显然是无效的。各州都有权力宣布该法违宪，以"遏制罪恶蔓延"，维护各州公民的自由和权利。①

除杰斐逊和麦迪逊从法理上对《惩治叛乱法》的合宪性进行抨击外，民主共和党人还认为，联邦党人刻意把《惩治叛乱法》的有效期截止到 1801 年 3 月 3 日，即亚当斯总统任职的最后一天，清楚地表明联邦党人颁布这一法案的目的，是方便他们在亚当斯竞选连任时起诉亚当斯的反对者，而一旦亚当斯竞选失败，民主共和党人上台执政后，却又不能利用已经失效的这一法案起诉相关的联邦党人。因此，该法案的颁布绝不是为了维护美国社会的稳定，而是党派立法的典型表现。② 这就进一步说明，联邦党政府是"一个极其可怕的敌人，它比法国督政府更需要人们去时刻提防"。③

但是，在联邦党人的思想中，民主共和党人的上述抨击根本难以立足。联邦党人坚持"精英统治"理论 (concept of an elite ruling class)，认为政治运作并非所有人都可以自由参与，它只能是那些"数量不多，家境富裕且出

---

① "The Kentucky and Virginia Resolutions of 1798", in *Documents of American History*, Vol. I, Henry Steele Commager (ed.), pp. 178—183.

② Melvin I. Urofsky and Paul Finkelman, *A March of Liberty: A Constitutional History of the United States*, Vol. I, New York: Oxford University Press, 2002, p. 182.

③ John C. Miller, *The Federalist Era: 1789—1801*, New York: Harper & Row, 1960, p. 237.

身社会上层的人"的特权。正如联邦最高法院第一任首席大法官杰伊所说，"只有那些能够支配国家的人才是最适合参与国家管理的人"①。从这种认知出发，联邦党人进而认为，普通民众参与政治仅限于政治选举，一旦民众在选举中表达了对被选举的政府官员的"信任"，这种"信任"就将一直持续到下次选举为止。在政府官员任职期间，他们都有"宪法权力"按照自己的考量进行政府管理。如果允许普通民众可以随意地和无端地对政府及官员进行批评的话，那就意味着对宪法和政府的颠覆。这对政府和人民而言，都是一种蔑视和羞辱。②

　　基于上述思想，联邦党人认为，在美法关系逐渐恶化的情况下，民选政府制定《惩治叛乱法》是必要的备战措施。虽然联邦宪法第 1 条修正案保护美国人的言论和出版自由，但却不能以此为依据，将那些"与敌人为伍"、"诽谤、中伤政府"的人也纳入到保护的范畴。③ 在联邦党政府的坚持下，《惩治叛乱法》得到了强制推行，并引发了巨大争议。

　　在《惩治叛乱法》的实施过程中，联邦最高法院的大法官们发挥了重要作用。例如，在 1798 年 10 月的"莱昂案"中，佛蒙特州的联邦众议员民主共和党人马修·莱昂（Matthew Lyon），因在报刊上发表诋毁亚当斯政府的言论而被起诉。莱昂认为，亚当斯政府中充斥着"可笑的浮夸、愚蠢的谄媚和自私的贪婪"，亚当斯政府的长期执政是对"大众幸福的吞噬"。在一封公开发表的信中，莱昂认为，亚当斯总统有关美法关系的言论是"霸道的"，联邦参议院作出的回应也是"愚蠢的"，亚当斯应当被送进"疯人院"。④

　　在由联邦最高法院大法官佩特森主持的佛蒙特司法区联邦巡回法院（Federal Circuit Court）的审判中，莱昂辩论称，《惩治叛乱法》违反了第 1 条宪法修正案所做的保护公民言论自由（Freedom of speech）的规定，其本

---

①　James Morton Smith, "The Sedition Law, Free Speech, and the American Political Process", *The William and Mary Quarterly*, Vol. 9, No. 4, 1952, p. 500.

②　James Morton Smith, "President John Adams, Thomas Cooper, and Sedition: A Case Study in Suppression", *The Mississippi Valley Historical Review*, Vol. 42, No. 3, 1955, p. 464.

③　Matthew P. Harrington, *Jay and Ellsworth, The First Courts: Justices, Rulings, and Legacy*, p. 26.

④　Francis Wharton, *State Trials of the United States during the Administrations of Washington and Adams*, Pennsylvania: Carey and Hart, 1849, pp. 333—334.

身是违宪的，依照该法案对他所作的起诉是不成立的。同时，莱昂还坚信自己的言论符合事实，并不存在恶意诽谤的情节。①

但是，在给大陪审团（Grand Jury）的审查指导意见中，佩特森大法官对莱昂的辩护作出了反击。他认为，《惩治叛乱法》是否违宪不是本案讨论的问题，"在本法案被有权判定其合宪性的法院推翻之前，它的有效性是不容置疑的"。佩特森大法官认为，在本案中，大陪审团所要关注的是莱昂是否发表了那些言论，以及那些言论是否具有煽动性，是否意图诋毁联邦总统及政府是可恶和卑鄙的，从而败坏总统和政府的声誉。如果大陪审团能够"毋庸置疑地确信"莱昂的"无罪假设是不成立的"，那么，莱昂就必须接受《惩治叛乱法》的制裁。② 在佩特森大法官的主导下，大陪审团最终认定莱昂的违法事实成立，判处其 4 个月监禁和 1000 美元罚款。

在"莱昂案"之后，联邦最高法院大法官蔡斯也在主持联邦巡回法院审判时，支持利用《惩治叛乱法》压制对亚当斯政府的批评。作为亚当斯总统的拥趸，蔡斯坚信"放纵不羁的报刊宣传是摧残自由的元凶和社会灾难的渊薮"，舆论必须被限定在适当的范围内，《惩治叛乱法》正是维护社会自由和稳定的必要措施。③ 在 1800 年的"库珀案"和"卡伦德案"中，蔡斯大法官的这种思想得到了突出表现。

在这两宗先后由宾夕法尼亚和弗吉尼亚司法区联邦巡回法院审判的案件中，蔡斯都竭力主导法院，依照《惩治叛乱法》判定民主共和党人托马斯·库珀（Thomas Cooper）和詹姆斯·C. 卡伦德（James C. Callender）有罪。在这两个案件中，库珀和卡伦德被指控多次利用报刊和演讲，恶意诋毁亚当斯总统的执政能力和内外政策，如国家信用的大幅度降低缘于亚当斯总统执政能力的低下，亚当斯总统坚持在和平时期维持常备军威胁了人民的自由，亚当斯总统及其幕僚在外交问题上的拙劣表现导致了美法关系逐渐恶化，其目的是要"与英国暴君结盟"，"忠诚地满足英国国家利益的需

---

① Francis Wharton, *State Trials of the United States during the Administrations of Washington and Adams*, p. 335.

② Francis Wharton, *State Trials of the United States during the Administrations of Washington and Adams*, p. 336.

③ Matthew P. Harrington, *Jay and Ellsworth, The First Courts：Justices, Rulings, and Legacy*, pp. 163—164.

要"等。①

尽管在庭审时库珀和卡伦德竭力证明自己的言论既无不实之处，也无任何恶意，但都遭到了蔡斯大法官的反驳。蔡斯认为，库珀和卡伦德对亚当斯总统及其政府的指责不仅毫无根据，而且也充满了"非常明显的恶意"。正如蔡斯所说，库珀和卡伦德无端攻击亚当斯总统的执政能力和政策，甚至还"把亚当斯总统说成是一个凶手、窃贼、独裁者和暴君"，"这难道仅仅是一种意见的表达"？② 在蔡斯看来，尽管每个人都有权利表达自己的思想，但却"不能伤害到那些你所反对的人的声誉"③。

蔡斯认为，任何一个"文明国家"都不会容忍"虚假、无耻和恶意的诽谤"。这是因为，如果一个人试图摧毁人民对政府及其官员的信任，那么，"他实际上就是在削弱政府的基础"。在蔡斯看来，"导致共和政府崩溃的手段不外乎有两个，即人民开始迷恋奢华和肆无忌惮的报刊宣传"。虽然后者并不像前者那样会立竿见影，但它却是"摧毁政府最可靠的手段"。④ 从这个意义上讲，库珀和卡伦德对亚当斯总统及其政府的恶意攻击，实际上是带有颠覆美国共和政府的企图的，必须依照《惩治叛乱法》予以惩处。在蔡斯大法官的主导下，库珀和卡伦德先后被大陪审团认定为有罪，受到了监禁和罚款的惩处。

联邦最高法院大法官对《惩治叛乱法》的支持，极大地影响了其他联邦法院的司法判决。据统计，在《惩治叛乱法》实施期间，联邦司法机关根据该法案先后发起了 15 宗针对民主共和党人的诉讼，其中，有 10 宗案件的被告人被认定有罪。⑤

联邦最高法院大法官在司法审判中坚持适用英国普通法，也体现了联

---

① Francis Wharton, *State Trials of the United States during the Administrations of Washington and Adams*, pp. 659, 689.

② Francis Wharton, *State Trials of the United States during the Administrations of Washington and Adams*, p. 695.

③ James Morton Smith, "President John Adams, Thomas Cooper, and Sedition: A Case Study in Suppression", *The Mississippi Valley Historical Review*, Vol. 42, No. 3, 1955, p. 460.

④ Francis Wharton, *State Trials of the United States during the Administrations of Washington and Adams*, pp. 670—671.

⑤ Alfred H. Kelly, Winfred A. Harbison and Herman Belz, *The American Constitution: Its Origins and Development*, Vol. I, New York: W. W. Norton & Company, Inc., 1991, p. 132.

邦党人努力扩大联邦政府权力的思想趋向。英国普通法（Common Law）是在英国诺曼征服后的 11—13 世纪，由司法判例和盎格鲁—撒克逊人的习惯、惯例形成的适用于全国的法律。早在殖民地时代，普通法就被移植到北美，并逐渐成为在北美英属殖民地占主导地位的法律。但是，在美国独立尤其是在联邦建立后，普通法是否能够继续在美国适用，成为美国社会争论的一个重要问题。其中，在联邦宪法确立了权力分立体制后，联邦司法机构是否仍然能够按照普通法传统，在没有联邦国会明确立法的情况下，凭借自己的自由裁量权确立所谓的"普通法罪行"（common law crimes），更是一个引发联邦党人与民主共和党人激辩的话题。

例如，在 1799 年的"沃勒尔案"中，商人罗伯特·沃勒尔（Robert Worrall）因被控贿赂联邦税收官，在宾夕法尼亚司法区的联邦巡回法院受审。在庭审中，围绕沃勒尔贿赂联邦税收官的行为是否构成行贿罪，法庭出现了尖锐的意见分歧。这是因为，虽然联邦国会曾在 1790 年制定了《联邦罪行法》（Crimes Act of 1790）[1]，并确认行贿某些联邦官员为犯罪，但该法在列举行贿对象时，联邦税收官却不在其中。因此，沃勒尔的行贿罪是否成立，甚至联邦巡回法院是否有权受理沃勒尔案就成为法庭辩论的首要问题。

沃勒尔的辩护律师亚历山大·J. 达拉斯（Alexander J. Dallas）首先认为，所有的联邦诉讼都必须以联邦法律为基础，根据 1790 年的《联邦罪行法》，构成行贿罪的要件中并不包括贿赂联邦税收官，因此，沃勒尔的行贿罪名并不成立。其次，达拉斯认为，联邦宪法第 10 条修正案明确规定，"本宪法未授予合众国、也未禁止各州行使的权力，保留给各州行使，或保留给人民行使之"[2]，因此，在缺乏联邦法律支持的情况下，贿赂联邦税收官是否构成犯罪应当由各州决定，如果联邦巡回法院强行受理此案，就严重违反了联邦制原则。[3]

---

① U. S. Congress, "An Act for the Punishment of Certain Crimes against the Unites States"（April 30, 1790）, in *United States Statutes at Large*, Vol. 1, pp. 112—119.

② 本书所有涉及美国联邦宪法及其修正案的内容，均译自詹姆斯·M. 伯恩斯和 J. W. 佩尔特森等人所著的《民治政府》中所载的《美国联邦宪法》原文（James M. Burns, J. W. Peltason, et al., *Government by the People*, Upper Saddle River：Prentice Hall, Inc., 1998, pp. 45—51.），以下不一一注明。

③ Kermit L. Hall, *The Magic Mirror：Law in American History*, New York：Oxford University Press, 1989, p. 85.

尽管在审理中，联邦最高法院大法官蔡斯与联邦地区法院法官理查德·皮特斯（Richard Peters）一度出现意见分歧，但最终蔡斯还是尊重了皮特斯的意见，认为虽然 1790 年的《联邦罪行法》并未把贿赂联邦税收官的行为明确界定为犯罪，但根据联邦国会制定的《1789 年司法条例》，对于"那些合众国可以依法认定为犯罪和违法的行为"，联邦巡回法院享有"专属审判权"，因此，联邦巡回法院有权受理此案，并根据法官的自由裁量权确定沃勒尔是否有罪。最终，联邦巡回法院认定沃勒尔行贿罪名成立，判处其 3 个月监禁和 200 美元罚款。①

同年，康涅狄格司法区联邦巡回法院审理的"威廉姆斯案"，更进一步体现了联邦最高法院大法官坚持适用普通法的司法趋向。在该案中，康涅狄格州诺威奇市（Norwich）的艾萨克·威廉姆斯（Isaac Williams）被控接受法国政府委任，担任法国海军军官，直接参与了法英冲突，触犯了美英政府签署的《杰伊条约》（Jay Treaty）。《杰伊条约》是 1794 年 11 月由联邦最高法院首席大法官杰伊代表美国政府与英国签署的条约，旨在缓和当时日益激化的美英矛盾，确保美国在欧洲事务中保持中立。为保证该条约得到执行，该条约的第 21 条特别规定，缔约国的任何人，"不得以敌视和暴力行为相互对待"；"不得接受任何一方敌对国的委任或指令"，参加它们的武装部队；也"不得接受任何外国的委任状或缉捕敌方船只的特许状，在海上武装劫掠对方的物质"等，否则，将受到严惩。②

在庭审中，威廉姆斯并不否认他接受法国政府委任，担任法国军职的事实。但他举证指出，早在 1792 年秋，他就放弃了对美国的效忠，宣誓归化法国，并一直在法国本土和法国的海外领地内居住。因此，作为一个法国人，他从 1792 年开始担任法国军职的行为，完全不受《杰伊条约》的约束。

对于威廉姆斯的上述辩护理由，主持审判的联邦最高法院首席大法官埃尔斯沃思予以了反驳。埃尔斯沃思认为，要判断威廉姆斯是否违反了《杰伊条约》，必须首先判定威廉姆斯究竟是美国人还是法国人。在他看来，威

---

① Francis Wharton, *State Trials of the United States during the Administrations of Washington and Adams*, p. 199.

② U. S. Congress, "Treaty of Amity, Commerce and Navigation, Between His Britannic Majesty and the United States of America"（November 19, 1794）, in *United States Statutes at Large*, Vol. 8, p. 127.

廉姆斯所谓的他已经放弃了美国国籍、成为一名法国人的理由是完全站不住脚的。埃尔斯沃思认为，虽然美国已经获得了独立，但普通法依然在美国有效，"正如它在美国革命前是有效的一样"。依照普通法传统，任何一个"社会共同体"（civil community）都必须遵循两个重要原则，其一是社会共同体的成员都必须接受共同体"契约"（compact）的约束；其二是任何一名共同体成员都不能单方面地解散共同体。按照这两个原则，如果威廉姆斯要放弃美国国籍，他必须首先得到美国政府的允许，在没有得到政府允许的情况下，威廉姆斯自行宣布放弃美国国籍的行为是无效的。因此，在 1792 年后，威廉姆斯仍旧是一名美国人，他参与法国针对英国的军事行动，显然已经违反了《杰伊条约》的相关规定。① 在埃尔斯沃思的主导下，联邦巡回法院最终认定威廉姆斯违法罪名成立，判处其 4 个月监禁和 1000 美元罚款。

在"1800 年革命"前，联邦最高法院大法官的司法趋向引发了美国社会尤其是民主共和党人的极大不满。例如，作为民主共和党喉舌的《费城曙光报》（Philadelphia Aurora）在当时刊文指出，在与《惩治叛乱法》有关的案件中，联邦最高法院的大法官们用自己的政治偏见影响大陪审团，把本来应该是"弘扬法律、理性和公平的神圣法庭"，变成了一个向普罗大众宣讲联邦党政治理念的"讲坛"，他们"狡猾地以指导大陪审团为借口"，实际上却是"用法律权威做掩护"，鼓动起人们心中那种"令人担忧的政治狂热"。正如杰斐逊所说，联邦最高法院大法官竭力向大陪审团灌输联邦党的政治观念，事实上使大陪审团由一个"法律机构"蜕变成了"政治工具"，丧失了起码的公平正义。②

对于联邦最高法院大法官坚持适用普通法的司法行为，民主共和党人也给予了猛烈抨击。他们认为，在缺乏联邦立法的情况下，如果容许联邦司法机关仅凭自己的自由裁量权就任意界定刑事犯罪的话，那么，"国家政府就拥有了几乎不受限制的权力"③。在 1799 年 8 月 18 日致美国政治家埃德

---

① Francis Wharton, *State Trials of the United States during the Administrations of Washington and Adams*, pp. 653—654.

② Charles Warren, *The Supreme Court in United States History*, Vol. I, Boston: Little, Brown, and Company, 1926, p. 165.

③ Melvin I. Urofsky and Paul Finkelman, *A March of Liberty: A Constitutional History of the United States*, Vol. I, p. 166.

蒙·伦道夫（Edmund Randolph）的信中，杰斐逊就指出，在美国革命前，美国不存在统一的普通法，独立后，新建立的联邦也没有就此加以确认，因此，普通法"在新的联合体中没有成为法律"。联邦最高法院大法官们所谓的他们有权根据普通法确定犯罪的"新理论"是"最可怕的"，美国人必须"与这样的风车作战"。①

《费城曙光报》也认为，"美国根本就不存在普通法"，在缺乏联邦国会立法的情况下，联邦最高法院大法官借助所谓的英国普通法原则，打压那些支持法国革命的民主共和党人，实际上是在"引颈就轭，屈服他国"。另一份民主共和党报纸《弗吉尼亚辩论报》（Virginia Argues）也刊文指出，联邦最高法院大法官坚持在美国适用普通法，"是在复兴那种早已为人所唾弃的、可耻的封建封臣制度"，这足以说明联邦最高法院的大法官们是"共和原则的敌人"和"君主制原则的鼓吹者"。该报认为，在联邦最高法院大法官们的操纵下，"作为美国政府基本原则的分权制衡遭到了抛弃"，本来应该保持独立的司法机关也倒向了联邦党，显露出"怯懦的奴性"。这实际上是在"挑战人的权利，侮辱美国人的尊严，亵渎联邦宪法"。弗吉尼亚州的《自由之神报》（Genius of Liberty）甚至认为，在美国独立后，联邦最高法院大法官坚持适用英国普通法，只能意味着"美国人仍然是大英帝国的臣民"。②

总之，在"1800年革命"前，联邦最高法院因强力推行联邦党的政治理念，引发了美国社会的激烈批评，这也成为联邦党人在1800年大选中失利的一个重要原因。

1800年大选失败后，在即将失去对联邦行政和立法机构控制的情况下，联邦党人迅速采取了三项针对联邦司法机关的重要措施，力图通过控制联邦司法权，继续在联邦政府中保有自己的政治影响力。

首先，亚当斯总统在1801年1月提名并任命了时任联邦国务卿（Secretary of State）的约翰·马歇尔（John Marshall）接替因病辞职的埃尔斯沃斯，出任下一任联邦最高法院首席大法官。马歇尔早年追随华盛顿参加了美国革命，后曾担任弗吉尼亚州议会议员和联邦众议员，1800年6月出

---

① ［美］梅利尔·D. 彼得森编：《杰斐逊集》（下），第1219—1222页。

② Charles Warren, *The Supreme Court in United States History*, Vol. I, pp. 160—161.

任亚当斯政府的国务卿。马歇尔是一位坚定的联邦党人，亚当斯任命马歇尔出任联邦最高法院首席大法官，毫无疑问是希望在未来的联邦最高法院的司法裁判中，能够最大限度地保持联邦党人的控制力和影响力。

联邦党人采取的第二项措施是制定《1801 年司法条例》（Judiciary Act of 1801），该条例在亚当斯总统签署后于 1801 年 2 月 13 日正式生效。该条例规定，联邦最高法院大法官的人数由 6 人减为 5 人，联邦巡回法院由原来的 3 个增加为 6 个，并取消了联邦最高法院大法官的巡回司法任务等。①

从表面上看，《1801 年司法条例》并不是联邦党人为挽救大选失利后的政治颓势而做的急就章，该条例的诸多规定都是美国政坛长期讨论的话题。例如，早在上一届国会期，联邦国会就已经开始就该条例所涉及的司法改革问题展开辩论，《1801 年司法条例》只不过是对早先的司法改革草案的具体落实。在这当中，取消联邦最高法院大法官的巡回司法任务就是最明显的例证。

早在 1790 年 8 月，联邦最高法院的大法官们就曾联名致信华盛顿总统，希望他能代为向联邦国会陈述，《1789 年司法条例》所做的每个巡回法院必须由两名联邦最高法院大法官参与审判的规定，给大法官们正常的工作和生活带来了"过于繁重的"负担。② 同年 12 月 31 日，时任联邦司法部长的埃德蒙·伦道夫在一份提交给联邦众议院的报告中，也把联邦最高法院大法官身兼两职视为联邦司法制度的最大缺陷。③1792 年 1 月 5 日，民主共和党的《国民报》（National Gazette）也曾刊文抱怨，联邦最高法院大法官经常不能如期参加巡回法院的开庭，给陪审团和当事人都带来了诸多不必要的麻烦。④ 在此背景下，联邦国会于 1793 年 3 月通过了一项初步改革巡回司法的法案，该法案虽没有取消联邦最高法院大法官的巡回司法任务，但规定此后

---

①　U. S. Congress, "An Act to Provide for the more Convenient Organization of the Courts of the Unites States" (February 13, 1801), in *United States Statutes at Large*, Vol. 2, pp. 89—100.

②　George Lee Haskins and Herbert A. Johnson, *History of the Supreme Court of the United States*, Vol. Ⅱ, *Foundations of Power: John Marshall, 1801—1815*, p. 112.

③　George Lee Haskins and Herbert A. Johnson, *History of the Supreme Court of the United States*, Vol. Ⅱ, *Foundations of Power: John Marshall, 1801—1815*, pp. 116—117.

④　George Lee Haskins and Herbert A. Johnson, *History of the Supreme Court of the United States*, Vol. Ⅱ, *Foundations of Power: John Marshall, 1801—1815*, p. 115.

每个巡回法庭开庭时，只需一名联邦最高法院大法官参加即可。① 从这个意义上讲，《1801 年司法条例》取消联邦最高法院大法官的巡回司法任务，只不过是此前美国巡回司法制度改革的延续，并非联邦国会一时的心血来潮。在取消联邦最高法院大法官的巡回司法任务后，增加联邦巡回法院的数量，以满足联邦司法的需要，也是顺理成章的事情。

但是，实际上，在联邦国会貌似水到渠成地制定《1801 年司法条例》的背后，联邦党力图在大选失败后继续控制联邦司法机构的动机却是非常明显的。例如，联邦最高法院大法官人数从 6 人减为 5 人，名义上是为了避免大法官投票时出现僵局，但其更主要的目的是尽可能减少杰斐逊上台执政后提名和任命大法官的机会。联邦巡回法院数量的增加，带来了 16 个巡回法院法官职位的空缺，这就给即将失去政权的联邦党政府提供了把更多的联邦党人安插进联邦司法机关的机会。因此，正如美国学者伯纳德·施瓦茨（Bernard Schwartz）所说，虽然《1801 年司法条例》取消了联邦最高法院大法官的巡回司法任务，这是一件非常"令人愉快的"改革，但更应当看到的是，该条例的制定，使得"联邦党控制的跛鸭国会"（lame-duck Federalist Congress）可以"创立一整套全新的联邦司法系统"，并由这个"在大选中失败的政党"成员来填补出现的法官空缺。②

联邦党力图继续控制联邦司法权的第三项措施是在 1801 年 2 月 27 日制定通过了《哥伦比亚特区组织法》（District of Columbia Organic Act of 1801）。根据该法，联邦政府开始在哥伦比亚特区组建特区法院，并被授权任命 42 名联邦治安法官③，这就给联邦党人在联邦司法系统中安插更多的亲信提供了有利的机会。

在亚当斯总统于 3 月 2 日提出 42 名联邦治安法官的人选后，联邦参议院于 3 月 3 日即亚当斯总统任职的最后一天迅速批准了这些任命。在经亚当斯总统签署后，尚未卸任的国务卿马歇尔迅速开始发送这些委任状。但是，

---

① U. S. Congress, "An Act in addition to the Act Entitled 'An Act to Establish the Judicial Courts of the United States'"（March 2, 1793）, in *United States Statutes at Large*, Vol. 1, pp. 333—335.

② Bernard Schwartz, *A History of the Supreme Court*, New York: Oxford University Press, 1993, p. 30.

③ U. S. Congress, "An Act concerning the District of Columbia"（February 27, 1801）, in *United States Statutes at Large*, Vol. 2, pp. 103—108.

由于时间紧迫，到当天午夜时分，仍有 17 份委任状未能发出，只得留待新任总统杰斐逊上任后再行发送。

联邦党人在联邦司法机构中突击安插亲信的做法，引起了民主共和党人的强烈不满。杰斐逊认为，虽然联邦党人失去了政权，但是，他们现在却"躲到了司法机关这个堡垒中"，"从那里发射炮弹，要把共和主义的所有成就都一一摧毁和抹去"。另一位民主共和党人威廉·B. 贾尔斯（William B. Giles）也认为，联邦党人是在"眼见自己时日不多"的情况下，把联邦司法机关当作了"保护自己的工具"，使联邦司法系统中"塞满了怀揣联邦党政治原则的狂热分子"。①

在这种激烈的政党对立的情绪下，杰斐逊在 1801 年 3 月 4 日宣誓就职后，立刻下令新任国务卿麦迪逊搁置尚未发出的 17 份联邦地区法院治安法官委任状。虽然大多数没有接到委任状的"午夜法官"（Midnight Judges）都默认了杰斐逊总统的这一举动，但马伯里等 4 人坚持在当年 12 月向联邦最高法院起诉，要求联邦最高法院强制国务卿麦迪逊发还他们的委任状，美国宪政史中影响极其深远的马伯里案由此开始。

二、马伯里案判决与司法审查制度的确立

虽然联邦最高法院在 1801 年 12 月就受理了马伯里等人的起诉，但直到 1803 年 2 月，最高法院才得以对该案作出判决。该案审判之所以会出现如此长时间的延迟，同样是与当时民主共和党与联邦党的政党斗争有着密切的关系。

为了回击联邦党人在联邦司法系统中安插亲信的做法，在杰斐逊总统的支持下，1802 年 3 月，由民主共和党人控制的联邦国会通过了《废止法案》（The Repeal Act），废除了《1801 年司法条例》，撤销了新增设的联邦巡回法院和 16 个巡回法官职位。② 该法案的通过虽然在一定程度上削弱了联邦党人在联邦司法机构中的势力，但该法案的合宪性却充满了争议。这是因

① Charles Warren, *The Supreme Court in United States History*, Vol. I, p. 193.

② U. S. Congress, "An Act to Repeal Certain Acts Respecting the Organization of the Courts of the United States; and for Other Purposes" (March 8, 1802), in *United States Statutes at Large*, Vol. 2, p. 132.

为，尽管民主共和党人坚持认为，根据联邦宪法的规定，联邦国会有权决定是否设立除联邦最高法院以外的联邦下级法院，但联邦党人反驳指出，联邦宪法同样也规定，如果在任的联邦法官没有违反"行为端正"标准，他们将终身任职。① 在联邦党人看来，如果《废止法案》的合宪性得到支持，联邦国会中的民主共和党人就可以利用撤销或建立联邦下级法院的手段，随意更换联邦法官，从而使联邦国会得以轻易地干涉司法审判，这就严重违反了联邦宪法所规定的分权原则。②

为了最大限度地确保《废止法案》不被推翻，联邦国会中的民主共和党人又在同年 4 月制定了《1802 年司法条例》(Judiciary Act of 1802)，将原来《1801 年司法条例》所做的联邦最高法院在每年 6 月和 12 月两次开庭的规定，改为每年 2 月开庭一次。③ 根据这一新规定，联邦最高法院原定当年的两次开庭全部被取消，下一次开庭延迟到 1803 年 2 月。民主共和党人希望通过修改联邦最高法院的开庭期，能够在最大程度上为那些被剥夺了联邦巡回法官职位的联邦党人设置诉讼障碍，使他们无法在《废止法案》生效后的短时间内，就可以在联邦最高法院提起针对该法案的司法诉讼。在民主共和党人看来，当联邦最高法院在 1803 年 2 月开庭时，或许联邦党人当初的怒火"已经逐渐平息了"，《废止法案》也可因此得以存续下去。④

尽管民主共和党人与联邦党人之间的政党冲突给马伯里案的审判带来了长达 14 个月的延迟，但这一延迟也给联邦最高法院尤其是首席大法官马歇尔提供了足够的时间深入思考审判的对策。毫无疑问，在"1800 年革命"前后美国激烈的政党斗争的背景下，"马伯里诉麦迪逊案"这宗貌似简单的民事侵权案件，其背后所隐藏的政党冲突的痕迹是显而易见的。也正因为如此，该案使联邦最高法院陷入了一种"既大伤脑筋又前途未卜的窘境"

---

① 美国《联邦宪法》第 3 条第 1 款规定，"合众国的司法权，属于最高法院和国会可不时规定和设立的下级法院。最高法院和下级法院的法官如行为端正，得继续任职……"

② Alfred H. Kelly, Winfred A. Harbison and Herman Belz, *The American Constitution：Its Origins and Development*, Vol. I , pp. 166—167.

③ U. S. Congress, "An Act to Amend the Judicial System of the United States" (April 29, 1802), in *United States Statutes at Large*, Vol. 2, p. 156.

④ Melvin I. Urofsky and Paul Finkelman, *A March of Liberty：A Constitutional History of the United States*, Vol. I , p. 191.

(painful and unpromising dilemma）之中。①

一方面，马伯里等人的起诉有充分的法律依据。在联邦国会制定的《1789 年司法条例》中，第 13 条明确规定，联邦最高法院有权"在法律原则和惯例许可的案件中"，"向在合众国权力管辖内任命的任何法院或担任公职的人发布执行令状"。② 因此，联邦最高法院受理此案，实为其职责所在。同时，联邦最高法院大法官都是联邦党人，借由审理此案，给刚刚上台执政的民主共和党人一定程度的打击，也符合联邦党的政治需要。

但另一方面，如果联邦最高法院颁发执行令状，国务卿麦迪逊必然会置之不理。事实上，联邦最高法院在接受马伯里等人的起诉后，曾要求麦迪逊说明扣留委任状的原因，但并未得到麦迪逊的任何回复。③ 在这种情况下，如果联邦最高法院作出对麦迪逊不利的判决，那也仅仅是"一纸宣告"（paper declaration），因为联邦最高法院并无执行权，其判决的实施只能依赖行政机构的积极配合。在当时政党冲突极其激烈的情况下，依靠杰斐逊政府执行对其自身不利的联邦最高法院判决，显然是不现实的。但是，如果驳回马伯里的起诉，又等于放弃了联邦宪法赋予联邦最高法院的"司法权"，认可了联邦行政机关违反法律程序的行为。④ 因此，正如美国学者阿奇博尔德·考克斯（Archibald Cox）所说，无论联邦最高法院做何种判决，民主共和党人都将从中获得政治利益，"这是显而易见的"。联邦最高法院要么会因自己的"无能"而极大地削弱自身的权威，要么"或许会永远放弃对行政侵权的司法制约权"，这无论如何都是联邦最高法院所无法接受的。⑤

经过缜密思考，首席大法官马歇尔终于寻找到一个既可以维护联邦最高法院的权威，同时又可以最大限度地减少与民主共和党政府发生冲突的策略。在 1803 年 2 月 24 日公布的由马歇尔撰写的判决中，马歇尔通过解答 4 个紧密相关的问题，全面阐释了联邦最高法院对马伯里案的判决意见。

---

①　Robert G. McCloskey, *The American Supreme Court*, Chicago：The University of Chicago Press, 1960, p. 41.

②　U. S. Congress, "An Act to Establish the Judicial Courts of the United States" (September 24, 1789), in *United States Statutes at Large*, Vol. 1, p. 81.

③　Archibald Cox, *The Court and the Constitution*, Boston：Houghton Mifflin Company, 1987, p. 50.

④　Bernard Schwartz, *A History of the Supreme Court*, pp. 40—41.

⑤　Archibald Cox, *The Court and the Constitution*, p. 51.

马歇尔在判决中首先论述了马伯里是否有权获得亚当斯总统授予他的委任状。马歇尔认为，根据联邦宪法和法律的相关规定，联邦官员的任职需经过提名、任命和委任三个必要的步骤。联邦总统负责联邦官员的提名，并在"咨询联邦参议院并取得其同意后"，对相关人选作出正式任命。总统在委任状上签字，意味着已经完成对官员的任命。在联邦国务卿对委任书加盖国玺后，正式的委任程序便告结束。①

比照上述联邦官员任职的法律步骤，马歇尔认为，亚当斯总统在征得联邦参议院的同意后，具名签署了委任状，任命马伯里担任哥伦比亚特区华盛顿县地区法院的治安法官，任期5年，联邦国务卿也随后在委任状上加盖了国玺，整个过程符合法律规定的提名、任命和委任联邦官员的程序，亚当斯总统对马伯里的委任已具有法律效力。马伯里有权获得他的委任状，担任联邦地区法院治安法官应是其享有的一项"受美国法律保护的法定权利（legal right）"。马歇尔认为，扣留马伯里的委任状显然已构成对马伯里法定权利的侵犯，"联邦最高法院不能认定该行为具有正当的法律依据"。②

既然马伯里有权获得委任状，那么，这就引出第二个问题，即当马伯里的这一法定权利受到侵害时，国家法律是否应对其提供法律救济呢？对此，马歇尔首先指出，"公民自由的真正本质在于，无论一个人的权利在何时受到侵犯，他都有权要求获得法律保护。政府的首要责任之一就是要提供这种保护。"在马歇尔看来，对公民自由的这种认识，并不是什么新鲜事物。早在30多年前，英国法学家威廉·布莱克斯通（William Blackstone）就已经提出了这种观点。在其所著的《英国法释义》（*Commentaries on the Laws of England*）一书中，布莱克斯通就曾多次强调，只要存在一种法定权利，那么，当这种权利遭到侵害时，也就自然存在一种借由法律诉讼为其提供的法律救济，"这是一项普遍的和无可争辩的规则"。马歇尔认为，美国政府一直被刻意称为"法治政府而非人治政府"（a government of laws, and not of men），如果美国的法律不能给那些受到侵犯的法定权利提供任何救济的话，那么，美国将"不配再享有这一崇高的称号了"。③

---

① *Marbury v. Madison*，5 U. S. 137（1803），155—156，162.

② *Marbury v. Madison*，5 U. S. 137（1803），162.

③ *Marbury v. Madison*，5 U. S. 137（1803），163.

　　但是，马歇尔在判决中又认为，并非所有声称权利受到政府侵害的公民都会得到司法机构提供的法律保护。确定是否为其提供法律保护的重要前提，是要根据"案件的特殊性质"（peculiar character of the case），来判断施加"侵害"的政府行为究竟是属于"政治行为"还是"法律行为"。

　　马歇尔认为，根据联邦宪法的规定，总统是美国的最高行政长官，"掌管着某些重要的政治权力"。在行使这些权力时，总统有充分的"自由裁量权"（discretion），也"只以其政治人格对国家和自己的良心负责"。为了使总统更好地履行职责，联邦宪法授权总统任命某些官员，协助其工作，"但这些官员必须服从并执行总统的命令"。如果这些官员在实施行政管理时侵犯了某些人的利益，"其行为将被视为总统的行为"。马歇尔认为，不管我们是否认同行政机构的自由裁量权，在美国的宪政体制中，"都不存在，也不能存在某种控制它的权力"。这是因为，尽管行政机构的"自由裁量权"关注的是"国家利益"，而不是"个人权利"，在行使过程中可能会不当地触及某些人的权利，但由于联邦宪法把这种"自由裁量权"委托给了行政机构，那么，"行政机构的决定就具有了最终决定性"，其他机构无权加以限制。①

　　但是，马歇尔指出，如果在行政官员所负有的行政职责之外，立法机关又赋予了这些官员某些其他的职责，要求他必须执行某些行为，并且"个人权利的保障也有赖于这些行为的实施时"，行政官员就具有了法律执行者的身份。"他的行为必须符合法律的要求，不能以自由裁量权为借口，践踏他人的既得权利（vested rights）。"如果某人的个人权利因行政官员拒绝履行法律责任而受到了侵害，他"有权诉诸国家法律寻求救济"。②

　　以上述分析为基础，马歇尔认为，总统对某一联邦官员的提名和任命无疑是属于政治权力的范畴，总统有充分的自由裁量权。但如果任命已经生效，"并且依照法律的规定，总统也无法任意将该官员免职"，那么，总统的自由裁量权就已经结束，担任官职成为被任命人的法定权利，履行任命成为政府的法律责任。由此，马歇尔推论指出，在有充分的证据能够证明，总统对马伯里的任命是合法有效的情况下，马伯里有权得到委任状，"拒绝颁发

---

① *Marbury v. Madison*，5 U. S. 137（1803），165—166.
② *Marbury v. Madison*，5 U. S. 137（1803），166.

委任状的行为是对这种权利的公然侵犯，国家法律将为他提供权利救济"。①

通过对上述两个问题的解答，首席大法官马歇尔已经详细阐释了马伯里的委任状是合法有效的，在新任国务卿麦迪逊拒绝向其发放委任状的情况下，马伯里也有权向国家寻求法律保护，以维护其法定权利。那么，第三个需要回答的问题便是，如果要对马伯里提供法律救济，这种救济是否像马伯里所诉求的那样，应当由联邦最高法院向麦迪逊发布执行令状，强制他发还马伯里的委任状呢？

对于这一问题，马歇尔在判决中指出，马伯里能否得到他所诉求的由联邦最高法院发出的执行令状，取决于执行令状的性质和联邦最高法院的权力两方面因素。马歇尔认为，执行令状是法院对政府官员发出的一种命令，按照布莱克斯通的说法，执行令状要求政府官员"必须作出某种属于其职权范围的特定行为，而且法院也预先确定或至少假定这种行为符合权利和正义的要求"。或者，像英国大法官曼斯菲尔德爵士（Lord Mansfield）所说，在申请颁发执行令状的案件中，"申诉人有权担任某种公职，但却被褫夺了这一权利"。也就是说，执行令状所针对的对象，必须是"按照法律原则"，"应受执行令状约束的人"，即那些没有履行自己的法律责任的政府官员。②

马歇尔承认，"法院一刻也不能不受约束地、过分地扩大自己的司法权"，法院只能对个人权利作出裁判，不能审查行政机构或行政官员依照自由裁量权所采取的政治行为，因为"在性质上属于政治性的问题，或者根据联邦宪法和法律应该交由行政机构处理的问题，绝不能由法院来解决"。但是，如果案件涉及的不是政治问题，而是行政官员侵害了"个人的绝对权利"（absolute rights of individuals），那么，"我们找不出法院对此不作出判决的什么理由"。③ 在马歇尔看来，虽然联邦国会并没有制定明确的法律，强制麦迪逊必须发还马伯里的委任状，但是，由于麦迪逊损害的是马伯里有权享有的法定权利，因此，麦迪逊"并不比其他人有更多的法律依据扣留委任状"。④ 法院有权发布执行令状，要求麦迪逊发还马伯里的委任状，这是毫

①　*Marbury v. Madison*，5 U. S. 137（1803），167—168.
②　*Marbury v. Madison*，5 U. S. 137（1803），169.
③　*Marbury v. Madison*，5 U. S. 137（1803），170—171.
④　*Marbury v. Madison*，5 U. S. 137（1803），173.

无疑问的，只不过需要确定的是，这一执行令状是否应该由联邦最高法院来发出。

马歇尔认为，《1789 年司法条例》第 13 条的确给予了联邦最高法院发布执行令状的权力，而且，国务卿是"在合众国权力管辖内担任公职的人员"，根据该司法条例的规定，联邦最高法院也有权向其发布执行令状。但是，在联邦最高法院行使这一权力之前，必须首先确定联邦最高法院发布执行令状的权力是否符合联邦宪法的相关规定。

马歇尔在判决中指出，联邦宪法第 3 条第 2 款明确界定了联邦最高法院的权力范围。根据该条款的规定，"涉及大使、公使和领事以及一州为一方当事人的一切案件，联邦最高法院拥有初审管辖权。在所有其他案件中，联邦最高法院拥有上诉管辖权"。因此，只有能够证明发布执行令状属于联邦宪法所规定的联邦最高法院的初审或上诉管辖权，才可以确认这一权力是合宪的。

马歇尔认为，尽管联邦最高法院可以凭借上诉管辖权，向下级法院发布执行令状，以"修改和纠正已经起诉的一起案件"，但是，直接"向一名官员发布执行令状，要求他送达一份文件"，实际上是针对该文件所发起的"原始诉讼"（original action），属于初审权而不是上诉管辖权。然而，根据联邦宪法的规定，发布执行令状显然又不在联邦最高法院初审权的范围内。因此，《1789 年司法条例》第 13 条所作的授权联邦最高法院向官员发布执行令状的规定，"并没有得到联邦宪法的授权"，不能成为要求联邦最高法院对国务卿麦迪逊发布执行令状的法律依据。①

马歇尔认为，如果根据《1789 年司法条例》第 13 条的规定，联邦最高法院可以行使联邦宪法并未授予的权力，那就等于承认联邦国会可以"根据自己的意愿"，随意"分配联邦最高法院与下级法院的权力"。如果是这样的话，联邦宪法对联邦司法权所作的规定，"纯粹是多此一举，毫无意义"。②马歇尔认为，"立法机关的权力被界定并受到限制"，是美国人民确立的一项"最有利于其自身幸福的原则"。如果这些限制可以随时被"它们所要限制的人"逾越，那么，"对权力加以限制的目的何在呢"？"对权力给予明文规定

---

① *Marbury v. Madison*，5 U. S. 137 (1803)，173—176.

② *Marbury v. Madison*，5 U. S. 137 (1803)，174.

的目的又何在呢"？在马歇尔看来，如果这些限制失去了效力，那么，"有限政府与无限政府之间的区别也就荡然无存了"。①

从上述推理出发，马歇尔确认，由于《1789 年司法条例》第 13 条关于执行令状的规定与联邦宪法存在明显的冲突，因而它是违宪和无效的。马歇尔认为，与普通法律相比，联邦宪法是"一种优先的、至高无上的法律，不能经由普通方法加以修改"。在联邦宪法面前，任何与其冲突的普通法律都是无效的。马歇尔强调指出，"所有制定成文宪法的人，都把自己看作是正在制定国家根本的和至上的法律。因此，每个这样的政府都必然会坚信，一项议会立法如违背宪法即是无效的"。在马歇尔看来，"每一个成文宪法都坚持这种理论，同时在联邦最高法院看来，它也是我们社会的基本原则之一"。②

从法理推论的角度看，论及至此，马歇尔事实上已经完成了对马伯里案判决的论证。具体而言，判决的逻辑思路是：马伯里有权获得委任状，国务卿扣留委任状是对马伯里法定权利的侵害；政府必须为马伯里提供法律救济；《1789 年司法条例》第 13 条关于联邦最高法院发布执行令状的规定，与联邦宪法相冲突，应为无效法律，因而不能成为联邦最高法院为马伯里提供法律救济的依据，马伯里的诉求应予驳回。

但是，马歇尔并未使判决止步于此，而是进一步论证了第四个也是更为关键的问题：既然联邦宪法是至上的，任何与其冲突的普通法律都是无效的，那么，究竟应当由谁对普通法律的合宪性作出裁决呢？

对于这一问题，马歇尔作出了对此后联邦最高法院和美国宪政发展都影响极为深远的论述。马歇尔认为，"必须强调的是，解释法律是司法机关的职权和责任。在特定案件中运用法律的人，必须要阐述和解释法律。如果两个法律相互冲突，法院就必须决定采用哪一个。因此，如果某一法律与宪法相背离，并且该法律和宪法都适用于某个特定案件，那么，法院在裁决案件时要么遵从法律而不顾宪法，要么遵从宪法而不顾法律。法院必须决定，在相互冲突的法律规则中，究竟哪一个适用于该案。这是法院职责的真正

---

① *Marbury v. Madison*，5 U. S. 137（1803），176.

② *Marbury v. Madison*，5 U. S. 137（1803），177.

所在。"①

马歇尔认为,"联邦宪法的制定者们把宪法视为法院和立法机关都必须遵守的规则",法官必须要在司法裁判中维护联邦宪法的权威,这也是为什么联邦宪法要求法官必须宣誓效忠宪法的根本目的。在他看来,"如果法官仅仅被当作工具来利用","强迫他们违背其宣誓效忠的东西,那将是多么不道德的事情!"②马歇尔认为,在司法审判中,法官必须坚持的原则是,宪法是高于任何议会立法的,只有"符合宪法的法律"才能成为国家法律,如果议会立法与宪法相冲突,"违宪的法律是无效的,法院和其他部门都应受宪法的约束"。③

毫无疑问,马歇尔代表联邦最高法院对马伯里案所做的判决是极其精妙的。在判决中,马歇尔通过缜密的论证,一方面确认了马伯里有权获得委任状,国务卿麦迪逊扣留委任状侵害了马伯里的法定权利,从而使联邦最高法院履行了作为国家最高司法机关所必须承担的司法裁判的职责;另一方面,马歇尔通过强调宪法的至上地位,否认联邦最高法院有权发布强制麦迪逊发还委任状的执行令状,从而又使联邦最高法院巧妙地回避了与民主共和党政府的冲突,化解了一场极有可能出现的宪政危机。

联邦最高法院的马伯里案判决,集中体现了首席大法官马歇尔的真实思想。从根本上说,虽然马伯里案是美国"1800年革命"前后联邦党人与民主共和党人激烈斗争的产物,以马歇尔为首的联邦最高法院大法官们也都是联邦党人,但马歇尔并无意使联邦最高法院介入激烈的政党斗争,而是刻意维护联邦最高法院的司法职能,并竭力在美国草创的宪政体制中确立联邦最高法院的宪政地位。

在《1802年司法条例》生效后不久,部分激进的联邦党人就曾强烈要求联邦最高法院,完全不必理会民主共和党人控制的联邦国会在该司法条例中对最高法院开庭期所作的修改,仍旧按照《1801年司法条例》的规定,在当年6月开庭,但遭到了马歇尔的拒绝。在马歇尔看来,与联邦国会中占多数的民主共和党人对抗,其结果只能刺激民主共和党人在未来采取更

---

① *Marbury v. Madison*,5 U. S. 137 (1803),177.

② *Marbury v. Madison*,5 U. S. 137 (1803),179—180.

③ *Marbury v. Madison*,5 U. S. 137 (1803),180.

多的措施，削弱联邦最高法院的权力。① 在马伯里案判决中，马歇尔用了相当大的篇幅，极力阐释联邦最高法院的职权只在于对"法律问题"作出裁决，并无意干预其他政治机构所采取的"政治行为"，明确提出"政治问题"不是联邦最高法院司法裁判的对象，这一态度在很大程度上也是出于回避可能与总统和联邦国会发生政治冲突的考虑。用美国学者威廉·E. 纳尔逊（William E. Nelson）的话说，马歇尔等绝大多数的联邦最高法院大法官们都不是"反民主的精英人物"（elitist antidemocrats），他们深知"毫无必要地挑战"由美国社会中的多数人制定的民主立法的危害性。②

马歇尔在马伯里案中回避政治冲突的做法，也得到了很多联邦党人的赞许。例如，在联邦最高法院作出马伯里案判决后，《华盛顿联邦党人报》（Washington Federalist）就曾刊文指出，民主共和党人曾把马伯里案视为一宗联邦党人攻击民主共和党政府的案件，但现在联邦最高法院的判决已经作出了，"如果民主共和党人还有羞耻心的话"，那就"让他们读读这篇判决"，"体验那种无地自容的感受"吧。在这些联邦党人看来，"当那些谩骂马伯里案的小人们的名字早已消失在历史长河中之后，马伯里案判决却将成为一座体现联邦最高法院的智慧、公正和独立的丰碑"③。

虽然马伯里案判决在很大程度上体现了马歇尔对政党利益的超越，但实际上，该案判决也是马歇尔在联邦党人控制的司法机关面临严峻挑战情形下的无奈选择。1803 年初，就在马伯里案仍处在审判过程中的时候，控制宾夕法尼亚州议会的民主共和党人就对该州坚定的联邦党法官亚历山大·艾迪生（Alexander Addison）发起了弹劾，并很快通过了弹劾判决，罢免了艾迪生的法官职位。随后，联邦国会也以"行为不端"为由，发起了对新罕布什尔州联邦地区法院法官约翰·皮克林（John Pickering）的弹劾。④ 很明显，在民主共和党人控制了联邦和州政府权力后，联邦和州法院中的联邦党人已

---

① Peter Irons, *A People's History of the Supreme Court*, New York: Penguin Books, 1999, p. 105.

② William E. Nelson, *Marbury v. Madison: The Origins and Legacy of Judicial Review*, Lawrence: University Press of Kansas, 2000, p. 59.

③ Richard E. Ellis, *The Jeffersonian Crisis: Courts and Politics in the Young Republic*, New York: Oxford University Press, 1971, p. 67.

④ George Lee Haskins and Herbert A. Johnson, *History of the Supreme Court of the United States*, Vol. II, *Foundations of Power: John Marshall, 1801—1815*, p. 214.

经成为民主共和党人重点打击的目标。

1803 年初，波士顿的民主共和党报纸《独立纪事报》（*Independent Chronicle*）曾刊文警告联邦最高法院，勿以党派立场进行司法裁判，以免引发更大的政治冲突。该报认为，如果联邦最高法院在马伯里案中发布执行令状，强制民主共和党政府发还马伯里的委任状，"这无异于是要在已经设立的政府机构之间发动一场战争"。如果联邦党人将联邦司法机关置于联邦行政和立法机构之上，并使其"具有政治特征和影响力"，那么，这种努力将"以联邦司法机关的衰落和耻辱而告终"。①

在这种情况下，马歇尔在马伯里案中主动回避政党冲突，以免给民主共和党人留下更多的打击联邦党人法官的口实，实在是一种无奈情形下的明智选择。

但是，马歇尔在马伯里案中并没有以单纯地回避政党冲突为目标，或者更为确切地说，回避政党冲突并不是马歇尔考虑的唯一重点。实际上，马歇尔更打算利用对马伯里案的判决，阐释"司法审查"的基本内涵，确立联邦最高法院在美国宪政体制中的重要地位。用美国学者罗伯特·G. 麦克洛斯基（Robert G. McCloskey）的话说，马歇尔的"天才"在于，他并"不满足于摆脱一个糟糕的局面"，而是要"抓住时机提出司法审查原则"。②

在面对马伯里案时，首席大法官马歇尔和联邦最高法院其实有很多其他的选择。例如，美国学者威廉·W. 范阿尔斯泰恩（William W. Van Alstyne）就曾指出，在马伯里案判决中，马歇尔首先需要确定的问题，应该是联邦最高法院是否有权审判该案，而不是马伯里是否有权获得他的委任状。如果《1789 年司法条例》第 13 条的确与联邦宪法不符，则联邦最高法院可以宣布对马伯里案不具有司法管辖权，这样也就不会有后续的关于联邦最高法院有权解释宪法的相关论述。除此之外，在当时激烈的政治斗争的背景下，联邦最高法院甚至还可以提出，由于亚当斯总统任命马伯里的委任状并未发出，马伯里其实并无权获得任命，从而拒绝审判此案，避免就联邦国

---

① Albert J. Beveridge，*The Life of John Marshall*，Vol. Ⅲ，Boston：Houghton Mifflin Company，1919，pp. 112—113.

② Robert G. McCloskey，*The American Supreme Court*，p. 42.

会立法的合宪性作出裁断。[①]

但是，如前所述，由马歇尔领导的联邦最高法院不仅受理了此案，并且在判决中也没有止步于论证《1789 年司法条例》第 13 条违宪，而是最终将判决引向了一个更具有重大影响的观点，即司法机关有权解释宪法，并审查其他政府机构施政行为的合宪性。这说明，借助对马伯里案的审理，确立联邦最高法院在解释联邦宪法方面的权威性，并据此对其他政府机构加以制衡，从而使联邦最高法院拥有司法审查的职能，这才是马歇尔的真正用意所在。

马歇尔之所以会在马伯里案中着力强调联邦最高法院具有司法审查职能，并不是偶然的。早在制宪时期，马歇尔就已经明确地提出了这一思想。在 1788 年弗吉尼亚州召开的批准联邦宪法的会议上，马歇尔不仅论证了未来的联邦最高法院会与各州法院一样"公正和能干"（fair and able），而且更强调了联邦最高法院维护联邦宪法的权威。马歇尔认为，"如果联邦国会用联邦宪法没有明确列举授予它的权力"制定了一项法律，联邦最高法院大法官们将把这样的法律看作是违反了"他们所捍卫的联邦宪法"，"并把它宣布为无效"。在马歇尔看来，"没有哪个机构"能像联邦最高法院那样，为捍卫联邦宪法不受侵犯"提供保护"。[②] 在马伯里案中，马歇尔充分论证了联邦最高法院具有解释联邦宪法的权威，并把违反联邦宪法的国会立法宣布为违宪，这实际上是他在弗吉尼亚州宪法会议召开 15 年后，把根植于自己思想深处的宪政理念付诸了实施。

虽然杰斐逊曾在 1820 年 9 月的一封致友人的信中，对司法审查进行了抨击，认为司法审查是"把法官视为一切宪法问题的最终裁判者……这将把我们置于寡头的专制统治之下"。[③] 但是，在 1803 年 2 月马歇尔代表联邦最高法院作出马伯里案判决后，杰斐逊政府却并没有对此提出强烈的异议。这是因为，马歇尔在该案判决中是以主动放弃联邦国会授予的权力为基点的，

---

① William W. Van Alstyne, "A Critical Guide to Marbury v. Madison", *Duke Law Journal*, Vol. 1969, No. 1, 1969, pp. 6—7.

② Albert J. Beveridge, *The Life of John Marshall*, Vol. I, Boston: Houghton Mifflin Company, 1919, p. 452.

③ Archibald Cox, *The Court and the Constitution*, p. 56.

而且也没有强制麦迪逊发还马伯里的委任状。这种主动的退让，自然"不会引起与杰斐逊政府的直接冲突"。① 正如美国学者麦克洛斯基所说，当时的民主共和党人关注的是联邦最高法院是否会强制麦迪逊发还马伯里的委任状，既然马歇尔给出了否定的裁断，"他们并不关心联邦最高法院是如何为自己的甩手政策（hands-off policy）寻找理由的，只要这样的政策能得到执行就好。"② 在麦克洛斯基看来，马歇尔的马伯里案判决是一个"大师级的作品"（masterwork），"当他的对手盯着某个方向准备应战时"，马歇尔"却向另一个方向发起了进攻"。③ 这就使马歇尔以"消极的策略"（negative maneuvers）"巧妙地获得了成功"④，为他在马伯里案判决中确认司法审查权提供了一个绝佳的契机。

在马伯里案之后，司法审查作为一项制度在美国宪政体制中被确立下来。可以说，正是马歇尔最初主动放弃联邦国会授予的权力这种"小的失利"，才使得联邦最高法院从此拥有了司法审查权，有效地弥补了联邦宪法在权力制衡方面的设计缺陷，使联邦最高法院在美国宪政体制中的作用得到了极大的凸显，为联邦最高法院"赢得了更大的胜利"。⑤

① Bernard Schwartz, *A History of the Supreme Court*，p. 41.

② Robert G. McCloskey, *The American Supreme Court*，p. 42.

③ Robert G. McCloskey, *The American Supreme Court*，p. 40.

④ Robert G. McCloskey, *The American Supreme Court*，p. 42.

⑤ Robert L. Lineberg et al., *Government in America: People, Politics and Policy*，New York：Harper Collins Publishers, Inc., 1991, p.617.

第 三 章

司法审查制度确立的历史基础

  在美国宪政史中，1803 年的"马伯里诉麦迪逊案"通常被视为确立联邦最高法院司法审查合宪性的第一案。美国学者伯纳德·施瓦茨曾经说过，如果马歇尔"没有以权威的方式确认司法审查权的话"，那么，这项权力"完全有可能从来都不会得到坚持"。这是因为，在马伯里案之后，直到 19 世纪中期，联邦最高法院才再一次运用司法审查权，推翻了一项联邦立法。施瓦茨认为，如果联邦最高法院没有在马伯里案中确立司法审查权，而是长期以来都"对立法至上采取恭顺的态度"，那么，在时隔半个世纪后，"再提出异议已经是徒劳的了"。①1825 年，约翰·亚当斯在写给马歇尔的信中说，在他的一生中，最骄傲的莫过于他给了这个国家一个像 17 和 18 世纪的英国大法官爱德华·柯克（Edward Coke）、马修·黑尔（Matthew Hale）、约翰·霍尔特（John Holt）和曼斯菲尔德爵士那样的首席大法官②，原因就是马歇尔在司法审判中尤其是在马伯里案中所表现出的高超智慧。

  但是，必须强调的是，尽管马伯里案在美国司法审查制度确立的过程中有着重要的地位，但马伯里案所体现的司法审查观念"却并不是一个全新

---

① Bernard Schwartz, *A History of the Supreme Court*, p. 41.

② R. Kent Newmyer, *John Marshall and the Heroic Age of the Supreme Court*, Baton Rouge: Louisiana State University Press, 2001, p. 69.

的创造"①。实际上，在马伯里案之前，"司法审查权就已经得到了广泛的接受"②。无论是从理论、制度还是从实践方面来说，马伯里案所确立的司法审查制度都是"建立在牢固搭建的基础之上的"③。

一、司法审查制度确立的理论基础

在马伯里案之前，欧洲"高级法"（Higher Law）思想的发展及其对美国的深刻影响，为司法审查制度的确立提供了重要的理论基础。高级法思想是指人们认为在政府的制定法之上，还存在着一种体现公平、正义和道德的普遍原则，任何与之相违背的政府立法都是无效的，即人们深信有一种法高于人间统治者的意志，这就是所谓的"法上之法"（a law above the law）。用美国学者爱德华·S. 考文（Edward S. Corwin）的话说，在人类社会中，存在着某些有关权利和正义的原则，不管社会统治者的态度如何，"它们都因其自身所固有的卓越而得到普遍奉行"。"这样的原则不是由人制定的"，而是自然存在的，"它们是永恒和不朽的"。政府立法之所以能够得到人们的遵守，不是因为它体现了制定者们的"意志和权力"（will and power），而是缘于它们是对那些普遍原则的"发现和宣布"（discovery and declaration）。④

高级法思想在欧洲有着悠久的历史，它最早产生于欧洲古代的自然法（natural law）思想中。早在古希腊时期，智者学派（Sophists）的安堤丰（Antiphon）就已经认识到自然与法则之间的差异。他认为，自然的命令是必然的和不可抗拒的，而法则的命令则是人类制定的，它会因时、因人和因势的变化而变化，带有明显的偶然性。⑤

---

① George Lee Haskins and Herbert A. Johnson, *History of the Supreme Court of the United States*, *Vol.Ⅱ*, *Foundations of Power：John Marshall*, *1801—1815*, p. 190.

② Michael J. Klarman, "How Great were the 'Great' Marshall Court Decisions?", *Virginia Law Review*, Vol. 87, No. 6, 2001, pp. 1113—1114.

③ William M. Treanor, "Judicial Review before 'Marbury'", *Stanford Law Review*, Vol. 58, No. 2, 2005, p. 554.

④ Edward S. Corwin, "The 'Higher Law' Background of American Constitutional Law（Ⅰ）", *Harvard Law Review*, Vol. 42, No. 2, 1928, p. 152.

⑤ ［美］E. 博登海默：《法理学：法律哲学与法律方法》，邓正来译，中国政法大学出版社1999年版，第5页。

亚里士多德（Aristotle）则在自然与法则相区分的基础上，提出了"自然正义"（natural justice）的概念。他认为，自然正义是宇宙的最高权威，它在每个地方都具有相同的效力，并不依赖于人们这样或那样的想法而存在，"正如火焰一样，不论在波斯还是在希腊都同样燃烧"。① 亚里士多德指出，法律本身有良法和恶法之分，区分的标准是法律是否体现了正义原则。正如亚里士多德所说，"相应于城邦政体的好坏，法律也有好坏，或者是合乎正义或者是不合乎正义"②。只有那些符合自然正义的法律才是良法，否则就是恶法。这说明，在亚里士多德的思想中，在实在法之上，还存在一种更高级的自然法，它体现了理性和正义，是政府制定实在法的基础。

到希腊化时期，高级法思想借由斯多葛学派（Stoic School）的自然法理念得到了进一步完善。斯多葛学派认为，自然法就是一种"遍及整个宇宙"的"支配性原则"（ruling principle），"在本质上具有一种理性的品格"，它是"法律和正义的基础"。在斯多葛学派的思想家们看来，在人类社会中，"存在着一种基于理性的普遍的自然法，它在整个宇宙中都是普遍有效的"，"它的要求对世界各地的任何人都有约束力"，任何政府立法都不能违反这种自然法。③

斯多葛学派的自然法思想在古罗马法学家西塞罗（Cicero）那里得到了充分的继承，并使高级法思想在欧洲大陆深深地扎下了根。西塞罗认为，真正的法律乃是一种与自然相符合的正当理性，"它是普遍适用的、不变的和永恒的"。"它以其指令提出义务，并以其禁令来避免做坏事"，"试图去改变这种法律是一种罪孽"。在西塞罗看来，"罗马和雅典将不会有不同的法律，也不会有现在与将来不同的法律，而只有一种永恒、不变并将对一切民族和一切时代有效的法律"。④ 很明显，西塞罗实际上是认为，人类社会中存在着自然法和人定法两类法律，其中，自然法是永恒的，无论任何国家和任何人所制定的法律，都不能违反自然法，因为自然法才是唯一正确的理性。

---

① ［古希腊］亚里士多德：《尼各马科伦理学》，苗力田译，中国社会科学出版社 1990 年版，第103 页。

② ［古希腊］亚里士多德：《政治学》，吴寿彭译，商务印书馆 1965 年版，第 148 页。

③ ［美］E. 博登海默：《法理学：法律哲学与法律方法》，第 13 页。

④ ［古罗马］西塞罗：《国家篇　法律篇》，沈叔平、苏力译，商务印书馆 1999 年版，第 101 页。

进入中世纪后，高级法思想又随着神学自然法思想的形成和发展得到了巩固。例如，13 世纪意大利的神学家托马斯·阿奎那（Thomas Aquinas）就把法律划分为永恒法、自然法、神法和人法四种。其中，永恒法是指"上帝的统治计划"，是指导宇宙中一切运动和活动的神的理性和智慧。自然法是人凭借上帝赋予的理性对永恒法的部分认知，是连接上帝与人类的法律。神法是上帝通过《圣经》（Bible）启示给人类的、用比较具体的命令对人类所作的训诫。人法则是"一种以公共利益为目的的、合乎理性的法令，它是由负责治理社会的人制定和颁布的"①。阿奎那认为，上帝的理性是高于一切的，自然和人的理性都从属于上帝的理性，人法必须受自然法等高级法的制约，那些非正义的、非理性的而且与自然法相矛盾的法律，根本就不是法律。

在中世纪欧洲大陆高级法思想发展的同时，在隔海相望的英国，高级法观念也随着普通法的形成而逐渐得到确立，并对此后的美国产生了最直接的重大影响。如前所述，普通法是在诺曼征服后的 11—13 世纪，由司法判例和盎格鲁—撒克逊人的习惯、惯例形成的适用于英国全国的法律。在普通法形成的过程中，12 世纪后半期英王亨利二世（Henry Ⅱ）所确立的中央司法机关巡回审判制度起到了关键性作用。

由于英国早期各地的习惯法存在着相当大的差异，英国政府在实施国家管理时面临巨大的困难，因此，加强习惯法的统一成为英国社会发展的要求。从 12 世纪初期英王亨利一世（Henry Ⅰ）执政开始，国王政府开始实行巡回审判制度，由中央司法机关定期派出巡回法官到各地进行审判。到英王亨利二世执政时，巡回审判制度被正式确立下来。在巡回审判中，巡回法官除了遵守国王的审判令状外，主要的法律依据是当地的习惯（custom）。当巡回法官们从各地返回伦敦后，彼此之间相互探讨在案件审理中遇到的各种法律问题，他们不仅相互承认对方的判决，而且也在此后类似的案件中加以适用。这样，分散、杂乱的习惯在巡回法官们的审判中得到了统一，逐渐成为适用于全国的普遍性（common）的法律。到 13 世纪后半期英王爱德华一世（Edward Ⅰ）执政时，通行全国的普通法最终形成。

_____

① ［美］E. 博登海默：《法理学：法律哲学与法律方法》，第 29—30 页。

但是，正如美国学者考文所说，在普通法形成过程中，并不是任何习惯都能成为普通法。法官在确定何种习惯能够成为适用于全国的普通法时，判断的标准是这种习惯是否"合乎理性"（reasonableness）。[1] 显然，普通法所具有的这一特性是与欧洲大陆的高级法观念相一致的。在普通法形成后，任何与体现着"正确理性"（right reason）的普通法相矛盾的制定法均为无效的思想，逐渐成为英国法治传统中的重要内容，普通法也因此在英国法律体系中获得了高级法的地位。

在普通法形成过程中，1215 年，英国贵族在联合打败了暴虐的英王约翰（King John）后，强制英王签署的《大宪章》（*Magna Carta*），更进一步强化了普通法的高级法地位。这份书写在羊皮纸上的法律文件对王权做了全方位的约束，确立了"王权有限，法律至上"的观念，使之成为英国普通法的重要组成部分。在此之后，随着《大宪章》所保护的阶层和利益范围不断扩大，《大宪章》的高级法特性逐渐在英国得到确认。

例如，在 1297 年的《宪章确认书》（*Confirmatio Cartarum*）中，英王爱德华一世就命令所有的"法官、郡主、市长和其他官员"，都要在所有诉讼中把《大宪章》视为"普通法"，任何与《大宪章》相悖的判决，都要"被宣布为无效"。到 14 世纪中后期的英王爱德华三世（Edward Ⅲ）统治时期，英王除了继续颁布《宪章确认书》，承诺遵守《大宪章》外，还专门颁布法令宣布，任何违反《大宪章》的成文法令，"必定是无效的"。[2]

自普通法形成开始，普通法的高级法地位就不断被许多英国政治家所强调。例如，在 13 世纪中期，英国王座法院（King's Bench）大法官亨利·布拉克顿（Henry de Bracton）就在其所著的《英格兰的法律和习惯研究》（*On the Laws and Customs of England*）一书中明确地指出，虽然"国王本人不应该受制于人"，但他"必须受制于上帝和法律，因为是法律造就了国王"，"在由意志而不是由法律统治的地方是没有国王的"。在这里，布拉克顿所谓的"法律"实际上指的就是普通法。布拉克顿认为，"只有在国王

---

[1]　Edward S. Corwin, "The 'Higher Law' Background of American Constitutional Law（Ⅰ）", *Harvard Law Review*, Vol. 42, No. 2, 1928, p. 171.

[2]　Edward S. Corwin, "The 'Higher Law' Background of American Constitutional Law（Ⅰ）", *Harvard Law Review*, Vol. 42, No. 2, 1928, pp. 177—178.

实施正义时，他才是上帝的代言人，但当国王转而实施不义时，他就成了魔鬼的手下"。在布拉克顿看来，国王之所以被称为国王，不是单单因为他统治着国家，而是因为他"很好地统治着国家"。因此，"让遏制权力的法律来驯化国王的权力吧"，"没有什么比按照法律去生活更适合帝国的了，把帝国托付给法律来治理比帝国本身要伟大得多"。①

虽然在 15 世纪末到 17 世纪初的都铎王朝（Tudor Dynasty）统治时期，英国王权得到了很大的加强，但普通法的高级法地位并未遭到根本性动摇。到斯图亚特王朝（Stuart Dynasty）统治初期，英国高等民事诉讼法院（Court of Common Pleas）的首席大法官爱德华·柯克，又坚持对普通法的至上性进行辩护，使普通法的高级法地位得到了进一步巩固。

在当时，英王与议会之间争夺权力的斗争异常激烈，造成了严重的社会动荡。柯克敏锐地意识到，必须对国王和议会"日益上升的自傲"加以遏制。为达到这一目的，最好的方法就是利用早已积淀在英国历史和文化中的高级法思想。②

早在 1608 年 11 月，在与英王詹姆士一世（James Ⅰ）的一次辩论中，柯克就对英王随意干涉司法的行为提出了强烈的质疑。在辩论中，柯克借用布拉克顿的话再次指出，"虽然国王居于众人之上，但却是在上帝和法律之下"。③

柯克对高级法思想的坚持，更突出地表现在 1610 年由他所做的"博纳姆医生案"（Dr. Bonham's Case）判决中。在该案中，柯克借助高级法思想，判决英国议会制定的有关医生行医资格的法律无效。自 16 世纪初以来，英国议会先后颁布了两个法令，规定伦敦地区的所有医生在行医前都必须得到伦敦医学院（College of Physicians）颁发的营业执照，伦敦医学院有权对无照行医者进行罚款，并可对治疗失当者进行监禁。根据议会法令的授权，伦敦医学院对无照行医并拒不接受处罚的托马斯·博纳姆（Thomas Bonham）

---

① Edward S. Corwin, "The 'Higher Law' Background of American Constitutional Law（Ⅰ）", *Harvard Law Review*, Vol. 42, No. 2, 1928, pp. 172—173.

② Theodore F. T. Plucknett, "Bonham's Case and Judicial Review", *Harvard Law Review*, Vol. 40, No. 1, 1926, pp. 30—31.

③ Bernard Schwartz, *A History of the Supreme Court*, pp. 3—4.

医生进行了监禁。①

当博纳姆医生向英国高等民事诉讼法院提起诉讼后，首席大法官柯克代表多数派法官支持了博纳姆的诉讼请求，推翻了伦敦医学会对博纳姆作出的有罪判决。柯克认为，根据授权伦敦医学院颁发行医执照的议会法令的规定，伦敦医学院将把所收罚款的一半留作自用。这就说明，在所有因无照行医而被罚款的事件中，伦敦医学院并不仅仅是一个审查者，它同时还是事件的参与者。这就违反了英国普通法一项基本的公平正义原则：任何人都不能在涉及自己的案件中充当法官。柯克认为，普通法是高于议会立法的，"当一项议会的法令有悖于共同权利和理性，或自相矛盾，或不能实施时，普通法将对其予以审查并裁定该法令无效"②。因此，授权伦敦医学院颁发行医执照的议会法令是不具有法律效力的，对博纳姆的监禁处罚也是不成立的。

柯克对高级法思想的坚持，不仅再次强调了普通法的至上性，而且，更为重要的是，在柯克的法理观念中，还蕴含着司法审查制度最初的思想火花。在前述的与詹姆士一世的辩论中，柯克就提出司法审判是法院和法官的责任，其他人不能够干涉。柯克认为，"国王本人是不能裁断任何案件的"，"所有案件都必须由法院根据英格兰的法律和习惯作出决定和裁断"。在柯克看来，任何案件都不是由"自然理性"（natural reason）作出的，而是以"人的理性和人对法律的评判"（artificial reason and judgment of law）为基础的。只有像法官这样的人，在经历了对法律长时间的学习和实践后，才能够真正认识到，在"审判国王臣民的案件"时，法律是赖以裁断的"宝贵的先验魔杖和尺度"（golden met-wand and measure）。③ 在博纳姆医生案中，柯克更进一步树立了一种观念，即议会立法并不是至高无上的，它不能违背比它更高级的法律，否则，司法机关就有权剥夺其效力。

虽然在 1688 年"光荣革命"（Glorious Revolution）后，由于"议会主

---

① J. M. Sosin, *The Aristocracy of the Long Robe: The Origins of Judicial Review in America*, New York: Greenwood Press, 1989, pp. 62—63.

② Theodore F. T. Plucknett, "Bonham's Case and Judicial Review", *Harvard Law Review*, Vol. 40, No. 1, 1926, p. 34.

③ Bernard Schwartz, *A History of the Supreme Court*, pp. 3—4.

权"（Parliamentary Sovereignty）原则在英国牢固地树立起来，在法律上议会的地位高于行政和司法机关，司法审查制度没有在英国得到确立①，但正如美国学者西奥多·F. T. 普拉克内特（Theodore F. T. Plucknett）所说，柯克的高级法思想以及他对司法审查权的初步运用，却在后来成为柯克"从来没有想到的"遥远的北美英属殖民地的"精神食粮"。②

到 17 世纪的欧洲启蒙运动（Enlightenment）时期，雨果·格劳秀斯（Hugo Grotius）、托马斯·霍布斯（Thomas Hobbes）和约翰·洛克（John Locke）等人在继承早期欧洲自然法思想的基础上，摒弃了宗教神学的影响，发展出了近代自然法理论。例如，格劳秀斯认为，"自然法是正确的思想所下的命令，它按其是否符合于理性，指出一种行为本身具有道德根据或道义上的必然性"，即自然法是人的理性，它根植于人的天性中，"假如上帝纯属乌有，自然法也完全会作出同样的吩咐"。③霍布斯则认为，自然法是"理性所发现的戒条或一般法则"，它"禁止人们去做损毁自己的生命或剥夺保全自己生命的手段的事情，并禁止人们不去做自己认为最有利于生命保全的事情"。正是在恪守这种自然法的基础上，人们才得以从"自然状态"进入社会，组建政府的。④洛克也认为，在自然状态中，制约人们行为的是自然法，"理性"就是自然法，它的基本原则是，"人们既然都是平等和独立的，任何人就不得侵害他人的生命、健康、自由或财产"。⑤

在提出近代自然法思想的基础上，启蒙思想家们都认为，源于人的理性的自然法应当是政府运作和政府立法的基础，违反自然法和侵犯人的自然权利的政治行为和法律都将是无效的。这意味着欧洲的启蒙思想家们在从中世纪自然法思想中剥离神学因素的同时，也使作为自然法思想精华的高级法观念在近代欧洲得到了保存和延续。

---

① ［美］卡尔文·伍达德：《威廉·布莱克斯通爵士与英美法理学》，载肯尼斯·W. 汤普森编《宪法的政治理论》，张志铭译，生活·读书·新知三联书店 1997 年版，第 94 页。

② Theodore F. T. Plucknett, "Bonham's Case and Judicial Review", *Harvard Law Review*, Vol. 40, No. 1, 1926, pp. 30—31.

③ ［美］乔治·H. 萨拜因：《政治学说史》（下册），刘山等译，南木校，商务印书馆 1990 年版，第 481 页。

④ ［英］托马斯·霍布斯：《利维坦》，黎思复、黎廷弼译，商务印书馆 1985 年版，第 97 页。

⑤ ［英］约翰·洛克：《政府论》（下篇），叶启芳、瞿菊农译，商务印书馆 1982 年版，第 77 页。

欧洲历史上形成的高级法思想对美国早期社会的发展产生了重大影响。从 17 世纪初到 18 世纪 30 年代，英国在北美先后建立了 13 个殖民地。虽然"英国臣民在移居这些不隶属于文明国家的领土时，就把普通法一起带过去了"①，但在殖民地建立之初，由于深受宗教迫害的清教徒对英国政府普遍怀有厌恶之情和殖民地法律人才的匮乏，普通法在北美英属殖民地的运用并不普遍，在殖民地人的社会生活中发挥更大作用的是《圣经》。在当时，宗教在殖民地社会中占据着极其重要的地位，神学思想已广泛融入社会的各个层面。人们不仅崇拜宗教，也对神职人员充满着敬仰和依赖，宗教条规实际上起着世俗法律的作用。所以，当遇到法律纠纷时，人们往往不是通过司法程序而是诉诸宗教教义，由牧师依照《圣经》予以解决。

更为重要的是，当时的人们把《圣经》当作衡量政府运作合法性的准绳，竭力"从《新约》和《旧约》中推断出整个公法的体系"，认为"无论国家或教会都只能建立在《圣经》的基础上"。例如，在建立纽黑文殖民地的大会上，与会代表们就坚信，《圣经》能够提供完美的准则，管理人际关系、家庭和国家，"就像管理教会事务一样"。②

在这一社会背景下，殖民地人普遍相信，只有在符合《圣经》基本原则的情况下，殖民地政府的运作及其所制定的法令才是合法的，否则就是无效的。正如美国学者查尔斯·E. 梅里亚姆（Charles E. Merriam）所说，虽然早期殖民地人"并不是从《圣经》着手建立一套完整的制度"的，但是，他们的确试图为自己的政府制度"找到一个《圣经》的基础"，"借以证明这种制度是正当的"。③ 这说明，在北美英属殖民地建立之初，欧洲神学自然法思想中的高级法观念已经为殖民地人所普遍接受。

进入 18 世纪后，高级法思想在北美英属殖民地得到了进一步发展，这首先得益于英国普通法在殖民地法律体系中支配地位的确立。从 18 世纪初开始，随着英国对北美殖民地控制力度的逐渐增强，普通法在北美英属殖民地逐渐占据了支配地位。在此背景下，不仅大批殖民地富家子弟纷纷在本地

---

① [法] 勒内·达维德：《当代主要法律体系》，漆竹生译，上海译文出版社 1984 年版，第 372 页。

② [美] 查尔斯·梅里亚姆：《美国政治学说史》，朱曾汶译，商务印书馆 1988 年版，第 3—4 页。

③ [美] 查尔斯·梅里亚姆：《美国政治学说史》，第 4 页。

或去英国学习普通法，而且相当数量的英国普通法律师也来到北美。[1] 与此同时，大量的普通法书籍和法律报告也开始传入北美。到 18 世纪中期，柯克、布莱克斯通和弗朗西斯·培根（Francis Bacon）等人的普通法经典著作，都为北美殖民地人所熟知。[2] 在这些普通法文献中，尤其以柯克的著作影响最大。正如美国学者伯纳德·施瓦茨所说，正是柯克的法律著作"滋养了美国革命时代的人们"。例如，美国革命时期的著名政治家南卡罗来纳州的约翰·拉特利奇（John Rutledge）就认为，柯克所著的《英国法概要》（*Institutes of the Laws of England*）一书，"差不多是我们法律的基础"。约翰·亚当斯则把柯克视为 18 世纪美国法律的巨人，是"我们年轻人的圣人"。[3] 普通法的逐渐普及，不仅使北美英属殖民地人开始在日常生活中运用普通法处理法律事务，而且，普通法中所蕴含的高级法观念也成为殖民地人主流思想的重要组成部分。

　　进入 18 世纪后，高级法思想在北美英属殖民地的进一步发展，也是欧洲启蒙思想在殖民地广泛传播的结果。在 18 世纪上半期，"欧洲启蒙运动中那些杰出的世俗思想家们的观念和著作"，"在殖民地到处被广泛引用"。[4] 据美国学者唐纳德·S. 卢茨（Donald S. Lutz）所作的统计，到 18 世纪 60 年代，在北美英属殖民地的政治出版物中，欧洲启蒙思想家们的思想被引述的比例最高，已经大大超过了殖民地人对《圣经》的引述。[5] 在启蒙思想的熏陶下，殖民地人已经懂得"如何界定自然权利，如何探究、辨析和理解自然、道德、宗教和公民自由的原则"，北美英属殖民地已经进入了一个"哲学的时代"，成为一个"理性的王国"。[6] 欧洲启蒙思想的传播，使欧洲近代

---

[1]　Lawrence M. Friedman, *A History of American Law*, New York: Simon & Schuster, Inc., 1985, pp. 97—99.

[2]　P. C. Hofter, *Law and People in Colonial America*, Baltimore: Johns Hopkins University Press, 1992, p. 64.

[3]　Bernard Schwartz, *A History of the Supreme Court*, p. 5.

[4]　Bernard Bailyn, *The Ideological Origins of the American Revolution*, Cambridge: The Belknap Press, 1992, p. 27.

[5]　Donald S. Lutz, "The Relative Influence of European Writers on Late Eighteenth-Century American Political Thought", *The American Political Science Review*, Vol. 78, No. 1, 1984, p. 192.

[6]　Gordon S. Wood, *The Creation of American Republic*, *1776—1787*, Chapel Hill: The University of North Carolina Press, 1998, p. 4.

自然法思想中所保存的高级法思想在北美英属殖民地得到了广泛接受，成为此后美国社会接受司法审查观念的重要理论基础。

北美英属殖民地对高级法思想的普遍接受和运用，在 18 世纪六七十年代殖民地发起的与英国政府的宪政之争中得到了集中体现。早在 1761 年，马萨诸塞殖民地最高法院（Massachusetts Superior Court）在审理"协助收缴走私物品令案"（*Writ of Assistance Case*）时，该殖民地的著名律师詹姆斯·奥蒂斯（James Otis）就运用高级法思想，抗议英国议会指令殖民地政府颁布"协助收缴走私物品令"（Writ of Assistance），征调人手随意进入殖民地人的民房，搜查任何所谓的走私物品。奥蒂斯认为，虽然政府人员有权在持有搜查证的情况下，对民房进行合法搜查，但"协助收缴走私物品令"却授权政府人员"可以在任何时候搜查任何人的任何物品"，这就显然滥用了政府权力，违背了法律精神。[1] 在奥蒂斯看来，英国议会指令殖民地政府所颁布的"协助收缴走私物品令"，是"维系专制权力的最坏的工具"，是英国法律文献中所能找到的"最能摧毁英国人的自由和基本法律原则"的法律。[2] 英国议会和殖民地政府的这一做法，显然已经违反了英国宪法。在法庭辩论中，奥蒂斯明确指出，"违背宪法的议会法案是无效的，违背自然公平的议会法案也是无效的"，法院"必须废止这样的法案"。[3] 显然，奥蒂斯的这一思想，在很大程度上是柯克在一个半世纪前的博纳姆医生案中所阐述的高级法思想的翻版。

在 1764 年 7 月发表的《英属殖民地权利申论》（*The Rights of the British Colonies Asserted and Proved*）一文中，奥蒂斯结合了欧洲启蒙运动中的自然权利思想和柯克的司法审查理念，再次对高级法思想进行了阐释。奥蒂斯认为，根据"上帝与自然之法和普通法"，任何一个殖民地人"都被赋予了作为大不列颠臣民所应享有的一切自然的、基本的、内在的和不可剥夺的权利"。虽然英国议会可以通过制定法律，对帝国进行管理，但却不能据此

---

① Melvin I. Urofsky and Paul Finkelman，*A March of Liberty*：*A Constitutional History of the United States*，Vol. I，p. 43.

② Charles G. Haines，*The American Doctrine of Judicial Supremacy*，Berkeley：University of California Press，1932，p. 59.

③ Bernard Schwartz，*A History of the Supreme Court*，p. 6.

认为它拥有"绝对的和任意的权力"。政府权力有限是"法律和正义的首要原则"，英国议会也必须接受"上帝和自然"所确立的诸多限制。奥蒂斯指出，在英国议会之上还有"上帝"这样一个"更高的权威"，如果议会法案有悖于上帝制定的"自然法"，这就意味着它违背了"永恒的真理、公平和正义"，因而就是无效的。奥蒂斯认为，如果议会法案明显违背了公共利益，而议会又没有主动地将其废除，法院就必须将其宣布为无效，"这正是英国宪法的伟大之处"。①

在北美英属殖民地抗议英国政府税收政策的过程中，各殖民地也是以高级法思想作为申述殖民地人宪法权利的法理基础的。例如，在 1764 年 10 月，纽约殖民地代表议会就在一份请愿书中提出，由于英国议会中并没有殖民地的代表，殖民地内的税收自然应当由殖民地而不是英国议会加以管理，因为"无代表不纳税"（No Taxation Without Representation）是"人类的一项自然权利"。弗吉尼亚殖民地代表议会也认为，英国政府对殖民地征税是"与英国宪法的根本原则相冲突的"，英国议会在殖民地行使征税权并不具有充分的"合理性"。②

1765 年 10 月，马里兰殖民地的著名律师丹尼尔·杜拉尼（Daniel Dulany）在其撰写的小册子《论英国向英属殖民地征税的正当性》（*Considerations on the Propriety of Imposing Taxes in the British Colonies*）中也持类似的观点。杜拉尼认为，"无代表不纳税"是"英国宪法的一项基本原则"，它源自于普通法，并为英王授予殖民地的宪章所确认。如果英国政府违反了这一原则，"剥夺了殖民地人的这项权利"，那么，"他们也就同时被剥夺了作为自由人而有别于奴隶的一切特权"。③

在 1768 年由马萨诸塞殖民地的政治家塞缪尔·亚当斯（Samuel Adams）

---

① James Otis, "The Rights of the British Colonies Asserted and Proved", in *Tracts of the American Revolution*, *1763—1776*, Merrill Jensen (ed.), Indianapolis: The Bobbs-Merrill Company, Inc., 1967, pp. 24, 26—27, 32—33.

② Thomas C. Grey, "Origins of the Unwritten Constitution: Fundamental Law in American Revolutionary Thought", *Stanford Law Review*, Vol. 30, No. 5, 1978, p. 874.

③ Daniel Dulany, "Considerations on the Propriety of Imposing Taxes in the British Colonies for the Purpose of Raising a Revenue by Act of Parliament", in *Tracts of the American Revolution*, *1763—1776*, Merrill Jensen (ed.), pp. 99, 104.

起草的《马萨诸塞通函》（*Massachusetts Circular Letter*）中，亚当斯也明确指出，"在所有自由的国家里，宪法都是确定的"，由于最高立法机关的权力源于宪法，因此，"它是不能超越宪法的约束的，否则就会摧毁了其自身权力的基础"。亚当斯认为，"无代表不纳税"是一项"基本的、不可变更的权利"，这种权利已经"被根植于作为基本法的英国宪法之中"，并且被英国人视为"神圣的和不可改变的权利"，殖民地人必须坚定地主张自己拥有这一"自然和宪法权利"。①

到 18 世纪 70 年代，高级法思想已经成为北美英属殖民地反对英国殖民统治、实现殖民地独立的最重要的法律武器。在 1774 年 10 月由第一届大陆会议（Continental Congress）通过的《第一届大陆会议宣言和决议》（*Declaration and Resolves of the First Continental Congress*）中，各殖民地明确宣布，"根据永恒的自然法、英国宪法诸原则、殖民地宪章和民众契约"，殖民地人"被赋予了生命权、自由权和财产权"，没有他们的同意，任何政府都不能加以剥夺。②

在 1776 年 7 月 4 日由第二届大陆会议通过的《独立宣言》（*The Declaration of Independence*）中，殖民地人更是把独立的法理基础建立在高级法之上。该宣言认为，在人类社会中，"下述真理是不言而喻的：人人生而平等，造物主赋予了他们某些不可让与的权利，其中包括生命权、自由权和追求幸福的权利"。正是由于英王侵犯了殖民地人的上述"天赋的"基本权利，联合起来的殖民地才"向世界的最高裁判者申述"，阐明殖民地的"严正意图"，并宣布脱离英国，成为"自由和独立的国家"的。③

北美英属殖民地时期，高级法思想在美国社会中的广泛传播和运用，使政府权力运作必须符合宪法原则的观念在美国深深扎下了根。美国人普遍认为，政府权力是有限的，无论是政府的行政行为还是议会立法，都不能违背具有最高约束力的宪法的规定，这就为日后美国确立司法审查制度奠定了

---

①　Samuel Adams, "Massachusetts Circular Letter, February 11, 1768", in *Documents of American History*, Vol. Ⅰ, Henry Steele Commager (ed.), p. 66.

②　"Declaration and Resolves of the First Continental Congress, October 14, 1774", in *Documents of American History*, Vol. Ⅰ, Henry Steele Commager (ed.), p. 82.

③　"The Declaration of Independence, July 4, 1776", in *Documents of American History*, Vol. Ⅰ, Henry Steele Commager (ed.), pp. 100—102.

重要的理论基础。

二、司法审查制度确立的制度基础

联邦最高法院之所以能在马伯里案中确立司法审查制度，除了美国社会对高级法思想的广泛接受为其奠定了理论基础外，权力分立与制衡机制在美国宪政体制中的确立，更为司法审查提供了制度基础。

从本质上讲，司法审查是司法机关对其他政府机构施加制衡作用的一项宪政机制，是以分权制衡为主要特征的美国宪政体制的重要组成部分。缺少了司法审查制度，美国宪政体制中立法、行政和司法三个机构之间的权力分立和制衡就无法构成一个完整的链条。由于美国社会对分权制衡理念的接受经历了一个漫长的过程，直到 1787 年联邦宪法制定时，分权制衡才作为一项宪政原则被确立起来，这就决定了美国的司法审查制度并非是从北美英属殖民地建立伊始就出现，而是由 1787 年联邦宪法推动产生的。

在北美英属殖民地时期，各殖民地政府并未实行分权。从表面上看，北美英属殖民地政府中都包括以总督（Governor）为首的行政机构，以参事会（Council）和代表议会（Assembly）为核心的立法机构，以及以法院为主体的司法机构，但实际上，殖民地各政府机构间并不存在绝对的权力分立，权力混合和重叠是一个非常突出的特征。

单就司法权而言，在殖民地时期，各殖民地的司法机关都不是一个独立的政府机构，司法权由殖民地各政府机构分散控制，这主要表现在以下三个方面：首先，各殖民地都没有建立完整独立的司法组织体系。虽然各殖民地都拥有金字塔形的司法组织体系，自下而上依次为地方司法长官（magistrate）、县法院（county court）和最高法院，但是，殖民地的最高法院是由殖民地总督和参事会兼任的，而参事会既是总督的顾问机构，又是殖民地的议会上院。不仅如此，在殖民地法院之外，英国枢密院（Privy Council）还掌握着殖民地案件的最高上诉审判权。针对不服从殖民地最高法院判决的上诉案件，枢密院"殖民地事务委员会"（Committee on Plantation Affairs）向国王和全院提交建议报告，由国王作出最终裁决，然后再以枢密院命令的形式下达至殖民地。① 这说明，在殖民地时期，各殖民地的司法机关并非只由法院构成，殖民地的行政和立法机构以及英国枢密院都成为殖民地司法的重要组成部分，殖民地的司法组织体系并不独立。

第二，殖民地司法权行使的非单一性。一方面，除殖民地法院外，殖民地的行政和立法机构也握有大量的司法权。例如，总督和参事会不仅充当殖民地最高法院，还以"殖民地监护人"（custodians of the province）的身份充任殖民地衡平法院（court of equity）。② 在 18 世纪以前，作为殖民地议会下院的代表议会也曾拥有广泛的司法权，它不仅可以直接审理某些案件，而且也可以监督下级法院审判，甚至还可以撤销法院已作出的判决。③ 另一方面，殖民地法院除固有的司法权外，也兼有某些行政和立法职能。例如，在弗吉尼亚、南卡罗来纳和佐治亚等殖民地，县法院可以发放社会救济金，管理地方贸易和税收，负责道路、桥梁、街道和码头的修建及维护，保证内河航运畅通，还有权制定某些地方性法规，为其各项职能的行使提供法律依据等。④

第三，在殖民地时期，殖民地法官的地位也是不稳定的，其任期和薪金都控制在其他政府机构手中。虽然从 1701 年的《王位继承法》（Act of Settlement）生效开始，英国法官就以"行为端正"标准任职，不得随意被罢免，但"英王从未许可'行为端正'是殖民地法官的任职标准"⑤，北美英属殖民地法官的任免都必须由殖民地总督按照"国王意志"（during king's pleasure）来执行。尽管殖民地曾对此提出强烈抗议，但都遭到英国政府的拒绝。在 1754 年 6 月英国贸易部（Board of Trade）致北卡罗来纳殖民地总督亚瑟·多布斯（Arthur Dobbs）的训令中，英国政府再次强调，殖民地的"所有法官……只能以国王意志来委任"，这一规定随后也被传达给其他殖民

---

① Charles G. Haines, *The American Doctrine of Judicial Supremacy*, p. 55.

② George Dargo, *Roots of the Republic: A New Perspective on Early American Constitutionalism*, New York: Praeger Publishers, Inc., 1974, p.33.

③ George Dargo, *Roots of the Republic: A New Perspective on Early American Constitutionalism*, pp.39—40.

④ George Dargo, *Roots of the Republic: A New Perspective on Early American Constitutionalism*, pp.44—45.

⑤ George Dargo, *Roots of the Republic: A New Perspective on Early American Constitutionalism*, p.46.

地，成为北美英属殖民地法官任职的通行标准。① 此外，1767 年英国政府又颁布《汤森法案》（Townshend Act），规定此后英国政府将决定北美英属殖民地法官的薪金数量，并从英国政府在殖民地征收的税款中支出②，从而从殖民地代表议会手中夺取了殖民地法官薪金的控制权。

在殖民地时期，各殖民地政府机构之所以没有实现分权，除了殖民地处于草创时期，各项制度都不完善，以及殖民地权力混合更有利于英国政府强化对殖民地的控制等因素外，英国混合政府（Mixed Government）体制的影响是更重要的原因。滥觞于古希腊的混合政府理论认为，国家的稳定有赖于君主制（monarchy）、贵族制（aristocracy）和民主制（democracy）的完美结合，以此才能防止这三种单一的政府体制从完美的形式分别发展到腐败的对立面，即专制统治（tyranny）、寡头统治（oligarchy）和暴民统治（ochlocracy）。根据这一理论，政府不应该实行分权，各政府机构的权力应相互混合并相互制约。③

混合政府理论对近代英国宪政影响深远，英王与议会中的贵族院（House of Lords）和平民院（House of Commons）不仅分别体现了君主制、贵族制和民主制三种政体形式，而且它们在议会中既共享权力又相互制约。

英国混合政府体制直接影响了北美英属殖民地政体的建立，殖民地政府中的行政、立法和司法职能也在总督、议会（参事会和代表议会）和法院三者之间交错混杂，并无严格划分。正如美国学者阿尔弗雷德·H. 凯利（Alfred H. Kelly）所说，在北美英属殖民地建立过程中，由于殖民地人是"把英国宪法当作其公法和统治模式"的，因此，英国宪法中所蕴含的混合政府思想，就成为殖民地人"协调自由和权威的重要手段"，这一思想"为盎格鲁—美利坚人的政府思想提供了智力框架"。④

---

① Joseph H. Smith, "An Independent Judiciary: The Colonial Background", in *The Judiciary in American Life*, Kermit L. Hall (ed.), New York: Garland Publishing, Inc., 1987, p.591.

② Barbara. A. Black, "Massachusetts and the Judges: Judicial Independence in Perspective", in *The Judiciary in American Life*, Kermit L. Hall (ed.), p.62.

③ A. J. Beitzinger, *A History of American Political Thought*, New York: Harper & Row, Publishers, 1972, p.16.

④ Alfred H. Kelly, Winfred A. Harbison and Herman Belz, *The American Constitution: Its Origins and Development*, Vol. I, p. 28.

虽然从本质上讲，混合政府体制可以实现政府权力机构间的相互制衡，但由于在各殖民地的混合政府体制中，殖民地法院都处于殖民地总督和英王的严格控制下，这就使得殖民地法院无法根据自己的意志独立作出司法裁断，否则就会危及法官个人的任职和司法机关自身的存在。在这种情况下，由殖民地法院对其他政府机构的施政行为进行司法审查是不具有任何现实性的。

在美国革命和邦联时期，由于美国还没有建立全国性的司法机关，当时美国司法的主体是各州法院。在这一时期，除罗得岛、康涅狄格和新泽西3州继续保持殖民地时的宪政结构外，其余10个州都放弃了混合政府原则，确立了三权分立体制，司机机关也以单一政府机构的形式开始在各州出现。

例如，大多数州不仅都建立了由基层法院和最高法院组成的两级法院体系，并把本州案件的终审权赋予了州最高法院，而且，根据大多数州宪法的规定，州法官也开始实行专职，并以"行为端正"作为任职的标准。

但是，必须强调指出的是，虽然在革命和邦联时期，州司法机关是以单一政府部门的形式出现的，但它在政治上却并未获得真正的独立。在这方面，州立法机关干预司法是绝大多数州的普遍特点，这主要表现为以下三方面。首先，州立法机关直接充任或部分充任司法机关。例如，纽约州最高法院的组成人员不仅有司法官员，还包括立法机关上院议长及议员，[1] 佛蒙特立法机关则干脆自任衡平法院，直接参与司法。[2]

其次，州立法机关干预司法机构的审判和裁决。例如，在1783年11月和1784年6月，宾夕法尼亚州两次召开监察官会议（council of censors），调查宪法所遭到的侵犯，结果发现立法机关对宪法有关司法的规定进行了"明目张胆的违犯"。[3]1785年10月召开的佛蒙特监察官会议经调查也认为，其立法机关对司法事务的干预已达到"难以控制"的地步，它不仅可以直接审理案件，还可以延缓法院判决的执行，甚至可以"推翻法院根据正当法律

---

① Lawrence M. Friedman, *A History of American Law*, p.139.

② William M. Wiecek, "Judicial System", in *Encyclopedia of American Political History*, Vol. II, Jack P. Greene (ed.), New York: Charles Scribner's Son, 1984, p.686.

③ ［美］汉密尔顿、杰伊、麦迪逊：《联邦党人文集》，程逢如、在汉、舒逊译，商务印书馆1995年版，第255页。

程序所做的裁决"。①

　　最后，州立法机关干预法官的任期和薪金。尽管大多数州宪法都规定以"行为端正"作为法官任职的标准，法官在任职内也都享有固定的薪金，但这一规定对很多州的立法机关而言并无强制的约束力。例如，宾夕法尼亚州监察官会议就把立法机关时常改变法官薪金当作立法机关违反州宪法的一个重要表现。② 佐治亚州议会在 1787 年前也规定，州法院的首席法官每年任命一次，其他助理法官和治安法官的任免完全取决于立法机关的意愿。③

　　州立法机关之所以能够干预司法，最主要的原因是独立后各州所确立的"立法至上"（Legislative Supremacy）体制。在独立之初，各州在实施权力分立的过程中，借助的是洛克的分权思想，而不是法国启蒙思想家孟德斯鸠（Montesquieu）的分权制衡理论，各州宪法只强调了权力的分立而忽视了权力的相互制衡④，这就使普遍得到美国人信任的立法机关在各州的政治体制中占据了主导地位，"立法至上"成为各州宪政体制的突出特征。

　　美国独立后，在革命期间广泛传播的人民主权（popular sovereignty）思想依旧在各州有着极大的影响力。1776 年《马萨诸塞公告》就明确指出，"主权永远属于人民的主体，它从未授予也不能授予一人或少数人，伟大的造物主从未赋予人在持续时间上或程度上无限压迫他人之权"。北卡罗来纳州宪法也规定，"一切政治权力只属于人民而且来自人民"。很显然，在独立之初，"人民是一切正当权力的基础这个命题在当时是简直没有争论余地的"⑤。在这种思想指导下，各州人民很自然地青睐与信任州议会，把它视为人民意志和权利的唯一代表，并从殖民地时期的经验出发，对行政和司法机构表现出难以遏制的疑虑。因此，尽管独立后大多数州都确立了三权分立体制，但名为分权，实为立法至上。在此情形下，各州议会干预司法权也就不是偶然的了。

　　在立法至上的政治氛围中，司法机关在各州宪政体制中的处境尴尬。

---

① Charles G. Haines, *The American Doctrine of Judicial Supremacy*, p.78.

② [美] 汉密尔顿、杰伊、麦迪逊：《联邦党人文集》，第 255 页。

③ Gordon S. Wood, *The Creation of American Republic*, 1776—1787, p.161.

④ James M. Burns et al., *Government by the People*, Englewood：Prentice Hall, Inc., 1975, p.27.

⑤ [美] 查尔斯·梅里亚姆：《美国政治学说史》，第 29 页。

它们虽然在各州三权分立的政体中成为一个单一的政府机构，但其司法权却受到了各州议会的极大限制。尽管在革命时期高级法思想发展的推动下，部分州的司法机关曾初步行使过司法审查权，试图对州立法机关加以制衡，但在各州立法至上的宪政框架下，司法审查并没有作为一项制度被确立起来。

到邦联后期，立法之上的诸多弊端引起了许多美国政治家的重视，他们认为，各州议会严重违背了"那些最初引导人们签订公民契约的基本原则"，州议会用"权力"（power）代替"权利"（right），必将摧毁自由政府。[①]在他们看来，美国的宪政体制不仅应当确保政府分权，更为重要的是，还要在政府权力之间确立制衡机制，唯有如此，才能保证美国政体不走向专制。

早在 1776 年各州独立之初，约翰·亚当斯就曾指出，如果不对议会的权力施加有效制约，不仅能够诱发社会动荡，更能导致新的暴政。他认为这是一种理论上的悖论，即人民越是信任自己选举的代表，放松对他们的约束，就越容易产生"民主专制主义"（Democratic Despotism）。[②]

1784 年，托马斯·杰斐逊在其出版的《弗吉尼亚笔记》（*Notes on the State of Virginia*）一书中也明确指出，立法、行政和司法权力"集中在同一些人的手里正是专制主义的真谛"，"这些权力将由多数人行使而不是由单独一个人行使并不能使情况有所好转"。他认为，弗吉尼亚州议会的 173 名民选代表滥施权力，实际上就是专制的突出表现。在杰斐逊看来，"173 个暴君和一个暴君一样地富有压迫性"，这种"选举产生的专制政府并不是我们所争取的政府"，"我们争取的政府不仅仅要建立在自由原则上，而且政府的各项权力必须平均分配给几个政府部门，每个政府部门都由其他部门有效地遏制和限制，无法超越其合法范围"。[③]

美国社会对立法至上的上述抨击，促使美国人在 1787 年制定联邦宪法时运用孟德斯鸠的权力制衡思想，架构了立法、行政和司法之间的分权制衡机制，这不仅使联邦最高法院真正获得了独立的宪政地位，而且也为司法审查奠定了制度基础。

在联邦司法权方面，1787 年联邦宪法首先确立了联邦司法机构在美国

---

① Gordon S. Wood, *The Creation of American Republic*, 1776—1787, p. 404.

② Gordon S. Wood, *The Creation of American Republic*, 1776—1787, p. 404.

③ [美] 托马斯·杰斐逊：《杰斐逊选集》，朱曾汶译，商务印书馆 1999 年版，第 229 页。

宪政体制中的独立地位。联邦宪法规定，"合众国之司法权属于最高法院和国会随时设置之下级法院"，这就使联邦司法机构的独立地位有了明确的法律保障。在法官地位方面，联邦宪法规定，"最高法院与下级法院之法官如无行为不当得继续任职，并于规定期间领受酬金，该酬金于继续任期内不得减少"，这使法官任职彻底摆脱了其他政府机构的干预，从根本上保障了法官地位的稳定。在联邦司法管辖权方面，联邦宪法规定，对于"涉及大使、其他使节及领事以及一州为诉讼一方之案件"，最高法院具有初审权；其他触动联邦宪法、联邦法律（包括成文法与普通法）、已缔结或将来缔结条约的案件，由联邦下级法院初审，最高法院拥有上诉审判权，"唯应受国会所确定之例外与规章之限制"。这一规定明确了联邦司法机关的权辖范围，杜绝了其他政府机构可能对司法权的渗透，使司法权的行使完全独立地掌握在了联邦司法机关手中。

其次，1787 年联邦宪法为司法审查提供了权力基础。虽然联邦宪法并未明确规定联邦司法机关拥有司法审查权，但从联邦宪法的第三条和第六条中可以推论出司法审查的合宪性。联邦宪法的第 3 条第 2 款规定，联邦司法机关有权审理"由于本宪法、合众国法律和根据合众国权力已缔结或将缔结的条约而产生的有关普通法和衡平法的一切案件"①。联邦宪法第 6 条第 2 款又规定，"本宪法和依本宪法所制定的合众国法律，以及根据合众国的权力已缔结或将缔结的一切条约，都是全国的最高法律；每个州的法官都应受其约束，即使州的宪法和法律中有与之相抵触的内容"②。根据这两个条款的规定，可以做如下的逻辑推论，即联邦宪法、法律和条约是美国的最高法律，任何与之相背离的政府法令都是无效的；联邦司法机关有权审理涉及联邦宪法、法律和条约的案件，并根据联邦宪法、法律和条约至上的原则，将违反该原则的政府法令宣布为无效。

---

① 联邦宪法第 3 条第 2 款相关规定的原文如下："The judicial Power shall extend to all Cases, in Law and Equity, arising under this Constitution, the Laws of the United States, and Treaties made, or which shall be made, under their Authority."

② 联邦宪法第 6 条第 2 款相关规定的原文如下："This Constitution, and the Laws of the United States which shall be made in Pursuance thereof; and all Treaties made, or which shall be made, under the Authority of the United States, shall be the supreme Law of the Land; and the Judges in every State shall be bound thereby, any Thing in the Constitution or Laws of any State to the contrary notwithstanding."

不可否认，1787年联邦宪法没有明确规定联邦司法机关拥有司法审查权，的确使联邦司法机关的权力范围充满了模糊性，这不仅使联邦司法机关尤其是联邦最高法院在建立之初不为人们所重视，而且也引发了后世美国社会对司法审查制度合宪性的质疑。例如，美国哈佛大学教授罗伯特·G.麦克洛斯基就认为，尽管司法审查已经成为美国宪政体制的重要组成部分，但司法审查的"热情倡导者们"却无法解释，对于这样一个"如此重要的权力"，为什么联邦宪法"是以暗含（implication）而不是以直白陈述（flat statement）的方式来授予的呢"？麦克洛斯基认为，既没有"宪法文字"也没有"宪法制定者和批准者们的确切意图"能够证明，联邦最高法院拥有监督各州和联邦国会的权力，"至多可以说"，从联邦宪法的文本和制宪者们的意图来看，它们"并不排除最高法院今后成为强势法院的可能性"。①

耶鲁大学的法学教授亚历山大·M.比克尔（Alexander M. Bickel）也持类似的观点。比克尔认为，联邦宪法没有明文规定联邦司法机关拥有司法审查权，联邦宪法第3条第2款的目的，只在于界定联邦司法机关有权审理的案件的类型，"并无意告诉法院如何裁决案件"。因此，如果说该条款可以作为司法审查的宪法依据的话，那它也"只是一个暗示"（hint），"恐怕找不到其他更为明确的东西"。②

纽约大学的拉里·D.克雷默（Larry D. Kramer）教授也认为，虽然司法审查有助于推进美国民主政治和宪政观念的发展，但是，司法审查的这些"益处"（benefits）只是"功能性的和工具性的"（functional and instrumental），并没有坚实的宪法基础，因为从联邦宪法中"找不出对司法审查所做的任何规定"。在他看来，在制宪会议中，参与制宪的代表们要么是从没有考虑过司法审查问题，要么就是会议上提倡司法审查的呼声很小，还不足以使代表们对司法审查问题进行"严肃的讨论"。③

的确，正如美国学者马克斯·法兰德（Max Farrand）所说，尽管1787年的费城制宪会议曾围绕联邦政府的司法权问题进行过多次讨论，但"就那

---

① Robert G. McCloskey, *The American Supreme Court*, pp. 8—9.

② Alexander M. Bickel, *The Least Dangerous Branch: The Supreme Court at the Bar of Politics*, Indianapolis: Bobbs-Merrill Educational Publishing, 1962, pp. 5—6.

③ Larry D. Kramer, "We the Court", *Harvard Law Review*, Vol. 115, No. 1, 2001, pp. 166, 60.

些对司法机关特别感兴趣的人而言，制宪会议记录中有关这一主题的内容却非常少"①。总体而言，制宪会议代表对联邦司法权的讨论，主要涉及联邦法官的任命、联邦下级法院的设立及司法独立等问题，并未就司法审查展开正式讨论。但是，如果从1787年联邦宪法所确立的分权制衡原则的角度考虑，司法审查恰恰是在联邦立法、行政和司法机构之间构建分权制衡关系的不可或缺的重要环节。因此，尽管根据现存的制宪会议记录，人们已无法判断制宪者们没有对司法审查作出明文规定的真实原因，但从联邦宪法第3条和第6条的相关规定中推论出司法审查的合宪基础，应是符合1787年联邦宪法的基本精神的。正如美国学者查尔斯·L. 布莱克（Charles L. Black）所说，当人们试图理解制宪者们的行为时，必须以联邦宪法所确立的宪政结构以及宪法各部分规定之间的相互关系为前提。② 通过这一路径可以发现，联邦宪法之所以作出第3条和第6条的相关规定，正是要赋予联邦司法机关解释联邦宪法和法律的权力，以便达到制约其他政府机构的目的。因此，从这一意义上讲，司法审查并不缺乏宪法依据。③

　　美国学者杰弗瑞·A. 西格尔（Jeffrey A. Segal）等人也认为，虽然"宪法中并无任何有关司法审查的条款"，但"它却与制宪者所设计的整个宪法结构完美地融为一体"。其理由是，虽然从理论上讲，联邦政府的三个权力分支都可以对政府行为的合宪性进行认定，但司法机关更应该通过司法审查担此责任。这是因为，"相对于其他部门，法官的独立性和终身任期，使其能够超脱于各种党派以及选举冲突"，从而能够保证判断的中立性。不仅如此，司法审查也有助于维持联邦立法机关与行政机关的平衡，"以解决立法和执法机构间永不停息的争吵"。此外，由于联邦司法机关所具有的独立性，以及美国人持有的"法官乃有原则的裁决做出者"观念的影响，司法审查也使联邦司法机关能够成为解决联邦政府与州政府之间冲突的"公断人"，有

---

　　① Max Farrand, *The Framing of the Constitution of the United States*, New Haven: Yale University Press, 1913, p. 154.

　　② Charles L. Black, *Structure and Relationship in Constitutional Law*, Baton Rouge: Louisiana State University Press, 1969, p. 7.

　　③ Kermit L. Hall, *The Supreme Court and Judicial Review in American History*, Washington D. C.: American Historical Association, 1985, p. 3.

助于维护美国联邦制的稳定。①

　　实际上，如果仔细分析 1787 年费城制宪会议记录和各州召开的批准联邦宪法会议的记录，可以看出在制宪时期美国社会对联邦司法机关拥有司法审查权是有基本共识的。例如，在制宪会议期间，代表们曾围绕联邦法官是否应参加"法律复审委员会"（Council of Revision）展开过激烈辩论。在辩论过程中，无论是支持还是反对这一提议的制宪会议代表，在司法审查是司法权不可或缺的组成部分这一认识上，没有出现大的意见分歧。

　　在制宪会议中，设立"法律复审委员会"的提议最早出现在《弗吉尼亚方案》（Virginia Plan）中。这份由弗吉尼亚州州长埃德蒙·伦道夫提出的制宪方案，对未来联邦政府的构成及其权力分配做了初步设想。其中，该方案的第 8 条就提议，在未来的联邦政府中，应设立由总统和若干名联邦最高法院大法官组成的"法律复审委员会"，负责审查联邦国会制定的所有法案。如果被审查的法案被该委员会否决，该法案即被认定为无效。② 在制宪会议中，代表们曾对这一提议进行过 4 次讨论。尽管制宪会议最终没有采纳该提议，而是把否决联邦国会立法的权力只授给了总统，但是，在辩论中，在联邦司法机关本就拥有司法审查权问题上，代表们的态度是基本一致的。

　　反对该提议的代表们认为，由于联邦司法机关的权力中本来就已经包含了司法审查权，因此，联邦法官参加"法律复审委员会"，将使联邦司法机关拥有双重否决权，完全无此必要。

　　例如，马萨诸塞州代表艾尔布里奇·格里（Elbridge Gerry）认为，在司法过程中，"法官已经通过解释法律，拥有了防止其他机构侵蚀司法部门权力的制衡力量"。更为重要的是，"法官在解释法律时，必然会判断法律的合宪性"，并把违宪的法律宣布为违宪。格里指出，在一些州中，州法官已经在运用司法审查权裁决某些州法律违宪，并且获得了广泛的认可。③ 因此，在司法机关已经拥有司法审查权的情况下，联邦法官加入"法律复审委员

---

　　① ［美］杰弗瑞·A. 西格尔、哈罗德·J. 斯皮斯、莎拉·C. 蓓娜莎：《美国司法体系中的最高法院》，刘哲玮、杨微波译，北京大学出版社 2011 年版，第 10—11 页。

　　② Max Farrand, ed., *The Records of the Federal Convention of 1787*, Vol. Ⅰ, New Haven: Yale University Press, 1911, p. 21.

　　③ Max Farrand, ed., *The Records of the Federal Convention of 1787*, Vol. Ⅰ, p. 97.

会"是不合适的。

纽约州代表鲁弗斯·金（Rufus King）也认为，在司法审判中，法官必然要对案件涉及的法律作出解释，如果一项法律与宪法相冲突，法官"无疑要终止该法律的实施"①。因此，司法机关成员不应参加"法律复审委员会"，否则就使法官拥有了重复否决立法的权力。

格里和金的上述观点也得到了马里兰州代表卢瑟·马丁（Luther Martin）的支持。马丁认为，在司法审判时，法官自然会对相关法律的合宪性作出司法解释，因此，"就司法机关的特性而言"，法官本就拥有否决违宪法律的权力。如果司法机关成员与行政官员一起组成"法律复审委员会"，复审立法机关制定的法律，就使司法机关拥有了"双重否决权"（double negative）。②

支持该提议的代表们则认为，由联邦司法机关与行政长官共同组成"法律复审委员会"，复审联邦国会制定的所有立法，能够最大限度地制约联邦国会，从而防止违宪的国会立法生效。但是，从这些代表们在制宪会议上的发言中可以看出，他们并不否认司法权中本来就包含司法审查的功能。

例如，宾夕法尼亚州代表詹姆斯·威尔逊（James Wilson）就认为，法官作为法律的解释者，能够对法律的合宪性进行裁决，"这种说法的确是有说服力的"。他之所以仍然坚持认为法官应该成为"法律复审委员会"的成员，只是因为法官仅拥有这种权力"是不够的"。威尔逊认为，尽管"有些法律可能是不公正的和不明智的，也可能会给社会造成危险或者带来破坏性的影响"，但是，"这些法律可能还不构成违宪，法官也不能合法地在审判中终止它们的效力"，这些法律仍有可能会继续有效。因此，为了防止出现这种棘手的局面，"由法官分享对立法的复审权"，法官就可以在法律生效前，预先指出法律中存在的问题，并纠正立法机关的"不当观点"。③

弗吉尼亚州代表詹姆斯·麦迪逊则认为，联邦法官参加"法律复审委员会"，不仅可以使联邦司法机关拥有"额外的机会"（additional

---

① Max Farrand, ed., *The Records of the Federal Convention of 1787*, Vol. I, p. 109.

② Max Farrand, ed., *The Records of the Federal Convention of 1787*, Vol. II, New Haven: Yale University Press, 1911, p. 76.

③ Max Farrand, ed., *The Records of the Federal Convention of 1787*, Vol. II, p. 73.

opportunity），防止立法机关侵犯司法权，而且也能够使美国社会获得一份"额外的制约"（additional check），以阻止立法机关采取那些"不明智和不公正的措施"，避免带来大的"灾难"（calamities）。① 从麦迪逊所谓的"额外的机会"和"额外的制约"言论中可以看出，他并不否认司法机关本就拥有司法审查权，只不过联邦法官与联邦行政长官合作复审国会立法，能够使联邦司法机关获得更多的制约立法机关的权力。

弗吉尼亚州的另一位代表乔治·梅森（George Mason）也提出，他并不否认联邦法官加入"法律复审委员会"会使联邦司法机关拥有双重否决权，因为"法官在解释法律时就已经拥有了否决权"。但是，梅森指出，由于法官只能通过审判"个案"，才有机会把违宪的相关法律宣布为无效，对于其他违宪的法律，只要与他们审理的案件没有直接关系，他们就无法阻止那些法律的施行。因此，梅森认为，应"进一步发挥法官的作用"，使联邦法官能够协助联邦行政长官，"防止出现任何一项不适当的立法"。②

由上述可见，尽管制宪会议的代表们在联邦法官是否应该参加"法律复审委员会"这一问题上存在着意见分歧，但是，在联邦司法权中已经包含司法审查权这一点上，代表们的认识基本是一致的。

从制宪会议对如何确保各州严格遵守联邦宪法和法律的讨论中，也可以看出制宪会议的绝大多数代表都认可司法机关拥有司法审查权。在《弗吉尼亚方案》第6条中，伦道夫曾提议，为确保联邦宪法和联邦法律的权威，联邦国会应有权审查各州立法机关制定的所有法律，并推翻任何与联邦宪法和法律相冲突的州法律。③ 但是，这一提议没有得到制宪会议多数代表的同意。

在讨论这一提议时，持反对立场的代表们认为，审查州法律的权力应由州法院或联邦法院行使，联邦国会不应涉足这一领域。例如，康涅狄格州代表罗杰·谢尔曼（Roger Sherman）认为，由于"各州法院不会承认那些与联邦立法相抵触的州法律是有效力的"，因此再由联邦国会复审各州法律是"没有必要的"。宾夕法尼亚州的代表古维诺尔·莫里斯（Gouverneur

---

① Max Farrand，ed., *The Records of the Federal Convention of 1787*，Vol. II，p. 74.
② Max Farrand，ed., *The Records of the Federal Convention of 1787*，Vol. II，p. 78.
③ Max Farrand，ed., *The Records of the Federal Convention of 1787*，Vol. I，p. 21.

Morris）也认为，对各州而言，由联邦国会审查所有的州法律是"可怕的"，会引发各州的强烈不满。在他看来，如果需要推翻一项违宪的州法律，那也应该是联邦司法机关的责任，与联邦国会无关。①

在支持该提议的代表中，作为该提议最初倡议者的麦迪逊的意见最具权威性。麦迪逊坚持认为，联邦国会拥有否决各州法律的权力，对于维护联邦政府的"效率和安全"是至关重要的，能够防止各州"在追求自己的特殊利益时"，违反国家的整体利益。但是，麦迪逊也不否认司法机关可以对州法律拥有司法审查权，只是认为由司法机关审查州法律存在两个潜在的缺陷：其一，由于司法机关只能在审判个案时才能推翻案件涉及的违宪的州法律，因此，在"国家法院"搁置某一违宪的州法律前，州立法机关有机会借助违宪的法律，实现其"损人利己的目的"。其二，由于州法院对州立法机关都有着不同程度的"依赖"，因此，也"不能指望"州法院成为国家权威和利益的"保护者"。②

制宪会议最终没有接受麦迪逊的意见，而是通过制定前述的联邦宪法第6条，规定联邦宪法、法律和条约是国家的最高法律，并要求州法院必须确保本州的宪法和法律不得与联邦宪法及法律发生抵触，从而将审查州法律合宪性的权力授予了各州法院。为进一步确保联邦宪法和法律的至上性，在联邦宪法正式生效后，刚刚组建的第一届联邦国会就在其制定的《1789年司法条例》第25条中规定，如果在各州的司法审判中，州法院根据州宪法或法律所做的判决有可能违反联邦宪法、法律和条约的话，联邦最高法院有权对其进行"复审"，以决定是否"推翻或肯定"相关的州宪法和法律。③ 在联邦宪法生效后不久联邦国会就制定了该条款的事实说明，在制宪会议中，联邦最高法院有权对州宪法和法律进行司法审查，应是得到了大多数代表的认同。

此外，在制宪会议讨论是否应该建立联邦下级法院问题时，大多数代表也都显露出支持联邦最高法院复审州宪法和州法律的倾向。例如，南卡罗

---

① Max Farrand, ed., *The Records of the Federal Convention of 1787*, Vol. II, pp. 27—28.

② Max Farrand, ed., *The Records of the Federal Convention of 1787*, Vol. II, pp. 27—28.

③ U. S. Congress, "An Act to Establish the Judicial Courts of the United States" (September 24, 1789), in *United States Statutes at Large*, Vol. 1, pp. 85—87.

来纳州代表约翰·拉特利奇认为，为防止联邦政府侵犯州的权力，引发各州对新宪法的反感，没有必要建立专门的联邦下级法院。在所有案件中，州法院"可以而且也必须拥有初审权"，联邦最高法院负责审理由各州上诉的案件。拉特利奇认为，只需设立一个联邦最高法院，就"足以保障国家的权利并确保裁决的一致性"。① 虽然经过讨论，制宪会议并未完全接受拉特利奇的意见，而是最终决定由联邦国会根据"不时地"需要设立相关的联邦下级法院，但是，拉特利奇提出的由联邦最高法院审理各州上诉的案件，以维护联邦宪法和法律权威的观点，是得到了制宪会议代表们的普遍认可的。

根据美国学者查尔斯·A. 比尔德（Charles A. Beard）的统计，在参加费城制宪会议的 55 名代表中，对联邦宪法的制定起到了关键性作用的有 25人。在这 25 名重要代表中，至少有 17 名代表直接或间接地宣布过司法机关拥有司法审查权。② 另一位美国学者拉乌尔·伯杰（Raoul Berger）也认为，有充分的证据证明，在制宪会议上发挥主导作用的代表中，支持司法审查的代表有 26 名，反对者只有 6 名。③ 这说明，制宪会议的多数代表都把司法审查看作是司法权自然的组成部分，是联邦宪法所确立的分权制衡体制中的必要环节，以联邦最高法院为首的联邦司法机关拥有司法审查权，应是制宪会议中的主流观点。

在邦联国会于 1787 年 9 月底将联邦宪法草案提交给各州批准后，在随后长达 10 个月的时间里，各州分别召开宪法会议，围绕是否批准联邦宪法草案展开了激烈争论。

在当时，以罗伯特·耶茨（Robert Yates）等人为首，部分反联邦党人（Anti-Federalist）以化名撰文的形式对司法审查进行了尖锐的批评。他们认为，在司法审查制度下，如果立法机关制定的法律，"与法官们所理解的宪法含义相抵触"，法官将会宣布该法律无效。这就意味着非民选的法官的权力将会高于由民选代表组成的立法机关的权力。在这些反联邦党人看来，司法审查将在司法部门中埋下"专制政府的种子"，相比其他政府机构而言，

---

① Max Farrand, ed., *The Records of the Federal Convention of 1787*, Vol. I , p. 124.

② Charles A. Beard, "The Supreme Court: Usurper or Grantee?", *Political Science Quarterly*, Vol. 27, No. 1, 1912, p. 4.

③ Raoul Berger, *Congress v. The Supreme Court*, Cambridge: Harvard University Press, 1969, p. 104.

美国人更容易在司法机关中感受到"危险"，这种危险还将逐渐侵蚀到其他更为民主的政府部门中。① 但是，反联邦党人的这种观点并没有在各州的宪法会议中占据主导地位，司法审查得到了大多数州宪法会议代表们的支持。

如前所述，在弗吉尼亚州召开的宪法会议上，后来出任联邦最高法院首席大法官的约翰·马歇尔就明确指出，司法审查是制约联邦国会的重要手段，如果联邦国会制定了违宪的法律，联邦最高法院就必须"把它宣布为无效"，以捍卫联邦宪法的权威。麦迪逊也在该州的宪法会议上提出，联邦宪法采取了一项"新政策"（new policy），它把联邦权威的解释权赋予了联邦司法机关。② 在这里，麦迪逊所谓的"新政策"，指的就是联邦宪法赋予了联邦法院在司法审判中解释和运用联邦宪法，行使司法审查的权力。

即使像帕特里克·亨利（Patrick Henry）和乔治·梅森这样的反联邦党人的主要代表人物，他们也只是怀疑司法审查是否真的有效，以及司法审查是否会阻碍联邦国会纠正联邦宪法中可能存在的错误，并不否认司法审查存在的事实。③ 亨利甚至认为，司法机关当然有责任推翻违宪的立法，司法审查应是美国这个国家"最值得推崇的"宪政机制。④

在其他州召开的宪法会议中，大多数代表也都对司法审查持支持态度。例如，马里兰州代表卢瑟·马丁认为，只有联邦法官才能判定"联邦国会制定的任何法律或法规"以及"总统或其他行政官员发布的行政法令"，是否违反了联邦宪法。联邦法官所作的决定，各州都必须严格遵守。⑤ 宾夕法尼亚州代表詹姆斯·威尔逊则认为，如果联邦国会用违宪的权力制定了一项法律，具有独立地位的联邦法官"将会宣布其为无效"，因为"联邦宪法的权力是居于支配地位的"。⑥ 康涅狄格州代表奥利弗·埃尔斯沃思也认为，联

① Herbert J. Storing, *What the Anti-Federalists Were For*, Chicago: The University of Chicago Press, 1981, p. 50.

② Jonathan Elliot, ed., *The Debates in the Several State Conventions*, Vol. III, Philadelphia: J. B. Lippincott Company, 1891, p. 532.

③ Saikrishna B. Prakash and John C. Yoo, "The Origins of Judicial Review", *The University of Chicago Law Review*, Vol. 70, No. 3, 2003, pp. 962—963.

④ Jonathan Elliot, ed., *The Debates in the Several State Conventions*, Vol. III, p. 325.

⑤ Jonathan Elliot, ed., *The Debates in the Several State Conventions*, Vol. I, Philadelphia: J. B. Lippincott Company, 1891, p. 380.

⑥ Charles G. Haines, *The American Doctrine of Judicial Supremacy*, p. 136.

邦宪法界定了联邦政府的权限，如果联邦国会超越了自己的权力界限，"司法机关将是一个对其施以制约的宪政机构"。如果联邦国会制定了"联邦宪法并未授权它制定的法律"，联邦法官将会宣布其无效。①

在各州审议批准联邦宪法的过程中，纽约州宪法会议代表亚历山大·汉密尔顿（Alexander Hamilton）对司法审查合宪性的论述影响最为巨大。针对反联邦党人对司法审查的批评，作为联邦党人主要代表人物的汉密尔顿从三个方面作出了有力的回应：其一，与立法和行政部门相比，司法机关的力量最弱，它绝不可能对其他的民选机构形成威胁。汉密尔顿认为，司法机关"既无军权、又无财权，不能支配社会的力量与财富，不能采取任何主动的行动"。换句话说，司法机关"既无强制、又无意志，而只有判断；而且为实施其判断亦需借助于行政部门的力量"。因此，"司法部门绝对无从成功地反对其他两个部门"，相反，还要采取相应措施"使它能以自保，免受其他两方面的侵犯"。②

其二，司法审查不仅不会侵蚀其他民主机构的权力，反而更能够体现联邦宪法所确立的人民主权原则。汉密尔顿认为，立法机构是人民的代议机关，如果它所制定的法律违反了"委任其行使代议权的根本法"，该法律就应当是无效的，这乃是"十分明确的一条原则"。如果否认这一点，则无异于说，"代表的地位反高于所代表的主体，仆役反高于主人，人民的代表反高于人民本身"。在汉密尔顿看来，联邦宪法"有意使法官成为人民与立法机关的中间机构，以监督后者局限于其权力范围内行事"。为了能够使法官履行自己的监督义务，"法院必须有宣布违反宪法明文规定的立法为无效之权"。"解释法律乃是法院的正当与特有的职责"，如果一项法律与联邦宪法"出现不可调和的分歧"，法院应当"以效力及作用较大之法为准"。③

其三，司法审查并不意味着司法权高于立法权。汉密尔顿认为，法院有权宣布立法机关的法律无效，"并无假定司法权高于立法权的含义"，而只是说"人民的权力实在二者之上"。司法审查的真正含义是，如果"立法机

---

① Jonathan Elliot, ed., *The Debates in the Several State Conventions*, Vol. Ⅱ, Philadelphia: J. B. Lippincott Company, 1891, p. 196.

② ［美］汉密尔顿、杰伊、麦迪逊：《联邦党人文集》，第391页。

③ ［美］汉密尔顿、杰伊、麦迪逊：《联邦党人文集》，第392—393页。

关通过立法表达的意志"是与"宪法所代表的人民意志"相冲突的,"法官应受后者,而非前者的约束,应根据根本大法进行裁决,而不应根据非根本法裁决"。①

总之,在各州审议联邦宪法草案的过程中,尽管各州宪法会议的代表们曾围绕是否批准联邦宪法产生过激烈争论,但是,如同在制宪会议上一样,大多数代表都肯定司法机关拥有司法审查权。即使是对司法审查表示担忧的反联邦党人,也是以承认司法审查权的存在为批评的前提的。

联邦宪法第 3 条和第 6 条的规定,以及在制宪会议和各州批准联邦宪法过程中所表现出的多数代表对司法审查权的认可,充分说明在美国制宪时期,司法审查已经被美国社会普遍视为分权制衡机制的重要组成部分。虽然联邦宪法并未以明确的文字对司法审查作出具体规定,但司法审查并不缺乏坚实的制度基础。

三、司法审查制度确立的实践基础

虽然美国的司法审查制度是在 1803 年的"马伯里诉麦迪逊案"中被确立起来的,但实际上,在美国,司法审查权的运用却并非是从马伯里案开始的。早在殖民地时代,司法审查权就已经为英属殖民地人所熟悉。到革命和邦联时期,在新独立的部分州中,州法院也开始在"立法至上"的宪政体制下,尝试运用司法审查权,巩固自己的独立地位。到联邦宪法生效后,无论是联邦法院还是州法院,都先后在一些案件中利用司法审查权,复审联邦或州法律。

司法审查在早期美国社会中的运用,为联邦最高法院在马伯里案中确立司法审查制度奠定了重要的实践基础。它不仅为美国的联邦和州法院提供了司法经验,而且也进一步推动美国社会认可和接受司法审查,在很大程度上减弱了确立司法审查制度所面临的阻力。

尽管在 17 世纪上半期,司法审查曾因爱德华·柯克的大力推动而在英国有了一定程度的发展,但当英国经历了 1688 年"光荣革命"并确立了君

---

① [美]汉密尔顿、杰伊、麦迪逊:《联邦党人文集》,第 393 页。

主立宪政体后，在"议会至上"（parliamentary supremacy）原则主导英国宪政的背景下，司法审查已经失去了继续存在的制度基础。正如美国学者查尔斯·G. 海恩斯（Charles G. Haines）所说，不管柯克"竭力倡导高级法和基本法观念的效果如何"，1688 年的"光荣革命"都标志着他所推动的司法审查学说"已不再是一个在英国政治中具有可行性的原则了"。① 到 18 世纪 60 年代，布莱克斯通又在其所著的《英国法释义》中强调，议会拥有至高的权威，"如果议会断然颁布一部生效后将违反理性的法律，我认为没有权力机关能对其制约"。如果允许法官否决议会立法的话，那就意味着"将司法权力凌驾于立法机关之上，这对所有的政体都是颠覆性的"。② 这更进一步说明，"议会至上"原则已经在英国被牢固地树立起来，在英国的宪政体制中，司法审查已没有实施的可能性。

但是，尽管在"光荣革命"后，司法审查已消失在英国的宪政体制中，在英国与北美英属殖民地之间，却始终存在着英国政府复审殖民地法律的传统，其目的是为了监控北美英属殖民地，防止殖民地立法违背英王的意志和英国的法律原则。

早在 1584 年，在授权沃尔特·罗利爵士（Sir Walter Raleigh）前往北美探险的特许状（Charter）中，英王伊丽莎白一世（Elizabeth Ⅰ）就明确指出，未来在北美所建的殖民地的"法令、法律和法规"，都必须符合英国的法律和政策。③ 在随后建立北美英属殖民地的过程中，这一规定也在英王颁发给其他殖民地的特许状中得到了体现。

例如，在 1606 年，英王詹姆士一世在颁发给弗吉尼亚殖民地的特许状中就规定，该殖民地政府必须严格遵守英国政府签署和加盖御玺的"法律、法规和训令"，对殖民地进行管理。④1629 年，英王查理一世（Charles

---

① Charles G. Haines, *The American Doctrine of Judicial Supremacy*, p. 35.

② ［英］威廉·布莱克斯通：《英国法释义》（第一卷），游云庭、缪苗译，上海人民出版社 2006 年版，第 104 页。

③ "Charter to Sir Walter Raleigh—1584", in *Federal and State Constitutions*, *Colonial Charters*, *and Other Organic Laws of the States*, *Territories*, *and Colonies Now or Heretofore Forming the United States of America*, Vol. 1, Francis N. Thorpe (ed.), Washington D. C.：U. S. Government Printing Office, 1909, p.55.

④ "The First Charter of Virginia—1606", in *Federal and State Constitutions*, *Colonial Charters*, *and Other Organic Laws of the States*, *Territories*, *and Colonies Now or Heretofore Forming the United States of America*, Vol. 7, Francis N. Thorpe (ed.), Washington D. C.：U. S. Government Printing Office, 1909, p.3785.

Ⅰ）在颁发给马萨诸塞殖民地的特许状中也特别规定，殖民地有权制定必要的"法律和法规"，以保障殖民地的"利益和福利"，但这些殖民地法律不能"违反或抵触"英国的"法律和法令"。① 即使在 1662 年，英王查理二世（Charles Ⅱ）在向原来的自治殖民地康涅狄格颁发特许状时，他也同样强调，今后康涅狄格殖民地制定的所有法律"都不得违反英国法律"。②

为确保殖民地的立法不与英国法律相冲突，英国政府主要采取了行政复审和司法复审两个手段来达到这一目的。在行政复审方面，一方面，英国政府向殖民地总督发布"训令"（instructions），督促总督审查殖民地立法，并否决违反英王意志的殖民地法律；另一方面，英国政府又规定，殖民地的所有立法应呈送英国政府，由英国枢密院予以复审。无论是殖民地总督还是英国枢密院，在复审殖民地法律时，除了考察殖民地法律是否符合英国法律的规定和原则外，殖民地法律是否符合英帝国的各项政策更是总督和枢密院考量的重要因素。③

除行政复审外，英国枢密院还利用司法审判权复审殖民地法律，将其视为英国政府监控殖民地立法的重要辅助手段。如前所述，在北美英属殖民地时期，殖民地的最高上诉审判权掌握在英国枢密院手中。凡不服殖民地最高法院判决的案件，在经枢密院同意后，可以上诉至枢密院。上诉案件的标准以案件涉及的货币金额而定。最初，只有涉及金额超过 300 英镑的案件才能上诉到枢密院，后来英国政府又将这一标准提高到 500 英镑。④

上诉到英国枢密院的殖民地案件将被提交给枢密院的"殖民地事务委员会"。就这些案件所涉及的问题，该委员会与其他主管贸易和殖民地事务的委员会及总检察长进行协商讨论，然后由它向国王和全院提交建议报告。国王据此就是否肯定、推翻或修改殖民地法院判决作出最终裁决，然后以枢

---

① "The Charter of Massachusetts Bay—1629", in *Federal and State Constitutions*, *Colonial Charters*, *and Other Organic Laws of the States*, *Territories*, *and Colonies Now or Heretofore Forming the United States of America*, Vol. 3, Francis N. Thorpe (ed.), Washington D. C.: U. S. Government Printing Office, 1909, p. 1853.

② "Charter of Connecticut—1662", in *Federal and State Constitutions*, *Colonial Charters*, *and Other Organic Laws of the States*, *Territories*, *and Colonies Now or Heretofore Forming the United States of America*, Vol. 1, Francis N. Thorpe (ed.), p. 533.

③ Charles G. Haines, *The American Doctrine of Judicial Supremacy*, pp. 45, 48.

④ Charles G. Haines, *The American Doctrine of Judicial Supremacy*, p. 53.

密院命令的形式下达至殖民地。[1]

围绕枢密院的上诉审判权，殖民地与英国之间曾经发生过激烈的争论。一些殖民地认为，由于英王颁发的殖民地特许状并没有明确规定这种上诉程序，因此，殖民地案件的上诉审判权不应被赋予英国枢密院，而是应当由殖民地的相关机构来行使。英国枢密院则从殖民地人同样也是英王的臣民这一立场出发，认为任何"一个英国臣民都不能因国王特许状中的个别词句或缺少某些词句而被剥夺上诉的权力"。[2]1684 年，英国枢密院在一项决议中规定，必须充分保护不服从殖民地法院判决的殖民地人向枢密院上诉的权力。在 1698 年的一份决议中，枢密院又提出，"受理并裁决由国王陛下的所有美洲殖民地上诉的案件是国王陛下的固有权力"。[3] 从此，英国枢密院充任殖民地最高上诉法院的模式逐渐被固定下来。

在审理殖民地上诉案件时，英国枢密院也同时复审相关的殖民地法律。枢密院是否支持某一殖民地法律，其司法裁判的标准是该法律是否符合英国法律和殖民地特许状的相关规定，这在枢密院对殖民地遗产继承案件的上诉审判中表现得最为突出。

在殖民地时期，无遗嘱死亡人（intestate）的遗产继承问题一直都是各殖民地政府慎重处理的一个重要问题。在北部的新英格兰地区，各殖民地的法律通常都规定，无遗嘱死亡人的遗产将由其子女或其他合法的继承人分割继承，而不是像英国普通法规定的那样，由死亡人的长子或最年长的其他合法继承人单独继承。这是因为，在拓建殖民地的过程中，如果只允许无遗嘱死亡人的长子继承遗产，死亡人的其他子女将很难在殖民地艰苦的环境中生存下去，由死亡人的所有合法继承人分割继承遗产，是符合当时殖民地社会的现实需要的。但是，由于殖民地的无遗嘱死亡人遗产继承法与英国普通法之间存在着明显的差异，这就为英国枢密院审判殖民地的遗产继承上诉案件并复审殖民地的遗产继承法提供了诸多契机。

例如，在 1728 年的"温思罗普诉莱奇米尔案"（*Winthrop v. Lechmere*）中，英国枢密院就以违反英国普通法为由，裁定康涅狄格殖民地的一项遗产

---

[1]　Charles G. Haines，*The American Doctrine of Judicial Supremacy*，p. 55.

[2]　Charles G. Haines，*The American Doctrine of Judicial Supremacy*，p. 54.

[3]　Charles G. Haines，*The American Doctrine of Judicial Supremacy*，p. 53.

继承法无效。1699 年，康涅狄格殖民地议会通过了一部《无遗嘱死亡人遗产继承法》（Intestacy Act），规定未留遗嘱的死亡人的动产和不动产将被平均分割为多份，死亡人的长子或最年长的继承人有权继承两份遗产，其他继承人分别获得一份遗产。①

1717 年，该殖民地的韦特·温思罗普（Wait Winthrop）去世，没有留下遗产继承遗嘱。康涅狄格殖民地法院根据《无遗嘱死亡人遗产继承法》，判决其儿子约翰·温思罗普（John Winthrop）分得遗产的三分之二，剩余遗产由其女儿安妮·温思罗普（Anne Winthrop）继承。1727 年，约翰·温思罗普因不满殖民地法院的这一判决，向英国枢密院提起上诉。温思罗普认为，康涅狄格殖民地法院所作的遗产继承判决是不正确的，因为根据英国普通法的规定，无遗嘱死亡人的全部不动产应归死亡人的长子或最年长的继承人所有，自己作为家中唯一的儿子，理应继承父亲遗留的全部不动产，而不是与自己的妹妹分割继承这些财产。

经过审判，英国枢密院于 1728 年 2 月作出判决，支持了温思罗普的上诉请求，并以违反英国普通法的相关规定为由，裁定康涅狄格殖民地的《无遗嘱死亡人遗产继承法》无效。②

但是，在 1738 年的"菲利普斯诉萨维奇案"（*Phillips v. Savage*）中，英国枢密院又支持了马萨诸塞殖民地法院的判决，认定在死亡人未留遗嘱的情况下，殖民地法院所作的死亡人的遗产由其合法继承人分割继承的判决是有效的。枢密院认为，马萨诸塞殖民地议会在 1692 年制定了《无遗嘱死亡人遗产继承法》，规定无遗嘱死亡人的遗产由其合法继承人分割继承。虽然这一法律与英国普通法的相关规定不符，但该法律在 1695 年就已经得到了英国枢密院的认可。同时，1691 年英王颁发给马萨诸塞殖民地的特许状也规定，如果一项法律在制定后的三年内没有被英国枢密院否决，该法律的效力将在其有效期内得到认可。因此，根据马萨诸塞特许状的这一规定，该殖民地的《无遗嘱死亡人遗产继承法》是合法有效的，殖民地法院依照该法所

---

① Julius Goebel, Jr., *History of the Supreme Court of the United States*, *Vol. I*, *Antecedents and Beginnings to 1801*, New York: Macmillan Publishing Co., Inc., 1971, p. 73.

② Julius Goebel, Jr., *History of the Supreme Court of the United States*, *Vol. I*, *Antecedents and Beginnings to 1801*, pp. 73—76.

作的判决应予以支持。①

虽然英国政府通过行政和司法途径复审殖民地法律，加强了对北美英属殖民地的监控，但从殖民地的整个历史来看，英国政府对殖民地法律的审查并不严格，被推翻的殖民地法律只占很小的比例。据美国学者查尔斯·G. 海恩斯的统计，从 18 世纪初到北美英属殖民地独立，在所有殖民地送交英国枢密院进行行政复审的 8563 项法律中，只有 469 项法律被否决，仅占总数的 5.5%。② 另一位美国学者埃尔莫·B. 罗素（Elmer B. Russell）的研究也认为，在同一时期，在所有殖民地中，宾夕法尼亚殖民地被否决的法律最多，但也只占该殖民地全部法律的 15.5%。③

在司法复审方面，从 17 世纪 80 年代初到北美英属殖民地独立，在近一个世纪的时间里，只有 265 宗殖民地案件被上诉至英国枢密院。其中，有 78 宗来自罗德岛殖民地，是所有北美英属殖民地中上诉案件最多的，南卡罗来纳、北卡罗来纳和佐治亚等殖民地的上诉案件最少，都只有 2 宗。在这些上诉案件中，除枢密院没有作出裁决的案件外，殖民地法院判决被枢密院推翻的只有 76 宗，明确得到枢密院支持的有 57 宗，枢密院并未对殖民地法院的判决表现出非常明显的偏见。④

英国政府之所以对北美英属殖民地法律的复审较为宽松，首要原因是英国政府（尤其是在 1763 年 7 年战争结束前）希望给殖民地留出较为充分的自由发展空间，促进殖民地的社会和经济繁荣。这不仅有利于英国本土的经济发展，而且也有助于英国在北美与其他欧洲殖民强国进行对抗。

其次，枢密院的工作方式也使它无法大量复审殖民地的法律。按照枢密院的规定，只有涉案金额达到 500 英镑的殖民地案件才有可能被允许上诉至枢密院，这实际上使绝大多数殖民地上诉案件的最终裁判权都掌握在了殖民地最高法院手中，有时甚至涉案金额已超过 500 英镑的案件也在殖民地政

---

① Arthur Meier Schlesinger, "Colonial Appeals to the Privy Council（Ⅱ）", *Political Science Quarterly*, Vol. 28, No.3, 1913, pp. 442—443.

② Charles G. Haines, *The American Doctrine of Judicial Supremacy*, p. 49.

③ Elmer Beecher Russell, *The Review of American Colonial Legislation by the King in Council*, New York：Octagon Books, 1976, p. 221.

④ Arthur Meier Schlesinger, "Colonial Appeals to the Privy Council（Ⅱ）", *Political Science Quarterly*, Vol. 28, No.3, 1913, pp. 446—447, 448.

府的阻挠下无法上诉到枢密院。同时，在枢密院所做的上诉裁决中，除少数是以书面报告的形式下达到殖民地的以外，其余绝大多数都是口头传达的。这不仅缺乏时效性，而且殖民地最高法院也常常按照自己的意愿，随意对其进行歪曲和篡改①，这也使许多不服从殖民地法院判决的人不得不考虑上诉的必要性。殖民地上诉案件数量不多，从根本上减少了枢密院复审殖民地法律的机会。

最后，殖民地与英国之间路途的遥远、交通困难和花费的昂贵，也使殖民地政府向枢密院呈送殖民地法律和殖民地人向枢密院上诉案件面临重重困难，从而使殖民地政府呈送的法律数量不多，殖民地人上诉的案件也很少，这就进一步降低了枢密院复审殖民地法律的可能性。

在殖民地时期，虽然英国枢密院对殖民地法律所进行的行政和司法复审并不十分严苛，但枢密院复审殖民地法律的实践，对殖民地和未来的美国社会都产生了深远影响。它不仅使殖民地人养成了殖民地法律不得与更高级的法律相抵触的法治观念，而且也使他们逐渐接受了殖民地议会制定的法律必须接受其他政府机构审查的政治运作机制，这就为司法审查制度在未来美国的确立提供了重要的实践经验。

在美国革命和邦联时期，由于独立后各州都确立了名为分权、实为"立法至上"的政治体制，立法机关滥用权力的现象在各州屡见不鲜。在立法机关任意干预其他政府机关的权力和侵犯公民自由权利的情况下，越来越多的美国人对立法机关能否恪守限权政府的既定原则，"已经完全不抱乐观的态度了"。用美国学者西尔维亚·斯诺维斯的话说，美国社会"对立法意志的恐惧"，以及邦联时期"各州缺乏有效运作的制衡机制"，在很大程度上推动着早期美国人支持司法机关"对违宪立法进行司法制约"。②

在当时的部分州中，司法机关也的确试图利用对州法律进行司法审查，来达到制衡州立法机关权力的目的。例如，在1780年的"霍姆斯诉沃尔顿案"（*Holmes v. Walton*）中，新泽西州最高法院就将州议会制定的一项惩处

---

① William M. Wiecek, "Judicial System", in *Encyclopedia of American Political History*, Vol. Ⅱ, Jack P. Greene (ed.), p. 682.

② Sylvia Snowiss, *Judicial Review and the Law of the Constitution*, New Haven: Yale University Press, 1990, p. 16.

通敌罪的法律宣布为无效。在美国革命中，为惩处可能出现的通敌行为，新泽西州议会于 1778 年 10 月制定了一部惩处通敌罪法，规定被指控犯有通敌罪的被告，将由县治安法官授权组成的 6 人陪审团进行终审。①

从表面上看，惩处通敌罪法规定由陪审团对涉嫌通敌的被告进行审判是符合州宪法的一般规定的。1776 年的新泽西州宪法就明确规定，除侵犯"本宪法规定的权利和特权"的法律外，"英国普通法以及迄今在本州实行的所有法律，都继续有效，直到立法机关将来以新的法律予以变更为止"；作为普通法传统之一的陪审团审判是公民享有的一项"无比宝贵的"权利，"是本州法律的一部分，永不得被取消"。② 但是，由于根据普通法的规定，陪审团通常由 12 人组成，因此，该法是否有效就成为当时人们争论的一个焦点。

虽然由于年代久远，霍姆斯案的判决报告已无从查找，但从其他相关资料的相互印证中可以推论出，州最高法院最终推翻了这一法律的有效性。州最高法院认为，虽然惩处通敌罪法所作的由陪审团对被告进行审判的规定遵循了普通法的传统，但是，由于在普通法中，"陪审团应由 12 人组成"，而不是像该法律所规定的由 6 人组成，因此，州议会制定的惩处通敌罪法明显违反了普通法的相关规定，必须予以推翻。③

在 1782 年的"弗吉尼亚州诉卡顿案"（*Commonwealth v. Caton*）中，弗吉尼亚州上诉法院（Court of Appeals）的多数法官也坚持认为，司法机关有权审查州法律，并拒绝执行违宪的州法律。1776，弗吉尼亚州议会制定了一部《谋叛法》（Treason Act）。该法除规定对犯有叛国罪的人进行惩处外，还规定如果得到州议会参众两院的一致同意，犯有叛国罪的人员可以被赦免。在该法生效后，约翰·卡顿（John Caton）等人因触犯《谋叛法》而入狱。1782 年，州众议院（House of Delegates）对卡顿等人进行了赦免，但遭到

① Austin Scott, "Holmes vs. Walton: The New Jersey Precedent", *The American Historical Review*, Vol. 4, No. 3, 1899, pp. 456—457.

② "Constitution of New Jersey—1776", in *Federal and State Constitutions*, *Colonial Charters*, *and Other Organic Laws of the States*, *Territories*, *and Colonies Now or Heretofore Forming the United States of America*, Vol. 5, Francis N. Thorpe (ed.), Washington D. C.: U. S. Government Printing Office, 1909, p.2598.

③ Julius Goebel, Jr., *History of the Supreme Court of the United States*, *Vol. I*, *Antecedents and Beginnings to 1801*, pp. 124—125.

州参议院的拒绝。卡顿等人因不满还得继续在监狱服刑而提起诉讼，卡顿案遂由此产生。

在审判中，卡顿等人认为，《谋叛法》所作的州议会参众两院一致同意才能赦免罪犯的规定是违宪的，因为根据 1776 年弗吉尼亚州宪法的规定，州众议院也可以单独行使赦免权。卡顿等人认为，在州众议院已经给予他们赦免的情况下，即使州参议院未予以支持，根据州宪法的规定，赦免也是合法有效的。①

虽然在该案判决中，弗吉尼亚州上诉法院最终并未裁定《谋叛法》违宪，而是认为州议会在该法中对赦免所作的规定，"是合理地行使宪法保留给立法机关的权力"②，但是，审判该案的 8 名法官中有 5 人认为，司法机关有权通过司法审查将违宪的议会立法宣布为无效。③ 因此，该案在美国宪政史中仍然具有重要意义。

在支持司法审查的法官中，法官乔治·威思（George Wythe）的观点最具有代表性。威思认为，如果立法机关"试图超越人民为其划定的权力界限"，"作为国家公共正义的掌管人"，司法机关将以宪法为圭臬警告立法机关，"这里是你的权力边界，你可以在边界内行动，但却不能超越这一边界"。④ 很明显，在威思法官的思想中，司法机关审查议会立法乃是维系权力平衡的有效机制，是司法机关肩负的一项重要责任。美国学者西尔维亚·斯诺维斯认为，威思法官这一观点的重要性，"类似于一个世纪前柯克在英格兰所持的立场"⑤，对美国早期司法审查的演进有着重大影响。

在 1784 年纽约州的"拉特格斯诉沃丁顿案"（*Rutgers v. Waddington*）中，纽约市长法院（Mayor's Court of New York City）也审查了纽约州《非法侵占法》（Trespass Act）的合宪性。为帮助在 1778 至 1783 年英军占领纽约期间财产受到侵害的人追索自己的财产，纽约州议会在 1783 年制定了《非法侵占

---

① Sylvia Snowiss, *Judicial Review and the Law of the Constitution*, p. 17.

② Bernard Schwartz, *A History of the Supreme Court*, p. 8.

③ Julius Goebel, Jr., *History of the Supreme Court of the United States*, Vol. I , *Antecedents and Beginnings to 1801*, p. 127.

④ Edward S. Corwin, "The Establishment of Judicial Review (I)", *Michigan Law Review*, Vol. 9, No. 2, 1910, p.112.

⑤ Sylvia Snowiss, *Judicial Review and the Law of the Constitution*, p. 18.

法》。该法规定，战争期间财产受到侵害的人可以向法院起诉，要求侵权人返回或补偿自己的财产。同时，该法还规定，在非法侵占案件中，侵权人不得以获得占领军当局许可为由，证明自己侵占他人财产的行为是合法的。[1]

在本案中，在战争期间外出逃亡的伊丽莎白·拉特格斯（Elizabeth Rutgers）根据《非法侵占法》的规定，起诉英国商人约瑟夫·沃丁顿（Joseph Waddington），要求沃丁顿支付在战争期间侵占其房舍的租金。但是，拉特格斯的这一主张，遭到了沃丁顿的辩护律师亚历山大·汉密尔顿的反驳。

汉密尔顿的反驳理由主要有二：其一，《非法侵占法》违反了国际法（law of nations）。汉密尔顿认为，由于"纽约州宪法承认普通法的有效性，而国际法又是普通法的组成部分"，因此，国际法的效力在纽约州是得到承认的。根据国际法的规定，军事占领当局有权使用被其控制的一切形式的财产，《非法侵占法》的相关规定显然与国际法的这一规定相抵触。[2] 其二，《非法侵占法》也违反了美英之间为结束战争而在 1783 年签署的《巴黎条约》（Treaty of Paris）。汉密尔顿认为，根据该条约的相关规定，英美双方实际上已经互相放弃了对战争赔偿的要求。纽约州作为美国邦联的一个成员，理应遵守由邦联国会签署的《巴黎条约》的规定。《非法侵占法》强制被告人对战争造成的损失作出赔偿，明显违反了《巴黎条约》，因而是无效的。基于以上理由，汉密尔顿认为，纽约市长法院应拒绝适用《非法侵占法》，因为当一部州法律与国际法或国际条约发生冲突时，"法院必须适用权威更高的法律，并推翻权威低的法律的有效性"[3]。

在主要由首席大法官詹姆斯·杜安（James Duane）拟定的判决中，纽约市长法院并没有对《非法侵占法》是否违反了国际法和《巴黎条约》作出裁决，而是在承认立法机关有绝对立法权的同时，指出司法机关有权对界定不清的法律作出司法解释，并据此作出相应的判决。

判决认为，"立法机关的至上性是不容置疑的"，"如果它们确信有必要颁布一部法律，没有什么其他的权力能够对此加以约束"。如果立法机关

---

[1] Charles G. Haines, *The American Doctrine of Judicial Supremacy*, pp. 98—99.

[2] William M. Treanor, "Judicial Review before 'Marbury'", *Stanford Law Review*, Vol. 58, No. 2, 2005, pp. 480—481.

[3] Bernard Schwartz, *A History of the Supreme Court*, p. 9.

"对一部法律的立法目标作出了明确的阐释"，即使这一法律在法官们看来是
"不合理的"（unreasonable），法官们也不能随意地否定它，因为"这将把司
法权置于立法权之上"，从而颠覆政府存在的基础。

但判决又指出，如果立法机关制定的是一部语意过于宽泛的法律（a
general statute），在特定案件中会导致"不合理的"结果，那么，"法官就可
以郑重地得出结论，法律所带来的结果不是立法机关所能预见的，法官有充
分的权力依照公平原则，自主地解释法律，也只有在这个意义上，法官才可
以拒绝执行这一法律"。判决认为，法官们这样做，"并非是要控制立法机
关，而只不过是要尽力让他们的意图取得好的效果"。①

从上述认识出发，纽约市长法院裁定，由于《非法侵占法》并未明确
规定在非法侵占案中不得适用国际法，因此，在特定案件中，法院可以利用
国际法解读该法律，以期作出公平的裁断。判决认为，在1780至1783年间，
沃丁顿占用拉特格斯的房舍得到了驻纽约英军总司令的同意，其租用拉特格
斯房舍的行为"与战争有着密切的关系"，因此，按照国际法的规定，沃丁
顿无需向拉特格斯支付任何租金。但在此之前，沃丁顿是在得到英国财政部
驻纽约总监（Commissary General）的授权后，占用拉特格斯的房舍的，这
一侵占财产行为显然与战争没有直接关系，不能适用国际法，沃丁顿必须向
拉特格斯支付租金。② 纽约市长法院的这一判决，既对州议会立法进行了司
法审查，但又没有利用司法审查权推翻州法律，从而回避了司法机关与州议
会的直接冲突。

在1786年罗得岛州最高法院审理的"特里夫特诉威登案"（*Trevett v.
Weeden*）中，司法审查再次引发人们的高度关注。1786年8月，罗得岛州
议会制定了一部纸币法，规定纸币为本州法定货币，拒绝使用纸币的人不仅
会被强制缴纳高达100英镑的罚金，而且还会受到起诉。该法规定，在法庭
审判时，不采用陪审团审判的方式，也不允许被告上诉。③1786年9月，屠

---

① Gordon S. Wood, *The Creation of American Republic*, *1776—1787*, p.458.

② William M. Treanor, "Judicial Review before 'Marbury'", *Stanford Law Review*, Vol. 58, No. 2,
2005, p. 484.

③ Julius Goebel, Jr., *History of the Supreme Court of the United States*, *Vol. I*, *Antecedents and
Beginnings to 1801*, pp. 136—137.

夫约翰·威登（John Weeden）因拒绝顾客约翰·特里夫特（John Trevett）用纸币购买其销售的肉品，被特里夫特告上了法庭。

在庭审中，威登的辩护律师詹姆斯·M. 瓦纳姆（James M. Varnum）认为，纸币法没有保障被告人享有的陪审团审判权利，法院应将该法宣布为无效。在向法庭提交的辩论状中，瓦纳姆认为，从《大宪章》开始，陪审团审判就一直被视为英国宪法中"首要的、根本的和最核心的原则"，是每个英国人都享有的宪法权利。在英国建立北美殖民地的过程中，"这项神圣的权利"也随着英国人移居北美，被"带到了这个国家"。英王授予罗得岛殖民地的特许状明确规定，殖民地人"享有自由的本土国民所拥有的一切自由和豁免权"，就好像他们出生在英国本土一样。这就意味着《大宪章》和英格兰的其他基本法律在殖民地也同样是有效的，其中就包括陪审团审判权利。尽管罗得岛已经获得了独立，也进行了政府重建，但由于殖民地宪章在独立后被保留，并且已经转变为州宪法，因此，任何人都不能改变那些已经确立的权利，因为革命并不是"要剥夺人们捍卫自己的生命、自由和财产的那些手段"。①

瓦纳姆认为，虽然法院不能"废止、修订、改变法律，或者制定新法律"，但"法院却拥有只属于它的裁断法律的权力"，它"不能承认任何与宪法相冲突的议会立法为法律"。②

瓦纳姆的上述辩论对州最高法院的法官们产生了重大影响，全体法官都接受了瓦纳姆的辩护理由，认为纸币法的确与宪法存在明显的抵触。但是，州最高法院最终没有明确推翻纸币法的有效性，而是作出了"拒绝受理此案"的裁决。③ 这一方面在事实上撤销了对威登所作的有罪指控，另一方面也有效地回避了与州立法机关可能发生的冲突。

与上述诸案相比，1787 年北卡罗来纳州最高法院审判的"贝亚德诉辛格尔顿案"（*Bayard v. Singleton*）的意义更为重大，因为该案是美国独立后第一宗有确切记录的州法院推翻一项州法律的案件。1785 年，北卡罗来纳

---

① 　Sylvia Snowiss, *Judicial Review and the Law of the Constitution*, p. 21.

② 　Edward S. Corwin, "The Establishment of Judicial Review（Ⅰ）", *Michigan Law Review*, Vol. 9, No. 2, 1910, p.113.

③ 　Bernard Schwartz, *A History of the Supreme Court*, pp. 9—10.

州议会通过了一部《没收财产法》(Confiscation Act)，规定只要财产案件的被告能够证明，自己是从州政府的没收财产专员 (commissioner of forfeited estates) 那里合法获得相关财产的，州法院就必须驳回在革命时期被剥夺财产的保皇派托利党人 (Tory) 提起的财产诉讼。[①] 由于在 1783 年美英签署的《巴黎条约》中，邦联国会已经承诺，将"恳切地劝告"(earnestly recommend) 各州议会发还被充公的托利党人的财产[②]，因此，北卡罗来纳州的这一规定引发了众多争议。

1786 年 5 月，托利党人塞缪尔·康奈尔 (Samuel Cornell) 的女儿伊丽莎白·C. 贝亚德 (Elizabeth C. Bayard) 起诉商人斯派尔斯·辛格尔顿 (Spyers Singleton)，要求辛格尔顿返还被其占有的她父亲的财产。在起诉中，虽然贝亚德没有以北卡罗来纳州的《没收财产法》违反《巴黎条约》为由发起诉讼，但却提出了更为直接和有利的诉讼理由。贝亚德认为，该法与 1776 年的北卡罗来纳州宪法相冲突，因而是违宪的。这是因为，早在 1776 年，北卡罗来纳州宪法就规定，在所有涉及财产的案件中，"陪审团审判是保障人民权利的最佳手段，是神圣不可侵犯的"[③]。《没收财产法》强制法院不经审判就驳回托利党人的财产诉求，显然是违宪行为。

虽然北卡罗来纳州议会对州最高法院的大法官们施加了巨大压力，要求他们拒审此案，但是州最高法院还是在犹豫了近一年后，在 1787 年 5 月作出裁决，宣布《没收财产法》违宪。

州最高法院认为，尽管大法官们"极不愿意"卷入与州立法机关的争论，但无论什么都不能使他们放弃"对公众承担的责任"，这是在他们"庄严宣誓"捍卫宪法后人民赋予他们的义务。州最高法院指出，根据州宪法的规定，"在涉及财产的案件中，任何公民都拥有无可争议的陪审团审判的权利"。如果立法机关剥夺了这项权利，从而使一个人蒙受财产损失，那么，立法机关就会拥有同样的权力，"在不经陪审团审判的情况下剥夺一个人的

---

① Charles G. Haines, *The American Doctrine of Judicial Supremacy*, p. 112.

② "Treaty of Peace with Great Britain, September 3, 1783", in *Documents of American History*, Vol. Ⅰ, Henry Steele Commager (ed.), pp. 118—119.

③ "Constitution of North Carolina—1776", in *Federal and State Constitutions*, *Colonial Charters*, *and Other Organic Laws of the States*, *Territories*, *and Colonies Now or Heretofore Forming the United States of America*, Vol. 5, Francis N. Thorpe (ed.), p. 2788.

生命"，甚至可以"不经过任何正式的审判"，就将一个人推向死亡。州最高法院认为，州立法机关不能通过制定任何法律，"废除或改变州宪法"，否则，它就"同时摧毁了作为立法机关的自己的存在"，并使已经建立的政府分崩离析。基于上述观点，州最高法院作出裁决，由于《没收财产法》违反了作为北卡罗来纳州基本法的州宪法的相关规定，因此，该法律必须被推翻。①

在宣布《没收财产法》无效后，州最高法院正式启动了贝亚德案诉讼，并在审判中适用了陪审团审判程序。虽然州最高法院最终以贝亚德的父亲为英国侨民，在北卡罗来纳州并无合法财产为由，拒绝了贝亚德的诉讼请求②，但这并不能降低该案在美国早期司法审查发展中的重要地位。在该案中，州最高法院面对州议会的强大压力，坚持推翻违宪的州法律，显示出到邦联后期，州法院对于司法审查权的重要性已经有了充分认识，而且也试图尽最大努力在司法实践中加以运用。

从上述各案可以看出，在革命和邦联时期，部分州法院已经开始利用州宪法认可的普通法的基本原则和成文宪法所确立的分权原则等，对州议会立法进行司法审查，这无疑是高级法思想长期熏陶和独立后各州宪政体制变化的结果。但是，必须强调的是，在革命和邦联时期，州法院对司法审查的运用还只是初步的和尝试性的，司法审查并没有作为一个制度被真正确立起来。

这是因为，首先，尽管许多案件都涉及州法律是否违宪问题，但州法院大多对此敏感问题采取了回避姿态。在上述几宗最有代表性的案件中，除霍姆斯案和贝亚德案外，在其他诸案中，州法院都拒绝就涉案的州法律的合宪性作出明确裁决，而是在不直接推翻州法律的前提下，迂回地取得为多数法官所认同的裁断结果。这一突出现象，无疑是革命和邦联时期"立法至上"观念在司法领域中的具体表现。

其次，在革命和邦联时期，许多州法官也在司法机关如何运用司法审查权问题上表现出谨慎和犹疑的态度。在拉特格斯案中，纽约市长法院的首

①　Charles G. Haines, *The American Doctrine of Judicial Supremacy*, p. 114.

②　William M. Treanor, "Judicial Review before 'Marbury'", *Stanford Law Review*, Vol. 58, No. 2, 2005, pp. 479—480.

席大法官杜安在阐述法院判决时就极力说明，司法机关并不否认州议会在立法方面的绝对权威，司法机关只是在议会立法不明晰时，才会对相关法律作出解释，以便在某些个案中取得合理的结果，但这绝不意味着司法机关对立法机关的控制。

相比杜安大法官的谨慎，埃德蒙·彭德尔顿（Edmund Pendleton）法官在卡顿案中的意见，则显示出这一时期普遍存在于许多州法官思想中的犹疑态度。彭德尔顿认为，成文宪法不仅宣告了公民的各种权利，而且也组建了政府，并在立法、行政和司法机构之间"恰当地分配了权力"，要求每个机构都保持分立和独立。宪法的这些规定对政府各机构都具有约束性，"任何时候都不得被违反"。在此前提下，拥有司法权的法院，"在何种程度上"，"应当有权宣布由立法机关通过的一部法律无效，同时又没有滥用立法机关的权力，也没有与宪法的明确条款相冲突呢？"在彭德尔顿看来，这的确是一个"深刻的、重要的……大问题"，对这个问题的解答，"其结果或许是我们所无法设想的"。①

杜安和彭德尔顿的上述观点说明，在革命和邦联时期，州法官们并没有对司法机关如何运用司法审查权形成明确的认识。在立法至上体制下，州法官们更多考虑的是如何回避与立法机关的权力冲突，而不是司法机关怎样才能对立法机关形成有效的权力制约。

最后，州法院对司法审查的尝试性运用，引发了各州议会的强烈反制。例如，在纽约市长法院作出拉特格斯案判决后，纽约州议会就提出了强烈的抗议。州议会认为，法院判决"具有颠覆所有法律和良好秩序的倾向，会直接导致混乱和无序"。如果纽约市长法院能"公然违反明显而众所周知的州法律"，其他所有的法院"都会步其后尘"，"这将终结我们付出巨大代价才换回的权利和特权，立法机关也将变得形同虚设。"②

在特里夫特案判决作出后，罗得岛州议会采取了更为激烈的做法。它不仅要求审案法官前往州议会，"解释判定州议会立法违宪且无效的理由"，而且也在第二年的法官选举中，几乎解除了所有拒绝执行违宪法律的法官

---

① Sylvia Snowiss, *Judicial Review and the Law of the Constitution*，pp. 23—24.

② Sylvia Snowiss, *Judicial Review and the Law of the Constitution*，p. 20.

职务。①

由上述可见，在革命和邦联时期，尽管州法院在司法审查方面做了初步尝试，但在立法至上体制下，司法审查都遭遇了巨大的阻力，司法审查尚未获得美国社会的普遍认可。

到制宪时期，由于人们对成文宪法在美国宪政体制中所发挥作用的认识不断加深，立法权力有限和司法审查具有正当性的思想逐渐为美国社会所接受。1788 年 7 月联邦宪法生效后，随着联邦政府的建立和分权制衡机制的正式运作，司法审查更是面临了一个新的发展机遇。

实际上，早在 1786 年 8 月，当北卡罗来纳州的贝亚德案刚刚被提起时，贝亚德的辩护律师詹姆斯·艾尔德尔（James Iredell）就在报刊上发表了《致公众》（To the Public）一文，对邦联时期各州普遍存在的立法至上体制进行了抨击，并论证了司法审查的正当性。

艾尔德尔认为，与其他国家的政府是因偶然因素或者纯粹就是凭借暴力建立起来的不同，"我们的政府……是源自于人们的深思熟虑"，这主要表现在美国的州政府都是依照州宪法的明确规定组建的。艾尔德尔认为，立法机关"是由宪法创建的"，在宪法所确立的权力架构中，"我毫不怀疑，立法机关的权力是由宪法限制和界定的"。在艾尔德尔看来，既然宪法是由人民制定的，这就意味着"人民选择接受这些宪法原则的统治，而没有选择接受或者同意服从其他原则的统治"，作为人民代议机构的立法机关自然也就"没有更多的权力去按照其他原则行事"。②

但是，如果在现实生活中立法机关的确违反了宪法，又有什么办法能够予以纠正呢？艾尔德尔认为，虽然人们可以通过"请愿"（petition）或者"全民抵制"（universal resistance）的途径来进行补救，但前者对于奉行自治原则的人民而言是一种贬低，后者则又过于激进。③ 在艾尔德尔看来，由司法机关通过司法审查对立法机关加以制约才是更为稳妥的办法。

艾尔德尔认为，虽然司法机关的责任在于"依照州法律进行司法裁

---

① Julius Goebel, Jr., *History of the Supreme Court of the United States*, Vol. I, *Antecedents and Beginnings to 1801*, pp. 140—141.

② Sylvia Snowiss, *Judicial Review and the Law of the Constitution*, pp. 46—47.

③ Sylvia Snowiss, *Judicial Review and the Law of the Constitution*, p. 48.

决", 但不同的州法律, 其权威性也是不同的。州宪法也是一种州法律, 但它是"基本法"(fundamental law)。由于"立法机关的所有权力都来自于州宪法", 因此, "立法机关的法案不能撤销宪法或宪法的任何部分"。如果立法机关制定的法律与宪法相冲突, 那么, 该法律就是"无效的", "也不能得到服从", "否则就违背了我们以前订立的同时也是不能撤销的高级法"。①

艾尔德尔认为, 为了确保所有的州法律都能符合州宪法的规定, 法院必须在司法审判中承担起审查州法律是否违宪的责任。法院行使司法审查权, 并非"篡夺"了立法机关的权力, 而是"宪法赋予其职位的必然权力"。在艾尔德尔看来, 法官们必须牢记的是, "他们是代表全体人民利益的法官, 而不仅仅是立法机关的仆人"。②

艾尔德尔对司法审查正当性的论述在当时的美国社会中引发了巨大反响, 它不仅直接影响了贝亚德案的司法走向, 而且也成为费城制宪会议中代表们争论的一个话题。在费城制宪会议期间, 身为北卡罗来纳州代表的艾尔德尔与同州代表理查德·D. 斯佩特(Richard D. Spaight), 曾通过书信的方式就司法审查的正当性问题展开过激烈争论。

在 1787 年 8 月 12 日写给艾尔德尔的信中, 斯佩特极力反对司法机关复审议会立法的合宪性。他认为, 如果立法机关制定的法律违反了宪法和公平正义原则, 人民完全可以通过选举来改组立法机关, 并进而达到修改甚至废除违宪法律的目的。③ 司法机关复审并推翻立法机关制定的法律, 完全是对立法权的"篡夺"。在宪法中, "找不出任何直接或隐约地支持这种权力的规定", 甚至连容许司法机关这样做的"一点意思"都没有。如果司法机关能够行使司法审查权, 那就意味着人民"不是由他们自己选出的代表来统治的", 而是受制于几个集立法权和司法权于一身的法官。在斯佩特看来, 如果法官能够行使司法审查权, 那么, 法官权力之大恐怕连任何一个欧洲的君主都无法相匹敌。④

---

① Sylvia Snowiss, *Judicial Review and the Law of the Constitution*, p. 48.

② Sylvia Snowiss, *Judicial Review and the Law of the Constitution*, p. 49.

③ Charles G. Haines, *The American Doctrine of Judicial Supremacy*, p. 119.

④ Edward S. Corwin, "The Establishment of Judicial Review（Ⅰ）", *Michigan Law Review*, Vol. 9, No. 2, 1910, p.120.

在 8 月 26 日的回信中，艾尔德尔对斯佩特的上述观点进行了反驳。虽然艾尔德尔信中的观点与《致公众》一文并没有太大的差异，但他还是重点强调了两点：其一，成文宪法决定了立法权是有限的。艾尔德尔认为，如果像英国拥有不成文宪法那样，美国各州也没有成文宪法对政府权力作出明确界定的话，"立法机关的权力无疑会是绝对的"。它所通过的任何法案，即使"与自然正义原则相抵触"，也能对人民构成约束。但是，由于美国人民在革命中已经深刻地感受到"把绝对权力赋予立法机关"所带来的"种种不幸"，因此，人民意识到有必要与他们"未来的政府"签署一个"真实的、原初的契约"，以规范政府的权力。在成文宪法的明确条款下，立法机关的权力必然是有限的。①

其二，司法审查并不意味着司法权高于立法权，而是体现了宪法的至上。艾尔德尔认为，司法机关对议会立法进行司法审查，并不等于说"法官就是被任命的仲裁人"，不管立法机关是否违反了宪法，法官都可以对法律能否被实施作出裁决。司法审查只意味着，"当一部法律必须要由法官裁决时"，在成文宪法的明确规定面前，"法官必须而且也不可避免地以这样或那样的方式来作出决定"。② 从这个意义上讲，在司法审查中，最高的权威不是司法机关而是宪法本身。

艾尔德尔关于司法审查的论述，对制宪时期很多美国政治家的思想都产生了重大影响。从前述的亚历山大·汉密尔顿和詹姆斯·威尔逊等人在费城制宪会议和州宪法会议上的发言中，都可以清晰地看出艾尔德尔思想的影子。

艾尔德尔所坚持的司法审查具有正当性的思想，也在联邦建立后州法院的司法审判中得到了体现。其中，1793 年弗吉尼亚州最高法院（General Court）审理的"坎珀诉霍金斯案"（*Kamper v. Hawkins*）就是最好的例证。在本案中，参审的 5 名法官一致裁定，1792 年弗吉尼亚州议会制定的授权州地区法院发布"禁令"（injunctions）的法律，明显违反了 1776 年弗吉尼亚州宪法所作的只有衡平法院才能颁布"禁令"的规定，因而是违宪的，必

---

① Sylvia Snowiss，*Judicial Review and the Law of the Constitution*，p. 47.

② Sylvia Snowiss，*Judicial Review and the Law of the Constitution*，p. 52.

须予以推翻。

在由 5 名法官分别撰写的裁决意见书中，尽管法官们论证裁决的路径各有不同，但立法机关权力有限和法院有权行使司法审查权是他们思想的共同点，其中，尤其以乔治·塔克（George Tucker）法官的观点最具代表性。塔克认为，宪法不是"想象的事物"，"它是真实存在的，能够以可见的形式制定出来"。人们可以从"实际的文字（living letter）中确定宪法原则"，而不仅仅是"从模糊的推理和推论中"得到这些原则。在成文宪法的明确规定下，包括立法机关在内的所有政府机构"都必须服从宪法的统治"，因为宪法是"这块土地上的首要法律"（the first law of the land）。塔克认为，无论何时，只要必须解释"法律是什么"，就一定需要诉诸宪法，而司法部门的职责就是要作出这种解释。在塔克看来，司法机关必须时刻把宪法视为"首要法律"，任何法律与宪法相冲突，都不能成为有效的法律。①

联邦宪法生效后，除州法院继续践行司法审查外，新组建的联邦法院也开始摸索司法审查的可行性。例如，在 1792 年的"海伯恩案"② 中，联邦巡回法院就对联邦国会在 1792 年 3 月 23 日制定的《伤残退伍军人抚恤金法》（Invalid Pensions Act）的合宪性提出了强烈的质疑。根据这部法律，在该法生效后的两年内，联邦巡回法院将负责受理在美国革命中受伤致残的退伍军人提出的抚恤金申请，并作出裁决以确定申请人是否符合申领抚恤金的条件。但巡回法院的裁决并不是抚恤金申请的最终裁决，而只是联邦陆军部长（Secretary at War）和联邦国会进一步审批抚恤金申请时所考虑的内容之一。③

1792 年 4 月 11 日，残疾退伍军人威廉·海伯恩（William Hayburn）向宾夕法尼亚司法区的联邦巡回法院提出了申领抚恤金的要求，但却遭到了联邦巡回法院的明确拒绝。在 4 月 18 日写给华盛顿总统的一封信中，参与巡回司法的联邦最高法院大法官詹姆斯·威尔逊、小约翰·布莱尔（John

---

① Charles G. Haines, *The American Doctrine of Judicial Supremacy*, p. 156.

② *Hayburn's Case*, 2 U. S. 409 (1792).

③ "An Act to Provide for the Settlement of the Claims of Widows and Orphans Barred by the Limitation heretofore Established, and to Regulate the Claims to Invalid Pensions" (March 23, 1792), in *United States Statutes at Large*, Vol. 1, p. 244.

Blair, Jr.) 和联邦地区法院法官理查德·彼得斯（Richard Peters）认为,《伤残退伍军人抚恤金法》违反了联邦宪法的相关规定, 应是无效的, 并希望华盛顿总统向联邦国会转达他们的意见, 进一步修改这一法律。

威尔逊和其他法官们认为, 司法机关应与立法机关相分立并保持独立, 是一条"对维护自由至关重要的原则","美国人民已经在联邦宪法中对这一原则的重要性给予了最高的尊重"。由于《伤残退伍军人抚恤金法》要求联邦巡回法院受理抚恤金申请并不是一项具有"司法性质"（judicial nature）的工作, 因而也就不在联邦宪法赋予联邦司法机关的权辖范围内, 如果联邦巡回法院承担这一工作, 毫无疑问将缺乏任何的"宪法权威"（constitutional authority）。不仅如此, 威尔逊等人还认为, 由于联邦国会和陆军部长可以复审联邦巡回法院对抚恤金申请所作的裁决,"我们认为, 这种复审与操控就与联邦法院司法权的独立性发生了严重冲突", 也严重背离了联邦宪法"坚持维护的"司法独立原则。[1]

实际上, 早在 4 月 5 日, 在宾夕法尼亚司法区联邦巡回法院拒绝受理海伯恩的抚恤金申请前, 纽约司法区的联邦巡回法院就已经在受理抚恤金申请时, 对《伤残退伍军人抚恤金法》的合宪性提出了质疑。参与巡回审判的联邦最高法院首席大法官约翰·杰伊、大法官威廉·库欣和联邦地区法院法官詹姆斯·杜安认为,《伤残退伍军人抚恤金法》不仅违反了联邦宪法的分权原则, 而且也损害了司法独立。杰伊等法官们认为, 根据联邦宪法的规定, 联邦政府由三个相互分立和独立的机构组成, 每个机构"都有义务"确保不出现相互间的侵害。"除了那些应当由司法机关履行, 而且也能够以司法的方式来完成的责任外, 无论是立法机关还是行政机关, 都没有宪法依据要求司法机关完成其他的任务。"[2] 杰伊等人认为, 受理残疾退伍军人申领抚恤金并不是一项司法事务, 联邦国会通过立法要求联邦巡回法院承担这一工作, 明显违反了联邦宪法的分权原则。

同时, 杰伊等法官们还认为, 由于联邦巡回法院对残疾退伍军人提出的抚恤金申请作出裁决后, 陆军部长和联邦国会还要根据自己的考虑对军人

---

① *Hayburn's Case*, 2 U. S. 409 (1792), 411—412.

② *Hayburn's Case*, 2 U. S. 409 (1792), 410.

的申请作出决断，这就意味着联邦巡回法院的裁决有可能被陆军部长或联邦国会推翻，这就严重危害了司法独立，因为根据联邦宪法的规定，"无论是陆军部长还是任何的联邦行政机构，甚至是联邦国会，都没有权力以纠错法院（court of errors）的身份变更联邦巡回法院的司法命令或判决"①。

杰伊和其他法官们最终并未明确推翻《伤残退伍军人抚恤金法》的有效性，而是决定以"抚恤金审批专员"（commissioners）的身份，受理抚恤金审批工作。他们认为，自己只是代理某些行政事务，并非是以法官的身份对抚恤金申请作出司法裁决。②4 月 10 日，杰伊等人联名致函华盛顿总统，集中阐释了上述观点。

同年 6 月 8 日，负责北卡罗来纳司法区联邦巡回法院审判工作的联邦最高法院大法官詹姆斯·艾尔德尔和联邦地区法院法官约翰·西特格里夫斯（John Sitgreaves），也因《伤残退伍军人抚恤金法》的合宪性问题联名致函华盛顿总统，其基本观点与上述两个联邦巡回法院的观点大体一致。

艾尔德尔和西特格里夫斯认为，联邦立法、行政和司法机构是以分立和独立的方式被组建起来的，组建这三个机构的"最根本的基础只能是联邦宪法"。《伤残退伍军人抚恤金法》是违宪的，因为该法授权法官行使的是"不具有司法性质的权力"。他们认为，即使不考虑受理抚恤金申请是否为司法工作，仅陆军部长和联邦国会有权复审联邦巡回法院裁决就足以说明该法是违宪的，因为这种复审"并没有得到联邦宪法的授权"。③

联邦巡回法院对《伤残退伍军人抚恤金法》合宪性的强烈质疑，引发了美国社会的广泛争论。例如，《合众国报》（Gazette of the United States）在当时就刊文指出，联邦巡回法院法官对《伤残退伍军人抚恤金法》的反对，"在一定程度上打击了联邦国会照顾伤残退伍军人的仁慈目的"。④《国民报》则提出了相反的观点。该报认为，联邦巡回法院的行为，"对任何一位共和党人和自由的朋友而言"，都是一件"非常令人满意的事情"，它使人民相信，司法机关能够"为他们的宪法权利和特权提供足够的保障"，以对

---

①　*Hayburn's Case*，2 U. S. 409 (1792)，410.

②　*Hayburn's Case*，2 U. S. 409 (1792)，410.

③　*Hayburn's Case*，2 U. S. 409 (1792)，412—413.

④　Charles Warren，*The Supreme Court in United States History*，Vol. I，p. 76.

抗"联邦立法和行政机关的压制"。①

联邦国会内部对联邦巡回法院的做法也存在意见分歧。马萨诸塞州的联邦众议院费希尔·埃姆斯（Fisher Ames）认为，联邦巡回法院法官们的行为是"草率和错误的"，给伤残退伍军人进行抚恤好比是一个艰难的"爬坡"（uphill），如果联邦法院能够给予支持，联邦国会或许也只能勉强推进这项工作，但如果法院裁定《伤残退伍军人抚恤金法》无效，不仅会给抚恤工作带来极大的困难，甚至还会"鼓动各州和它们的法院"挑战联邦的权威。② 马里兰州的联邦众议员威廉·范斯默里（William Vans Murray）则提出，联邦国会应当制定法律，规定联邦法院推翻国会立法合宪性的"常规模式"（regular mode）。其言外之意是，如果联邦法院遵循了这种"常规模式"，推翻违宪的国会立法未必不是一种可以接受的司法权力。③

1792 年 8 月，时任联邦司法部长的埃德蒙·伦道夫向联邦最高法院提出申请，要求联邦最高法院向宾夕法尼亚司法区的联邦巡回法院发布"执行令状"，命令联邦巡回法院受理海伯恩的抚恤金申请，但联邦最高法院以司法部长并非该案当事人，无权申请"执行令状"为由，拒绝了伦道夫的请求。虽然伦道夫随后又以海伯恩代理人的身份，再次向联邦最高法院提出发布"执行令状"的请求，但由于 1793 年 2 月联邦国会通过了一部新的《伤残退伍军人抚恤金法》，废除了有关联邦巡回法院受理抚恤金申请的规定④，发布"执行令状"的必要性已不存在，海伯恩案也因此正式结束。

海伯恩案在美国早期司法审查发展史中的影响是巨大的。首先，虽然联邦巡回法院都没有以司法裁决的方式，明确推翻《伤残退伍军人抚恤金法》的合宪性，但它们对该法合宪性的强烈质疑却清楚地表明，联邦法院坚信它们是有充分的权力推翻一部它们认为违宪的国会立法的。实际上，在海伯恩案期间，很多人就已经认为联邦巡回法院是在行使司法审查权了。例如，新泽西州的联邦众议员伊莱亚斯·布迪诺特（Elias Boudinot）就提出，

---

① Charles Warren, *The Supreme Court in United States History*, Vol. Ⅰ, p. 73.

② Charles Warren, *The Supreme Court in United States History*, Vol. Ⅰ, pp. 76—77.

③ Charles Warren, *The Supreme Court in United States History*, Vol. Ⅰ, p. 72.

④ "An Act to Regulate the Claims to Invalid Pensions" (February 28, 1793), in *United States Statutes at Large*, Vol. 1, pp. 324—325.

联邦巡回法院在海伯恩中的表现，是"法院第一次宣布了一项联邦国会立法违宪"。时任联邦众议院领袖的詹姆斯·麦迪逊也在写给弗吉尼亚州州长亨利·李（Henry Lee）的信中直言不讳地指出，联邦巡回法院的法官们"宣称一项为残疾人提供抚恤金的法律违宪"，这本身就"证明了司法审查权的存在"。①

其次，联邦巡回法院以分权原则为理由，拒绝受理抚恤金申请，体现了联邦法院力图区分法律问题与政治问题，从而避免在政治问题上与立法和行政机构发生冲突的司法观念。联邦巡回法院的这一司法观念，使得回避政治问题在此后逐渐成为美国司法审查的禁区之一。例如，在1793年，联邦最高法院的大法官们拒绝向华盛顿总统提供法律意见，帮助其解决如何使美国在欧洲事务中保持中立的问题，其理由就是联邦最高法院不能就"法庭管辖之外的问题"（extrajudicial questions）作出决断。② 在1803年的马伯里案中，首席大法官马歇尔也反复强调法律与政治的差异，以及法院只能对政府的"法律行为"作出裁决，无疑也是与联邦巡回法院在海伯恩案中的司法观念一脉相承的。

最后，虽然联邦最高法院最终因海伯恩案的案由消失，回避了对《伤残退伍军人抚恤金法》的合宪性作出裁决，但必须注意的一个事实是，在当时全体6名联邦最高法院大法官中，首席大法官杰伊、大法官库欣、威尔逊、小布莱尔和艾尔德尔5位大法官，在参与前述的三个联邦巡回法院审判时，都对《伤残退伍军人抚恤金法》的合宪性提出了强烈的质疑，最后一位大法官托马斯·约翰逊（Thomas Johnson）也在随后的巡回审判中拒绝受理抚恤金申请，原因同样是他认为联邦巡回法院没有"宪法权力"处理抚恤金申请事务。③ 这说明，大法官们已经在联邦最高法院有权推翻一项他们认为违宪的联邦和州法律问题上达成了一致意见，只要时机成熟，联邦最高法院运用司法审查权推翻违宪的联邦和州法律将是顺理成章的。

---

① Bernard Schwartz, *A History of the Supreme Court*, pp. 26—27.

② Alfred H. Kelly, Winfred A. Harbison and Herman Belz, *The American Constitution: Its Origins and Development*, Vol. I, p. 160.

③ William M. Treanor, "Judicial Review before 'Marbury'", *Stanford Law Review*, Vol. 58, No. 2, 2005, p. 536.

在海伯恩案之后，联邦最高法院也开始了对司法审查的摸索。例如，在1796年的"韦尔诉希尔顿案"[①]中，联邦最高法院就运用司法审查权，推翻了弗吉尼亚州在1777年制定的一项没收英国债权人债务的法律。联邦最高法院认为，早在1783年美英签署《巴黎条约》时，双方就保证不对债权人收回自己的债务设置任何"法定障碍"（lawful impediment）。由于联邦宪法第6条明确规定，"根据合众国的权力已缔结或将缔结的一切条约，都是全国的最高法律"，各州宪法和法律都不得与之相抵触，因此，"如果一个州立法机关的任何法案能够对一项条约加以阻挠的话，那么这项条约也就不成其为这个国家亦即整个合众国的最高法律了"。[②] 从这个角度推论，联邦最高法院认为，联邦条约的效力是优先于州法律的，弗吉尼亚州没收英国债权人债务的法律必须被推翻。

虽然联邦最高法院在韦尔案中以联邦条约的效力高于州法律为由，推翻了一项州法律的有效性，但在利用联邦宪法审查联邦和州法律方面，联邦最高法院在这一时期还是表现得相当谨慎，只有一项法律具有非常明显的违宪性质，才有可能被联邦最高法院宣布为违宪。

例如，在1796年的"希尔顿诉合众国案"[③]中，联邦最高法院就支持了联邦国会在1794年制定的一项对载客车辆征收运输税（carriage tax）的法律。在该案中，希尔顿认为，运输税属于"直接税"（direct tax），由于联邦国会没有按照联邦宪法第1条第8款关于按各州人口平均分配直接税的规定，在各州平均分配运输税，因此，联邦国会的这一法律是违宪的。在判决中，联邦最高法院否认了运输税属于直接税的说法，确认了联邦国会立法的合宪性。但是，该案判决的重要意义并不在于联邦最高法院对联邦法律的支持，而在于联邦最高法院在判决中所表现出的对如何行使司法审查权的认识。在判决中，塞缪尔·蔡斯大法官代表联邦最高法院提出，如果法官对案件涉及的法律存有"怀疑"，并不能完全确定该法律是否违宪，那么，法官就应该接受"国家立法机关深思熟虑的决定"。除非是在"非常清楚的情形下"，法

---

① *Ware v. Hylton*，3 U. S.199（1796）.

② *Ware v. Hylton*，3 U. S.199（1796），236.

③ *Hylton v. United States*，3 U. S. 171（1796）.

官不应该行使司法审查权。①

在1798年的"考尔德诉布尔案"② 中，联邦最高法院又支持了康涅狄格州议会在 1795 年作出的一项决议。根据该决议，康涅狄格州议会撤销了一个遗嘱检验法院（probate court）的判决，并要求该法院复审案件。在判决中，对于康涅狄格州议会是否违宪制定了追溯既往法律的问题，联邦最高法院给出了否定的回答。联邦最高法院认为，由于联邦宪法第 1 条第 10 款关于禁止制定追溯既往法律的规定，只是针对刑事案件的，并不适用于民事案件，因此，康涅狄格州议会的这一决议并不违宪。

在判决中，代表联邦最高法院拟定判决的艾尔德尔大法官也就如何行使司法审查权问题，表达了与蔡斯大法官相类似的观点。他认为，由于宣告联邦或州法律无效的权力具有"非常微妙和令人惧怕的性质"，除非法院审理的是一宗"事实清楚而又紧迫的案件"，否则，法院"将绝不会诉诸这种权力"。艾尔德尔认为，法院也不能"仅仅因为它认为某条法律违反了自然正义原则"，就将其宣布为无效。这是因为，"自然正义原则"并没有固定的含义，即使是"最能干和最正直的人"，也会对这个问题有不同的看法。如果法院没有非常确凿的证据能够证明某一法律是违宪的，法院所能做的也只能是提出立法机关"制定了一条与法官们所认为的抽象的自然正义原则不一致的法律"，而不能随意推翻该法律的有效性。③

从上述可以看出，在联邦宪法生效后，在州法院已经初步行使司法审查的情况下，联邦法院也迈出了开启司法审查的关键一步。尽管在这一时期，联邦巡回法院和联邦最高法院都对行使司法审查保持了谨慎的态度，尽可能地回避推翻州法律和联邦法律，但司法机关应当凭借司法审查在美国宪政体制中发挥制衡作用的观念，已经在联邦司法系统内得到了广泛认同。而且，联邦最高法院在韦尔案中已经利用联邦条约的至上性推翻了一项州法律，距离它以联邦宪法为圭臬审查联邦和州法律只差一步之遥，1803 年的马伯里诉麦迪逊案使联邦最高法院的这一目标最终得到了实现。

正如美国学者伯纳德·施瓦茨所说，尽管联邦最高法院的首席大法官

---

① *Hylton v. United States*, 3 U. S. 171 (1796), 173, 175.

② *Calder v. Bull*, 3 U. S. 386 (1798).

③ *Calder v. Bull*, 3 U. S. 386 (1798), 399.

约翰·马歇尔是一名"法律巨匠"（legal colossus），但他也不是在"一块干净的白板上"（a blank slate）书写他的马伯里案判决的。马歇尔在马伯里案中所确立的司法审查制度，是与同时代的人和前辈们所阐述的法律原则紧密地交织在一起的。① 源自欧洲的高级法思想，分权制衡在美国宪政体制中的确立，殖民地时代美国人对司法审查的熟悉和接受，以及独立后州法院和联邦法院对司法审查的初步行使等，无一不从各方面奠定了美国司法审查制度的思想、制度和实践基础，从而使最初萌发于英国的司法审查之花在 19 世纪初的美国结出了硕果。司法审查不仅逐渐成为美国宪政体制最显著的特征之一，而且也对此后美国的宪政发展产生了极其深远的影响。

---

① Bernard Schwartz，*A History of the Supreme Court*，p. 22.

第 四 章

司法审查与联邦制的初步稳定

自 1803 年的"马伯里诉麦迪逊案"确立司法审查制度以来，司法审查就在美国的宪政发展中发挥着越来越重要的作用。其中，司法审查对美国联邦制（Federalism）发展演变所起的作用最为引人瞩目，是司法审查影响美国宪政发展的一条主线。可以说，司法审查对美国宪政体制运作各方面的影响几乎都与联邦制问题有着密不可分的关系。

联邦制是美国宪政体制最突出的特征之一。根据联邦宪法的规定，美国的国家权力实行纵向分立，由联邦和州政府分享。联邦政府享有联邦宪法"授予的权力"（delegated power），州政府则拥有"保留的权力"（reserved power），即凡是没有授予联邦政府的权力，都由州政府保留。联邦宪法同时还规定，联邦宪法和法律以及同外国签订的条约是国家的最高法律，各州必须遵守，州的宪法和法律不能与联邦宪法、法律及条约相违背，从而使联邦的地位高于州。

在美国的宪政发展中，联邦制对于协调联邦政府与州政府的权力关系，保证美国社会的平稳发展起到了至关重要的作用。法国政治学家托克维尔（Charles Alexis de Tocqueville）在 19 世纪 30 年代考察美国后就曾指出，在联邦制下，美国"既像一个小国那样自由和幸福，又像一个大国那样光荣和强大"，"联邦制度是最有利于人类繁荣和自由的强大组织形式之一"，"我真羡慕已经采用这个制度的国家的命运"。①

---

① ［法］托克维尔：《论美国的民主》（上），董果良译，商务印书馆 1997 年版，第 183、191—192 页。

　　但是，正是由于联邦制对美国的宪政发展有着重大影响，围绕联邦制所产生的诸多问题也一直是美国社会关注的焦点。如何界定联邦政府和州政府的权力范围，如何妥善处理联邦和州之间的关系等，都成为不同时期美国社会争论的话题。曾在 20 世纪初担任美国总统的政治学家伍德罗·威尔逊（Woodrow Wilson）就认为，"联邦和州的关系问题是美国宪政体制的主要问题"，每当美国社会发展出现转折时，美国人都必须"直面这一问题"。在威尔逊看来，联邦制问题"是不能按照任何一代人的想法得到解决的"，因为这是一个"不断发展的问题"，在美国政治和经济发展的不同阶段，联邦制都会"呈现出新的面貌"，联邦制问题也会因此成为一个"新问题"。[1]

　　从 19 世纪初到 19 世纪 60 年代初的美国内战前，在联邦最高法院审理的许多宪法性案件中，联邦制问题都是联邦最高法院关注的最重要的问题之一。这是因为，虽然联邦宪法已经对联邦与州的权力划分做了相关规定，但由于美国的联邦制刚刚确立，在邦联时期深受州权至上观念影响的美国人在面对联邦制这一新政体时，还有许多未解的现实难题，如新建立的联邦政府的权力究竟有多大，联邦的至上地位如何才能得到各州政府的尊重，怎样才能平衡联邦与州的权力关系等。在联邦建立初期，如果这些问题能够得到有效解决，不仅能极大地确保联邦宪法和联邦政府的权威，而且也更有利于美国社会的平稳发展。

　　在美国内战前，联邦最高法院在审理涉及联邦制问题的案件时，其司法趋向可以分为前后两个阶段。在 19 世纪 30 年代中期以前的马歇尔法院（Marshall Court）时期，联邦最高法院司法审查的重点是维护联邦的权威。在此之后的坦尼法院（Taney Court）时期，联邦最高法院则开始在司法审查中注重保护州权，力图扭转马歇尔法院时期联邦权不断上升的势头，使联邦和州的权力能够保持平衡。[2]

---

　　[1]　Woodrow Wilson, *Constitutional Government in the United States*, New York: Columbia University Press, 1961, p. 173.

　　[2]　在美国，人们习惯以首席大法官的名字为其在职时的联邦最高法院命名。例如，1801—1835 年约翰·马歇尔任首席大法官时的联邦最高法院被称为"马歇尔法院"（Marshall Court），1836—1864 年罗杰·B. 塔尼（Roger B. Taney）任首席大法官时的联邦最高法院则被称为"塔尼法院"（Taney Court）。

一、马歇尔法院与联邦权的巩固

在 19 世纪初到 19 世纪 30 年代中期的马歇尔法院时期，联邦最高法院所采取的司法立场是维护联邦政府的权威。之所以如此，最主要的原因在于，在华盛顿和亚当斯任总统期间，进入联邦最高法院的大法官们都是坚定的联邦主义者。正如美国学者亨利·J. 亚伯拉罕（Henry J. Abraham）所说，这些大法官"没有作出过一个反联邦主义的裁决"，"也没有一个人写过可以称作反联邦主义的持异议的文章"。① 在这种情况下，这一时期的联邦最高法院倾向于维护联邦权威也就不足为奇了。

在马歇尔法院中，首席大法官约翰·马歇尔更是一位"最优秀的联邦主义者"。② 早在美国制宪时期，马歇尔就已经表现出强烈的联邦主义的思想倾向。例如，在 1788 年弗吉尼亚州召开的批准联邦宪法的会议上，马歇尔就反复强调建立一个拥有足够权力的国家政府的重要性。马歇尔认为，美国独立后所确立的州权至上的邦联体制已经证明，各州仅凭一己之力，根本无法"保护自己的人民并促进公共福利"，唯有赋予国家政府足够的权力，才能摆脱这一困境。马歇尔认为，当时的欧洲各强国也对美国虎视眈眈，如果缺乏一个强有力的国家政府，美国的分裂将不可避免。正如马歇尔所说，"如果我们因自己的虚弱而给欧洲强国留下可乘之机，它们能不这样做吗？"③ 在他看来，如果不赋予国家政府足够的权力，"每个州都会相继垮台"，成为"国家政府权力缺失的牺牲品"，"联合将使我们强大，分裂所带来的只能是消亡"。④

不仅如此，马歇尔还认为，虽然联邦宪法旨在建立一个强有力的国家政府，但这一宪法的根本目的并不是要在美国建立"独裁"，而是要确立"一个精心管控的民主制度"（a well regulated democracy）。在这一制度下，国家政府将"尊重公正原则和民众的信任"，"恪守社会道德"。从这个意义

---

① ［美］亨利·J. 亚伯拉罕：《法官与总统——部任命最高法院法官的政治史》，第 69 页。

② ［美］亨利·J. 亚伯拉罕：《法官与总统——部任命最高法院法官的政治史》，第 71 页。

③ Albert J. Beveridge, *The Life of John Marshall*, Vol. I, p. 414.

④ Albert J. Beveridge, *The Life of John Marshall*, Vol. I, p. 437.

上讲，联邦宪法是"保护自由的最佳手段"，那些制定和拥护联邦宪法的人正是"人类自由和权利的坚定的朋友"。①

美国学者伯纳德·施瓦茨曾在评论马歇尔大法官时指出，"与其他任何的法学家们相比"，马歇尔更多的是"把法律当作实现其希望得到的政治和经济目标的手段"；在美国法律的形成时期，马歇尔是"以结果为导向的"（result-oriented）法官中的典范。② 在强烈的联邦主义思想的驱动下，以马歇尔为首的联邦最高法院在司法审判中倾力维护联邦权威，是顺理成章的事情。

在马歇尔法院时期，联邦最高法院利用司法审查权维护联邦权威主要表现在以下三个方面：首先，联邦最高法院开始利用司法审查权，审查州法律的合宪性。虽然在前述的1796年的"韦尔诉希尔顿案"中，联邦最高法院就以联邦条约的效力高于州法律为由，推翻了弗吉尼亚州的一项没收英国债权人债务的法律，但联邦最高法院尚未从州法律是否违反联邦宪法的角度复审州法律的合宪性。到1810年审理"弗莱彻诉佩克案"③ 时，联邦最高法院终于迈出了推翻州法律合宪性的第一步。

弗莱彻案缘起于佐治亚州在1796年制定的一项废除土地买卖合同的法律。1795年1月，佐治亚州议会的绝大多数议员在接受土地公司的贿赂后，制定了一部《亚祖土地法》（Yazoo Land Act），以每英亩1.5美分的低价，将亚祖河（Yazoo River）流域的3500万英亩土地卖给了4家土地开发公司。这一丑闻被曝光后，引发了民众的强烈不满。在1796年的议会选举中，佐治亚州选民更换了绝大多数议员，并推动新议会制定了一项新法律，废除了《亚祖土地法》，宣布因该法而取得的任何财产权都是无效的。④

但是，佐治亚州的这项新法律的合宪性却遭到了挑战。这是因为，在《亚祖土地法》被废除前，不仅土地公司已卖出了数百万英亩土地，而且许多买主在购买了土地公司的土地后又进行了土地转卖。如果按照1796年新

---

① Albert J. Beveridge, *The Life of John Marshall*, Vol. I, pp. 409—410.

② Bernard Schwartz, *A History of the Supreme Court*, p. 66.

③ *Fletcher v. Peck*, 10 U. S. 87 (1810).

④ Melvin I. Urofsky and Paul Finkelman, *A March of Liberty: A Constitutional History of the United States*, Vol. I, p. 232.

法律的规定，这些土地买卖合同都会失效，买主的土地所有权也不会受到法律保护。因此，虽然佐治亚州议会废除《亚祖土地法》的目的是要打击土地交易中的腐败，但因此而引发的合同及财产权纠纷也使这一新法律成为美国社会关注的焦点。1803 年，土地购买人罗伯特·弗莱彻（Robert Fletcher）以违反产权担保（warranty of title）为由，将卖主约翰·佩克（John Peck）告上了法庭，并最终将该案上诉到联邦最高法院。①

在由首席大法官马歇尔起草的判决中，联邦最高法院根据联邦宪法所作的禁止各州制定追溯既往法律和损害契约义务法律的规定，裁定佐治亚州的新法律违宪。首先，联邦最高法院认为，政府腐败问题不能由司法机关加以约束，在弗莱彻案中唯一需要联邦最高法院作出裁决的是财产权问题。判决认为，尽管腐败在"年轻共和国"中滋生，以及立法机关在"不良动机"的驱使下制定某些法律的行为，的确是应该受到严厉谴责的。但是，司法机关并没有明确的权力对这样的腐败行为加以管控。惩治和消除政府腐败这一"重大问题"应是政治机构的责任，"而不能这样顺便和附带地向法院提出"。在本案中，联邦最高法院所关注的只是州法律是否侵犯了公民的财产权问题。② 显然，马歇尔的这一观点延续了联邦最高法院在马伯里案中所坚持的法院应将政治与法律分开，法院只能受理法律问题的思想，以免违反了联邦宪法的分权原则。

其次，联邦最高法院认为，佐治亚州政府不能剥夺公民的合法财产权。在判决中，马歇尔指出，尽管佐治亚州议会在 1796 年制定了新法律，试图通过废除《亚祖土地法》，纠正政府中存在的腐败问题，但州议会的这一行为不能损害公民通过合法途径获得的土地所有权。判决认为，虽然州议会可以废除一项充满了舞弊行为的土地转让，但是，由于第三方土地购买者"对舞弊毫不知情"，他们的权利是不能被忽视的。如果在第三方购买土地之前，土地所有人的行为中存在某些"隐匿的瑕疵"（concealed defect），这种瑕疵不能成为剥夺第三方土地所有权的理由。

判决认为，尽管《亚祖土地法》的背后隐藏着严重的收受贿赂的腐败

---

① Kermit L. Hall, et al., eds., *The Oxford Companion to the Supreme Court of the United States*, New York: Oxford University Press, Inc., 2005, p. 352.

② *Fletcher v. Peck*, 10 U. S. 87 (1810), 130—131.

事实，但"如果一项法律在本质上是一个契约，而且也根据这一契约授予了某些绝对权利的话，那么，即使废除了这一法律，也不能剥夺这些权利"①，否则就违反了联邦宪法第 1 条第 10 款关于禁止各州制定追溯既往法律和损害契约义务法律的规定。马歇尔在判决中指出，佐治亚州并不是"单独的、与其他地区都无关联的主权实体"，"它是一个大帝国的组成部分，是美国联邦的一个成员"，在这个联邦中，联邦宪法的至上地位"得到了全体成员的承认"，该宪法"对各州议会都设置了若干限制，没有哪个州声称拥有超越这些限制的权力"。②

判决认为，第三方土地购买者已经支付了土地购买款，"不管其他人犯有何罪，他都是无辜的"。根据衡平法的原则，第三方土地购买者是"不能因他人的犯罪行为而受到处罚的"，"如果这个原则被推翻的话，所有的产权都是不安全的，人与人之间的交易也会受到严重阻碍"。③

最后，联邦最高法院裁决，佐治亚州议会在 1796 年制定的废除《亚祖土地法》，并取消因该法而产生的土地所有权的新法律是违宪的。判决认为，佐治亚州的新法律不仅破坏了合法且业已生效的土地买卖合同，而且也具有"追溯既往法律的效力"。不管是依照自由政府的"普遍原则"，还是根据"联邦宪法的特别规定"，佐治亚州都不能通过制定这样一部法律，剥夺合法土地购买人的土地所有权。1796 年佐治亚州议会制定的新法律明显违反了联邦宪法的基本原则，因而是无效的。④

弗莱彻案判决是联邦最高法院第一次运用司法审查权，否决一项州法律合宪性的重要案件。如果说马伯里案奠定了美国司法审查制度的基础的话，弗莱彻案判决则是推进司法审查发展的第二块基石，标志着司法审查的范围扩展到了整个联邦。美国学者伯纳德·施瓦茨认为，联邦最高法院在马伯里案中推翻一项联邦国会立法的合宪性，那只是完成了司法审查"一半的"任务，甚至还只是"相对不重要的"一半任务。因为只有当联邦最高法院推翻一项州法律的合宪性时，才意味着司法审查趋于完备。正如 20 世纪

---

① *Fletcher v. Peck*, 10 U. S. 87 (1810), 135.

② *Fletcher v. Peck*, 10 U. S. 87 (1810), 136.

③ *Fletcher v. Peck*, 10 U. S. 87 (1810), 133—134.

④ *Fletcher v. Peck*, 10 U. S. 87 (1810), 139.

初的联邦最高法院大法官奥利弗·W.霍姆斯所说，"如果我们失去了宣布联邦国会立法无效的权力，我并不认为美利坚合众国将会走向消亡。但是，如果我们不能对各州法律作出这样的裁决，联邦就岌岌可危了"①。在弗莱彻案中，联邦最高法院以联邦宪法为圭臬，推翻违宪的州法律，不仅推动了司法审查的发展，而且也极大地维护了联邦宪法的至上性，集中体现了马歇尔法院着力确立联邦权威的司法趋向。

在1819年的"达特茅斯学院董事会诉伍德沃德案"②中，马歇尔法院又利用契约条款推翻了新罕布什尔州的一项变更大学性质的法律。达特茅斯学院（Dartmouth College）是根据英王乔治三世（George Ⅲ）在1769年颁布的特许状，由捐赠人出资组建的一所私立学院，在董事会及其选举产生的院长的共同管理下运行。1816年，新罕布什尔州议会通过了一项法律，将该学院改为公立大学。此举遭到了原学院董事会的反对，在新组建的学院董事会成员威廉·H.伍德沃德（William H. Woodward）带走学院的账簿、印章和文件后，原董事会将伍德沃德告上了法庭。在州法院作出支持州法律的判决后，原董事会将该案上诉到了联邦最高法院。

在上诉审判中，达特茅斯学院原董事会指出，根据英国的普通法传统，法人可以分为"公共法人"（civil corporation）和"慈善法人"（eleemosynary corporation）两类，前者是政府为达到某种公共目的设立的，政府可以对其进行管控；后者则是私人性质的，也是超越于政府干预之外的。达特茅斯学院是依靠捐赠协议由捐赠人捐资运行的，当然属于"慈善法人"的范畴，州政府无权加以干涉。原学院董事会认为，组建达特茅斯学院的特许状在本质上是一种契约，新罕布什尔州议会制定的变更学院性质的法律，侵犯了学院享有的契约权利，也剥夺了学院的财产权，应当是违宪的。③

尽管在法庭辩论中，新罕布什尔州政府认为，达特茅斯学院是为社会

---

① Oliver W. Holmes, "Speech at a Dinner of the Harvard Law School Association of New York on February 15, 1913", in *Collected Legal Papers*, Oliver W. Holmes, New York: Harcourt, Brace and Company, 1920, pp. 295—296.

② *Trustees of Dartmouth College v. Woodward*, 17 U. S. 518 (1819).

③ John W. Johnson, ed., *Historic U. S. Court Cases: An Encyclopedia*, New York: Routledge, 2001, pp. 368—369.

公众服务的，州政府也对学院进行了财政资助①，但是，学院原董事会的主张，最终得到了联邦最高法院的支持。

在由首席大法官马歇尔撰写的判决中，联邦最高法院认为，最初建立达特茅斯学院的特许状"很明显是一个契约"，在这个契约中，"捐赠人、受托人和国王（其权利和义务由新罕布什尔州继承）是该契约最初的缔约人"。"正是在这个契约的保证下，不动产和动产才转让给了这个法人。"因此，"这是一个无论在字面上还是在精神上都合乎宪法的契约"。② 判决认为，虽然后来美国爆发了革命，新罕布什尔州也获得了独立，但是，"独立战争没有改变所有关于财产的契约和权利，这是再清楚不过的了，不需要任何论证来支持"。"达特茅斯学院特许状所创设的义务，在新政府和旧政府的统治下都是一样的。"③

马歇尔在判决中指出，达特茅斯学院是一个法人（corporation），虽然法人是一种"虚拟的存在"（artificial being），"无形无状和难以触摸"，但它也拥有"创建它的特许状所赋予它的某些特性"，"不管这种特性是明示的，还只是由它的存在而附带产生的"。在这些特性中，最重要的是"永久性"（immortality）和"独立人格性"（individuality）。正是这两个特性，"使得一个法人能够处理自身事务和占有财产"。④ 判决认为，法人是在得到政府批准的情况下组建的，如果法人"给公众带来的益处"是与政府授予法人的权力相匹配的，那么，政府"就没有什么理由"去变更法人的性质和干预法人的资金运作。⑤

基于上述论证，联邦最高法院裁定，新罕布什尔州议会制定的关于变更达特茅斯学院性质的法律，违反了联邦宪法第1条第10款所作的禁止各州制定损害契约义务法律的规定，不具有合宪性，新罕布什尔州法院的相关裁决也必须予以撤销。⑥

联邦最高法院的达特茅斯学院董事会案判决，以联邦宪法的契约条款

---

① John W. Johnson, ed., *Historic U. S. Court Cases：An Encyclopedia*, pp. 369—370.

② *Trustees of Dartmouth College v. Woodward*, 17 U. S. 518 (1819), 643—644.

③ *Trustees of Dartmouth College v. Woodward*, 17 U. S. 518 (1819), 651.

④ *Trustees of Dartmouth College v. Woodward*, 17 U. S. 518 (1819), 636.

⑤ *Trustees of Dartmouth College v. Woodward*, 17 U. S. 518 (1819), 638.

⑥ *Trustees of Dartmouth College v. Woodward*, 17 U. S. 518 (1819), 654.

为依据，推翻了新罕布什尔州任意变更大学性质的法律，进一步强化了联邦宪法的权威。同时，该案判决还标志着联邦最高法院开始把法人也纳入到契约条款的保护范围内，这不仅为私人团体和公司企业等提供了宪法保护，而且也大大强化了联邦政府对州政府施政行为的干预，对此后美国的社会和经济发展产生了极其深远的影响。

马歇尔法院维护联邦权威的第二个表现是联邦最高法院利用司法审查权复审州法院的判决。如前所述，早在联邦建立初期，第一届联邦国会制定的《1789 年司法条例》第 25 条就规定，联邦最高法院有权"复审"各州法院的判决，以确定州法院判决是否违反了联邦宪法、法律和条约，并据此作出"推翻或肯定"州法院判决的裁定。① 联邦国会制定这一规定的目的，是要借助联邦最高法院对州法院判决进行的司法审查，"促进法律的统一，并确保联邦政府在国家事务中的至上地位"②。但直到 1816 年的"马丁诉亨特的承租人案"③，联邦最高法院才第一次将这一规定付诸实施。

马丁案的缘起与弗吉尼亚州政府拒不返还保皇党人的土地有关。在革命期间，弗吉尼亚州政府曾没收了英国贵族托马斯·费尔法克斯勋爵（Lord Thomas Fairfax）的土地，并把部分土地授予了戴维·亨特（David Hunter）。在费尔法克斯勋爵的外甥丹尼·马丁（Denny Martin）继承了费尔法克斯勋爵的土地后，马丁曾向弗吉尼亚州最高法院起诉，要求弗吉尼亚州政府按照 1783 年《巴黎条约》的规定，返还没收的土地，但遭到弗吉尼亚州最高法院的拒绝。在 1813 年的"费尔法克斯的受遗赠人诉亨特的承租人案"中，联邦最高法院推翻了弗吉尼亚州最高法院的判决，要求其必须按照《巴黎条约》的相关规定重申该案。④ 但是，联邦最高法院的这一判决遭到了弗吉尼亚州最高法院的强烈反对。

州最高法院认为，联邦宪法生效后，各州仍然拥有自己的主权。"根据对联邦宪法的合理解读"，《1789 年司法条例》第 25 条关于联邦最高法院有

---

① U. S. Congress, "An Act to Establish the Judicial Courts of the United States" (September 24, 1789), in *United States Statutes at Large*, Vol. 1, pp. 85—87.

② Charles Warren, *The Supreme Court in United States History*, Vol. I, p. 443.

③ *Martin v. Hunter's Lessee*, 14 U. S. 304 (1816).

④ *Fairfax's Devisee v. Hunter's Lessee*, 11 U. S. 603 (1813).

权复审州法院判决的规定，"是与联邦宪法相背离的"。联邦最高法院对州最高法院"并无管辖权"（*coram non judice*），联邦最高法院的上诉审判权"不能扩展至"对州最高法院司法判决的审查。① 在弗吉尼亚州最高法院拒不接受联邦最高法院判决的情况下，马丁再次将该案上诉至联邦最高法院。

在 1816 年 3 月 20 日公布的判决中，大法官约瑟夫·斯托里代表联邦最高法院反驳了弗吉尼亚州最高法院的理由，确认了联邦最高法院复审州法院判决的权力。首先，判决认为，弗吉尼亚州所谓的州主权不可侵犯的论点是不成立的。联邦宪法不是由各州制定的，而是由"合众国人民"制定的。人民授予了联邦政府"他们认为适当和必需的一切权力"，并"根据自己的判断"，禁止各州行使"任何与联邦宪法相冲突的权力"。② 从这个意义上讲，联邦最高法院根据联邦宪法和国会立法的授权，审查州法院的判决，根本不存在侵犯各州主权的问题。

其次，判决认为，联邦最高法院审查州法院判决是符合联邦宪法的规定的。联邦宪法第 3 条明确规定，联邦司法权的范围包括与联邦宪法、法律和条约有关的"所有案件"，对于涉及外交使节和州为当事人的案件，联邦最高法院有初审管辖权，对"所有其他的案件"，联邦最高法院有上诉管辖权。这说明，在确定联邦司法权时，联邦宪法强调的是"案件"的性质，而不是审判案件的"法院"。只要案件触及了联邦宪法、法律和条约，那么，这些案件就都处于联邦司法权的管辖范围内，而不管这些案件最初是由州法院还是由联邦法院审理的。③

判决认为，既然根据联邦宪法的规定，"联邦最高法院的上诉管辖权是不受限制的"，而且，除了初审管辖的案件外，联邦最高法院还可以在"所有其他的案件"中行使上诉管辖权，那么，还有什么理由限制联邦最高法院对州法院行使这一权力呢？④ 一旦联邦宪法授予了联邦司法权，这种权力就应该在"宪法允许的最大范围内"（the utmost constitutional extent）得到行使。⑤

---

① *Martin v. Hunter's Lessee*，14 U. S. 304 (1816)，323—324.
② *Martin v. Hunter's Lessee*，14 U. S. 304 (1816)，324—325.
③ *Martin v. Hunter's Lessee*，14 U. S. 304 (1816)，338.
④ *Martin v. Hunter's Lessee*，14 U. S. 304 (1816)，338.
⑤ *Martin v. Hunter's Lessee*，14 U. S. 304 (1816)，337.

最后，判决认为，联邦最高法院审查州法院判决，并"不损害州法官的独立性"。这是因为，州法官也必须恪守"联邦宪法的文本"，"他们不能仅仅按照州法律或州宪法作出裁决"，而是必须按照联邦宪法、联邦法律和条约即"这块土地上的最高法律"去进行司法裁断。①"如果他们无意间超越了自己的权限，或者曲解了联邦宪法"，那么，"也就没有更多的理由给予他们的判决绝对而不可抗拒的效力"。②

判决认为，在各州的司法审判中，"具有同等学识和正直人格的州法官"，可能会对联邦法律和条约甚至是联邦宪法，作出不同的解释。如果没有一个"具有改判权的机构"（revising authority）去控制这些不一致的判决，"并把它们协调成一个整体"，那么，在不同的州中，联邦宪法、法律和条约就"永远都不会有完全相同的解读、约束力或效力"。③

从上述推理出发，联邦最高法院认为，为了维护联邦宪法、联邦法律和条约的权威，联邦最高法院必须对州法院判决进行司法审查，弗吉尼亚州最高法院所谓的联邦最高法院无权审查州法院判决的说辞，是完全站不住脚的。

在1821年的"科恩兄弟诉弗吉尼亚州案"④ 中，联邦最高法院再次强调了联邦最高法院拥有复审州法院判决的权力。在科恩兄弟案中，尽管联邦最高法院支持弗吉尼亚州法院对违反该州彩票法的科恩兄弟进行处罚，但对弗吉尼亚州提出的州法院判决不受联邦最高法院审查的意见，联邦最高法院给予了坚决的反驳。

在由首席大法官马歇尔起草的判决中，联邦最高法院认为，当美国人民制定联邦宪法并组建一个联系更为紧密的国家时，美国人民就从经验中认识到，"如果缺少一个国家政府，合众国就不能生存"，"如果国家政府没有被赋予原本属于独立各州的大部分主权，那么，它就只能是一个幻影，人民的各种希望也必将破灭"。⑤

---

① *Martin v. Hunter's Lessee*，14 U. S. 304 (1816)，340—341.

② *Martin v. Hunter's Lessee*，14 U. S. 304 (1816)，344.

③ *Martin v. Hunter's Lessee*，14 U. S. 304 (1816)，348.

④ *Cohens v. Virginia*，19 U. S. 264 (1821)．

⑤ *Cohens v. Virginia*，19 U. S. 264 (1821)，380.

判决认为，在建立联邦的过程中，美国人就已经明确地表示，联邦政府的权力是"全能的"（complete），也是"至高无上的"（supreme）。为了实现组建政府的目标，联邦政府"可以合法地管理合众国领土内的一切个人和政府"，"一个州的宪法和法律，只要与联邦宪法和法律相抵触，就是绝对无效的"。① 作为联邦政府组成部分的联邦最高法院，完全有权力和资格审查州法院所做的涉及联邦宪法和法律的案件判决。

马丁案和科恩兄弟案判决表明，联邦最高法院在将司法审查的范围从联邦国会立法扩大到州法律后，又进一步拓展至审查州法院判决。这不仅强化了联邦政府的权威，而且也标志着由马伯里案开启的司法审查制度的构建工作基本完成。

马歇尔法院维护联邦权威的第三个表现是宽泛地解释联邦政府的权力。虽然联邦宪法以列举的形式，规定了联邦政府所拥有的权力，但这些权力的含义究竟是什么，权力的范围究竟有多大，除了这些明示的权力外，联邦政府是否还拥有其他的权力等问题，联邦宪法都没有给出明确的答案，这就需要在美国宪政的实际运作中逐渐加以确认。在这一过程中，联邦最高法院发挥了极其关键的作用。总体而言，在马歇尔法院时期，联邦最高法院对联邦政府的权力是持宽泛解释的态度的，这一司法趋向不仅使联邦政府的权力内涵在较短的时间内得到了明确，也为此后联邦政府逐渐扩大权力奠定了宪法基础。

例如，在1819年的"麦卡洛克诉马里兰州案"② 中，联邦最高法院就通过宽泛解释联邦宪法的相关条款，提出联邦政府除拥有联邦宪法明确授予的权力外，还拥有某些"默示权力"或"暗含权力"（implied power）。

早在1791年，华盛顿政府就在财政部长亚历山大·汉密尔顿的提议下，建立了合众国银行（Bank of the United States），以管理全国的金融，推进美国的经济发展。1811年合众国银行因营业执照到期被关闭后，由于美国金融状况逐渐陷入混乱，联邦政府又在1816年建立了第二合众国银行。③

---

① *Cohens v. Virginia*，19 U. S. 264 (1821)，414.

② *McCulloch v. Maryland*，17 U. S. 316 (1819).

③ Melvin I. Urofsky and Paul Finkelman, *A March of Liberty*：*A Constitutional History of the United States*，Vol. I，pp. 218—219.

虽然第二合众国银行对稳定和繁荣美国经济起到了重要作用，但由于联邦宪法并未明确规定联邦政府有建立国家银行的权力，因此，许多州权主义者一直对它的合宪性提出质疑。另外，由于第二合众国银行的开办也在一定程度上损害了州立银行的经济利益，该银行也受到了很多州政府的限制。例如，在俄亥俄、肯塔基、宾夕法尼亚、马里兰、北卡罗来纳和佐治亚等州，州议会就都先后制定了对第二合众国银行进行征税的法律。①

1818 年初，马里兰州议会制定了一项法律，规定所有未得到州政府授权的银行，每年必须缴纳 15000 美元的营业税，该法律针对的主要对象就是第二合众国银行。当马里兰州政府根据这一规定，要求第二合众国银行巴尔的摩分行缴纳税款时，遭到了该分行出纳詹姆斯·W. 麦卡洛克（James W. McCulloch）的拒绝。马里兰州政府将麦卡洛克告上了法庭，在巴尔的摩县法院和马里兰州最高法院都作出支持马里兰州政府的判决后，麦卡洛克随后将该案上诉到了联邦最高法院。②

麦卡洛克案所涉的关键问题有二：其一，联邦政府是否有权在缺少联邦宪法明确授权的情况下建立国家银行；其二，如果国家银行的建立的确属于联邦政府的权辖范围，州政府是否有权对国家银行的运作加以干预。在 1819 年 3 月 6 日公布的判决中，首席大法官马歇尔代表联邦最高法院，通过对这两个问题的回答，推翻了马里兰州议会所做的对第二合众国银行征税的法律，并对联邦政府的权力做了宽泛的解释。

首先，马歇尔在判决中论证了联邦政府有权建立国家银行的宪法依据。马歇尔认为，联邦政府并非只拥有宪法明示的权力，还有不可缺少的"默示权力"，建立国家银行的权力就是暗含在联邦政府的征税和管理贸易等权力中的。马歇尔认为，"我们绝不可以忘记，我们正在解释的是一部联邦宪法"，作为国家的基本法，联邦宪法的规定不可能囊括一切，而只能勾勒出联邦政府权力的"主要轮廓"和"重要目标"，"构成那些目标的次要部分则可以从目标本身的性质中推论出来"。③ 但是，无论联邦政府为行使自己的

---

① Kermit L. Hall, et al., eds., *The Oxford Companion to the Supreme Court of the United States*, p. 623.

② Melvin I. Urofsky and Paul Finkelman, *A March of Liberty: A Constitutional History of the United States*, Vol. I, pp. 219.

③ *McCulloch v. Maryland*, 17 U. S. 316 (1819), 407.

权力采取了什么手段，"只要目的是合法的，是在宪法许可范围之内的，那么，所有那些适当的、明显与目的相符的，未被禁止又与宪法的文字和精神相一致的手段，就都是合宪的"。①

其次，马歇尔从联邦宪法的至上性出发，推翻了马里兰州法律的合宪性。马歇尔认为，尽管参加费城会议的制宪代表是由各州议会推举的，但是，联邦宪法不是由州议会而是由各州人民专门召开的宪法会议批准的。这说明，真正赋予联邦宪法生命力的是合众国人民，而不是作为单个政治实体的州。因此，接受全体合众国人民授权的联邦政府，"是一个人民的政府"，"它在形式上和实质上都来源于人民"，"尽管其权力受到限制，但在其行为范围内却是至高无上的"。②

马歇尔在判决中指出，联邦宪法是国家的最高法律，联邦国会根据联邦宪法所制定的建立合众国银行的法律也是"国家最高法律的一部分"，它显然是高于州法律的，各州不得对此加以干涉。③尽管各州拥有征税权，但它们不能以此为据，对联邦政府在行使其权力时所使用的一个"工具"（instrument）进行征税，否则，它们就可以对联邦政府的"其他一切工具征税"。在马歇尔看来，"这不是美国人民的意图所在，他们并未设想使联邦政府依赖于州政府"。如果州政府能够干预联邦政府的合法权力，所谓的联邦宪法和联邦法律是国家最高法律的规定，也就"只能是空洞的、毫无意义的慷慨陈词罢了"。④

联邦最高法院的麦卡洛克案判决，对于刚刚建立的联邦政府而言意义非常重大。该案判决不仅确认了联邦政府有权建立国家银行，使联邦政府拥有了全面调控国家金融的权力，更为重要的是，该案判决第一次提出了"默示权力"的概念，使联邦政府在拥有联邦宪法明确列举的权力外，还拥有了对行使明示的权力所必需的潜在的权力。"默示权力"的存在，为联邦政府在此后逐渐扩大权力，应对不同时期美国社会发展的需要，奠定了极其重要的宪法基础。

---

① *McCulloch v. Maryland*, 17 U. S. 316 (1819), 421.
② *McCulloch v. Maryland*, 17 U. S. 316 (1819), 404—405.
③ *McCulloch v. Maryland*, 17 U. S. 316 (1819), 424.
④ *McCulloch v. Maryland*, 17 U. S. 316 (1819), 432—433.

在 1824 年的"吉本斯诉奥格登案"① 中，联邦最高法院又宽泛地解释了联邦政府的贸易管理权（commerce power），进一步扩大了联邦政府的权力。1808 年，纽约州议会制定了一项航运专营法，授权汽船发明人罗伯特·富尔顿（Robert Fulton）及其投资伙伴罗伯特·利文斯顿（Robert Livingston），在 30 年内专营纽约州的水面汽船航运，包括临近的沿海水域和纽约至新泽西的哈德逊河（Hudson River）航运。未经他们的许可，任何船只都不得进入纽约州水域。1815 年，商人阿伦·奥格登（Aaron Ogden）从富尔顿和利文斯顿那里购买了从其家乡新泽西州的伊丽莎白镇（Elizabethtown）到纽约的哈德逊河汽船客运专营权。由于不久后商人托马斯·吉本斯（Thomas Gibbons）也开始在同一水域经营汽船客运，与奥格登展开竞争，奥格登遂将吉本斯告上了法庭。在 1820 年纽约州最高法院作出支持奥格登的判决后，吉本斯向联邦最高法院提起了上诉。②

在上诉中，吉本斯认为，他所经营的纽约州与新泽西州之间的汽船航运属于州际贸易（interstate commerce）的范畴，按照联邦宪法的规定，州际贸易的管理权属于联邦国会，不受州政府的约束。而且，早在 1793 年，联邦国会就颁布了《沿海航运许可证法》（Coasting License Act），将美国沿海地区的航运明确纳入了联邦政府的管辖范围内，自己也已经获得了联邦政府颁发的沿海航运许可证，因此，纽约州支持奥格登独占纽约州与新泽西州之间的航运经营权，并禁止自己在这一水域从事汽船航运，显然是违宪行为。③

奥格登则认为，"贸易"（commerce）一词的含义，通常是指货物交换，并不包括运送旅客的汽船航运，即使联邦国会拥有管理州际贸易的权力，它也无权管理水面航运。另外，由于州政府有权管理本州贸易，因此，纽约州当然有权力确定航运的专营权。④

---

① *Gibbons v. Ogden*，22 U. S. 1（1824）.

② Melvin I. Urofsky and Paul Finkelman，*A March of Liberty*：*A Constitutional History of the United States*，Vol. Ⅰ，pp. 223—224.

③ R. Kent Newmyer，*The Supreme Court under Marshall and Taney*，Wheeling：Harlan Davidson，Inc.，1968，p. 49.

④ Melvin I. Urofsky and Paul Finkelman，*A March of Liberty*：*A Constitutional History of the United States*，Vol. Ⅰ，p.224.

吉本斯案使联邦最高法院面临非常大的挑战。这是因为，虽然联邦宪法第 1 条第 8 款明确规定，联邦国会有权管理"同外国的、各州之间的和同各印第安部落的贸易"，但如何理解"贸易"的含义，如何界定联邦国会的贸易管理权的范围，都没有明确的答案。1822 年，美国总统詹姆斯·门罗（James Monroe）曾在否决一项投资建设联邦公路的《坎伯兰道路法》（Cumberland Road Act）时提出，在他看来，联邦宪法赋予联邦国会的贸易管理权，只在于征收"与外国贸易的关税"，以及"防止各州之间相互征收关税"。① 这种对联邦国会贸易管理权的狭义解释，是否符合联邦宪法的精神，是否应该成为联邦最高法院在审理与联邦贸易管理权有关的案件时所遵循的原则，都是联邦最高法院在吉本斯案中必须回答的问题。对这些问题的解答，将对明确联邦国会贸易管理权的范围产生重大影响。

在由首席大法官马歇尔拟定的判决中，联邦最高法院延续了此前所坚持的维护和扩大联邦政府权力的司法趋向，对联邦国会贸易管理权的范围做了宽泛的解释，推翻了纽约州最高法院的判决，裁定纽约州航运专营法违宪。

在判决中，马歇尔代表联邦最高法院首先界定了"贸易"一词的含义。马歇尔认为，虽然贸易通常是指"交易"（traffic），但从更广的含义上讲，它应是一种"相互间的交往"（intercourse），指的是"国家之间、国家各部分之间的商业往来，并且受相关规则的约束"。自制宪时期以来，所有的美国人就一致认为，贸易是包括航运在内的，"很难想象，一个管理国家间贸易往来的制度会将所有与航运有关的法律排除在外"，奥格登所谓的贸易不包括航运的说法是站不住脚的。②

其次，马歇尔在判决中指出，管理贸易尤其是州际贸易是联邦宪法赋予联邦国会的一项外延很大的权力。马歇尔认为，联邦宪法规定，联邦国会有权管理"州际之间的贸易"（commerce among the several states），其中，"之间"（among）一词的意思是指"混合在一起"（intermingled with）。州际贸易意味着"州际之间的贸易活动不能止于各州的外部边界，而是可以进入

---

① Bernard Schwartz, *A History of the Supreme Court*, p.49.

② *Gibbons v. Ogden*, 22 U. S. 1 (1824), 189—190.

各州的内部"。据此，联邦国会的州际贸易管理权也不能止于各州的边界线，因为"如果不能突破这些边界线，联邦国会的权力也就变得毫无意义了"。①

马歇尔指出，联邦国会应当在"最广大的范围内"行使它的州际贸易管理权，"除联邦宪法的规定外，不受其他的任何限制"。无论何时，只要存在州际贸易，联邦国会就有权行使管理权。如果一项州际航运活动是在一个州内的港口开始或结束的，"联邦国会就有权力在州内行使贸易管理权"。②

最后，判决认为，纽约州的航运专营法违反了联邦宪法和相关的联邦法律，因而是无效的。马歇尔在判决中指出，虽然州政府有权制定法律，对州内事务进行管理，但这些法律是否有效，取决于它们是否符合联邦宪法和法律的规定。"无论如何，纽约州的法律都必须服从联邦国会的立法"，联邦最高法院将审查纽约州的航运专营法"是否与联邦国会立法相冲突"，"是否剥夺了公民根据联邦国会立法所应该享有的权利"。③

马歇尔认为，纽约州的航运专营法不仅明显侵犯了联邦国会的州际贸易管理权，而且也违背了 1793 年联邦国会根据联邦宪法的授权而制定的《沿海航运许可证法》。因为该法明确规定，汽船与帆船一样，可以获得联邦政府的登记和营业许可，并可以在帆船自由航行的水域航行，"不能受到任何限制"。④ 纽约州的航运专营法旨在对州际航运实行垄断，显然是违宪的。

联邦最高法院的吉本斯案判决表明，在借由麦卡洛克案提出联邦政府拥有"默示权力"后，联邦最高法院又从宽泛解读联邦宪法的路径，扩展了宪法明确列举的联邦政府权力的内涵，进一步巩固和扩大了联邦政府的权力，使贸易管理权成为联邦政府在和平时期规范和调控美国经济与社会发展的最重要的权力来源。20 世纪中期的联邦最高法院大法官威廉·O. 道格拉斯（William O. Douglas）就曾指出，联邦国会的"巨大权力"正是"发端于"联邦宪法的贸易管理权条款的，而这又是完全缘于"马歇尔以迄今仍未超越的力度对联邦贸易管理权所做的解读"的。⑤

---

①　*Gibbons v. Ogden*，22 U. S. 1 (1824)，193—195.

②　*Gibbons v. Ogden*，22 U. S. 1 (1824)，195—196.

③　*Gibbons v. Ogden*，22 U. S. 1 (1824)，209—210.

④　*Gibbons v. Ogden*，22 U. S. 1 (1824)，221.

⑤　Bernard Schwartz，*A History of the Supreme Court*，p. 48.

　　在联邦建立初期，首席大法官马歇尔领导下的联邦最高法院，充分运用了刚刚确立起来的司法审查权，对联邦宪法中有关联邦制的模糊规定做了尽可能明确的界定。总体而言，在马歇尔法院时期，联邦最高法院的司法重点在于维护和扩大联邦政府的权力，以满足由邦联向联邦转型时期美国社会发展的需要。

　　马歇尔法院在联邦制问题上所做的诸多司法判决，使联邦宪法至上、各州不可以侵犯联邦政府的权力等观念逐渐被美国社会所接受，深刻地影响了此后美国宪政的发展。正如美国学者罗伯特·G. 麦克洛斯基所说，马歇尔法院所确立的"司法霸权"（judicial hegemony）表明，"在世界历史上"，还没有哪个法院能像马歇尔法院那样，"对一个伟大国家的命运产生如此深远的影响"。①

二、塔尼法院与州权的上升

　　1835 年 7 月 6 日，联邦最高法院首席大法官约翰·马歇尔在任内去世。经安德鲁·杰克逊总统提名和联邦参议院批准，具有州权主义思想倾向的罗杰·B. 塔尼（Roger B. Taney）于 1836 年 3 月 28 日继任了首席大法官一职。坦尼法院的出现，引发了美国社会对联邦制发展走向的普遍关注。

　　在经历了联邦建立初期联邦政府权力的迅速扩张后，到 19 世纪的二三十年代，随着美国经济的迅速发展和美国社会在奴隶制问题上的矛盾越来越尖锐，州权主义思想再次在美国社会抬头。

　　早在 1828 年 12 月，在反对联邦政府的高关税政策过程中，当时的美国副总统南卡罗来纳州人约翰·C. 卡尔霍恩（John C. Calhoun）就匿名起草了一份《南卡罗来纳州申论》（South Caroline Exposition）。在这份文件中，卡尔霍恩明确提出了"联邦法令废止权"理论（Theory of Nullification）。卡尔霍恩认为，联邦宪法是各主权州之间的一份契约，在联邦宪法生效后，各州依然保留着自己的主权。在任何联邦与州的纷争中，拥有最高决策权的是由各主权州人民召集的州宪法会议，因为联邦宪法就是由这种宪法会议批准

---

①　Robert G. McCloskey，*The American Supreme Court*，p. 80.

的。如果主权州认为某项联邦法律与联邦宪法相冲突，州宪法会议可以将其宣布为无效。在卡尔霍恩看来，只有各主权州拥有了批准和废止联邦立法的权力，才能从根本上杜绝专制的出现。①

严格地讲，"联邦法令废止权"理论并非是卡尔霍恩的原创，早在1798年杰斐逊和麦迪逊起草抗议《惩治叛乱法》的肯塔基州和弗吉尼亚州决议案时，这一理论就已经初露端倪。在联邦已经建立30多年，联邦主权也得到联邦最高法院支持的情况下，该理论的再次出现，显示出州权主义在美国社会中的根深蒂固。

进入19世纪30年代，在"杰克逊民主"（Jacksonian Democracy）改革中，新上任的民主党总统安德鲁·杰克逊也大力倡导限制联邦政府权力，保护更接近人民的州政府的权力，以确保实现真正的"民主政治"。在1829年3月4日的就职演说中，杰克逊总统就强调他将在自己的任期内，尊重各州的权力，"谨慎从事"，"不至于把各州保留给自己的权力和它们授予联邦的权力混为一谈"。②杰克逊的这一思想很快就体现在他的具体施政措施中。

例如，在1830年5月，杰克逊总统就否决了联邦国会通过的《梅斯维尔道路法案》（Maysville Road Bill），认为联邦政府资助的道路建设项目，"必须涉及全国利益而不是地方利益，是国家利益而不是单个州的利益"，对于完全属于地方事务的道路建设，联邦政府无权干预，否则就将"颠覆联邦制度"。③1832年7月，杰克逊总统又否决了联邦国会制定的《第二合众国银行延期法案》，认为第二合众国银行已经完全偏离了当初设立国家银行的初衷，严重损害了各州和美国人民的利益，现在到了"反思我们的宪政原则的时候了"。④

杰克逊总统除了借由否决《梅斯维尔道路法案》和《第二合众国银行

---

①　Bernard Bailyn, et al., *The Great Republic: A History of the American People*, Vol. I, p. 374.

②　Congressional Research Service of the Library of Congress, *Inaugural Addresses of the Presidents of the United States: From George Washington 1789 to George Bush 1989*, Washington D. C.: U. S. Government Printing Office, 1989, p. 62.

③　Andrew Jackson, "Veto Message, May 27, 1830", in *A Compilation of the Messages and Papers of the Presidents*, Vol. 3, James D. Richardson (ed.), New York: Bureau of National Literature, Inc., 1897, pp.1046—1056.

④　Andrew Jackson, "Veto Message, July 10, 1832", in *A Compilation of the Messages and Papers of the Presidents*, Vol. 3, James D. Richardson (ed.), pp.1139—1154.

延期法案》，直接限制联邦政府的权力外，他还在佐治亚州与印第安切诺基部落（Cherokee）的土地之争中支持州权的扩张。在 1831 年和 1832 年，联邦最高法院分别审理了"切诺基部落诉佐治亚州案"和"伍斯特诉佐治亚州案"①，两案涉及的核心问题都是佐治亚州是否有权管理印第安人的土地。在这两个案件中，首席大法官马歇尔代表联邦最高法院在判决中指出，尽管印第安部落既不是州，也不是外国，但它仍然是美国国内一个独立的"政治实体"（political entity），有充分的权力控制部落土地，而且这一权力也是为联邦政府所保护的。只有联邦政府才有权力与印第安人签署条约，解决相关问题。在印第安部落内，"佐治亚州的法律是无效的"，"在没有得到切诺基部落的同意前，佐治亚州的公民是不能进入部落土地的"。②

尽管在判决中，首席大法官马歇尔要求总统必须严格执行联邦政府管理印第安事务的权力，但是，杰克逊总统却并不认同联邦最高法院的这一判决。杰克逊认为，联邦政府与印第安部落签署条约是非常可笑的，因为只有主权国家才可以相互签署条约，印第安部落显然不具有这一政治地位和权力。不仅如此，印第安部落也不可能在一个州内成为独立的政治实体，州政府完全有权力管理州内的印第安事务。秉持这一思想，杰克逊总统没有采取任何实质性的措施，强制州政府落实联邦最高法院判决，甚至在私下里抱怨说，"既然马歇尔已经作出了判决，那就让他自己去执行吧"③。

除此之外，随着美国西进运动的发展，到 19 世纪二三十年代，由奴隶制所引发的社会和政治纷争也在美国不断出现。实行奴隶制的南方州，普遍把州权主义思想作为对抗联邦政府和废奴主义者限制和废除奴隶制度的宪法武器，这就更进一步推动了州权主义思想的发展。

在这种社会背景下，杰克逊总统任命与自己有着类似政治理念的罗杰·B.塔尼出任联邦最高法院首席大法官并不奇怪。与坚定的联邦党人、前任首席大法官马歇尔不同，塔尼是"杰克逊民主"的拥趸，他不仅是杰克逊总统否决第二合众国银行报告的主要起草人，而且也在联邦政府从第二合

---

① *Cherokee Nation v. Georgia*，30 U. S. 1 (1831)；*Worcester v. Georgia*，31 U. S. 515 (1832)．

② *Worcester v. Georgia*，31 U. S. 515 (1832)，520.

③ Melvin I. Urofsky and Paul Finkelman，*A March of Liberty：A Constitutional History of the United States*，Vol. I，p.276.

众国银行撤资的行动中发挥了重要作用。^① 他主张保护州权，认为只要州政府的施政行为不与联邦宪法和法律有非常明显的冲突，州政府的权力就应当得到支持。

塔尼的这种思想，使许多联邦主义者都表现出相当大的忧虑，他们担心马歇尔法院所倾力维护的联邦至上原则会遭遇严重挑战。^② 例如，1836年1月23日，《纽约信使报》（*New York Courier*）就刊文指出，塔尼是"不值得公众信任的"，他只不过是"软弱的、谄媚权力的工具"，一定会屈从杰克逊总统的州权主义思想的影响。在1836年1月10日的一封论及塔尼的信中，坚定的联邦主义者联邦参议员丹尼尔·韦伯斯特（Daniel Webster）也悲观地说，大法官斯托里认为，那个以联邦至上为宗旨的"联邦最高法院已经逝去了"，对此"我也深有同感"。^③

在塔尼之后，杰克逊总统又先后提名了5位、任命了4位与自己的政治理念相一致的联邦最高法院大法官^④，从而在联邦最高法院中形成了一个杰克逊派大法官阵营。联邦最高法院大法官构成的改变，预示着在此后28年的塔尼法院时期，联邦最高法院在联邦制问题上的司法趋向将会出现微妙的变化。

从总体上讲，在坦尼法院时期，联邦最高法院并未完全放弃马歇尔法院扩大联邦权的司法倾向，甚至在某些方面比马歇尔法院还要激进。例如，在1840年的"霍姆斯诉詹尼森案"中，塔尼法院裁定，佛蒙特州的赛拉斯·H. 詹尼森（Silas H. Jennison）州长不能与加拿大政府签署引渡逃犯乔治·霍姆斯（George Holmes）的协定。这是因为，联邦宪法已经明确规定，外交权属于联邦政府的专属管辖权，州政府不能染指。^⑤ 在1852年的"吉尼斯船长诉菲茨休案"中，塔尼法院又放弃了普通法中海事管辖权只限定于潮汐水域（tidal waters）的传统规定，支持了联邦国会在1845年制定的一项

---

① Bernard Schwartz, *A History of the Supreme Court*, p. 71.

② Timothy S. Huebner, *The Taney Court: Justices, Rulings, and Legacy*, Santa Barbara: ABC-CLIO, Inc., 2003, p. 188.

③ Charles Warren, *The Supreme Court in United States History*, Vol. II, Boston: Little, Brown, and Company, 1926, pp. 10—11.

④ 1837年3月3日，杰克逊总统在自己任职的最后一天提名约翰·卡特伦（John Catron）为联邦最高法院大法官。在被联邦参议院批准后，卡特伦由新任总统马丁·范布伦（Martin Van Buren）正式任命，并于1837年5月1日宣誓就职。

⑤ *Holmes v. Jennison*, 39 U. S. 540 (1840).

法律①，将联邦海事法院的管辖权扩展到内陆湖泊和河流。② 塔尼法院的这一判决，不仅使法律适应了美国拥有众多通航河流和湖泊的现实，而且也扩大了联邦政府的权力，满足了联邦政府调控社会经济发展的需要。

但是，随着美国社会和经济的迅速发展，在各州内部，个人及小团体的利益与社会整体利益之间的矛盾不断显现，州政府所面临的调控社会经济发展的要求也越来越迫切。如何妥善处理利益纠纷案件，从而实现冲突各方之间的利益平衡，如何界定州政府的管理权等，就成为摆在塔尼法院面前的一个重大问题。在处理此类案件的过程中，塔尼法院明显地表现出州权主义倾向，力主美国社会应当承认和保护州政府处理其内部事务的权力。

从当时美国社会发展的现实看，塔尼法院的这一司法趋向是有其合理性的。正如美国学者罗伯特·G. 麦克洛斯基所说，在马歇尔法院时期，联邦最高法院的主要任务是"倡导国家主义"（champion nationalism），以反对邦联时期盛行的州权主义，但是到了塔尼法院时期，联邦最高法院的迫切任务就应当转变为"倡导克制和理性"（champion temperance and reason），以防止出现可能会导致"共和国解体"的"极端主义"（extremism）。③

塔尼法院的州权主义司法倾向主要表现在三个方面：首先，塔尼法院通过支持州政府维护社会公共利益，来达到扩大州权的目的。这突出的表现在1837年的"查尔斯河桥业主诉沃伦桥业主案"④ 中。早在1785年，为方便查尔斯河两岸的交通，马萨诸塞州议会就颁发特许状，授权组建查尔斯河桥梁公司，建造连接波士顿（Boston）和查尔斯顿（Charleston）的查尔斯河桥（Charles River Bridge），并允许该桥梁公司征收40年的过桥费。1792年，为改善交通，该州议会又授权另一家桥梁公司在查尔斯河上建造一座连接波士顿和剑桥（Cambridge）的西波士顿桥（West Boston Bridge）。查尔斯河桥梁公司以该桥的修建损害了自己的财产权为由，向州议会提出抗议，要求停建该桥。最终，马萨诸塞州议会通过延长查尔斯河桥梁公司30年收费期的

---

① U. S. Congress, "An Act Extending the Jurisdiction of the District Courts to Certain Cases, upon the Lakes and Navigable Waters Connecting the Same" (February 26, 1845), in *United States Statutes at Large*, Vol. 5, pp. 726—727.

② *Genesee Chief v. Fitzhugh*, 53 U. S. 443 (1852).

③ Robert G. McCloskey, *The American Supreme Court*, pp. 90—91.

④ *Proprietors of Charles River Bridge v. Proprietors of Warren Bridge*, 36 U. S. 420 (1837).

方法，暂时平息了争议。①

但是，到 19 世纪初，随着当地社会的发展和人口的迅速增加，在查尔斯河上建造其他桥梁以缓解日益严重的交通压力成为当务之急。而且，查尔斯河桥梁公司对两岸交通的长期垄断也越来越引发当地民众的不满。为解决这一问题，1828 年，马萨诸塞州议会授权在查尔斯河桥附近建造沃伦桥（Warren Bridge），并规定在付清了建桥款后，沃伦桥将停止收费，行人可以免费通行。②

查尔斯河桥梁公司对马萨诸塞州议会的这一举动表示了强烈不满，并向马萨诸塞州最高法院提起了诉讼。查尔斯河桥梁公司认为，1785 年马萨诸塞州议会颁发的特许状，已经将查尔斯河两岸交通的专属经营权授予了自己。由于州议会未能遵守与自己签订的经营合同，又授权其他桥梁公司在查尔斯河上修建新的桥梁，致使自己的财产受损，因此，州议会的行为违反了联邦宪法关于保护契约权的规定，是不具有合宪性的。查尔斯河桥梁公司要求州最高法院颁发禁令，停建沃伦桥。在州最高法院作出支持州议会的判决后，查尔斯河桥梁公司把该案上诉到了联邦最高法院。③

当时的马歇尔法院受理了此案，并先后在 1831 年和 1833 年进行了两次庭审。尽管有证据证明，首席大法官马歇尔、大法官斯托里和史密斯·汤普森（Smith Thompson）都主张推翻马萨诸塞州最高法院的判决，裁定州议会授权建造沃伦桥的决议违反了早先与查尔斯河桥梁公司签订的经营合同④，但由于大法官们之间存在着较大的意见分歧，马歇尔法院并未对此案作出判决。当 1837 年 1 月塔尼法院重审此案时，联邦最高法院的大法官人员构成和主流司法理念都已发生重大变化，塔尼法院在此案中做何判决，将成为此后联邦最高法院司法裁判的风向标。

---

①　Carl B. Swisher, *History of the Supreme Court of the United States*, *Vol. V*, *The Taney Period*, *1836—1864*, New York: Macmillan Publishing Co., Inc., 1974, p. 75.

②　Carl B. Swisher, *History of the Supreme Court of the United States*, *Vol. V*, *The Taney Period*, *1836—1864*, pp. 75—76.

③　Melvin I. Urofsky and Paul Finkelman, *A March of Liberty*: *A Constitutional History of the United States*, Vol. I , p. 289.

④　Carl B. Swisher, *History of the Supreme Court of the United States*, *Vol. V*, *The Taney Period*, *1836—1864*, p. 76.

在 1837 年 2 月 12 日公布的由塔尼撰写的判决中，联邦最高法院支持了马萨诸塞州议会建造沃伦桥的决议，驳回了查尔斯河桥梁公司的诉讼请求。联邦最高法院判决认为，尽管马萨诸塞州政府在授权查尔斯河桥梁公司修建一座收费桥梁后，又授权沃伦桥梁公司在同一河流上修建一座新桥梁，但这并不能认定马萨诸塞州政府就违反了先前与查尔斯河桥梁公司签订的经营合同。这是因为，州政府有权根据对公众最有利的原则，调控州内的经济事务。塔尼认为，尽管私有财产权必须得到"神圣的保护"，但是，"我们绝不能忘记社会也享有许多权利"，"每一位公民的幸福和康乐都依赖于忠实地维护这些权利"。①

对于查尔斯河桥梁公司提出的修建沃伦桥将会侵犯该公司享有的查尔斯河两岸交通垄断权的说法，联邦最高法院也予以了反驳。坦尼在判决中指出，1785 年马萨诸塞州议会颁发给查尔斯河桥梁公司的特许状，只是一种"常规形式"（usual form）的授权，它只赋予了查尔斯河桥梁公司某些一般职能，如修建桥梁和收取过桥费等，根本没有授予该公司经营查尔斯河两岸交通的"专属特权"（exclusive privilege）。"州政府并未承诺不再修建另外的桥梁，也没有禁止竞争"，在所有这些问题上，"特许状都保持了沉默"，"从特许状的任何文字中"，也无法"推论出"授予查尔斯河桥梁公司垄断权的任何"意图"。②

塔尼在判决中指出，所有的政府都力图促进"社会的幸福和繁荣"，因此，人们"决不能认为政府有意去削弱实现创建政府目标的权力"。③ 联邦政府"不能干涉这些保留给各州的权利"，并"剥夺各州管理其内部治安和发展的任何一部分权力"，因为"这对各州的福利和繁荣是必不可少的"。④

毫无疑问，在马歇尔法院利用联邦宪法的契约条款，在弗莱彻案和达特茅斯学院董事会案中倾力保障个人和法人契约权利的背景下，塔尼法院的这一判决的确是非常引人注目的。与马歇尔法院不同，虽然塔尼法院也认可契约权利的重要性，但它认为必须对契约中的授权做严格解释，以实现个人

① *Proprietors of Charles River Bridge v. Proprietors of Warren Bridge*，36 U. S. 420 (1837)，548.
② *Proprietors of Charles River Bridge v. Proprietors of Warren Bridge*，36 U. S. 420 (1837)，548—549.
③ *Proprietors of Charles River Bridge v. Proprietors of Warren Bridge*，36 U. S. 420 (1837)，547.
④ *Proprietors of Charles River Bridge v. Proprietors of Warren Bridge*，36 U. S. 420 (1837)，552.

和法人的利益与社会普遍利益的平衡。在美国经济已经开始进入多元发展的轨道、技术革新也层出不穷的情况下，塔尼法院的这一判决不仅有利于美国社会经济和科技的进步，而且也扩大了州政府的权力，为州政府规范经济运行、保持经济领域中的自由竞争，预留出了广阔的管理空间，具有非常明显的积极意义。

塔尼法院州权主义司法趋向的第二个表现，是联邦最高法院极力为州政府寻找规避贸易条款约束的宪法依据。如前所述，在1824年的吉本斯案中，马歇尔法院就通过宽泛解释联邦宪法的贸易条款，扩大了联邦政府管理州际贸易的权力。在塔尼法院时期，由于州权主义思想的推动，联邦最高法院力图使州政府摆脱贸易条款的严格束缚，获得更多的管理经济的权力。

在1837年的"纽约诉米尔恩案"[1]中，坦尼法院以州政府拥有"治安权"（police power）为由，支持州政府管理与外国和州际间的航运事务。"治安权"是普通法中的一项政府管理权力，其内涵并不十分明晰，通常是指政府对所有民事和刑事案件的治理权。在《英国法释义》中，威廉·布莱克斯通曾把"治安权"定义为"对王国的正当管理和对国内秩序的保障"。在"治安权"的管理下，每个人"就像身处一个管理良好的大家庭中"一样，行为受到一定的约束，"与邻为善、彬彬有礼"，每个人都"正派、勤勉，从不冒犯他人"。在美国革命中，很多新独立的州都在自己的《权利宣言》（*Declaration of Rights*）或州宪法中，确认了州政府拥有"治安权"。例如，1776年宾夕法尼亚、佛蒙特和特拉华州制定的《权利宣言》就规定，在各州的内部，人民是"统治和管理治安事务唯一的、排他的和内在的权力主体"。马里兰州的《权利宣言》也规定，"所有的政府权力都源于人民……本州人民应该对州内的治理和治安事务享有唯一的和排他的管理权。"[2]

尽管独立后"治安权"得到了美国社会的认可，但由于联邦宪法明确规定联邦国会拥有贸易管理权，联邦最高法院从未认定州政府可以根据"治安权"管理本州与外国和其他州的贸易。这一局面在塔尼法院审理的米尔恩案中得到了改变。

---

[1] *New York v. Miln*, 36 U. S. 102 (1837).

[2] Kermit L. Hall, et al., eds., *The Oxford Companion to the Supreme Court of the United States*, p. 741.

1824 年，纽约州议会通过了一项法律，规定所有从国外和其他州进入纽约港的船只，必须在 24 小时内向纽约市政当局提交一份报告，详细列举乘客的姓名、年龄和原住地等，否则将受到罚款。纽约州政府颁布这一法律的目的，是要防止大量穷人涌入纽约，给当地带来严重的社会问题。1829 年 8 月，从国外运送乘客到达纽约港的艾米莉号（Emily）客船的船长乔治·米尔恩（George Miln），因违反该法而引发诉讼，该案最终被上诉至联邦最高法院。①

在上诉审判中，米尔恩认为，纽约州法律违反了联邦宪法关于联邦国会贸易管理权的相关规定，不能作为处罚他的法律依据。纽约州政府则认为，纽约州只是在行使自己的"治安权"，并未侵犯联邦国会的贸易管理权，因为这种法律没有给联邦国会管理贸易带来"任何不方便"，相反，"却促进了公共利益"。②

在 1837 年 2 月 16 日公布的由大法官菲利普·巴伯（Philip Barbour）撰写的判决中，联邦最高法院支持了纽约州法律的合宪性。判决认为，纽约州议会制定的要求船长上报乘客信息的法律，"不是在管理贸易，而只是在行使治安权"。该法律的目的，只是为了防止从外国和其他州涌入大量的人口，增加纽约州当地社会的负担。纽约州政府的这一做法，是在履行其肩负的"保护人民和增进福利"的义务。此外，纽约州法律对乘客也是有利的，因为它可以"防止这些乘客被当作贫民而被指控"③。

判决指出，"治安权"是各州并未让渡给联邦政府的一项权力，因为这种权力"只涉及市政立法，或者更确切地说，只与州的内部治安有关"。根据这项权力，各州有权制定法律去"增进人民的安全、幸福和繁荣，并提供普遍的福利"。这不仅是州政府的"权利"，而且也是它"必须承担的庄严责任"。州政府的"治安权"不应该受到任何限制，它是"完整的、无条件的和排他的"（complete, unqualified, and exclusive）。④

判决认为，即使州政府在行使"治安权"时，涉及对贸易的管理，那

---

① *New York v. Miln*, 36 U. S. 102（1837），102.

② Charles Warren, *The Supreme Court in United States History*, Vol. II , p. 26.

③ *New York v. Miln*, 36 U. S. 102（1837），132—133.

④ *New York v. Miln*, 36 U. S. 102（1837），139.

也并不意味着侵犯了联邦国会的贸易管理权，因为联邦国会是针对"货物"（goods）而不是"人"（persons）来行使贸易管理权的。纽约州法律管理的是乘客，显然并不构成对联邦国会贸易管理权的侵犯。①

在以"治安权"规避了贸易条款的约束后，在1852年的"库利诉费城港监管委员会案"②中，塔尼法院又提出联邦国会的贸易管理权并不是绝对"排他的"，州政府也有权对地方性的贸易事务进行管理。

1803年，宾夕法尼亚州议会制定了一项法律，规定任何进出费城港的船只，如果不雇佣当地的领航员，则必须支付一半正常的领航费，这些费用将用于资助体弱多病的领航员及领航员的遗孀和孤儿。③ 在1852年的库利案中，原告阿伦·B.库利（Aaron B. Cooley）认为，宾夕法尼亚州法律的这一规定与联邦国会的贸易管理权相冲突，应是违宪的。但宾夕法尼亚州政府则认为，早在1789年，联邦国会就曾通过立法，将管理港口领航的权力授予了各州政府④，因此，其行为应是合法有效的。

在该案上诉到联邦最高法院并举行了庭审后，联邦最高法院于1852年3月2日作出判决，支持了宾夕法尼亚州法律的合宪性。在由大法官本杰明·柯蒂斯（Benjamin Curtis）撰写的判决中，联邦最高法院认为，虽然宾夕法尼亚州政府对港口领航的管理属于贸易管理，但这并不等于说该州政府就违宪行使了本属于联邦国会的贸易管理权，因为州政府也拥有一定的贸易管理权。

判决认为，联邦国会的贸易管理权并不是绝对"排他的"，原因主要有二：其一，在联邦宪法授权联邦国会行使贸易管理权的条款中，并未包含任何"明确排除各州行使贸易管理权"的规定。⑤ 其二，贸易管理权涉及的范围极广，包括的对象不仅数量多，而且它们的性质也存在很大的差异。有些管理的事项必须采用"单一的和统一的规则"，"在合众国的每个口岸都同样适用"，但有些管理事项却必须要"区别对待"，只有这样的"多样性"才能

① *New York v. Miln*，36 U. S. 102（1837），136—137.

② *Cooley v. Board of Wardens of the Port of Philadelphia*，53 U. S. 299（1851）.

③ Kermit L. Hall，et al.，eds.，*The Oxford Companion to the Supreme Court of the United States*，p. 226.

④ U. S. Congress，"An Act for the Establishment and Support of Lighthouses，Beacons，Buoys，and Public Piers"（August 7，1789），in *United States Statutes at Large*，Vol. 1，pp. 53—54.

⑤ *Cooley v. Board of Wardens of the Port of Philadelphia*，53 U. S. 299（1851），318.

"满足各地不同的航运需要"。①

判决认为，人们之所以会"绝对地肯定或否定"联邦国会有制定"排他性立法"（exclusive legislation）的权力，根源在于这两种观点都"忽视了权力对象的性质"，"都把实际上只适用于部分管理事项的权力，看作是适用于所有需要管理的事项"。判决认为，如果需要管理的贸易事项的性质"是全国性的"，"只能适用统一的管理制度或方案"，那么，这就需要联邦国会制定相关的"排他性立法"。但是，如果像宾夕法尼亚州法律所规定的那样，贸易管理涉及的只是"地方性事务"，那么，允许各州根据地方口岸的"特殊性"，"对相关立法做自由裁量"，将是"非常恰当和适宜的"（superior fitness and propriety）。②

库利案判决说明，塔尼法院在贸易管理权问题上的基本观点是，联邦国会的贸易管理权只是一种"选择性排他"（selective exclusiveness）的权力，在贸易管理方面，州政府与联邦国会拥有"并存权力"（concurrent authority）。

从米尔恩案和库利案判决中可以清晰地看出，塔尼法院力图在司法裁判中给予州权更多的保护。尽管塔尼法院并没有从根本上抛弃马歇尔法院所维护的联邦至上观念，但借助"治安权"和"选择性排他"等司法理论，塔尼法院不仅使州政府规避了贸易条款的束缚，而且也保护了州政府所享有的某些管理特权。即使是联邦政府，也不能对这些特权加以干涉。③ 这就极大地扩展了州政府的权力，对联邦政府的权力构成了一定程度的反制。

塔尼法院州权主义司法趋向的第三个表现，是该法院维护各州保持奴隶制的权力，1857年的"德雷德·斯科特诉桑福德案"④，是最突出的表现。

德雷德·斯科特（Dred Scott）是一名密苏里州的黑奴。在19世纪30年代，斯科特曾跟随自己的主人军医约翰·艾弗森（John Emerson）在伊利诺伊州和威斯康星领地居住过4年，然后又返回密苏里州。在艾弗森去世

---

① *Cooley v. Board of Wardens of the Port of Philadelphia*，53 U. S. 299 (1851)，319.

② *Cooley v. Board of Wardens of the Port of Philadelphia*，53 U. S. 299 (1851)，319—320.

③ Alfred H. Kelly，Winfred A. Harbison and Herman Belz，*The American Constitution：Its Origins and Development*，Vol. I，p.234.

④ *Dred Scott v. Sandford*，60 U. S. 393 (1857) .

后，斯科特几经倒手，最后归属了约翰·桑福德（John Sandford）。从 1846 年开始，斯科特就在州法院起诉，要求法院认定自己为自由人。在没有得到州法院的支持后，1856 年，斯科特又向联邦最高法院提起了上诉。

斯科特认为，自己之所以诉求自由人身份，是与自己跟随主人艾弗森的 4 年外出之旅有密切关系的。他随主人居住的伊利诺伊州是根据 1787 年邦联国会制定的《西北土地法令》（Northwest Ordinance）① 建立的自由州，威斯康星领地则位于北纬 36 度 30 分以北，按照联邦国会在 1820 年制定的《密苏里妥协案》（Missouri Compromise）的规定②，这个地区也是禁止奴隶制度存在的。因此，斯科特居住在这两地，事实上已经成为自由人。尽管斯科特返回了密苏里州，但根据该州的司法先例，一个人"一旦自由则永远自由"（Once Free，Always Free），因此，斯科特也应该继续保持自由人身份，不再成为奴隶。③

但是，在 1857 年 3 月 6 日公布的联邦最高法院判决中，代表多数大法官撰写判决的首席大法官塔尼却驳回了斯科特的上诉。塔尼首先指出，斯科特不是联邦公民，根本无权向联邦最高法院上诉。判决认为，联邦公民资格是通过两个途径获得的，其一是在联邦建立后由州公民资格转化过来的，即只有在联邦宪法生效时已经成为州公民的人，才能成为联邦"新政治体的公民"。其二是按照联邦宪法的规定，通过归化美国而获得联邦公民资格。④但无论是从美国历史还是从宪法规定看，黑人都不具备获得联邦公民资格的可能性。

判决认为，在过去的一个多世纪里，黑人一直被看作"低等生命"，"不论是在社会交往还是在政治关系中"，黑人都"完全不适合与白人交往"，也

---

① "An Ordnance for the Government of the Territory of the United States Northwest of the River Ohio", in *Federal and State Constitutions*, *Colonial Charters*, *and Other Organic Laws of the States*, *Territories*, *and Colonies Now or Heretofore Forming the United States of America*, Vol. 2, Francis N. Thorpe (ed.), Washington D. C.: U. S. Government Printing Office, 1909, pp. 957—962.

② U. S. Congress, "An Act to Authorize the People of the Missouri Territory to Form a Constitution and State Government and for the Admission of such State into the Union on an Equal Footing with the Original States, and to Prohibit Slavery in Certain Territories" (March 6, 1820), in *United States Statutes at Large*, Vol. 3, pp. 545—548.

③ Kermit L. Hall et al. eds., *The Oxford Companion to the Supreme Court of the United States*, p. 888.

④ *Dred Scott v. Sandford*, 60 U. S. 393 (1857), 406.

"不享有任何白人必须尊重的权利"。"为了黑人自身的利益，把黑人变为奴隶是正当合法的。"黑人只是他们主人的财产，只要有收益，黑人可以被当作"普通商品"任意买卖。在联邦宪法和《独立宣言》中，黑人及其后代"都没有被视为人民的组成部分"，他们不是各州的公民，自然也不能成为联邦公民。①

判决指出，根据联邦宪法的规定，在1808年前，各州有权从事奴隶贸易，并且各州有义务相互交出被捕获的逃奴，以保护奴隶主的财产权。②这些规定说明，联邦宪法是把黑人视为财产的，黑人完全不具备联邦公民资格。

基于上述论证，塔尼在判决中认为，由于黑人斯科特并不是联邦公民，因此，他根本就没有合法权利在联邦法院发起诉讼，争取自己所谓的"自由"。

其次，对于斯科特提出的自己曾在伊利诺伊州和威斯康星领地居住而自动获得自由人身份的诉求，塔尼代表联邦最高法院也作出了反驳。塔尼认为，虽然按照《西北土地法令》的规定，伊利诺伊州是自由州，但是，当邦联政府在1787年制定《西北土地法令》时，邦联并"没有在立法、行政或司法权方面获得主权"，真正拥有西北土地的是最初独立的13个州。它们有权通过签订相互间的协议，"建立任何形式的他们认可的政府"，"并以它们认为合适的方式"，管理西北土地上的人和财产。③虽然在联邦政府成立后，《西北土地法令》继续有效，但联邦政府绝不能利用该法令损害各州的利益。联邦政府只是"为美国人民服务的受托人"，它的责任在于利用"特别授予的权力"，"增进所有人民的利益"。④如果允许一个黑奴进入这一地区就变为自由民（freedman），实际上就是对奴隶州人民财产的剥夺。

塔尼认为，斯科特曾经在威斯康星领地居住的事实，也不足以证明他就可以获得自由人身份，因为作为这一诉求法律基础的《密苏里妥协案》本身就是违宪的。塔尼认为，根据联邦宪法，联邦政府是无权规定一个领地

---

① *Dred Scott v. Sandford*，60 U. S. 393（1857），407.
② *Dred Scott v. Sandford*，60 U. S. 393（1857），411.
③ *Dred Scott v. Sandford*，60 U. S. 393（1857），434—435.
④ *Dred Scott v. Sandford*，60 U. S. 393（1857），448.

是否允许奴隶制存在的。这是因为，公民的"财产权是同人身权（rights of person）联系在一起的，这是为联邦宪法第 5 条修正案所保护的，即不经正当法律程序，不得剥夺任何人的生命、自由和财产"。塔尼认为，"如果一个公民没有任何违法行为，仅仅因为他自己或带着他的财产进入了合众国的一个特定领地，就被一项联邦国会的法令剥夺了自由或财产，那么，这项法律是很难被尊称为符合正当法律程序的"①。

判决认为，除了保护奴隶主的财产权外，联邦政府没有任何权力去干涉奴隶制问题，"这个权力被完全保留给了州"，"各州完全可以按照它们所理解的正义、人道、社会利益和社会安全的要求"，去处理奴隶制问题，因为从联邦宪法的规定看，"各州显然是要把这个权力排他性地留给自己的"。②

很明显，与前述的诸多案件一样，斯科特案判决也延续了塔尼法院扩大州权的司法趋向，为各州尤其是南方州政府维护和扩大奴隶制提供了宪法基础，进一步推动了州权的扩张。

但是，必须强调指出的是，与其他扩大州权的判决不同，塔尼法院的斯科特案判决，触及了当时美国社会中一直存在的奴隶制"幽灵"（specter）③，使联邦最高法院卷入了引发美国社会分裂的奴隶制纷争。尽管塔尼法院在判决中极力强调联邦宪法并没有规定废除奴隶制度，判断奴隶制法律是否"正义"与"明智"也是"政治或立法机关的权力"，与联邦最高法院无关，最高法院的任务只是通过"解释联邦宪法"，"遵循宪法生效时它的真实意图和含义"④，但是，斯科特案判决还是使得美国南北方在奴隶制问题上本已激化的矛盾达到了顶点。

在 1857 年 10 月的《北美评论》（The North American Review）杂志上，美国政治家本杰明·C. 霍华德（Benjamin C. Howard）曾撰文指出，斯科特案判决意味着联邦最高法院"以权威的身份认可了当前执政党的政治异端邪说"，是一种典型的"政治党徒的标志"。霍华德认为，整个美国都会"更深刻和更长久地"感受到斯科特案判决的影响，同时也会失去对联邦最高法院

---

① *Dred Scott v. Sandford*，60 U. S. 393 (1857)，450.

② *Dred Scott v. Sandford*，60 U. S. 393 (1857)，426.

③ Robert G. McCloskey，*The American Supreme Court*，pp.90—91.

④ *Dred Scott v. Sandford*，60 U. S. 393 (1857)，405.

的"信任",这将会给美国带来难以承受的"最大的政治灾难"。① 霍华德的这一评论切中了斯科特案判决的要害,美国随后的社会发展表明,斯科特案判决在事实上进一步使美国陷入奴隶制问题的泥潭难以自拔,美国南北方之间围绕奴隶制的存废问题而产生的裂痕更加难以愈合。正如美国学者伯纳德·施瓦茨所说,塔尼法院的斯科特案判决,使得利用政治和法律手段解决奴隶制问题的现实可能性荡然无存,该案判决实际上成为美国内战的"催化剂"。②

---

① Benjamin C. Howard "A Report of the Decision of the Supreme Court of the United States, and the Opinions of the Judges Thereof, in the Case of Dred Scott versus John F. A. Sanford", *The North American Review*, Vol. 85, No. 177, 1857, pp. 414—415.

② Bernard Schwartz, *A History of the Supreme Court*, p. 125.

第 五 章

司法审查与"二元联邦制"的演进

1861—1865 年的美国内战在美国联邦制发展进程中具有界标性的意义。内战的爆发源自于奴隶制危机,在围绕奴隶制存废所展开的数十年争论中,美国南北方除了在奴隶制本身的合宪性问题上针锋相对外,联邦政府是否有权干预州内部的奴隶事务也是双方争执不下的一个焦点。经过内战,美国最终废除了奴隶制度,避免了国家分裂,而且美国社会对联邦与州之间的宪政关系也有了新的认识。在内战后美国联邦制的新发展中,联邦最高法院的司法审查发挥了至关重要的作用。

一、司法审查与"二元联邦制"的确立

如果说在美国内战前的联邦制发展中,联邦政府与州政府对各自权力的范围及相互间的权力界限尚无明确认识,联邦权与州权之间的冲突还非常激烈的话,那么,在内战后,这一情形发生了显著变化,美国学者爱德华·S. 考文所谓的"二元联邦制"(Dual Federalism)① 逐渐成为了美国社会的共识。美国社会普遍认为,在美国的联邦体制中,联邦权与州权有明确的划分,联邦政府与州政府在各自的权力范围内都是至上的,都不能被对方侵

---

① Edward S. Corwin, "Congress's Power to Prohibit Commerce: A Crucial Constitutional Issue", *Cornell Law Quarterly*, Vol. 18, No. 4, 1933, p. 481.

犯，二者之间是平等关系；联邦政府只是一个拥有宪法列举权力的机构，其所担负的管理职能有限；州权的存在对联邦权构成了强有力的制约，因此联邦政府与州政府之间也存在明显的对抗关系。① 上述认识，构成了"二元联邦制"的基本内涵。

在内战后美国"二元联邦制"的演进过程中，联邦最高法院发挥了重要作用。从 19 世纪 60 年代中期开始，联邦最高法院通过司法审查，确认并引导美国的联邦制度逐渐进入"二元联邦制"时代。到 20 世纪 30 年代中期以前，维持"二元联邦制"始终是联邦最高法院司法审查的一个基本理念。具体而言，在 19 世纪 80 年代以前，联邦最高法院司法审查的重点是进一步确定联邦权与州权的界限，维持联邦政府与州政府的权力平衡。进入 19 世纪 80 年代后，对联邦政府和州政府调控经济的权力都加以限制，防止任何一级政府借助干预经济扩大权力，从而破坏"二元联邦制"的稳定，则成为联邦最高法院司法审查关注的重心。

内战结束后，在 1865—1876 年间，联邦政府对参与叛乱的南方州进行了大规模的南方重建（Reconstruction），其目的是要对南方叛乱州的政治、经济和社会进行全方位的改造，重新接纳叛乱州加入联邦。由于南方重建完全是在联邦政府的主导下进行的，联邦政府所颁布的各项重建法令都是强制性的，因此，伴随着南方重建的进行，联邦政府得以广泛地介入到原属于州政府的权辖范围，其权力有了显著的扩大。

例如，在 1865 年至 1870 年间，联邦国会先后制定了被称为"重建修正案"（Reconstruction Amendments）的联邦宪法第 13、14 和 15 条修正案，明确废除了奴隶制度，给予黑人公民资格，保证黑人享有包括选举权在内的政治权利。修正案还规定，州政府必须向公民提供"平等法律保护"（Equal Protection of the Laws），不得违反"正当法律程序"（Due Process of Law），侵犯公民的"特权或豁免权"（Privileges or Immunities）等。除此之外，联邦国会还通过了相关的配套法律，保证"重建修正案"能够在各州得到有效实施。

毫无疑问，上述这些联邦宪法修正案及其配套法律都是国家的最高法

---

① Edward S. Corwin, "The Passing of Dual Federalism", *Virginia Law Review*, Vol. 36, No. 1, 1950, p. 4.

律，各州必须无条件服从。但是，按照美国的宪政传统，对奴隶制度、选举权等公民权利和公民自由的管理，一般被视为州政府的权力，联邦政府无权干涉。"重建修正案"的出台对这一传统宪政观提出了挑战，它们对奴隶制度的废除，以及授权联邦政府约束州政府不得侵犯公民权利和自由，都使联邦政府干预州的内部事务有了宪法依据。另外，"重建修正案"也都明确规定，"联邦国会有权以适当立法"实施各修正案，这实际上赋予了联邦政府极大的自由裁量权，联邦政府可以决定以何种方式以及在多大程度上对州政府加以干预，这就为联邦政府扩大权力提供了一个重要的契机。

南方重建时期美国社会和政治的巨大变动，不仅引发了美国社会对联邦权与州权关系问题的激烈争论，而且也给联邦最高法院提供了更多的审查政府立法和施政行为合宪性的机会。在这一时期的司法审查中，联邦最高法院的司法重点是如何在内战后联邦政府权力呈现扩大趋向的情况下，重新界定联邦与州的权力界限，维系美国联邦制的正常运作。

在南方重建初期，联邦最高法院基本上采取了支持重建的立场。例如，在1867年的"密西西比州诉约翰逊案"① 中，首席大法官萨蒙·P. 蔡斯（Salmon P. Chase）代表联邦最高法院，驳回了密西西比州的诉求，支持安德鲁·约翰逊（Andrew Johnson）总统执行联邦国会制定的以军事监管推动南方重建的法律，认定执行国会立法是联邦总统的一项"行政性"权力，是不容其他政府机构干预的。州政府要求联邦司法机关禁止总统执行国会立法，是"荒唐的和过分的"。②

在1869年的"麦卡德尔案"③ 中，密西西比州报人威廉·麦卡德尔（William McCardle）因利用报刊煽动动乱，对抗联邦政府的重建工作，被负责密西西比州重建的联邦军队逮捕，并由军事委员会对其进行了审判。麦卡德尔认为，在内战结束后的和平时期，公民是否有罪应由民事法庭而不是军事法庭审判，联邦国会授权军事部门对公民进行审判的重建法律是违宪的。麦卡德尔要求联邦最高法院根据联邦国会在1867年制定的《人身保护

---

① *Mississippi v. Johnson*，71 U. S. 475 (1867).
② *Mississippi v. Johnson*，71 U. S. 475 (1867)，499.
③ *Ex parte McCardle*，74 U. S. 506 (1869).

令状法案》(Habeas Corpus Act)① 的规定，向其发放人身保护令状 (habeas corpus)，保护其享有的宪法权利。②

　　麦卡德尔的这一诉求遭到了联邦最高法院的拒绝。首席大法官蔡斯在判决书中指出，虽然联邦国会在 1867 年制定了《人身保护令状法案》，要求联邦法院在涉及侵害公民宪法权利的案件中发布人身保护令状，但是，由于联邦国会在 1868 年 3 月又通过了一项法律，取消了联邦最高法院对人身保护令状案件的上诉审判权，因此联邦最高法院不能对本案进行裁决。联邦最高法院认为，最高法院"不能行使未被授予的管辖权，只能坚决履行联邦宪法和法律赋予的权力"③。通过拒审此案，联邦最高法院得以回避审查联邦国会重建立法的合宪性这一棘手问题，从而认可了联邦政府用军事手段推进南方重建的可行性，保证了南方重建的顺利进行。

　　在 1871 年的"法币组案"④ 中，联邦最高法院又裁定联邦国会制定的《法定货币法》(Legal Tender Act) 并不违宪。该法律是联邦国会为应对内战时的财政紧张问题而于 1862 年制定的，后又多次做了修订。它授权联邦政府发行"绿背纸币"(greenback) 作为国家的法定货币，用于支付战争费用和偿还公私债务。⑤ 根据这一法律，联邦政府陆续发行了高达 4.5 万亿美元的纸币。虽然发行纸币对联邦政府赢得内战的胜利起到了重要作用，但由于纸币并无金银担保，也不能兑换为金银硬通货，因此，这些纸币发行后不久就不断贬值，引发社会不满。到南方重建时，很多债权人不仅拒绝接受这种纸币，而且也开始挑战联邦国会发行纸币的合宪性。他们认为，联邦宪法并未授权联邦国会发行纸币，《法定货币法》是违宪的，由此引发了诸多法币案件。

　　1871 年，联邦最高法院并审了由《法定货币法》引起的"诺克斯诉李

---

　　① U. S. Congress, "An Act to Amend An Act Entitled 'An Act Relating to Habeas Corpus, and Regulating Judicial Proceedings in Certain Cases', Approved May Eleventh, Eighteen Hundred and Sixty-Six" (February 5, 1867), in *United States Statutes at Large*, Vol. 14, p. 385.

　　② Kermit L. Hall, et al., eds., *The Oxford Companion to the Supreme Court of the United States*, p. 619.

　　③ *Ex parte McCardle*, 74 U. S. 506 (1869), 515.

　　④ *Legal Tender Cases*, 79 U. S. 457 (1871).

　　⑤ U. S. Congress, "An Act to Authorize the Issue of United States Notes, and for the Redemption or Funding thereof, and for Funding the Floating Debt of the United States" (February 25, 1862), in *United States Statutes at Large*, Vol. 12, pp. 345—348.

案"(*Knox v. Lee*)和"帕克诉戴维斯案"(*Parker v. Davis*),并由大法官威廉·斯特朗(William Strong)撰写了"法币组案"判决。

在判决中,联邦最高法院首先从"派生权"(resultant power)理论出发,支持联邦国会拥有发行纸币的权力。联邦最高法院认为,虽然联邦宪法并未授权联邦国会发行纸币,但联邦宪法明确规定,联邦国会可以颁布一切"必要和适当的"(necessary and proper)法律,保障联邦宪法授予的权力得到有效实施。而且,联邦政府的权力也并非只能"明确和直接地归因于某种具体规定的权力",而是可以从"不止一项的明确授予的权力中推论出来",或者从"所有权力的集合中推论出来",因此,完全可以把"任何数目的权力组合在一起",从中推断出"所要求的权力已经得到了联邦宪法的授予"。① 从这一观点出发,联邦最高法院认为,由于联邦国会拥有征税、铸币和厘定货币价值等权力,因此,基于这些权力的"组合",可以推论出联邦国会有权发行纸币,行使这一权力也是联邦政府摆脱财政危机的"必要和适当的"手段。

其次,联邦最高法院从权力与目的的关系出发,确认联邦国会发行纸币的合宪性。联邦最高法院认为,联邦宪法授予政府机构权力,只是为达到某种目的所采取的必要手段,在考虑联邦国会是否拥有某种权力时,不能只以这种权力是否得到了联邦宪法的明确授予为依据,还要探讨这种权力是否符合联邦宪法授予联邦国会权力所要达到的"目标"。在联邦最高法院看来,联邦宪法授权联邦国会管理税收、铸造货币等,其目的就是要"缔造一个比过去的邦联更为完美的联合"②。在内战激烈进行、联邦财政每况愈下的情况下,如果不发行纸币,联邦军队就得不到维持,政府有可能被推翻,而且,"宪法本身也会遭到严重破坏"③。从这个意义上讲,发行纸币显然是实现联邦宪法"最高目标"(paramount object)的必要手段。④ 联邦最高法院认为,如果"在任何情况下或在任何紧急时期",联邦国会都不能通过发行纸币偿还债务,那么,联邦政府就失去了"自保的手段",也会在经济发展中引发

---

① *Legal Tender Cases*,79 U. S. 457(1871),534.
② *Legal Tender Cases*,79 U. S. 457(1871),532—533.
③ *Legal Tender Cases*,79 U. S. 457(1871),540.
④ *Legal Tender Cases*,79 U. S. 457(1871),533.

"极大的混乱、普遍的痛苦和最严重的不公正"。①

"法币组案"判决的重要意义，并不仅仅在于在缺乏联邦宪法明确授权的情况下，联邦最高法院认可了联邦国会发行纸币的合宪性，更为重要的是，通过本案判决，联邦最高法院在马歇尔大法官确认联邦政府拥有"默示权力"半个世纪之后，又进一步肯定了联邦政府拥有外延更为广大的"派生权"，从而极大地扩展了联邦政府在南方重建进程中的施政空间。

在南方重建之初，联邦最高法院对重建的支持，在事实上助推了联邦政府权力的扩大。联邦最高法院的这一司法趋向是不难理解的。首先，这一时期联邦最高法院的司法趋向是时代的产物。内战结束后，虽然接纳南方叛乱州重新加入联邦，避免国家分裂是美国的当务之急，但前提是必须对南方叛乱州进行广泛的"重建"，这是当时美国社会的基本共识。在此背景下，联邦最高法院确认联邦政府重建法律的合宪性，在客观上推动了联邦权力的扩大，实际上是当时美国社会和政治发展推动的结果。

其次，重建之初联邦最高法院的司法审查趋向也说明，此时的联邦最高法院力图避免与其他政治机构发生冲突，以便达到消减此前斯科特案判决给联邦最高法院所带来的负面影响的目的。例如，在前述的麦卡德尔案中，大法官罗伯特·C. 格里尔（Robert C. Grier）和斯蒂芬·J. 菲尔德（Stephen J. Field）都坚持认为，联邦最高法院应推翻联邦国会的重建立法，向麦卡德尔发布人身保护令状，但由于颁发人身保护令状极有可能危及重建立法的合宪性，因此，这一主张在当时并没有得到大多数大法官们的赞同。即使在1868 年 3 月初完成对该案的庭审后，联邦最高法院也因担心与联邦国会发生直接冲突，再次导致像斯科特案判决所带来的负面政治后果，迟迟没有对本案作出判决。在联邦国会为防止最高法院推翻重建法律，于 1868 年 3 月27 日通过一项法律②，取消了联邦最高法院对人身保护令状案件的上诉审判权后，对于这一带有明显不公正色彩且涉嫌干预司法的法律，联邦最高法院也并未提出异议，而是根据该法律在一年后的 1869 年 4 月 12 日作出了拒绝

---

① *Legal Tender Cases*，79 U. S. 457（1871），p.529.

② U. S. Congress，"Act to Amend an Act Entitled 'An Act to Amend the Judiciary Act，Passed the Twenty Fourth of September，Seventeen Hundred and Eighty-Nine'"（March 27，1868），in *United States Statutes at Large*，Vol. 15，p. 44.

裁决该案的判决。①

联邦最高法院的这一"软弱"行为遭到了很多美国政治家的批评，认为在麦卡德尔案中，联邦最高法院"屈服了"、"失败了"，"联邦国会已经在整个国家的默许下驯服了联邦最高法院"②；联邦最高法院"还从未遇到过如此难以名状的蔑视，也从未像现在这样经常在民众的喧嚣面前畏缩"③。但实际上，从该案的审判过程中不难看出，在南方重建的初期，联邦最高法院之所以在审查重建立法时保持了最大限度的克制，其根本原因在于，在内战结束后的非常时期，在斯科特案判决已经给联邦最高法院的威望带来巨大损害的情况下，此时的联邦最高法院无意与联邦国会再次发生正面冲突，给联邦国会的南方重建设置障碍，并进而加深美国社会对联邦最高法院的不满。

但是，随着南方重建的深入进行，因联邦政府权力扩大而引发的宪政问题愈来愈多地呈现在联邦最高法院面前，最高法院也逐渐开始在涉及重建立法的案件中，对相关法律做狭义解释，力图通过严格限制联邦政府的权力，在联邦与州之间保持一种适度的权力平衡。1873 年的"屠宰场案"④ 是联邦最高法院在联邦制问题上改变其司法趋向的一个重要标志。

"屠宰场案"缘起于路易斯安那州的一项管制屠宰业经营的法律。1869 年，为规范新奥尔良市（New Orleans）的屠宰业，防止屠宰牲畜对环境和居民健康构成危害，该州议会制定了一项统一经营屠宰业务的法律。根据该法律，州政府通过收购私人屠宰场，组建了以新奥尔良市的别称命名的"新月城牲畜装卸和屠宰公司"（Crescent City Live-Stock Landing and Slaughtering Company）⑤，要求新奥尔良市的所有屠宰户都必须租用该公司的场地和设备，实行集中化屠宰。由于这一规定不仅给屠宰户们带来了经营上的不便，而且也增加了屠宰的成本，因此，该法律一经生效就引发了屠宰户们的强烈不满，一些屠宰户还因此向法院提起了诉讼，要求推翻强行规定集

---

① Kermit L. Hall, et al., eds., *The Oxford Companion to the Supreme Court of the United States*, pp. 619—620.

② Charles Warren, *The Supreme Court in United States History*, Vol. II , p. 483.

③ Bernard Schwartz, *A History of the Supreme Court*, p. 154.

④ *Slaughterhouse Cases*, 83 U. S. 36 (1873).

⑤ 密西西比河以新月（crescent）形状环绕和穿过新奥尔良市，故该市也被称为"新月城"（Crescent City）。

中经营屠宰业务的州法律。在无法得到州法院的支持后，屠宰户们又把案件上诉到了联邦最高法院。①

在该案中，屠宰户们提出，州政府的管制立法剥夺了他们的自由劳动权，侵犯了第 14 条宪法修正案所保护的"合众国公民的特权或豁免权"，是不具有合宪性的。但是，屠宰户们的这一主张并没有得到联邦最高法院多数大法官们的认同。在由塞缪尔·F. 米勒（Samuel F. Miller）大法官代表联邦最高法院所作的判决中，联邦最高法院对第 14 条宪法修正案做了狭义解释，通过严格区分联邦政府与州政府的权辖范围，支持了路易斯安那州的屠宰业管制立法。

在联邦最高法院的判决中，米勒大法官认为，虽然按照联邦宪法第 14 条修正案的规定，"任何州，都不得制定或实施限制合众国公民的特权或豁免权的任何法律"，但在判定路易斯安那州是否侵害了屠宰户们的权利之前，必须首先确定"合众国公民"的权利内容究竟是什么。

米勒大法官在判决中指出，根据第 14 条宪法修正案的规定，"凡在合众国出生或归化合众国并受其管辖的人，均为合众国和他们所居住州的公民"。这就意味着任何一个美国公民都具有双重公民资格，即美国公民既是"合众国公民"，又是"州公民"，但二者是具有不同"特性"（characteristics）并处于不同"情势"（circumstances）中的。凭借不同的公民资格，美国公民拥有不同的"特权或豁免权"，并分别受联邦政府和州政府的管理。②

米勒大法官认为，"合众国公民"所享有的"特权或豁免权"是有限的，仅包括有权集会请愿、寻求人身保护令状和在公海及他国管辖区中得到联邦政府对其生命、自由和财产权的保护等为数不多的几种。③ 但"州公民"所享有的"特权或豁免权"却是广泛而普遍的，它包括公民有权"得到和拥有一切形式的财产"、有权"追求幸福和安全"等为"自由政府中的公民所享有的"一切"基本权利"。对于这些权利，州政府有权加以管控。④ 米勒大

---

① Kermit L. Hall, et al., eds., *The Oxford Companion to the Supreme Court of the United States*, pp.922—923.

② *Slaughterhouse Cases*，83 U. S. 36（1873），74.

③ *Slaughterhouse Cases*，83 U. S. 36（1873），79—80.

④ *Slaughterhouse Cases*，83 U. S. 36（1873），76.

法官指出，由于第 14 条宪法修正案对各州所作的限制，是防止它们制定或实施"限制合众国公民的特权或豁免权的任何法律"，因此，该修正案的目的只在于确保"合众国公民"的"特权或豁免权"不受州政府侵犯，对于州政府有权管理的州公民的"特权或豁免权"，该修正案"并无意提供任何额外的保护（any additional protection）"，州政府完全可以根据自己的自由裁量对其加以管理。① 从这一逻辑出发，联邦最高法院认为，路易斯安那州对州内屠宰业的管理，显然是州政府对其正当权力的运用，并无违反第 14 条宪法修正案的嫌疑。

米勒大法官在判决中强调指出，联邦政府与州政府只能对属于自己权辖内公民的"特权或豁免权"提供保护，否则就违反了联邦制原则，破坏了联邦政府与州政府的分权。在米勒等多数大法官们看来，尽管内战给联邦体制带来了巨大冲击，但是，"美国的政治家们依然坚信州权的存在，坚信州政府有权管理其内部和地方事务，包括保护公民权利，因为这对美国政体的完美运作而言是至关重要的"②。如果限制州政府对其权辖内的公民权利进行管理，就完全背离了美国宪政体制的"结构和精神"，也违反了第 14 条宪法修正案的初衷。③

"屠宰场案"判决在美国宪政史中具有重要的影响，这并不仅仅因为联邦最高法院在该案中首次对第 14 条宪法修正案作出了解释，更是由于联邦最高法院在本案判决中确立了"合众国公民权"与"州公民权"的区别，严格限制了"合众国公民权"的范围，扩大了州政府管理"州公民权"的权力。联邦最高法院的"屠宰场案"判决清楚地表明，在南方重建已经深入进行，社会已经趋于稳定的情况下，联邦最高法院开始改变此前单方面支持联邦权扩大的做法，试图以"二元联邦制"观念为基础，重新在联邦权与州权之间确立一种平衡。

"屠宰场案"判决对于重建时期权力不断扩大的联邦政府而言，无疑是一个极大的约束。在此后的几十年中，该案判决所确立的限制联邦权的观念，一直成为联邦最高法院司法审查的基本信条。

---

① *Slaughterhouse Cases*，83 U. S. 36 (1873)，74.
② *Slaughterhouse Cases*，83 U. S. 36 (1873)，82.
③ *Slaughterhouse Cases*，83 U. S. 36 (1873)，78.

例如，在 1876 年的"合众国诉克鲁克香克案"①中，首席大法官莫里森·R. 韦特（Morrison R. Waite）代表联邦最高法院，推翻了联邦地区法院对路易斯安那州白人种族主义者克鲁克香克（Cruikshank）等人暴力攻击集会黑人的有罪裁决，认为在一州内防止发生针对黑人的种族主义骚乱，属于州政府的权力，联邦政府无权涉足。

不仅如此，韦特大法官在该案判决中还提出了"州行为"（State Action）原则，进一步缩小了联邦宪法第 14 条修正案的适用范围。韦特大法官认为，虽然第 14 条宪法修正案旨在使联邦政府有权保护公民权利，但由于该修正案明确规定，"任何一州……不经正当法律程序，不得剥夺任何人的生命、自由或财产"，因此，第 14 条宪法修正案所约束的对象是"州"而不是"个体公民"，该修正案并"没有增加任何公民权利"，"只是在州政府侵犯了任何公民作为社会一员都享有的基本权利时，提供了一种联邦保护"。②换句话说，根据第 14 条宪法修正案的规定，只有在"州政府"是侵犯公民权利的主体时，联邦政府才可以进行干预，对于"个体公民"的侵权行为，联邦政府无权加以矫正。依照这一观点，在本案中，联邦司法机关自然也就无权对克鲁克香克的个人行为作出惩罚。

在同年的"合众国诉里斯案"③中，联邦最高法院又认为，肯塔基州的选举监察官海勒姆·里斯（Hiram Reese）在市政选举中拒绝统计一位黑人选票的行为，并不违反联邦宪法第 15 条修正案，以及联邦国会在 1870 年制定的旨在保障黑人投票权的民权法案。在首席大法官韦特所作的判决中，联邦最高法院认为，第 15 条宪法修正案"并未授予任何人选举权"，它只是规定联邦和州政府都不得"以种族、肤色或以前曾是奴隶为由"，限制公民的投票权，州政府依然有权确定公民拥有投票权的其他各种条件。④联邦最高法院还认为，1870 年民权法案并未明确说明，它的作用仅限于禁止"因种族原因而实行的非法歧视"，而是笼统地禁止一切拒绝黑人选票的行为，这种规定太过宽泛，极有可能损害州政府合法规范选举的权力。因此，该法案

---

① *United States v. Cruikshank*, 92 U. S. 542 (1876).
② *United States v. Cruikshank*, 92 U. S. 542 (1876), 554.
③ *United States v. Reese*, 92 U. S. 214 (1876).
④ *United States v. Reese*, 92 U. S. 214 (1876), 217—218.

的相关规定是违宪的。①

由上述各案判决可以看出，在南方重建后期，联邦最高法院对联邦政府权力扩大的趋势显示出了深深的忧虑。多数大法官担心在消除了州的离心倾向后，美国的宪政体制会走向另一个极端，即联邦政府权力的过分扩张。在联邦最高法院看来，虽然南方州的离心倾向会导致合众国的分崩离析，但联邦政府权力的无限扩大，也极有可能给美国带来集权体制，从而完全破坏联邦宪法所确立的联邦制原则。在这种情况下，维持联邦权与州权平衡的"二元联邦制"自然成为联邦最高法院在司法审查中极力追求的目标。

如果说在内战结束后的重建时期，联邦最高法院主要是以约束联邦权来确立"二元联邦制"的话，那么，进入19世纪80年代后，在美国垄断经济高速发展的背景下，联邦最高法院又在司法审查中对联邦政府和州政府的调控经济措施都加以限制，防止任何一级政府借由干预经济而扩大权力，打破联邦与州之间的权力平衡，从而破坏"二元联邦制"的基本架构。

美国内战和南方重建彻底消除了奴隶制这一制约美国经济发展的最大桎梏，进入19世纪80年代后，美国进入了经济的高速发展期。到1890年，美国已成为世界上的头号工业国。尤其是美国的铁路建设有了质的飞跃，到19世纪末，美国已经建成了全国铁路网，铁路总里程达到了20万英里，超过了当时整个欧洲的铁路里程长度。②

但是，经济的高速发展并没有带领美国社会进入黄金时代，呈现在美国人面前的只不过是美国作家马克·吐温（Mark Twain）所谓的"镀金时代"（Gilded Age）。这是因为，在这一时期美国经济突飞猛进的背后，隐藏着众多严重的社会问题，其中，垄断所带来的无序竞争和社会不公正是美国社会必须面对和解决的最严重的问题。联邦最高法院大法官约翰·M. 哈兰（John M. Harlan）曾经回忆说，在19世纪末的经济高速发展时期，美国人"普遍地有一种很深的不安之感"，尽管"全国已经消除了人身奴役"，"但是人们普遍地相信，这个国家所面临的真正危险来自于另一种奴役，亦即由于

---

① *United States v. Reese*, 92 U. S. 214 (1876), 220.

② John M. Blum, Bruce Catton and Edmund S. Morgan, et al., *The National Experience: A History of the United States*, New York: Harcourt, Brace & World, Inc., 1963, p. 418.

资本积聚在少数人手中而造成的那种奴役"。①

　　为了矫正垄断所带来的负面后果，马萨诸塞、纽约、加利福尼亚和路易斯安那等州相继出台了多项法律，旨在规范经济运行，稳定各州社会。但是，随着经济的发展，铁路公司等垄断企业的生产和经营逐渐超出了一州的范围，使州政府无力应对跨州际的不正当经济行为的挑战。为此，联邦政府开始采取措施，力图控制州际贸易中垄断的过度发展，矫正社会不公正。例如，在1887年和1890年，联邦政府就先后制定了《州际贸易法》(Interstate Commerce Act)②和《谢尔曼反托拉斯法》(Sherman Antitrust Act)③，着手整顿州际铁路运输等其他行业，规范州际贸易中的经营行为。

　　但是，联邦和州政府对经济的调控，引发了联邦最高法院的强烈担忧。联邦最高法院的多数大法官们担心，政府对经济的调控不仅会损害"经济自由"，而且，更为严重的是，调控经济所带来的联邦政府和州政府的权力扩大，也极有可能破坏两级政府间的权力平衡，动摇刚刚趋于稳定的"二元联邦制"。因此，从19世纪80年代开始，严控联邦和州两级政府调控经济，逐渐成为联邦最高法院司法审查的主要趋向。

　　联邦最高法院利用司法审查对联邦和州政府调控经济所施加的限制，主要表现在两个方面：第一，联邦最高法院通过对联邦宪法和法律做宽泛或狭义的解释，达到限制联邦和州政府调控经济的目的。例如，在1886年的"圣克拉拉县诉南太平洋铁路公司案"④中，联邦最高法院对第14条宪法修正案做了宽泛解读，认为该修正案中所谓的"人"(person)，不仅包括"自然人"(natural person)，也包括"法人"(artificial person)，公司企业也应当享有该修正案的保护，从而使垄断公司可以凭借该修正案规避州政府的管制。⑤第14条宪法修正案也因此由保护黑人平等权利的宪法文件，开始"转

---

　　① 〔美〕塞缪尔·埃利奥特·莫里森等：《美利坚合众国的成长》（上），南开大学历史系美国史教研室译，纪琨校，天津人民出版社1980年版，第937—938页。

　　② U. S. Congress, "An Act to Regulate Commerce" (February 4, 1887), in *United States Statutes at Large*, Vol. 24, pp. 379—387.

　　③ U. S. Congress, "An Act to Protect Trade and Commerce against Unlawful Restraints and Monopolies" (July 2, 1890), in *United States Statutes at Large*, Vol. 26, pp. 209—210.

　　④ *Santa Clara County v. Southern Pacific Railroad Company*, 118 U. S. 394 (1886).

　　⑤ *Santa Clara County v. Southern Pacific Railroad Company*, 118 U. S. 394 (1886), 396.

化为一部名副其实的为商业服务的大宪章"。①

在 1895 年的"合众国诉 E. C. 奈特公司案"② 中，联邦最高法院又狭义地解释了联邦国会制定的《谢尔曼反托拉斯法》的管辖范围，以奈特公司在美国精炼糖行业中的垄断行为属于生产范畴为由，否认该法对奈特公司具有法律约束性。联邦最高法院认为，"贸易（commerce）发生在生产（manufacturing）之后，不是生产的一部分"，奈特公司从事的是糖业生产，而不是贸易。尽管该公司对糖业生产的垄断，"在某种意义上会控制糖业贸易"，但这种控制是"次要意义上的"，不是主要的。由于《谢尔曼反托拉斯法》旨在杜绝州际贸易和各州与外国商业贸易间的垄断，因此，奈特公司的生产垄断行为不受该法的约束。③

第二，在司法审查中，联邦最高法院严控政府调控经济的另外一个重要手段，是认定政府的调控经济立法侵害了公民的"固有权利和自由"。例如，在 1890 年的"芝加哥、密尔沃基和圣保罗铁路公司诉明尼苏达州案"④中，联邦最高法院以侵犯公民财产权为由，认定明尼苏达州在 1887 年制定的一项管制铁路运费的法律违宪。联邦最高法院认为，虽然州政府有权对"公共福利"进行管理，但管理法令必须具有"合理性"（reasonableness），即它"对铁路公司和公众两方面"都必须是公正和平等的；"如果铁路公司被剥夺了……征收合理运费的权力，而这种剥夺又缺乏司法机关的审查，那么这就使铁路公司不能合法地支配自己的财产，并且就实质和影响而言，这实际上就是不经正当法律程序剥夺了铁路公司的财产权"。⑤

在 1897 年的"奥尔盖耶诉路易斯安那州案"⑥ 中，联邦最高法院以公民的"契约自由"（Liberty of Contract）不容侵犯为由，推翻了路易斯安那州的一项维护正常经济秩序的立法。联邦最高法院认为，路易斯安那州限制本州公民与外州公司签订契约的立法，是"不经正当法律程序"对公民"自

---

① ［美］伯纳德·施瓦茨：《美国法律史》，王军、洪德、杨静辉译，潘华仿校，中国政法大学出版社 1990 年版，第 114 页。

② *United States v. E. C. Knight & Co.*, 156 U. S. 1 (1895).

③ *United States v. E. C. Knight & Co.*, 156 U. S. 1 (1895), 12.

④ *Chicago, Milwaukee and St. Paul Railway Co. v. Minnesota*, 134 U. S. 418 (1890).

⑤ *Chicago, Milwaukee and St. Paul Railway Co. v. Minnesota*, 134 U. S. 418 (1890), 458.

⑥ *Allgeyer v. Louisiana*, 165 U. S. 578 (1897).

由"的剥夺。这是因为，第14条宪法修正案所阐述的"自由"（liberty）一词，并不仅仅指"公民免受人身束缚"，而且也包括以下权利："自由合法地施展个人才能、自由选择生活和工作地点、合法从事谋生职业"，以及"签订对实现上述目的是适当的、必需的和至关重要的一切契约的权利。"① 联邦最高法院认为，尽管州政府有权管制或禁止与公共政策相抵触的公民行为，但却"不应或不能超越州政府的管辖权而禁止公民的签约行为"②。

在1905年的"洛克纳诉纽约州案"③ 中，联邦最高法院又以保护公民的"契约自由"为依据，将纽约州在1895年制定的限制面包坊雇工劳动时间的《面包坊法》（Bakeshop Act）宣布为违宪。联邦最高法院认为，"除非在某些禁止的特定情形下"，通过签署工作合同"购买或出售劳动力"，"都是第14条宪法修正案所保护的公民自由的一部分"。④ 虽然州政府可以凭借"治安权"管理州内的公共福利，但"治安权"不是绝对的。"治安权"的行使必须是"公正、合理和适宜的"，不能"无故、蛮横和专断地侵犯公民的个人自由，或者干涉公民订立那些在他看来是对其个人和家庭都适当或必要的劳动契约的权利"。⑤ 联邦最高法院认为，纽约州强制限定面包师工作时间的规定"没有任何合理的根据"，因为就保护公共健康或面包师的个人健康而言，单纯地限制工作时间并不是"必要和适当的"措施，"干净卫生的面包并不取决于面包师是否一天只工作10个小时，或者一星期只工作60个小时"。从这个意义上讲，限制面包师的工作时间"并不在治安权的范围之内"，《面包坊法》必须被推翻。⑥

由上述可见，在进入19世纪80年代后，联邦最高法院对联邦和州政府调控经济的行为都进行了严格的司法审查，这一司法行为不仅使联邦和州政府诸多调控经济的措施无法得到执行，最大限度地防止了联邦和州政府干涉"经济自由"，而且，更为重要的是，它也使联邦最高法院得以严格限定联邦权和州权的范围，防止两级政府中任何一方权力的扩大给"二元联邦制"的

① *Allgeyer v. Louisiana*，165 U. S. 578 (1897)，589.
② *Allgeyer v. Louisiana*，165 U. S. 578 (1897)，591.
③ *Lochner v. New York*，198 U. S. 45 (1905).
④ *Lochner v. New York*，198 U. S. 45 (1905)，53.
⑤ *Lochner v. New York*，198 U. S. 45 (1905)，56.
⑥ *Lochner v. New York*，198 U. S. 45 (1905)，57—58.

稳定带来破坏。

进入 19 世纪 80 年代后，联邦最高法院之所以能够在司法审查中严控联邦政府和州政府调控经济的权力，是与当时美国的主流社会思潮和联邦最高法院自身的司法理念变动密切相关的。

首先，自由放任（Laissez-Fare）和社会达尔文主义（Social Darwinism）思潮的兴盛，为联邦最高法院严控联邦政府和州政府调控经济提供了适宜的思想氛围。自由放任和社会达尔文主义是内战后在美国盛行的两股社会思潮，前者认为经济发展仰赖于经济个体的自行运作和自由竞争，不需要政府干预；后者主张社会发展同样遵循"物竞天择、适者生存"的自然规律，社会演进就是一场生存竞争，财富和权力是"适者"赖以"生存"的前提，任何外在的力量都不应该也不可能改变这一社会发展趋势。自由放任和社会达尔文主义是紧密相连的，它们都主张社会和经济发展是自然进行的，政府不能人为地加以干涉，否则就违反了自然淘汰这一普遍规则。在内战后美国经济高速发展的进程中，这两种理论成为企业界和学术界的圭臬。

例如，工业巨头约翰·D. 洛克菲勒（John D. Rockefeller）认为，"大企业的发展体现了适者生存原则"，优胜劣汰是"验证了的自然法则和上帝训诫"。钢铁大王安德鲁·卡内基（Andrew Carnegie）宣称，尽管自然选择"有时对个人是痛苦的，但对整个种族却是最重要的，因为它使最优者得以在社会的每一层面上保存下来"。[①] 耶鲁大学的社会学教授威廉·G. 萨姆纳（William G. Sumner）也认为，文明的进步仰赖于自然选择，其基础是不受限制的自由竞争。在他看来，"百万富翁是自然选择的结果"，尽管他们"工资优厚、生活奢华"，但他们的出现"却是一笔有益于社会的交易"。[②]

自由放任和社会达尔文主义的广泛流行，使"经济自由"逐渐成为内战后美国社会的主流观念，极大地缓解了联邦最高法院在司法审查中限制联邦政府和州政府调控经济所面临的思想阻力。

其次，19 世纪后半期形式主义法学思想（Legal Formalism）在美国法律界的流行和"实质性正当法律程序"（Substantive Due Process of Law）原

---

①　Richard Hofstadter, *Social Darwinism in American Thought*, Boston: The Beacon Press, 1955, pp.45—46.

②　Richard Hofstadter, *Social Darwinism in American Thought*, p. 58.

则在美国司法领域中的广泛运用，使联邦最高法院拥有了严控联邦政府和州政府调控经济的理论工具。形式主义法学思想是在自由放任经济理论和社会达尔文主义盛行的背景下产生的。该思想强调法律自身发展的重要性，认为法律的发展是一个自我完善的过程，是习惯和判例等的日渐系统化，法律是一个"封闭体系"，法律问题应通过法律原则之间的逻辑推理进行解决，根本不需要外界干预。[①] 在此基础上，形式主义法学思想认为，政府不能寄希望于通过立法手段解决社会发展中遇到的一切问题。正如曾任"美国律师协会"主席的詹姆斯·C. 卡特（James C. Carter）所说，法律应该起"警察"（policeman）而非"校长"（schoolmaster）的职能，即法律的作用在于监督，而不是主动干预。只要人们能够相安无事，法律就不能强制性地约束人民。法律不能"将整个社会都看作是它的学生"，似乎没有它的教诲，人人都无法正常生活，"政府和法律的唯一功能是在保证其他人自由的同时，最大限度地给予个人行动的自由"。[②]

可以说，形式主义法学思想是内战后"经济自由"观念在美国法律界的直接反映。这一法学思想的流行，为联邦最高法院凭借司法审查约束联邦政府和州政府调控经济，奠定了重要的理论基础。

在形式主义法学思想在美国法律界流行的同时，"实质性正当法律程序"原则也在美国的司法领域中开始得到广泛运用。"正当法律程序"（Due Process of Law）是一条源于 13 世纪英国《大宪章》的神圣法律原则，它在 1791 年和 1868 年先后被载入美国联邦宪法的第 5 和第 14 条修正案，分别约束联邦政府和州政府。起初，"正当法律程序"原则的目的在于保证政府的施政程序合法公正，维护公民的宪法权利。内战后，在"经济自由"观念的推动下，该原则在对政府的施政程序加以约束的同时，也更加强调政府立法本身必须具有"合理性"，"实质性正当法律程序"原则因之产生。根据这一原则，政府的立法权必须受到严格限制，以保证法律"实质"（substance）上的"合理性"。如果某项法律就其"实质内容"而言侵犯了公民的宪法

---

① William M. Wiecek, *Liberty under Law: The Supreme Court in American Life*, Baltimore: The Johns Hopkins University Press, 1988, p. 112.

② Bernard Schwartz, *Main Currents in American Legal Thought*, Durham: Carolina Academic Press, 1993, pp. 342—343.

权利，那么，即使联邦和州政府采取了恰当的执法程序，其行为也都是违宪的。①

在 19 世纪后半期，"实质性正当法律程序"原则在美国的法学界得到了大力推崇，美国的法学家们大多主张将该原则运用于经济领域，以公民的财产权和契约权等不容侵犯为由，反对联邦和州政府规范经济运行。例如，在1868 年出版的《论对美国各州立法权的宪法性限制》一书中，密歇根州立大学法学院教授和该州最高法院法官托马斯·M. 库利（Thomas M. Cooley）就认为，源于自然法的财产权是不容侵犯的，政府的经济立法权必须受到"全方位的明确约束"。②库利尤其反对政府限制公民的契约权，在他看来，如果一个人仅仅因为立法机关的相关规定，就无权享有契约自由的话，"毫无疑问，该立法就超越了立法权的正当范围"，"公民也将被剥夺对其'追求幸福'至关重要的自由权利"。③从 1871 年到 1927 年，库利的这一著作先后再版了 7 次，足见其对美国社会的影响之深远。④

密苏里州立大学法学院教授克里斯托弗·G. 蒂德曼（Christopher G. Tiedeman）也持类似的观点。在其 1886 年所著的《美国的治安权限制》一书中，蒂德曼认为，州政府的治安权只在于维持公共秩序和保护个人安全，促进社会自由发展。如果州政府超越了自己的权辖范围，行使了无益于保护"公共福利和普遍安全"的权力，那么，这就意味着"政府篡权"，违反了"共和制"的基本原则。⑤在他看来，州政府不能干预经济运行，甚至不能管制高利贷，因为"货币的自由交易是一项与商品的自由交换相等价的权利"，政府根本无权干涉。⑥

"实质性正当法律程序"原则并非仅停留在理论层面上，早在 1856 年

---

①　James M. Burns, J. W. Peltason, et al., *Government by the People*, p. 152.

②　Thomas M. Cooley, *A Treatise on the Constitutional Limitations Which Rest upon the Legislative Power of the States of the American Union*, Boston: Little, Brown and Company, 1868, p. iv.

③　Thomas M. Cooley, *A Treatise on the Constitutional Limitations Which Rest upon the Legislative Power of the States of the American Union*, p. 393.

④　Bernard Schwartz, *Main Currents in American Legal Thought*, p. 292.

⑤　Christopher G. Tiedeman, *A Treatise on the Limitations of Police Power in the United States*, St. Louis: The F. H. Thomas Law Book Co., 1886, pp. 4—5.

⑥　Christopher G. Tiedeman, *A Treatise on the Limitations of Police Power in the United States*, p. 239.

的"怀恩哈默诉纽约州人民案"①中，该原则就已经被纽约州上诉法院运用于司法审判中。在该案中，纽约州上诉法院将该州议会通过的禁酒法令宣布为无效。上诉法院认为，财产权是人民享有的一项根本性的宪法权利，纽约州颁布禁酒法令和没收酒店内的酒品，"是对酒店老板财产权的剥夺"。判决认为，尽管州政府有权管理"公共福利"，"但有些绝对的个人权利是超乎于州政府的管理权之外的，财产权就是宪法规定的此类权利之一"。因此，"根据……正当法律程序原则，这项剥夺公民权利、特权或财产权的立法只能是无理荒谬的"。②

在1885年的"合租公寓雪茄烟案"③中，纽约州最高法院又一次以"实质性正当法律程序"原则为依据，否决了一项禁止在三户以上房客共同租用的公寓中生产雪茄烟的法律，因为该法"蛮横地剥夺了雪茄烟生产者的财产和部分人身自由"。纽约州最高法院认为，"由正当法律程序保护的'自由'意味着一个人有权按照自己的意愿，选择生活、工作的地点和方式；对他的选择或对他的工作地点加以限制的法律违反了处于宪法保护之下的根本性的自由权利。"④

在美国法学界和州法院逐渐将"实质性正当法律程序"原则奉为金科玉律的情况下，联邦最高法院也终于在自己的司法审判中赋予了该原则生命力。在前述的"芝加哥、密尔沃基和圣保罗铁路公司诉明尼苏达州案"（1890年）、"奥尔盖耶诉路易斯安那州案"（1897年）和"洛克纳诉纽约州案"（1905年）中，联邦最高法院正是从"实质性正当法律程序"原则出发，分别认定明尼苏达州、路易斯安那州和纽约州的经济管制立法在"实质内容"上侵犯了业主的财产权和契约自由，从而使"实质性正当法律程序"原则成为联邦最高法院约束政府干预经济的又一重要的理论工具。

最后，联邦最高法院内部保守派大法官阵营优势地位的确立，为联邦最高法院严格审查联邦和州政府的调控经济立法，约束政府干预经济的权力

---

① *Wynehamer v. The People*，13 N.Y. 378 (1856)．

② Kermit Hall，William M. Wiecek，Paul Finkelman，*American Legal History*：*Cases and Materials*，New York：Oxford University Press，1991，p. 369.

③ *Tenement House Cigar Case*，98 N. Y. 105 (1886)．

④ Bernard Schwartz，*Main Currents in American Legal Thought*，p. 311.

提供了现实可能性。从 19 世纪 80 年代开始，受"自由放任"和"经济自由"观念的影响，联邦最高法院内部的主流司法理念也在发生着显著的变化。此时联邦最高法院的多数大法官更倾向于恪守"契约自由"和"实质性正当法律程序"等原则，更强调保护企业主的经营自由权，忽视了对社会公正的保障，尤其是对处于社会弱势地位的雇工的合法权益采取了漠视的态度，从而使联邦最高法院的主流司法理念带有非常明显的保守色彩，司法保守主义成为这一时期联邦最高法院司法审查的主要特征。在这一时期联邦最高法院的大法官中，斯蒂芬·J. 菲尔德、约瑟夫·P. 布拉德利（Joseph P. Bradley）、戴维·J. 布鲁尔（David J. Brewer）和鲁弗斯·W. 佩卡姆（Rufus W. Peckham）等人是这一保守司法理念的突出代表。

　　在菲尔德大法官的思想中，经济自由是至上的，任何人或机构都不能随意加以干涉。早在 1873 年的"屠宰场案"中，菲尔德就对联邦最高法院多数大法官支持路易斯安那州整顿屠宰市场的法律表示了强烈不满。在其提交的"异议意见书"中，菲尔德认为，第 14 条宪法修正案所规定的"特权或豁免权"，是被"所有自由政府中的公民所拥有的"，是"不容任何州法律剥夺的"。在这些权利中，包括公民享有"以合法的方式从事合法工作的权利"，政府不能对公民进行"有别于他人的限制"。在菲尔德看来，权利平等是美国公民"最突出的特权"，也是美国的政治制度赖以建立的"根本理念"，否则，"共和政府"只能是"图具虚名"。[1] 在 1877 年的"芒恩诉伊利诺伊州案"[2] 中，菲尔德大法官再次坚持了上述观点，认为伊利诺伊州政府为保护农民的合法权益而制定的限制谷仓任意抬高贮藏价格的法律，侵犯了谷仓业主的私有财产权，必须予以推翻。[3]

　　布拉德利大法官也持同样的观点，在"屠宰场案"中，他也提出了强烈的异议。布拉德利认为，虽然州政府有权对公民行为进行限制，但某些"根本性权利"（fundamental rights）是不容侵犯的，"州政府只能规定这些权利行使的方式，而不能破坏这些权利本身"。[4] 在他看来，《独立宣言》中所

---

① *Slaughterhouse Cases*，83 U. S. 36 (1873)，97，98，110.

② *Munn v. Illinois*，94 U. S. 113 (1877).

③ *Munn v. Illinois*，94 U. S. 113 (1877)，136.

④ *Slaughterhouse Cases*，83 U. S. 36 (1873)，114.

谓的"生命、自由和追求幸福的权利"是"等同于生命、自由和财产权的",这些权利不仅只能通过正当法律程序予以剥夺,而且,也只有在保护公共利益的前提下,通过制定"必要或适当的"法律才能进行干预或变更。①

与菲尔德和布拉德利一样,布鲁尔和佩卡姆大法官也对经济自由推崇备至。在布鲁尔的思想中,利用权力管制经济的"家长制政府"是违背美国自由精神的。正如他所言:"把政府说成家长的理论,在我看来,是令人作呕的。让个人享有最大限度的自由,让他和他的财产受到最充分的保障,这既是对政府的限制,又是政府的义务。"②

佩卡姆则认为,在美国经济高速发展的前提下,政府对企业主的经营活动进行管制是一种不合潮流的"时代错误"(anachronism),它违背了政治经济学的基本原则,阻碍了市场供需的自我调节,使政府的职能偏离了正常轨道。这一行为不仅侵犯了对公民而言"最为神圣的财产权和契约权",极易导致社会动荡,而且也带有使美国倒向"共产主义"的强烈趋势,从而在根本上危害美国的自由传统。③ 正是在这种思想的主导下,佩卡姆大法官才在前述的"洛克纳诉纽约州案"中,代表联邦最高法院执笔撰写了推翻纽约州规范食品加工、保障社会公共健康的《面包坊法》。

进入19世纪80年代后,上述4位大法官的保守司法理念在联邦最高法院中具有决定性的影响力,以他们为核心,联邦最高法院中始终存在着一个人数占优势的保守派大法官阵营。用美国学者亨利·S.康马杰的话说,这些大法官们"沉湎于机械法理学的幻想中",他们"把宪法解释为一种禁令,而不是一种工具,把对政府权力范围的种种限制塞进对宪法的解释之中"。结果,从19世纪80年代到20世纪初,"政治战场上到处是被司法之剑砍倒的社会福利法的尸体"。④

在19世纪80年代"经济自由"至上的社会潮流推动下,联邦最高法院

---

① *Slaughterhouse Cases*,83 U. S. 36 (1873),116.

② [美]伯纳德·施瓦茨:《美国法律史》,第123页。

③ Leon Friedman and Fred L. Israel,eds.,*The Justices of the United States Supreme Court*,*1789—1978*:*Their Lives and Major Opinions*,Vol.,Ⅲ,New York:Chelsea House Publishers,1980,pp.1692—1693.

④ [美]亨利·S.康马杰:《美国精神》,杨静予等译,南木校,光明日报出版社1988年版,第545—546页。

在司法审查中作出严控政府干预经济运行的举动是不难理解的。这一时期的联邦最高法院是以单方面维护企业主的经济自由权利为切入点，对联邦政府和州政府的权力都给予了极大的约束，从而使其能够借助司法审查消极地保证了"二元联邦制"的稳定。

二、"二元联邦制"下司法审查面临的挑战

从19世纪80年代开始，在涉及联邦和州政府调控经济和规范社会运行的案件中，联邦最高法院所进行的严格司法审查，虽然在很大程度上防止了联邦和州政府借由调控经济扩大权力，确保了"二元联邦制"的稳定，但其弊端也是显而易见的。其中，最突出的表现是，这种针对政府调控经济立法所采取的严格司法审查，忽视了当时美国垄断经济畸形发展和社会弱势群体的合法利益不断遭受侵蚀的社会现实，侧重于保护经济自由和维护企业主的经济利益，助长了社会不公正现象的蔓延。

到20世纪初，伴随着进步运动（Progressive Movement）在美国的发展，联邦最高法院这种保守的司法审查理念开始遭到挑战。进步运动是19世纪末至20世纪初在美国出现的一场影响深远的社会改革运动，尽管改革者们对当时美国所面临的政治、经济和文化等问题的认识存有分歧，但他们都一致认为，必须修正美国传统的宪政体制和法律观念，使各级政府都能在改革社会的过程中积极承担责任，充分履行政府的社会管理职能，以消除政治腐败和经济垄断造成的诸多社会弊端。①

进步运动的发展给联邦最高法院带来了巨大冲击。在整个美国社会都渴望变革的时代背景下，联邦最高法院的司法保守主义越来越遭到司法自由主义的挑战。与司法保守主义强调恪守法律条文和法律原则不同，司法自由主义将法律的社会适应性置于最重要的地位，坚持认为法律不是抽象的概念和原则，而是社会发展的产物和现实的反映，司法机关在司法审查中必须使法律充分适应急剧变动的社会生活，维护社会公正，顺应时代发展。在司法

---

① Alfred H. Kelly, Winfred A. Harbison and Herman Belz, *The American Constitution: Its Origins and Development*, Vol. Ⅱ, New York: W. W. Norton & Company, Inc., 1991, p. 408.

审查中，司法机关只应保证立法程序的合宪性，法官不能按照自己的政治理念任意否决立法机关的决策，否则就篡夺了立法权，变成了立法机关制定正当法律的掣肘。司法自由主义对司法保守主义的这种挑战，是"力图把法学从过去的专横中解救出来并使它面对现在，把它从死亡中解救出来并使它充满生气"①，这充分反映了进步运动对美国司法理念发展的强大冲击。

司法自由主义的先驱当首推进步运动时代的联邦最高法院大法官奥利弗·W. 霍姆斯。在 1905 年的"洛克纳诉纽约州案"中，霍姆斯就在其所提出的强有力的"异议意见书"中，充分展示了自己的司法自由主义观点。如前所述，在洛克纳案中，联邦最高法院以保守的司法理念，推翻了纽约州为减轻面包业雇工的劳动强度和保证食品卫生而于 1895 年制定的《面包坊法》的合宪性，其理由是州政府的这一规定违反了联邦宪法和第 14 条宪法修正案关于"契约自由"的相关规定。对联邦最高法院的这一判决，霍姆斯提出了强烈的异议。

霍姆斯认为，《面包坊法》是纽约州政府依法整顿经济秩序的必要措施，它的合宪性是不容置疑的。由于"第 14 条宪法修正案并不执行赫伯特·斯宾塞（Herbert Spencer）先生的'社会静力学'（Social Statics）"②，因此，社会进步不能仅仅依靠社会各组成要素间的自发协作就能实现，它需要政府根据现实需要，不断制定适宜的法律进行合理调控。

在霍姆斯看来，联邦宪法体现的是具有不同思想观念的全体人民的根本意志，不能使其仅代表某一社会思潮或某一特定阶级的观点。正如霍姆斯所言，"联邦宪法并非意在体现某种特殊的经济理论，不管它是家长制管理理论，还是公民与国家的有机关系理论或自由放任理论。联邦宪法是为具有迥异思想观念的人民而制定的，某些理论对我们而言可能是顺理成章和广为熟知的，也有可能是让我们倍感新鲜甚或是令人震惊的，但这种感觉都不能成为判断体现这些理论的法律是否与联邦宪法相冲突的依据。"③从这一观点出发，霍姆斯认为，如果以自由放任理论为司法标准推翻纽约州的《面包坊法》，实际上就等于以一小部分人的观念取代了大多数人民的思想，将

①　［美］亨利·S. 康马杰：《美国精神》，第 554 页。

②　*Lochner v. New York*，198 U. S. 45 (1905)，75.

③　*Lochner v. New York*，198 U. S. 45 (1905)，75—76.

一小部分人的权利变成为不可撼动的宪法特权，这就完全违背了宪法的根本宗旨。

霍姆斯的上述观点突出强调了社会发展与法律完善之间相互促进的动态关系，以及允许立法机构灵活制定符合现实需要的法律的重要性，这一观点给司法保守主义占主导的联邦最高法院以强烈的冲击，也在当时的美国社会中产生了巨大震动。

霍姆斯之所以能在联邦最高法院司法保守主义的氛围中极力倡导自由主义的司法观念，是与其内心深处极具自由主义色彩的实用主义法学思想（Legal Pragmatism）紧密相连的。霍姆斯法学思想的核心，可以用他的一句名言来概括，即"法律的生命从来不是逻辑，而一直是经验"（The life of the law has not been logic, it has been experience.）。[①] 霍姆斯认为，法律存在的价值不在于它永固不变的条文和僵化教条的逻辑，而在于它是否能够符合社会需要。这是因为，法律不是"天上沉思的神"，它只不过是"法院所要执行的东西"[②]，法律也不是"逻辑的简单工具"，人们在制定法律时不能依赖逻辑推理，而是必须充分考虑它的"影响和效果"。[③]

在霍姆斯看来，"对于一项早在亨利四世（Henry Ⅳ）时期就出现的法律原则，如果现在的人们已经找不出更好的理由来证明它能继续有效，那将是一件令人不快的事情。如果确立该法律原则的依据早已荡然无存，但它却仍然盲目地坚持要像过去那样继续发挥效用，那就更加令人厌恶了。"[④] 霍姆斯认为，法律既然注重实效，它就"必须立足于实用的意义之上"，即法律存在的首要前提是它必须"适应"现实。[⑤]

由此可见，霍姆斯的法律思想强调的不是法律的起源、原则和先例，而是法律的实际效用以及法律与社会现实之间的有机联系，这就在法律与现实之间架起了一道相互沟通的桥梁，开启了美国实用主义法学思想的先河。

在上述法律思想的框架下，霍姆斯进而指出，司法机关不应随意干预

---

① Bernard Schwartz, *Main Currents in American Legal Thought*, p. 379.

② ［美］亨利·S. 康马杰著：《美国精神》，第 567 页。

③ Bernard Schwartz, *Main Currents in American Legal Thought*, p. 392.

④ Bernard Schwartz, *Main Currents in American Legal Thought*, p. 390.

⑤ ［美］亨利·S. 康马杰著：《美国精神》，第 567 页。

立法程序，而是必须保持最大限度的"司法克制"，允许立法机关根据社会发展的需要，适时进行各种立法"实验"（experiments），以便使社会发展与法律演进能保持有机的协调。① 霍姆斯的"司法克制"观显然受到了他过去在哈佛大学的同事和好友詹姆斯·B. 塞耶的影响，它并非是要刻意限制联邦最高法院的权力，而是为了让立法机关有更多的灵活制定法律的机会，以适应时代的进步，维护社会公正。这就与当时多数大法官所持的保守主义司法理念形成了鲜明的对照，带有强烈的司法自由主义色彩。

司法自由主义的另一主要代表是 1916 年出任联邦最高法院大法官的路易斯·D. 布兰代斯。早在 1908 年布兰代斯以被告律师身份参与的"马勒诉俄勒冈州案"② 中，其重视法律社会影响的社会学法学思想（Sociological Jurisprudence）就已对联邦最高法院和美国法学界产生了巨大的冲击。

"马勒案"缘起于 1903 年 2 月俄勒冈州议会通过的一项《女工最长工时法》。该法规定，在俄勒冈州所有的工厂和洗衣店中，女工的最长工作时间不得超过 10 个小时，以确保女工的身体健康。③ 1905 年 9 月，该州波特兰市（Portland）一家洗衣店的老板柯特·马勒（Curt Muller）因违反该法，被州地方法院判处罚款 10 美元。在该判决得到了州最高法院的支持后，马勒又向联邦最高法院提起上诉。在上诉状中，马勒以洛克纳案判决为依据，认为州法院根据《女工最长工时法》对他所作的罚款判决，是未经"正当法律程序"侵犯了他的"契约自由"，因而不具有任何法律效力。④

作为俄勒冈州政府的辩护律师，布兰代斯在联邦最高法院的辩护中采取了崭新的法律推理方法，着力从社会现实的角度，强调制定《女工最长工时法》对保护女工身体健康的必要性，在当时的美国社会中产生了巨大的影响。

布兰代斯在其提交的长达 113 页的辩护状（brief）中，仅用两页阐述了

---

① G. Edward White, *The American Judicial Tradition*: *Profiles of Leading American Judges*, New York: Oxford University Press, 1976, p. 159.

② *Muller v. Oregon*, 208 U. S. 412 (1908).

③ Kermit L. Hall, et al., eds., *The Oxford Companion to the Supreme Court of the United States*, p. 655.

④ Melvin I. Urofsky and Paul Finkelman, *A March of Liberty*: *A Constitutional History of the United States*, Vol. II, p. 552.

支持《女工最长工时法》的法律依据，在其余的 100 多页中，布兰代斯分两部分向法庭提供了大量的事实材料，证明长时间工作对女工的身心和家庭生活等都将造成巨大伤害。这些证据不仅来自于医学、心理学和社会学等方面的研究报告，而且也大量取自于其他州和其他国家已制定的限制女工最长工作时间的立法和条例。

例如，布兰代斯大量引用了 1875 年马萨诸塞州劳工署和 1888 年缅因州工业与劳工署的劳工统计数字，以及 1895 年英国下议院关于商店提前歇业的报告等资料，指出女工特殊的体格及其在社会生活中所承担的特殊职能，决定了长时间劳动对女工的伤害远较男工为甚。布兰代斯认为，无论是在力量、精神还是在耐力等方面，女工都远逊于男工，因此"与男工相比，耗尽全部气力的长时间劳作将对女工健康更具灾难性"[1]。布兰代斯同时指出，按照传统观念，绝大多数的女工在工作之余还要操持家务，以维系家庭的和睦与亲情。但根据资料显示，过度劳累却使大量女工在下班后流连于酒馆之间，"借酒解乏"，从而导致道德观念的松弛。为改变女工的这一境遇，其他州和欧洲国家早已制定限制女工最长工作时间的法律，"并从未被推翻过"。[2]所有这一切都证明，俄勒冈州政府为保护女工健康和维护社会道德而制定《女工最长工时法》，完全是有事实根据的，属于州政府"治安权"的正当权辖范围。

上述辩护状集中反映了布兰代斯的社会学法学思想，即在实际的法律事务中，法官不能仅注重遵循抽象的法律概念、原则或司法先例，而是应当在具体的社会环境中考察法律出台的社会基础及实际效用，重点审查是否存在支持法律"合宪性"的"社会事实"，以及法律是否保护了公民的平等权利，维护了社会公正。布兰代斯认为，传统的形式主义法学思想和司法保守主义只是在玩弄法律辞藻，并非真正理解法律与社会现实的关系以及法律存在的本质。在他看来，法律应是"活法律"（living law），即法律应该是充满活力的现实的产物，不应成为与社会"绝缘"的抽象物。无论是法官还是律师，都必须对法律实施的具体的社会环境有清晰的认识，把握法律存在的现

---

① Kermit Hall, William M. Wiecek, Paul Finkelman, *American Legal History: Cases and Materials*, pp. 461—463.

② Bernard Schwartz, *Main Currents in American Legal Thought*, p. 415.

实性,否则,"便很容易成为公众的敌人"。①

布兰代斯的辩护状给联邦最高法院带来了很大冲击,并最终使曾在 3 年前的洛克纳案中推翻纽约州《面包坊法》的联邦最高法院,以 9∶0 的表决结果出人意料地支持了俄勒冈州《女工最长工时法》的合宪性。

在判决中,大法官戴维·J. 布鲁尔代表联邦最高法院指出,尽管联邦最高法院曾经裁决"契约自由"是第 14 条宪法修正案所保护的一项重要权利,但"这一自由并不是绝对的","在不违反第 14 条宪法修正案的前提下",州政府有充足的"治安权"限制个人的契约权,以维护公共福利。② 布鲁尔认为,布兰代斯在辩护状中所提供的"丰富材料",足以证明限制女工工时的必要性和迫切性。他指出,妇女"特殊的身体结构"和"孕育后代的责任",决定了长时间劳作必然会对妇女的健康造成巨大损害。"为了保存种族的活力和元气",政府必须以特殊的法律给妇女提供更多的保护,这是一个"被普遍接受的观念"。③ 从这个角度上讲,俄勒冈州的《女工最长工时法》并不违反联邦宪法,它的实施完全属于州政府的"治安权"范畴,理应予以支持。

联邦最高法院接受布兰代斯辩护状的事实说明,强调法律的社会影响的"社会学法学"思想已在一定程度上得到了联邦最高法院的认可,保守主义司法理念在面临霍姆斯实用主义法学思想反击的同时,又遭遇了布兰代斯社会学法学思想的挑战。

1916 年,在经伍德罗·威尔逊总统提名和联邦参议院批准后,布兰代斯出任了联邦最高法院大法官。在此后 23 年的联邦最高法院大法官生涯中,布兰代斯也与霍姆斯一样,主张司法机关应当保持"司法克制",以便给立法机关提供足够的自由立法的空间,这不仅使布兰代斯与霍姆斯一起形成了联邦最高法院中自由派大法官的核心,也使得自由主义司法理念逐渐为人所重视。

霍姆斯和布兰代斯的上述法学思想,对美国司法理念发展的影响是深

---

① Leon Friedman and Fred L. Israel, eds., *The Justices of the United States Supreme Court*, 1789—1978: *Their Lives and Major Opinions*, Vol.Ⅲ, p. 2044.

② *Muller v. Oregon*, 208 U. S. 412 (1908), 421.

③ *Muller v. Oregon*, 208 U. S. 412 (1908), 419—421.

远的。他们对法律与社会之间互动关系的重视，意味着在当时的联邦最高法院内部，形式主义法律思想已经面临挑战。突破传统法律原则和司法先例的束缚，更为务实地对待现实问题，开始为联邦最高法院所关注。

还必须指出的是，虽然霍姆斯和布兰代斯都主张"司法克制"，但他们并不是要刻意削弱联邦最高法院的权威，而是在此前联邦最高法院一再否决进步立法的情况下，为使立法机关能够及时有效地规范社会秩序和经济运行，而采取的以收缩司法权为特征的富有进步意义的司法立场，其目的是要使法律反映和符合社会现实的需要，维护社会正义。与当时联邦最高法院中占主流的保守主义司法理念相比，霍姆斯和布兰代斯的"司法克制"观，展现出非常明显的司法自由主义色彩。

在霍姆斯和布兰代斯的影响下，进步运动时代的联邦最高法院开始在一定程度上支持联邦和州政府的社会和经济立法。例如，在1910年的"州际贸易委员会诉伊利诺伊州中央铁路公司案"[1] 中，联邦最高法院放弃了以往极力约束政府管制经济的司法原则，支持了"州际贸易委员会"（Interstate Commerce Commission）管理州际铁路运费的合宪性。在本案中，尽管被告公司提出，"州际贸易委员会"对铁路运费的管理是未经"正当法律程序"剥夺了公司的财产权，但这一诉讼理由遭到了联邦最高法院的反驳。

在由首席大法官爱德华·D. 怀特（Edward D. White）所作的判决中，联邦最高法院认为，在本案中，联邦最高法院只能够审查联邦国会对"州际贸易委员会"管制铁路运费的授权是否合宪，以及该委员会在履行其职权时是否存在越权行为，而不能超越司法权限，以联邦最高法院自己对如何管制铁路运费的认知，来判断"政府是否恰当地行使了管理权"，审查"州际贸易委员会"所制定的政策是否合宪，否则就"篡夺"了该委员会的管理权。[2]

很明显，在本案判决中，联邦最高法院表现出对"实质性正当法律程序"原则的背离，它只将司法审查的重点放在了授权和立法的"程序"是否合宪上面，并未对"州际贸易委员会"管制铁路运输的具体措施进行限制，

---

① *Interstate Commerce Commission v. Illinois Central Railroad Co.*，215 U. S. 452 (1910).

② *Interstate Commerce Commission v. Illinois Central Railroad Co.*，215 U. S. 452 (1910)，470.

这就给联邦政府调控经济和维持社会正常秩序留出了巨大空间。与此前联邦最高法院诸多的保守性判决相比，本案判决显示出非常明显的自由主义的司法趋向。

在1917年的"邦廷诉俄勒冈州案"① 中，联邦最高法院又推翻了一项以财产权受侵犯为由而提出的上诉请求，认定俄勒冈州政府有权通过立法，限制雇工的最长工作时间，并保障雇工享有合理的加班费。联邦最高法院认为，州政府立法的目的并非是要剥夺雇主的财产权，而是要保障雇工的身心健康和合法权益。② 俄勒冈州政府要求雇主向超时工作的雇工支付加班费，并不是要干涉劳资双方的工资合同，而是要通过这一带有"处罚"性质的规定，"制止"超时工作常态化，其目的仍然是为了促进公共福利。③

同样引人注意的是，在该案判决中，联邦最高法院也放弃了"实质性正当法律程序"原则。联邦最高法院明确指出，在审查一项立法是否合宪时，联邦最高法院只能审查立法机关是否有权行使这一立法权，不应审查立法出台的"原因"，只要立法权的行使是合宪的，就应允许立法机关根据不同的社会现实灵活地制定法律。联邦最高法院认为，尽管某些新立法"最初都是试验性的"，存在这样或那样的缺陷，不一定完全为民众所接受，但也应该给予它们实施的机会，以便让社会现实来决定它们的存废，而不能利用司法审查强行地予以否决。④

从上述两个案件的判决中可以看出，在霍姆斯和布兰代斯的影响下，进步运动时代的联邦最高法院在司法理念方面出现了明显的变化。其中，最突出的表现就是此时的联邦最高法院开始摆脱保守的司法路径，注重从现实的角度审查政府的立法行为。虽然联邦最高法院司法审查的这种变化，并未打破"二元联邦制"的基本架构，但联邦最高法院却从原来同时限制联邦和州政府调控经济，转向适当允许联邦和州政府规范经济运行。这种由"消极"向"积极"的微妙转变，显示出司法自由主义的巨大影响力。

但是，随着进步运动的势头在 20 世纪 20 年代初日渐削弱，司法保守

---

① *Bunting v. Oregon*，243 U. S. 426 (1917) .
② *Bunting v. Oregon*，243 U. S. 426 (1917)，435.
③ *Bunting v. Oregon*，243 U. S. 426 (1917)，436—437.
④ *Bunting v. Oregon*，243 U. S. 426 (1917)，437—438.

主义再次在联邦最高法院中占据了优势。"实质性正当法律程序"、"财产权"和"契约自由"等原则，又一次成为联邦最高法院约束联邦和州政府调控经济及社会运行，维系"二元联邦制"的重要工具。

进入 20 世纪 20 年代后，联邦最高法院之所以再次趋于保守，是由内外两方面的因素促成的。就外部因素而言，20 世纪 20 年代"自由放任"思潮的复兴，为司法保守主义的再度抬头提供了适宜的政治氛围。第一次世界大战后，随着美国经济再次出现繁荣，"自由放任"思想又开始在美国社会中流行。到 20 世纪 20 年代，先后执政的沃伦·G. 哈定（Warren G. Harding）、卡尔文·柯立芝（Calvin Coolidge）和赫伯特·C. 胡佛（Herbert C. Hoover）总统都相继抛弃了进步运动时期的国家干预政策，重又祭起了"自由放任"的施政方针，反对政府对经济运行作合理的规范。

例如，哈定总统上台伊始就指出，对一战后的美国而言，压倒一切的任务是"恢复常态"（normalcy），以保护经济自由。柯立芝总统也明确表示，"美国的事业就是做生意"（The business of America is business!）[1]，政府应当减少而不是扩大对商业贸易的约束和限制。

胡佛总统则公开承诺要继续奉行哈定和柯立芝总统的自由放任政策，使美国的经济繁荣持久保持下去。即使在 1929 年 10 月经济大危机爆发后，胡佛总统仍然坚持认为，凭借他在竞选中所提倡的"不屈不挠的个人主义"（rugged individualism）和"自愿合作"（voluntary cooperation）精神，美国就可以渡过这场经济大危机。他认为，社会的进步源于个人、企业和社区等相互之间的"合作"，政府应该帮助和鼓励"集体自助"（collective self-help），以摆脱经济困境。[2] 尽管胡佛总统并不完全反对联邦政府干预，但正如他在就职演说中所说的，"只有当各州在各自的权限内不能保护本州公民之时"，联邦政府才可以"在联邦宪法允许的限度内"行使干预权力。[3]

在上述自由放任思潮的影响下，不仅大财阀安德鲁·梅隆（Andrew

---

① Melvin I. Urofsky and Paul Finkelman, *A March of Liberty*: *A Constitutional History of the United States*, Vol. Ⅱ, pp. 624—625.

② Bernard Bailyn, et al., *The Great Republic*: *A History of the American People*, Vol. Ⅱ, p. 730.

③ Congressional Research Service of the Library of Congress, *Inaugural Addresses of the Presidents of the United States*: *From George Washington 1789 to George Bush 1989*, p. 261.

Mellon)得以出任美国的财政部长,而且在"联邦贸易委员会"(Federal Trade Commission)、"联邦储备系统管理委员会"(Board of Governors of the Federal Reserve System)和"州际贸易委员会"等重要机构中,持自由放任思想的人士也占据了主导位置。自由放任思潮在进步运动后的复苏,为司法保守主义的再度抬头提供了必要的政治氛围,使它在经过进步运动时期的短暂沉寂后,再度成为联邦最高法院的主流司法理念。

司法保守主义复兴的内部因素,是进步运动后联邦最高法院中保守派大法官优势的日益增强。1921年7月11日,经过哈定总统的提名和联邦参议院的批准,秉持保守主义司法理念的前总统威廉·H.塔夫脱(William H. Taft)出任了联邦最高法院首席大法官一职,这标志着联邦最高法院再次转向司法保守主义的开始。

塔夫脱的司法保守主义思想根基于他对"财产权不容侵犯"这一传统宪法原则的坚持。在1922年由其撰写出版的《法律之下的自由:对我们立宪政府诸原则的解释》(*Liberty under Law: An Interpretation of the Principles of Our Constitutional Government*)一书中,塔夫脱认为,美国宪法是"奠基于保护个人自由与财产权之上的",所谓"自由人"(free man),是指那些"能够尽享其有、尽施其欲"的人,因此,"在任何可能的、有益的社会进步中,个人自由和财产权都是不可或缺的"。[1] 以此为依据,塔夫脱反对政府干预企业主的经营活动。在他看来,"美国未来的进步皆依赖于个人的发展,我们宪政体制的最大长处即在于它给个人施展其抱负、活力和自由行动留出了空间,并提供相应的保障",任何对个人财产权的束缚都是有违宪法精神的。[2]

塔夫脱不仅反对政府干预经济,而且也非常反感劳工为保护自身合法权益而进行的罢工和纠察等行动,认为这是一种危害社会的犯罪。例如,早在1894年的"普尔曼大罢工"(Pullman Strike)[3] 期间,时任联邦第六巡回

---

[1] Alpheus T. Mason, *The Supreme Court: From Taft to Burger*, Baton Rouge: Louisiana State University Press, 1979, p. 49.

[2] Alpheus T. Mason, *The Supreme Court: From Taft to Burger*, p. 68.

[3] "普尔曼大罢工"(Pullman Strike)是1894年发生在美国伊利诺伊州普尔曼镇的一场铁路工人大罢工,起因是"普尔曼豪华车厢公司"(Pullman Palace Car Company)大幅削减工人工资,引发工人不满。在协商未果的情况下,"美国铁路工会"(American Railway Union)领导普尔曼铁路工人发起了大罢工。

法院法官的塔夫脱就曾在一封给其夫人的信中说，"军队完全有必要大开杀戒，以儆效尤"，但到目前为止，"他们只干掉了6个暴民，远不足以形成威慑"。[1]1908年，塔夫脱在其编辑出版的演讲集《目前的问题》(*Present Day Problems*) 一书中又认为，通过颁布"法院禁令"(injunction)，强制工人放弃罢工，是"最有效的一个法律补救手段"。[2] 在他看来，司法机关必须经常对劳工组织进行打击，因为"它们总是不断地违反法律，并试图凭借威胁与暴力达到自己的目的"[3]。

塔夫脱的保守主义司法理念得到了联邦最高法院中另外4名保守派大法官的支持，这便是被当时的新闻界称为"四骑士"(Four Horsemen) 的威利斯·范德万特 (Willis Van Devanter)、詹姆斯·C. 麦克雷诺兹 (James C. McReynolds)、乔治·萨瑟兰 (George Sutherland) 和皮尔斯·巴特勒 (Pierce Butler)。其中，除麦克雷诺兹外，其余三位大法官都与塔夫脱有着千丝万缕的联系。范德万特是塔夫脱任总统时精心挑选的，萨瑟兰和巴特勒也是在他的极力推荐下才由哈定总统任命的。这三位大法官都有着与塔夫脱相近的司法理念，他们在联邦最高法院中成为司法保守主义的核心是不难理解的。

麦克雷诺兹虽是由崇尚改革的威尔逊总统任命的，但他进入联邦最高法院后也表现出非常保守的司法取向，令威尔逊总统大失所望。美国著名的政治学教授亨利·J. 亚伯拉罕曾这样评价麦克雷诺兹："在政治上与法律上，他以无比的反动态度对抗进步观点，他个人在法官席上的表现简直让法院蒙羞。"[4]

由塔夫脱和"四骑士"所构成的保守派大法官阵营，使联邦最高法院的司法审查呈现出明显的保守色彩。在他们的主导下，大量进步的经济和社会立法被联邦最高法院推翻。虽然这种以约束政府权力为特征的司法审查维持了"二元联邦制"的稳定，但在美国社会急剧变动的过程中，联邦最高法院却成为当时美国社会发展的最大障碍。

---

①   Kermit L. Hall, et al., eds., *The Oxford Companion to the Supreme Court of the United States*, p. 998.

②   Alpheus T. Mason, *The Supreme Court: From Taft to Burger*, p. 54.

③   Alpheus T. Mason, *The Supreme Court: From Taft to Burger*, p. 65.

④   [美] 亨利·J. 亚伯拉罕：《法官与总统——一部任命最高法院法官的政治史》，第162页。

1921 年的"特鲁克斯诉科里根案"①是联邦最高法院由进步运动时期的司法自由主义转向司法保守主义的重要表现。该案缘起于亚利桑那州的一起劳资纠纷。1920 年，比斯比市（Bisbee）的餐馆老板威廉·特鲁克斯（William Truax）以迈克尔·科里根（Michael Corrigan）等雇员的罢工和纠察（picketing）行动造成其生意锐减为由，向州法院起诉，要求发布法院禁令，制止罢工和纠察。但是，由于早在 1913 年亚利桑那州议会就通过了一项《反禁令法》（Anti-Injunction Act），禁止在劳资纠纷中使用法院禁令，阻挠劳工的罢工、纠察和联合抵制经营（boycott）等行动，因此，州法院以该法为依据，拒绝了特鲁克斯的诉讼请求。特鲁克斯不服，将该案上诉至联邦最高法院，认为州法院依照《反禁令法》所作的判决是未经"正当法律程序"对其财产权的剥夺。②

在对该案的上诉审判中，联邦最高法院的大法官们出现了自由派与保守派的严重对立，使联邦最高法院不得不在 1920 年 4 月和 1921 年 10 月先后举行了两次庭审。最终，保守派大法官以 5∶4 的表决结果占据了优势。在 1921 年 12 月 19 日公布的由首席大法官塔夫脱起草的判决中，联邦最高法院推翻了亚利桑那州《反禁令法》的合宪性，支持了特鲁克斯的上诉请求。

联邦最高法院认为，科里根等人所采取的罢工、纠察等"一致行动"（concert of action），不仅极大地影响了正常的社会秩序，而且也对店主特鲁克斯的经营构成了潜在的"具有伤害性的"威胁，实际上是意在损害特鲁克斯财产权的"阴谋"（conspiracy）。亚利桑那州法院拒绝发布法院禁令，使原告的"自由和财产权"持续遭受伤害，严重地违反了第 14 条宪法修正案的"正当法律程序"条款，侵犯了特鲁克斯的财产权。③

联邦最高法院还认为，亚利桑那州的《反禁令法》也违反了第 14 条宪法修正案的"平等法律保护"条款。这是因为，"平等法律保护"条款的目的是确保法律"平等地对待所有的人"，不允许在给予部分人或阶级"特权"

---

① *Truax v. Corrigan*，257 U. S. 312（1921）.

② Paul L. Murphy，*The Constitution in Crisis Times*：*1918—1969*，New York：Harper & Row，Publishers，1972，p. 48.

③ *Truax v. Corrigan*，257 U. S. 312（1921），327.

的同时，对其他人或阶级施以"歧视"或"不平等的压迫"。① 在联邦最高法院看来，对部分人剥夺他人人身权或财产权的行为进行豁免，"显然就是拒绝给予后一类人平等法律保护"。② 《反禁令法》单方面保护了雇工的"豁免权"，使雇主处于无助的境地，显然已构成了对"平等法律保护"条款的违反。同时，由于亚利桑那州的《反禁令法》只限定在劳资纠纷中禁止使用法院禁令，并未将这一规定适用于其他类似的纠纷中，实际上是给予了劳资纠纷特殊的对待，这种规定同样也违反了"平等法律保护"条款。③ 因此，该法律的违宪性是不容置疑的。

很明显，在该案判决中，联邦最高法院又重新采用了保守主义司法理念，把对企业主财产权的保护置于司法审查的中心，忽视了雇工在社会中的弱势地位以及政府加强保护雇工权利的现实必要性。尽管霍姆斯和布兰代斯在本案中提出了强有力的"异议意见书"，但在自由放任思潮复兴和保守派大法官占优势的情况下，他们并未能阻止联邦最高法院再次转向司法保守主义。

特鲁克斯案之后，众多规范经济运行、维护公共福利的联邦和州立法相继被联邦最高法院宣布为违宪。例如，在1923年的"阿德金斯诉儿童医院案"中，联邦最高法院将联邦政府制定的哥伦比亚特区《女工最低工资法》宣布为无效；在1926年的"科纳利诉通用建筑公司案"和"韦弗诉帕尔默兄弟公司案"中，联邦最高法院推翻了艾奥瓦州和宾夕法尼亚州的保护工人合法收入和维护公共健康的法律；在1928年的"里布尼克诉麦克布赖恩案"和1929年的"威廉斯诉标准石油公司案"中，联邦最高法院又先后将新泽西州禁止私人职业介绍所乱收费和田纳西州稳定汽油价格的法律宣布为违宪。④ 司法保守主义再次主导联邦最高法院，虽保持了"二元联邦制"的稳定，但也使联邦最高法院司法审查的保守趋向不可逆转。

---

① *Truax v. Corrigan*，257 U. S. 312 (1921)，332—333.

② *Truax v. Corrigan*，257 U. S. 312 (1921)，333.

③ *Truax v. Corrigan*，257 U. S. 312 (1921)，337—338.

④ *Adkins v. Children's Hospital*，261 U. S. 525 (1923)；*Connally v. General Construction Company*，269 U. S. 385 (1926)；*Weaver v. Palmer Brothers Company*，270 U. S. 402 (1926)；*Ribnik v. McBride*，277 U. S. 350 (1928)；*Williams v. Standard Oil Company*，278 U. S. 237 (1929).

第 六 章

司法审查与联邦权的扩大

进入 19 世纪 80 年代后，联邦最高法院所作的一系列保守主义的司法判决，对于防止联邦和州政府扩大权力，保持"二元联邦制"的稳定而言，无疑是非常有效的，但在美国经济沿着自由放任的道路越走越远，急需政府加以调控和规范的情况下，这种带有强烈保守主义色彩的司法审查却进一步束缚了政府的手脚，加速了经济发展的失控，助推了"大危机"的发生，给美国社会和经济发展带来了严重的负面影响。到 20 世纪 30 年代的"新政"（New Deal）时期，联邦政府开始大规模干预社会经济运行，这不仅使美国逐渐摆脱了"大危机"，而且也使以扩张联邦政府权力为主要特征的"大政府"（Big Government）体制成为此后美国宪政发展的趋向。在这一过程中，联邦最高法院司法审查的主导理念和司法重心也发生了重大转变，对美国联邦制的新发展产生了重大影响。

一、司法审查与"新政"改革

1929 年 10 月，一场波及全美的经济大危机爆发。这场危机从纽约证券交易所（New York Stock Exchange）的股票暴跌开始，迅速蔓延到美国的各个行业，使美国经济遭受重创。在各州面对大危机束手无策的情况下，为了挽救美国经济，1933 年 3 月民主党总统富兰克林·D. 罗斯福（Franklin D. Roosevelt）上台执政后，立刻着手兑现其在竞选中的诺言，开始实施大规模的"新政"改革，利用联邦政府的权力，对美国社会和经济进行全方位的调整。

在罗斯福总统的推动下，联邦国会先后制定并通过了《紧急银行法》（Emergency Banking Act）、《农业调整法》（Agricultural Adjustment Act）、《全国工业复兴法》（National Industrial Recovery Act）、《全国劳工关系法》（National Labor Relations Act）和《社会保障法》（Social Security Act）等一系列重要法案，全方位调控美国经济。

但是，尽管罗斯福总统的"新政"改革对于美国摆脱经济大危机至为重要，这些改革措施的合宪性却遭到了联邦最高法院的挑战。在当时，尽管首席大法官塔夫脱已在 1930 年离职退休，但"四骑士"依然主导着联邦最高法院的司法走向。虽然新近履职的首席大法官查尔斯·E. 休斯（Charles E. Hughes）和大法官欧文·J. 罗伯茨（Owen J. Roberts）都持中间立场，但在很多重大案件中，他们也都最终倒向了保守派。在保守派大法官的势力明显占据优势的情况下，联邦最高法院连续针对"新政"立法作出了 10 多项保守的司法判决，几乎推翻了"新政"改革所有的重要立法，联邦最高法院因此成为"新政"改革最大的阻力。

在否决"新政"立法的过程中，虽然联邦最高法院表现出对政府侵犯公民财产权的担心，但它更忧虑的则是联邦政府借由"新政"改革扩大权力，造成联邦权力与州权力的失衡，从而破坏"二元联邦制"的基本架构。在这些判决中，联邦最高法院在 1935 年所作的推翻《全国工业复兴法》的"谢克特家禽公司诉合众国案"① 判决，就集中反映了联邦最高法院的这种司法趋向。

"谢克特家禽公司"（Shechter Poultry Corporation）是纽约市布鲁克林区（Brooklyn）的一家禽类肉制品加工公司，由于该公司没有遵守联邦政府有关雇工最低工资和最长工时的规定，并违反检疫规定，非法销售了一只由外州输入的染病的"不符合规定的鸡"（unfit chicken），被指控违反了《全国工业复兴法》中的肉制品商业规则和《活禽规约》（Live Poultry Code），涉嫌不正当竞争，受到了纽约市政当局的处罚。在该处罚得到了联邦第二巡回

---

① *Schechter Poultry Corp. v. United States*，295 U. S. 495 (1935) .

法院的支持后，"谢克特家禽公司"将该案上诉至联邦最高法院。该公司认为，自己是一家经营州内肉制品加工的企业，其经营行为不受联邦法律的约束，联邦法院根据《全国工业复兴法》对其所作的处罚判决是无效的。

在1935年5月27日公布的由首席大法官休斯拟定的判决中，联邦最高法院不顾当时美国经济面临巨大危机，急需联邦政府加大调控的现实，不仅支持了"谢克特家禽公司"的上诉，而且还进一步推翻了《全国工业复兴法》的合宪性。

首先，联邦最高法院认为，《全国工业复兴法》所涉及的调控领域极广，超出了联邦宪法授予联邦政府的权力范围。联邦最高法院并不否认当时的美国正面临严峻的经济形势，这种"非常情况也可以要求采取非常措施"，但它又坚持认为，"非常情况并不创造或扩大宪法授予的权力"，虽然联邦宪法授予了联邦政府管理国家事务的权力，但这些权力"是受宪法授权的限制的"。"那些根据宪法授权行事的人"，不能根据自己的意愿，"任意跨越宪法所施加的各种限制"。[1]《全国工业复兴法》对工业的干预几乎囊括了该行业的各个方面，显然超越了联邦宪法对联邦政府的有限授权。

其次，联邦最高法院认为，《全国工业复兴法》也违反了联邦宪法的分权原则。联邦最高法院承认联邦国会可以在特殊情况下将某些立法权授予总统，但前提是联邦国会必须首先制定明确的立法"标准"和"行为规则"（rules of conduct），对这种授权加以明确的约束。[2] 联邦最高法院认为，在《全国工业复兴法》中，国会对授予总统的立法权并未作任何有效的限定，总统完全可以根据自己的意愿，制定"任何他认为有利于处理全国众多的贸易和工业活动的法律"，这就使得总统在经济立法方面"几乎不受任何限制"，拥有了绝对的"自由裁量权"，这种规定显然违反了联邦宪法的分权原则。[3]

最后，联邦最高法院认为，"谢克特家禽公司"的经营活动完全是在州内，根本不存在州际贸易，联邦政府不能利用《全国工业复兴法》管制该公司的生产和贸易行为。联邦最高法院认为，虽然联邦政府拥有管理州际贸易

---

[1]　*Schechter Poultry Corp. v. United States*，295 U. S. 495（1935），528—529.

[2]　*Schechter Poultry Corp. v. United States*，295 U. S. 495（1935），541.

[3]　*Schechter Poultry Corp. v. United States*，295 U. S. 495（1935），539—542.

的权力，但却不能把这一权力解释为联邦政府可以干预一切"对州际贸易有间接影响的贸易"，否则，"联邦权力就几乎涵盖了人民的一切活动"，州政府管理州内部事务的权力，"也只有在得到联邦政府的容许后才能存在"。①在联邦最高法院看来，联邦政府试图利用《全国工业复兴法》对各州内部的生产贸易进行管理，这种做法必定会抹掉联邦与州的权力界限，动摇美国联邦制的基础，显然是不具有合宪性的。

联邦最高法院的谢克特家禽公司案判决，完全推翻了《全国工业复兴法》的宪法基础，使"新政"改革遭遇了巨大阻力。在谢克特家禽公司案判决后，联邦最高法院又在 1935 年的"路易斯维尔合股土地银行诉雷德福案"、1936 年的"合众国诉巴特勒案"及"卡特诉卡特煤炭公司案"等案件中，先后认定《农业破产法》(Farm Bankruptcy Act)、《农业调整法》和《全国烟煤保护法》(National Bituminous Coal Conservation Act) 等重要的新政立法违宪，其理由是这些立法侵害了公民的财产权或违反了联邦制原则等。②

联邦最高法院对"新政"立法合宪性的一再否决，使"新政"改革停滞不前，这不仅在很大程度上加剧了大危机的严重性，而且也引发了联邦最高法院与罗斯福总统之间的激烈冲突。美国学者梅尔文·I. 厄罗夫斯基(Melvin I. Urofsky) 曾经说，虽然在 1937 年，罗斯福总统和其他的任何人都无法准确地推测联邦最高法院将在某个案件中作出怎样的裁断，但很明显的是，联邦最高法院中保守派阵营的大法官们始终对"新政"立法表现出强烈反对的情绪，这只能使"新政"改革面临越来越大的阻力。③

为了扭转这一困境，罗斯福总统提出了"填塞最高法院计划"(Court-Packing Plan)，试图通过重组联邦最高法院大法官的人员构成，促使联邦最高法院尽快改变保守主义的司法趋向。1937 年 2 月 5 日，罗斯福总统向联邦国会提交了一份有关改革联邦司法体制的咨文，认为联邦司法机关的人员

---

① *Schechter Poultry Corp. v. United States*, 295 U. S. 495 (1935), 546.

② *Louisville Joint Stock Land Bank v. Radford*, 295 U. S. 555 (1935); *United States v. Butler*, 297 U. S. 1 (1936); *Carter v. Carter Coal Co.*, 298 U. S. 238 (1936).

③ Melvin I. Urofsky and Paul Finkelman, *A March of Liberty: A Constitutional History of the United States*, Vol. II, p. 698.

匮乏和许多法官的年老羸弱，致使很多案件长期被积压，难以及时有效地对社会现实作出回应。为改变这一局面，罗斯福总统在咨文中建议联邦国会通过立法，规定今后凡联邦法院中出现一名年逾 70 仍不愿去职的法官，总统有权增加任命一位新法官，其中联邦最高法院的大法官数可由现在的 9 人增加到 15 人。①

虽然从表面上看，罗斯福总统提出这一计划的目的是为了提高整个联邦法院的效率，并非单单针对联邦最高法院，但很明显，该计划的真实用意是试图通过向联邦最高法院"填塞"自由派大法官，促使其审慎地正视现实，支持"新政"改革。正如罗斯福总统在咨文中所言："经常系统地为法院注入新鲜血液，能使司法机关焕发活力，并使其能够更好地根据变动世界的需要和现实，确认和适用正义的本质内涵。"②

在 1937 年 3 月 9 日对全国发表的《炉边讲话》（Fireside Chat）中，罗斯福总统毫不掩饰他对联邦最高法院的不满。他认为，现在的联邦最高法院除握有司法权外，还介入了本不属于司法管辖的立法领域，从而在事实上变成了联邦国会参众两院之外的"第三院"，俨然成了一个"超级立法院"（super-legislature）。罗斯福总统认为，联邦最高法院的大法官们通过司法审查，根据自己的好恶，"把联邦宪法中并不存在也无意包括在内的文字和概念融入了对联邦宪法的解释"。现在已经到了美国人民"从联邦最高法院手中拯救宪法同时也是从最高法院手中拯救它自己"的时候了，因为"司法独立并不意味着司法机关能够无视公认的社会现实"。③ 罗斯福总统指出，"在过去的半个世纪里，联邦政府三个主要部门之间的权力平衡，已经被联邦最高法院打破了"，最高法院的这一行为"直接违反了制宪者们的崇高目标"，

---

① Franklin D. Roosevelt, "The President Presents a Plan for the Reorganization of the Judicial Branch of the Government, February 5, 1937", in *The Public Papers and Addresses of Franklin D. Roosevelt: The Constitution Prevails*, 1937 Volume, Samuel I. Rosenman (ed.), New York: The Macmillan Company, 1941, pp. 51—66.

② Franklin D. Roosevelt, "The President Presents a Plan for the Reorganization of the Judicial Branch of the Government, February 5, 1937", in *The Public Papers and Addresses of Franklin D. Roosevelt: The Constitution Prevails*, 1937 Volume, Samuel I. Rosenman (ed.), p. 55.

③ Franklin D. Roosevelt, "A 'Fireside Chat' Discussing the Plan for Reorganization of the Judiciary, Washington, D. C., March 9, 1937", in *The Public Papers and Addresses of Franklin D. Roosevelt: The Constitution Prevails*, 1937 Volume, Samuel I. Rosenman (ed.), p. 126.

"我的目的就是要重新恢复那种权力平衡"。①

罗斯福总统的"填塞最高法院计划"引发了美国社会的激烈争论，在联邦法院尤其是联邦最高法院是否效率低下，以及联邦总统能否干预联邦司法改革方面，美国社会各界出现了明显的意见分歧，导致了一场严重的"法院危机"。最终，由于没有确凿证据能够证明联邦司法系统存在严重的案件积压的事实，并且"填塞最高法院计划"也违反了联邦宪法的分权原则，在事实上构成了行政机关对司法权的干预，因此，该计划在联邦国会参众两院都遭到了包括民主党议员在内的联邦国会议员们的反对，并最终流产。

然而，"填塞最高法院计划"给联邦最高法院所带来的强大政治压力，以及"法院危机"所进一步激化的美国社会对联邦最高法院的反感，却成功地促使持中间立场的首席大法官休斯和大法官罗伯茨"深刻地认识到扩大联邦政府权力的必要性"②，在司法立场上开始倾向自由派大法官，从而在进步运动结束 10 余年后，联邦最高法院中的自由派大法官的力量第一次超过了保守派，联邦最高法院也开始再次从司法保守主义逐渐转向司法自由主义。

"法院危机"后联邦最高法院大法官构成的变动，更进一步强化了司法自由主义在联邦最高法院中的主导地位。从 1937 年 5 月到 1941 年 2 月，保守派"四骑士"先后离职，使罗斯福总统得以任命支持"新政"的自由派雨果·L. 布莱克（Huge L. Black）、斯坦利·F. 里德（Stanley F. Reed）、弗兰克·墨菲（Frank Murphy）和詹姆斯·F. 伯恩斯（James F. Byrnes）进入联邦最高法院。在 1938 年和 1939 年，罗斯福又先后任命在经济问题上持自由主义立场的费利克斯·法兰克福特（Felix Frankfurter）和坚定的司法自由主义者威廉·O. 道格拉斯出任联邦最高法院大法官，以填补由于大法官本杰明·卡多佐（Benjamin Cardozo）去世和布兰代斯离职所留下的空缺。1941 年，首席大法官休斯辞职后，经罗斯福总统提名和任命，颇具自由主义思想的哈兰·F. 斯通（Harlan F. Stone）大法官接任了首席大法官一职，时任司法部长的自由派罗伯特·H. 杰克逊（Robert H. Jackson）又填补了斯通留下

---

① Franklin D. Roosevelt, "A 'Fireside Chat' Discussing the Plan for Reorganization of the Judiciary, Washington, D. C., March 9, 1937", in *The Public Papers and Addresses of Franklin D. Roosevelt: The Constitution Prevails*, 1937 Volume, Samuel I. Rosenman (ed.), p. 133.

② Bernard Schwartz, *A History of the Supreme Court*, p. 235.

的大法官空缺。1943 年 2 月 15 日，随着自由派大法官威利·拉特利奇（Wiley Rutledge）在罗斯福总统任命后宣誓就职，罗斯福总统终于完成了他对联邦最高法院的改造。在这一被称为"罗斯福法院"（Roosevelt Court）的联邦最高法院中，罗斯福总统先后任命了 9 名自由派大法官，使得自由派大法官在联邦最高法院中占据了绝对优势。这不仅使联邦最高法院的司法趋向开始从司法保守主义转向司法自由主义，而且也预示着美国传统的"二元联邦制"即将发生重大改变。

"法院危机"后联邦最高法院由司法保守主义向司法自由主义的转变，主要表现在两个方面。首先，联邦最高法院开始"及时转向"（switch in time），以务实的态度支持罗斯福的"新政"立法。1937 年 3 月的"西海岸旅馆公司诉帕里什案"①，是联邦最高法院开始以自由主义司法理念支持"新政"改革的标志。在该案中，联邦最高法院以 5：4 的表决结果支持了华盛顿州《女工最低工资法》（Minimum Wages for Women）的合宪性。在由首席大法官休斯代表联邦最高法院所作的判决中，最高法院放弃了过去一再坚持的利用"契约自由"原则反对政府干预劳资关系的做法，强调必须从现实的角度重新阐释"契约自由"原则的内涵。

首先，联邦最高法院认为，联邦宪法保护的是"社会组织中的自由"，它不是"绝对的和不受控制的"。虽然联邦宪法保护人的自由，但联邦宪法保护自由是以"防止出现各种危害人民的健康、安全、道德和福利的罪恶"为前提的，"自由必须受制于正当法律程序，而与管理对象之间具有合理关系，同时也符合社会利益的政府管理就是正当法律程序"②。

其次，联邦最高法院认为，在处理劳资关系时，应当给予州政府"充分的自由裁量权"，以保护人民的"健康和安全"，并促进社会的"安宁和良好秩序"。③联邦最高法院认为，虽然人们通常相信成年雇工有足够的能力为自己签订劳动契约，但实际上，雇工与雇主"并不处于平等的地位"，雇工们往往因为担心被解雇，而不得不接受那些"会损害他们的健康和气力"的管理条例。在联邦最高法院看来，在现实生活中，事实是"老板制定规则，

---

① *West Coast Hotel Company v. Parrish*，300 U. S. 379（1937）.
② *West Coast Hotel Company v. Parrish*，300 U. S. 379（1937），391.
③ *West Coast Hotel Company v. Parrish*，300 U. S. 379（1937），393.

而工人们实际上只能去服从"。因此，为了保护雇工的合法权益，州政府自然可以"恰当地加以干预"。①

最后，联邦最高法院认为，在保护雇工方面，对女工的保护尤为重要。这是因为，就像联邦最高法院在1908年的"马勒诉俄勒冈州案"中所指出的那样，妇女们"特殊的身体结构"和"孕育后代的责任"，"使她们在生存竞争中处于劣势"，"为了保存种族的活力和元气"，对女工加以特殊的保护完全是必要的。正如联邦最高法院在本案判决中所说，"还有什么比妇女的健康和保护她们不受那些毫无道德又胆大妄为的雇主盘剥，更符合公共利益的呢？又怎么能说，为满足基本的生存条件而要求公平地确定最低工资，不是一个可被容许的手段呢"？②

当联邦最高法院作出西海岸旅馆公司案判决时，"四骑士"仍在最高法院中任职，但联邦最高法院却在该案中作出了与此前类似案件截然相反的判决，从中不难看出，在经历了由"填塞最高法院计划"引发的"法院危机"后，联邦最高法院的司法理念正在悄然发生着变化。此时的联邦最高法院再次开始关注现实问题，注重从社会需要而不是单单从宪法原则本身出发审查政府立法，更加强调灵活协调社会现实与宪法原则之间的关系。这表明，在进步运动后，由霍姆斯和布兰代斯所倡导的司法自由主义已从10多年的沉寂中得到复苏，再次开始影响联邦最高法院的司法走向。

在通过西海岸旅馆公司案判决支持了州政府的调控经济措施后，联邦最高法院又在随后的诸多案件中，重点作出了一系列支持联邦政府"新政"改革的司法判决。例如，在1937年4月的"全国劳工关系委员会诉琼斯—劳林钢铁公司案"中，联邦最高法院支持了保护工人组织工会权利的《全国劳工关系法》的合宪性；在同月的"斯图尔特机器公司诉戴维斯案"和5月的"赫尔维林诉戴维斯案"中，联邦最高法院又宣布了《社会保障法》的合宪性；在1938年的"劳弗诉欣纳公司案"和1941年的"合众国诉哈奇森案"中，联邦最高法院维护了旨在保护工人参加工会权利的《诺里斯—拉瓜迪亚法》（Norris-La Guardia Act）的有效性；在1939年的"马尔福特诉史密

① *West Coast Hotel Company v. Parrish*，300 U. S. 379 (1937)，393—394.
② *West Coast Hotel Company v. Parrish*，300 U. S. 379 (1937)，394，398.

斯案"和 1941 年的"合众国诉达比木材公司案"中，联邦最高法院又先后支持了修订后的《农业调整法》和《公平劳动标准法》（Fair Labor Standard Act）的合宪性。[1]

联邦最高法院对联邦政府"新政"改革的支持，彻底改变了此前联邦最高法院极力约束联邦政府干预经济和规范社会运行的保守做法，给美国社会带来了一场影响深远的"宪法革命"。[2] 这场"革命"不仅为联邦政府调控经济、摆脱危机留出了足够的施政空间，更为重要的是，借由这一"革命"，联邦政府的权力获得了极大的提升，旨在维持联邦权与州权平衡的"二元联邦制"已经走到了终点。

"法院危机"后，联邦最高法院转向的另一个重要表现是最高法院的司法重心出现了重大转移，即从过去专注于限制政府干预经济运行，开始转向保护公民权利和自由。1938 年的"合众国诉卡罗林产品公司案"[3]，是开启联邦最高法院司法重心转移的标志性案件。

在这宗支持联邦政府管制州际贸易中的奶制品销售的案件中，代表联邦最高法院拟定判决的首席大法官哈兰·F. 斯通刻意在判决中添加了一个著名的"脚注 4"（Footnote 4），集中阐释了联邦最高法院将加强对涉及公民权利和自由的法律进行司法审查的主张。斯通认为，尽管联邦最高法院应当宽泛地审查政府的经济立法，方便政府干预和调控经济运行，但对某些侵犯公民权利和自由的法律，联邦最高法院必须予以严格审查。

斯通指出，如果一项联邦或州的法律"从表面上看正处于联邦宪法特定的禁止之内"，比如该立法是被《权利法案》（Bill of Rights）或第 14 条宪法修正案所禁止的，那么，联邦最高法院就应当从"更狭义的角度"（narrower scope）对其合宪性进行审查。如果一项立法是针对某些"特定的宗教……国籍……或少数种族"制定的，那么对于该法律是否构成了对"分

① *National Labor Relations Board v. Jones & Laughlin Steel Corp.*, 301 U. S. 1 (1937)；*Stewart Machine Co. v. Davis*, 301 U. S. 548 (1937)；*Helvering v. Davis*, 301 U. S. 619 (1937)；*Lauf v. Shinner & Co.*, 303 U. S. 323 (1938)；*United States v. Hutcheson*, 312 U. S. 219 (1941)；*Mulford v. Smith*, 307 U. S. 38 (1939)；*United States v. Darby Lumber Co.*, 312 U. S. 100 (1941).

② G. Edward White, *The Constitution and the New Deal*, Cambridge：Harvard University Press, 2000, pp. 16—17.

③ *United States v. Carolene Produces Co.*, 304 U. S. 144 (1938).

散和孤立的少数群体"（discrete and insular minorities）的"歧视"，是否严重阻滞了"通常被用于保护少数人的政治进程"，联邦最高法院都应当给予"更深入的司法追究（more searching judicial inquiry）"。①

虽然斯通的上述思想仅是以判决注释的形式提出的，但它对联邦最高法院和美国当代社会的发展都产生了巨大影响。"脚注4"实际上为此后联邦最高法院的司法审查确立了一个"双重标准"（Double Standard）②，即联邦最高法院将以宽松的标准审查政府的经济立法，为政府尤其是联邦政府调控经济、规范社会运行预留出足够的权力空间，但对涉及公民权利和自由的法律，联邦最高法院必须予以严格审查。"双重标准原则"的确立表明，在政府权力扩张已成大势所趋的情况下，联邦最高法院把自己在美国宪政体制中发挥制衡作用的重点，由此前的限制其他政府机构扩大权力，开始转向严格保障公民权利和自由。只要政府在规范社会和经济运行时，没有侵害到公民的权利和自由，联邦最高法院将不再给由罗斯福"新政"所引导的"大政府"发展趋势设置司法障碍。

"法院危机"后，联邦最高法院司法审查的重心之所以会转向保护公民权利和自由，是与美国的宪政传统密切相关的。早在英属殖民地时期，来自欧洲尤其是英国的殖民地居民就深受英国《大宪章》的"王权有限，法律至上"思想的浸染。他们认为，宪政的本质在于约束政府权力，维护公民权利和自由。

例如，在1620年由早期移民签署的《五月花号公约》（*Mayflower Compact*）中，所有的签约人都保证遵守人民主权和政府权力有限的政治原则③，使宪政思想第一次在北美这块荒蛮的土地上化为了现实。在独立过程中，殖民地人也是用宪政思想作为反对英王专制统治的法理依据的。1776年的《独立宣言》（*The Declaration of Independence*）则更明确地宣告了人民享有生命权、自由权和追求幸福权等"不可让与的权利"（inalienable

---

① *United States v. Carolene Produces Co.*，304 U. S. 144 (1938)，152—153.

② Henry Abraham and Barbara A. Perry，*Freedom and the Court: Civil Rights and Liberties in the United States*，Lawrence: University Press of Kansas，2003，p. 17.

③ "The Mayflower Compact, November 11, 1620", in *Documents of American History*, Vol. I, Henry Steele Commager (ed.), pp. 15—16.

rights)。① 独立后，绝大多数州也都在自己的州宪法中确认了公民权利和自由不可侵犯，并最终推动联邦国会通过了前10条宪法修正案，即《权利法案》，使保护公民权利和自由成为联邦宪法的至上原则。由此可见，以保护公民权利和自由为内核的限权宪政思想始终贯穿在美国的历史发展进程中，从未发生过中断。

限权宪政思想也深刻地影响了联邦最高法院的司法审查。就整体而言，在联邦最高法院的司法审查中，最高法院也一直是把保护公民权利和自由作为重要的司法原则的，但由于受到特定历史时期的政治和法律思潮的影响，以及大法官个人司法理念的制约，联邦最高法院在不同时期对公民权利和自由的认识是有非常大的差异的。例如，在19世纪的最后20年和20世纪的20年代，联邦最高法院就是以保护公民权利和自由为司法依据，反对联邦政府和州政府干预经济自由的，认为政府的干预侵犯了公民的财产权和契约自由等。但是，必须指出的是，在上述两个时期里，联邦最高法院对公民权利和自由的保护是带有明显的倾向性的，即它过分强调了部分公民（雇主、企业主等）的财产权不可侵犯，忽视了对其他公民（雇工、少数族裔等）的平等宪法权利的保护，从而把经济自由推向了极端，司法审查也因此充满了保守的色彩。

霍姆斯和布兰代斯之所以在进步运动时期提倡"司法克制"，其目的即在于使联邦最高法院能够正视社会现实，实现公民权利和自由的平等，从而给充斥着保守主义司法理念的最高法院注入了司法自由主义的新鲜活力。同样，在经历了1937年的"法院危机"后，联邦最高法院开始对美国的社会现实作出积极回应，在支持"新政"改革的同时，将司法审查的重心转向保护公民权利和自由，尤其是提出要加强保护少数族裔及其他弱势群体的平等权利，这意味着此时的联邦最高法院重新接受了霍姆斯和布兰代斯的司法理念，开始了向司法自由主义的重大转变。

虽然联邦最高法院司法审查重心的转变，为联邦政府和州政府扩大权力都创造了有利条件，但是，由于从罗斯福"新政"开始，州政府在社会经

① "The Declaration of Independence，July 4，1776"，in *Documents of American History*，Vol. I，Henry Steele Commager (ed.)，p. 100.

济发展方面对联邦政府的依赖程度越来越大，因此，联邦最高法院在社会经济立法方面司法审查力度的降低，将更有利于联邦政府扩张权力。同时，由于联邦最高法院本身就是联邦政府机构"三驾马车"中的重要组成部分，公民权利和自由在传统上又更多地归属于州政府管理，因此，联邦最高法院加强对公民权利和自由的保护，势必使联邦政府的权力触角越来越深入到州政府的权辖范围，从而使联邦政府的权力得到进一步的扩大。

总之，由联邦最高法院支持"新政"改革和司法审查重心转变所带来的联邦政府权力的提升，彻底打破了"二元联邦制"的传统权力格局，联邦权扩大已经成为未来美国联邦制发展的主要趋向。

二、司法审查与"新政"后联邦权的扩大

从罗斯福"新政"开始，伴随着联邦权的扩大，美国逐渐从传统的"二元联邦制"转向了"合作联邦制"（Cooperative Federalism）。根据美国学者爱德华·S. 考文的观点，"合作联邦制"是指联邦政府与州政府在行使政府职能时互为补充，合作解决共同面对的重大问题。① 如果把"二元联邦制"比作蛋糕层有着明显界限的"分层蛋糕"（Layer Cake）的话，那么，"合作联邦制"则可被称为蛋糕层交织在一起的"大理石蛋糕"（Marble Cake）。② 这是因为，在"新政"改革中，绝大多数联邦政府的调控措施都需要州和地方政府参与，联邦政府与州政府的关系已完全不同于此前二者的严格分权，而是向着相互合作的方向发展。

但是，必须强调指出的是，尽管在"合作联邦制"中，联邦与州之间存在着合作关系，但联邦政府在其中是居于主导地位的，在公共政策领域中，联邦政府树立了自己的权威，州在公共政策上的决策能力受到了大幅削弱。例如，在"新政"改革中，关键性的改革决策都来自于联邦政府，州政府在事实上成为联邦政府调控经济政策的执行者。而且，联邦政府的干预也

---

① Edward S. Corwin, ed., *The Constitution of the United States of America: Analysis and Interpretation*, Washington, D. C.: U. S. Government Printing Office, 1953, p. x.

② Peverill Squire and James M. Lindsay, et al., *Dynamics of Democracy*, Boston: The McGraw-Hill Companies, Inc, 1997, p. 42.

深入到此前一直被认为属于州政府管辖的领域，这突出地体现在联邦政府所采取的减少失业、提供社会救济和社会保障等措施方面。

在罗斯福总统之后，由于民主党在推动"新政"改革和领导美国赢得反法西斯战争胜利中获得了广大民众的支持，民主党得以长期控制联邦政府。从 20 世纪 40 年中期到 60 年代末，无论是哈里·杜鲁门（Harry Truman）总统的"公平施政"（Fair Deal）措施，还是约翰·F. 肯尼迪（John F. Kennedy）总统的"新边疆"（New Frontier）和林登·约翰逊（Lyndon Johnson）总统的"伟大的社会"（Great Society）政策，它们都延续了罗斯福"新政"所确立的联邦干预政策，从而在美国当代宪政史中出现了一个较为稳定的"新政联盟"（New Deal Coalition）。

即使在 1953—1961 年间，共和党人德怀特·艾森豪威尔（Dwight Eisenhower）出任总统 8 年，他也没有改变由"新政"开启的联邦干预的趋势。在其采取的"能动的保守主义"（Dynamic Conservatism）施政方针中，艾森豪威尔总统一方面执行了共和党传统的平衡预算和减少政府开支等措施，但另一方面也继承了民主党其他的社会经济政策，延续了联邦干预的施政模式。

二战后，美国联邦干预政策的延续，使联邦政府权力扩大成为不可逆转的发展趋向。尽管在 20 世纪七八十年代，先后执政的共和党总统理查德·M. 尼克松（Richard M. Nixon）和罗纳德·里根（Ronald Reagan），都大力推行"新联邦主义"（New Federalism）改革，旨在减少联邦干预，尽可能给予州与地方政府更多的自主性，但是，这种改革并没有从根本上改变联邦权扩大的趋势。

在二战后联邦权扩大的过程中，联邦最高法院发挥了重要的推动作用，这主要表现在以下四个方面：

第一，联邦最高法院支持联邦政府利用"联邦补助金"（Federal Grants-in-Aid），对各州内部的社会和经济事务进行调控。联邦补助金是联邦政府对州和地方政府进行援助或开展合作项目的专项资金，主要是用于构建联邦与州或地方政府的合作关系。尽管早在邦联时期，国家政府就已经开始支持州政府进行某些特定的项目开发，但在内战以前，联邦政府主要是以赠地的方式向各州提供援助。1879 年的《促进盲人教育法》（An Act to Promote the

Education of the Blind），是联邦政府首次以资金的方式向各州提供援助的尝试。根据该法案，联邦政府利用联邦补助金购买盲人教育资料，分发给各州的"公共盲人教育机构"，以促进各州的盲人教育的发展。①1887 年的《哈奇法案》（Hatch Act）又规定，联邦政府每年向各州提供一定数量的联邦补助金，用以帮助各州建立"农业实验站"。② 在此之后，联邦政府对联邦补助金的使用逐渐常态化。

尽管联邦政府很早就已经开始向各州提供联邦补助金，但在罗斯福"新政"以前，联邦补助金的数额并不大。例如，在 1902 年，联邦政府提供的补助金总额只有 700 万美元，在州和地方政府财政支出中所占的比例不到 1%。即使到"新政"开始前的 1932 年，联邦政府划拨的补助金也仅为 23200 万美元，只占州与地方政府财政支出的 3%。"新政"开始后，联邦补助金的数额才迅速上涨。例如，1940 年联邦政府提供的补助金就达到了 94500 万美元，占州与地方政府财政支出的 10.2%。到 1970 年，联邦补助金飙升到 241 亿美元，在州和地方政府财政支出中占 19%。到 1990 年，联邦补助金的数额更是达到了 1354 亿美元，是州和地方政府财政支出的 19.4%。③

在联邦政府提供的补助金中，绝大多数属于"专项补助金"（Categorical Grants-in-aid）。联邦政府在提供补助金时，一般都对补助金的用途作出严格规定，并直接或间接地附加许多限制性条件。州与地方政府在接受联邦补助金时，必须无条件地接受联邦政府的这些规定，否则将无法得到联邦资助。毫无疑问，联邦"专项补助金"的划拨，在使州与地方政府得到联邦政府财政支持的同时，也方便了联邦政府影响甚至控制州的内部事务，是联邦政府扩大自身权力的重要手段。

对于联邦政府利用联邦补助金加强对州进行干预的做法，联邦最高法

---

① U. S. Congress, "An Act to Promote the Education of the Blind" (March 3, 1879), in *United States Statutes at Large*, Vol. 20, pp. 467—469.

② U. S. Congress, "An Act to Establish Agricultural Experiment Stations in Connection with the Colleges Established in the Several States under the Provisions of an Act Approved July Second, Eighteen Hundred and Sixty-Two, and of the Acts Supplementary thereto" (March 2, 1887), in *United States Statutes at Large*, Vol. 24, pp. 440—442.

③ Peverill Squire and James M. Lindsay, et al., *Dynamics of Democracy*, p. 43.

院普遍采取了支持的态度。例如，在 1947 年的"俄克拉荷马州诉联邦文官委员会案"[①] 中，联邦最高法院就裁定，联邦政府在拨付联邦补助金时，要求州政府必须遵守联邦政府的某些规定并不构成对州权的侵犯。

在本案中，俄克拉荷马州的"州高速公路委员会"（State Highway Commission）成员弗朗斯·帕里斯（France Paris），因身兼该州民主党中央委员会主席一职，并参与当地民主党的筹款聚会活动，被"联邦文官委员会"（United States Civil Service Commission）指控违反了 1939 年联邦国会制定的《预防有害政治活动法》（An Act to Prevent Pernicious Political Activities）。这是因为，根据该法的规定，除总统、副总统、各部长官及某些特定的高级官员外，其他所有的联邦行政机构的文职官员都不得参加任何政党组织，或参与任何政治竞选活动，以确保业务文官的政治中立性。[②] "联邦文官委员会"认为，尽管帕里斯是州政府的一名官员，但由于他所供职的"州高速公路委员会"接受了包括联邦补助金在内的大量联邦资金的援助，因此，帕里斯实际上也成为联邦政府的一名行政雇员，必须遵守《预防有害政治活动法》的相关规定。"联邦文官委员会"要求俄克拉荷马州政府解雇帕里斯，否则它将建议联邦政府收回对该州的联邦资金援助。[③]

俄克拉荷马州政府则认为，《预防有害政治活动法》使得联邦政府能够轻易地干预那些接受了联邦资助的州的内部事务，严重侵害了州权，违反了第 10 条宪法修正案关于州拥有保留权的规定。[④] 而且，该法对州政府官员政治活动的限制，也侵犯了公民的表达自由权。因此，《预防有害政治活动法》是违宪的，必须予以推翻。

但是，俄克拉荷马州政府的这一主张并没有得到联邦最高法院的认同。在由里德大法官代表联邦最高法院拟定的判决中，联邦最高法院认为，联邦国会制定《预防有害政治活动法》，要求那些掌握大量公共资金的人必须"远离政治派别活动"，完全是为了给社会提供"更好的公共服务"，并不涉

[①]　*Oklahoma v. United States Civil Service Commission*，330 U. S. 127（1947）.

[②]　U. S. Congress，"An Act to Prevent Pernicious Political Activities"（August 2, 1939），in *United States Statutes at Large*，Vol. 53，pp. 1147—1149.

[③]　*Oklahoma v. United States Civil Service Commission*，330 U. S. 127（1947），130—133.

[④]　联邦宪法第 10 条修正案规定："本宪法未授予合众国、也未禁止各州行使的权力，保留给各州行使，或保留给人民行使之。"

及侵犯公民表达自由权的问题。联邦最高法院认为，帕里斯以该州民主党中央委员会主席的身份参与本党的政治筹款活动，毫无疑问已构成了"积极参与政治管理"，明显违反了《预防有害政治活动法》的相关规定。①

联邦最高法院认为，即使联邦政府无权对州政府官员参与政治活动的行为进行管理，但它却有足够的权力确定联邦援助资金的支出细则，"第10条宪法修正案并不禁止联邦政府行使这一权力"②。因此，联邦政府有充分的权力作出规定，将州政府中的联邦雇员不得参加政治活动，作为州政府接受和使用联邦援助资金的前提条件，"联邦文官委员会"要求州政府解雇帕里斯，也"并不构成滥用自由裁量权"③。

"俄克拉荷马州诉联邦文官委员会案"判决，为"新政"以后联邦政府利用联邦补助金的限制性附加条款对各州施加联邦干预打开了方便之门。在此之后，联邦最高法院一直把该案判决作为司法先例，坚持在涉及联邦补助金的案件中对联邦政府提供司法支持，1987年的"南达科他州诉多尔案"④就是一个典型的例子。

该案涉及1984年联邦国会制定的《全国最低饮酒年龄法》（National Minimum Drinking Age Act），该法律是作为同时生效的《陆路交通援助法》（Surface Transportation Assistance Act）的配套法律而出台的。根据该法的规定，美国各州必须将人们购买和在公共场所持有酒精饮品的最低年龄限定为21岁，对于违反这一规定的州，联邦政府将从每年向其提供的联邦高速公路援助资金中减少10%。⑤

南达科他州政府对联邦政府所作的最低饮酒年龄的规定提出了强烈的不满。因为根据该州法律的规定，人们在该州购买酒精饮品的最低年龄为19岁。如果南达科他州要保证获得足额的联邦高速公路援助资金，它就不得不对相关法律作出修订。为了抵制联邦政府的这一要求，南达科他州政府将联邦交通部长伊丽莎白·多尔（Elizabeth Dole）告上了法庭。南达科他

---

① *Oklahoma v. United States Civil Service Commission*，330 U. S. 127 (1947)，142—143.

② *Oklahoma v. United States Civil Service Commission*，330 U. S. 127 (1947)，143.

③ *Oklahoma v. United States Civil Service Commission*，330 U. S. 127 (1947)，146.

④ *South Dakota v. Dole*，483 U. S. 203 (1987).

⑤ U. S. Congress，"National Minimum Drinking Age Act" (July 17，1984)，in *United States Statutes at Large*，Vol. 98，pp. 437—439.

州政府认为，联邦国会制定《全国最低饮酒年龄法》，不仅违反了联邦宪法关于联邦政府的财政支出必须有利于"公共福利"的规定，而且也违反了联邦宪法第 21 条修正案，侵犯了该修正案所规定的州政府管理酒精饮品的权力。①

但是，在该案判决中，南达科他州的诉讼请求遭到了联邦最高法院的拒绝。联邦最高法院认为，联邦国会制定《全国最低饮酒年龄法》，并削减那些违反该法的州接受联邦补助金的数额，不存在违宪的事实。首先，联邦最高法院认为，联邦国会制定《全国最低饮酒年龄法》，具有非常明显的促进"公共福利"的目的，并未违反联邦宪法有关联邦支出的规定。这是因为，各州对最低饮酒年龄规定的不统一，"刺激了"很多不符合所在州饮酒年龄规定的年轻人开车去其他州饮酒，造成了非常严重的社会和交通安全问题，联邦国会通过制定该法，对这一"州际问题"（interstate problem）进行管理，消除由其带来的"危险境况"，显然是出于促进"公共福利"的考虑。②

其次，联邦最高法院认为，联邦国会"非常清楚地"规定了各州获得联邦补助金的限制性附加条款，各州能够据此审慎地选择是否接受联邦补助金，也能够认识到加入联邦资助项目的后果，因此，并不存在联邦政府对各州的误导。③

再次，联邦最高法院认为，联邦国会制定该法是为了保证"安全的州际旅行"，是联邦政府为完成"特定的国家计划或项目"而采取的必要措施，该法与"联邦利益"（federal interest）有着紧密的内在联系，并不存在违规施加联邦干预的事实。④

最后，联邦最高法院认为，联邦国会对联邦补助金设置的限制性附加条款，并不会使州政府在遵照执行时出现违宪行为。在本案中，如果南达科他州政府按照联邦国会的要求，将最低饮酒年龄从 19 岁提高到 21 岁，"并

---

① 联邦宪法第 21 条修正案规定："在合众国任何州、准州或属地内，凡违反当地法律为在当地发货或使用而运送或输入致醉酒类，均予以禁止。"

② *South Dakota v. Dole*，483 U. S. 203 (1987)，208.

③ *South Dakota v. Dole*，483 U. S. 203 (1987)，207.

④ *South Dakota v. Dole*，483 U. S. 203 (1987)，207.

不会侵犯任何人的宪法权利"。而且,《全国最低饮酒年龄法》也不会给拒不遵守联邦国会附加条款的州带来过重的惩罚。因此,如果认为该法会对各州构成"强制"(coercion),"那更多的是巧辩而不是事实"。①

联邦最高法院对联邦补助金限制性附加条款的支持,为联邦干预提供了重要的宪法依据,消除了联邦政府利用联邦援助拨款干预各州内部经济和社会运行的阻力,进一步强化了"新政"后联邦政府权力扩大的趋势。

第二,联邦最高法院利用"联邦优先"原则(Preemption Doctrine),确立联邦政府在调控社会和经济方面的优先地位。"联邦优先"原则是指当联邦政府和州政府可以同时对某一事项施以管理时,联邦政府将具有优先权,联邦法律也将取代州法律,成为在该事项管理中必须遵守的最高法律。②

在美国的宪政体制中,"联邦优先"原则最主要的目的,是在联邦政府与州政府因行使"共有权力"(concurrent powers)而产生法律冲突时,维护联邦宪法和联邦法律的至上地位。虽然根据美国的联邦制原则,联邦政府与州政府以纵向分权的方式分享国家权力,联邦政府享有联邦宪法明确授予的权力,除此之外的权力都由各州或人民保留,但由于在某些特定的情况下,联邦宪法在授予联邦政府某项权力时,并未明确禁止州政府行使同样的权力,因此,联邦政府与州政府还分享某些"共有权力",如征税、借贷、修路、管理外侨、制定破产法和设立法院等。③ 由于"共有权力"通常在联邦宪法中并无明确规定,只是暗含在相关的宪法条款中,④ 因此,当联邦和州分享"共有权力"时,如何确定联邦权与州权的关系,就成为美国宪政体制发展中一个重要的问题。

随着"新政"后联邦政府对各州干预力度的不断加大,联邦法律与州法律在"共有权力"领域中发生冲突的案件越来越多。在审理此类案件时,

① *South Dakota v. Dole*,483 U. S. 203(1987),210—211.

② David Schultz, ed., *Encyclopedia of the Supreme Court*, New York: Facts On File, Inc., 2005, pp. 355—356.

③ Leonard W. Levy and Kenneth L. Karst, eds., *Encyclopedia of the American Constitution*, New York: Macmillan Reference USA, 2000, p. 484.

④ Steffen W. Schmidt, Mack C. Shelley and Barbara A. Bardes, *American Government and Politics Today*, Belmont: Thomson Learning, Inc., 2003, p. 87.

联邦最高法院通常利用"联邦优先"原则，认定联邦政府在调控社会和经济运行时，较之州政府有优先权。

实际上，早在前述的1819年"麦卡洛克诉马里兰州案"中，联邦最高法院就已经裁决，虽然州政府与联邦政府都拥有征税权，但州政府却不能对联邦机构进行征税，也就是说，在征税这一"共有权力"方面，联邦权是高于州权的。在1824年的"吉本斯诉奥格登案"中，联邦最高法院也确认，虽然州政府有权对州内的航运进行管理，但如果这种管理与联邦政府所拥有的州际贸易管理权发生冲突，州法律将被视为与联邦法律相抵触而失效。

虽然麦卡洛克案和吉本斯案是在联邦建立之初，联邦最高法院为确立和巩固联邦的至上地位而作出的两个重要判决，但由于这两个司法先例契合了"新政"后联邦权扩大的现实需要，因此，麦卡洛克案和吉本斯案判决所体现的"联邦优先"原则也为"新政"后的联邦最高法院所遵循。

总体而言，在"新政"以后，联邦最高法院在利用"联邦优先"原则支持联邦政府扩大权力的过程中，主要秉持了三个重要的司法观点。第一个是"冲突性联邦优先观"（Conflict Preemption），即如果联邦法律和州法律针对某一事项的规定存在直接冲突，则联邦法律将取代州法律，成为该事项管理的最高法律。

例如，在1941年的"海因斯诉达维多维茨案"[1]中，联邦最高法院就利用"冲突性联邦优先观"，将1939年宾夕法尼亚州议会制定的《外侨注册法》（Alien Registration Act）宣布为无效。根据宾夕法尼亚州《外侨注册法》的规定，所有年满18岁的外侨都必须每年注册一次，并支付1美元的注册费；所有注册的外侨都必须随身携带身份卡（Identification Card），并在警察等其他政府官员查验以及办理相关证件时出示；违反登记注册规定的外侨将被处以不超过100美元的罚款或不超过60天的监禁，或二者并罚；违反携带和出示身份卡规定的外侨将被处以不超过10美元的罚款或不超过10天的监禁，或二者并罚。[2]

---

① *Hines v. Davidowitz*，312 U. S. 52 (1941).

② *Hines v. Davidowitz*，312 U. S. 52 (1941), 59—60.

1940 年 6 月，联邦国会也出台了类似的涉及外侨注册登记的《史密斯法》（The Smith Act）①，旨在加强对外侨的管理，压制共产党等左翼政治团体的活动，防止国内出现所谓的"颠覆政府"的危险。《史密斯法》除了规定对涉嫌危害国家安全的人进行罚款和监禁等处罚外，还特别规定了外侨注册登记的方法。与宾夕法尼亚州的《外侨注册法》相比，《史密斯法》并不要求外侨每年都重新登记注册一次，而是要求所有年满 14 岁的外侨必须进行一次性的登记注册，并采集指纹，也不要求外侨必须随身携带和出示身份卡。此外，《史密斯法》对违规外侨进行处罚的规定也与宾夕法尼亚州的《外侨注册法》不同，它规定没有及时登记注册的外侨，将被处以不超过1000 美元的罚款或不超过 6 个月的监禁，或二者并罚。

很显然，在外侨登记注册的相关规定方面，宾夕法尼亚州的《外侨注册法》与联邦国会的《史密斯法》之间存在明显的差异。究竟应该按照哪部法律进行外侨登记注册，就成为摆在宾夕法尼亚州面前的一个急需解决的问题，这一问题的答案也必将对整个美国社会都产生极其深远的影响。

在由布莱克大法官代表联邦最高法院所作的判决中，联邦最高法院从"冲突性联邦优先观"出发，明确推翻了宾夕法尼亚州《外侨注册法》的有效性，维护了联邦法律的至上性。联邦最高法院认为，虽然在判定联邦国会立法的含义和目的时，没有"一定之规"（any rigid formula or rule）可循，人们也无法找到"排他性的宪法标准"（exclusive constitutional yardstick）去判定州法律是否违宪，但是，联邦最高法院仍然可以通过分析在联邦国会"实现和完成其所有目的和目标"的过程中，州法律是否构成了一个"障碍"，来判定州法律是否有效。②

联邦最高法院认为，对外侨的管理是与国家政府的管理职能"紧密联系在一起的"，在联邦政府与州政府分享外侨管理权时，"联邦国会制定的法案、签署的条约将是至上的"，州法律必须"服从"联邦法律的规定。③ 联

---

① U. S. Congress, "An Act to Prohibit Certain Subversive Activities; to Amend Certain Provisions of Law with Respect to the Admission and Deportation of aliens; to Require the Fingerprinting and Registration of Aliens; and for Other Purposes" (June 28, 1940), in *United States Statutes at Large*, Vol. 54, pp. 670—676.

② *Hines v. Davidowitz*, 312 U. S. 52 (1941), 67.

③ *Hines v. Davidowitz*, 312 U. S. 52 (1941), 66.

邦最高法院指出，对于州所拥有的与联邦政府分享的外侨管理权，必须给予"最严格的限制"（restricted to the narrowest of limits）。这是因为，"通过约束、限制、管理和注册等方法，把外侨划定为一个不同群体的权力"，不是一个在联邦和州之间"持续存在"而又"权限相等"的共有权力，"无论州政府的权力有多大，它都是从属在最高的国家法律之下的"。[1] 从这一推理思路出发，宾夕法尼亚州的《外侨注册法》因与联邦国会制定的《史密斯法》相冲突，而被联邦最高法院宣布为无效。

在 1986 年的"罗斯诉阿肯色州警察局案"[2] 中，联邦最高法院也是运用"冲突性联邦优先观"，裁定阿肯色州的《劳动者赔偿金法》（Workers' Compensation Act）与联邦国会制定的《公共安全官员死亡救济金法》（Public Safety Officers' Death Benefits Act）相冲突而无效。在该案中，阿肯色州的骑警威廉·罗斯（William Rose）因公遇害，联邦政府根据《公共安全官员死亡救济金法》的相关规定，向罗斯夫人支付了 5 万美元的救济金。当罗斯夫人向州政府提出死亡赔偿金要求时，州政府提出，按照该州《劳动者赔偿金法》的规定，州政府支付的死亡赔偿金总额中应当减去联邦政府已经支付的 5 万美元。[3] 罗斯夫人强烈质疑州政府的这一观点，遂发起司法诉讼。在州法院支持了州政府的立场后，罗斯夫人又将该案上诉至联邦最高法院。

在本案判决中，联邦最高法院通过分析阿肯色州法律与联邦法律之间存在冲突，推翻了阿肯色州法律的有效性。联邦最高法院认为，仅从两个法律的文字规定上看，二者之间的冲突就是"显而易见的"。这是因为，联邦国会的《公共安全官员死亡救济金法》明确规定，联邦政府所支付的死亡救济金，只是其他赔偿金的"补充"，并不构成其他赔偿金的任何组成部分。联邦国会只是要给因公殉职者的家属提供"附加的救济"（supplemental benefits），"而不是通过资助州的赔偿金计划对州提供援助"。阿肯色州的《劳动者赔偿金法》将联邦救济纳入到它所应当提供的赔偿金总额中去，这就使得"该法授权的行为恰恰是联邦国会所要禁止的行为"。阿肯色州的

---

① *Hines v. Davidowitz*, 312 U. S. 52 (1941), 68.

② *Rose v. Arkansas State Police*, 479 U. S. 1 (1986).

③ *Rose v. Arkansas State Police*, 479 U. S. 1 (1986), 2.

《劳动者赔偿金法》与联邦法律发生了直接冲突，因而是无效的。①

在利用"联邦优先"原则扩大联邦权的过程中，联邦最高法院所采用的第二个司法观点是"区间性联邦优先观"（Field Preemption）。这种观点认为，虽然联邦政府与州政府在某一管理区间内分享权力，但由于联邦法律涉及的范围极广，并未给州法律留出辅助管理的空间，在这种情况下，联邦法律将成为该管理区间内的最高法律。

1947年的"赖斯诉圣菲谷仓公司案"②，是联邦最高法院运用"区间性联邦优先观"推翻州法律有效性的典型案例。在该案中，伊利诺伊州的圣菲谷仓公司（Santa Fe Elevator Corporation）遭到客户赖斯（Rice）和伊利诺伊州贸易委员会（Illinois Commerce Commission）的起诉，控告的理由是该公司实行价格歧视，设备不安全，没有取得州政府颁发的营业执照以及涉嫌黑幕交易等，违反了伊利诺伊州的《公共设施法》（Public Utilities Act）和《谷仓法》（Grain Warehouse Act）。圣菲谷仓公司则认为，根据1931年联邦国会颁布的《货栈法修正案》（Warehouse Act Amendments）③的相关规定，谷仓公司将由联邦政府全权管理，并不受州法律的约束，因此，对该公司的指控是不成立的。

在由道格拉斯大法官代表联邦最高法院拟定的判决中，联邦最高法院认为，虽然从历史上看，对谷仓的管理通常属于州政府的治安权范围，1916年的《联邦货栈法》（United States Warehouse Act）也认可了联邦政府与州政府分享谷仓管理权，但由于联邦国会在1931年对《联邦货栈法》作出了修正，因此，要判断在谷仓管理权问题上，联邦国会究竟是打算继续与州政府分享管理权，还是意图独占管理权，就必须分析联邦国会制定《货栈法修正案》的"目的"。④

联邦最高法院认为，如果说联邦国会要在一个管理事项上独占管理权，其理由应该包括以下几点：其一，"联邦管理计划"的涉及面极广，故可以

---

① *Rose v. Arkansas State Police*，479 U. S. 1 (1986)，3—4.

② *Rice v. Santa Fe Elevator Corp.*，331 U. S. 218 (1947).

③ U. S. Congress, "An Act to Amend Sections 4, 6, 8, 9, 10, 11, 12, 25, 29, and 30 of the United States Warehouse Act, Approved August 11, 1916, as Amended" (March 2, 1931), in *United States Statutes at Large*, Vol. 46, pp. 1463—1466.

④ *Rice v. Santa Fe Elevator Corp.*，331 U. S. 218 (1947)，230.

"合理地推论出"联邦国会没有给州的辅助性管理"预留出任何施政的空间";其二,在联邦国会立法所要管理的领域中,"联邦利益占据主导地位",完全排除了在该领域中实施州法律的可能性;其三,联邦法律的立法目标及其所赋予联邦政府的责任,显示出联邦国会意欲采取独占管理;其四,州政府的管理将违背联邦法律的立法目的。[1]

从上述理论设定出发,联邦最高法院认为,由于1931年联邦国会所作的《货栈法修正案》明确规定,获得联邦营业执照的谷仓业主,"不必再遵守州谷仓法的相关规定",联邦政府对谷仓的管理也不再需要州政府介入等,因此,很明显,联邦国会制定《货栈法修正案》的目的,就是要在谷仓管理问题上"终结二元管理体制",以实现谷仓经营业务的"公平和统一"。[2] 从这个意义上讲,根据《货栈法修正案》的相关规定,联邦政府没有给州政府留出任何参与谷仓管理的施政空间,州政府已完全失去了与联邦政府共享谷仓管理权的可能性,伊利诺伊州有关谷仓经营的法律,必须"让位于"联邦《货栈法修正案》,以确保联邦法律的至上性。[3]

赖斯案所体现的"区间性联邦优先观"在1956年的"宾夕法尼亚州诉纳尔逊案"[4] 中再次得到了运用。在该案中,美国左翼人士史蒂夫·纳尔逊(Steve Nelson)因违反宾夕法尼亚州的《煽动叛乱法》(Sedition Act),被州地方法院判处入狱20年并处罚金1万美元。但这一判决随后被宾夕法尼亚州最高法院推翻。州最高法院认为,对纳尔逊的所有指控都只涉及他诋毁和阴谋颠覆合众国政府,并无任何证据能够证明纳尔逊意图诋毁和颠覆的是宾夕法尼亚州政府,因此,在该案中,应对纳尔逊适用联邦政府制定的同样是防止颠覆政府的《史密斯法》,而不是宾夕法尼亚州的《煽动叛乱法》。州地方法院适用法律不当,因而其所作出的判决是无效的。[5]

联邦最高法院在上诉审判中对州最高法院的裁决给予了支持。首先,联邦最高法院在判决中指出,无论是联邦国会在1940年制定的维护国家安

---

[1] *Rice v. Santa Fe Elevator Corp.*, 331 U. S. 218 (1947), 230.

[2] *Rice v. Santa Fe Elevator Corp.*, 331 U. S. 218 (1947), 234.

[3] *Rice v. Santa Fe Elevator Corp.*, 331 U. S. 218 (1947), 236.

[4] *Pennsylvania v. Nelson*, 350 U. S. 497 (1956) .

[5] *Pennsylvania v. Nelson*, 350 U. S. 497 (1956), 499.

全的《史密斯法》，还是 1950 年制定的防止共产党等左翼组织颠覆政府的《国内安全法》(Internal Security Act)，这些联邦法律都充分说明，联邦国会要在国家安全领域中行使排他性的权力，它"没有给州政府留下任何空间"，使其能够在国家安全领域内辅助联邦政府进行管理。①

其次，联邦最高法院认为，在防止煽动叛乱和颠覆政府方面，维护联邦的整体利益是占主导地位的。联邦最高法院指出，为了"提供公共防务，维护合众国的独立主权，并保护各州维持共和政体"，联邦国会采取了各种各样的抵御"极权主义侵略"(totalitarian aggression) 的措施，这本身就足以说明，联邦国会是把防止煽动叛乱视为一个"至关重要的国家问题"，而不是一个仅由"地方政府处理的问题"。由于煽动叛乱是危害"国家"的犯罪行为，因此，对这种犯罪进行起诉和审判的权力是"专属于"联邦政府的。②

最后，联邦最高法院认为，州政府在国家安全领域中的执法行动将会与联邦政府发生冲突，并由此会给美国的国家安全带来"严重的危险"。③ 联邦最高法院认为，自二战爆发以来，联邦政府就一再要求州和地方政府，必须把涉及国家安全的事务交由联邦调查局 (Federal Bureau of Investigation) 等联邦机构来处理。这是因为，如果把"一件发生在中西部地区的或许并不重要的孤立事件"，放在全国所有类似事件的背景下进行分析，就很有可能发现这是一件"与颠覆行为有关的重要事件"。因此，只有把国家安全事务放置在"国家层面上"加以考虑，并以"全面而有效的方式"进行处理，才能避免"混乱和失职行为的发生"。④

联邦最高法院还认为，各州涉足国家安全问题，也会出现法律规定难以统一的问题。例如，宾夕法尼亚州的《煽动叛乱法》就允许个人对他人所谓的煽动叛乱行为进行指控，这就极有可能给某些人发泄个人私愤留下可乘之机，使其他人的公民权利和自由遭到侵犯。⑤

---

① *Pennsylvania v. Nelson*，350 U. S. 497 (1956)，502—504.
② *Pennsylvania v. Nelson*，350 U. S. 497 (1956)，504—505.
③ *Pennsylvania v. Nelson*，350 U. S. 497 (1956)，505.
④ *Pennsylvania v. Nelson*，350 U. S. 497 (1956)，506—507.
⑤ *Pennsylvania v. Nelson*，350 U. S. 497 (1956)，507—508.

从上述论证出发，联邦最高法院作出裁决，由于联邦国会始终把国家安全视为联邦专属的权辖范围，而且国家安全也事关联邦的整体利益，各州插手国家安全问题将会与联邦政府的执法行动发生严重冲突，因此，在保障国家安全问题上，联邦政府享有排他性的权力，任何州都不得对此加以干预。

在 1959 年"圣迭戈建筑行业委员会诉加蒙案"[①] 中，联邦最高法院又一次运用"区间性联邦优先观"，裁定加利福尼亚州法院无权根据州法律的相关规定，对在工人示威纠察行动中财产受损的人给予经济补偿。联邦最高法院认为，因工人纠察行动而产生的纠纷，应由"国家劳工关系委员会"（National Labor Relations Board）依照《国家劳工关系法》（National Labor Relations Act）的相关规定进行处理，州法院"必须尊重国家劳工关系委员会排他性的管理权"，以"规避州政府干预给国家政策推行带来的威胁"。[②]

除"冲突性联邦优先观"和"区间性联邦优先观"外，"新政"后联邦最高法院利用"联邦优先"原则支持联邦权扩大的第三个司法观点是"表述性联邦优先观"（Express Preemption）。根据这种观点，如果联邦法律明文禁止州政府从事某种管理行为，而州法律却授权州政府实施这一行为，则联邦法律将取代州法律，成为处理这一事项的最高法律。

例如，在1983年的"阿罗哈航空公司诉税务署长案"[③] 中，联邦最高法院裁定，夏威夷州颁布的向航空公司征收"公共服务公司税"（public service company tax）的法律，违反了联邦国会1973年制定的《机场发展促进法》（Airport Development Acceleration Act）[④] 的相关规定，因而是无效的。

在判决中，联邦最高法院指出，早在1973年，为了促进美国航空运输体系的发展，联邦国会就在《机场发展促进法》中明确规定，任何州都不得"直接或间接地"对飞机乘客、飞行器、空中运输业务或"空中运输总收

---

① *San Diego Building Trades Council v. Garmon*，359 U. S. 236 (1959) .

② *San Diego Building Trades Council v. Garmon*，359 U. S. 236 (1959)，245.

③ *Aloha Airlines v. Director of Taxation*，464 U. S. 7 (1983) .

④ U. S. Congress，"An Act to Amend the Airport and Airway Development Act of 1970，as Amended，to Increase the United States Share of Allowable Project Costs under such Act，to Amend the Federal Aviation Act of 1958，as Amended，to Prohibit Certain State Taxation of Persons in Air Commerce，and for Other Purposes" (June 18，1973)，in *United States Statutes at Large*，Vol. 87，pp. 88—90.

入"（gross receipts）进行征税，唯各州向航空公司征收的财产税等不在此限之内。但夏威夷州关于征收"公共服务公司税"的相关法律则规定，州政府有权根据航空公司"每年空中运输的总收入"征收 4% 的财产税。[1] 仅从文字表述中就可以看出，在夏威夷州法律与联邦法律的相关规定之间存在着明显的差异。

联邦最高法院认为，如果一部联邦法律已经"非常明确地"禁止州征收某种税收，以防止这种税收影响州际贸易的发展，那么，司法机关就没有必要在已有的"清晰文字"（plain language）的基础上，再去考虑其他问题，"以确定征收这种税收的州法律是否因联邦法律的规定而无效"。[2] 联邦最高法院认为，虽然夏威夷州提出，它对航空公司征收的是财产税，只不过在征税时参照了航空公司的总收入而已，但是，这并不能掩盖夏威夷州要对航空公司的总收入进行征税的企图。在联邦最高法院看来，夏威夷州的这种税收，"至少是间接地要对航空公司的总收入进行征税"，而这恰恰是联邦国会的《机场发展促进法》所明文禁止的，因而是无效的。[3]

在 1992 年的"莫拉莱斯诉环球航空公司案"[4] 中，联邦最高法院也是利用"表述性联邦优先观"，将 1987 年"美国总检察官协会"（National Association of Attorneys General）颁布的《航空业执业指南》（Air Travel Industry Enforcement Guidelines）中的相关规定宣布为无效的。

1978 年，为了更好地促进美国航空业的市场化发展，联邦国会制定了《取消航空公司管制法》（Airline Deregulation Act）[5]，将航空公司的航线、票价和服务等全部放开，由市场进行调节。为了防止州政府和其他政治组织对航空公司的市场化运作加以限制，该法律还特别设置了一个"联邦优先"条款，规定任何州或政治组织都不得违反该法的规定，颁布"与任何航空公司

---

① *Aloha Airlines v. Director of Taxation*，464 U. S. 7 (1983)，10.

② *Aloha Airlines v. Director of Taxation*，464 U. S. 7 (1983)，12.

③ *Aloha Airlines v. Director of Taxation*，464 U. S. 7 (1983)，13—14.

④ *Morales v. Trans World Airlines*，504 U. S. 374 (1992).

⑤ U. S. Congress, "An Act to Amend the Federal Aviation Act of 1958, to Encourage, Develop, and Attain An Air Transportation System Which Relies on Competitive Market Forces to Determine the Quality, Variety, and Price of Air Services, and for Other Purposes" (October 24, 1978), in *United States Statutes at Large*, Vol. 92, pp. 1705—1754.

的票价、航线或服务有关的"法律和法规等。①

1987 年"美国总检察官协会"颁布了一份名为《航空业执业指南》的法律文件，对航空公司的票务广告、礼品赠送和超订补偿等作出了详细规定。"美国总检察官协会"提出，它之所以颁布这样一份指南，其目的是为了保护消费者的合法权益，防止消费者在旅行时受到航空公司的欺诈。②

根据这份指南，科罗拉多、堪萨斯、纽约、得克萨斯、马萨诸塞、密苏里和威斯康星 7 个州的总检察官，向美国主要的航空公司发出了一份备忘录，指出这些航空公司的票务广告中存在欺诈行为，如不按照指南的规定加以改正，将对其发起司法诉讼。各州的这一行动引发了航空公司的强烈不满。在得克萨斯州，环球航空公司（Trans World Airlines）向联邦地区法院起诉，指控《航空业执业指南》有关票务广告的规定干涉了航空公司的正常业务，违反了联邦国会的《取消航空公司管制法》，应是无效的。在联邦地区法院和联邦上诉法院支持了环球航空公司的主张后，得克萨斯州的总检察官丹·莫拉莱斯（Dan Morales）代表州政府将该案上诉至联邦最高法院。③

在本案判决中，联邦最高法院也支持了航空公司的主张，认定《航空业执业指南》中有关票务广告的规定无效。联邦最高法院认为，联邦国会的《取消航空公司管制法》明确规定，州政府或其他政治组织所颁布的任何与航空公司的票价、航线或服务"有关的"法律和法规都是无效的。这里的"有关的"（relating to）一词的外延是非常大的，只要某种规定与航空公司的票价、航线或服务等"发生了联系"，或者"涉及"航空公司的上述业务，这种规定就必须根据联邦法律的要求，被宣布为无效。④

联邦最高法院认为，《航空业执业指南》中关于票务广告的规定，无疑是"与票价有关的"，该规定给航空公司票务广告设置的诸多限制，必将

---

① U. S. Congress, "An Act to Amend the Federal Aviation Act of 1958, to Encourage, Develop, and Attain An Air Transportation System Which Relies on Competitive Market Forces to Determine the Quality, Variety, and Price of Air Services, and for Other Purposes"（October 24, 1978）, in *United States Statutes at Large*, Vol. 92, p. 1708.

② *Morales v. Trans World Airlines*, 504 U. S. 374 (1992), 379.

③ *Morales v. Trans World Airlines*, 504 U. S. 374 (1992), 380.

④ *Morales v. Trans World Airlines*, 504 U. S. 374 (1992), 383—384.

给航空公司"销售航空产品"和"确定航空票价"带来"巨大的影响",这就违反了联邦国会制定的《取消航空公司管制法》的明确规定,因而是无效的。①

总之,在支持联邦权扩大的过程中,"联邦优先"原则是联邦最高法院所倚重的一项非常重要的法律工具,其影响是深远的。当然,在运用"联邦优先"原则时,联邦最高法院也并非一味地将涉嫌违反"联邦优先"原则的州法律都宣布为无效。例如,在1983年的"太平洋油气和电力公司诉州能源保护和发展委员会案"②中,联邦最高法院就认为,1954年联邦国会制定的《原子能法》(Atomic Energy Act)③,其目的只是为了管理核电站建设过程中的放射性安全问题,并不干预州在核电站建设中对经济利益的考虑。因此,加利福尼亚州政府出于经济方面的原因,限制或暂停核电站建设的做法,并不违反《原子能法》。④毫无疑问,联邦最高法院在司法审查中所持的这种审慎态度,在很大程度上方便了州政府管理州内的经济事务,也为州权提供了一定的保障。但是,尽管如此,"新政"后的联邦最高法院在运用"联邦优先"原则时,其主要的司法趋向仍然是防止州权越界,维护联邦法律的至上地位,这就为联邦权的不断扩大奠定了重要的司法基础。

第三,联邦最高法院利用联邦国会的州际贸易管理权,支持联邦政府扩大权力。如前所述,自1937年3月的"西海岸旅馆公司诉帕里什案"起,联邦最高法院就完全改变了此前一直坚持的否决联邦政府干预经济运行的做法,开始以自由主义司法理念全面支持"新政"改革,从而给美国社会带来了一场影响深远的"宪法革命"。此后,在"大政府"逐渐成为美国政治和社会发展方向的背景下,宽泛地解读联邦国会的州际贸易管理权,支持联邦政府扩大调控社会和经济的权力,始终是联邦最高法院司法审查的主要趋向。

---

①　*Morales v. Trans World Airlines*,504 U. S. 374 (1992),388—391.

②　*Pacific Gas & Electric Co. v. State Energy Resources Conservation and Development Commission*,461 U. S. 190 (1983).

③　U. S. Congress, "An Act to Amend the Atomic Energy Act of 1946, as Amended, and for Other Purposes"(August 30, 1954), in *United States Statutes at Large*, Vol. 68, pp. 919—961.

④　*Pacific Gas & Electric Co. v. State Energy Resources Conservation and Development Commission*,461 U. S. 190 (1983),205—216.

例如，在1944年的"合众国诉东南保险商协会案"①中，联邦最高法院确认，联邦政府可以利用《谢尔曼反托拉斯法》管制保险业中的垄断行为。早在1869年的"保罗诉弗吉尼亚州案"②中，联邦最高法院就曾裁定，由于保险公司与客户所签订的保险单只是一种"损害赔偿合同"（contract of indemnity），并不存在实际的货品交易，因此，这种合同所作的规定，"无论从任何正确的文字意义上看"，都不是一种"交易条款"。即使合同双方分处不同的州，保险行业的经营活动也不受联邦国会的州际贸易管理权的约束。③但是，在东南保险商协会案中，联邦最高法院明确推翻了保罗案先例，将保险业纳入到联邦国会州际贸易管理权的调控范围内，扩大了联邦政府的权力。

在由布莱克大法官代表联邦最高法院拟定的判决中，联邦最高法院认为，在本案中，东南保险商协会（South-Eastern Underwriters Association）下属的近200个火灾保险公司，从事的是跨州际的保险业务。在开展业务的过程中，这些保险公司相互串通，确立了损害客户的不合理的保险费率（premium rate），这是明显的以"共谋"（conspiracy）的方式垄断州际贸易的行为，违反了1890年联邦国会制定的《谢尔曼反托拉斯法》。

联邦最高法院认为，州际贸易管理权是联邦宪法授予联邦国会的一项"明确的权力"（positive power）。根据这一权力，联邦国会有权制定法律，管理州际贸易，因为州际贸易"影响了多个州人民的利益"，任何一个州都"没有足够的能力"对此加以管理。在联邦最高法院看来，联邦政府的州际贸易管理权，在"把一个松散的邦联连接成为单一而不可分割的国家"的过程中，发挥了至关重要的作用，这一权力的"存续"也将对美国公共福利的发展起着同样关键性的作用。④联邦最高法院认为，为了保护公共福利，联邦国会完全可以在"它认为必要时"启动这一权力。"任何从事跨州经营行为的商业公司"，"都不能完全摆脱贸易条款赋予联邦国会的管理权的束缚"，保险业不能例外。⑤

---

① *United States v. South-Eastern Underwriters Association*，322 U. S. 533（1944）.

② *Paul v. Virginia*，75 U. S. 168（1869）.

③ *Paul v. Virginia*，75 U. S. 168（1869），183.

④ *United States v. South-Eastern Underwriters Association*，322 U. S. 533（1944），552.

⑤ *United States v. South-Eastern Underwriters Association*，322 U. S. 533（1944），552—553.

联邦最高法院的东南保险商协会案判决，显示出在"新政"后，联邦最高法院不断突破既有司法先例的束缚，支持联邦政府加强调控经济运行的司法立场。尽管联邦国会在 1945 年通过了《麦卡伦—弗格森法》(McCarran–Ferguson Act)①，承认州政府也有权力管理保险业，在一定程度上削弱了东南保险商协会案判决的司法效力，但利用联邦国会的州际贸易管理权支持联邦政府扩大调控社会和经济运行的权力，却一直成为此后联邦最高法院基本的司法趋向。

例如，在1946年的"北美公司诉证券交易委员会案"② 中，联邦最高法院就裁定，北美公司（North American Company）通过持有股票的方式，在事实上控制了 17 个州的 80 多家电力公司，形成了垄断事实。联邦证券交易委员会（Securities and Exchange Commission）根据联邦国会制定的《公共事业持股公司法》(Public Utility Holding Company Act) 的相关规定，要求北美公司只持有一家电力公司的股票，放弃其他公司股票的行为并不违宪，而是联邦国会州际贸易管理权的正当行使。

联邦最高法院认为，虽然北美公司是以持股的形式控制它的子公司的，但这种垄断经营也"影响了国家的公共利益"，而且也与州际贸易发生了"紧密的联系"。③ 对于这种州际贸易中的垄断行为，联邦国会有充分的管理权加以处置，以防止北美公司利用"州际贸易渠道"(channels of interstate commerce) 加剧或扩大垄断造成的经济"恶果"。④ 联邦国会制定《公共事业持股公司法》，正是联邦国会运用州际贸易管理权消弭出现这种"恶果"可能性的一种手段，其合宪性是不容置疑的。⑤

在"新政"后的司法审查中，联邦最高法院不仅支持联邦国会利用州际贸易管理权规范跨州际的贸易活动，而且也通过宽泛地解释州际贸易管理权，支持联邦政府干预州和地方政府的管理行为。例如，在 1968 年的"马

---

① U. S. Congress, "An Act to Express the Intent of the Congress with Reference to the Regulation of the Business of Insurance"(March 9, 1945), in *United States Statutes at Large*, Vol. 59, pp. 33—34.

② *North American Co. v. Securities and Exchange Commission*, 327 U. S. 686 (1946).

③ *North American Co. v. Securities and Exchange Commission*, 327 U. S. 686 (1946), 702.

④ *North American Co. v. Securities and Exchange Commission*, 327 U. S. 686 (1946), 705.

⑤ *North American Co. v. Securities and Exchange Commission*, 327 U. S. 686 (1946), 706.

里兰州诉沃茨案"① 中，联邦最高法院就裁定，联邦国会可以根据《公平劳动标准法》(Fair Labor Standards Act)② 的要求，强制州政府执行联邦政府规定的工资标准。

《公平劳动标准法》是联邦国会在 1938 年制定的一项旨在保护企业员工福利的法律。根据该法的规定，所有雇主都必须执行该法确定的最低工资标准，给在公司或企业中从事州际贸易的雇员提供合理的薪金，并向加班工作的雇员支付加班费。1961 年，联邦国会对该法做了修订，规定所有从事州际贸易的"企业"(enterprises)，都必须遵守该法规定的最低工资标准，向所有雇员支付合理的薪金，并提供相应的加班费。③1966 年，联邦国会再次修订该法，规定州和地方政府开办的医院和学校等，也必须遵守该法关于最低工资和加班费的相关规定。④

在本案中，马里兰等 28 个州将联邦劳工部长威廉·W. 沃茨 (William W. Wirtz) 告上了法庭。马里兰等州政府认为，修订后的《公平劳动标准法》以"企业"为立法对象，迫使从事州际贸易的企业必须向所有的雇员都提供该法要求的最低工资和加班费，使得企业中那些并不从事州际贸易的雇员也因此获益，这一规定远远超出了联邦国会州际贸易管理权的范围。同时，州政府开办的医院和学校与州际贸易没有任何联系，该法将这些机构纳入管理范围，显然也是违宪的。⑤ 在联邦地区法院驳回了马里兰等州的诉讼请求后，马里兰等州将该案上诉到联邦最高法院。

在本案判决中，联邦最高法院支持了联邦地区法院的裁决，认定联邦

---

① *Maryland v. Wirtz*, 392 U. S. 183 (1968).

② U. S. Congress, "An Act to Provide for the Establishment of Fair Labor Standards in Employments in and Affecting Interstate Commerce, and for Other Purposes" (June 25, 1938), in *United States Statutes at Large*, Vol. 52, pp. 1060—1069.

③ U. S. Congress, "An Act to Amend the Fair Labor Standards Act of 1938, as Amended, to Provide Coverage for Employees of Large enterprises Engaged in Retail Trade or Service and of Other Employers Engaged in Commerce or in the Production of Goods for Commerce, to Increase the Minimum Wage under the Act to $1.25 An Hour, and for Other Purposes" (May 5, 1961), in *United States Statutes at Large*, Vol. 75, pp. 65—75.

④ U. S. Congress, "An Act to Amend the Fair Labor Standards Act of 1938 to Extend Its Protection to Additional Employees, to Raise the Minimum Wage, and for Other Purposes" (September 23, 1966), in *United States Statutes at Large*, Vol. 80, pp. 830—845.

⑤ *Maryland v. Wirtz*, 392 U. S. 183 (1968), 187—188.

国会在《公平劳动标准法》修订案中所作的规定，并未超出其所拥有的州际贸易管理权的权辖范围。首先，联邦最高法院认为，在一个企业的经营活动中，受雇员的工资、工时等因素影响的劳动力成本（labor costs），对该企业在州际贸易中的竞争力有着重大影响。由于劳动力成本并不只是由那些"直接从事州际贸易的雇员们"的工资构成的，而是涉及企业中所有雇员的工资支出，因此，联邦国会要求从事州际贸易的企业，必须对所有雇员都执行联邦政府所规定的最低工资和加班费的规定，并无任何越权之处。①

其次，联邦最高法院认为，劳动待遇的不统一容易导致劳资纠纷和罢工，当这种冲突影响了州际贸易企业的经营时，州际贸易中货物的流动也会因此受到影响。在这种情况下，联邦国会采取措施，保障工资、工时等的公平，其目的是为了推进实现州际贸易中的"劳工秩序"（labor peace），因而并未超越联邦宪法授予它的州际贸易管理权。②

最后，联邦最高法院认为，虽然本案中所涉及的医院和学院是由州政府开办的，但是，这些医院和学校都是州际贸易中的"大客户"。从近年来马里兰州的财政报告中可以看出，医院和学校所使用的设备和器材，绝大多数都是从其他州采购的，如果因劳动待遇问题引发医院和学校的罢工或停课，"必将阻碍和扰乱跨州际的货物流动"。因此，州政府开办的医院和学校也是州际贸易的组成部分，理应受联邦国会制定的《公平劳动标准法》的约束。③

沃茨案判决清晰地表明，联邦最高法院在解读联邦国会的州际贸易管理权时，采取了非常宽泛的司法态度。按照这一案件的司法路径，几乎所有的商业行为都有可能被裁定为与州际贸易发生联系，从而极大地扩大了联邦国会州际贸易管理权的适用范围，提高了联邦政府干预州政府施政行为的权力。

在1985年的"加西亚诉圣安东尼奥都市交通局案"④ 中，联邦最高法院再次通过宽泛地解读州际贸易管理权，裁定州内部的城市公共交通管理也

---

① *Maryland v. Wirtz*, 392 U. S. 183 (1968), 188—190.

② *Maryland v. Wirtz*, 392 U. S. 183 (1968), 191.

③ *Maryland v. Wirtz*, 392 U. S. 183 (1968), 194—195.

④ *Garcia v. San Antonio Metropolitan Transit Authority*, 469 U. S. 528 (1985).

属于联邦国会州际贸易管理权的组成部分。在该案中，乔·G. 加西亚（Joe G. Garcia）等人起诉他们供职的得克萨斯州圣安东尼奥都市交通局（San Antonio Metropolitan Transit Authority），要求该局必须按照 1974 年联邦国会所作的《公平劳动标准法》修正案①的规定，在州政府管理的城市公共交通行业中执行有关最低工资和最高工时的规定，保障员工的合法权益。圣安东尼奥都市交通局则认为，城市交通本是州政府的"传统政府职能"（traditional governmental functions），联邦法律对此不能予以干预。

圣安东尼奥都市交通局的上述理由并不是没有法律依据的。早在 1976 年的"全国城市联盟诉尤塞里案"②中，保守派大法官威廉·H. 伦奎斯特（William H. Rehnquist）就曾代表联邦最高法院出人意料地裁定，联邦国会不能利用州际贸易管理权干预那些属于州政府"传统政府职能的领域"③。该案也成为自 1937 年联邦最高法院实现司法转向后，最高法院首次作出的限制联邦国会州际贸易管理权的判决。④ 在全国城市联盟案判决有效的情况下，在加西亚案中，圣安东尼奥都市交通局援引这一判决，提出联邦国会无权要求自己遵守《公平劳动标准法》修正案，并非毫无根据，这就使得联邦最高法院必须要在是否遵循全国城市联盟案先例这一棘手的问题上作出选择。

在由哈里·布莱克门（Harry Blackmun）大法官代表联邦最高法院所作的判决中，联邦最高法院明确推翻了全国城市联盟案判决，将联邦国会的州际贸易管理权扩展至州政府的传统管理领域。

联邦最高法院认为，虽然在全国城市联盟案中，联邦最高法院提出联邦政府不能干预那些属于州政府的"传统政府职能的领域"，但是，有充分的证据能够证明，在现实的政府管理中，州政府的管理职能始终是在变动的，司法机关很难找出一条"可行的标准"（workable standard），在州政府的"传统政府职能"与其他政府职能之间划出一条界线，以确定联邦政府是

---

① U. S. Congress, "An Act to Amend the Fair Labor Standards Act of 1938 to Increase the Minimum Wage Rate under That Act, to Expand the Coverage of the Act, and for Other Purposes" (April 8, 1974), in *United States Statutes at Large*, Vol. 88, pp. 55—76.

② *National League of Cities v. Usery*, 426 U. S. 833 (1976).

③ *National League of Cities v. Usery*, 426 U. S. 833 (1976), 852.

④ Leonard W. Levy and Kenneth L. Karst, eds., *Encyclopedia of the American Constitution*, p. 1002.

否能够加以调控。①

联邦最高法院认为，"传统政府职能"的含义，只能通过由人民的代表组成的立法机关来确定，如果由"未经选举的联邦司法机关"加以判断，那么，这种判断就不可避免地会掺杂联邦司法机关自己的"好恶"，从而使联邦制不能在民主社会中真正起到应有的作用。②既然联邦国会的议员们已经作出了在州内的城市公共交通行业中执行《公平劳动标准法》修正案的决定，那么，联邦最高法院只能对各州人民代表的意见表示尊重。尽管全国城市联盟案曾经作出裁决，规定由司法机关判断"某一特定的政府职能"是否是州政府"基本的"（integral）或"传统的"（traditional）政府职能，并依此确定州政府是否能够规避联邦法律的约束，但这一裁决在理论上是"不健全的"（unsound），在实践上也是"不可行的"（unworkable），必须予以推翻。③

联邦最高法院指出，在联邦制下，虽然各州保留着非常重要的"主权权威"（sovereign authority），但是，这种权威存在的前提是联邦宪法没有把它赋予联邦政府。正如美国早期的政治家詹姆斯·麦迪逊所说，联邦国会当然不能行使联邦宪法没有授予它的权力，但如果联邦宪法已经有了明确授权，"即使这种授权会与州法律甚至会与州宪法发生冲突"，联邦国会也必须行使这种权力。④

联邦最高法院认为，联邦宪法已经作出了很多体现州"主权"的规定，如州可以影响联邦国会众议员和联邦总统的选举，也可以通过在联邦参议院中拥有平等代表权而直接宣示自己的"主权"。⑤因此，在联邦宪法已经有足够的机制保护州"主权"的情况下，必须慎重处理对联邦国会州际贸易管理权所施加的任何限制。在联邦最高法院看来，任何对联邦国会州际贸易管理权所采取的"实质性的限制"，都必须有充分的"合理性"，它们必须满足"国家政治进程"的需要，而不是刻意确立一个所谓的"州自治的神圣领域"

---

① *Garcia v. San Antonio Metropolitan Transit Authority*，469 U. S. 528（1985），539.
② *Garcia v. San Antonio Metropolitan Transit Authority*，469 U. S. 528（1985），545—546.
③ *Garcia v. San Antonio Metropolitan Transit Authority*，469 U. S. 528（1985），546—547.
④ *Garcia v. San Antonio Metropolitan Transit Authority*，469 U. S. 528（1985），549.
⑤ *Garcia v. San Antonio Metropolitan Transit Authority*，469 U. S. 528（1985），551.

(sacred province of state autonomy)。联邦最高法院认为,在本案中,联邦政府只是要求该交通局遵守《公平劳动标准法》修正案的规定,与其他成百上千的公私企业一样,"担负起提供相同的最低工资和加班费的责任",这种要求并"没有摧毁州的主权",也没有"违反任何联邦宪法的规定"。[1]

不仅如此,联邦最高法院还指出,虽然联邦国会要求圣安东尼奥都市交通局遵守联邦法律的相关规定,但联邦国会也向该交通局提供了必要的财政资助。自1978年圣安东尼奥都市交通局成立以来,该交通局就不断接受联邦政府的公共交通财政援助。仅在该交通局运作的头两年,它就接受了1200万美元的联邦资助。[2] 因此,联邦国会利用州际贸易管理权,规范圣安东尼奥都市交通局的经营活动,并没有给该交通局的正常运作带来任何经济上的负担,没有侵犯州的主权,更没有违反美国的联邦制原则。联邦国会有充分的州际贸易管理权,调控州内部的城市公共交通运输。[3]

加西亚案判决表明,在经历了全国城市联盟案短暂的摇摆后,联邦最高法院又回到了支持联邦国会利用州际贸易管理权扩大联邦权力的道路上。根据加西亚案判决,联邦国会可以运用州际贸易管理权,调控州和地方政府的内部事务,联邦权扩大的趋势得到了进一步加强。

"新政"后,在联邦最高法院宽泛解读联邦国会州际贸易管理权的过程中,"休眠的贸易条款"(Dormant Commerce Clause)也是联邦最高法院提升联邦权的一个重要的司法依据。如前所述,联邦宪法第1条第8款所规定的贸易条款的含义,通常是指联邦宪法授权联邦国会管理州际贸易。但实际上,从19世纪初开始,联邦最高法院就借助司法审查,从贸易条款的文本中逐渐反向推论出了另外一个非常重要的内容,即如果联邦国会没有对州际贸易作出相关的法律规定,或者说当联邦国会的州际贸易管理权处于"休眠"(dormant)状态时,各州在管理涉及州际贸易的事务中,所制定的法律和法规也不得损害州际贸易,否则就侵犯了联邦国会的州际贸易管理权。从贸易条款中所推论出的对州政府的这一限制性的法律规定,通常就被称为

---

[1]　*Garcia v. San Antonio Metropolitan Transit Authority*,469 U. S. 528 (1985),554.

[2]　*Garcia v. San Antonio Metropolitan Transit Authority*,469 U. S. 528 (1985),555.

[3]　*Garcia v. San Antonio Metropolitan Transit Authority*,469 U. S. 528 (1985),556—557.

"休眠的贸易条款"或"反向的贸易条款"(Negative Commerce Clause)。①

虽然"休眠的贸易条款"在联邦宪法中并无明文规定,只是司法推论的结果,但是,随着美国经济的快速发展,州政府卷入州际贸易管理的现象越来越频繁,该条款的重要性也就表现得日益突出。其实,早在前述的"纽约诉米尔恩案"(1837 年)和"库利诉费城港监管委员会案"(1852 年)中,联邦最高法院就以"治安权"和"选择性排他"等司法理论,支持州政府介入州际贸易管理。"新政"后,随着美国经济的恢复和发展,州际贸易的规模越来越大,其内容和形式也变得越来越复杂,州政府干预州际贸易的现象更加屡见不鲜。由于联邦国会对州际贸易的立法不可能面面俱到,在很多情况下,联邦国会通常会默认州政府管理某些与州际贸易有关的事务,这就不可避免地会出现州政府过分保护本州的经济利益,但却损害州际贸易发展的现象。在此情况下,"休眠的贸易条款"就成为矫正各州的偏私,维护州际贸易正常发展的重要的宪法依据。尽管"休眠的贸易条款"是基于司法推论基础上的,其法理根基也时常遭到人们的挑战,但是,正如美国学者劳伦斯·H. 却伯(Laurence H. Tribe)所言,从 20 世纪初开始,随着美国经济的高速发展,"休眠的贸易条款"已经"成为一道看似永恒的宪法风景线,至今依然如此"。②

总体而言,在"新政"后,联邦最高法院在运用"休眠的贸易条款"进行司法审查时,一般采用的是被称为"利益平衡"(Balancing Test)的审查标准。根据该标准,在有关州和地方政府管理州际贸易的案件中,联邦最高法院司法审查的重点是分析州和地方政府的贸易管理是否存在明显的"歧视"(discrimination)行为,以及是否增加了州际贸易的"负担"(burden),从而判断州和地方政府的贸易管理是否遵循了实现自身利益与全国利益相互平衡的基本原则。

例如,在1945年的"南太平洋公司诉亚利桑那州案"③ 中,联邦最高法院就以"利益平衡"标准为司法审查的依据,推翻了亚利桑那州的《列车限制法》(Train Limit Law)的有效性。根据该法的规定,为维护铁路运输的

① Leonard W. Levy and Kenneth L. Karst, eds., *Encyclopedia of the American Constitution*, p. 804.

② [美]劳伦斯·却伯:《看不见的宪法》,田雷译,法律出版社 2011 年版,第 61 页。

③ *Southern Pacific Co. v. Arizona*, 325 U. S. 761 (1945).

安全，在亚利桑那州境内，任何个人和公司都不得开行超过 14 节客运车厢和 70 节货运车厢的火车，否则将被罚款。①

南太平洋公司因未能遵守上述规定而被亚利桑那州最高法院裁定为违法经营。但是，在上诉审判中，联邦最高法院不仅推翻了州最高法院的裁决，而且也宣布了《列车限制法》无效。

在由首席大法官斯通所作的判决中，联邦最高法院认为，在州际贸易中，对于各州制定的"旨在保护公共健康和安全的法律"，联邦国会并不会随意地把它们宣布为无效，除非这些法律的"规定"及其"效果"与联邦国会的政策发生了直接冲突。② 联邦最高法院认为，如果州法律对州际贸易构成了"有害的影响"，而联邦国会又没有对此采取行动，那么，联邦最高法院就将对州与国家之间存在的"相互冲突的利益"作出"最后的仲裁"。③

联邦最高法院认为，有充分的证据能够证明，亚利桑那州政府对火车车厢数量所作的限制，并不能有效地"减少发生事故的危险"，相反，这一规定还"阻碍了州际铁路运营"，对"运输效率"和"经济发展"都带来了"非常不利的影响"。这说明，亚利桑那州法律"已经超出了对重要的安全问题的考虑"，这不仅给国家的整体利益造成了伤害，而且也侵犯了联邦国会的州际贸易管理权。有鉴于此，亚利桑那州《铁路限制法》的有效性必须被推翻，因为实现"州的利益"绝不能"以牺牲国家利益为代价"，与国家的整体利益相比，"州的利益是处于从属地位的"。④

在1951年的"迪安牛奶公司诉麦迪逊市案"⑤ 中，联邦最高法院也是利用"休眠的贸易条款"，以在州际贸易中实施"歧视"政策并增加州际贸易的"负担"为由，推翻了威斯康星州麦迪逊市（City of Madison）在 1949 年制定的一项市政条例的有效性。根据该条例，所有在麦迪逊市销售的牛奶和奶制品都必须经过巴氏消毒，但是，巴氏消毒和产品包装只能在距离市中心

---

① *Southern Pacific Co. v. Arizona*，325 U. S. 761 (1945)，763.
② *Southern Pacific Co. v. Arizona*，325 U. S. 761 (1945)，766.
③ *Southern Pacific Co. v. Arizona*，325 U. S. 761 (1945)，769.
④ *Southern Pacific Co. v. Arizona*，325 U. S. 761 (1945)，781—782.
⑤ *Dean Milk Co. v. City of Madison*，340 U. S. 349 (1951).

5 英里内的一家得到州"公共卫生部"（Department of Public Health）许可的工厂内完成，否则，任何个人、组织或公司的牛奶和奶制品生产及销售都是违法的。①

尽管麦迪逊市政府认为，该条例是保护当地人健康的必要措施，但这一条例的合宪性还是遭到了迪安牛奶公司（Dean Milk Company）的强烈质疑。迪安牛奶公司是一家伊利诺伊州的牛奶公司，从事伊利诺伊州和威斯康星州之间的牛奶和奶制品的生产与销售。根据上述条例的规定，迪安牛奶公司将无法继续在威斯康星州内开展业务。因此，该公司将麦迪逊市告上了法庭，认为麦迪逊市的这一规定，危害了正常的州际贸易，侵犯了联邦国会的州际贸易管理权，必须予以推翻。在威斯康星州最高法院支持了这一市政条例的合宪性后，迪安牛奶公司将该案上诉至联邦最高法院。

在由托马斯·C. 克拉克（Thomas C. Clark）大法官代表联邦最高法院所做的判决中，联邦最高法院推翻了威斯康星州最高法院的裁决，以"休眠的贸易条款"为依据，裁决麦迪逊市的市政条例无效。联邦最高法院认为，在该案所涉及的有关牛奶和奶制品的州际贸易中，虽然联邦国会并无明确的法律规定，麦迪逊市政府也可以行使某些"保护人民健康和安全的权力"，但是，市政府的这种管理却不能在州际贸易中"树立一道经济屏障"，以保护当地企业的发展，"防止外州企业的竞争"。②

联邦最高法院认为，事实上，麦迪逊市完全可以采取其他"合理的"、"非歧视性的"措施，来维护"当地的合法利益"。比如，市政府可以委派官员，对外地生产的牛奶和奶制品进行检测，以达到保护当地人健康和安全的目的。麦迪逊市没有采取这样类似的措施，而是通过制定歧视性的贸易政策，为自己划定了一个"特惠贸易区"（preferential trade areas），这显然"加重了州际贸易的负担"，也对联邦宪法州际贸易条款的本质带来了"毁灭性的打击"。③ 因此，麦迪逊市政府制定的这一条例必须被推翻，否则就侵犯了联邦国会的州际贸易管理权。

联邦最高法院对"休眠的贸易条款"的运用，也体现在 1978 年的"费

---

① *Dean Milk Co. v. City of Madison*，340 U. S. 349 (1951)，350.

② *Dean Milk Co. v. City of Madison*，340 U. S. 349 (1951)，354.

③ *Dean Milk Co. v. City of Madison*，340 U. S. 349 (1951)，354—356.

城诉新泽西州案"① 中。1973 年，新泽西州政府制定了一项限制外州的废料垃圾输入该州的法律。根据该法律，除"州环保局"（State Department of Environmental Protection）明确许可的少数废料种类外，绝大多数的"固态和液态废料"都被禁止输入新泽西州。虽然新泽西州认为，该法律的目的是为了保护本州人民的健康、安全和公共福利，但这一法律仍然遭到了本州和外州一些长年从事州际废物填埋业务的公司的强烈反对。它们认为，该法律不仅使它们无法履行已经签署的废物填埋合同，损害了他们的切身利益，而且，更为重要的是，该法律明显阻碍了州际贸易的正常进行，侵犯了联邦国会的州际贸易管理权。②

新泽西州最高法院对该法律的合宪性做了维护。州最高法院认为，州政府之所以出台该法律，主要是出于公共卫生安全和环保的考虑，既无"歧视"的恶意，也没有给州际贸易带来多大的"负担"，并未阻碍州际贸易的正常进行。③ 同时，州政府禁止输入的废料也无法再利用，"仅仅是对这些毫无价值的废料进行运输和处理"，根本称不上是州际贸易，因此，也不存在侵犯联邦国会州际贸易管理权的事实。④

但是，新泽西州最高法院的这一裁决遭到了联邦最高法院的反驳。在由波特·斯图尔特（Pott Stewart）大法官拟定的判决中，联邦最高法院认为，虽然州政府可以禁止某些高危险性的废物运输，以保护公共卫生安全和公共福利，但仅仅因为外州的废料垃圾是"无价值的"，就推论出州政府可以任意禁止这些物品在州际之间运输，而且也不受联邦国会州际贸易管理权的约束，是没有法理依据的。在联邦最高法院看来，"所有州际贸易中的物品"都是受联邦国会州际贸易管理权的监管的，"没有哪种物品仅靠对它们的定义就可以将它们排除在外"。如果任何州限制了废料垃圾在州际贸易中"流动"（movement），它都必须接受严格的"宪法性审查"（constitutional scrutiny）。⑤

---

① *City of Philadelphia v. New Jersey*，437 U. S. 617 (1978).

② *City of Philadelphia v. New Jersey*，437 U. S. 617 (1978)，618—619.

③ *City of Philadelphia v. New Jersey*，437 U. S. 617 (1978)，620.

④ *City of Philadelphia v. New Jersey*，437 U. S. 617 (1978)，622.

⑤ *City of Philadelphia v. New Jersey*，437 U. S. 617 (1978)，622—623.

联邦最高法院认为，虽然各州在保护人民健康和安全的过程中，难免会对州际贸易造成一些"附带的负担"（incidental burdens），联邦最高法院也对此予以认可，并不轻易地推翻相关的州法律，但是，对于那些因州政府的干预而带来的"经济孤立"（economic isolation）和"贸易保护主义"，联邦最高法院却一直保持着相当高的警惕，时刻防止这样的"恶果"出现。只要州法律力图对本州实行贸易保护主义，那么，"该法律一经制定，其本身就是无效的"①。

联邦最高法院认为，在本案中，不管新泽西州的目的是什么，这些目的都不能通过对外州输入的物品进行"歧视性的对待"而得到实现。无论是从法律条文本身还是从法律的实际效果看，新泽西州限制外州废料垃圾输入的法律，都违反了州际贸易中不得实行贸易歧视的原则，其有效性必须被推翻。②

1981年的"卡塞尔诉联合货运公司案"③也是一宗典型的涉及"休眠的贸易条款"的案件。在该案中，联邦最高法院沿用了"利益平衡"标准，推翻了艾奥瓦州一项货车限行法律的有效性。根据1979年艾奥瓦州货车限行法律的规定，在该州的高速公路上，除少数特许的60英尺长的双牵引式挂车（double tractor-trailer）可以行驶外，其他所有的拖挂货车都必须是长度不超过55英尺的单挂货车，但在与其他州交界的城市中行使的拖挂货车不受此限。④

艾奥瓦州的这一货车限行法律遭到了特拉华州的"联合货运公司"（Consolidated Freightways Corporation）的挑战。"联合货运公司"是当时美国最大的州际货运公司之一，经营活动遍及48个州。由于该公司使用的双牵引式挂车的长度普遍为65英尺长，因此，根据艾奥瓦州货车限行法律的规定，当该公司的拖挂货车途经艾奥瓦州时，该公司要么改用单挂货车，要么把双牵引式挂车拆开，分别运过该州后再挂接起来，要么干脆就绕过艾奥瓦州，改走其他货运路线，否则在该州境内就属于违法运输。毫无疑问，无论"联合货运公司"做何选择，都会大幅增加运输成本，给公司的运行

---

① *City of Philadelphia v. New Jersey*，437 U. S. 617 (1978)，623—624.

② *City of Philadelphia v. New Jersey*，437 U. S. 617 (1978)，626—627.

③ *Kassel v. Consolidated Freightways Corp.*，450 U. S. 662 (1981).

④ *Kassel v. Consolidated Freightways Corp.*，450 U. S. 662 (1981)，665—666.

带来不利影响。在此情况下,"联合货运公司"将艾奥瓦州的运输部长雷蒙德·卡塞尔(Raymond Kassel)告上了联邦地区法院,认为该法律大大增加了州际贸易的"负担",阻碍了州际贸易的正常进行,理应被推翻。在联邦地区法院和联邦上诉法院都支持了"联合货运公司"的诉讼理由后,卡塞尔代表艾奥瓦州将该案上诉到联邦最高法院。

在该案中,艾奥瓦州认为,该州在州内高速公路运输中限制拖挂货车的长度,完全是为了减少交通事故,更好地保护州际贸易。这本是州政府"治安权"的合理运用,根本不构成对州际贸易的阻碍。但是,艾奥瓦州的这一观点遭到了联邦最高法院的反驳。

在由小刘易斯·F. 鲍威尔(Lewis F. Powell,Jr.)大法官拟定的联邦最高法院判决中,联邦最高法院认为,尽管在联邦国会没有作出相关法律规定的情况下,各州有权对涉及州际贸易的州内事务进行管理,但这种管理绝不能损害州际贸易。这是因为,"即使在联邦国会没有采取行动的情况下,贸易条款对州权力也是一种限制"。如果州政府"侵犯了国家利益",司法机关必须根据"贸易条款"的规定,"将州的管理宣布为无效"。[1]

联邦最高法院认为,艾奥瓦州限制货车的长度,毫无疑问会增加货运公司的运输成本,给州际贸易带来更多的"负担"。同时,从现有的证据看,65英尺长的双牵引式挂车的安全性并不比55英尺长的单挂货车差,单纯地限制货车长度,反而会增加货运公司运输同等数量货物的次数和运输的里程,引发交通事故的概率更大。[2] 因此,艾奥瓦州提出的限制货车长度并未妨碍州际贸易,相反却保证了州际贸易中交通安全的理由是不成立的。

联邦最高法院认为,根据艾奥瓦州货车限行法律的规定,与其他州交界的城市不受该法的限制,超限货车可以合法地从边界城市进入其他州,这也说明该州制定货车限行的法律,其本意并非是出于州际贸易安全的考虑,而是既要从州际贸易中获益,又要转嫁自己应当承担的维护州际贸易正常运行的责任,带有明显的贸易保护主义色彩。[3]

联邦最高法院最终裁定,艾奥瓦州的货车限行法律不仅不能实现其所

---

① *Kassel v. Consolidated Freightways Corp.*,450 U. S. 662(1981),669.

② *Kassel v. Consolidated Freightways Corp.*,450 U. S. 662(1981),672—675.

③ *Kassel v. Consolidated Freightways Corp.*,450 U. S. 662(1981),676—678.

谓的安全目标，而且也大大增加了州际贸易的"负担"，使地方利益与国家利益之间无法保持"平衡"，侵犯了联邦国会的州际贸易管理权，故该法律必须被推翻。

由上述可见，在"新政"后的司法审查中，联邦最高法院不仅对联邦国会扩大州际贸易管理权的行为予以了支持，而且也使联邦权逐渐渗透到了州政府的传统权辖领域。更为引人注目的是，通过联邦最高法院对"休眠的贸易条款"的司法解读，州政府在得到联邦国会的默许，对某些涉及州际贸易的州内事务进行管理时，也不得采取贸易保护政策，破坏地方利益与国家利益间的平衡，损害州际贸易的正常进行。这就使联邦政府即使在没有行使具体的监管职能时，仍然可以对各州进行有效的控制，联邦权扩大的趋势得到了进一步加强。

进入 20 世纪 90 年代后，在以保守派首席大法官威廉·H. 伦奎斯特的主导下，联邦最高法院开始在一些案件中限制联邦国会的州际贸易管理权。例如，在1995年的"合众国诉洛佩斯案"[①] 中，联邦最高法院就通过狭义解释联邦国会州际贸易管理权的含义，推翻了联邦国会凭借州际贸易管理权在1990 年制定的《无枪校区法》（Gun-Free School Zones Act）的合宪性。

根据《无枪校区法》的规定，无论任何人，只要明知自己要进入的地区为校区（School Zones），仍然"故意"（knowingly）携带枪支进入校园及校园方圆 1000 英尺的范围，即被认定为犯罪，将被处以最高不超过 5000 美元的罚款，或最长不超过 5 年的监禁，抑或二者并罚。[②]

在本案中，被告小阿方索·洛佩斯（Alfonso Lopez, Jr.）是得克萨斯州圣安东尼奥市（San Antonio）爱迪生中学（Edison High School）的一名12 年级的学生。1992 年 3 月 10 日，洛佩斯因携带一把点 38 口径的手枪和5 颗子弹进入学校，被当地警方逮捕。在随后的审判中，联邦地区法院依照《无枪校区法》裁定洛佩斯有罪。洛佩斯提起上诉，认为联邦国会制定《无枪校区法》超越了联邦宪法授予它的州际贸易管理权，该法应是违宪的，依照该法对他所作的有罪判决也是不成立的。在联邦第五巡回上诉法院支持了

---

① *United States v. Lopez*，514 U. S. 549（1995）.

② U. S. Congress，"Gun-Free School Zones Act"（November 29, 1990），in *United States Statutes at Large*，Vol. 104, pp. 4844—4845.

洛佩斯的上诉后，联邦司法部将该案上诉到联邦最高法院。[1]

联邦司法部认为，联邦国会制定《无枪校区法》是正当地行使州际贸易管理权。这是因为，携枪进入校区会引发暴力犯罪，暴力犯罪的"成本代价"又会影响整个社会的发展，也会降低人们参与州际旅行的愿望。同时，暴力犯罪还会对学校教育带来"实质性的威胁"，不利于人才的培养，这也会对国家经济的发展构成"负面影响"（adverse effect）。因此，携枪进入校区会"在实质上影响州际贸易"，联邦国会对此加以立法限制，显然是合宪的。[2]

但是，联邦司法部的上述观点遭到了联邦最高法院的反驳。在由首席大法官伦奎斯特所作的判决中，联邦最高法院支持了联邦第五巡回上诉法院的意见，推翻了《无枪校区法》的合宪性。

在判决中，联邦最高法院认为，联邦宪法所建立的是"一个拥有列举权的联邦政府"[3]，虽然联邦宪法授予了联邦国会州际贸易管理权，但这种权力是有限度的。联邦最高法院指出，从联邦国会行使州际贸易管理权的历史看，联邦国会只能在三种情形下行使州际贸易管理权。其一，联邦国会可以管理"州际贸易的通道（channels）"；其二，联邦国会有权管理和保护州际贸易的"手段"（instrumentalities），或州际贸易中的"人或物"；其三，联邦国会有权调控那些"与州际贸易有实质性联系的行为"，即"那些实质性地影响了州际贸易的行为"。联邦最高法院认为，从本案所涉的具体案情看，《无枪校区法》显然与前两种情形都没有任何联系，因此，判断《无枪校区法》是否合宪的关键，就在于分析该法律是否符合联邦国会可以行使州际贸易管理权的第三种情形。[4]

联邦最高法院认为，携枪进入校区"根本不是一种对任何形式的州际贸易会构成影响的经济行为"[5]，联邦司法部对携枪进入校区会影响州际贸易的"推理"是不成立的。在联邦最高法院看来，联邦司法部并没有提出明确的证据，证明"在校区内携带枪支会影响州际贸易"[6]，而只是用连续的推论

---

[1] *United States v. Lopez*，514 U. S. 549 (1995)，551—552.

[2] *United States v. Lopez*，514 U. S. 549 (1995)，563—564.

[3] *United States v. Lopez*，514 U. S. 549 (1995)，552.

[4] *United States v. Lopez*，514 U. S. 549 (1995)，558—559.

[5] *United States v. Lopez*，514 U. S. 549 (1995)，567.

[6] *United States v. Lopez*，514 U. S. 549 (1995)，562.

做辩护。但是，如果只能用"叠加推论的方式"，才能推导出联邦国会制定《无枪校区法》是在合宪地行使州际贸易管理权的话，那么这种推论是没有法理基础的。①

联邦最高法院认为，如果最高法院认可联邦国会可以通过"叠加推论的方式"确立自己权力的合宪性，那么，联邦国会的权力将无处不在。最高法院指出，虽然在以往的判决中，联邦最高法院"曾长期遵循这条路线"，"高度尊重联邦国会的行为"，"但我们拒绝继续这样做"。因为如果这样做的话，"将永远无法辨析"联邦权与州权的"界限"。②

洛佩斯案判决是 1937 年联邦最高法院实现司法重心转向以来，联邦最高法院在 1976 的"全国城市联盟诉尤塞里案"后，第二次对联邦国会的州际贸易管理权进行约束，显示出在联邦最高法院中，保守的司法理念开始抬头。在此后的"合众国诉莫里森案"③ 等案件中，联邦最高法院也遵循了洛佩斯案先例，对联邦国会的州际贸易管理权做了进一步限制。但尽管如此，联邦权扩大的趋势并没有从根本上得到逆转，联邦权扩大仍然是美国当代宪政发展的突出特征。

第四，联邦最高法院通过加大对民权案件的司法审查力度，进一步提升联邦政府的权力。如前所述，在 1938 年的卡罗林产品公司案后，联邦最高法院就开始在司法审查中执行"双重标准"，在全面支持联邦政府调控社会和经济的同时，也加强了对公民权利案件的司法审查。在这一过程中，联邦最高法院不仅树立了联邦宪法和联邦法律在管理民权方面的至上性，而且，最高法院加大对民权案件的司法审查力度，本身也是联邦政府权力扩大的一个重要表现。

例如，在 1939 年 6 月的"黑格诉产业工会委员会案"④ 中，联邦最高法院推翻了新泽西州泽西市（Jersey City）制定的限制公众集会和宣传的市政法令，维护了公民的和平集会权。泽西市的市政法令规定，在没有得到市警察局长同意前，任何人或机构不得出租场地给他人，从事鼓动民众以非法手

---

① *United States v. Lopez*，514 U. S. 549 (1995)，567.

② *United States v. Lopez*，514 U. S. 549 (1995)，567—568.

③ *United States v. Morrison*，529 U. S. 598 (2000).

④ *Hague v. Committee for Industrial Organization*，307 U. S. 496 (1939).

段对抗政府甚至推翻政府的活动。此外，市政法令还禁止民众在街道等公共场所散发报刊、传单等宣传品，以防止动乱事件的发生。①

根据上述法令，泽西市的市长弗兰克·黑格（Frank Hague）以涉嫌从事共产党宣传为由，禁止产业工会委员会（Committee for Industrial Organization）在公共场所集会，并以散播违禁宣传品为由，逮捕了部分产业工会委员会的人员，遂引发了产业工会委员会对黑格的诉讼。

产业工会委员会指控黑格违反了联邦宪法第 1 条修正案的规定，侵犯了公民的和平集会权。在联邦地区法院和联邦上诉法院支持了产业工会委员会的诉讼理由后，黑格将该案上诉至联邦最高法院。

但是，在由罗伯茨大法官代表联邦最高法院拟定的判决中，联邦最高法院不仅维持了下级法院的判决，确认黑格侵犯了公民的和平集会权，而且也推翻了泽西市市政法令的有效性。联邦最高法院认为，"从古至今"，在公共街道和公园举行和平集会"就是公民的特权、豁免权、权利和自由的一部分"。虽然这种权利"不是绝对的"，不能给社会运行带来不便，也不能危害社会的"安宁与良好秩序"，但是，政府也不能"以管理为幌子"，"剥夺或否认人民享有这一权利"，否则就侵犯了为第 1 条宪法修正案所保护的公民的和平集会权。②

在 1943 年的"施奈德曼诉合众国案"③ 中，联邦最高法院又通过对公民思想自由和表达自由的保护，强调了联邦司法机关在公民权利保障领域中的权威地位。1939 年，联邦政府对加利福尼亚州人威廉·斯奈德曼（William Schneiderman）发起诉讼，要求取消斯奈德曼在 1927 年获得的公民资格证书（certificate of citizenship）。联邦政府认为，在归化美国前，斯奈德曼就是美国共产党党员，并且在归化前的 5 年时间里一直与共产党组织有着密切联系，支持用暴力推翻美国政府。在归化美国的过程中，斯奈德曼隐瞒了自己不认同联邦宪法的事实，因此，他是"非法获得了"公民资格证书，理应被收回。④

斯奈德曼虽然承认自己信仰马克思主义，也认同"列宁著作中所阐释

---

① *Hague v. Committee for Industrial Organization*，307 U. S. 496 (1939)，501.

② *Hague v. Committee for Industrial Organization*，307 U. S. 496 (1939)，515—516.

③ *Schneiderman v. United States*，320 U. S. 118 (1943) .

④ *Schneiderman v. United States*，320 U. S. 118 (1943)，120—121.

的社会主义的哲学和原则"，但是，他却否认鼓动人们用暴力推翻美国政府，也否认不认同美国的宪法原则。斯奈德曼认为，身为美国共产党员并不会与履行美国公民的义务相矛盾，他坚信通过美国的民主程序，社会主义一定能够在美国变为现实。①

　　在本案中，联邦最高法院推翻了联邦政府对施奈德曼所作的不忠诚的指控，维护了公民的思想和表达自由。在由弗兰克·墨菲大法官代表联邦最高法院所作的判决中，联邦最高法院认为，尽管联邦国会有权规定归化美国的标准，但如果一个人业已成为美国公民，他就应当享有联邦宪法所赋予的一切公民权利，尤其是思想和表达自由权。联邦最高法院认为，虽然施奈德曼是美共党员，但这并不足以证明他就因此而不忠于联邦宪法，斯奈德曼希望修改联邦宪法，也不足以说明他的思想就与联邦宪法"普遍的政治哲学"不相容。如果要剥夺斯奈德曼的公民权，联邦政府就必须提供"清晰、明确和令人信服的证据"，来证明斯奈德曼当初的确不符合归化的条件。但从联邦政府所提供的证据看，剥夺斯奈德曼公民权的理由显然是不充分的。②

　　判决指出，判断一个人是否是出于"真诚的渴望"去改进联邦宪法，人们不能以他的思想是否见容于社会中的"主导思想"（prevailing thought）为标准。这是因为，"如果在联邦宪法中有什么原则更需要人们去遵守的话，那么，这个原则就是思想自由原则"，但这一原则所指的并不是那些"与我们思想一致的人"的思想自由，而是"我们所痛恨的思想的自由传播"。③

　　在斯奈德曼案中，虽然联邦最高法院推翻了联邦政府的指控，表面上看似乎是限制了联邦政府的权力，但这种对联邦政府指控的否决，却强化了联邦最高法院在公民权利保障领域中的权威性，事实上是对联邦权的进一步加强。

　　在"新政"后，联邦最高法院在对民权案件进行司法审查时，也并非完全限制联邦政府对公民权利做必要的约束。例如，在1943年的"平林诉合众国案"和1944年的"是松诉合众国案"及"远藤案"④中，联邦最高法

---

　　① *Schneiderman v. United States*，320 U. S. 118（1943），127.

　　② *Schneiderman v. United States*，320 U. S. 118（1943），141—142.

　　③ *Schneiderman v. United States*，320 U. S. 118（1943），138.

　　④ *Hirabayashi v. United States*，320 U. S. 81（1943）；*Korematsu v. United States*，323 U. S. 214（1944）；*Ex parte Endo*，323 U. S. 283（1944）.

院就从太平洋战争爆发后美国国家安全面临严重威胁的角度出发，支持联邦政府拘禁西海岸的美籍日本人和日本侨民。① 在前两个案件中，联邦最高法院认为，当国家处于紧急状态时，联邦国会和总统有权根据其拥有的"战争权"，采取诸如划分军事禁区、实行宵禁和驱逐敌对国侨民等必要的安全措施。正如联邦最高法院在是松案判决中所说，尽管上述举措会给当事人造成很大的痛苦，但这是为赢得战争所必须付出的代价，因为"痛苦是战争的一部分，战争是痛苦的聚合物"。在战争状态下，"在我们的沿海面临敌对势力威胁的情况下"，"保护国土安全的权力必须与所面对的危险相适应"。② 在"远藤案"中，联邦最高法院虽然判决应给予当事的美籍日本人以"人身保护令状"，但又拒绝对联邦政府实施的拘禁行为的合宪性进行司法审查。

在1950年的"美国通讯协会诉杜德斯案"③ 中，联邦最高法院也是从冷战的国际背景出发，确认了旨在限制工会活动的1947年《塔夫脱—哈特利法》（Taft-Hartley Act）④ 的合宪性，支持联邦政府在冷战时期管制工人的言论和集会自由。在该案判决中，联邦最高法院认为，虽然联邦政府确实强令工会领袖们必须宣誓，保证不参加共产党等其他一切试图"以非法手段"推翻政府的组织，但这并不构成对他们的言论和集会自由权的侵犯。在联邦最高法院看来，联邦政府的这一要求只不过是在正当地行使州际贸易管理权，因为"受外国政府指挥的"美国共产党对工会组织的"渗透"，会使它们策动的"政治罢工"阻碍州际贸易的"自由流动"（free flow）。在这种情况下，联邦政府当然有充分的理由，运用州际贸易管理权预防此类危险的发生。⑤

---

① 1942年3月2日，根据罗斯福总统颁发的授权国防部和军事官员划分军事禁区的第9066号行政命令，美国西海岸防区司令约翰·L. 德威特（John L. DeWitt）将军下令将整个太平洋沿岸划定为军事禁区，并从3月24日起开始实行针对德国人、意大利人和日本人的宵禁，5月9日又强行将70000余名美籍日本人和42000余名日本侨民驱逐出军事禁区，集中投入设在犹他州、科罗拉多州和亚利桑那州的拘留营中。参见 Melvin I. Urofsky and Paul Finkelman, *A March of Liberty: A Constitutional History of the United States*, Vol. Ⅱ, pp. 741—743.

② *Korematsu v. United States*, 323 U. S. 214 (1944), 219—220.

③ *American Communication Association v. Douds*, 339 U. S. 382 (1950).

④ U. S. Congress, "An Act to Amend the National Labor Relations Act, to Provide Additional Facilities for the Mediation of Labor Disputes Affecting Commerce, to Equalize Legal Responsibilities of Labor Organizations and Employers, and for Other Purposes" (June 23, 1947), in *United States Statutes at Large*, Vol. 61, pp. 136—162.

⑤ *American Communication Association v. Douds*, 339 U. S. 382 (1950), 387—389.

　　从拘禁日裔侨民系列案和"美国通讯协会诉杜德斯案"中可以看出，在美国参加二战以及二战后冷战高潮到来的情况下，联邦最高法院出于对国家安全的考虑，在对民权案件的司法审查中，大多采取了支持联邦政府限制民权的司法立场。这种保守的司法倾向，虽然对公民权利构成了伤害，但却进一步强化了联邦权力，在客观上顺应了"新政"后联邦权扩大的趋势。到20世纪五六十年代，随着民权运动的发展和美国人平等权利意识的不断觉醒，联邦最高法院在民权保障领域中表现得越来越激进，联邦政府的权力也因此得到了进一步扩展。

第 七 章

司法审查与消除种族隔离

　　自联邦最高法院在 1938 年的"合众国诉卡罗林产品公司案"判决中提出司法审查的"双重标准"后，联邦最高法院就逐渐把保护公民权利和自由视为司法审查的重心。到 20 世纪五六十年代，联邦最高法院在民权保障领域中引发了一系列重大变革，这不仅深刻地影响了美国当代社会发展的进程，而且也进一步扩大了联邦政府的权力。在这一过程中，联邦最高法院在消除种族隔离（Desegregation）问题上所做的努力，是最为突出的表现之一。

　　在美国宪政史中，种族隔离（Racial Segregation）是一个长期存在并引发严重社会分歧的重大问题。在种族隔离制度的兴衰过程中，联邦最高法院起到了非常关键的作用。从 19 世纪末开始，美国联邦最高法院曾长期在种族隔离问题上持保守主义司法理念，从法理上确认种族隔离制度的合宪性，成为美国黑人争取平等宪法权利的重大障碍。二战结束后，随着美国社会平等权利意识的觉醒，如何摆脱支持种族隔离的司法先例的束缚，成为摆在美国社会尤其是联邦最高法院面前的一大难题。在 20 世纪五六十年代，联邦最高法院在自由主义司法理念的指导下，终于推翻了种族隔离制度的合宪性，极大地推动了美国当代平等权利运动的兴起与发展，维护了社会公正。

一、司法审查与种族隔离制度的形成

种族隔离是一种在社会生活中将不同种族的人群相互隔离的制度，是种族主义的一个重要表现。在美国的宪政体制中，种族隔离最主要的含义是指白人社会对黑人群体实施的隔离。白人主流社会试图通过这一方法，长期维系黑人低下的社会地位，防止黑人群体动摇美国的社会政治结构，侵蚀美国主流社会"白人至上"（White Supremacy）的文化传统。

在美国，虽然以黑白隔离为核心的种族隔离制度主要是从内战后的南方州开始盛行的，但严格地讲，这些南方州却并非是种族隔离制度的始作俑者，种族隔离现象早在内战爆发以前，就存在于部分北方州中。内战以前的南方，绝大多数的黑人都是奴隶，所以根本不需要刻意实行种族隔离，就能够使黑人处于低下的政治和社会地位，倒是在部分有一定数量自由黑人生活的北方州中，种族隔离制度就已经在内战前出现，并且得到了州法院的支持。

例如，早在1850年，马萨诸塞州最高法院就在"罗伯茨诉波士顿市案"① 中，对公立学校中的种族隔离给予了认可。在该案中，马萨诸塞州最高法院认为，波士顿市"普通学校委员会"（General School Committee）所做的黑白学生分校就读的规定，是建立在"理性和经验的公正基础上的"，将"最有利于"提高黑白学生的"综合能力"，增进他们的"幸福"。州最高法院认为，黑白分校并不意味着要把"种族偏见"永久化，"如果这种偏见存在的话，它也不是由法律造成的，因而也或许不能由法律加以改变"。②

即使在内战后的南方重建时期，当联邦政府着力保障黑人的平等权利时，北方州法院也仍然坚持维系种族隔离的合宪性。例如，在1872年的"俄亥俄州诉麦卡恩案"和1874年的"沃德诉弗勒德案"中，俄亥俄州和加利福尼亚州最高法院就裁定，种族隔离是最能促进黑白种族儿童健康发展的措施，教育部门有足够的理由在公立学校中维持种族隔离。③

① *Roberts v. City of Boston*，59 Mass. 198（1850）.

② *Roberts v. City of Boston*，59 Mass. 198（1850），208，209—210.

③ *State v. McCann*，21 Ohio St. 198（1872）；*Ward v. Flood*，48 Cal. 36，（1874）.

但是，内战前后在北方州中出现的种族隔离并非是美国社会的普遍现象，美国种族隔离制度的确立是伴随着南方重建的结束在南方各州中实现的。1861—1865 年的美国内战虽然宣告了黑人奴隶制度的终结，但它并未真正使黑人享有与白人平等的宪法权利。内战结束初期，根据安德鲁·约翰逊总统颁布的南方重建方案，策划和参与叛乱的南方白人政治集团重新获得了政治权力。在他们的操纵下，南方各州纷纷制定了"黑人法典"（Black Codes），重新将黑人置于从属于白人的境地。

这些"黑人法典"与内战前的奴隶法规有着惊人的相似，对黑人的各种宪法权利都进行了严格限制。例如，南方各州制定的"流浪者法"（vagrancy laws）就强制全体黑人无论是否愿意都必须为白人劳动。如果黑人离开工作岗位，白人政府就能够以破坏合同为由将其逮捕和监禁。① 尽管联邦国会在 1865 年、1868 年和 1870 年先后通过了第 13、14 和 15 条宪法修正案，明确保护黑人享有平等宪法权利，并从 1867 年 3 月开始，对南方进行了更为激进的军事重建，给南方社会中的种族歧视进行了一定程度的打击，但随着 1876 年南方重建的结束，白人种族主义者再次掌控了南方州政权。由于黑奴制已被废除，黑人在法律上已经成为"自由民"，因此，重建后的南方州普遍采用了此前北方州的种族隔离做法，变相地把黑人继续固着在低下的社会地位，消除黑人日渐显露的政治影响力，确保"白人至上"体制不被动摇。② 在此背景下，南方各州对黑人的歧视和压制更为严重，并最终使以"吉姆·克劳法"（Jim Crow Law）③ 为标志的种族隔离制度在美国确立起来。

1875 年，田纳西州颁布了第一个种族隔离法，规定在铁路运输中实行黑白种族隔离。1881 年，该州又对这一法律进行了修订，规定各铁路公司

①　[美] 约翰·霍普·富兰克林：《美国黑人史》，张冰姿、何田、段志诚、宋以敏译，宋以敏、张冰姿校，商务印书馆 1988 年版，第 281 页。

②　Charles L. Black, Jr., "The Lawfulness of the Segregation Decisions", *The Yale Law Journal*, Vol. 69, No. 3, 1960, pp. 424—425.

③　"吉姆·克劳"（Jim Crow）是由白人扮演的黑人吟唱剧中一个经常出现的角色，1828 年由白人演员托马斯·D. 赖斯（Thomas D. Rice）首次扮演，将黑人表现为愚蠢无知的劣等人种。后来，"吉姆·克劳"成为对黑人的蔑称。南方重建后，南方各州所制定的对黑人进行种族隔离的法律也被称之为"吉姆·克劳法"。参见 Susan Altman, et al. eds., *The Encyclopedia of African-American Heritage*, New York：Facts on File, Inc., 1997, p. 126.

必须在火车中配备隔离车厢或在车厢中设置专门的隔离区，供黑人乘坐。①
田纳西州的这一做法很快就得到了其他南方州的效仿，南卡罗来纳州（1898
年）、北卡罗来纳州（1899 年）和弗吉尼亚州（1900 年）等绝大多数南方州
都相继制定了类似法律②，并逐渐将种族隔离扩展至公共汽车、轮船、旅店、
餐馆和学校等公共设施和场所中。

　　进入 20 世纪后，南方各州的种族隔离达到了顶峰，实行种族隔离的州
已经达到了30个③，约占当时美国所有州的三分之二。例如，南卡罗来纳州
法律规定，纺织厂中的黑人与白人员工不能在同一个车间工作，不能共用
同一个出入通道和洗手间。密西西比州法律也规定在医院中实行种族隔离，
白人护士不能护理黑人病人。这些做法都很快被其他南方州所效仿。此外，
在剧院、酒店、公寓、火车等公共场所和公共设施中，"白人专用"（White
Only）和"有色人专用"（Colored Only）的标示也随处可见，整个美国南方
已成为一个黑白完全隔离的社会。④

　　种族隔离制度之所以形成，除了在美国根深蒂固的"白人至上"种族
主义思想的影响外，联邦最高法院对南方州种族隔离行为的支持，也对种族
隔离制度的确立起到了重要的推动作用。在南方种族隔离的大氛围下，与这
一时期在经济领域中采取社会达尔文主义和形式主义法律观念一样，内战后
的联邦最高法院也从保守主义的司法理念出发，借助联邦宪法中的某些原则
性规定，为种族隔离制度寻找合宪的基础。

　　总体而言，内战后联邦最高法院支持南方州实施种族隔离的宪法依据
主要有二。第一是联邦制原则，即联邦最高法院以联邦政府与州政府的权力
分立为宪法依据，支持种族隔离制度的合宪性。在运用联邦制原则支持种族
隔离的过程中，联邦最高法院首先是借助"州权利"（States' Rights）原则，
禁止联邦政府干预州政府的种族隔离政策。

---

① C. Vann Woodward, *The Strange Career of Jim Crow*, New York: Oxford University Press, 1957,
p. XVI.

② C. Vann Woodward, *The Strange Career of Jim Crow*, pp. 81—82.

③ Henry J. Abraham and Barbara A. Perry, *Freedom and the Court: Civil Rights and Liberties in the
United States*, p. 385.

④ Melvin I. Urofsky and Paul Finkelman, *A March of Liberty: A Constitutional History of the United
States*, Vol. I, p. 484.

"州权利"原则源自于联邦宪法第 10 条修正案，认为联邦宪法未授予联邦政府同时也未禁止各州行使的权力，由各州保留，联邦政府不能干涉。① 虽然内战前南方州曾利用"州权利"原则为维护奴隶制辩护，使该原则一度受到抨击，但随着内战的结束，"州权利"原则再度受到人们的重视。例如，在 1866 年第 14 条宪法修正案制定过程中，联邦国会就否决了部分激进共和党人要求加强联邦政府权力，使其能够更加有力地保护黑人平等权利的主张，担心这会违反美国的联邦制原则，损害州的权力。联邦国会认为，尽管在内战中联邦政府击败了南方州同盟，但依照联邦宪法，"联邦政府无权干涉各州的内部政策"，"公民必须依赖州政府保护其宪法权利，这是现行的一项宪法原则"。②

内战后美国主流社会对"州权利"原则的坚持，深刻地影响了联邦最高法院对种族隔离案件的司法趋向。如前所述，早在 1873 年的"屠宰场案"中，联邦最高法院就从"二元联邦制"原则出发，对联邦政府权力做了狭义解释，给"州权利"原则提供了广大的运作空间。联邦最高法院认为，依照第 14 条宪法修正案的规定，美国公民都具有"联邦公民"和"州公民"双重公民资格，以不同的公民资格为依据，美国公民拥有不同的"特权与豁免权"，并分别受联邦和州政府保护。但除少数"特权与豁免权"由联邦政府管理外，绝大多数的"特权与豁免权"都归属州政府管理，包括公民"拥有一切形式的财产"、"追求幸福和安全"等为"自由政府中的公民所享有的"一切"基本权利"。③ 在最高法院看来，内战后的美国政治家们依然坚信，"州政府有权管理其内部和地方事务"，联邦政府不能加以限制。④ 如果限制州政府对其权辖内的公民权利进行管理，就完全背离了美国宪政体制的"结构和精神"，也违反了第 14 条宪法修正案的初衷。⑤

从表面上看，"屠宰场案"并未涉及种族隔离问题，但最高法院所作的联邦政府与州政府在保护公民权利方面各有不同权辖范围的判决，却极大地

---

① Kermit L. Hall, et al., eds., *The Oxford Companion to the Supreme Court of the United States*, p. 969.

② Raoul Berger, *The Fourteenth Amendment and the Bill of Rights*, Norman: University of Oklahoma Press, 1989, pp. 50—52.

③ *Slaughterhouse Cases*, 83 U. S. 36 (1873), 76.

④ *Slaughterhouse Cases*, 83 U. S. 36 (1873), 82.

⑤ *Slaughterhouse Cases*, 83 U. S. 36 (1873), 78.

限制了联邦政府对公民尤其是对刚刚获得自由的黑人的宪法权利进行保护，为南方州以"州权利"原则为依据，制定各种维持种族隔离的法律提供了宪法基础。

除利用"州权利"原则限制联邦政府干预各州的种族隔离政策外，联邦最高法院还利用联邦宪法的"贸易条款"，限制某些州政府作出禁止种族隔离的法律。1878年的"霍尔诉德古尔案"①判决，是联邦最高法院这一司法趋向的突出表现。

在这一涉及密西西比河航运中的种族隔离的案件中，联邦最高法院就利用"休眠的贸易条款"，把1869年2月路易斯安那州制定的禁止在一切交通运输中实行种族隔离的法律宣布为无效。在由首席大法官莫里森·R.韦特（Morrison R. Waite）拟定的判决中，联邦最高法院认为，密西西比河绵延流经10个州，其支流流经的地域更广，因此，密西西比河上的航运必然属于州际贸易的范畴，理应由联邦国会制定专门的法律予以管理。②虽然联邦国会尚未对此作出明确规定，但联邦国会的这一"无为之举"（inaction），"实际上是要求州际贸易理应保持自由通畅和不受限制"。最高法院认为，虽然路易斯安那州法律只禁止在其州内的密西西比河航运中实行种族隔离，但这一规定必然会对整个密西西比河上的州际航运都产生影响。在联邦最高法院看来，如果美国社会的确需要这样的法律，"那也应当由联邦国会而不是由州政府制定"，否则就严重侵犯了联邦国会的州际贸易管理权。③

联邦最高法院支持南方州种族隔离的第二个宪法依据是"州行为"（State Action）原则。联邦最高法院认为，由于第14条宪法修正案规定："任何州……不经正当法律程序，不得剥夺任何人的生命、自由或财产；不得拒绝给予其管辖下的任何人以平等法律保护"，因此，第14条宪法修正案的约束对象仅限于州政府，个人实施的侵犯他人宪法权利的行为不受该修正案的约束。

如前所述，早在1876年的"合众国诉克鲁克香克案"中，联邦最高法院就提出了"州行为"原则，认为第14条宪法修正案的"正当法律程序"

---

① *Hall v. DeCuir*, 95 U. S. 485 (1878).

② *Hall v. DeCuir*, 95 U. S. 485 (1878), 489.

③ *Hall v. DeCuir*, 95 U. S. 485 (1878), 490.

条款约束的对象是"州"而不是"个体公民"。到 1883 年，当联邦最高法院审判"民权组案"① 时，联邦最高法院又从"州行为"原则的角度，对第 14 条宪法修正案的"平等法律保护"条款做了狭义解释。

在"民权组案"中，联邦最高法院并审了分别来自于加利福尼亚州、堪萨斯州、密苏里州、纽约州和田纳西州的 5 个案件。在起诉状中，被告都被指控在旅店、戏院和火车车厢等"公共设施"中实施了歧视黑人的行为，违反了 1875 年《民权法》（Civil Rights Act）②，因为该法禁止任何人在"公共设施"中以种族、肤色、宗教和政治信仰等为由实施歧视行为。但是，在判决中，联邦最高法院通过狭义解释第 14 条宪法修正案的适用范围，推翻了 1875 年《民权法》的合宪性，并进而作出了支持种族隔离的判决。

在由布拉德利大法官拟定的判决中，联邦最高法院认为，虽然第 14 条宪法修正案规定了要保障公民的"平等法律保护"权利，但是，该修正案的宗旨只在于禁止州政府违宪施政，并无意约束个人的违宪行为。违宪的"州行为"包括两个方面，一是州政府的官员或机构直接实施了违宪行为，二是个人的违宪行为得到了州政府的"认可"（sanction），联邦政府只能依据第 14 条宪法修正案对这两类行为予以管束。如果侵犯他人"平等法律保护"权利的行为只是个人凭自身的意愿实施的，那么，这种行为只能由州政府适用州法律进行制止和惩罚。③

联邦最高法院认为，如果联邦政府插手管制个人的违宪行为，就势必把"与人的生命、自由和财产相关的全部个人权利"都"涵盖"在了联邦政府的权力之中，无异于制定了"一套规范社会上人与人之间所有私权的市政法典"，从而使联邦国会取代了州立法机关的职权④，这就完全背离了美国的联邦制原则，破坏了美国宪政体制的顺利运作。据此，联邦最高法院认定，旨在约束个人行为的 1875 年《民权法》，违反了第 14 条宪法修正案的规定，不具有任何法律效力，依照此法律对被告所作的有罪指控也不应予以支持。

---

① *Civil Rights Cases*，109 U. S. 3（1883）.

② U. S. Congress，"An Act to Protect All Citizens in Their Civil and Legal Rights"（March 1，1875），in *United States Statutes at Large*，Vol. 18，pp. 335—337.

③ *Civil Rights Cases*，109 U. S. 3（1883），11.

④ *Civil Rights Cases*，109 U. S. 3（1883），13.

　　在该案判决中，对于黑人在社会中所遭受的违反人性的种族歧视，联邦最高法院认为，"当一个人刚刚走出奴隶制，并因善意的立法而从该制度的种种束缚中摆脱出来后"，要使自己"上升"为与他人具有同等社会和法律地位的公民，还必须经历某些过渡"阶段"。在此期间，可能会出现种族歧视，但是，"仅仅因种族或肤色而导致的歧视，并不能被视为奴隶制的标志"。① 黑人应学会忍耐，而不应将一切希望都寄托在联邦政府的保护上。

　　凭借联邦制和"州行为"原则，联邦最高法院在诸多案件中都极力支持南方州实施种族隔离。在 1896 年，联邦最高法院更是在"普莱西诉弗格森案"② 中确立了"隔离但平等"（Separate But Equal）原则，使联邦最高法院对种族隔离的支持达到了顶峰。根据这一原则，美国各州政府可以在公共社会生活中实施种族隔离，只要相互隔离的种族享有了"平等的"设施和服务，这种隔离就不违宪。

　　普莱西案缘起于路易斯安那州议会在 1890 年 7 月制定的一项铁路运输隔离法。它规定，"本州所有的铁路公司都必须为白人和有色人提供平等但隔离（equal but separate）的铺位"。为此，铁路公司既可以规定有色人和白人分乘不同的车厢，也可以在车厢中设置隔离带，以确保有色人与白人的铺位相隔离。任何人违反这一法律，将被处罚金 25 美元或被判处最多 20 天的监禁。③ 虽然这一法律名为《提高旅客舒适度法案》（An Act to Promote the Comfort of Passengers），但很明显，它的真正意图是要在铁路运输中对有色人尤其是黑人实施种族隔离。

　　路易斯安那州的黑人对该法律的合宪性提出了强烈质疑。新奥尔良市的黑人民权组织更是力图通过司法诉讼推翻这一种族隔离法律。经过精心策划，1892 年 6 月 7 日，黑人民权组织指派黑人霍默·A. 普莱西（Homer A. Plessy）在新奥尔良市登上了"东路易斯安那铁路公司"（East Louisiana Railway）的火车。在普莱西进入白人车厢，并拒绝乘务员要求他转到黑人

---

　　① *Civil Rights Cases*，109 U. S. 3 (1883)，25.

　　② *Plessy v. Ferguson*，163 U. S. 537 (1896).

　　③ Robert F. Cushman, *Leading Constitutional Decisions*，Englewood Cliffs：Prentice-Hall, Inc., 1987, p. 326.

车厢的要求后，普莱西被逮捕。在随后的审判中，新奥尔良"地区刑事法院"的法官约翰·H. 弗格森（John H. Ferguson）依照铁路运输隔离法，裁定普莱西违法罪名成立。在该判决得到州最高法院支持后，普莱西将该案上诉至联邦最高法院。①

在 1896 年 4 月 13 日举行的庭审中，普莱西认为，1890 年的路易斯安那州铁路运输隔离法，违反了内战后制定的联邦宪法第 13 和 14 条修正案。这是因为，第 13 条宪法修正案明确规定废除奴隶制度，而铁路运输隔离法却以政府法令的形式，强行将黑人与白人隔离，实际上是在延续内战前对黑人的"奴役"，与第 13 条宪法修正案的规定背道而驰。第 14 条宪法修正案规定任何州都必须为其公民提供"平等法律保护"，但铁路运输隔离法并没有让黑人享有平等的旅行权，明显使黑人处于低下的社会地位，因而也背离了该宪法修正案的基本精神。②

但是，在 1896 年 5 月 18 日公布的由亨利·布朗（Henry Brown）大法官拟定的判决中，联邦最高法院的多数大法官驳回了普莱西的上诉请求，确认了路易斯安那州铁路运输隔离法的合宪性。

首先，最高法院认为，铁路运输隔离法并不构成对黑人的"奴役"。这是因为，第 13 条宪法修正案所要废止的"奴隶制度"，是指强迫性的奴役，受奴役的人只是其主人的"财产"，并不享有各种合法权利。虽然路易斯安那州的铁路运输隔离法以肤色为依据，将黑白旅客隔离开来，但该法律"并不会摧毁两个种族间的法律平等"，也不是在重建"非自愿的奴役"③。因此，该法律违反第 13 条宪法修正案的理由并不成立。

其次，最高法院裁定，铁路运输隔离法也不违反第 14 条宪法修正案的"平等法律保护"条款。判决认为，该法案的约束力对黑人和白人是一视同仁的，并不具有歧视倾向。虽然第 14 条宪法修正案的目的是要"实现黑白两个种族在法律面前的绝对平等"，但它却"根本无意消除基于肤色的区别，或者实施与政治平等相异的社会平等，也无意实现使两个种族都感到不愉快

---

① Peter Irons, *A People's History of the Supreme Court*, pp. 222, 225.

② Charles A. Lofgren, *The Plessy Case: A Legal-Historical Interpretation*, New York: Oxford University Press, 1987, pp. 152—164.

③ *Plessy v. Ferguson*, 163 U. S. 537 (1896), 542—543.

的种族混合"①。最高法院认为，黑白种族间的社会平等，只能通过逐渐培养相互间的"自然亲和"（natural affinities）来实现，"法律是无法消除种族天性上的差异或因身体构造不同所形成的差别的"，"强行这样做只能使目前的种族关系更加紧张"。②

最后，最高法院认为，铁路运输隔离法导致黑人处于低下社会地位的说法，只是黑人的主观臆想，并不是事实。判决认为，在美国，"如果两个种族的民事和政治权利是平等的，那么，任何人都不会在民事和政治上低于他人。而如果一个种族确实低于另一个种族，那么，即使是合众国宪法也不能将它们拉平"③。在联邦最高法院看来，铁路运输隔离法的相关规定，"并不意味着一个种族低于另一个种族"，之所以会有如此的感觉，只不过是"有色人愿意那样去理解"罢了。④

对于联邦最高法院的这一判决，约翰·M. 哈兰（John M. Harlan）大法官提出了强烈的异议。哈兰认为，尽管从表面上看，铁路运输隔离法所规定的黑白隔离，对黑人和白人都具有约束力，但"任何人都清楚"，该法律真正关注的不是要把白人赶出黑人车厢，而是要把黑人隔离在白人车厢之外。因此，"反对该法律的根本原因是它侵犯了公民的个人自由"。⑤哈兰指出，美国宪法应当是"色盲的"（color-blind），"它既不确认也不容忍在公民中间划分等级"，包括黑人在内的所有公民在法律面前都是平等的。⑥哈兰指出，路易斯安那州的铁路运输隔离法是与联邦宪法的文本和精神格格不入的，在内战已经终结奴隶制的情况下，如果各州仍然可以制定如此"邪恶的法律"，阻挠公民充分享有"自由的福祉"，那么，所谓的"民治"和"民享"的代议政府也只能是徒具虚名。⑦

但是，哈兰大法官的个人异议并不能改变联邦最高法院的审判结果。普莱西案判决作为一项司法先例被保留了下来，并在此后的半个多世纪里，

---

① *Plessy v. Ferguson*，163 U. S. 537 (1896)，544.
② *Plessy v. Ferguson*，163 U. S. 537 (1896)，551.
③ *Plessy v. Ferguson*，163 U. S. 537 (1896)，551—552.
④ *Plessy v. Ferguson*，163 U. S. 537 (1896)，551.
⑤ *Plessy v. Ferguson*，163 U. S. 537 (1896)，557.
⑥ *Plessy v. Ferguson*，163 U. S. 537 (1896)，559.
⑦ *Plessy v. Ferguson*，163 U. S. 537 (1896)，563—564.

始终左右着联邦最高法院在种族隔离问题上的司法趋向。

普莱西案判决在美国历史上的影响是极其恶劣的，这不仅表现在它正式确认了州政府有权实施种族隔离，还在于该案判决使"隔离但平等"原则在美国的种族关系中牢固地树立起来。在该案中，联邦最高法院以联邦宪法最权威解释者的身份，重新认可了本已在联邦宪法第13、14和15条修正案中被抹掉的种族界限，"把黑人重新置于了与家养奴隶相似的社会地位"①，完全背离了上述修正案保护黑人平等权利的精神，成为此后美国种族隔离制度盛行的法律工具。正如美国学者罗伯特·J. 哈里斯（Robert J. Harris）所言，普莱西案判决简直就是"糟糕的逻辑推理、糟糕的历史追述、糟糕的社会学分析和糟糕的宪法学论证的大杂烩"②，其根本目的只在于为日渐盛行的种族隔离提供强有力的宪法依据。

从上述联邦最高法院支持南方州种族隔离的诸多案件判决中可以看出，虽然内战终结了黑人奴隶制度，但"白人至上"观念和对黑人的歧视却是难以从美国主流社会中被轻易抹去的。联邦最高法院的多数大法官们也同样无法摆脱这一时代痕迹。在19世纪末美国南方州种族隔离日盛的社会大氛围中，联邦最高法院从保守的司法理念出发，虽然恪守了宪法原则，但却漠视了黑人在美国社会生活中遭受隔离与歧视的事实，使南方州的"吉姆·克劳"制度得以畅通无阻，内战后联邦国会制定的旨在保护黑人平等宪法权利的第13、14和15条宪法修正案几乎等同于一纸具文。

在普莱西案后的半个多世纪里，联邦最高法院在对诸多案件的司法审查中都遵循了"隔离但平等"原则，为种族隔离提供法律支持。例如，在1899年的"卡明诉里斯满县教育委员会案"③中，联邦最高法院支持佐治亚州里士满县教育委员会只向白人学生提供公立高中教育。联邦最高法院认为，虽然县教育委员会没有专设公立的黑人高中学校，但黑人可以就读私立高中，学费并不高于公立学校。同时，县教育委员会还可以把节省的资金用

---

① Laura F. Edwards, "The Civil War and Reconstruction", in *The Cambridge History of Law in America*, Vol. Ⅱ, Michael Grossberg and Christopher Tomlins (eds.), New York: Cambridge University Press, 2008, p. 336.

② Robert J. Harris, *The Quest for Equality: The Constitution, Congress, and the Supreme Court*, Baton Rouge: Louisiana State University Press, 1960, p. 101.

③ *Cumming v. Richmond County Board of Education*, 175 U. S. 528 (1899).

于维持一所人数更多的黑人小学，这将更有利于黑人教育的发展。在联邦最高法院看来，除非黑人能够提供证据，证明教育部门是出于对黑人的歧视而作出这一规定的，否则，无法认定县教育委员会具有歧视黑人的"主观故意和企图"。①

在1908年的"伯利亚学院诉肯塔基州案"②中，联邦最高法院支持肯塔基州制定禁止学校同时接纳白人和黑人学生的法律。在1927年的"龚伦诉赖斯案"③中，联邦最高法院又把"隔离但平等"原则适用于华人，否认密西西比州白人公立学校拒绝接纳华裔儿童入读的行为违宪。在这两个案件中，联邦最高法院都认为，州政府有权根据自己的"合理"考量，要求本州的教育机构实施白人与有色人的隔离。除非有充分的证据能够证明，州政府的行为具有明显的种族歧视的故意，否则，州政府所作的种族隔离的规定就不违宪。

但是，从20世纪30年代后期开始，联邦最高法院在"隔离但平等"问题上的态度也在开始发生微妙的变化。例如，在1938年的"盖恩斯诉卡纳达案"④中，联邦最高法院就裁定，密苏里州立大学法学院拒绝黑人入读的行为违反了第14条宪法修正案。在该案中，密苏里州立大学法学院以缺少黑人的学习设施为由，拒绝接受黑人学生劳埃德·盖恩斯（Lloyd Gaines）入校就读。密苏里州政府表示，如果盖恩斯愿意到其他州的法学院学习，州政府可以提供必要的经费资助，但这一建议遭到了盖恩斯的拒绝。

在联邦最高法院的庭审中，盖恩斯提出，该案的关键不在于州政府是否愿意为自己提供到其他州学习的资金援助，而是密苏里州未能给黑人学生提供与白人学生相平等的教育设施，因而违反了第14条宪法修正案的"平等法律保护"条款。盖恩斯的这一讼辩切中了密苏里州政府的要害，这就是，即使在"隔离但平等"原则下，密苏里州政府也没有做到向黑人学生提供与白人学生相平等的教育设施，因而州政府的行为是违宪的。

盖恩斯的上述控辩理由得到了联邦最高法院的支持。在由首席大法官

---

①　*Cumming v. Richmond County Board of Education*，175 U. S. 528 (1899)，544—545.

②　*Berea College v. Kentucky*，211 U. S. 45 (1908).

③　*Gong Lum v. Rice*，275 U. S. 78 (1927).

④　*Missouri ex rel. Gaines v. Canada*，305 U. S. 337 (1938).

查尔斯·E. 休斯拟定的判决中，联邦最高法院指出，本案的关键问题是密苏里州没有向黑人学生平等地提供白人学生所享有的受教育的机会，这种由"州行为"造成的"歧视"，显然违反了第 14 条宪法修正案所作的"任何州"都必须向"其管辖下的任何人"提供"平等法律保护"的规定。① 联邦最高法院认为，密苏里州政府的这一行为，使黑人学生无法"平等地"享有该州已经确立的"法律权利"，即使州政府愿意向黑人学生提供在其他州学习的费用，也不能掩盖它对黑人的"歧视"。②

在 1948 年的"赛皮尤尔诉俄克拉荷马州立大学董事会案"、1950 年的"麦克劳林诉俄克拉荷马州高等教育委员会案"及"斯韦特诉佩因特案"中，联邦最高法院也坚持了盖恩斯案先例，支持了黑人的诉求，判决州立大学必须为黑人学生提供与白人学生相同的教育设施，甚至判决黑人学生可以入读白人学校。③

上述三个案件都涉及公立学校中的种族隔离。在赛皮尤尔案中，黑人女学生埃达·赛皮尤尔（Ada Sipuel）申请进入俄克拉荷马州立大学法学院就读，但遭到校方的拒绝。

在麦克劳林案中，俄克拉荷马州立大学虽然同意 68 岁的黑人教师乔治·W. 麦克劳林（George W. Mclaurin）入校攻读教育学博士学位，但在学习和生活中对麦克劳林实施了严格的种族隔离。例如，麦克劳林只能坐在走廊中学习，只能在图书馆为他专设的夹楼中的桌子上读书，以及只能在餐厅中黑白隔离的昏暗肮脏的角落里就餐等。④

在斯韦特案中，黑人学生赫门·M. 斯韦特（Heman M. Sweatt）申请入读得克萨斯州立大学法学院，但遭到该校校长西奥菲勒斯·S. 佩因特（Theophilus S. Painter）的拒绝。虽然得克萨斯州政府很快就在休斯敦市（Houston）的黑人学校普雷里维尤大学（Prairie View University）中设立了

① *Missouri ex rel. Gaines v. Canada*，305 U. S. 337（1938），344.

② *Missouri ex rel. Gaines v. Canada*，305 U. S. 337（1938），348.

③ *Sipuel v. Board of Regents of the University of Oklahoma*，332 U. S. 631（1948）；McLaurin v. Oklahoma State Regents for Higher Education，339 U. S. 637（1950）；*Sweatt v. Painter*，339 U. S. 626（1950）.

④ Melvin I. Urofsky and Paul Finkelman，*A March of Liberty：A Constitutional History of the United States*，Vol. II，pp. 777—778.

法学院，但这所黑人法学院只有一间教室和两名黑人教师。即使州政府随后又在首府奥斯汀市（Austin）新建了一所黑人法学院，但它也只拥有 3 间狭小的地下室教室、3 名兼职教师和为数不多的图书等。①

在这三宗案件中，原告都对"隔离但平等"原则的合宪性提出了强烈的质疑，认为该原则剥夺了黑人的平等权利，必须予以推翻。虽然联邦最高法院并未对原告的这一要求给予肯定，但在这三宗案件中，联邦最高法院都作出了有利于黑人的判决。

在赛皮尤尔案中，联邦最高法院裁决，赛皮尤尔"有权接受由州立高校提供的法律教育"，俄克拉荷马州必须按照第 14 条宪法修正案的"平等法律保护"条款的规定，向赛皮尤尔提供"与其他任何种族的学生相平等的法律教育"。②

在麦克劳林案中，联邦最高法院判定，俄克拉荷马州立大学对麦克劳林的不公正对待，是对其学习和讨论"能力"的"损害和抑制"，这就使麦克劳林无法为自己未来所从事的职业打下一个坚实的基础。联邦最高法院认为，在本案中，麦克劳林是在"争取获得一个更高的教育学学位，以便今后能够指导和教育他人"，他本人所受的不平等的教育必然会影响其学生的发展，使他们也在一定程度上深受其害，因此，"由州政府施加的、能够导致不平等的诸多限制是不能够得到最高法院支持的"。③

在斯韦特案中，联邦最高法院裁决得克萨斯州必须接受斯韦特进入得克萨斯州立大学法学院学习。联邦最高法院认为，得克萨斯州为黑人专设的"法学院"，使黑人学生与占全州人口 85% 的其他种族的人群相隔离，而这些人是黑人学生进入法学界后不可避免要经常打交道的。在"如此众多和有影响的社会群体"被排除在黑人学生的学习和生活之外的情况下，联邦最高法院"无法得出斯韦特所受的教育与其入读得克萨斯州立大学法学院所受的教育是完全平等的"。④ 因此，根据第 14 条宪法修正案"平等法律保护"条

---

① 　Richard Kluger, *Simple Justice: The History of Brown v. Board of Education and Black America's Struggle for Equality*, New York: Alfred A. Knopf, Inc., 1980, p. 261.

② 　*Sipuel v. Board of Regents of the University of Oklahoma*, 332 U. S. 631 (1948), 632—633.

③ 　*McLaurin v. Oklahoma State Regents for Higher Education*, 339 U. S. 637 (1950), 641.

④ 　*Sweatt v. Painter*, 339 U. S. 626 (1950), 634.

款的规定，得克萨斯州立大学必须接受斯韦特的入读申请，以便使其能够获得"州政府提供的与其他种族的学生相平等的法律教育"。①

由上述可见，从 20 世纪 30 年代末到 50 年代初，联邦最高法院在种族隔离问题上的司法立场出现了微妙的变化，它不仅在麦克劳林案中开始注意考察种族隔离的社会后果，在一定程度上脱离了仅就案件本身作出司法判决的一贯做法，甚至还在斯韦特案中第一次裁决黑人学生有权进入白人学校学习，从而在一定程度上"侵蚀"了种族隔离制度的法律基础。

但是，必须强调的是，虽然联邦最高法院在上述诸案中都作出了对黑人有利的判决，但这些判决仍然是以"隔离但平等"原则为基础的。只不过在这些案件中，联邦最高法院是从过去强调"隔离"的合宪性，开始转向审查"平等"是否得到了落实。

联邦最高法院在"隔离但平等"问题上的态度之所以会发生微调，首先是受到了当时美国社会平等权利意识觉醒的影响。在当时的"新政"改革中，美国人在支持罗斯福政府进行经济改革的同时，也要求联邦政府采取措施保护公民的平等权利，以建立一个民主、公正的"新美国"②。1942 年 2 月，《匹兹堡信使报》（Pittsburgh Courier）曾刊文指出，美国在二战中应取得"双重胜利"（Double-V），即在海外战胜纳粹主义的同时，也必须在国内赢得铲除种族隔离的胜利。黑人民权杂志《危机》（Crisis）也曾刊文指出，"一支实施种族隔离的军队是不可能为自由世界而战的"。③ 美国社会逐渐认识到，只有消除种族隔离，美国社会才能解决在法律上承诺平等但在现实生活中又坚持"白人至上"的矛盾，从而走出瑞典社会学家冈纳·摩达尔（Gunnar Myrdal）所言的"美国窘境"（American Dilemma）。④

在这种新种族观念的影响下，从 20 世纪 40 年代初开始，联邦政府和部分州政府就在政府采购、军队服役和就业等方面，初步采取了一些促进种族平等的措施，取得了一定的效果。⑤ 在前述的一些案件中，联邦司法部也曾

---

① *Sweatt v. Painter*，339 U. S. 626 (1950)，635—636.

② Eric Foner，*The Story of American Freedom*，New York：W. W. Norton & Company，1998，p. 212.

③ Eric Foner，*The Story of American Freedom*，pp. 243—244.

④ Bernard Bailyn，et al.，*The Great Republic：A History of the American People*，Vol. II，p. 800.

⑤ Alfred H. Kelly，Winfred A. Harbison and Herman Belz，*The American Constitution：Its Origins and Development*，Vol. II，p. 582.

以"法庭之友"（*Amicus Curiae*）的身份，向联邦最高法院提交证据，支持黑人民权组织对平等权利的诉求。① 在美国民间，"美国种族关系委员会"和"南方地区委员会"等以实现种族平等为目的的组织不断涌现。② 美国知识界也开始把种族主义看作是"对科学知识的歪曲"，是"病态"和"非理性"的代名词。③ 与此同时，黑人不仅通过游行示威和参加产联工会等方式积极争取平等权利，而且也开始与国内的犹太人协会合作，共同谴责美国社会中根深蒂固的种族不宽容。美国社会平等权利意识的逐渐觉醒，为联邦最高法院开始修正自己在"隔离但平等"问题上的态度提供了适宜的社会氛围。

联邦最高法院在"隔离但平等"问题上态度的微调，也与黑人民权组织"全国有色人种协进会"（National Association for the Advancement of Colored People）发起的司法诉讼有着密切的关系。"全国有色人种协进会"于 1909 年成立于纽约，旨在从各方面争取和保护黑人的平等宪法权利，其中尤以其直接策动的挑战南方种族隔离制度的司法诉讼最为引人瞩目。从 1915 年起，协进会就已经开始利用法律诉讼的手段，向种族隔离制度发起挑战。到 20 世纪 30 年代初，通过司法诉讼推翻"隔离但平等"原则已成为协进会的工作重点。在此后的 20 多年里，协进会在著名律师查尔斯·H. 休斯敦（Charles H. Houston）、内森·R. 马戈德（Nathan R. Margold）和瑟古德·马歇尔（Thurgood Marshall）等人的领导下，以公立教育中的种族隔离为对象，在州法院和联邦法院中提起了一系列司法诉讼，前述的诸多案件就大都是由该协进会主导发起的。

在 20 世纪 30 年代，协进会采取了低调的"休斯敦—马戈德策略"，即在"隔离但平等"原则的框架中争取黑人的平等权利。1930 年，在休斯敦的支持下，协进会委托马戈德起草了协进会的司法诉讼策略报告。该报告认

---

① Robert J. Cottrol, et al., *Brown v. Board of Education：Caste，Culture，and the Constitution*, Lawrence：University Press of Kansas，2003，p. 113. ["法庭之友"（*Amicus Curiae*）是指受邀向法庭提交法律诉状、阐述涉案法律问题的个人或组织。"法庭之友"虽非案件事实上的当事人，但由于能向法庭提供当事人可能无法提供的法律事实和理由，所以只要征得当事人的同意，"法庭之友"的法律诉状可在诉讼程序中的任何阶段提交法庭。参见 Elder Witt，ed.，*The Supreme Court A to Z：A Ready Reference Encyclopedia*，Washington D. C.：Congressional Quarterly Inc.，1993，pp. 11—12.]

② ［美］约翰·霍普·富兰克林：《美国黑人史》，第 500、501 页。

③ Eric Foner，*The Story of American Freedom*，p. 239.

为，由于受黑人自身力量尚未壮大和社会舆论对黑人不利等因素的制约，协进会司法诉讼的重点不宜放在直接挑战种族隔离制度本身的合宪性上，而应以南方州未能使黑人享有"平等"的公共设施（尤其是教育设施）为诉讼的突破口。①

1935 年，协进会活动的重要基地黑人学校霍华德大学（Howard University）在其出版的《黑人教育杂志》（*Journal of Negro Education*）上，发表了一份题为《法院与黑人隔离学校》（*The Courts and the Negro Separate School*）的报告，也提出了类似的观点。该报告根据案件统计资料认为，在"隔离但平等"的框架中，以州政府没有给黑人提供与白人相"平等"的公共设施为诉讼理由的案件，胜诉的概率比较大。这是因为，在当时，白人儿童平均享有的教育经费是黑人儿童的 2.5 倍，白人教师的工资是黑人教师的 2 倍，在 19 个实行公立学校种族隔离的州中，有 17 个州没有向黑人提供与白人相平等的研究生和职业教育，这些都是司法机关无法回避的违反"隔离但平等"原则的最有力的证据。黑人可以据此发起司法诉讼，对种族隔离制度进行初步打击。②

在"休斯敦—马戈德策略"的指导下，协进会开始针对南方州未能向黑人提供"平等"的公共设施提起法律诉讼，并在前述的"盖恩斯诉卡纳达案"中获得了首次胜利。

为进一步加强反对种族隔离制度的司法斗争，1939 年，协进会成立了"法律辩护基金会"（Legal Defense Fund），专门负责发起维护黑人平等权利的司法诉讼。在著名黑人律师瑟古德·马歇尔的指导下，该基金会逐渐放弃了原来的"休斯敦—马戈德策略"，开始将司法诉讼的重点转向直接挑战"隔离但平等"原则的合宪性。前述的赛皮尤尔案、麦克劳林案和斯韦特案，就是由"法律辩护基金会"发起并实现司法诉讼转向的最典型的案例。

在这三个案件中，"法律辩护基金会"都提出了强有力的诉讼理由，将矛头直指种族隔离制度本身。例如，在赛皮尤尔案中，基金会在"辩护状"

---

①　Richard Kluger, *Simple Justice：The History of Brown v. Board of Education and Black America's Struggle for Equality*, pp. 133-134.

②　Richard Kluger, *Simple Justice：The History of Brown v. Board of Education and Black America's Struggle for Equality*, p. 169.

中明确指出，"公共教育中的种族隔离将使以种族和肤色为基础的'等级制度'（caste system）得以保持，它的目的和意图是要使奴隶制传统永固下去"，"隔离"和"平等"是不可能并存的，因为"世间根本就没有隔离性的平等"。① 在麦克劳林案中，基金会指出，种族隔离制度导致黑人学生与其他白人学生相隔离，使黑人学生产生"精神挫败"（mental discomfiture）和"自卑"（inferiority）的感觉，这就必然会严重影响黑人学生的正常学习及其与同学和老师们的交往。② 在斯韦特案中，基金会除了提出自己的"辩护状"外，还动员了187名全国知名的法学院教授，联名向联邦最高法院提交了一份"法庭之友"诉状。该诉状认为，在真正提供平等保护的法律中，种族歧视是无立足之地的，"如果法律将权利或责任仅仅建立在种族的基础之上"，就构成了对第14条宪法修正案的违犯，因为在"平等法律保护"条款之下，"种族分类"（racial classifications）已经失去了自身的合理性。公平地对待黑人是白人的"道德良知"，作为联邦宪法权威解释者的联邦最高法院必须成为这种良知的"保护神"。③

"全国有色人种协进会"发起的司法诉讼，不仅体现了美国黑人对平等宪法权利的强烈诉求，而且，更为重要的是，这些司法诉讼给联邦最高法院构成了强大的压力，即使联邦最高法院在当时无法推翻"隔离但平等"原则的合宪性，它也必须正视种族隔离状态下的"平等"问题，给黑人提供必要的法律救济。

联邦最高法院在"隔离但平等"问题上态度的微调，也是1937年"法院危机"后联邦最高法院司法重心转向的结果。如前所述，从1938年的"合众国诉卡罗林产品公司案"开始，联邦最高法院就明确提出了此后司法审查的"双重标准"，即最高法院将以宽松的标准审查政府的社会经济立法，给政府调控经济、规范社会运行预留出足够的权力空间，但对涉及公民权利和自由的法律，联邦最高法院必须予以严格审查。该原则的确立表明，在政

---

① Donald E. Lively, *The Constitution and Race*, New York: Praeger Publishers, 1992, p. 100.

② Richard Kluger, *Simple Justice: The History of Brown v. Board of Education and Black America's Struggle for Equality*, p. 268.

③ Richard Kluger, *Simple Justice: The History of Brown v. Board of Education and Black America's Struggle for Equality*, pp. 275—276.

府权力扩大已成大势所趋的情况下，最高法院把自己在美国宪政体制中发挥制衡作用的重点，由限制其他政府机构扩张权力，开始转变为严格保障公民权利和自由。1938 年以后，联邦最高法院在"隔离但平等"问题上态度的微调，毫无疑问正是其司法重心转向的具体表现。

总之，从 20 世纪 30 年代末到 50 年代初，随着美国社会平等权利意识的觉醒和美国国内政治的发展，美国社会对种族隔离的认知也在发生着显著的变化。种族隔离势必侵害黑人的平等权利，以及"隔离"状态下不可能实现"平等"的观点，逐渐为越来越多的美国人所接受。美国学者克里斯托弗·W. 施密特（Christopher W. Schmidt）曾把二战后出现的这一种族关系新观念称之为"种族自由主义"（Racial Liberalism）。他认为正是"种族自由主义"的发展，才为美国社会营造了改善美国种族关系的社会环境和思想氛围。① 在这一背景下，此时的联邦最高法院虽然没有推翻"隔离但平等"原则，但也从过去极力肯定"隔离"的合宪性，开始转向更加关注"平等"问题，从而实现了在种族隔离问题上态度的初步变化。

二、"布朗诉教育委员会案"与种族隔离合宪性的终结

从 20 世纪 30 年代末到 50 年代初，虽然联邦最高法院在"隔离但平等"问题上的态度出现了微调，但由于种族隔离在美国根深蒂固，波及范围极广，对它的否定势必会触动美国的整个社会结构和价值观念，引发社会动荡。而且，在联邦国会尚未制定法律废除种族隔离的情况下，联邦最高法院单方面的行动也极有可能导致与立法机关的权力冲突。因此，尽管此时的联邦最高法院已经把保护公民权利和自由作为司法审查的重点，但它不可能在短时间内迈出彻底推翻"隔离但平等"原则的关键一步。

到 20 世纪 50 年代初，联邦最高法院在司法审查中极力回避"隔离"与"平等"无法并存这一事实的保守立场，遭到了美国社会中进步人士的广泛批评。例如，1951 年，耶鲁大学教授富勒·V．哈珀（Fowler V. Harper）和

---

① Christopher W. Schmidt, "Postwar Liberalism and the Origins of Brown v. Board of Education", Doctoral Dissertation, Harvard University, 2004, pp. 5—6.

埃德温·D. 艾瑟林顿（Edwin D. Etherington）就刊文指出，现在的联邦最高法院更多关注的是如何回避而不是积极应对宪法性案件，致使包括种族隔离在内的很多社会问题都得不到解决。① 著名学者伯顿·C. 伯纳德（Burton C. Bernard）也在《密歇根法律评论》（*Michigan Law Review*）上呼吁，联邦最高法院应改变回避宪法性问题的做法，因为在不介入对经济立法的司法审查后，联邦最高法院更有时间和精力保护公民权利。② 著名律师巴兹尔·H. 波利特（Basil H. Pollitt）也认为，联邦最高法院回避种族隔离问题，是把"法律置于了公正之先"，没有直面现实问题。著名法学家弗雷德·罗德尔（Fred Rodell）更是在《展望》（*Look*）杂志上直言不讳地指出，联邦最高法院最近的司法表现只能印证它的"无能、懒惰和不负责任"③。

这说明，在二战后美国民众平等权利意识逐渐觉醒的情况下，突破"隔离但平等"司法先例的束缚，维护黑人的平等宪法权利，已成为联邦最高法院必须应对的重要问题。1954 年的"布朗诉教育委员会案"④ 为联邦最高法院迈出突破性的一步提供了最佳的契机。

"布朗诉教育委员会案"缘起于堪萨斯州首府托皮卡市教育委员会（Board of Education of Topeka）实行的黑白分校制度。在这一制度下，该市的黑人儿童只能到设施简陋、离家很远的黑人学校中学习，而不能就近入读白人学校。这不仅使黑人学生得不到与白人学生相同的学习条件，而且也给黑人学生带来了很大的交通安全隐患。教育委员会的这一做法，遭到了黑人焊工和牧师奥利弗·L. 布朗（Oliver L. Brown）等很多黑人家长的强烈反对。

布朗年仅 7 岁的女儿琳达·布朗（Linda Brown）就读于离家 1 英里远的黑人学校门罗小学（Monroe School），每天小布朗都要用 1 个多小时的时间，经过步行和乘车，才能到达 21 个街区之外的学校，其间还要穿过一个相当危险的铁路交叉道口。1950 年 9 月，老布朗向离家只有 7 个街区远的白人学校萨姆纳小学（Sumner School）提出申请，希望小布朗能到该校就

---

① Fowler V. Harper and Edwin D. Etherington, "What The Supreme Court Did Not Do during the 1950 Term", *University of Pennsylvania Law Review*, Vol. 100, No. 3, 1951, p. 354.

② Burton C. Bernard, "Avoidance of Constitutional Issues in the United States Supreme Court", *Michigan Law Review*, Vol. 50, No. 2, 1951, p. 267.

③ Paul L. Murphy, *The Constitution in Crisis Times: 1918—1969*, pp.277—278.

④ *Brown v. Board of Education*, 347 U. S. 483 (1954).

读，但遭到校方的拒绝。在入学无望的情况下，老布朗在"全国有色人种协进会"托皮卡市分部的帮助下，于 1951 年 2 月 28 日，以女儿琳达·布朗的名义，向联邦地区法院提起了法律诉讼，要求法院发布"法院禁令"，禁止托皮卡市教育委员会继续实行黑白分校的种族隔离制度①，对美国种族关系产生重大影响的"布朗诉教育委员会案"由此产生。

但是，联邦地区法院在 1951 年 8 月初的庭审后作出判决，驳回了老布朗的诉讼请求。在判决中，联邦地区法院虽然承认公立学校中的种族隔离会对黑人儿童的身心造成严重的伤害，但是，它又认为，由于截至当时，联邦最高法院并未推翻 1896 年普莱西案所确立的"隔离但平等"原则，因此，联邦地区法院"不得不"（compelled）遵循此司法先例，裁决支持托皮卡市教育委员会所作的黑白分校的规定。②

在"全国有色人种协进会"的支持下，1951 年 10 月，老布朗又代表女儿将该案上诉至联邦最高法院。"全国有色人种协进会"也派出了由瑟古德·马歇尔、罗伯特·L. 卡特（Robert L. Carter）和詹姆斯·纳布里特（James Nabrit）等人组成的强大律师团，围绕推翻"隔离但平等"原则这一诉讼目的，精心准备了法庭辩护要点。

1952 年 12 月 9 日，联邦最高法院将布朗案与其他四宗分别来自于南卡罗来纳州、弗吉尼亚州、特拉华州和哥伦比亚特区的类似案件③ 进行了并审。在庭审中，"全国有色人种协进会"首先由卡特代表原告，从法理上论证了种族隔离制度的违宪性。卡特指出，种族隔离制度剥夺了黑人接受平等教育的权利，明显违反了第 14 条宪法修正案。这是因为，"无论社会中的多数群体如何行使和因何目的行使他们自己的权利，'平等法律保护'条款都力图保护黑人不受各种'奇谈怪想'（whims）的伤害"④。卡特认为，考察种

---

① Richard Kluger, *Simple Justice: The History of Brown v. Board of Education and Black America's Struggle for Equality*, p. 395.

② Benjamin M. Ziegler, ed., *Desegregation and the Supreme Court*, Boston: D. C. Heath and Company, 1958, p. 78.

③ *Briggs v. Elliott* (South Carolina), *Davis v. County School of Prince Edward County* (Virginia), *Bolling v. Sharper* (Columbia D. C.), *Belton v. Gebhart* (Delaware).

④ Richard Kluger, *Simple Justice: The History of Brown v. Board of Education and Black America's Struggle for Equality*, p. 568.

族隔离制度是否把黑人置于了不平等的社会地位，不能仅以有形的设施和课程设置为依据，还应充分体察种族隔离制度中的"无形因素"对黑人心理发展的负面影响，如种族隔离对黑人进取心的严重挫伤等。

随后，"全国有色人种协进会"出具了由美国的社会学和心理学权威专家所做的证词。堪萨斯城市大学的教育学教授休奇·W. 斯皮尔（Huge W. Speer）在证词中指出，如果仅就学校课程的安排而言，黑人学校和白人学校的确没有太大的区别，但是"按照现在人们通常接受的认识"，学生在学校中所受的教育应是全方位的，包括个性发展和对社会适应性的培养等。"学生与各种群体交往的越多，他就越能在多元文化和多元集团的社会中发挥自己的才能。"斯皮尔认为，白人占美国总人口的 90%，黑人必须与他们在社会中共处，这是无可辩驳的事实。"如果黑人儿童在学校中无法获得与白人儿童交往的经验"，那么，"他们的学业课程就大打折扣了"。因此，在种族隔离制度下，黑白学校之间的课程是永无平等可言的。①

堪萨斯州立大学的心理学教授路易莎·K. 霍尔特（Louisa K. Holt）更进一步指出，政府对种族隔离的支持比种族隔离本身的危害更大，因为"合法化"的种族隔离"自然地"使白人和黑人都错误地认为，黑人肯定是一个劣等的种族，否则种族隔离就没有"合法化"的基础。霍尔特认为，从心理学上讲，他人对自己的看法对个人的"自我认知"（ego-identity）影响巨大。如果黑人儿童从种族隔离的事实中得出自己比白人"低劣"的结论，必然会直接影响他们学习能力的正常发挥。而一旦这种认识定型，任何促使他们改变这种认识的努力都将是"徒劳的"。②

从上述法理论证和专家证词出发，"全国有色人种协进会"的律师团认为，种族隔离制度不仅是违反宪法的，而且也是违反人性的。除了使黑人儿童产生心理上的压抑情绪外，种族隔离也会使白人儿童形成"一种对社会现实的扭曲认识"，从而导致种族间的怀疑、猜忌和敌视。③

---

① Edward W. Knappman, ed., *Great American Trials*, Detroit：Visible Ink Press, 1994, p. 467.

② Richard Kluger, *Simple Justice：The History of Brown v. Board of Education and Black America's Struggle for Equality*, p. 421.

③ Richard Kluger, *Simple Justice：The History of Brown v. Board of Education and Black America's Struggle for Equality*, p. 556.

　　堪萨斯州的助理检察长保罗·E. 威尔逊（Paul E. Wilson）则代表州政府提出了三点抗辩理由。首先，威尔逊认为，"根据美国的联邦制原则，解决种族隔离问题属于州的立法权力范畴"。在本案中，堪萨斯州政府要抗辩的不是学校种族隔离制度在经济学、社会学、伦理学甚至在宗教意义上的"可取性"，而是要捍卫州政府管理州地方事务的权力。州政府规定公立学校的运行模式，是在行使州政府管理州内事务的职权，并无任何不当。

　　其次，威尔逊认为，只有当一个制度"不可能"实现社会平等时，它才是违宪的，如果是因为不恰当地实施该制度才导致出现了社会不公正，则并不能判定此项制度就是违宪的。在布朗案中，虽然黑白学生处于种族隔离状态，但他们已经在教学设备和课程设置等方面实现了实质性的平等，因此，没有充足的法律依据推翻公立学校的种族隔离制度。

　　最后，威尔逊认为，虽然原告出具了很多专家证词，以证明种族隔离会对黑人学生的心理、信心和认知能力等造成严重的损害，但并没有事实材料能够证明，本案中的原告确实已遭到了此类伤害。因此，原告诉求的事实根据并不成立。①

　　在庭审后举行的大法官会议中，围绕原被告所提的控辩理由，联邦最高法院内部出现了自由与保守两种司法观念的激烈交锋。雨果·L. 布莱克、威廉·O. 道格拉斯、哈罗德·H. 伯顿（Harold H. Burton）和谢尔曼·明顿（Sherman Minton）4 位自由派大法官认可协进会提供的专家证词，认为种族隔离给黑人带来了极为恶劣的社会后果，现在该是推翻普莱西案先例，将种族隔离制度宣布为违宪的时候了。例如，布莱克大法官从其在家乡亚拉巴马州的亲身经历中得出结论，南方州实施种族隔离制度的基础是将黑人视作低于白人的劣等人，这种公然的种族歧视恰是内战后制定的第 13、14 和 15 条宪法修正案所明确禁止的。② 明顿大法官也认为，"以种族为依据的社会分类是没有宪法基础的"，"州政府不能将肤色作为实施不同教育的根据"。③

---

　　① Richard Kluger, *Simple Justice*: *The History of Brown v. Board of Education and Black America's Struggle for Equality*, pp. 548—549.

　　② Richard Kluger, *Simple Justice*: *The History of Brown v. Board of Education and Black America's Struggle for Equality*, p. 593.

　　③ Richard Kluger, *Simple Justice*: *The History of Brown v. Board of Education and Black America's Struggle for Equality*, p. 603.

与此相反，首席大法官弗雷德·M. 文森（Fred M. Vinson）和斯坦利·里德、罗伯特·H. 杰克逊及托马斯·C. 克拉克4位大法官，则从法律原则不可动摇的立场出发，反对推翻种族隔离制度。首席大法官文森认为，"现存的众多法律都是支持'隔离但平等'原则的"，在联邦国会还没有制定法律明确禁止种族隔离的情况下，联邦最高法院不能推翻已存在50多年的普莱西案先例。在文森看来，布朗案涉及的不仅仅是托皮卡市一地的种族隔离制度，而是"整个南方的公立学校制度"，面对如此重大的社会问题，联邦最高法院必须谨慎从事。① 里德、杰克逊和克拉克大法官也认为，第14条宪法修正案并未明确禁止种族隔离，而且，在公立学校中实行何种教育制度属于州权的范畴，是否消除种族隔离应由各南方州政府自行决定，联邦最高法院不应以司法裁决的方式推翻种族隔离制度。②

最后一名大法官费利克斯·法兰克福特则处于矛盾心态中。在恪守法律原则和关注社会现实之间，法兰克福特很难作出抉择。虽然法兰克福特认为，种族隔离制度的确是对黑人平等宪法权利的剥夺，应该予以废除，但作为"司法克制"理念的忠实信仰者，法兰克福特又认为，第14条宪法修正案的制定者并未明确禁止种族隔离，如果联邦最高法院现在推翻种族隔离制度合宪性的话，那么，"长期以来最高法院便都是在错误地解释宪法"，这是他无论如何也不能承认和接受的。③

在大法官们的意见分歧非常严重的情况下，法兰克福特主张暂不对布朗案作出判决，而是择日再审。法兰克福特认为，种族隔离制度在美国根深蒂固，渗透于南方社会的各个层面。如果联邦最高法院试图推翻该制度的话，必须使司法判决能以全票通过的方式作出，以表明该判决代表了全体联邦最高法院大法官的意见，否则就会使最高法院判决的权威性大打折扣，从而为南方州继续实施种族隔离提供借口，这种结果的出现将是"灾难性的"。法兰克福特强调指出，在第二次庭审时，控辩双方举证的重点是，第14条

① Bernard Schwartz and Stephan Lesher, *Inside the Warren Court*, New York: Doubleday & Company, Inc., 1983, p. 23.

② William O. Douglas, *The Court Years 1939—1975: The Autobiography of William O. Douglas*, New York: Random House, 1980, p. 113.

③ Bernard Schwartz, *Super Chief: Earl Warren and His Supreme Court—A Judicial Biography*, New York: New York University Press, 1983, p. 76.

宪法修正案的制定者是否明确禁止在公立学校中实施种族隔离，以及联邦最高法院是否有权废除种族隔离制度等，以使判决能够建立在完备的法律基础之上。[①]1953 年 6 月，联邦最高法院接受了法兰克福特大法官的建议，决定将本案暂时搁置，另于同年 12 月 7 日对该案进行第二次庭审。

1953 年 9 月 8 日，首席大法官文森因心脏病突发去世，在艾森豪威尔总统的提名下，前加利福尼亚州州长厄尔·沃伦（Earl Warren）继任了美国历史上的第 14 任首席大法官一职，联邦最高法院也由此进入了沃伦法院时期。沃伦的政治经验极为丰富，他的就职为解决联邦最高法院大法官们在是否推翻种族隔离问题上的意见分歧带来了希望。正因为如此，法兰克福特才在闻知沃伦将出任首席大法官后不由得慨叹："我平生第一次真切地感觉到——世间真有上帝在！"[②]

1953 年 12 月 7 日—9 日，在首席大法官沃伦的主持下，联邦最高法院在三天内，对包括布朗案在内的五宗案件再次进行了长达 10 多个小时的庭审。以瑟古德·马歇尔为首的"全国有色人种协进会"律师团和以前联邦司法部长约翰·W. 戴维斯（John W. Davis）为首的南方州政府律师团，又进行了一场激烈的控辩。

在辩论中，戴维斯代表南方州认为，第 14 条宪法修正案的制定者并无意禁止在学校中实行种族隔离，最明显的例子是第 39 届联邦国会在 1868 年批准了第 14 条宪法修正案后，很快又通过了向哥伦比亚特区黑人学校提供土地和资金的法律，由此可以推论，禁止种族隔离并非是第 14 条宪法修正案的本意。戴维斯认为，"没有人能够不带丝毫偏见地对待种族关系原则"，任何强行改变社会中长期形成的种族关系模式的企图都是毫无宪法依据的。南方州的另一位辩护律师艾伯特·扬（Albert Young）也警告说，如果联邦最高法院将种族隔离宣布为违宪，就公然违背了第 14 条宪法修正案制定者的"意图"，其行为也将是违宪的。[③]

南方州政府律师团的上述陈述，遭到了"全国有色人种协进会"律师

①　Bernard Schwartz and Stephan Lesher, *Inside the Warren Court*, p. 26.

②　Bernard Schwartz and Stephan Lesher, *Inside the Warren Court*, p. 27.

③　Richard Kluger, *Simple Justice: The History of Brown v. Board of Education and Black America's Struggle for Equality*, pp. 671—672, 677.

团的反驳。协进会律师斯波茨伍德·鲁滨逊（Spottswood Robinson）首先指出，第 14 条宪法修正案的制定者从一开始就是反对种族隔离的，因为当年讨论制定该修正案时，新泽西州的联邦众议员安德鲁·J. 罗杰斯（Andrew J. Rogers）就曾提议，该修正案必须禁止出现种族隔离式的公立学校，这一提议并未遭到任何人的反对。鲁滨逊认为，第 14 条宪法修正案的目的是要实现"完全意义上的法律平等"，禁止一切州实行"种族等级法"（caste law），而学校中的种族隔离制度恰是这种违宪的法律。①

瑟古德·马歇尔更进一步指出，南方州的辩解是"丝毫站不住脚的"，种族隔离不是黑人和白人两个种族都认可的制度，而是由白人社会强加给黑人的。公立学校中的种族隔离与先前的"黑人法典"毫无二致，它之所以存在，是因为南方白人"从骨子里就认为"，"无论如何，应当尽可能地使一个曾经是奴隶的人继续固定在那种社会地位之上"，"现在已到了联邦最高法院阐明这种行为不受联邦宪法保护的时候了"。②

由上述可见，在第二次法庭辩论中，尽管围绕第 14 条宪法修正案制定者是否支持种族隔离问题，协进会和州政府的律师团都向联邦最高法院提供了大量对自己有利的历史证据，但是，辩论的结果对澄清事实并没有产生积极效果，相反，却使人们对第 14 条宪法修正案的理解更加莫衷一是。

为了避免联邦最高法院再次出现严重分歧，在随后召开的大法官会议上，首席大法官沃伦明确指出，联邦最高法院不应恪守司法先例和法规条文，而应充分体察社会现实，以维护社会公正。沃伦认为，从现有的历史档案资料看，人们很难确定第 14 条宪法修正案的制定者是否支持种族隔离，因此，联邦最高法院必须摆脱对第 14 条宪法修正案制定者"本意"的思考，将司法裁判的重点转向探究种族隔离制度是否在现实生活中置黑人于不平等的法律地位。

在沃伦看来，不论南方州做怎样的辩解，种族隔离制度和"隔离但平等"原则的基础只有一个，那就是南方白人"从内心里对有色人种的鄙视"，

① Richard Kluger, *Simple Justice: The History of Brown v. Board of Education and Black America's Struggle for Equality*, p. 668.

② Richard Kluger, *Simple Justice: The History of Brown v. Board of Education and Black America's Struggle for Equality*, p. 674.

因此，最高法院必须担负起时代赋予它的重大责任，将种族隔离从美国的民主制度中铲除。正如沃伦所言，"在当今社会中，联邦最高法院不能再像原来那样采取刻意回避的态度了。我不知道我们怎么能够将一部分人分离出去，认为他们不能像其他人那样享有平等的待遇。种族隔离是完全违背第13、14 和 15 条宪法修正案的精神的，虽然它试图使实际上仍处于奴隶地位的黑人与白人相平等，但我个人认为，我们无法在当今的时代裁断仅以种族为基础的隔离是合宪的。"①

很明显，在首席大法官沃伦看来，在种族隔离问题上，联邦最高法院司法审查的出发点不是单纯地恪守宪法条文和司法先例，而是关注社会现实，强调种族隔离制度违背了美国的民主传统，联邦最高法院必须承担起维护社会公正的责任。沃伦的这一司法观念，与霍姆斯和布兰代斯在 20 世纪初所提倡的自由主义司法理念一脉相承，预示着联邦最高法院在种族隔离问题上的司法走向即将发生改变。

但是，沃伦也清楚地意识到，推翻种族隔离制度必然会遭到南方州的强烈反对，如果操之过急，其结果可能适得其反。从这种社会现实出发，他主张在消除种族隔离的过程中，联邦最高法院必须采取审慎的态度。沃伦认为，"联邦最高法院确实要终止种族隔离在公立学校中的继续存在，但必须保持忍耐（in a tolerant way）"，"如果联邦最高法院因采取鲁莽的行动而激起不必要反对的话，那将是非常不幸的"，"最高法院应尽可能地把消除种族隔离所激起的南方州的情感波动和反对态度降到最低程度"。②

为保证联邦最高法院判决的权威性，沃伦认同法兰克福特的观点，即推翻种族隔离的判决应当是以大法官全体一致的方式作出。在沃伦的耐心斡旋下，原来持反对立场的杰克逊和克拉克大法官，以及处于犹豫状态中的法兰克福特大法官逐渐转向自由派。在 1954 年初的第二次大法官会议上，绝大多数大法官又在联邦最高法院不宜采取过激行动问题上取得了一致。到4 月底，在沃伦的说服下，最后一位持反对立场的里德大法官，也认识到保护黑人的平等宪法权利远比遵循过时的司法先例更为重要，从而改变了维护

---

① Bernard Schwartz, *Super Chief: Earl Warren and His Supreme Court—A Judicial Biography*, p. 86.

② Bernard Schwartz and Stephan Lesher, *Inside the Warren Court*, p. 83.

"隔离但平等"原则的观点，转向支持推翻公立学校中的种族隔离制度①，这就使联邦最高法院具备了推翻公立学校种族隔离制度的一切有利条件。

1954 年 5 月 17 日，首席大法官沃伦代表联邦最高法院宣布了布朗案判决。尽管这份由沃伦亲自拟定的判决十分简洁，但它却集中体现了此时的联邦最高法院在种族隔离问题上所持的自由主义司法理念。

首先，最高法院判决指出，考察公立学校种族隔离制度的合宪性不能仅以该制度是否符合第 14 条宪法修正案制定者的"本意"为依据，而必须以发展的眼光，探究种族隔离制度对公立学校教育的现实影响。联邦最高法院认为，在联邦国会拟定第 14 条宪法修正案时，其内部的争议是相当大的。从现存的历史档案看，并不能确切地判定该修正案的制定者是否支持公立学校中的种族隔离。尤其值得注意的是，在该修正案制定时，公立学校在南方并没有出现。因此，通过考察第 14 条宪法修正案的历史来推断该修正案制定者对公立学校种族隔离制度的态度是根本行不通的。联邦最高法院认为，"要处理公立学校中的种族隔离问题，我们不能将时钟拨回到 1868 年第 14 条宪法修正案制定之时，或 1896 年'普莱西诉弗格森案'审判之际，而是必须根据公立学校的总体发展及其在整个美国社会生活中所起的作用来权衡公共教育问题。唯有如此，才能判断公立学校中的种族隔离是否剥夺了为原告所享有的平等法律保护权利。"②

其次，最高法院判决认为，在现代美国社会中，公共教育对个人未来发展的影响是至关重要的，保证每个人都能接受平等的教育是政府不可推卸的责任。判决指出，"教育是公民履行最基本的公共责任的前提……是成为优秀公民的基础，也是启迪孩童的文化价值观念、为其未来的职业训练做准备和使其正常地适应所处环境的一个重要的工具。"接受教育是公民的一项宪法权利，州政府必须保证每一位公民尤其是孩童都能得到平等的受教育的机会，因为"在当今这个时代，我们无法相信，如果孩童被剥夺了受教育的机会，人们还可以期望他们在生活中取得成功"。③

最后，最高法院判决明确指出，公立学校中的种族隔离是毫无任何宪

---

① Bernard Schwartz and Stephan Lesher, *Inside the Warren Court*, pp. 84—87.
② *Brown v. Board of Education*, 347 U. S. 483 (1954), 492.
③ *Brown v. Board of Education*, 347 U. S. 483 (1954), 493.

法基础的。正如判决所言，"在公立学校中，如果教学设施和其他'有形'的条件是平等的，那么，实行以种族为唯一根据的种族隔离是否就剥夺了少数族裔学生平等接受教育的机会呢？我们认为答案是肯定的。"[1] 联邦最高法院认为，判断少数族裔学生是否受到了不公正对待，除需论证有形设施是否与白人学校相等外，还应重视对"无形"因素的考察。在沃伦等大法官们看来，虽然在种族隔离制度下，黑人学校在教学设施上与白人学校差距不大，但它的不平等性依然是显而易见的。这是因为，"仅仅基于种族的原因，就把少数族裔学生与其他年龄和能力都相仿的同学隔离开来，会使少数族裔学生产生在社会地位上低于他人的自卑感，此种自卑感将对他们的心灵和心智（hearts and minds）造成难以弥补的伤害"，这已为现代社会科学的研究所证实。因此，"在公共教育领域中，'隔离但平等'原则是无立足之地的，隔离的教育设施本身就体现了内在的不平等"！[2]

虽然布朗案涉及的只是公立学校中的种族隔离问题，但是，这并不能降低布朗案判决在美国当代宪政发展中所具有的深远意义。一方面，布朗案判决"不仅推翻了半个多世纪以来源于普莱西案的宪法性法律"，而且也废除了种族隔离这样"一项坚不可摧的社会秩序"，[3] 改变了自南方重建以来美国黑人貌似享有自由实则一无所有的状态。正如"全国有色人种协进会"的著名律师罗伯特·L.卡特所说，布朗案使美国黑人从一个哀求得到"体面待遇"的"乞丐"，变成了一名根据宪法赋予的权利要求获得"平等对待"的"公民"。[4] 这一重大转变，推动着美国黑人从争取公共教育中的平等，转向追求一切社会、政治和生活领域中的平等，并最终促进了 20 世纪五六十年代美国民权运动的发展，使美国的黑白种族关系开始发生巨大变化。

另一方面，布朗案判决也标志着联邦最高法院自身的司法理念出现了重大转变。在布朗案中，虽然大法官们在消除公立学校种族隔离问题上最终达成了共识，但他们还是回避直接推翻 1896 年的"普莱西案"，而是申明现

---

　①　*Brown v. Board of Education*，347 U. S. 483（1954），493.

　②　*Brown v. Board of Education*，347 U. S. 483（1954），495.

　③　Lucas A. Powe, Jr., *The Warren Court and American Politics*，Cambridge：The Belknap Press，2000，p. 27.

　④　Robert L. Carter, "The Warren Court and Desegregation", in *Race, Racism and American Law*，Derrick A. Bell（ed.），Boston：Little, Brown and Company，1973，pp. 456—461.

在的美国已经"不能将时钟拨回到……1896 年'普莱西诉弗格森案'审判之际"。这一表述的潜台词是,普莱西案在当时未必是错误的,否则,"整个南方生活方式的正当性就会受到历史的考验"。但是,半个多世纪过去了,普莱西案所确立的"隔离但平等"原则已经不能适应美国当代的种族关系,因此,放弃这一原则已经成为保持美国社会稳定发展的需要。① 尽管联邦最高法院的这一论证思路远非激进,但是,它的确表明此时的联邦最高法院所坚持的是与以往的最高法院完全不同的司法理念。对于自由派大法官们来说,司法审查的重点已不再是尽可能地"遵循先例"和恪守业已确立的法律原则,而是更多地去关注一项法律或制度是否在现实中有利于维护公民的平等宪法权利,是否有利于实现社会公正。在随后十多年的时间里,这种自由主义司法理念逐渐成为联邦最高法院司法审查的主旋律,使联邦最高法院在美国当代宪政发展中发挥了越来越重要的作用。

联邦最高法院之所以能在布朗案中终结"隔离但平等"原则,无疑是前述的美国人平等权利意识和"种族自由主义"进一步发展的结果。正如美国学者克里斯托弗·W. 施密特所说,"种族自由主义"最重大的影响,不在于"全国有色人种协进会"成功地发起了布朗案,而在于联邦最高法院在平等权利要求高涨的情况下,在该案中"真正接受了"协进会的主张,推翻了"隔离但平等"原则。② 但是,除了平等权利意识和"种族自由主义"发展对联邦最高法院造成巨大的冲击外,还有两个因素在终结"隔离但平等"原则的过程中发挥了重大作用。

首先,在冷战对抗中,为了在国际社会树立"民主"的形象,取消"隔离但平等"原则成为美国社会的当务之急。二战后,美国力图在冷战中用美国式的"民主"重塑战后世界。但是,由于国内存在严重的种族隔离,国际社会更多看到的却是美国式"民主"在理念与现实之间的巨大鸿沟,从而使美国在国际社会中陷入尴尬境地。1949 年,美国黑人政治家保罗·罗伯逊(Paul Robeson)曾在一次演讲中指出,很难想象,"美国黑人会为那些世代压迫自己的白人",去对抗那个"在一代人的时间里就让我们人民充分

---

① Morton J. Horwitz, *The Warren Court and Pursuit of Justice*, New York:Hill and Wang, 1998, p.26.

② Christopher W. Schmidt, "Postwar Liberalism and the Origins of Brown v. Board of Education", Doctoral Dissertation, Harvard University, 2004, p. 10.

获得了人类尊严"的苏联。① 在这种情况下，消除种族隔离，促进国内民权的发展，"不仅符合而且也是更重要的对抗共产主义世界的核心使命"。② 正如《时代周刊》（*Time*）在当时所指出的，"美国国内的种族隔离已经使美国的声誉和领导力在一些国家受损"，美国到了及时采取措施，"重申'人人生而平等'这一美国基本信条"的时候了。这说明，在冷战时期，黑人的平等权利要求与美国主流社会之间正在出现"利益交集"（interest convergence），消除种族隔离不仅是黑人的强烈要求，而且也正逐渐为美国主流社会所接受。③ 联邦最高法院在布朗案中推翻"隔离但平等"原则，从一定意义上讲，正是对当时美国面临的急迫的国际政治对抗需要的正面回应。

其次，"隔离但平等"原则被推翻也是联邦最高法院自身司法理念出现重大转变的结果。布朗案判决时，联邦最高法院内部正开始出现一个由新任首席大法官厄尔·沃伦和大法官威廉·O.道格拉斯等人构成的自由派大法官阵营。与保守派大法官坚持"遵循先例"和在民权保护领域中实行"司法克制"不同，自由派大法官们认为，联邦最高法院的司法重点不在于恪守司法先例，而在于审查一项法律或制度能否在现实中确保公民真正获得平等权利。联邦最高法院必须有效发挥自己的职能，执行宪法规定的保障措施。正如沃伦所说，联邦最高法院应更积极地面对那些"长久以来我们一直掩盖的美国人生活中的大量基本问题"，并"最终矫正这些问题"，不管涉及的争论是什么。④

从本质上讲，沃伦和道格拉斯等大法官们的司法理念是与进步运动时代霍姆斯和布兰代斯提倡的司法自由主义一脉相承的。这是因为，沃伦、道格拉斯等自由派大法官与霍姆斯和布兰代斯一样，都抛弃了强调法律逻辑推理的形式主义法律思想，代之以注重现实和法律后果的自由主义司法理念，强调司法审查应适应现实需要。正如美国学者罗纳德·德沃金（Ronald

---

① Derrick A. Bell, "Brown v. Board of Education and the Interest-Convergence Dilemma", *Harvard Law Review*, Vol. 93, No. 3, 1980, pp. 524—525.

② Mary L. Dudziak, "Desegregation as a Cold War Imperative", *Stanford Law Review*, Vol. 41, No. 1, 1988, p. 63.

③ Derrick A. Bell, "Brown v. Board of Education and the Interest-Convergence Dilemma", *Harvard Law Review*, Vol. 93, No. 3, 1980, p. 524.

④ Bernard Schwartz, *A History of the Supreme Court*, p. 276.

Dworkin）所言，在 20 世纪五六十年代，联邦最高法院的大法官们是从"最适宜未来社会发展"的角度作出司法裁决的，并未受任何"过时司法先例"的束缚。①

但是，与进步运动时代相比，司法自由主义的表现形式在 20 世纪五六十年代发生了重大变化，前者主张"司法克制"，后者则强调"司法能动主义"，这种差异的出现是与不同时代美国社会政治发展的特征密切相关的。在 19 世纪末 20 世纪初，由于联邦最高法院极力限制联邦政府和州政府对经济运行做合理调控，霍姆斯和布兰代斯大法官主张"司法克制"是顺应美国社会发展要求的。但在 20 世纪五六十年代，由于联邦立法和行政机关在民权保护领域中行动迟缓，沃伦、道格拉斯等自由派大法官力主司法机关积极填补这一权力"真空"，实现和维护社会公正，也是符合美国当代的社会现实的。在沃伦、道格拉斯等自由派大法官们看来，只要存在社会不公正的事实，司法机关就应当提供法律救济，而不必恪守法律原则和司法先例。从这一意义上讲，20 世纪五六十年代的联邦最高法院实际上是秉承了司法自由主义的精髓，使产生于半个世纪前的司法自由主义适应了美国当代社会发展的要求。

在沃伦的努力下，由全体 9 名大法官一致同意的布朗案判决，集中体现了自由派大法官们的自由主义司法理念。例如，判决书认为，解决公立学校的种族隔离问题，"不能将时钟拨回到 1868 年第 14 条宪法修正案生效之时或 1896 年'普莱西诉弗格森案'审判之际"，而是必须根据公立学校在当代美国社会中所起的作用予以权衡，只有这样，"才能判断公立学校中的种族隔离是否剥夺了黑人的平等法律保护权利。"② 这一论述说明，此时的联邦最高法院不再像以往那样，纠缠于探究第 14 条宪法修正案的"原初意图"是否禁止种族隔离，而是将注意力集中在种族隔离所造成的现实后果上。在联邦最高法院看来，即使普莱西案判决在当时未必是错误的，但现在的美国也不能回到普莱西时代，放弃"隔离但平等"原则已成为美国当代公共教育发展的需要。③

---

① Bernard Schwartz, *Main Currents in American Legal Thought*, p. 546.

② *Brown v. Board of Education*, 347 U. S. 483 (1954), 492.

③ Morton J. Horwitz, *The Warren Court and Pursuit of Justice*, p. 26.

不仅如此，对于社会学家和心理学家提供的种族隔离给黑人儿童造成严重心理伤害的证据，联邦最高法院也予以了认可。正如判决中所说的，"不管普莱西时代人们的心理认知水平如何"，种族隔离会使黑人感觉低人一等的事实，"已经得到了现代权威证据的充分支持"，"普莱西案判决中任何与现代研究结果不符的表述都必须被推翻"。①

三、司法审查与种族隔离制度的崩溃

虽然联邦最高法院在布朗案判决中推翻了公立学校中的种族隔离制度，但鉴于该案涉及重大的宪法问题，以及各地在公立教育中实行种族隔离的情况千差万别等原因，联邦最高法院并未强令南方州立即实行黑白合校，而是在 1955 年 4 月针对判决的执行方式又举行了一次庭审。在 5 月 31 日宣布的"布朗案Ⅱ"②判决中，联邦最高法院将执行消除公立学校种族隔离判决的权力交给了联邦地区法院，由它们视各州的具体情况，"以极其审慎的速度"（with all deliberate speed）推动各地逐步取消公立学校中的种族隔离。③

但是，由于布朗案判决给南方州的社会结构和传统价值观念带来了巨大冲击，因此该判决遭到了南方州的强烈反对。例如，密西西比州的联邦参议员詹姆斯·O. 伊斯特兰（James O. Eastland）批评布朗案判决是"受左翼压力集团理论灌输和洗脑"的结果。④ 弗吉尼亚州州长托马斯·斯坦利（Thomas Stanley）宣布，他将利用一切法律手段在弗吉尼亚州的公立学校中继续维持种族隔离。⑤ 佐治亚州州长赫尔曼·塔尔梅奇（Herman Talmadge）也认为，"联邦最高法院公然蔑视了一切法律和先例……并使自己沦落到庸俗政治的地步"，佐治亚州"必须设计出一套方案，以便使种族隔离永远维

---

① *Brown v. Board of Education*，347 U. S. 483 (1954)，495—496.

② *Brown v. Board of Education* (Ⅱ)，349 U. S. 294 (1955).

③ *Brown v. Board of Education* (Ⅱ)，349 U. S. 294 (1955)，301.

④ Numan V. Bartley，*The Rise of Massive Resistance：Race and Politics in the South During the 1950's*，Baton Rouge：Louisiana State University Press，1969，p. 67.

⑤ Melvin I. Urofsky and Paul Finkelman，*A March of Liberty：A Constitutional History of the United States*，Vol. Ⅱ，p. 785.

持下去"。① 亚拉巴马、南卡罗来纳、路易斯安那和北卡罗来纳等州的州议会也先后将布朗案判决宣布为无效，并声明将力保种族隔离制度不受撼动。②

　　在南方州举行的政治选举中，如何对待联邦最高法院的布朗案判决也成为争论的中心话题。例如，在佐治亚州的州长选举中，候选人马文·格里芬（Marvin Griffin）认为，联邦最高法院的布朗案判决势必"摧毁州权的一切威望"，各州对这一"背弃"联邦宪法精神的行为必须予以制止。另一名候选人汤姆·林德（Tom Linder）则主张在全州范围内举行官方调查，要求所有的父母都必须郑重宣誓，是愿意让自己的孩子继续在种族隔离学校就读还是送入黑白混合学校。甚至还有一名候选人提出，各州应协力促使联邦政府废止设立联邦最高法院，以便使南方州的种族隔离制度今后免受联邦最高法院的司法干预。

　　在南卡罗来纳州的州长选举中，时任副州长的乔治·B. 蒂默曼（George B. Timmerman）在自己的竞选纲领中提出了一个"三类学校方案"（three-school plan），即将南卡罗来纳州的公立学校分为白人学校、黑人学校和黑白混合学校三种，通过将黑白隔离学校与种族混合学校并存的方式，使种族隔离得以延续下去。③

　　1956年3月12日，联邦国会中的101位南方州议员联名递交了一份《南方宣言》（Southern Manifesto），集体表达了南方州对布朗案判决的强烈不满。在该宣言中，南方州首先认为，联邦最高法院通过审判布朗案，篡夺了联邦国会的立法权。这是因为，从第14条宪法修正案的制定过程看，该修正案的制定者们并无意干预州政府对州内公立教育的管理，在联邦国会没有制定其他的宪法修正案或联邦法律，废止各州公立学校中的种族隔离的情况下，联邦最高法院强制干预南方州公立学校的传统教育体制，是对司法权的"明显滥用"，实际上是违宪地行使了本属于联邦国会的立法权。

　　其次，南方州在宣言中认为，联邦最高法院的布朗案判决扰乱了南方

---

　　① William Lasser, *The Limits of Judicial Power*: *The Supreme Court in American Politics*, Chapel Hill: The University of North Carolina Press, 1988, p. 164.

　　② Melvin I. Urofsky and Paul Finkelman, *A March of Liberty*: *A Constitutional History of the United States*, Vol. II, p. 788.

　　③ Numan V. Bartley, *The Rise of Massive Resistance*: *Race and Politics in the South During the 1950's*, pp. 68—70.

州正常的社会生活秩序，也干预了理应由州政府行使的管理各州内部事务的权力，严重侵犯了州权。南方州认为，自1896年的"普莱西诉弗格森案"以来，"隔离但平等"原则就已经成为南方人"生活中的一部分"，南方州实行种族隔离的"习惯、风俗、传统和生活方式"等也因此得到了肯定。但联邦最高法院的布朗案判决却"摧毁了……黑白之间所建立的亲密关系，并在原来的友谊和理解之上播下了仇恨和猜疑的种子"，这不仅严重动摇了南方州的社会稳定，也直接干预了各州的内部事务，使南方州的公立学校制度濒于崩溃。①

除对联邦最高法院的布朗案判决进行猛烈抨击外，南方州还进行了由弗吉尼亚州的联邦参议员哈里·F. 伯德（Harry F. Byrd）倡议的"大规模抵抗"（Massive Resistance）活动。② 这种抵抗活动的主要内容有三：首先，南方州通过制定法律或州宪法修正案的方式，阻止在公立教育中实行黑白合校。例如，1955年4月，密西西比州议会就通过了一项法律，规定凡就读于黑白混合的公立学校中的白人将会受到罚金或监禁的处罚。③ 佐治亚州议会的一项法律规定，凡以公共资金资助黑白合校的州或地方官员都将受到重罪的惩罚。南卡罗来纳州议会在一项法律中规定，禁止向遵守布朗案判决的公立学校提供教育资金。路易斯安那州成立了"维持种族隔离联合立法委员会"（Joint Legislative Committee to Maintain Segregation），专职负责制定对抗布朗案判决的法律。④ 密西西比和佐治亚等州也在新制定的州宪法修正案中表示，它们将不惜以废除公立学校的方式，使种族隔离制度延续下去。⑤

其次，南方州成立了众多的"白人公民委员会"（White Citizen's Council），从政治和经济等方面竭力维护种族隔离。1954年7月，第一个"白人公民委员会"出现于密西西比州森弗劳尔县（Sunflower County）的印

---

① Kermit L. Hall, ed., *Major Problems in American Constitutional History: Documents and Essays*, Vol. Ⅱ, Lexington: D. C. Heath and Company, 1992, pp. 367—369.

② Melvin I. Urofsky and Paul Finkelman, *A March of Liberty: A Constitutional History of the United States*, Vol. Ⅱ, p. 788.

③ William Lasser, *The Limits of Judicial Power: The Supreme Court in American Politics*, p. 165.

④ Numan V. Bartley, *The Rise of Massive Resistance: Race and Politics in the South During the 1950's*, pp. 74—76.

⑤ William Lasser, *The Limits of Judicial Power: The Supreme Court in American Politics*, p. 164.

第安诺拉市（Indianola），随后，亚拉巴马、路易斯安那、南卡罗来纳、得克萨斯、佛罗里达、阿肯色、田纳西、弗吉尼亚等南方州也纷纷建立了此类机构，到 1956 年初，南方州的"白人公民委员会"成员已达到了 25 万余人。① "白人公民委员会"除了在政治和舆论上极力坚持种族隔离制度的合宪性外，尤其注重从经济上对争取平等权利的黑人进行报复。正如亚拉巴马州的一位委员会成员所言，"白人掌控着本县的钱袋，这是委员会争取合法地维持种族隔离的一个有利条件"，"我们将力争使任何一个鼓动消除种族隔离的黑人都很难获得工作、取得贷款和延缓偿付抵押贷款"。在密西西比州的亚祖城（Yazoo City）和南卡罗来纳州的奥兰治堡县（Orangeburg County），"白人公民委员会"不仅公布积极呼吁消除种族隔离的黑人名单，而且还鼓动白人业主对黑人进行经济报复，结果使大量致力于实现黑白平等的黑人失业、丧失信贷或流落街头。②

最后，许多南方州采取了"自由择校"（Freedom of Choice）方案，试图以此规避布朗案判决的约束。所谓"自由择校"，是指南方州允许黑人和白人家长为自己的孩子"自由"选择一所学校就读。这一方案虽然在表面上使黑人学生可以进入白人学校学习，白人学生也可以就读于黑人学校，公立学校中的种族隔离问题似乎得到了解决，但由于种族隔离制度并未在法律上予以废除，黑人学生在白人学校中普遍被视为不受欢迎的"闯入者"（interloper），精神和肉体伤害的巨大威胁实际上使绝大多数黑人学生不敢在白人学校中学习，而白人学生更是绝少入读黑人学校。因此，在"自由择校"方案下，公立学校中的种族隔离制度事实上没有受到任何影响。③

但是，尽管南方州采取了上述的各种手段对抗布朗案判决，联邦最高法院仍然在随后的诸多案件中坚持了布朗案判决的司法立场，继续将种族隔离制度宣布为违宪。1958 年的"库珀诉阿伦案"④ 是联邦最高法院维护布朗

---

① Numan V. Bartley, *The Rise of Massive Resistance：Race and Politics in the South During the 1950's*, pp. 83—85.

② Numan V. Bartley, *The Rise of Massive Resistance：Race and Politics in the South During the 1950's*, p. 193.

③ Richard Kluger, *Simple Justice：The History of Brown v. Board of Education and Black America's Struggle for Equality*, p. 766.

④ *Cooper v. Aaron*, 358 U. S. 1 (1958).

案判决权威性的第一个案件。在这宗有关阿肯色州消除公立学校种族隔离制度的案件中，该州的"小石城地区学校委员会"(Little Stone District School Board) 虽曾计划于 1957 年秋季开学时在公立学校中实行黑白合校，但在"小石城事件"[1] 后，该委员会又以实行黑白合校会招致公众抗议甚至会出现骚乱为由，决定延期两年半实施黑白合校。这一计划虽得到了联邦地区法院的支持，但被联邦第八巡回司法区上诉法院推翻。1958 年 8 月，阿肯色州政府以"小石城地区学校委员会"成员威廉·G. 库珀（William G. Cooper）的名义向联邦最高法院上诉，要求最高法院拒绝约翰·阿伦（John Aaron）等黑人学生提出的立即实行黑白合校的请求，延缓该州的黑白合校进程。

但是，阿肯色州的这一诉求遭到了联邦最高法院的反对。在判决中，联邦最高法院的全体 9 名大法官一致认定，布朗案判决必须无条件地予以执行。联邦最高法院认为，虽然在公立学校中消除种族隔离会遭遇重重阻力，但"不能因暴力和骚乱……而牺牲或放弃"黑人的宪法权利，因为"法律和秩序不会因剥夺黑人的宪法权利而得以保持"。消除种族隔离所面临的种种"困难"是由于"州行为"的不力造成的，它也应该再由"州行为"予以解决。判决认为，任何个人和机构，只要他或它是"以州的名义或凭借州的权力"从事某种行为的，此种行为即构成"州行为"。如果这种行为侵犯了公民的宪法权利，它就违反了第 14 条宪法修正案的规定，应为违宪行为。在布朗案中，联邦最高法院也正是以此为根据，肯定黑人儿童享有平等的接受公立教育的宪法权利的。州政府的立法、行政或司法机关既不能"公开和直接地"将联邦最高法院的布朗案判决宣布为无效，也不能以"隐晦的种族隔离计划"，否认布朗案判决的有效性。[2]

在判决中，针对阿肯色州提出的州政府有权解释联邦宪法和拒绝执行联邦最高法院判决的言论，联邦最高法院也予以了反驳。最高法院在判决中

---

[1]　1957 年 9 月，阿肯色州的"小石城地区学校委员会"准备执行布朗案判决，允许 9 名黑人学生入读小石城的"中央中学"(Central High School)。但在 9 月 2 日，阿肯色州州长奥维尔·福伯斯 (Orville Faubus) 派出国民卫队封锁该中学，阻止黑人学生入学。虽然在联邦地区法院的干预下，福伯斯被迫于 9 月 20 日撤回了国民卫队，但由于部分白人暴民的骚乱，黑人学生依旧无法正常入读中央中学。9 月 25 日，艾森豪威尔总统不得不出动联邦第 101 空降师至小石城维持秩序，并将 1 万名阿肯色州国民卫队置于联邦控制之下，小石城的紧张局势才得以控制。

[2]　*Cooper v. Aaron*，358 U. S. 1 (1958)，16—17.

指出，联邦宪法的第 6 条明确规定，联邦宪法是合众国的"最高法律"，这一规定早在 1803 年的"马伯里诉麦迪逊案"判决中，就已经得到了联邦最高法院的确认。当时的联邦最高法院首席大法官约翰·马歇尔指出，"联邦宪法是国家的最高法律"，阐释联邦宪法和联邦法律的含义，是联邦司法机关尤其是联邦最高法院的"权力和责任"。在马伯里案之后，这一思想已经为全体美国人所接受，并成为美国宪政体制的一个"永恒和不可或缺的特征"。据此，"联邦最高法院在布朗案判决中对第 14 条宪法修正案所作的司法解释是至上的"，州政府必须严格依照该判决，取消公立学校中的种族隔离。如果各州可以"随意地"解释联邦宪法，推翻联邦最高法院的判决，并"摧毁"那些判决所保护的"权利"的话，那么，"联邦宪法本身就变成了一个彻头彻尾的笑柄"，其权威性也就荡然无存了。①

在判决中，联邦最高法院承认对公立学校的管理是州政府的职权，但最高法院又指出，州政府的管理行为必须确保使每个人都能得到"平等法律保护"。因为"联邦宪法旨在缔造一个实现法律面前人人平等公正的政府，第 14 条宪法修正案也体现和强调了这一理想"。无论州政府以何种方式继续在公立学校中维持种族隔离，它都违反了联邦宪法和第 14 条宪法修正案的精神。联邦最高法院认为，州政府必须依照联邦宪法的要求，"严格遵循布朗案判决所体现的宪法原则"，这"对于维护我们的根本大法所保护的自由是必不可少的"，唯有如此，"法律面前平等公正的宪法理想才能成为活生生的事实"。②

库珀案判决不仅再一次体现了联邦最高法院消除公立学校种族隔离制度的决心，而且也标志着联邦最高法院在"布朗案Ⅱ"判决中所规定的"过渡时期"的结束。在随后的一系列案件中，联邦最高法院继续严格遵循布朗案判决，强令各州必须彻底结束公立学校中各种形式的种族隔离。1964 年的"格里芬诉爱德华王子县教育委员会案"和 1968 年的"格林诉新肯特县教育委员会案"是最突出的表现。③

---

①　*Cooper v. Aaron*，358 U. S. 1 (1958)，18.

②　*Cooper v. Aaron*，358 U. S. 1 (1958)，19—20.

③　*Griffin v. County School Board of Prince Edward County*，377 U. S. 218 (1964)；*Green v. County School Board of New Kent County*，391 U. S. 430 (1968).

在格里芬案中，弗吉尼亚州的爱德华王子县教育委员会（School Board of Prince Edward County）为规避执行布朗案判决，于1959年关闭了该县所有的公立学校，将全部教育资金悉数投入只招收白人学生的私立学校，完全剥夺了黑人学生接受公立教育的权利。[1] 在格林案中，弗吉尼亚州新肯特县教育委员会（School Board of New Kent County）于1965年规定，在公立学校中实行"自由择校"，以此变相地在公立学校中继续推行种族隔离。[2] 上述两个教育委员会所采取的维持种族隔离的做法，都被联邦最高法院以9∶0的表决结果宣布为违宪。

在由布莱克大法官拟定的格里芬案判决中，联邦最高法院首先指出，爱德华王子县教育委员会在关闭公立学校的同时，却向白人私立学校提供教育资金，这一行为剥夺了黑人学生所享有的为第14条宪法修正案所确认的"平等法律保护"权利。联邦最高法院认为，与弗吉尼亚州的其他县相比，爱德华王子县的黑白学生都受到了法律的不同对待。这是因为，自1959年以来，弗吉尼亚州中只有爱德华王子县关闭了公立学校，这就使该县的所有学生都不能像其他地方的学生一样接受公立学校教育，而只能在收费昂贵的私立学校中读书，给学生增添了不必要的负担。联邦最高法院强调指出，综合考察，爱德华王子县的这种做法对黑人学生造成的危害更大。原因在于，一方面白人私立学校不接受黑人学生入学；另一方面，"到目前为止"，爱德华王子县还没有一所黑人私立学校，这实际上使黑人学生根本无学可上。因此，从这一教育政策的实际后果看，爱德华王子县教育委员会的行为，无疑违反了第14条宪法修正案的"平等法律保护"条款，必须予以禁止。[3]

其次，联邦最高法院认为，虽然在是否开办公立学校方面，州和地方政府有"自由裁量权"，但开办与否的理由必须是合宪的。从该案所涉及的案情看，爱德华王子县教育委员会并不能"更清晰地"证明，其关闭公立学校的原因是白人和黑人学生根本无法在同一所公立学校中读书。因此，该教育委员会所采取的上述"对抗消除种族隔离的做法"，"是不具有宪法依据的"。[4]

---

[1]　Kermit L. Hall, et al., eds., *The Oxford Companion to the Supreme Court of the United States*, p. 350.

[2]　Archibald Cox, *The Court and the Constitution*, p. 262.

[3]　*Griffin v. County School Board of Prince Edward County*, 377 U. S. 218 (1964), 230—231.

[4]　*Griffin v. County School Board of Prince Edward County*, 377 U. S. 218 (1964), 231.

最后，联邦最高法院认为，联邦司法机关必须采取"迅速而有效的"措施，禁止爱德华王子县继续实施种族隔离。判决指出，联邦地区法院完全有权力颁布"适宜和必要的"法院禁令，"终止"该县在关闭公立学校的情况下继续向私立学校提供教育拨款和教育税金，因为这一措施是该县实施种族隔离和剥夺学生享有平等教育机会计划的"重要组成部分"。联邦地区法院也有权发布法院命令，责成爱德华王子县政府通过征收必要的税金、设立"足够的"基金，以重新开办基于种族平等的公立学校。① 联邦最高法院认为，"布朗案 II"判决所规定的以"审慎的速度"消除种族隔离的阶段"已经过去了"，爱德华王子县教育委员会继续剥夺黑人学生平等宪法权利的行为是违宪的。②

在"格林案"中，联邦最高法院在由威廉·J. 布伦南（William J. Brennan）大法官拟定的判决中明确指出，虽然新肯特县教育委员会采取了貌似公正的"自由择校"方案，但它实际上是在变相维持种族隔离制度。联邦最高法院认为，由于该县依然保持着相互隔离的白人学校和黑人学校，长期以来白人也对黑人充满了鄙视和敌意，因此，自 1965 年以来，事实上没有一名白人学生入读黑人学校，85%的黑人学生也照旧在黑人学校中学习。新肯特县教育委员会采取"自由择校"做法的目的，是试图继续在公立学校中坚持"早在 14 年前的布朗案中就已被宣布为违宪的种族隔离"，从而侵犯了黑人学生的平等法律保护权利。③

联邦最高法院认为，在公立学校中消除种族隔离的"最终目标"，是"建立单一的、不以种族划线的公立学校体制"。新肯特县的"自由择校"方案虽然使黑白学校向所有白人和黑人学生都"敞开了大门"，但这仅是实现上述"最终目标"的"开始"而不是"结束"。新肯特县教育委员会有"不可推卸的责任"，采取一切必要的措施废除现存的"双轨公立学校体制"，铲除种族歧视的"根枝"，使"单一公立学校体制"尽早成为现实。④

判决指出，联邦最高法院并非认定"自由择校"方案本身是违宪的，

---

① *Griffin v. County School Board of Prince Edward County*，377 U. S. 218 (1964)，232—233.
② *Griffin v. County School Board of Prince Edward County*，377 U. S. 218 (1964)，234.
③ *Green v. County School Board of New Kent County*，391 U. S. 430 (1968)，435.
④ *Green v. County School Board of New Kent County*，391 U. S. 430 (1968)，436—438.

而是要考察该方案在消除公立学校种族隔离制度的实际过程中是否是有效的。从本案的具体案情看，"自由择校"方案根本无法在公立学校中实现种族平等，因此，该方案不能成为新肯特县继续维持种族隔离、逃避执行联邦最高法院布朗案判决的"神圣的护身符"（sacred talisman）。① 判决明确指出，新肯特县教育委员会必须"制定新的方案"，以便迅速将双轨公立学校体制转变为"既没有白人学校也没有黑人学校的"单一的公立学校体制。②

格里芬案和格林案判决表明，虽然南方州对布朗案判决采取了各种各样的对抗措施，试图继续延续公立学校中的种族隔离制度，但是，联邦最高法院在司法审查中都采取了强硬的司法立场，不仅坚持裁决公立学校中的种族隔离违宪，而且也明确取消了实现黑白合校的"缓冲期"，从而进一步摧毁了公立学校中种族隔离制度的合宪性。

尽管联邦最高法院在布朗案判决中只是宣布了公立学校中的种族隔离制度违宪，但该判决的实际影响却大大超出了公共教育领域。在布朗案之后，"全国有色人种协进会"的"法律辩护基金会"又在一系列诉讼中，对南方州在公园、公共汽车、公共图书馆、公共停车场等公共领域中实施的种族隔离制度发起了强有力的挑战。在这些案件中，绝大多数联邦下级法院都遵循了布朗案判决，认定南方州在公共设施和公共场所中实施种族隔离制度违反了第 14 条宪法修正案的"平等法律保护"条款。在对此类案件的上诉审理中，联邦最高法院也无一例外地支持了联邦下级法院的判决，进一步保护了黑人的平等宪法权利。

例如，在 1955 年的"巴尔的摩市长诉道森案"和"霍姆斯诉亚特兰大市案"、1956 年的"盖尔诉布劳德案"、1958 年的"新奥尔良市改善公园设施协会诉德廷格案"等案件中，联邦最高法院先后判决南方州在公共海滩、公共高尔夫球场、公共汽车和公园中实行的种族隔离制度违宪。③ 在 1963 年的"约翰逊诉弗吉尼亚州案"④ 中，联邦最高法院又推翻了弗吉尼亚州法院

---

①　*Green v. County School Board of New Kent County*，391 U. S. 430（1968），439—440.

②　*Green v. County School Board of New Kent County*，391 U. S. 430（1968），442.

③　*Mayor of Baltimore v. Dawson*，350 U. S. 877（1955）；*Holmes v. Atlanta*，350 U. S. 879（1955）；*Gayle v. Browder*，352 U. S. 903（1956）；*New Orleans City Park Improvement Association v. Detiege*，358 U. S. 54（1958）.

④　*Johnson v. Virginia*，373 U. S. 61（1963）.

对拒绝进入法院内种族隔离区的黑人小福特·T. 约翰逊（Ford T. Johnson, Jr.）所作的有罪判决。联邦最高法院认为，州法院对约翰逊所作的有罪判决是丝毫站不住脚的，"现在的人们已经不再怀疑，州政府在公共设施中实施种族隔离是违宪的了"。①

这样，到 20 世纪 60 年代中期，联邦最高法院几乎将各类公共设施中存在的种族隔离都打上违宪的标志，并推动联邦政府和各州政府采取了诸多实现种族平等的措施，保护黑人的平等宪法权利。

但是，必须指出的是，种族隔离并未因联邦最高法院将公共设施和公共场所中的种族隔离宣布为违宪，而在美国社会中销声匿迹。原因在于，大量由个人实施的种族隔离行为依然在美国尤其是在南方州中随处可见，而且大多得到了当地执法部门的支持。虽然联邦最高法院可以凭借第 14 条宪法修正案，推翻公共设施和公共场所中的种族隔离，但在面对涉及个人实施的种族隔离的案件时，联邦最高法院又面临巨大的困境。

如前所述，早在 1876 年的"合众国诉克鲁克香克案"和 1883 年"民权组案"中，当时的联邦最高法院就确立了"州行为"原则，认为联邦政府只能利用第 14 条宪法修正案禁止州政府实施的官方违宪行为，而不能禁止由个人实施的、非官方的侵犯他人宪法权利的行为。到 20 世纪五六十年代，当联邦最高法院将南方州政府实施的种族隔离宣布为违宪后，如何突破"州行为"原则的束缚，矫正更为广泛的个人实施的种族隔离行为，就成为摆在联邦最高法院面前的一个难题。

围绕第 14 条宪法修正案是否能够被用于制约个人实施的种族隔离行为这一问题，联邦最高法院内部出现了以约翰·M. 哈兰二世（John M. Harlan Ⅱ）②、布莱克和以沃伦、道格拉斯为代表的两派大法官的意见分歧。

哈兰大法官坚持"司法克制"，认为如果联邦最高法院在司法审查过程中超越了联邦宪法的明确规定，不仅会使自己的判决缺乏宪法基础，而且也会与其他政府机构发生权力冲突，损害联邦最高法院自身的权威。

布莱克大法官也持类似的观点。虽然布莱克曾在"布朗案"和其他涉

---

① *Johnson v. Virginia*, 373 U. S. 61 (1963), 62.

② 约翰·M. 哈兰二世（John M. Harlan Ⅱ）大法官是在 1896 年的"普莱西诉弗格森案"中提出强烈异议的约翰·M. 哈兰大法官的孙子，祖孙二人同名。

及公共设施种族隔离的案件中，极力主张保护黑人的平等宪法权利，他本人也被视为自由派大法官阵营中的一员，但是，布莱克还是一位宪法"文本主义者"（Textualist），他对宪法文本有着近乎崇拜的感情。当布莱克认为联邦最高法院的司法审查将会违背或超越宪法的明文规定，并极有可能扰乱社会秩序时，他就与哈兰大法官在"司法克制"方面达成了一致，表现出强硬的反对立场。布莱克认为，联邦最高法院的司法行为必须以宪法为依据，最高法院不能根据自己的选择，抛弃某些权利或者任意创造某些权利，最高法院的自由裁量权必须受到限制。也就是说，在布莱克看来，在保护个人权利问题上，司法审查必须有一个度，即联邦最高法院的司法行为不能超越联邦宪法的明文规定，否则，司法审查本身也就失去了合宪性。

哈兰和布莱克大法官都认为，从第 14 条宪法修正案的条文规定和联邦最高法院长期以来所遵循的司法原则看，个人的违宪行为完全不在该修正案的管辖范围之内，联邦最高法院应回避对个人实施的种族隔离行为作出司法裁决。他们还认为，地方执法部门应该逮捕那些在实行种族隔离的私人餐馆、旅店等"个人设施"（private facilities）中进行抗议活动的黑人，以保护业主的个人权利。在他们看来，"不管联邦宪法授权各州或联邦国会何种权力，去管制私有财产的使用，它都没有授权给任何团体，可以用武力统治替代法治。"虽然对某些人而言，"法治对于解决他们的冤情太缓慢了"，"但我们的国家正是选择了法治去保护所有人的'自由'和平等"。因此，"法治承受着我们的信任也寄托着我们的希望"，"法治的宪政原则符合我们的需要"。①

毫无疑问，哈兰和布莱克大法官的上述思想在很大程度上符合联邦宪法和第 14 条宪法修正案的文本要求，但是，在 20 世纪五六十年代，在美国社会中个人实施的种族隔离普遍存在，黑人的平等权利无法得到保障，急需联邦司法机关提供司法救济的情况下，哈兰和布莱克的司法立场又不可避免地带有了保守的色彩。

与哈兰和布莱克大法官不同，沃伦和道格拉斯大法官则从自由主义的司法理念出发，主张宽泛地解释"州行为"与"个人行为"之间的关系，跨

① *Bell v. Maryland*, 378 U. S. 226 (1964), 346.

越"州行为"原则的限制，以便使联邦最高法院能够利用第 14 条宪法修正案禁止个人实施的种族隔离行为。

沃伦和道格拉斯大法官认为，虽然私人经营的餐馆、旅店等属于"个人设施"，但其业主实施的种族隔离行为却并不能被简单地看作是"个人行为"，私人餐馆和旅店等设施实际上是州政府借以管理和服务社会的"工具"，其业主的行为在一定程度上也体现了州政府的意志。而且，州警察逮捕举行抗议活动的黑人，也表明州政府已经参与了私人业主的种族隔离行为。基于这两方面的原因，个人实施的种族隔离事实上变成了"州行为"，理应受第 14 条宪法修正案的约束。①

在南方州个人实施的种族隔离日趋加剧和黑人的宪法权利屡遭侵犯的严峻现实面前，沃伦和道格拉斯大法官的自由主义司法理念逐渐在联邦最高法院中占据了主导地位。1961 年的"伯顿诉威尔明顿停车场管理处案"②，集中体现了联邦最高法院以自由主义的司法理念禁止个人种族隔离行为的司法立场。

在伯顿案中，特拉华州威尔明顿市（Wilmington）停车场内的伊格尔咖啡店（Eagle Coffee Shoppe），因拒绝招待黑人威廉·H. 伯顿（William H. Burton）而引发诉讼。伯顿认为，该咖啡店的行为侵犯了他所享有的"平等法律保护"权利，遂将威尔明顿停车场管理处告上了法庭。但是，在州地方法院和州最高法院的审判中，伯顿都以败诉告终。原因在于，特拉华州的两级法院都认定，伊格尔咖啡店是一所租借停车场空闲场地从事个体经营的私人咖啡店，它所实施的种族隔离行为属"单纯的个人行为"，伯顿不能以第 14 条宪法修正案为依据，诉求自己的宪法权利。

但是，州法院的判决遭到了联邦最高法院的反驳。在由托马斯·C. 克拉克大法官拟定的判决中，联邦最高法院虽然承认第 14 条宪法修正案只约束"州行为"，但它又坚持认为，在该案中，伊格尔咖啡店的种族隔离行为并不能被简单地视为"个人行为"。这是因为，虽然伊格尔咖啡店不属于州政府所有，但它所提供的租金，对于维系州政府管辖的威尔明顿停车场的正

---

① Melvin I. Urofsky and Paul Finkelman, *A March of Liberty*：*A Constitutional History of the United States*，Vol. Ⅱ，p. 804.

② *Burton v. Wilmington Parking Authority*，365 U. S. 715（1961）.

常运转是"不可或缺的"，这就使该咖啡店的经营成为州政府职能行为的一个"组成部分"，它所实施的种族隔离行为自然也就代表了州的政府行为。①同时，由于州政府没有采取积极有效的措施制止该咖啡店的种族隔离行为，这种"不作为"也就在事实上使州政府成了种族隔离行为的"幕后参与者"，而这恰恰是第 14 条宪法修正案所明确禁止的。②

很明显，伯顿案判决表明，在应对急迫的现实需要面前，联邦最高法院的自由派大法官们试图通过宽泛地解释宪法和法律，来达到实现和维护社会公正的目的。该案判决的作出，不仅推动了美国黑人在 20 世纪 60 年代进一步采取主动行动，争取平等宪法权利，而且也为联邦最高法院在此后的类似案件中，利用第 14 条宪法修正案禁止个人实施的种族隔离行为奠定了司法基础。

伯顿案后，联邦最高法院继续在司法审查中采取激进的行动，禁止任何个人实施种族隔离行为。这主要表现在两个方面，即支持黑人针对种族隔离所采取的和平抵制行为和维护 1964 年《民权法》的合宪性。

1960 年 2 月 1 日，北卡罗来纳州格林斯伯勒市（Greensboro）"农业与技术学院"（Agricultural and Technical College）的 4 名黑人学生，在"全国有色人种协进会"成员拉尔夫·约翰斯（Ralph Johns）的鼓励下，来到专供白人午餐的"伍尔沃斯午餐馆"（Woolworth's Lunch Counter）购买食品。在遭到店主的拒绝后，4 名黑人学生静坐在柜台前，抗议店主的种族隔离行为，直至餐馆关门。③ 这一通过和平静坐方式抵制种族隔离的"静坐"（Sit-ins）行为，得到了其他黑人学生的广泛响应。不仅大批黑人学生加入了格林斯伯勒市的和平抵制行动，而且也为其他州的黑人所效仿，并发展出了在教堂"入跪"（Kneel-ins）、在泳池"入泳"（Wade-ins）等各具特色的抵制方式。

在进行上述和平抵制时，许多黑人参与者被当地警察逮捕，并被州法院以扰乱社会治安、侵犯私有财产权等罪名判刑。由此，诸多有关黑人和平

---

①　*Burton v. Wilmington Parking Authority*，365 U. S. 715 (1961)，723—724.

②　*Burton v. Wilmington Parking Authority*，365 U. S. 715 (1961)，725—726.

③　Robert Weisbrot，*Freedom Bound：A History of America's Civil Rights Movement*，New York：W. W. Norton & Company，1990，pp. 1—3.

抵制行动的静坐案件被上诉至联邦最高法院。在对这些案件的司法审查中，联邦最高法院都遵循了伯顿案先例，不仅推翻了州法院对黑人所做的有罪判决，而且将个人实施的种族隔离行为宣布为违宪。

1961年的"加纳诉路易斯安那州案"① 是联邦最高法院受理的第一宗有关黑人和平抵制的上诉案件。在该案中，以约翰·B.加纳（John B. Garne）为首的数名黑人因在路易斯安那州巴吞鲁日市（Baton Rouge）的一家私人餐馆进行静坐抗议，被当地警察逮捕。在随后的审判中，加纳等人先后被路易斯安那州地方法院和州最高法院以"扰乱社会秩序"为由，判定为有罪。

但是，在上诉审判中，联邦最高法院推翻了路易斯安那州两级法院对加纳等人所做的有罪判决。在由首席大法官沃伦拟定的判决中，联邦最高法院认为，黑人"安静地"坐在餐馆内，并不构成该州法律所要防范的"暴力、狂烈或破坏性的行为"（violent, boisterous, or disruptive acts）。从案情看，黑人的静坐行为既未"扰乱社会安宁"，也没有妨碍公众的正常生活，路易斯安那州的"警察和法院"都不能认定加纳等人的和平抵制为犯罪。② 路易斯安那州两级法院对黑人所做的有罪判决是"毫无事实根据的"，必须予以推翻。③

在加纳案中，联邦最高法院主要是从黑人静坐并未构成犯罪的角度，支持黑人的和平抵制行动，尚未把黑人静坐案件所涉及的个人种族隔离行为纳入到第14条宪法修正案的约束范围内。在1963年的"彼得森诉格林维尔市案"和"隆巴德诉路易斯安那州案"④ 中，联邦最高法院开始改变加纳案的司法审查视角，直接将个人实施的种族隔离行为宣布为违宪。

在彼得森案中，10名黑人学生因在南卡罗来纳州格林维尔市（Greenville）的"克雷斯午餐馆"（S. H. Kress Lunch Counter）进行静坐抵制而遭到逮捕。随后，南卡罗来纳州地方法院和州最高法院以静坐行动违反了该州的"非法侵入法"（trespass statute）为由，对黑人学生作出了罚款100美元或监禁30天的处罚。在隆巴德案中，3名黑人学生因在路易斯安那

---

① *Garner v. Louisiana*，368 U. S. 157（1961）.

② *Garner v. Louisiana*，368 U. S. 157（1961），173—174.

③ *Garner v. Louisiana*，368 U. S. 157（1961），163.

④ *Peterson v. City of Greenville*，373 U. S. 244（1963）；*Lombard v. Louisiana*，373 U. S. 267（1963）.

州新奥尔良市的"麦克罗里杂货店"（McCrory Five and Ten Cent Store）进行静坐抗议而被警察逮捕。在随后的审判中，路易斯安那州地方法院和州最高法院认定这 3 名黑人学生违反了该州的《刑事破坏法》（Criminal Mischief Statute），判处他们 60 天监禁并处罚金 350 美元。在这两宗案件中，黑人学生都坚持认为，餐馆和杂货店店主的种族隔离行为违反了第 14 条宪法修正案的"平等法律保护"条款，遂将案件上诉至联邦最高法院。

在 1963 年 5 月 20 日公布的两案判决中，联邦最高法院推翻了州法院对黑人学生所做的有罪判决，认定餐馆和杂货店店主实施的种族隔离行为违宪。在由首席大法官沃伦拟定的彼得森案判决中，联邦最高法院认为，克雷斯午餐馆的店主之所以实行种族隔离，最主要的原因是格林维尔市政府曾在一项法令中明确规定，任何人不得在旅馆、饭店和咖啡馆等处实行黑白混合，否则即为违法。从这个角度上看，餐馆店主个人实施的种族隔离行为实际上是在"严格执行市政府的法令"。作为州政府的下属管理机构，格林维尔市政府所做的法律规定必然代表州政府的意志，由此而出现的个人实施的种族隔离也就"在很大程度上"带有了"州行为"的性质，理应依照第 14 条宪法修正案的"平等法律保护"条款予以禁止，对黑人学生所做的有罪判决是不成立的。[1]

在同样由首席大法官沃伦拟定的隆巴德案判决中，联邦最高法院认为，尽管没有州法律和市政法律要求在杂货店或餐馆中实施种族隔离，但是，杂货店主实施种族隔离也是在遵循政府的意志。这是因为，新奥尔良市的市长和警察局长都曾在不同的场合公开强调，为维护"社会利益、公共安全和经济福利"，任何市民不得进行静坐等形式的抵制行动，否则将受到法律制裁。[2] 联邦最高法院认为，上述警告"完全可被视为"代表州政府行使管理职能的新奥尔良市政府是支持种族隔离的。[3] 从这一角度上讲，杂货店主采取的种族隔离行为就是在执行市和州政府的"指令"，其个人实施的种族隔离也就成了州政府的行为，[4] 因而必须接受第 14 条宪法修正案的约束，对黑

---

[1]　*Peterson v. City of Greenville*，373 U. S. 244 (1963)，247—248.

[2]　*Lombard v. Louisiana*，373 U. S. 267 (1963)，271.

[3]　*Lombard v. Louisiana*，373 U. S. 267 (1963)，273.

[4]　*Lombard v. Louisiana*，373 U. S. 267 (1963)，272.

人学生所作的有罪判决也必须予以推翻。

　　与联邦最高法院对各种形式的种族隔离进行打击的同时，在美国社会各界的强烈要求下，联邦国会于 1964 年 6 月通过了由前总统肯尼迪倡议制定的《民权法》（Civil Rights Act），并由约翰逊总统在 7 月 2 日签署生效。1964 年《民权法》旨在全面禁止各种形式的种族隔离。它规定：在客栈、旅店、饭店、影剧院和体育场等其他一切类似的公共场所中，任何人都应当"充分及平等地享受"上述设施提供的服务；在公共设施、就业和接受联邦财政资助的工程计划中，严禁以"种族、肤色、宗教和国籍"为由，实施"种族歧视和种族隔离"；授权联邦司法部针对在学校及其他公共设施中出现的种族隔离提起诉讼，并成立专门的"民权委员会"（Civil Rights Commission），调查剥夺公民"平等法律保护"权利的一切不法行径等。①

　　1964 年《民权法》对美国当代社会发展的影响极其深远，它不仅使各种形式的种族隔离都失去了合法性，而且也表明联邦政府的三个机构已经在保护黑人的平等宪法权利问题上取得了共识。然而，由于执行 1964 年《民权法》必然会涉及大量私人业主的种族隔离行为，因此，在"州行为"原则的阴影下，该法的合宪性也面临着严峻考验。

　　但是，在 1964 年的"亚特兰大汽车旅馆中心诉合众国案"和"卡曾巴赫诉麦克朗案"② 中，联邦最高法院采取了新的司法审查的路径，回避了第 14 条宪法修正案的"州行为"原则，通过引用联邦宪法的"贸易条款"，维护了 1964 年《民权法》的合宪性。

　　在亚特兰大汽车旅馆中心案中，位于佐治亚州亚特兰大市（Atlanta）科特兰大道的汽车旅馆中心（Heart of Atlanta Motel）虽拥有 216 间客房，但却一直拒绝向黑人提供服务。当联邦政府根据 1964 年《民权法》将其告上

---

① 　U. S. Congress, "An Act to Enforce the Constitutional Right to Vote, to Confer Jurisdiction upon the District Courts of the United States to Provide Injunctive Relief Against Discrimination in Public Accommodations, to Authorize the Attorney General to Institute Suits to Protect Constitutional Rights in Public Facilities and Public Education, to Extend the Commission on Civil Rights, to Prevent Discrimination in Federally Assisted Programs, to Establish A Commission on Equal Employment Opportunity, and for Other Purposes"（July 2, 1964）, in *United States Statutes at Large*, Vol. 78, pp. 241—268.

② 　*Heart of Atlanta Motel v. United States*, 379 U. S. 241 (1964)；*Katzenbach v. McClung*, 379 U. S. 294 (1964).

法庭并得到联邦地区法院的支持后，该汽车旅馆中心将案件上诉至了联邦最高法院。该旅馆的老板认为，1964 年《民权法》是违宪的，因为它使联邦政府有权管制州内的私人经营活动，这就超出了联邦宪法所作的联邦国会只拥有州际贸易管理权的规定。

在卡曾巴赫案中，亚拉巴马州伯明翰市（Birmingham）的"奥利烤肉店"（Ollie's Barbecue）自 1927 年开业以来，一直禁止黑人顾客入内就餐。1964 年《民权法》颁布后，该店老板奥利·麦克朗（Ollie McClung）以其经营活动不涉及州际贸易为由，继续拒绝为黑人顾客服务。当联邦司法部对麦克朗的起诉遭到联邦地区法院驳回后，联邦政府于 1964 年 10 月以司法部长尼古拉斯·卡曾巴赫（Nicholas Katzenbach）的名义向联邦最高法院提起了上诉。

在这两宗案件中，联邦最高法院都支持了 1964 年《民权法》的合宪性，并将个人实施的种族隔离行为宣布为违宪。1964 年 12 月 14 日，联邦最高法院一并公布了由托马斯·C. 克拉克大法官拟定的两案判决。在亚特兰大汽车旅馆中心案判决中，联邦最高法院首先指出，亚特兰大汽车旅馆中心的经营虽是地方性的，但也带有很强的州际贸易的性质。这是因为，该汽车旅馆中心不仅地处州际交通要道，而且 75% 的顾客都来自佐治亚州以外。[1] 其次，联邦最高法院认为，该汽车旅馆中心针对黑人实施的种族隔离，在给黑人的出行带来诸多不便的同时，也使相当一部分黑人因对种族隔离可能带来的"不确定"后果怀有极大的忧虑，最终放弃了州际旅行。这就严重影响了包括州际交通在内的州际贸易的正常发展，应当予以矫正。[2] 最后，联邦最高法院指出，为保证州际贸易的顺利运作，联邦国会完全可以依据联邦宪法赋予它的"州际贸易管理权"，运用 1964 年《民权法》，对可能会给州际贸易带来"实际而有害影响的"（substantial and harmful effect）个人经营行为予以合法的管制。[3]

在卡曾巴赫案判决中，联邦最高法院也认为，虽然奥利烤肉店的经营活动是地方性的，但因为其"销售的大部分食品"来自于外州，因此烤肉店

---

[1] *Heart of Atlanta Motel v. United States*，379 U. S. 241 (1964)，243.

[2] *Heart of Atlanta Motel v. United States*，379 U. S. 241 (1964)，253.

[3] *Heart of Atlanta Motel v. United States*，379 U. S. 241 (1964)，258.

的经营也涉及了州际贸易。由于联邦国会拥有"广泛而全面的"州际贸易管理权，它自然有权利用 1964 年《民权法》，禁止奥利烤肉店的店主继续实施种族隔离，以防止对州际贸易的"自由流动"构成"直接和不利的影响"。①

经过联邦最高法院对上述两案的审理，1964 年《民权法》的合宪性以及该法在禁止种族隔离方面的权威性都被牢固地树立起来。这不仅给美国黑人争取平等宪法权利提供了可靠的法律依据，而且也极大地促进了 20 世纪 60 年代美国民权运动的发展。

综上所述，在 20 世纪的五六十年代，联邦最高法院不仅利用第 14 条宪法修正案的"平等法律保护"条款，宣布了公共设施中种族隔离制度的违宪性，而且也通过对"州行为"原则以及联邦国会的"州际贸易管理权"做宽泛的解释，推翻了在美国社会中普遍存在的个人实施的种族隔离行为的合宪性。当然，联邦最高法院推翻种族隔离制度的合宪性，绝不意味着种族隔离就会因此在美国社会中销声匿迹。实际上，直到今天，虽然由政府支持的"法律上的种族隔离"（De jure Segregation）已经不复存在，但由历史、传统和习惯等因素导致的"事实上的种族隔离"（De facto Segregation）仍然在美国大量存在。但是，美国社会在根除种族隔离问题上所面临的诸多困境，并不能否认 20 世纪五六十年代联邦最高法院在推翻种族隔离合宪性方面所发挥的积极作用。在这一过程中，联邦最高法院的多数大法官都采取了自由主义的司法立场，关注并矫正种族隔离在现实生活中所造成的不公正。这不仅使宪法原则和法律条文适应了美国当代社会的发展，而且也推动了社会公正的逐步实现。可以说，20 世纪五六十年代的联邦最高法院，在很大程度上成为美国当代平等权利运动兴起和发展的"原动机"，其自由主义的司法审查路径对美国当代宪政体制的发展产生了深远的影响。

---

① *Katzenbach v. McClung*，379 U. S. 294 (1964)，304—305.

第 八 章

司法审查与议席分配制度改革

　　进入 20 世纪 60 年代后，在联邦最高法院扩大平等权利保护的过程中，"不公正分配议席"（malapportionment）逐渐成为联邦最高法院司法审查关注的重点问题。正如美国学者伯纳德·施瓦茨所说，在布朗案判决显示出联邦最高法院在平等权利保护方面的"扩张性态度"（expansive attitude）后，联邦最高法院逐渐把平等保护从种族平等扩展到更广的领域，"尤其是政治权利领域"。①

　　以城乡选区议席分配不平等为核心的不公正分配议席问题产生于 19 世纪后半期，到 20 世纪中期，随着美国城乡之间人口数量的急剧变化，这一问题的严重性逐渐表现出来。不公正分配议席不仅加剧了美国城市问题的恶化和城乡之间的矛盾冲突，而且也严重侵犯了公民的平等宪法权利，成为诱发美国社会动荡的一个潜在的威胁。根据美国的宪政传统，议席分配属州议会和联邦国会的权辖范围，但由于上述两级立法机关都为乡村利益集团所控制，因此，长期以来，依靠立法机关改革不公正的议席分配制度步履维艰。到 20 世纪 60 年代，在联邦最高法院司法审查的推动下，美国社会出现了一场波及全国的"议席分配革命"（Apportionment Revolution），并在数年内基本实现了美国联邦国会和州议会议席分配的平等，从而深刻地影响了美国当代宪政体制的发展。

---

① 　Bernard Schwartz, *A History of the Supreme Court*, p. 278.

一、司法审查与"政治棘丛"观的形成

在美国,"不公正分配议席"是指在联邦国会和州议会的议席分配中,未能实现各议席所代表的选民人数的平等。合法选民虽都拥有了投票权,但由于选区间存在相当大的选民人数差异,在各选区都选举一名议员的情况下,必然使人口众多的大选区的选票价值(value)远低于人口稀少的小选区的选票价值,从而背离了民主社会中公认的使选民拥有平等投票权的"一人一票"(One Person, One Vote)原则。美国的"不公正分配议席"问题的出现最早可上溯至英属殖民地时期,但在19世纪后半期表现得最为突出。造成这一弊端的根本原因在于,长期控制美国政坛的乡村利益集团为维护既得利益,不愿主动作出政治让步,致使议席分配滞后于美国社会发展的进程。

从1607年北美英属殖民地开始建立到19世纪中期,乡村一直是美国人社会生活的中心。在北部的新英格兰地区(New England),乡村市镇是主要的区划单位;在南部殖民地,乡村势力也在县政府中占绝对优势。[①]虽然美国革命终结了英国的殖民统治,但独立后美国的人口分布却并未发生根本性的变动,乡村依旧是绝大多数美国人的居住地。

据1790年联邦政府的第一次人口统计数字显示,在392.9万的总人口中,乡村人口占94.9%,城市人口占5.1%。到内战前夕的1860年,乡村人口在全国总人口中所占的比例仍高达80.2%,城市人口仅占19.8%。[②]与此同时,美国的基层社会管理架构也未发生根本性变化。正如美国学者乔恩·C.蒂福特(Jon C. Teaford)所言,在美国历史的绝大部分时间里,乡村式的管理结构都被牢固地保留了下来,"传统制度似乎足以满足国家的政治生活需要,现存的政府机构很少引起人们的讨论和争辩"[③]。在这种人口分布

[①]　Jon C. Teaford, "Local Government", in *Encyclopedia of American Political History*, Vol. Ⅱ, Jack P. Greene (ed.), New York: Charles Scribner's Sons, 1984, p. 778.

[②]　Richard Claude, *The Supreme Court and the Electoral Process*, Baltimore: The Johns Hopkins Press, 1970, p. 145.

[③]　Jon C. Teaford, "Local Government", in *Encyclopedia of American Political History*, Vol. Ⅱ, Jack P. Greene (ed.), p. 778.

和政府管理格局中，乡村利益集团始终在美国政坛占据绝对优势，它们不仅控制着各州议会的绝大多数议席，而且也操纵着州属联邦国会议席的分配。

但是，随着 19 世纪后半期美国城市化的发展，乡村利益集团在美国政治上的独占优势逐渐面临挑战。这是因为，城市化的发展，使美国的城市人口数量激增，城市在美国社会和政治生活中的重要性越来越明显。在 19 世纪 80 年代，美国有 100 多个城市的人口数量翻了一番。到 1890 年，城市人口已占美国总人口的 35.1%；到 1920 年，这一数字则达到了 51.2%。在美国历史上，城市人口第一次超过了乡村人口。[1]

城市人口的增加，主要是由两个原因促成的。其一，19 世纪后半期开始的工业化造成了劳动力的严重紧缺，吸引了大批人口从乡村迁往城市。[2]其二，在 1860—1900 年间，美国又出现了一次新的移民浪潮，共有约 1400 万人移居美国，其中绝大多数的新移民都居住在城市中。[3]

随着城市人口的不断激增，从 19 世纪后半期开始，城乡选区之间的选民人数也出现了巨大的不平衡，到 20 世纪 60 年代，这种不平衡已达到了令人难以容忍的程度。例如，在 1962 年加利福尼亚州的州众议员选区中，选民人数最多的城市选区为 306191 人，而在人数最少的边远乡村选区，选民人数仅为 72105 人。在佛罗里达州，这一数字分别是 935041 人和 19543 人，相差近 48 倍。[4]由于城乡选区依然保留着原来的议席分配，因此，选区之间选民人数的巨大差异便直接导致了选民之间投票权的不平等。与乡村小选区中选民的选票价值相比，城市大选区中个体选民的选票价值大大"损减"，这就违背了联邦宪法所规定的保护公民享有平等政治权利的基本准则。

早在 19 世纪后半期，城市选民就已经开始要求州政府打破乡村利益集团对美国政治权力的垄断，重新划分议席，以便在州议会和联邦国会中能听到更多的代表城市利益的声音。但是，为维护既得的政治利益，长期把持州

---

[1]　Richard Claude, *The Supreme Court and the Electoral Process*, p. 145.

[2]　Howard Ball, *The Warren Court's Conceptions of Democracy: An Evaluation of the Supreme Court's Apportionment Opinions*, New Jersey: Associated University Press, Inc., 1971, p. 58.

[3]　Richard N. Current, T. Harry Williams and Frank Freidel, *American History: A Survey*, New York: Alfred A. Knopf, Inc., 1979, pp. 459—460.

[4]　Howard Ball, *The Warren Court's Conceptions of Democracy: An Evaluation of the Supreme Court's Apportionment Opinions*, p. 55.

议会权力的乡村利益集团极力维护现状，不愿对传统的权力分配作出变更。例如，虽然 36 个州的州宪法都有定期重分议席的规定，但是到 1960 年，有 12 个州的州议席分配和各州所获的联邦国会众议院议席分配在 30 多年里未出现大的变动，田纳西和亚拉巴马等州自 1901 年、特拉华州自 1897 年以后则从未对议席分配做过任何调整。①

在依靠州议会不可能改变这一政治不平等的情况下，城市选民便将寻求救济的目标转向了联邦最高法院。但由于议席分配问题带有浓厚的政治色彩以及分权原则对联邦最高法院权力的约束，在 20 世纪 60 年代以前，联邦最高法院一直持保守的回避态度，拒绝审理此类案件，1946 年的"科尔格罗夫诉格林案"② 就是最好的证明。

科尔格罗夫案缘起于伊利诺伊州的不公正分配议席制度。与当时的许多州一样，虽然伊利诺伊州的州宪法也明确规定，该州必须按照联邦政府每隔 10 年公布的最新人口统计数字，在各选区间重新分配该州获得的联邦众议院议席，但实际上自 1901 年该州制定《议席分配法》（Apportionment Act）以后，各选区分摊的州属联邦众议院议席的数目就一直未作变动。到 20 世纪 40 年代，随着人口从乡村向城市不断流动，伊利诺伊州城市选区的选民人数已远远超过了乡村选区。其中，该州最大的城市选区与最小的乡村选区间的选民人数差异已高达 9 倍。但是，伊利诺伊州议会无视这一事实，仍准备在 1946 年 11 月的联邦众议员选举中继续维持 1901 年的议席分配，这就激起了该州城市选民的极大不满。③

1946 年初，身处城市大选区的西北大学政治学教授肯尼思·W. 科尔格罗夫（Kenneth W. Colegrove）与彼得·查莫利斯（Peter Chamales）、肯尼思·西尔斯（Kenneth Sears）一起，以该州预选验证署成员德怀特·H. 格林（Dwight H. Green）为诉讼对象，在联邦地区法院对该州的不公正分配议席制度提出了挑战。科尔格罗夫等人认为，伊利诺伊州议会没有根据人口从

---

①　Melvin I. Urofsky and Paul Finkelman, *A March of Liberty*: *A Constitutional History of the United States*, Vol. II, p. 846.

②　*Colegrove. v. Green*, 328 U. S. 549 (1946).

③　Howard Ball, *The Warren Court's Conceptions of Democracy*: *An Evaluation of the Supreme Court's Apportionment Opinions*, p. 68.

乡村向城市急剧流动的事实，及时合理地调整州属联邦众议院议席的分配，而是继续维持 1901 年的议席分配模式，致使城市选民在与没落乡村选民各选一名联邦众议员的情况下，其选票未能发挥与乡村选票相等的"效力"（effectiveness），这种"故意的立法歧视"（willful legislative discrimination）严重侵犯了为第 14 条宪法修正案所确认的平等法律保护权利。[①] 科尔格罗夫等人要求联邦地区法院禁止该州在 1946 年 11 月举行联邦众议院选举，并对其所获得的联邦众议院议席进行重新分配。在联邦地区法院作出拒绝介入议席分配案件的判决后，科尔格罗夫等人将该案上诉到了联邦最高法院。

1946 年 3 月 7 日—8 日，联邦最高法院对该案进行了两天的庭审。庭审后，参审的 7 名大法官对司法机关是否应该受理议会分配案件出现了意见分歧。雨果·L. 布莱克、威廉·O. 道格拉斯和弗兰克·墨菲 3 位大法官从不公正分配议席所导致的恶劣后果出发，认为司法机关对议席分配案件拥有无可争议的司法审判权。布莱克等大法官们指出，伊利诺伊州政府无视多年来该州城乡人口变动的事实，在联邦众议院选举中继续适用 1901 年《议席分配法》，毫无疑问侵犯了科尔格罗夫等人的平等法律保护权利。这是因为，继续适用 1901 年《议席分配法》会大大降低上诉人选票的"效力"，这就剥夺了上诉人作为合法选民所享有的平等选举联邦国会议员的"特权"。正如布莱克大法官所说，"如果在下次选举中仍旧适用该法，必将导致更加令人无法容忍的对上诉人和其他人口稠密选区选民的歧视，而这正是第 14 条宪法修正案所明确禁止的"，联邦最高法院必须予以矫正。[②]

在布莱克等大法官们看来，尽管联邦宪法并未明确规定议席分配必须做到各选区选民人数的绝对相等，但是，"联邦宪法赋予公民平等投票权的事实"，已经明确地阐释了这样一种无可争议的原则，即"无论何种形式的州选举体制，都必须使每一张选票具有大致平等的效力"，确保"所有的集团、阶级或个人"都能"在联邦众议院中得到切实的代表"，以使联邦众议院能同联邦参议院一起，制定那些"影响所有人的生命、自由和财产"的法律。[③] 布莱克等大法官们认为，该宪法原则是不可撼动的，各州议会都必须

① *Colegrove. v. Green*，328 U. S. 549（1946），568.

② *Colegrove. v. Green*，328 U. S. 549（1946），569—570.

③ *Colegrove. v. Green*，328 U. S. 549（1946），570—571.

认真地予以执行，以实现公民选举权的平等和联邦国会意志的普遍有效性。由于伊利诺伊州政府的议席分配行为显然未能达到上述要求，因此，"联邦最高法院有责任将该州的 1901 年《议席分配法》宣布为无效"。①

费利克斯·法兰克福特、斯坦利·里德和哈罗德·H. 伯顿 3 位大法官则持截然相反的意见。他们承认伊利诺伊州政府的行为的确构成了"不公正分配议席"，因为该州议会没有根据数十年来城乡人口的"巨大变化"，"对州属联邦众议院议席进行重新分配"，在事实上使多数人的意志受制于少数人，这就违反了"应尽可能地使每一部分人民都能在选举过程中发挥正当影响力"的宪法原则，当属违宪行为。② 但是，法兰克福特等大法官们又认为，根据美国的宪政传统，议席分配是国家"政治事务"中的重要组成部分，因此，有"充分权力"矫正不公正分配议席行为的应该是联邦国会而非司法机关，联邦最高法院无权审理因不公正分配议席而导致的诉讼案件。③

从上述恪守宪法原则的司法立场出发，法兰克福特等大法官们指出，"该案所涉争议将明白无误地使法院直接主动地陷入政治纷争之中"，而这将是"有害于民主制度的"。④ 在他们看来，虽然在美国历史中，"选区的形态和人口差异是相当突出的"，但是，如果人们要改正这种不公正，应当吁请联邦国会充分行使指导权。即使联邦国会没有对不公正分配议席采取行动，"能够给予最终救济的也只能是人民"。⑤ 如果像科尔格罗夫等人所要求的那样，由联邦最高法院对议席分配问题作出司法裁决的话，就会使联邦最高法院"深深地介入联邦国会的权辖范围"，破坏美国的分权原则，"司法机关不应该进入这一政治棘丛（political thicket）"。⑥

对于法兰克福特等大法官们所坚持的"政治棘丛"观，布莱克等大法官们表示了强烈的反对。他们认为，联邦最高法院面对的是一条侵犯公民平等宪法权利的州法律，它所造成的"公认结果"，是州政府严重违反了联邦

---

① *Colegrove. v. Green*, 328 U. S. 549 (1946), 572.

② *Colegrove. v. Green*, 328 U. S. 549 (1946), 552—553.

③ *Colegrove. v. Green*, 328 U. S. 549 (1946), 554.

④ *Colegrove. v. Green*, 328 U. S. 549 (1946), 553—554.

⑤ *Colegrove. v. Green*, 328 U. S. 549 (1946), 554—555.

⑥ *Colegrove. v. Green*, 328 U. S. 549 (1946), 556.

宪法所规定的"平等代表"（equality of representation）原则。① 如果联邦最高法院无视这一事实，仍将保护合法选票具有平等效力等同于"政治性争议"（political controversy），并以此推论出司法机关无权审判此类案件，那"纯粹是在玩弄文字游戏"（a mere play upon words）。② 在他们看来，无论诉讼案件因何而起，"只要联邦宪法保护的公民权利受到了侵犯"，联邦司法机关都有权提供司法救济，以矫正违宪行为。③

法兰克福特与布莱克两派大法官的分歧使案件审理陷入了僵局。在此情况下，处于犹豫状态的威利·拉特利奇大法官的意见就显得极为重要。虽然拉特利奇并不反对布莱克等大法官们提出的司法机关有权审理议席分配案件的观点，但他最终还是更倾向于赞同法兰克福特等大法官的"政治棘丛"观。拉特利奇大法官认为，"该案涉及重大的宪法问题"，如果联邦最高法院对此案作出司法裁决的话，就很有可能会与其他政治机构发生权力冲突，后果不堪设想。④ 因此，经过慎重考虑，拉特利奇大法官最终倒向了法兰克福特等保守派大法官。正如他所言，"寻求治疗比疾病更糟糕"，"联邦最高法院最好也应该拒绝对此案行使司法审判权"。⑤

1946 年 6 月 10 日，联邦最高法院公布了由法兰克福特大法官拟定的判决，驳回了科尔格罗夫等人的上诉，维持了联邦地区法院所作的拒绝介入议席分配案件的判决。

科尔格罗夫案不是一宗简单的民事侵权案件，它涉及一个极其重要的宪政问题，即在维护社会公正的过程中，司法机关应如何处理可能出现的与其他政治机构的权力冲突。按照美国的宪政传统，议席分配的确是州议会和联邦国会的职责，但由于乡村利益集团正是借助长期的不公正分配议席，才在州议会和联邦国会中占据绝对多数，因此，不可能想象两级立法机关能够主动采取有效措施，在削弱乡村利益集团自身权势的前提下纠正议席分配不公。在这种情况下，人们只能希望司法机关尤其是联邦最高法院，能够运用

---

① *Colegrove. v. Green*，328 U. S. 549（1946），572.
② *Colegrove. v. Green*，328 U. S. 549（1946），573.
③ *Colegrove. v. Green*，328 U. S. 549（1946），574.
④ *Colegrove. v. Green*，328 U. S. 549（1946），564.
⑤ *Colegrove. v. Green*，328 U. S. 549（1946），566.

司法审查这一重要的制衡机制，矫正不公正分配议席。但要实现这一目标，先决条件是司法机关应当运用务实的司法理念，积极地维护社会公正，而不是保守地恪守分权等宪政原则，置身于议席分配制度之外，放任社会不公正继续存在。然而，科尔格罗夫案判决表明，此时联邦最高法院的主导司法思想并非是灵活地解决现实问题，而是恪守既定的宪政原则。在多数大法官们看来，即使议席分配的不公正已达到了令人难以容忍的程度，联邦最高法院也只能"充分尊重"立法机关的意志，不可擅越分权原则的雷池一步。

联邦最高法院之所以在科尔格罗夫案中，以法兰克福特的"政治棘丛"观拒审议席分配案件，首先是与"司法克制"原则的影响密切相关的。如前所述，早在19世纪末20世纪初，当联邦最高法院频繁地推翻联邦政府和州政府的社会经济立法时，进步运动时期的联邦最高法院大法官霍姆斯和布兰代斯就开始倡导"司法克制"原则。在科尔格罗夫案中，法兰克福特等大法官们也是把"司法克制"作为司法审查的基础的，认为联邦最高法院应限制自己的权力，充分尊重联邦国会的意志。

但是，必须强调的是，虽然"司法克制"原则主张司法机关应"自我约束"（Self-restraint），尽可能地尊重立法机关的意志，但在进步运动时代，当霍姆斯和布兰代斯倡导这一原则时，他们所提倡的司法机关"自我约束"并不是消极的，而是旨在给予政府更多的行为空间，使其能够最有效地管理社会和保护公民权利，因而具有鲜明的司法自由主义色彩。但到20世纪40年代，当联邦政府和州政府在保护民权问题上停滞不前时，联邦最高法院恪守"司法克制"原则，漠视社会不公正，实际上是抛弃了司法自由主义的灵活运用法律以保护弱势人群权利的精髓，[①] 使联邦最高法院的司法审查带有明显的保守色彩，科尔格罗夫案的"政治棘丛"观判决正是这一保守司法理念的反映。

其次，科尔格罗夫案判决也是"回避政治问题"（Political Question）原则影响的结果。"回避政治问题"原则是指在司法实践中，虽然司法机关可以对某一案件行使司法审判权，但由于司法介入可能会引起与其他"政治机构"（即立法和行政机关）的权力冲突，此案件即被认定为"非可诉性案件"

---

① G. Edward White, *The American Judicial Tradition: Profiles of Leading American Judges*, p. 321.

(nonjusticiable case)，司法机关应予以回避，以超脱于政治纷争之外，保持司法独立。①

早在 1803 年联邦最高法院所作的"马伯里诉麦迪逊案"判决中，该原则的基本思想就已经出现。首席大法官约翰·马歇尔在判决中指出："法院的权限只在于决定个人权利"，"在性质上属于政治性的问题，或者根据联邦宪法和法律应该交由行政机构处理的问题，绝不能由法院来解决"。②

1849 年，联邦最高法院在审理"卢瑟诉博登案"③ 时，更进一步强调了"回避政治问题"原则在司法审查中的重要性。独立后，罗得岛州长期沿用 1663 年英王查理二世授予的殖民地特许状作为本州的宪法。根据该特许状，只有白人土地所有人才拥有选举权，这就使一半以上的白人成年男子失去了选举权。在州政府拒绝修改选举权规定的情况下，1842 年 4 月，部分罗得岛人另立了以托马斯·W. 多尔（Thomas W. Dorr）为"州长"的"政府"，与州政府对峙。对此，罗得岛州政府宣布多尔等人的行为为"叛乱"，并发布了戒严令（martial law）。在平息这一"叛乱"的过程中，州政府官员卢瑟·M. 博登（Luther M. Borden）根据戒严令的规定，强行搜查了多尔的支持者马丁·卢瑟（Martin Luther）的住所，后者随即向罗得岛州的联邦巡回法院提起了诉讼。

卢瑟认为，联邦宪法第 4 条第 4 款明确规定，各州必须保持共和政体（Republican Form of Government），由于罗得岛州的州宪法把大多数白人成年男子都排除在合法选民之外，因此，罗得岛州宪法就违反了联邦宪法的共和原则，根据该州宪法而选举产生的州政府也是不合法的。在此情况下，罗得岛州人民成立新政府以取代违宪的旧政府，是在行使联邦宪法赋予的神圣权利。博登的搜查侵犯了人民的合法权利，因而是非法的。在联邦巡回法院推翻了卢瑟对博登的指控后，卢瑟将该案上诉至联邦最高法院。④

在对该案进行上诉审判时，对于罗得岛州政府是否是共和政府这一关

---

① Elder Witt, ed., *The Supreme Court A to Z: A Ready Reference Encyclopedia*, p. 297.

② *Marbury v. Madison*, 5 U. S. 137 (1803), 170.

③ *Luther v. Borden*, 48 U. S. 1 (1849).

④ Kermit L. Hall, et al., eds., *The Oxford Companion to the Supreme Court of the United States*, pp. 598—599.

键问题，当时的联邦最高法院遵循了马歇尔大法官的"回避政治问题"思想，拒绝对这一"政治问题"作出司法裁决。在由首席大法官罗杰·B.塔尼拟定的判决中，联邦最高法院认为，虽然根据联邦宪法第4条第4款的规定，联邦政府有权"保证本联邦各州实行共和政体"，但是，这一权力"属于政治权力而非司法权力"。联邦最高法院认为，由于本案涉及的中心问题毫无疑问是一个"政治问题"，因此，有权对此作出裁断的应是立法和行政这两个政治机构。不管最后的结论如何，"司法机关都将视其为州的最高法律"。①

卢瑟案判决使"回避政治问题"原则在联邦最高法院的司法审查中牢固地树立起来，并不断为后来的联邦最高法院所遵循。法兰克福特大法官在科尔格罗夫案中提出的"政治棘丛"观，实际上就是这一原则在现代联邦最高法院中的翻版。联邦最高法院在科尔格罗夫案中遵循"回避政治问题"原则，固然有其合理性，但是，在伊利诺伊州乡村利益集团极力维护自己的既得权力，立法和行政机构又在保护平等选举权方面无所作为的情况下，法兰克福特等大法官们以"政治棘丛"观为依据，否认联邦最高法院能够介入议席分配问题，其司法理念的保守性也是非常明显的。

二、"贝克诉卡尔案"与议席分配案件可诉性的确认

在科尔格罗夫案之后，联邦最高法院一直以"政治棘丛"观为圭臬，拒审议席分配案件，从而使美国城市选民长期无法通过司法渠道实现平等参政的目的。但是，当同样涉及议席分配问题的1962年的"贝克诉卡尔案"②被上诉至联邦最高法院时，联邦最高法院在议席分配问题上的态度开始发生转变。此时联邦最高法院的大法官人员构成已出现重大变化，坚持司法自由主义的厄尔·沃伦出任首席大法官已8年，在他周围已经逐渐形成了一个自由派大法官阵营。而在科尔格罗夫案中持保守立场的大法官中，拉特利奇、里德和伯顿大法官早已相继离职，只剩下法兰克福特大法官一人，这就为联

---

① *Luther v. Borden*，48 U.S.1 (1849)，39.

② *Baker v. Carr*，369 U.S.186 (1962).

邦最高法院摆脱"政治棘丛"观的束缚提供了重要契机。

"贝克诉卡尔案"缘起于田纳西州的不公正分配议席制度。与科尔格罗夫案所涉及的案情一样,虽然田纳西州宪法也规定,州议会议席和州属联邦众议院议席的分配应以选区内选民人数相等为基础,并根据联邦政府的人口统计数字每 10 年重新进行分配。但是,自 1901 年田纳西州制定《议席分配法》(Apportionment Act)以来,该州议会从未对议席分配做过任何变动。到 20 世纪 50 年代末,由于人口不断向城市流动和聚集,城乡选区间选民数量的不平衡已相当严重。

例如,在田纳西州的州众议院选区中,最小的乡村选区只有选民 3454 人,而最大的城市选区选民却多达 79301 人。在州参议院选区中,最小的乡村选区和最大的城市选区的选民数分别是 39727 人和 237905 人,相差近 6 倍。[①] 这就使得占全州人口总数 60%以上的城市选民,只能选举 99 个州众议院议席中的 36 席和 33 个州参议院议席中的 13 席,[②] 城市选民的选票"含金量"远低于乡村选民的选票价值。正如田纳西州首府纳什维尔市(Nashville)的市长所说,该州的政治权力是掌握在"农夫和牛仔"(hog lot and the cow pasture)手中的,[③] 城市的利益完全得不到保障。

从 20 世纪 50 年代中期开始,田纳西州的城市选民就不断向州和联邦司法机关提起诉讼,要求司法机关判决 1901 年田纳西州的《议席分配法》无效,但由于科尔格罗夫案司法先例的存在,这些诉讼都遭到了拒审。

1959 年,以查尔斯·W. 贝克(Charles W. Baker)为首的来自该州孟菲斯市(Memphis)、纳什维尔市和诺克斯维尔市(Knoxville)的 11 名城市选民,以平等法律保护权利受到侵犯为由,将该州负责选举事务的州务卿乔·C. 卡尔(Joe C. Carr)告上了联邦地区法院,要求强制州议会重分议席。[④] 联邦地区法院虽然承认田纳西州的选举"弊制"相当"恶劣","必须

---

① Howard Ball, *The Warren Court's Conceptions of Democracy: An Evaluation of the Supreme Court's Apportionment Opinions*, p. 91.

② Richard Claude, *The Supreme Court and the Electoral Process*, p. 155.

③ Lucas A. Powe, Jr., *The Warren Court and American Politics*, p. 200.

④ Lisa Paddock, *Facts about the Supreme Court of the United States*, New York: The H. W. Wilson Company, 1996, p. 344.

立即予以纠正"，① 但它最终还是以科尔格罗夫案所确立的"政治棘丛"观为依据，于 1960 年 2 月驳回了贝克等人的诉讼请求。随后，贝克等城市选民将该案上诉至联邦最高法院。

在 1961 年 4 月和 10 月举行的两次联邦最高法院庭审中，贝克等城市选民与田纳西州政府进行了激烈的辩论。贝克等人认为，田纳西州议会不顾州宪法所作的定期重分议席的规定和 50 多年来该州城乡人口分布发生巨大变化的事实，"武断、专横地"（arbitrarily and capriciously）继续延用 1901 年的《议席分配法》，本身就是一种违反州宪法的行为。同时，由于州议会的不作为，在城市选区选民人数剧增的情况下，城市选民也没有获得与乡村选民相等的"选票价值"，因而侵犯了城市选民所享有的为第 14 条宪法修正案所保护的平等法律保护权利。② 基于上述理由，贝克等人要求联邦最高法院推翻田纳西州 1901 年《议席分配法》的有效性，并判决田纳西州议会必须按照 1960 年联邦政府提供的最新人口统计数字，平等公正地重新分配议席。

田纳西州政府虽然承认贝克等人的"冤情"（grievance）确系议席分配长期固定所致，但是它又辩称，该案所涉及的不公正分配议席"纯系政治问题"，根据 1946 年联邦最高法院的科尔格罗夫案判决，该问题根本不属于司法机关的权辖范围。如果司法机关强行介入，不仅严重违反了既有的司法先例，而且也侵犯了联邦宪法所规定的分权原则。③

由此可见，"贝克诉卡尔案"涉及两个至关重要的问题：其一，联邦最高法院对议席分配案件是否具有司法审判权；其二，上诉人是否有充足的法律依据提起司法诉讼。围绕这两个问题，联邦最高法院内部出现了严重的意见分歧。

持保守立场的法兰克福特、哈兰、克拉克和查尔斯·惠特克（Charles Whittaker）大法官认为，联邦最高法院应当遵循科尔格罗夫案所确立的司法先例，拒绝审理议席分配案件。在 1961 年 10 月 10 日发布的一份长达 60 页

---

① Richard Claude, *The Supreme Court and the Electoral Process*, pp. 149—150.

② Bernard Schwartz and Stephan Lesher, *Inside the Warren Court*, New York: Doubleday Company, Inc., 1983, p. 187.

③ Richard Claude, *The Supreme Court and the Electoral Process*, p. 154.

的备忘录中，法兰克福特大法官集中阐释了自己在议席分配问题上的司法观点。首先，法兰克福特以"回避政治问题"原则为依据，反对联邦最高法院介入议席分配问题。法兰克福特认为，政治权力的分配是通过各政治集团的相互竞争实现的，如果联邦最高法院无视其自身司法权力的"内在限制"（inherent limits），刻意干预各政治集团间正常冲突的话，这种行为不仅是"徒劳无益"的，而且也会极大地损害最高法院作为联邦宪法"最高仲裁者"的威望。在他看来，对于"既无财权又无军权"的联邦最高法院而言，它的权威是建立在"公众对其道德约束力的持续信任之上的"，要维持这种信任，"联邦最高法院就必须完全超脱于政治纠葛，绝不介入政治纠纷中各派政治力量的冲突"。①

法兰克福特认为，"回避政治问题"原则不仅是"联邦最高法院得以在联邦政府结构中确立自己适当位置的基本原则之一"，而且也是长期以来"联邦最高法院司法理念发展和司法实践的结晶"。② 该原则体现了联邦最高法院对美国政治现实的冷静认识，即在实际的社会生活中，"司法机关不可能消除所有的政治伤害，也不可能矫正所有滥施立法权力的行为"。③

以此为依据，法兰克福特认为，对议席分配负有法定责任的不是联邦最高法院，而是联邦国会和各州议会，人们应当向"明达、活跃的选民"申诉冤情，而不能向司法机关提起诉求。这是因为，"在像我们这样的民主社会中"，改正不公正分配议席，"只能通过唤起民众的良知并进而影响议会代表的道德感才能得到实现"。④ 如果强行介入议席分配问题，联邦最高法院就必须"在相互冲突的代议制理论根据中"，"实际上最终也是在相互冲突的政治哲学中"进行选择，以便为田纳西州和其他所有州"建立起一套恰当的政府框架"，这就远远超越了联邦宪法赋予联邦最高法院的司法权，违反了

---

① Stanley I. Kutler, ed., *The Supreme Court and the Constitution：Readings in American Constitutional History*, New York：W. W. Norton & Company, 1984, p. 604.

② Howard Ball, *The Warren Court's Conceptions of Democracy：An Evaluation of the Supreme Court's Apportionment Opinions*, p. 107.

③ Stanley I. Kutler, ed., *The Supreme Court and the Constitution：Readings in American Constitutional History*, p. 605.

④ Stanley I. Kutler, ed., *The Supreme Court and the Constitution：Readings in American Constitutional History*, p. 605.

分权原则。①

其次，法兰克福特否认田纳西州政府侵犯了贝克等城市选民的平等选举权。法兰克福特认为，在该案中，贝克等上诉人的投票权已经得到了行使，而且其选票也已经发挥了作用，"令他们不满的仅仅是他们的代表人数不够众多，力量不够强大"；或者换言之，贝克等人抱怨的"只是田纳西州采用了他们不赞同的选择议会代表的基本原则"。② 在法兰克福特看来，议席分配"本身就是一个异常复杂的问题"，涉及对地理、人口、传统、习惯以及特定地区中政治势力间的力量平衡等诸多因素的考虑。③ 如果把选区间选民人数的相等作为分配议席的唯一标准，并将其视作第 14 条宪法修正案所保护的政治平等的必要因素，那么，就完全限制了州政府在分配议席时所应具有的自由裁量权，违反了联邦宪法所确立的联邦制原则。法兰克福特认为，空洞地谈论某人的投票权被侵犯是毫无根据的，因为"在选票的价值标准被确立以前"，"人们是不能断定某张选票的价值是否被'贬低'(debasement) 或'耗减'(dilution) 了的"。④

很明显，法兰克福特在备忘录中所阐发的司法理念，仍然延续了他在科尔格罗夫案判决中所提出"政治棘丛"观的逻辑思路，在田纳西州城市选民深受不公正分配议席之苦的情况下，这一观念无疑是带有很强的保守性的。

法兰克福特的上述观点得到了哈兰、克拉克和惠特克大法官的支持。他们认为，如果联邦最高法院在该案中支持贝克等人的上诉请求，强制规定在各州议席分配中必须实现选区之间选民人数相等的话，那将是"不明智的"，因为在议席分配中，各选区中的选民数量相等并非是州政府所要考虑的唯一因素。⑤ 在他们看来，如果联邦宪法已经"赋予了各州自由设置政府

---

① Stanley I. Kutler, ed., *The Supreme Court and the Constitution: Readings in American Constitutional History*, p. 607.

② Stanley I. Kutler, ed., *The Supreme Court and the Constitution: Readings in American Constitutional History*, p. 605.

③ Stanley I. Kutler, ed., *The Supreme Court and the Constitution: Readings in American Constitutional History*, pp. 608—609.

④ Stanley I. Kutler, ed., *The Supreme Court and the Constitution: Readings in American Constitutional History*, p. 607.

⑤ Bernard Schwartz and Stephan Lesher, *Inside the Warren Court*, p. 191.

机构"的权力，那么"它们也应当有权规定政府机构的产生方式"，① 联邦最高法院不能对此进行司法干预，否则，不仅正常的政治运作机制会遭到严重阻碍，而且也会给司法机关带来不利的后果。正如哈兰在致波特·斯图尔特和惠特克大法官的信中所言，上诉人在本案中"要求我们所做的一切，无不威胁着司法的独立地位"，要避免出现此类结局，"唯一可行的方法便是将通往政治棘丛的大门紧闭"，"责任完全掌系于我们，如果我们通过自己的行为，使联邦最高法院的声望逐渐受到侵蚀的话，那将是非常糟糕的事情"。②

针对法兰克福特和哈兰等 4 位大法官的观点，首席大法官沃伦和布莱克、道格拉斯及布伦南大法官提出了强有力的反驳。沃伦认为，联邦最高法院"必须推翻"联邦地区法院对该案所作的拒审判决，因为它所依据的科尔格罗夫案先例本身就已违反了维护社会公正这一基本的宪法原则，不应该成为下级法院裁决议席分配案件的权威先例。在沃伦看来，田纳西州政府的不公正分配议席行为，明显违反了第 14 条宪法修正案的"平等法律保护"条款，联邦最高法院不仅对议席分配案件拥有无可争议的司法审判权，而且还应该对平等选举权受到侵犯的上诉人进行直接的"法律救济"。③

布莱克、道格拉斯和布伦南大法官也认为，1946 年的科尔格罗夫案判决是一根经不起推敲的法律"芦苇"（weak reed），不具任何法律效力。因为从本质上讲，不公正分配议席涉及的并不是有关政府组织形式的"政治问题"，而是公民的平等选举权遭受侵犯的民权保护问题。在他们看来，在1849 年的"卢瑟诉博登案"中，首席大法官塔尼以"回避政治问题"原则为依据，拒绝对罗得岛州的政体问题作出司法裁决是正确的，因为该问题纯粹是"政治问题"，的确不属于司法机关的权辖范围。然而，在贝克案中，案件涉及的只是田纳西州的一项议席分配法律，联邦最高法院也只需判断该法律是否"偏私和专横地"侵犯了城市选民的平等选举权。根据联邦宪法的规定，联邦最高法院是有"绝对充足的"权力对此予以审判的。④

---

①　Bernard Schwartz, *Super Chief: Earl Warren and His Supreme Court—A Judicial Biography*, pp. 416—417.

②　Bernard Schwartz and Stephan Lesher, *Inside the Warren Court*, p. 189.

③　Bernard Schwartz, *Super Chief: Earl Warren and His Supreme Court—A Judicial Biography*, p. 412.

④　Bernard Schwartz and Stephan Lesher, *Inside the Warren Court*, p. 190.

　　此外，为了进一步论证联邦最高法院受理议席分配案件的必要性，布伦南还向全体大法官散发了一份长达 11 页的图表。该表根据档案材料，详细勘列了田纳西州议席分配不公正的各种表现，在联邦最高法院内部引起了很大的震动。①

　　由上述可见，围绕议席分配案件，联邦最高法院内部又一次出现了自由派与保守派大法官势均力敌的局面（4：4），这就使处于摇摆中的斯图尔特大法官成了左右案件判决走向的关键一票。经过慎重考虑，斯图尔特大法官最终支持了沃伦等自由派大法官们的观点。斯图尔特大法官指出，虽然他与法兰克福特和哈兰等大法官们一样，也担心联邦最高法院介入议席分配问题会招致各方的批评，联邦最高法院的威望也有可能受到损害，但他认为，正如沃伦、布莱克等大法官们所阐述的那样，田纳西州的议席分配方案带有极端的不公正性，毫无任何合理的因素可言，在这种情况下，联邦司法机关对贝克案是"拥有司法审判权"的。②

　　虽然斯图尔特大法官倒向了自由派大法官阵营，但他并不主张联邦最高法院应对该案作出具体的救济方案，而是主张将判定议席分配是否公正的标准交由联邦地区法院自行决定。斯图尔特大法官认为，第 14 条宪法修正案的"平等法律保护"条款，"并未要求必须保持各选区之间的议席数量与选票价值大致相当"，因此，应允许各州在分配议席时保持一定的灵活度。从这一观点出发，斯图尔特大法官认为，联邦最高法院应将议席分配案件的裁决权下放至联邦地区法院，由其视各州的具体情况作出判决。③

　　为巩固自由派大法官阵营的优势，沃伦等自由派大法官们接受了斯图尔特大法官的意见，决定联邦最高法院判决将以宣布司法机关对议席分配案件拥有司法审判权为限，并认定联邦地区法院对实施具体的司法救济拥有自由裁量权。

　　就在布伦南大法官代表联邦最高法院拟定判决期间，最初支持法兰克

　　① Bernard Schwartz, *Super Chief: Earl Warren and His Supreme Court—A Judicial Biography*, pp. 413—414.

　　② Bernard Schwartz and Stephan Lesher, *Inside the Warren Court*, p. 190.

　　③ Bernard Schwartz, *Super Chief: Earl Warren and His Supreme Court—A Judicial Biography*, pp. 417—418.

福特的克拉克大法官，在对贝克案卷宗进行了重新研究后也改变了态度，转而倒向自由派大法官阵营。克拉克大法官认为，田纳西州的议席分配是明显违宪的，在州议会中"占多数的"乡村利益集团的代表，"为了他们的自私目的"，漠视在社会上占多数的城市选区人民的"需要和愿望"，"限制、压抑和阻碍人民享有平等的特权和权利"，这实际上"意味着美国宪政体制的失败"。①

虽然在自由派大法官的优势已经得到确立的情况下，克拉克大法官转变态度并不会对贝克案的审判结果带来实质性的影响，但是，克拉克大法官的转向的确说明，在议席分配问题上，"政治棘丛"观已经被大多数的联邦最高法院大法官们所抛弃，保护公民的平等选举权成为此时的联邦最高法院司法审查的重点。

1962 年 3 月 26 日，联邦最高法院宣布了由布伦南大法官起草的贝克案判决。首先，联邦最高法院在判决中认为，联邦司法机关对贝克案拥有司法审判权。判决认为，由于贝克案的诉讼核心是田纳西州 1901 年《议席分配法》是否侵犯了贝克等上诉人的平等法律保护权利，因此，根据联邦宪法的规定，联邦司法机关对于议席分配案件拥有无可争议的审判权。②

判定指出，虽然联邦最高法院曾长期拒审议席分配案件，但实际上，最高法院的主流观点却是司法机关对议席分配案件拥有司法审判权。例如，尽管联邦最高法院在 1946 年的科尔格罗夫案判决中提出了"政治棘丛"观念，并据此回避介入议席分配问题，但在科尔格罗夫案中，认为司法机关有权审理该案的大法官却是占多数的。这是因为，在参审科尔格罗夫案的 7 名大法官中，除了存在布莱克、道格拉斯和墨菲大法官与法兰克福特、里德和伯顿大法官两派针锋相对的意见外，还出现了拉特利奇大法官的第三种观点，即承认联邦司法机关对议席分配案件拥有司法审判权，只是不主张联邦司法机关涉足这一敏感问题，以避免与其他政治机构发生权力冲突。因此，虽然从表面上看，大法官们是以 4:3 的表决结果拒审了科尔格罗夫案，但事实上，多数大法官是认定联邦司法机关对该案拥有司法审判权的。③

① Bernard Schwartz and Stephan Lesher, *Inside the Warren Court*, p. 196.
② *Baker v. Carr*, 369 U. S. 186 (1962), 199.
③ *Baker v. Carr*, 369 U. S. 186 (1962), 202.

其次，联邦最高法院在判决中认定，贝克等城市选民有诉讼资格提起司法诉讼。判决指出，贝克等城市选民的诉讼目的是为了维护他们的平等宪法权利，其诉讼理由是田纳西州继续适用 1901 年《议席分配法》，不仅"漠视了该州宪法关于议席分配标准的规定"，而且也"武断专横地"违反了第 14 条宪法修正案的"平等法律保护"条款，从而使城市选民被置于不公正的境地。判决认为，"公民的选举权不受州政府的专横侵害"，早就"被联邦司法机关认定为是联邦宪法保护的一项权利"。如果公民的该项权利确实遭到了"法定事实损害"（legally cognizable injury），他就应该得到相应的司法救济。因为"公民自由的本质在于，无论个人权利何时受到侵犯，他都有权诉求法律的保护"。判决认为，在本案中，贝克等人已经"明确、直接和充分地"表达了他们"维持其选票效力的意愿"，并阐述了他们所遭受的不公正事实，因此他们有权向联邦司法机关提出诉讼，并由联邦地区法院对其作出合理的裁决。①

最后，联邦最高法院在判决中推翻了"政治棘丛"观，明确认定议席分配案件是联邦司法机关的"可诉性"（Justiciability）② 案件。判决指出，不能因为"案件诉求的是对一项政治权利的保护"，就认为该案"涉及了政治问题"，因而也就不在联邦司法机关的职权范围之内，如此认识只能是在"玩弄文字游戏"。判决认为，贝克等人的诉讼依据完全是基于第 14 条宪法修正案的"平等法律保护"条款，因此是符合"可诉性"原则的。如果"有充分的证据能够证明"，上诉人的"平等法律保护"权利确实遭到了"歧视"，那么，"上诉人依据平等法律保护条款要求得到司法救济的权利，不得因为与政治权利有关而遭到削弱"。③

在判决中，联邦最高法院还进一步分析了"回避政治问题"原则的内

---

① *Baker v. Carr*, 369 U. S. 186 (1962)，206—208.

② "可诉性"（Justiciability）与"司法审判权"（Jurisdiction）不同。"司法审判权"是指法院听审并判决案件的权力，"可诉性"是指案件具备适于法院审判的特点。在美国司法体制中，某个案件虽属于"司法审判权"的范畴，但却不一定具有"可诉性"。造成这一情形的因素可以包括：诉由消失（mootness）、回避政治问题（political question）、案件时机的成熟程度（ripeness）和是否具备诉讼资格（standing to sue）等。参见 Elder Witt, ed., *The Supreme Court A to Z: A Ready Reference Encyclopedia*, pp. 225—226.

③ *Baker v. Carr*，369 U. S. 186 (1962)，209—210.

涵，认为所有曾因该原则而被联邦最高法院拒审的案件，涉及的都是与分权原则有关的问题，如联邦宪法明确规定的属于其他政治机构处理的问题（如外交事务）和司法机关无明确审判标准的问题（如保证各州共和政体）等。① 但是，贝克案与分权问题无关，涉及的是"州行为"是否符合联邦宪法关于公民权利的相关规定问题。由于田纳西州政府的不公正分配议席行为严重违反了第 14 条宪法修正案的"平等法律保护"条款，由此引起的诉讼案件当然不在"回避政治问题"原则的"羽翼"之下，而是联邦司法机关正常的"可诉性"案件。②

在 20 世纪 60 年代初，联邦最高法院之所以能在议席分配问题上抛弃保守的"政治棘丛"观，在贝克案中作出自由主义的司法判决，除了此时联邦最高法院内部自由派大法官力量增强这一因素外，也与下述三点外部因素有关。

首先，城市问题的日益严峻使解决不公正分配议席问题成为美国社会的当务之急。二战后，伴随着美国经济的迅猛腾飞和"丰裕社会"的来临，美国的城市却呈现出衰败的景象。主要原因在于，二战后美国"郊区化"（suburbanization）的发展，使城市丧失了自身良性发展的经济基础。

据统计，在 20 世纪 50 年代，大约有 4000 万至 5000 万中产阶层的美国人为追求良好的生活环境而迁往城郊地带。③ 这就使中心城市失去了大量的财政税收，众多的市政建设无法顺利进行。与此相反，大量的低收入人群为寻求生活出路却又源源不断地涌入城市。例如，在这一时期，除黑人外，众多的波多黎各裔和墨西哥裔人也迁入了得克萨斯州和加利福尼亚州的城市，同时，大量的法裔加拿大农民也移居东北部新英格兰地区的市镇。④ 这一方面加剧了城市的贫困化，使贫民窟成为美国城市中的普遍现象；另一方面也恶化了城市中的失业问题，并导致犯罪率急剧上升。⑤ 此外，交通拥堵和空

①　*Baker v. Carr*, 369 U. S. 186 (1962), 210—225.

②　*Baker v. Carr*, 369 U. S. 186 (1962), 226.

③　Samuel Eliot Morison, Henry Steele Commager and Williane E. Leuchtenbury, *A Concise History of the American Republic*, New York: Oxford University Press, 1983, p. 705.

④　H. B. Rodgers, "A Profile of the American City", in *The United States: A Companion to American Studies*, Dennis Sydney Reginald Welland (ed.), London: Methuen & Co. Ltd., 1974, p. 137.

⑤　H. B. Rodgers, "A Profile of the American City", in *The United States: A Companion to American Studies*, Dennis Sydney Reginald Welland (ed.), p. 138.

气污染等也进一步加剧了美国城市问题的严重性。

郊区化给美国中心城市发展所带来的困境，使美国人尤其是中心城市的居民认识到，必须制订全国性的城市建设方案，并由联邦和州政府给予城市更多的财政援助，才能使城市重新焕发活力。但是，由于不公正分配议席现象的普遍存在，城市利益集团无法在乡村利益集团代表占优的联邦国会和州议会中获得更多的发言权，从而使城市问题长期得不到重视，城市危机日趋恶化。到 20 世纪 50 年代后期，改革议席分配制度、维护城市利益已经成为美国中心城市的强烈要求，贝克案判决正是联邦最高法院对这一社会现实所做的积极回应。

其次，20 世纪 50 年代美国人平等权利意识的普遍增强，激发了城市选民挑战不公正分配议席的强烈愿望。虽然从 20 世纪 50 年代初开始的民权运动主要表现为黑人争取消除种族隔离的斗争，但它对美国社会各阶层的思想都产生了强烈的震动。它使整个美国社会都意识到平等权利的重要性，并努力通过具体行动保护公民的平等宪法权利，从而使美国在 20 世纪五六十年代进入了其历史上"少有的平等观念蓬勃发展的时期"。[①] 在这一社会背景下，城市选民也力图通过重新分配议席，维护自己的平等宪法权利。

在贝克案之前，联邦最高法院对黑人投票权的保护，增强了城市选民的信心。例如，在 1960 年的"合众国诉雷恩斯案"、"合众国诉托马斯案"和"戈米利恩诉莱特富特案"[②] 中，联邦最高法院就先后判决佐治亚州、路易斯安那州和亚拉巴马州限制黑人投票权的行为违宪。城市选民认为，既然公民的选举权不能因种族和肤色而受到歧视，那么，如果一个人的投票权因其所处的地理位置而遭到了"损减"，他也完全有理由像黑人那样，要求改正这种不公正的待遇。[③] 而且，既然司法机关能够保护黑人的投票权，那么它也应该在消除不公正分配议席、保护城市选民平等选举权方面负起责任。[④]

---

① Robert Kelley, *The Shaping of the American Past*, Vol., Ⅱ, Englewood Cliffs: Prentice-Hall, Inc., 1990, p. 711.

② *United States v. Raines*, 362 U. S. 17 (1960); *United States. v. Thomas*, 362 U. S. 58 (1960); *Gomillion v. Lightfoot*, 364 U. S. 339 (1960).

③ Paul L. Murphy, *The Constitution in Crisis Times: 1918—1969*, pp. 385—386.

④ Richard Claude, *The Supreme Court and the Electoral Process*, p. 149.

最后，肯尼迪政府的大力支持为联邦最高法院在贝克案中作出变革性的司法判决提供了良好的政治氛围。当约翰·F. 肯尼迪还是一位联邦参议员时，肯尼迪就对各州普遍存在的不公正分配议席问题深恶痛绝。例如，在1958 年 5 月 18 日的《纽约时报杂志》（*New York Times Magazine*）上，肯尼迪就曾发表过一篇题为《各州的耻辱》（The Shame of the States）的文章，呼吁各州改革不公正的议席分配制度。[1]1961 年肯尼迪就任总统后，更进一步利用联邦行政权力推动各州进行议席分配制度改革。在肯尼迪总统的支持下，"民权委员会"公布了一份题为《选举》（*Voting*）的报告，详细调查了绝大多数州不公正分配议席的事实，提出在联邦国会和州议会选举中，必须保证"各选区人数的实际平等"（substantially equal in population）。同时，该民权报告还提出，联邦国会应当"明确联邦司法机关的权力"，使其能够"根据联邦宪法和法律的要求"，审理有关议席分配的案件。[2]

当 1961 年初联邦最高法院开始审理贝克案时，联邦司法部也根据肯尼迪总统的要求，以"法庭之友"的身份向联邦最高法院提交了"法律诉状"，阐述田纳西州政府在议席分配方面存在的违宪行为。联邦司法部认为，田纳西州的不公正分配议席是一种"充满敌意的专横的歧视行为"，城市选民完全有理由援引第 14 条宪法修正案的"平等法律保护"条款，诉求免受这种歧视。不仅如此，联邦司法部还认为，联邦最高法院对这一侵犯公民平等权利的案件拥有无可争议的审判权，它"能够也应该……将这些武断专横而又毫无合理根据的歧视行为宣布为违宪"。同时，联邦最高法院还可以合法地指导田纳西州政府重分议席，这一司法救济"确属司法权限"而非越权行为。[3]肯尼迪政府对消除不公正分配议席的支持，在很大程度上减轻了联邦最高法院推翻科尔格罗夫案"政治棘丛"观判决的政治阻力，为最高法院作出贝克案判决创设了适宜的政治氛围。

贝克案判决是 20 世纪五六十年代联邦最高法院所作的最具影响力的判决之一，它不仅标志着在美国宪政运作中长期存在的议席分配不公正行为第

---

①　Archibald Cox，*The Court and the Constitution*，p. 289.

②　Richard Claude，*The Supreme Court and the Electoral Process*，pp. 92—93.

③　Howard Ball，*The Warren Court's Conceptions of Democracy*：*An Evaluation of the Supreme Court's Apportionment Opinions*，pp. 92—93.

一次得到了有效的制止，而且也显示出此时联邦最高法院的司法理念正发生着重大变化。对于占多数的自由派大法官们而言，时代的演进和社会的发展需要政府不断对政治权利做相应的调整，否则，社会公正便无从谈起。如果通过正常的政治途径，公民的平等宪法权利得不到有效的保护，那么，司法机关就有必要适时地介入其中，用司法的手段摒除虚假政治平等掩盖下的偏私与不公。联邦最高法院主流司法理念的这一变化，无论是对联邦最高法院还是对整个美国社会而言，都是一次历史性的变革。正因为如此，在后来的回忆录中，首席大法官沃伦才将贝克案视作他16年首席大法官生涯里的"最重要的"案件。①

三、司法审查与"一人一票"原则的确立与实施

联邦最高法院的"贝克诉卡尔案"判决在美国产生了巨大影响。在该案判决作出后，大量有关议席分配的案件接踵而至，涌向联邦和州司法机关。据统计，在贝克案判决后的一年中，联邦下级法院和州法院共受理了75宗有关议席分配的案件②，涉及39个州的议席分配制度③。

但是，虽然贝克案判决明确了议席分配案件是司法机关的"可诉性"案件，但它并未作出具体的司法救济，即联邦最高法院没有说明立法机关如何重新分配议席才能符合它所认可的公正标准，这就使联邦下级法院和州法院在审判议席分配案件时面临许多困难。例如，根据第14条宪法修正案的"平等法律保护"条款，司法机关究竟是要求州政府在重新分配议席时必须做到各选区间选民人数的绝对相等，还是允许各州可以根据具体情况做适当调整呢？在实行两院制的州中，是否要求州议会的两院议席都应该严格按照选区间选民人数相等来分配呢？如果一州的不公正分配议席方案是经全州公民投票通过的，那么，司法机关又将做如何裁断呢？④

---

① Archibald Cox, *The Court and the Constitution*, p. 290.

② Howard Ball, *The Warren Court's Conceptions of Democracy: An Evaluation of the Supreme Court's Apportionment Opinions*, p. 139.

③ Royce Hanson, *The Political Thicket: Reapportionment and Constitutional Democracy*, Englewood Cliffs: Prentice-Hall, 1966, pp. 57—58.

④ Royce Hanson, *The Political Thicket: Reapportionment and Constitutional Democracy*, pp. 60—63.

　　面对上述种种难题，联邦下级法院和州法院试图从贝克案判决和多数派大法官们的意见中寻找出可行方案。总体上讲，联邦下级法院和州法院的共识是，如果司法机关要确认一项议席分配法律是不公正分配议席，必须能够证明该法律确实存在着"恶意"和"武断专横的"歧视，或者该议席分配方案是"毫无任何合理因素的胡乱拼凑"。[①] 也就是说，必须判断该法律是"恶意歧视"，而非"合理偏重"。

　　但是，在判断议席分配是否公正的标准问题上，联邦下级法院和州法院中出现了意见分歧。总体而言，大致存在三种观点：第一种观点是"联邦模式论"（Federal Analogy）。主张州议席分配可以仿效联邦国会的议席分配方式，即州参议院议席实行各选区议席相等的分配方法，不必拘泥于选区间选民人数的相等，而州众议院议席分配则必须以选区间选民人数的相等为基础。[②] 这种观点认为，既然联邦参议院可以不论各州人数的多少，统一分配给各州两个联邦参议院议席，那么，州议会中的参议院议席不按选区间选民人数相等的标准进行划分也是合宪的。

　　1962 年，马里兰州上诉法院在审理"马里兰州公平代表委员会诉陶斯案"[③] 时，就采取了这一司法标准。州上诉法院认为，在州参议院议席分配标准问题上，应使州议会拥有"更多的自由决策权"，它完全可以仿效联邦参议院的做法，给各选区分配数目相同的议席，不一定要求各议席代表的选民人数完全相等。如果州议会的参众两院都以选区间选民人数完全相等为标准来划分议席，那么，州议会实行两院制的意义也就荡然无存了。因此，马里兰州上诉法院拒绝发布法院命令，强制州议会重新划分各选区间存在严重不公正现象的州参议院议席。[④]

　　但是，马里兰州上诉法院所采用的司法标准在 1962 年的"西姆斯诉弗林克案"[⑤] 中，遭到了联邦地区法院的反对。在该案中，尽管亚拉巴马州政府提出，任何强制两院制议会平等分配议席的规定都是错误的，因为联邦参

---

① Richard Claude, *The Supreme Court and the Electoral Process*, p. 162.
② Richard Claude, *The Supreme Court and the Electoral Process*, pp. 160—161.
③ *Maryland Committee for Fair Representation v. Tawes*, 228 Md. 412 (1962).
④ Richard Claude, *The Supreme Court and the Electoral Process*, p. 162.
⑤ *Sims v. Frink*, 205 F. Supp. 245 (1962).

议院的议席分配就没有考虑选民选票价值的平等，但是联邦地区法院还是认为，被告坚持的"模拟"联邦体制的说法是对联邦宪法相关规定的肤浅理解，因为作为州基本选区的"县"与作为联邦基本选区的"州"在联邦体制中的宪法地位是截然不同的，州议会的议席分配不能采用联邦国会的议席分配标准。在联邦地区法院看来，"如果要在州立法体制中防止恶意歧视的出现，就必须在一定程度上确立州议会的平等代表制"。①

第二种观点是"精确平等论"（Mathematical Equality）。认为州议席分配必须做到各选区间选民人数的绝对相等。在 1962 年的"斯威尼诉诺特案"和"肖尔诉黑尔案"② 中，罗得岛州最高法院和密歇根州最高法院都采用了这一标准，强制州议会以选区间选民人数的绝对相等为标准重新分配议席。在这两个州最高法院看来，当"多数选民的选票价值被耗减到只有其他选民选票价值的四分之一"，或"某一选区中的选民人数是其他选区的两倍"时，"恶意歧视"便不可避免。③

第三种观点是"合理偏差论"（Rational Deviation）。认为虽然议席分配应以议会中的平等代表为前提，但可以允许各州做"合理性"的变通。这一标准突出地体现在 1962 年联邦地区法院审理的"曼诉戴维斯案"④ 中。在该案中，虽然联邦地区法院认定弗吉尼亚州议会的议席分配法违反了第 14 条宪法修正案的"平等法律保护"条款，但是，判决的理由并不是该州的议席分配没有实现选区间选民人数的相等，而是州政府未能对造成议席分配不公正的原因做"合理的解释"（rational explanation）。⑤ 也就是说，如果州政府能够提出"正当的理由"，证明不以选区间选民人数相等为标准分配议席是必要的，那么，一项造成不公正事实的议席分配法也是有效的。

由上述可见，在贝克案后，联邦下级法院和州法院在判断议席分配是否公正时所持的标准是不统一的，这不仅削弱了司法裁判的权威性，而且也不利于真正实现议席的公正划分。为此，在以后的一系列涉及选举和议席分

---

① Richard Claude, *The Supreme Court and the Electoral Process*, pp. 161—162.

② *Sweeny v. Notte*, 183 A. 2d 296 (1962)；*Scholle v. Hare*, 367 Mich. 176 (1962) .

③ Richard Claude, *The Supreme Court and the Electoral Process*, p. 165.

④ *Mann v. Davis*, 213 F. Supp. 577 (1962) .

⑤ Richard Claude, *The Supreme Court and the Electoral Process*, p. 168.

配的案件中，联邦最高法院试图寻找出一个可行的判断标准。

在 1963 年的"格雷诉桑德斯案"① 中，联邦最高法院对公正分配议席的标准做了初步探索。格雷案涉及的是佐治亚州不公正预选联邦参议员和州政府官员的"县单位制"（county-unit system）。该制度最早出现于美国内战时期，起初由民主党在党内实行，后经州宪法确认推广至全州，并一直延续到20 世纪 60 年代。在该制度下，全州 159 个县被分别划分为数目不等的单位选区（unit），各有一张单位选票（unit vote），获得全州最多单位选票的候选人将最终获得提名。②

到 20 世纪 60 年代，随着佐治亚州的人口不断向城市聚集，"县单位制"的不公正性表现得越来越明显。这是因为，在全州 159 个县中，119 个人数不超过 2 万人的县，拥有 260 张单位选票，其他 40 个县的总人口超过了全州总人数的三分之二，但却只拥有 287 张单位选票。③ 这就使得人口众多、以城市为主的大县的单位选票价值，远低于没落乡村县的单位选票价值。

以 1960 年的统计数字为例，埃科尔斯县（Echols County）的人口只有1876 人，占全州总人口的 0.05%，该县拥有 2 张单位选票，每张单位选票代表选民 938 人。与此形成鲜明对比的是，富尔顿县（Fulton County）有人口 556326 人，占全州总人口的 14.11%，但却只拥有 6 张单位选票，每张单位选票代表的选民数高达 92721 人。这就是说，埃科尔斯县每位选民的选票价值大致相当于富尔顿县 99 名选民的选票价值。④

"县单位制"的弊端激起了城市大选区选民的不满，并在 20 世纪四五十年代先后出现了 4 宗试图推翻"县单位制"的诉讼案件，但都未获得成功。⑤虽然在 1962 年初，佐治亚州政府迫于社会压力，曾对"县单位制"进行过一定调整，但并没有从根本上改变"县单位制"的不公正性，反而激起了社

---

① *Gray v. Sanders*，372. U. S. 368（1963）.

② Howard Ball，*The Warren Court's Conceptions of Democracy：An Evaluation of the Supreme Court's Apportionment Opinions*，pp. 140—141.

③ Howard Ball，*The Warren Court's Conceptions of Democracy：An Evaluation of the Supreme Court's Apportionment Opinions*，p. 142.

④ *Gray v. Sanders*，372. U. S. 368（1963），371.

⑤ *Cook v. Fortson*，329 U. S. 675（1946）；*Truman v. Duckworth*，329 U. S. 675（1946）；*Cox v. Peters*，342 U. S.（1950）；*Hartsfield v. Sloan*，357 U. S. 916（1958）.

会上更多的怨言。

1962 年 4 月，富尔顿县的民主党人詹姆斯·桑德斯（James Sanders）再次对"县单位制"发起挑战。他以该州民主党执行委员会（Democratic State Executive Committee）主席吉姆·格雷（Jim Gray）为诉讼对象，向联邦地区法院起诉，要求该法院向格雷发布"法院禁令"，禁止格雷等民主党领袖依据"县单位制"举行该年的民主党预选。桑德斯认为，"县单位制"使他在富尔顿县所投的选票未能获得与小县选票相等的价值，从而侵犯了他所享有的为第 14 条宪法修正案保护的"平等法律保护"权利。

在判决中，虽然联邦地区法院认定佐治亚州的"现行"制度违宪，但它并未完全推翻"县单位制"，而是从"联邦模式论"出发，认为只要佐治亚州政府对"县单位制"做进一步调整，使大小县的选票价值之差不超过"联邦选举"（如联邦参议员和选举人团选举）中选票价值的波动标准，"县单位制"是可以被接受的。① 然而，尽管如此，佐治亚州政府仍对联邦地区法院的判决表示了强烈不满，随后便以格雷的名义将该案上诉至联邦最高法院。

与贝克案不同，联邦最高法院在 1963 年 1 月 17 日对该案举行庭审后，迅速形成了推翻"县单位制"的一致意见，仅哈兰大法官一人持有异议。此次判决之所以能顺利作出，主要原因是自由派大法官此时已完全在联邦最高法院中占据了优势。1962 年 3 月和 8 月，在议席分配问题上持保守立场的大法官惠特克和法兰克福特相继因健康原因离职，接替他们的分别是拜伦·R. 怀特（Byron R. White）和阿瑟·J. 戈德堡（Arthur J. Goldberg）。虽然在怀特大法官的司法理念中，自由与保守观念并存，但在维护公民的平等选举权问题上，怀特大法官是倾向于自由派的。② 戈德堡大法官则是一位坚定的司法自由主义者，他深信联邦最高法院的职责在于最大限度地保护弱势人群的政治权利，维护社会公正。③ 怀特和戈德堡大法官的就职，使自由派大法官在联邦最高法院中占据了绝对优势，从而为作出推翻"县单位制"的

---

①　Howard Ball, *The Warren Court's Conceptions of Democracy*: *An Evaluation of the Supreme Court's Apportionment Opinions*, pp. 141—142.

②　Kermit L. Hall, et al., eds., *The Oxford Companion to the Supreme Court of the United States*, p. 1085.

③　Kermit L. Hall, et al., eds., *The Oxford Companion to the Supreme Court of the United States*, p. 395.

判决扫除了障碍。

在 1963 年 3 月 18 日公布的由道格拉斯大法官拟定的判决中，联邦最高法院首先认为，在州级选举中，必须实现各选区选票价值的平等。道格拉斯大法官在判决中指出，格雷案涉及的中心问题不是州政府在指导选举时应拥有多大的自由度，而是公民的平等选举权是否遭到了无端的侵犯。对此问题，联邦最高法院必须予以严格审查。这是因为，既然联邦最高法院早已认定对黑人和妇女选举权的限制是不可容许的歧视，那么，又怎么能仅仅因为某人身处乡村而使他的选票具有"超出其他人两倍甚至十倍的价值呢"？① 判决认为，从联邦宪法的首句——"我们合众国人民"（We the People of the United States）——的含义看，"它并未赋予某些选民阶层以优越地位"，而是认定合众国的所有人民，"只要符合基本的选民资格，都应在选举中得到平等对待"，"无论他的种族、性别和职业如何，也无论他的收入和居所与他人有多大的差异"，② 州政府在指导选举时必须对此遵循不悖。

其次，联邦最高法院推翻了联邦地区法院所作的"联邦模式论"判决，明确阐述了确保选举公正性的"一人一票"原则。判决指出，在州级选举中仿效"联邦模式"是不恰当的，因为联邦选举方式是"特殊历史时期社会忧患的产物"，它在一定程度上也具有"内在的不平等性"，只不过是为了使各州批准联邦宪法而必须付出的代价。③

联邦最高法院认为，时至今日，联邦宪法初创时期的政治平等概念早已发生了变化，第 14 条宪法修正案的"平等法律保护"条款已成为当代美国社会中衡量公民政治权利平等性的至上原则，任何违反该条款的损害公民平等选举权的行为都应当予以禁止，因为"从《独立宣言》到林肯的《葛底斯堡演说》（Gettysburg Address），再到第 15、17 和 19 条宪法修正案，政治平等只意味一个原则，即一人一票"。④

---

① Richard Claude，*The Supreme Court and the Electoral Process*，p. 163.

② *Gray v. Sanders*，372. U. S. 368（1963），379—380.

③ *Gray v. Sanders*，372. U. S. 368（1963），378.

④ *Gray v. Sanders*，372. U. S. 368（1963），381.（注：1913 年联邦国会通过的第 17 条宪法修正案，将联邦参议员的选举方式由最初的各州议会选举产生修改为由各州人民选举产生。1920 年联邦国会制定的第 19 条宪法修正案保障了妇女的平等选举权，它规定："合众国公民的选举权，不得因性别而被合众国或任何一州加以剥夺或限制。"）

　　虽然格雷案只是一宗选举权案件，并未直接涉及议席分配问题，但它所确立的保证全体公民拥有平等投票权的"一人一票"原则，实际上表明了联邦最高法院将在议席分配案中采取的司法立场。尽管哈兰大法官将该原则视为"对历史的公然违背"①，已经离职的法兰克福特也批评格雷案判决并无坚实的法律基础，只不过体现了自由派大法官们的"以结果为导向的法理学"（result-oriented jurisprudence）②，但在自由派大法官占优势的情况下，这种批评并没有改变联邦最高法院在议席分配案件中的司法趋向。

　　在1964年的"韦斯伯利诉桑德斯案"和"雷诺兹诉西姆斯案"③中，联邦最高法院正式将"一人一票"原则运用到了议席分配案件中，进一步推动了美国的议席分配制度改革。

　　韦斯伯利案缘起于佐治亚州的一项州属联邦国会议席分配法。1931年，佐治亚州根据该法将全州划分为10个联邦国会选区，每个选区拥有一个联邦众议院议席。此后，这种议席分配一直没有发生变动。到20世纪60年代初，由于该州人口不断向城市流动，城乡选区间的选民人数出现了巨大差异，原来的议席分配制度的不公正性突出地表现出来。1962年，亚特兰大市（Atlanta）的选民以詹姆斯·P. 韦斯伯利（James P. Wesberry）为首，向联邦地区法院提起"集团诉讼"（class action），④ 要求联邦地区法院遵循贝克案先例，将上述议席分配法宣布为无效，并禁止该州州长卡尔·E. 桑德斯（Carl E. Sanders）继续适用该法举行选举。

　　韦斯伯利等人认为，由于30多年来城乡人口分布的变动，他们所处的第五联邦国会选区的选民人数已高达823680人，而每个联邦国会选区的平均选民人数只有394312人，不到第五联邦国会选区选民人数的一半，⑤ 在各选区选举一名联邦众议员的情况下，他们的选票价值大大低于其他选区，侵

---

　　① *Gray v. Sanders*，372. U. S. 368 (1963)，384.

　　② Bernard Schwartz，*Super Chief*：*Earl Warren and His Supreme Court—A Judicial Biography*，pp. 465—466.

　　③ *Wesberry v. Sanders*，376 U. S. 1 (1964)；*Reynolds v. Sims*，377 U. S. 533 (1964)。

　　④ "集团诉讼"是指若干人代表一个具有相同法律利益的集团所提起的诉讼。诉讼判决对该集团的所有成员都具有相同的法律效力。参见 Lisa Paddock，*Facts about the Supreme Court of the United States*，p.504.

　　⑤ *Wesberry v. Sanders*，376 U. S. 1 (1964)，2.

犯了他们享有的"平等法律保护"权利。

但是，联邦地区法院认为，虽然贝克案已经确认议席分配案件属于"可诉性"案件，但是由于贝克案涉及的是州议会议席分配的不公正问题，因此，贝克案判决并不能成为涉及联邦国会议席分配案件的司法先例。如果司法机关强行介入，势必造成与联邦国会的权力冲突，从而破坏联邦宪法的分权原则。[①] 从这一司法观念出发，联邦地区法院认为科尔格罗夫案的"政治棘丛"观在本案中依然有效，因而对韦斯伯利案作出了拒审判决。

韦斯伯利案确实使联邦司法机关面临重大挑战。这是因为，根据联邦宪法第 1 条第 4 款的规定，各州议会可以自行决定联邦议员选举的"时间、地点和方式"，联邦国会对此拥有立法和监督权。从这个意义上讲，如果联邦司法机关在韦斯伯利案中适用"一人一票"原则，就等于在联邦国会议员的选举中行使了本该由联邦国会行使的权力，以司法判决取代了联邦国会立法，违反了美国的分权原则。但是，当韦斯伯利案于 1963 年 11 月被上诉至联邦最高法院时，自由派大法官们回避了分权原则，将该案定性为公民权利案件，从而使韦斯伯利案成为联邦最高法院的"可诉性"案件。

与在前述的议席分配案件中一样，哈兰大法官也在韦斯伯利案中极力反对联邦最高法院干预佐治亚州的联邦众议院议席分配。他认为，联邦众议院议席分配完全属于州议会和联邦国会的权辖范围，如果联邦司法机关强行介入，不仅会"损害"政治运作的顺利进行，而且也会使人民失去"通过政治途径进行政治改革"的动力。无论是对联邦最高法院自身，还是对美国宪政体制的正常运作而言，"这都是一种伤害"。[②]

但是，在 1964 年 2 月 17 日公布的由布莱克大法官拟定的判决中，联邦最高法院反驳了哈兰大法官的上述观点。联邦最高法院认为，由于佐治亚州的议席分配法在"减损部分选民选票价值的同时又抬升了其他选民选票的分量"[③]，构成了对公民平等投票权的歧视，因此，该案应被视作一起公民权利遭受侵犯的案件，理所当然属于司法机关的权辖范围。在布莱克等自由派大法官们看来，虽然联邦宪法规定了州在组织联邦国会议员选举中的特权以及

---

① Kermit L. Hall, et al., eds., *The Oxford Companion to the Supreme Court of the United States*, p. 1081.

② *Wesberry v. Sanders*, 376 U. S. 1 (1964), 48.

③ *Wesberry v. Sanders*, 376 U. S. 1 (1964), 7.

联邦国会对选举的监督权，但这并不能阻止司法机关履行"保护个人宪法权利不受立法机关侵犯"的职责。①

判决认为，保证公民选票价值的平等是一项基本的宪政原则，如果在议席分配中某选区的选票价值高过了其他选区，"这不仅有违民主政治的根本理念，而且也抛弃了制宪会议艰难确立的联邦众议员由人民选举产生的基本原则"②。正如布莱克大法官在判决中所言，"尽管不可能绝对精确地平均划分国会选区，但这并不能成为漠视联邦宪法追求人民代表权平等这一明确宗旨的借口"，"一人一票"原则应当成为联邦国会议席分配中不可撼动的基本准则。③

在通过韦斯伯利案将"一人一票"原则运用于州属联邦国会议席分配后，联邦最高法院又在涉及亚拉巴马州议会议席分配不公正的"雷诺兹诉西姆斯案"中，将州参众两院的议席分配也纳入到了"一人一票"原则的约束范围中。与其他许多州一样，虽然亚拉巴马州宪法也规定每10年按最新人口统计数字重新分配州议会议席，但到20世纪60年代，州议会的议席始终是参照1900年的人口统计数字来划分的，没有考虑半个多世纪以来人口向城市快速聚集的事实。这样，到1960年，州参众两院实际上都由仅占全州人口25%左右的乡村势力所把持。

例如，人口仅为13462人和15286人的布勒克县（Bullock County）和亨利县（Henry County），在州众议院中都拥有两个席位，而人口超过它们20倍甚至40多倍的莫比尔县（Mobile County）和杰弗逊县（Jefferson County），却分别只在州众议院中拥有3席和7席。同时，由于州宪法规定州参议院的议席分配"模拟"联邦方式，每县都拥有一个州参议院议席，因此，州参议院议席分配的不公正也相当突出，选区间的选票价值之差最高也达到了40倍。④

1961年8月，杰弗逊县的选民M. O. 西姆斯（M. O. Sims）等3人向联邦地区法院起诉，认为在亚拉巴马州现行的议席分配制度下，人口密集的杰

---

① *Wesberry v. Sanders*，376 U. S. 1（1964），6.
② *Wesberry v. Sanders*，376 U. S. 1（1964），8.
③ *Wesberry v. Sanders*，376 U. S. 1（1964），18.
④ *Reynolds v. Sims*，377 U. S. 533（1964），545—546.

弗逊等其他都市县受到了严重歧视，其选民所享有的"平等法律保护"权利遭受了严重侵犯。他们要求联邦地区法院发布法院禁令，强制亚拉巴马州负责选举的 B. A. 雷诺兹（B. A. Reynolds）等官员不得继续延用 20 世纪初以来的州议会议席分配方法。

在联邦地区法院根据第 14 条宪法修正案的"平等法律保护"条款，作出对亚拉巴马州政府不利的判决后，亚拉巴马州政府对州议席分配进行了部分调整，但仍然被联邦地区法院裁定为违宪，雷诺兹等人遂将该案上诉至联邦最高法院。

在联邦最高法院审判雷诺兹案的过程中，哈兰大法官再次表示了他对司法干预议席分配的不满。哈兰认为，联邦最高法院应不惜一切代价站在"政治棘丛"之外。这是因为，"宪法并非是医治公共福利诸多弊端的灵丹妙药，作为司法机关的联邦最高法院也不应被视作改革运动的大避风港"。一旦联邦最高法院超越了自身权力，它便"不能服务于自己的最高目的，甚至不能平息人们因政治进程缓慢而产生的正常焦虑感"。[1]

但是，哈兰大法官的这一保守观点，同样没有得到联邦最高法院多数大法官们的认同。在 1964 年 6 月 15 日公布的由首席大法官沃伦拟定的判决中，联邦最高法院再次从保护公民平等宪法权利的角度，重申了"一人一票"原则在指导州议席分配方面的权威性。

首先，联邦最高法院在判决中分析了平等选举权对于政治民主的重要性。判决认为，"从本质上讲，代议政府是以人民选举的代表为中介的自治政府，每一个公民都有不可让与的充分、有效地参与州立法机关政治运作的权利。"[2]"根据自己的意愿"行使选举权，"是民主社会的精髓所在"，"任何对选举权的限制都是对代议政府核心理念的打击"。[3] 判决认为，议会应向人民负责，因为"议员代表的是人民而非树木或田地，选举议员的是选民而非农庄、城市或经济利益集团。只要我们仍保持代议政府形式，只要我们的州立法机关仍是由人民直接选举同时也是直接代表人民的管理机构，自由公

---

[1]　*Reynolds v. Sims*，377 U. S. 533 (1964)，624—625.

[2]　*Reynolds v. Sims*，377 U. S. 533 (1964)，565.

[3]　*Reynolds v. Sims*，377 U. S. 533 (1964)，555.

正的选举权就是我们政治制度的基石"①。

其次，联邦最高法院认为，平等公正地对待公民选举权也是第 14 条宪法修正案"平等法律保护"条款的要求。判决指出，议席分配的"基本目标"是使全体公民都能得到公正有效的代表，这是第 14 条宪法修正案"平等法律保护"条款的根本要求。如果州政府在议席分配中，使某些公民的选票价值因"住所的原因"而遭受耗减，那就正如以"种族"为依据，"恶意歧视黑人的宪法权利"一样，是对上述条款的严重违反。②

再次，联邦最高法院否认了亚拉巴马州政府坚持的"联邦模式论"的合理性。判决认为，联邦模式并不适合州议会效仿。这是因为，一方面，在早期州宪法中，"完全或最大限度地"以选区间选民人数的相等为基础分配议席，已经成为当时绝大多数州的共识；另一方面，当联邦宪法确立联邦国会议席的分配方案时，"国父们并未明确试图给州议会的议席分配提供一个样板或范式"，而是在 1787 年制定的《西北土地法令》中明确规定，"领地（territory）立法机关的议席分配只能以人口数量为基础"。③

判决认为，联邦国会两院的议席分配制度，是在特殊历史条件下美国社会各方政治妥协的产物，是为了将具有"主权实体"（sovereign entity）地位的州联合为一个统一的联邦而做的必要让步。但是，县、市等却从未被视作州的主权实体，相反，按照传统观点，"它们只不过是由州政府创立的、协助履行州政府职能的下属管理机构"④，因此，州议会仿效联邦模式分配议席是不切实际的。

最后，联邦最高法院再次确认了"一人一票"是指导州议会议席分配的根本原则。判决认为，尽管各州的议席分配错综复杂，各州也的确在议席分配方面拥有一定的自由裁量权，但是，如果公民的选举权遭到了某种程度的损贬，"他就不再是一个完整意义上的公民了"，司法机关必须对平等选举权遭受侵犯的公民提供司法救济，"这是我们的誓言和职责所在"。⑤ 判决指

---

① *Reynolds v. Sims*，377 U. S. 533 (1964)，562.

② *Reynolds v. Sims*，377 U. S. 533 (1964)，566.

③ *Reynolds v. Sims*，377 U. S. 533 (1964)，573.

④ *Reynolds v. Sims*，377 U. S. 533 (1964)，574—575.

⑤ *Reynolds v. Sims*，377 U. S. 533 (1964)，566.

出，虽然社会的演进使国家特性发生了巨大变化，"但代议政府的基本原则依旧"，即"公民的选票价值不能成为其居所的附属物"，[①]"一人一票"原则必须是判定州议席分配是否公正的出发点和决定性标准。

雷诺兹案判决的作出，最终确立了"一人一票"原则在美国议席分配中的主导地位，被誉为是自 1803 年"马伯里诉麦迪逊案"以来，联邦最高法院所作的"最具深远意义的判决"之一。[②] 在该案判决的影响下，46 个州对州议会议席和州属联邦国会议席进行了重新分配，从而在 20 世纪 60 年代引发了一场波及全美的制度革命。

但是，从 1962 年贝克案判决开始，联邦最高法院针对议席分配案件所作的诸多判决，也遭到了美国社会中保守派人士尤其是乡村利益集团的批评。在雷诺兹案后，反对之声更趋强烈。例如，在 1965 年，伊利诺伊州的联邦参议员埃弗里特·德克森（Everett Dirksen）就曾提出过一项旨在推翻"一人一票"原则的宪法修正案，只是未能通过联邦参议院表决。[③]1967 年，部分州议会在乡村利益集团的推动下，呼吁召开宪法会议，试图通过修宪的方式推翻联邦最高法院的议席分配案判决，也只是因为没有获得三分之二多数州议会的同意，才使该计划没有成功。[④]

然而，必须强调的是，尽管联邦最高法院的议席分配案判决遭遇了美国社会中保守派的抨击，但这些带有自由主义色彩的判决还是得到了大多数美国人的支持。据 1966 年的"路易斯·哈里斯民意调查"（Louis Harris Poll）显示，在被调查的人员中，有高达 76% 的人支持联邦最高法院的议席分配案判决。[⑤]

在雷诺兹案判决后，联邦最高法院又在随后诸多的议席分配案中，继续坚持了"一人一票"原则。例如，在 1967 年的"斯旺诉亚当斯案"和

---

① *Reynolds v. Sims*，377 U. S. 533 (1964)，567.

② *New York Times*，June 16，1964，p. 38.

③ Paul L. Murphy，*The Constitution in Crisis Times：1918—1969*，p. 389.

④ Melvin I. Urofsky and Paul Finkelman，*A March of Liberty：A Constitutional History of the United States*，Vol. II，p. 850.

⑤ Howard Ball，*The Warren Court's Conceptions of Democracy：An Evaluation of the Supreme Court's Apportionment Opinions*，p. 198.

1969 年的"柯克帕特里克诉普赖斯勒案"及"韦尔斯诉洛克菲勒案"中，①
联邦最高法院把佛罗里达州、密苏里州和纽约州的不公正分配议席法宣布为
违宪。在 1968 年的"埃弗里诉米德兰县案"② 中，联邦最高法院又把县、市
等地方政府的议席分配也纳入"一人一票"原则的约束范围之内，从而使平
等公正地分配议席成为美国宪政发展不可或缺的重要组成部分。

从 1962 年的贝克案确认议席分配案件的"可诉性"，到 1963 年的格雷
案提出"一人一票"原则，再到 1964 年的韦斯伯利案和雷诺兹案将该原则
付诸实施，联邦最高法院的司法自由主义脉络清晰可辨。在这一过程中，联
邦最高法院抛弃了早期的保守立场，踏进了"政治棘丛"，以更为务实的自
由主义司法理念，积极弥补了政治机构在解决议席分配不公正问题上存在的
不足，在维护公民政治权利平等方面扮演了重要的"原动机"的角色，也进
一步推动了联邦政府权力的扩大。

---

① *Swann v. Adams*，385 U. S. 440 (1967)；*Kirkpatrick v. Preisler*，394 U. S. 526 (1969)；*Wells v. Rockfeller*，394 U. S. 542 (1969)．

② *Avery v. Midland County*，390 U. S. 474 (1968)．

第 九 章

司法审查与《权利法案》联邦化

美国学者阿希尔·R. 阿马（Akhil R. Amar）曾经说过，"今天的美国人很难想象，联邦宪法的《权利法案》（Bill of Rights）只能约束联邦政府，对州和地方政府官员是无效的。"[1] 但事实上，在美国宪政史中，《权利法案》只能约束联邦政府却是一个被长期坚持的宪法信条。直到 20 世纪 20 年代中期，《权利法案》才开始借由联邦最高法院推动的"联邦化"进程，逐渐被运用于约束州政府。

"《权利法案》联邦化"（Nationalization of the Bill of Rights）是指原来仅约束联邦政府的《权利法案》，经由联邦最高法院的司法解释，逐渐被"纳入"（incorporate）到第 14 条宪法修正案中，用于约束州政府，从而把《权利法案》的效力扩大到了整个联邦，这就使《权利法案》成为适用于全国的宪法圭臬，最大限度地保护了公民的宪法权利。

虽然《权利法案》联邦化的进程早在 20 世纪 20 年代就已开始，但直到20 世纪五六十年代，《权利法案》联邦化才得到了迅速发展。在当时，联邦最高法院突破了保守司法理念的束缚，不仅巩固了已有的"纳入"成果，而且还在自由主义司法理念的推动下，进一步扩展了"纳入"的范围，将更多的《权利法案》条文（主要是维护刑事诉讼公正性的条文）"纳入"到第 14

---

[1] Akhil R. Amar, "Hugo Black and the Hall of Fame", *Alabama Law Review*, Vol. 53, No. 4, 2002, p. 1222.

条宪法修正案中，从而将《权利法案》联邦化进程推向了顶峰。

一、司法审查与《权利法案》联邦化问题的出现

在美国，1791 年 12 月生效的美国联邦宪法第 1 至第 10 条修正案，通常被称为《权利法案》。其主要内容是明确规定了政府不得侵犯的诸多公民权利，如公民享有宗教信仰和表达自由，公民的财产权不受非法侵犯，公民的人身、住宅不受无理搜查和扣压，刑事被告享有多项公正审判的权利等。《权利法案》的出台，不仅极大地增强了对政府的约束，而且也使公民在诉求法律保护时拥有了明确的宪法依据。

但是，必须强调指出的是，在 18 世纪末，《权利法案》出台的根本目的是为了约束联邦政府，而不是限制州政府。正如美国学者亨利·J. 亚伯拉罕所言，尽管在《权利法案》中，只有第 1 条宪法修正案明确指出，"联邦国会"不得制定侵犯公民自由和权利的法律，但就《权利法案》的立法理念而言，"毫无疑问它只是被用来制约国家政府的"①。

《权利法案》的这一立法目的，是在 1787 年 9 月至 1788 年 7 月美国各州批准联邦宪法的过程中被明确的。美国联邦宪法是在 1787 年 5 月至 9 月由费城制宪会议草拟的，起初并无《权利法案》。在邦联国会把联邦宪法草案提交给各州批准后，是否应在联邦宪法中增补《权利法案》，成为各州争论的重要问题，也是当时美国政坛中出现的联邦党人与反联邦党人的重要分歧之一。

以亚历山大·汉密尔顿、詹姆斯·威尔逊等人为首的联邦党人认为，联邦宪法不仅规定联邦政府只能行使明确授予的权力，而且也包含了许多有关保护公民权利的规定，因此，联邦宪法本身即可被视为《权利法案》。如果在联邦宪法中专设《权利法案》，对并未授予政府的权力进行限制，"不仅无此必要，甚至可以造成危害"②。

反联邦党人则十分担心强大的中央政府会危及人民来之不易的自由和

---

① Henry Abraham and Barbara A. Perry, *Freedom and the Court: Civil Rights and Liberties in the United States*, p. 34.

② [美] 汉密尔顿、杰伊和麦迪逊：《联邦党人文集》，第 427—431 页。

州政府的自治权，力主加强对联邦政府的权力进行限制。他们认为，政治是权力与自由的竞争，宪法是统治者与被统治者之间的契约，要保证个人的自由和权利不受联邦政府的侵害，宪法中就必须专设《权利法案》。[①] 正如反联邦党人领袖托马斯·杰斐逊所言，"《权利法案》是人民反抗……政府侵犯其天赋权利的保障，任何政府既不能拒绝制定《权利法案》，也不能将人民的权利系于推论之上"[②]。尽管《权利法案》会给政府体制的运作带来一些"不便"，但它却是维护人民的权利所不可缺少的，是防止政府滥施权威的有力保障。[③]

在反联邦党人的推动下，马萨诸塞、弗吉尼亚、纽约等州先后提出了增补《权利法案》的要求。[④] 正如马萨诸塞州的一名州议员所言，"人民的安全是以《权利法案》为根基的，如果公民权利是建立在流沙之上的，那么，人民将何以立足？"[⑤] 据统计，在批准联邦宪法的过程中，各州提出的有关《权利法案》的修正案就达 124 条之多。[⑥] 为保证联邦宪法顺利获得各州批准，联邦党人最终作出了妥协，同意在各州批准联邦宪法后，另行补充《权利法案》。

在 1789 年 4 月召开的第 1 届联邦国会中，负责起草《权利法案》的詹姆斯·麦迪逊曾试图使《权利法案》既约束联邦政府，也制约州政府。在他看来，"州政府与联邦政府一样，也会对人民的宝贵特权横加干涉，故必须予以审慎地扼制"[⑦]。但由于州宪法中大都已载有《权利法案》，因此，麦迪逊的这一主张并未得到多数联邦国会议员的支持。例如，马萨诸塞州和南卡罗来纳州的联邦众议员埃尔布里奇·格里和托马斯·塔克（Thomas Tucker）就认为，《权利法案》只应"保护人民反抗联邦政府的弊政"，"不宜干涉州

① Alfred H. Kelly, et al., *The American Constitution: Its Origins and Development*, Vol. I, p.106.

② Robert A. Rutland, *The Birth of the Bill of Rights, 1776—1791*, Boston: Northeastern University Press, 1983, p. 129.

③ ［美］梅利尔·D·彼得森编：《杰斐逊集》（下），第 1061—1063 页。

④ ［美］伯纳德·施瓦茨：《美国法律史》，第 33 页。

⑤ Claude L. Heathcock, *The United States Constitution in Perspective*, Boston: Allyn and Bacon, Inc., 1968, p. 68.

⑥ Johnny H. Killian, George A. Costello and Kenneth R. Thomas, eds., *The Constitution of the United States of America: Analysis and Interpretation*, Washington D. C.: U. S. Government Printing Office, 2004, p.1000.

⑦ Raoul Berger, *Government by Judiciary: The Transformation of the Fourteenth Amendment*, Cambridge: Harvard University Press, 1977, p. 134.

政府的行为"，因为州宪法中的《权利法案》足以有效地防止州政府侵害人民的天赋权利。①

在这种思想氛围中，麦迪逊起草的数条旨在禁止州政府侵犯人民宪法权利的修正案草案先后被联邦众参两院否决，从而最终使《权利法案》的立法宗旨完全集中在约束联邦政府权力方面。1791 年 12 月 15 日，经各州批准，联邦宪法前 10 条修正案正式生效，通称为《权利法案》。

《权利法案》的适用范围之所以被限定在约束联邦政府，主要原因在于早期美国人对国家政府权力的担心和恐惧。早在 18 世纪六七十年代，由于英国政府不断对北美英属殖民地采取强硬的殖民政策，殖民地就曾先后提出过"帝国联邦理论"（Federal Theory of Empire）和"帝国领地理论"（Dominion Theory of Empire）。虽然这两种理论在殖民地主权问题上的观点不同，前者承认殖民地从属于英帝国的主权，后者则强调各殖民地各自拥有自己的主权，但它们都主张殖民地与英国政府实行分权，英国政府有权管理涉及帝国全局的事务，但不得干涉殖民地的内部事务，侵犯殖民地人的自由和权利。② 这说明，在独立以前，殖民地人就已经强烈地意识到中央政府对地方政府权力和公民权利所构成的潜在威胁。

殖民地时代的这种经历和认识直接影响了独立后美国的宪政发展。在独立之初，虽然美国组建了"邦联"（Confederation），初步建立了统一国家，但根据 1781 年 3 月 1 日生效的《邦联条例》，新组建的邦联政府并不拥有作为一个国家政府所应有的征兵、征税、铸币和管理贸易等权力，各州依然保留着自己的"主权、自由和独立"。因此，邦联政府并不是真正意义上的国家政府，"充其量只是一个准政府（quasi-government）"。③ 这反映出美国人在"刚刚受过遥远的英国政府的权力之害"后，担心自己的国家政府一旦拥有强大的权力，也会侵犯各州的自治权，因此，以没有实际权力的邦联政府代替集权的国家政府便成为当时各州的共同呼声。④

---

① Raoul Berger, *Government by Judiciary: The Transformation of the Fourteenth Amendment*, p. 135.

② Alfred H. Kelly, et al., *The American Constitution: Its Origins and Development*, Vol. I, pp. 46—47, 53—55.

③ Alfred H. Kelly, et al., *The American Constitution: Its Origins and Development*, Vol. I, p. 76.

④ [美] J. 布卢姆等：《美国的历程》（上册），杨国标、张儒林译，商务印书馆 1995 年版，第 195 页。

虽然邦联体制给美国带来了严重的内忧外患，最终迫使各州在 1787 年制定了联邦宪法，并以此组建了联邦政府，但防止国家政府权力扩张和确保州权不受侵犯的要求依然相当强烈。联邦宪法通过分权制衡、列举政府权力等方式，也对联邦政府的权力做了全方位的约束，防止联邦政府对州权力和人民的权利及自由构成威胁。

在这种社会思想背景下，在邦联国会把联邦宪法草案提交给各州批准后，各州强烈要求在联邦宪法中增补《权利法案》，以进一步防止联邦政府侵犯州权和公民权利，也就是顺理成章的事情了。

从《权利法案》的制定过程可以看出，早期美国人对国家政府怀有极大的不信任，他们更愿意把保护公民权利的希望寄托在州政府身上，因为州政府最接近人民，也更容易为人民所控制。但是，随后的美国历史发展证明，早期美国人对州政府的信任是不切实际的，在现实社会生活中，州政府对公民权利的侵犯远比联邦政府为甚。许多州政府不仅随意限制人民的言论、出版自由和陪审团审判等权利，而且还任意剥夺公民的财产。在此情况下，许多人便开始向联邦最高法院寻求法律保护，试图援引《权利法案》禁止州政府侵犯公民权利。但是，这些诉求无一获得成功，1833 年的"巴伦诉巴尔的摩案"① 就是最好的证明。

在该案中，马里兰州巴尔的摩市（Baltimore）政府为整修道路，实施了水道分流，并将砾石和砂土倾入河道中，致使约翰·巴伦（John Barron）拥有的码头因河床抬高而无法正常营业。巴伦认为，巴尔的摩市政府的这一行为，违反了联邦宪法第 5 条修正案所作的"不给予公平赔偿，私有财产不得充作公用"的规定，遂向该州地方法院提起诉讼。虽然巴伦在初审中获胜，被判应得 4500 美元的赔偿，但这一判决随后又被马里兰州最高上诉法院推翻。巴伦不服，将该案上诉至联邦最高法院。②

在联邦最高法院的上诉审判中，对于巴伦案所涉及的联邦宪法第 5 条修正案能否约束州政府这一关键问题，联邦最高法院明确提出了自己的否定意见。在由首席大法官约翰·马歇尔拟定的判决中，联邦最高法院首先分析了

---

①　*Barron v. Baltimore*，32 U. S. 243（1833）.

②　Henry Abraham and Barbara A. Perry，*Freedom and the Court：Civil Rights and Liberties in the United States*，pp. 34—35.

《权利法案》的适用范围。联邦最高法院认为，联邦宪法是美国人为组建自己的新政府而制定的，在当时的情况下，美国人认为组建联邦政府最有可能帮助他们克服邦联制危机，也最有可能"促进他们的利益"。为此，美国人既在联邦宪法中列举了联邦政府拥有的权力，也在《权利法案》中对联邦政府设置了各种权力禁区。但是，这些限制"只是针对联邦政府的"，并不适用于约束"由各州人民出于不同目的而组建的"州政府。①

联邦最高法院指出，尽管制定联邦宪法是在特定历史时期将美国从邦联危机中解脱出来的必要措施，但从一开始，美国人就对联邦政府的权力抱有"极大的担忧"。美国人正是出于防止联邦政府"滥用权力"、保护人民自由的目的，才在各州召开的审议联邦宪法草案的宪法会议上极力呼吁增补《权利法案》的。这些事实都证明，"联邦宪法第 5 条修正案必须被理解为只约束国家政府权力，该修正案并不适用于约束州政府"。②

其次，联邦最高法院认为，在如何限制州政府的权力这一问题上，各州人民拥有自由裁量权。在各州的州宪法中，美国人已对各自州政府的权力进行了一定程度的制约，如果他们要"修改州宪法"，或者打算得到"额外的保护"（additional safeguards），以便使自己免受州政府的侵害，"补救的方法就在他们自己手中，并由他们自己加以实施"，联邦政府是不能对此进行干涉的。③

从上述观点出发，联邦最高法院认为，巴伦所受的财产损失是由马里兰州政府造成的，属于州的内部事务，理应由马里兰州法院予以处理，联邦最高法院无权过问此案，巴伦的上诉请求应予以驳回。

巴伦案判决是联邦最高法院第一次对《权利法案》的适用范围所作的司法解释，该案判决的作出不是偶然的。首先，该案判决反映了当时美国政治发展的潮流。如前所述，1829 年安德鲁·杰克逊就任美国总统后，力主保护州政府的权力，反对联邦政府随意干预州的内部事务，以实现真正的"民主政治"。从一定意义上讲，联邦最高法院的巴伦案判决实际上就是"杰克逊民主"在司法领域中的反映。其次，也是最重要的，该案裁判的理由符

---

① *Barron v. Baltimore*, 32 U. S. 243（1833），247.

② *Barron v. Baltimore*, 32 U. S. 243（1833），250.

③ *Barron v. Baltimore*, 32 U. S. 243（1833），249.

合《权利法案》制定者们的"原初意图",即《权利法案》只约束联邦政府,并不对州政府有效。因此,尽管联邦最高法院并未对遭受财产损失的巴伦提供法律救济,但巴伦案判决却并不缺乏宪法依据。

然而,从长远的眼光看,巴伦案判决的确使美国的宪政体制运作陷入了极大的窘境之中。巴伦案判决实际上是以司法判决的形式,在公民权利保护领域中确认了一个双重标准①,它只要求联邦政府必须遵守《权利法案》,而对州政府违反《权利法案》的行为漠然处之。这就忽视了一个极其重要的问题,即当州政府侵犯了公民的宪法权利,而公民又在州内无处申述自己的冤情时,如何强制州政府纠正其违宪行为?如果按照巴伦案判决,将州政府完全置于《权利法案》的制约之外,实际上也就使州政府拥有了随心所欲滥施权威的能力,这不仅使公民权利面临巨大的威胁,而且也使司法机关无法切实履行其肩负的维护社会公正的职责。从这一意义上讲,巴伦案判决带有非常强烈的保守性。

在此后的近一个世纪里,巴伦案判决始终作为一个重要的司法先例,影响着美国司法机关对《权利法案》的解释。如何突破巴伦案判决的约束,使《权利法案》也能够约束州政府,成为摆在美国社会面前的一个亟待解决的难题。1868年第14条宪法修正案的正式生效,使该问题再一次成为美国社会争论的焦点。

第14条宪法修正案是美国内战后联邦国会在激进共和党人的推动下制定的,其宗旨是保护刚刚从奴隶制枷锁中解放出来的黑人的宪法权利。该修正案第1款明确规定,"任何一州,都不得制定或实施限制合众国公民的特权或豁免权的任何法律;不经正当法律程序,不得剥夺任何人的生命、自由和财产"。凭借"特权或豁免权"和"正当法律程序"这两个重要的条款,黑人的宪法权利有了坚实的宪法基础。

但是,该修正案的出台,又一次将巴伦案提出的核心问题摆在了美国社会面前。如果说在30多年前的巴伦案时代,人们还找不出确切的有关《权利法案》约束州政府的宪法规定,那么,在第14条宪法修正案生效后,

---

① Leonard W. Levy, "Incorporation Doctrine", in *Encyclopedia of the American Constitution*, Leonard W. Levy and Kenneth L. Karst (eds.), New York: Macmillan Reference USA, 2000, p. 1353.

这一难题似乎得到了解决。在很多美国人看来，第 14 条宪法修正案的措辞非常宽泛，其效力并不仅仅局限于保护黑人权利这一狭窄的空间。他们认为，该修正案中的"特权或豁免权"和"正当法律程序"两个条款，所保护的恰恰就是包含在《权利法案》中的公民权利。如果州政府侵犯了这些公民权利，实际上也就是违反了第 14 条宪法修正案，理应受到规制。换句话说，借由第 14 条宪法修正案的上述两个条款，原来被认为仅约束联邦政府的《权利法案》，现在也必须被"纳入"到第 14 条宪法修正案中，规制州政府的违宪行为，从而使《权利法案》在整个联邦范围内都具有同样的法律效力。这种将《权利法案》联邦化的思想，就是在 19 世纪六七十年代逐渐在美国出现的"纳入学说"（Incorporation Doctrine）。

针对这一学说，在美国的学术界和法律界中出现了尖锐的意见分歧。"纳入学说"的反对者们认为，第 14 条宪法修正案的宗旨，仅在于确保黑人拥有与白人公民相同的宪法权利，并无意将整个《权利法案》都"纳入"到该修正案中。如果该修正案的制定者们的确意在于此，他们就应当明确地加以规定，而不是用笼统的语言加以表达。但是，这一观点遭到了"纳入学说"支持者们的反对。他们认为，该修正案的制定者之所以采用宽泛性的词句，就是在表明他们并不仅仅旨在保护黑人获得平等的宪法权利，而是要把整个《权利法案》所规定的公民权利都"纳入"到该修正案中，"特权或豁免权"、"正当法律程序"只不过是《权利法案》的"简略表达"而已。①

在美国联邦最高法院中，"纳入学说"也成为大法官们争论的焦点。但从 19 世纪后半期到 20 世纪初，多数大法官都对"纳入"持否定立场。例如，在前述的 1873 年"屠宰场案"中，联邦最高法院就否定了通过"特权或豁免权"条款"纳入"《权利法案》的可能性。

如前所述，在"屠宰场案"判决中，联邦最高法院认为，虽然在联邦制下，所有的美国人都具有"合众国公民"和"州公民"的双重公民资格，但是，以不同的公民身份为依据，美国人拥有不同的"特权或豁免权"。公民以"合众国公民"身份享有的"特权或豁免权"是有限的，但以"州公

---

① Henry Abraham and Barbara A. Perry, *Freedom and the Court: Civil Rights and Liberties in the United States*, p. 39.

民"身份享有的"特权或豁免权"却是广泛的，包括有权"得到和拥有一切形式的财产"、"追求幸福和安全"等一切"自由政府中的公民"所享有的"基本权利"。由于第 14 条宪法修正案明确规定的是州政府不得侵犯"合众国公民"的"特权或豁免权"，因此，该修正案"并无意"给"州公民"的宪法权利提供"任何额外的保护"，并不限制州政府在"州公民"权利问题上的自由裁量权。①

按照该案判决的思路，《权利法案》所保护的那些普遍性的公民权利，自然是属于"州公民"而不是"合众国公民"的"特权或豁免权"，因此，第 14 条宪法修正案的"特权或豁免权"条款并不要求州政府必须遵守《权利法案》，"纳入"之说缺乏宪法依据。

尽管斯蒂芬·J. 菲尔德和约瑟夫·P. 布拉德利等大法官对这一判决提出了强烈的异议，认为尽管存在着"合众国公民"和"州公民"之分，但公民的"特权或豁免权"应当是平等的，否则，第 14 条宪法修正案就俨然成了"徒劳而无用的立法"②，但是，在此后的美国宪政发展中，"屠宰场案"判决一直作为一项重要的司法先例，阻断了借由"特权或豁免权"条款推进《权利法案》联邦化的道路。

不仅如此，联邦最高法院也同样否认了"正当法律程序"条款作为"纳入学说"的宪法基础的可行性。例如，在 1892 年的"奥尼尔诉佛蒙特州案"、1900 年的"马克斯韦尔诉道案"和 1908 年的"特文宁诉新泽西州案"等案件中③，联邦最高法院无一例外都坚持认为，无论是根据第 14 条宪法修正案的文本规定，还是从《权利法案》的立法本意看，"《权利法案》只适用于全体美国人防范联邦政府"④，第 14 条宪法修正案的"正当法律程序"条款并不具有"纳入"《权利法案》的宪法基础，州政府不受《权利法案》的约束。

在这一时期的联邦最高法院中，只有约翰·M. 哈兰大法官始终坚持"纳入"的合宪性。在 1884 年的"赫特杜诉加利福尼亚州案"⑤ 和奥尼尔案等

① *Slaughterhouse Cases*，83 U. S. 36（1873），72—74，79，76，74.

② *Slaughterhouse Cases*，83 U. S. 36（1873），95—96.

③ *O'Neil v. Vermont*，144 U. S. 323（1892）；*Maxwell v. Dow*，176 U. S. 581（1900）；*Twining v. New Jersey*，211 U. S. 78（1908）.

④ *Maxwell v. Dow*，176 U. S. 581（1900），596.

⑤ *Hurtado v. California*，110 U. S. 516（1884）.

案件中，哈兰大法官都认为，《权利法案》所体现的"自由和公正原则"是美国政治制度的"基础"①，虽然制定《权利法案》的初衷只是为了防范联邦政府，然而，在第 14 条宪法修正案生效后，《权利法案》所保护的那些公民权利"也不得被各州否认或剥夺"。②

但是，哈兰大法官个人的呼吁，并无力使联邦最高法院中的绝大多数大法官改变对"纳入学说"的认识。联邦最高法院的否定立场，成为《权利法案》联邦化之路上一道不可逾越的鸿沟。

联邦最高法院之所以在第 14 条宪法修正案生效后，仍然否认"纳入"的合宪性，主要原因有二：其一，这一时期联邦最高法院的多数大法官都深受内战后的形式主义法学思想的影响。如前所述，形式主义法学思想把法律看作是一个"封闭体系"，认为法律的发展是一个自我完善的过程，法律问题应通过法律原则之间的逻辑推理进行解决，根本不需要外界的干预。除此之外，该思想还尤其强调在司法实践中，必须严格遵循宪法原则和法律条文，反对将法律与政治相结合，否则，法律就降格为了政治，法官也就变成了立法者。③

正如美国著名律师詹姆斯·C.卡特所言，按照形式主义法学思想的要求，人们在认识和运用法律时，应遵守法律条文的既有规定，重视法律"是什么"而非"应该是什么"。④ 在前述的诸多案件中，联邦最高法院的多数大法官们关注的不是公民权利是否受到侵犯，而是如何恪守《权利法案》和第 14 条宪法修正案的文本，这种司法理念显然是与形式主义法学思想一脉相承的。

其二，这一时期的联邦最高法院多数大法官们都深受第 14 条宪法修正案制定者的"原初意图"的束缚，不愿打破联邦与州的分权格局。在第 14 条宪法修正案的制定过程中，尽管联邦国会中的激进共和党人力主采取切实的措施保护黑人的宪法权利，但绝大多数的联邦国会议员都不主张过多地干预州权。在他们看来，如果扩大该修正案的适用范围，势必造成联邦政府对

---

① *Hurtado v. California*，110 U. S. 516 (1884)，546.

② *O'Neil v. Vermont*，144 U. S. 323 (1892)，370.

③ William M. Wiecek，*Liberty under Law：The Supreme Court in American Life*，pp. 112—113.

④ Bernard Schwartz，*Main Currents in American Legal Thought*，p. 340.

州权的广泛干预，从而违反联邦制原则。

例如，该修正案的重要制定者俄亥俄州的联邦众议员约翰·宾厄姆（John Bingham）就曾指出，第 14 条宪法修正案不能成为联邦政府干预州权的工具，"公民必须依赖州政府保护其宪法权利，这是一项现行的宪法原则"。西弗吉尼亚州的联邦众议员乔治·莱瑟姆（George Latham）也认为，联邦政府必须恪守与州政府的分权，因为"依照联邦宪法，联邦政府无权干涉各州的内部政策"。新罕布什尔州的联邦参议员詹姆斯·帕特森（James Patterson）更是直言不讳地指出，虽然他完全支持联邦国会制定第 14 条宪法修正案，以保护"黑人的生命、自由……和财产不受任何法律的歧视"，但他也坚持认为，该修正案的权限"只能到此为止"，联邦政府绝不能以其为根据，任意钳制州政府在其州内的施政行为。①

第 14 条宪法修正案制定者们的上述思想，深刻影响了联邦最高法院对该修正案的解释。例如，在前述的"屠宰场案"中，代表联邦最高法院拟定判决的塞缪尔·F. 米勒大法官就曾明确指出，尽管内战给美国人的思想造成了巨大震动，"但我们并不能从内战后制定的修正案中看出，它们要消除美国政治体制的主要特征"。"美国的政治家们依然坚信州的存在，以及州政府有权管理其内部和地方事务，包括管理公民权利，因为这对美国复杂政体的完美运作是至关重要的。"② 在这种思想的推动下，联邦最高法院拒绝承认"纳入"的合宪性，其实并不难理解。

但是，尽管联邦最高法院恪守了联邦宪法和第 14 条宪法修正案的文本，也遵循了联邦国会的立法意图，但它却忽视了在内战后美国社会快速发展的背景下，州政府对公民权利的侵犯愈加严重的事实，在很大程度上放纵了州政府的侵权行为。这就使该时期的联邦最高法院带有了非常强烈的司法保守主义色彩，它也并未真正发挥维护社会正义的责任。

---

① Raoul Berger, *The Fourteenth Amendment and the Bill of Rights*, pp. 50—52.

② *Slaughterhouse Cases*, 83 U. S. 36 (1873), 82.

二、司法审查与《权利法案》联邦化的启动

联邦最高法院长期否认《权利法案》联邦化合宪性的态度，在 1925 年的"吉特洛诉纽约州案"①中终于发生了重大改变。在该案中，联邦最高法院第一次明确把《权利法案》中的"言论和出版自由"条款"纳入"了第 14 条宪法修正案中，用于约束州政府，从而正式开启了《权利法案》联邦化的进程。

本杰明·吉特洛（Benjamin Gitlow）是美国左翼社会党的一名重要活动家。1920 年，他曾在左翼报纸《革命时代》（*The Revolutionary Age*）上大量刊印《左翼宣言》（Left-wing Manifesto），号召美国的工人阶级组织起来，以罢工和其他"各种形式的……阶级斗争手段"，推翻美国政府，建立社会主义。吉特洛的这一行为，被纽约州法院认定违反了该州 1902 年的《反无政府主义法》（Criminal Anarchy Law），应受法律制裁。吉特洛不服，遂向联邦最高法院提起上诉。在上诉状中，吉特洛认为，由于他宣传的只是一种抽象的理论，并没有采取任何推翻政府的实际行动，因此，纽约州法院对他所作的有罪判决是不成立的，侵犯了他所享有的为第 1 条宪法修正案所保护的言论自由权。②

但是，吉特洛的上诉并没有得到联邦最高法院的支持。在由爱德华·T. 桑福德（Edward T. Sanford）大法官拟定的判决中，联邦最高法院认为，在该案中并不存在州政府侵犯公民言论自由的事实，因为纽约州的《反无政府主义法》并不惩处那些合法的言论和出版自由（如纯学术的理论争鸣和出版等），而且它也不限制"以合乎宪法和法律的方式"宣传改变政府形式。州政府通过该法所要禁止的，只是那些"鼓动、劝告或教唆人们以非法手段推翻合法政府的言论"，由于这些言论严重危害了"公共福利"和"公共安全"，并极有可能引发犯罪，因此，州政府完全有权力对此予以管制。③

---

① 　*Gitlow v. New York*，268 U. S. 652 (1925) .

② 　Kermit L. Hall, et al., eds., *The Oxford Companion to the Supreme Court of the United States*, pp. 394—395.

③ 　*Gitlow v. New York*，268 U. S. 652 (1925)，664—666.

在联邦最高法院看来，虽然吉特洛声称自己宣传的只是"抽象的理论"，但这种宣传所具有的强烈的煽动性，将会"危害公共福利"，引发"产生现实罪恶的危险"（danger of substantive evil），州政府完全有权力行使"治安权"对其进行严厉制裁，否则，这一诱发社会动荡的"点点革命的火星"（a single revolutionary spark）必将会蔓延成"毁灭性的燎原大火"（a sweeping and destructive conflagration）。①

然而，吉特洛案判决在美国宪政发展中的重要性，并不在于联邦最高法院在本案中对言论自由所作的狭义解释，而在于联邦最高法院第一次对"纳入"问题作了肯定性的答复。在本案判决中，虽然联邦最高法院支持了纽约州法院对吉特洛所作的有罪判决，但判决又明确指出，"我们……确信，第1条宪法修正案禁止联邦国会侵犯的言论和出版自由，是包括在第14条宪法修正案所保护的个人权利和自由中的，不经正当法律程序，州政府也不得加以侵犯"②。只不过吉特洛"滥用"了这种自由，其煽动性的宣传严重危害了纽约州的社会秩序和公共安全，而不在该修正案的保护范围之内罢了。

这段简短的表述对美国宪政发展的影响是极其重大的，它标志着联邦最高法院第一次采取了实质性的司法行动，把《权利法案》的具体条款"纳入"了第14条宪法修正案中，正式迈上了《权利法案》的联邦化之路。③ 这就使长期以来联邦最高法院在《权利法案》适用范围问题上所坚持的保守司法观念开始松动，为此后联邦最高法院推翻侵犯公民权利的州法律奠定了坚

---

① *Gitlow v. New York*，268 U. S. 652（1925），668—669.

② *Gitlow v. New York*，268 U. S. 652（1925），666.

③ 有学者认为，在1897年的"芝加哥、伯灵顿和昆西铁路公司诉芝加哥案"［*Chicago, Burlington & Quincy Railroad Co. v. Chicago*，166 U. S. 226（1897）］中，联邦最高法院裁定，政府在征用私人财产时必须给予"公平赔偿"，这是第14条宪法修正案的"正当法律程序"条款所要求的。由于"公平赔偿"原则正是第5条宪法修正案的重要内容，因此，该案应被视为《权利法案》联邦化的开始。但是，笔者认为，"公平赔偿"原则也是伊利诺伊州宪法的重要内容，联邦最高法院的判决正是从芝加哥市政府违反州宪法的角度作出的，并未涉及第5条宪法修正案的"公平赔偿"原则，因此，该案不能被认定为《权利法案》联邦化开始的标志。还有学者认为，在1908年的"特文宁诉新泽西州案"中，联邦最高法院裁定，《权利法案》中的某些规定是可以通过第14条宪法修正案的"正当法律程序"条款约束州政府的，因此，该案应是《权利法案》联邦化的开始。笔者认为，虽然联邦最高法院在特文宁案中承认了"纳入"的可行性，该案也直接涉及了第5条宪法修正案的公民"不得自证其罪"原则，但联邦最高法院在判决中却不承认"不得自证其罪"是公民的"基本权利"，未将该原则"纳入"第14条宪法修正案中。因此，特文宁案并不意味着《权利法案》联邦化进程的开始。

实的宪法基础。

联邦最高法院之所以能在吉特洛案中开启《权利法案》联邦化的大门，首先缘于 20 世纪初美国人对社会公正的不断呼吁。在 20 世纪初的进步运动时代，内战后逐渐盛行的"自由放任"经济思想遭到了强烈抨击，美国社会在大力发展经济的同时，也开始更加强调社会公正的重要性。很多美国人认识到，在经济大变动的过程中，必须确立统一的社会公正标准，使公民的宪法权利既不受联邦政府的剥夺，也不遭州政府的侵犯。要实现这一目标，用美国学者保罗·L. 墨菲（Paul L. Murphy）的话说，"唯一可行的法律手段"，就是充分利用第 14 条宪法修正案，将《权利法案》的适用范围扩展到州，从而建立起保障公民权利的"国家标准"。① 联邦最高法院在吉特洛案中对"纳入"的肯定，正是对这一社会呼声的积极反应。

其次，联邦最高法院在吉特洛案中迈出启动《权利法案》联邦化的关键一步，也是联邦最高法院内部司法理念逐渐转变的结果。如前所述，自19 世纪七八十年代以来，约翰·M. 哈兰大法官就极力呼吁《权利法案》联邦化。进入 20 世纪以后，路易斯·D. 布兰代斯大法官又成为这一思想的积极倡导者。例如，在1920年的"吉尔伯特诉明尼苏达州案"② 中，布兰代斯大法官就在异议意见书中指出，第 14 条宪法修正案所保护的"自由"，应该包括联邦宪法和《权利法案》所规定的"人"的"根本权利"③，州政府也不得侵犯。

与忽视社会现实、主张恪守法律文本的保守派大法官们相比，哈兰和布兰代斯大法官对《权利法案》联邦化观念的坚持，是建立在关注社会现实基础之上的，这无疑具有司法自由主义色彩，对联邦最高法院的冲击也是巨大的。在追求社会公正的时代潮流中，联邦最高法院在吉特洛案中正式启动《权利法案》联邦化，很明显是接受了上述两位大法官的思想，使他们的"异议"开始成为联邦最高法院的思想主流。

在 20 世纪三四十年代，联邦最高法院又在其他几宗民权案件中，先后将《权利法案》中"和平集会"、"信教自由"、"政府不得确立国教"和"公

---

① Paul L. Murphy, *The Constitution in Crisis Times*：1918—1969, p. 83.

② *Gilbert v. Minnesota*，254 U. S. 325（1920）.

③ *Gilbert v. Minnesota*，254 U. S. 325（1920），343.

民不受无理搜查和扣押"等权利"纳入"到第 14 条宪法修正案中，约束州政府。①

联邦最高法院之所以能在 20 世纪三四十年代逐步推进《权利法案》联邦化，是与这一时期联邦最高法院司法重心的转变密切相关的。如前所述，在内战后美国经济高速发展时期，尤其是在进入 19 世纪 80 年代后，联邦最高法院的司法重心主要集中在审查联邦和州政府的经济立法方面。受"自由放任"经济思想、形式主义法学思想和"实质性正当法律程序"原则的影响，联邦最高法院对联邦和州政府的调控经济立法，基本上都采取了严格审查的态度，防止政府立法阻碍经济的自由发展，并破坏"二元联邦制"的稳定。因此，众多调控经济的立法都被联邦最高法院以各种理由宣布为违宪。到 20 世纪 30 年代的"新政"时期，罗斯福总统多项挽救经济危机的改革措施也相继被宣布为违宪，并由此引发了罗斯福总统与联邦最高法院之间的尖锐对抗。

在美国社会各方面的强大压力下，从 1937 年 3 月开始，联邦最高法院终于改变立场，开始支持"新政"。此外，在 1938 年的"合众国诉卡罗林产品公司案"判决中，联邦最高法院还确立了美国当代司法审查的"双重标准原则"，即最高法院应当宽泛地审查政府的经济立法，但对某些侵犯公民权利和自由的法律，最高法院必须予以严格审查，② 从而实现了联邦最高法院司法重心的转移。

这表明，在政府权力扩大已成为美国社会发展必然要求的情况下，联邦最高法院放弃了严格约束政府调控经济的传统，把联邦最高法院在美国宪政体制中发挥制衡作用的重点，由防止其他政府机构过度扩张权力，转变为严格保障公民权利和自由不受侵犯。联邦最高法院司法重心的转移，不仅扩大了政府调控经济的自由裁量权，而且也为此后美国公民权利和自由的发展提供了制度保障。在 20 世纪三四十年代，联邦最高法院对《权利法案》联邦化的推进，正是最高法院司法重心转变的集中体现。

尽管联邦最高法院在《权利法案》联邦化道路上迈出了坚实的一步，

---

① *De Jonge v. Oregon*，299 U. S. 353 (1937)；*Cantwell v. Connecticut*，310 U. S. 296 (1940)；*Everson v. Board of Education of Ewing Township*，330 U. S. 1 (1947)；*Wolf v. Colorado*，338 U. S. 25 (1949).

② *United States v. Carolene Products Co.*，304 U. S. 144 (1938)，155.

但是，对于如何推进《权利法案》联邦化，联邦最高法院大法官们的态度却是不一致的。总体而言，自 20 世纪 30 年代以来，美国联邦最高法院中主要存在以下三种不同的观点：

第一种观点是"选择性纳入观"（Selective Incorporation）。该观点认为，第 14 条宪法修正案并非要把整个《权利法案》都"纳入"其中，只有那些对自由和正义至关重要的权利才可以被"纳入"，制约州政府。在 1937 年的"波尔克诉康涅狄格州案"[1] 中，本杰明·卡多佐大法官就明确提出了这一观点。卡多佐认为，在美国宪政中，约束联邦政府的《权利法案》一定约束州政府，"并不是一条普遍性的规则"。如果说第 14 条宪法修正案能"吸收"某些《权利法案》中的公民权利，那只是因为这些权利体现了"一系列有序自由的最本质的内核"[2]。

第二种观点是"整体性纳入观"（Total Incorporation）。该观点认为，《权利法案》中的所有公民权利都必须无条件地被"纳入"到第 14 条宪法修正案中，司法机关不做主观性的选择。这一观点最主要的倡导者是雨果·L. 布莱克大法官。在 1947 年的"亚当森诉加利福尼亚州案"[3] 中，布莱克大法官在"异议意见书"中认为，《权利法案》并不是一件"过时的 18 世纪的紧身衣"（strait jacket），由于在社会发展中，《权利法案》所禁止的那些"旧时代的罪恶"（ancient evils），总是会反复出现，因此，《权利法案》是任何时期的任何政府都不能拒绝执行的。在他看来，第 14 条宪法修正案的"初衷"就是要用《权利法案》保护所有美国人的公民权利。[4]

第三种观点是"行为得当和公正观"（Decency and Fairness）。该观点认为，第 14 条宪法修正案与《权利法案》之间不存在"纳入"关系，判断一项权利是否被州政府侵犯的标准，应是州政府是否违反了美国宪政传统中的"行为得当和公正"原则。在前述的亚当森案中，费利克斯·法兰克福特大法官就在"平行意见书"（Concurring Opinion）中着力阐释了这一观点。法兰克福特认为，从第 14 条宪法修正案制定和批准的过程看，无论是该修正

---

① *Palko v. Connecticut*，302 U. S. 319（1937）.

② *Palko v. Connecticut*，302 U. S. 319（1937），323，325—326.

③ *Adamson v. California*，332 U. S. 46（1947）.

④ *Adamson v. California*，332 U. S. 46（1947），89.

案的制定者还是批准该修正案的各州，都无意把《权利法案》"纳入"到第14条宪法修正案中。"纳入"将会"严重破坏各州的法律结构"，也会"剥夺各州进行法律试验的机会"，从而违反美国的联邦制。在法兰克福特大法官看来，第14条宪法修正案具有"独立的效力"（independent potency），并不受制于《权利法案》。它是否禁止州政府的某种行为，不是因为那种行为是否违反了《权利法案》，而是要看那种行为是否符合"体现英语国家人们正义观的行为得当和公正标准"。①

大法官们之所以会出现上述的意见分歧，首先是缘于第14条宪法修正案条文本身的模糊性。为确切把握"特权或豁免权"、"正当法律程序"等词句的含义，卡多佐、布莱克和法兰克福特都对第14条宪法修正案产生的历史做了相当深入的研究，但由于国会记录庞杂，修正案制定者们的言论有时也前后矛盾，要得出一致的结论并非易事。另外，由于在批准该修正案时，许多州的州宪法和州法律中都有违反《权利法案》的规定，因此，很难确定批准该修正案的各州在当时也支持"纳入"，认可《权利法案》对自己有约束力。② 在此情况下，大法官们在"纳入"问题上出现意见分歧并不是偶然的。

其次，作为美国宪政体制基础的联邦制原则，也使大法官们难以对"纳入"形成一致的看法。大法官们在"纳入"问题上的分歧，在很大程度上体现了他们在保护公民权利与尊重州权之间的两难选择。"纳入"无疑可以进一步保护公民权利，但也意味着联邦政府对州政府约束的加强，使联邦制原则面临挑战。如何在二者之间确定一个适宜的度，的确是一个非常难以处理的宪政难题，而这也直接导致了大法官们在"纳入"问题上的意见分歧。

由于大法官们普遍认为"整体性纳入观"有悖于第14条宪法修正案的初衷，并极有可能损害美国的联邦制，而"行为得当和公正观"又比"选择性纳入观"带有更明显的主观性，因此，自20世纪三四十年代以来，"选择性纳入观"逐渐被美国联邦最高法院的多数大法官所接受，成为此后"纳

---

① *Adamson v. California*，332 U. S. 46 (1947)，66—67.

② Charles Fairman，"Does the Fourteenth Amendment Incorporate the Bill of Rights? The Original Understanding"，*Stanford Law Review*，Vol. 2，No. 1. 1949，pp. 81—132.

入"进程中主导性的司法理念。

三、司法审查与《权利法案》联邦化的巩固

在20世纪50年代初，由于冷战的加剧和美国国内政治的日趋保守，《权利法案》联邦化进程在事实上处于停顿状态。从20世纪50年代末开始，尤其是进入20世纪60年代后，联邦最高法院开始加速推进《权利法案》联邦化进程。在这一时期的司法审查中，联邦最高法院肯定了《权利法案》联邦化已经取得的成果，进一步巩固了《权利法案》联邦化的宪法基础。

在20世纪五六十年代，联邦最高法院对《权利法案》联邦化既有成果的巩固，主要表现在两个方面：首先，联邦最高法院进一步确认了《权利法案》禁止州政府侵害公民表达自由权的法律效力。"表达自由"（Freedom of Expression）是指公民表达自己的思想观念和对公共事务发表自己的看法和观点的权利。"表达自由"包括言论自由、出版自由（Freedom of Press）和集会自由（Freedom of Assembly）等各种不同的表现形式，是受第1条宪法修正案明确保护的。①

早在20世纪30年代，联邦最高法院就在一系列案件中开始利用吉特洛案判决所确认的"纳入"原则，在司法审查中禁止州政府限制公民的表达自由权。其中，1927年的"菲斯克诉堪萨斯州案"和1931年的"斯特龙伯格诉加利福尼亚州案"②是最突出的典型案件。

在菲斯克案中，堪萨斯州的"世界产业工人组织"（Industrial Workers of the World）成员哈罗德·B. 菲斯克（Harold B. Fiske）被控违反了该州的《反工联法》（Criminal Syndicalism Act）。该法规定，无论任何人，凡是鼓动用暴力犯罪和破坏财产等非法手段，"达到产业目的或政治目的"（industrial or political ends），或"导致产业革命或政治革命"（industrial or political revolution）的，都将被认定犯有重罪。③

---

① 联邦宪法第1条修正案规定："国会不得制定关于下列事项的法律：确立国教或禁止宗教活动自由；限制言论自由或出版自由；或剥夺人民和平集会和向政府请愿申冤的权利。"

② *Fiske v. Kansas*，274 U. S. 380（1927）；*Stromberg v. California*，283 U. S. 359（1931）.

③ *Fiske v. Kansas*，274 U. S. 380（1927），382.

堪萨斯州法院认为，菲斯克在社会上宣传"世界产业工人组织"的纲领，实际上就是在鼓动用暴力打破现行的社会秩序。例如，菲斯克在宣传时鼓动说，劳资双方"找不到任何的共同点"，"只要数以百万的工人还生活在饥饿和匮乏之中，只要少数的雇主阶层还拥有一切美好的生活，世界就不会有和平"；只有世界上的产业工人团结起来，"占有了整个世界和生产资料并废除了工资制度后"，劳资双方的斗争才会停止等。① 堪萨斯州法院认为，菲斯克的这些宣传，显然已经违反了《反工联法》，应被判处重罪。

但是，在上诉审判中，联邦最高法院坚持了在吉特洛案中确认的"纳入"原则，推翻了堪萨斯州法院对菲斯克的有罪判决。在由爱德华·T. 桑福德大法官拟定的判决中，联邦最高法院认为，虽然堪萨斯州法院对菲斯克所作的有罪判决是有法律根据的，但联邦最高法院仍然要探究在把《反工联法》适用于菲斯克案中时，"该法是否是合宪的"。②

判决认为，从菲斯克对"世界产业工人组织"纲领所作宣传的内容看，"没有任何事实能够确认"，菲斯克是在鼓动人们从事犯罪、破坏和违反《反工联法》的"非法行为"。从这个意义上讲，菲斯克的宣传与"吉特洛诉纽约州案"中吉特洛所作的宣传"是有根本性差别的"，将菲斯克的宣传判定为犯罪的"基本要件"（essential elements）是不存在的。③ 在这种情况下，堪萨斯州法院适用《反工联法》判定菲斯克犯有重罪，就是"武断和过度地行使了州的治安权"，侵犯了第14条宪法修正案所保护的"正当法律程序"权利。④

在斯特龙伯格案中，上诉人加利福尼亚州圣贝纳迪诺县（San Bernardino County）的青年女教师耶特·斯特龙伯格（Yetta Stromberg）是国际组织"共产主义青年团"（Young Communist League）的成员。1929年夏天，斯特龙伯格参与组织了一次由左翼工人子女参加的夏令营活动，并每天定时指挥学生举行升红旗的仪式。斯特龙伯格的这种行为被加利福尼亚州法院裁定为违反了1919年该州刑法典中的《红旗法》（Red Flag Law）。因

① *Fiske v. Kansas*，274 U. S. 380 (1927)，382—383.
② *Fiske v. Kansas*，274 U. S. 380 (1927)，385.
③ *Fiske v. Kansas*，274 U. S. 380 (1927)，386.
④ *Fiske v. Kansas*，274 U. S. 380 (1927)，387.

为根据该法，红旗象征着左翼激进主义，凡在公共场所使用、展示红旗或红旗徽章者，即被认定为意图反对政府，煽动暴乱与无政府主义，属于违法行为。①

斯特龙伯格不服，向联邦最高法院提起了上诉。在上诉状中，斯特龙伯格认为，加利福尼亚州禁止在公共场所使用红旗，实际上是在限制拥有合法信仰的公民自由地表达其政治观点。由于斯特龙伯格的信仰和行为并没有给美国社会带来"明确和现实的危险"(clear and present danger)②，因此，加利福尼亚州依照《红旗法》对其作出有罪判决，侵犯了斯特龙伯格享有的为第 1 条宪法修正案所保护的言论自由权。③

经过审判，联邦最高法院的多数大法官支持了斯特龙伯格的上诉请求，推翻了加利福尼亚州《红旗法》的合宪性。在由首席大法官查尔斯·E. 休斯拟定的判决中，联邦最高法院认为，尽管在吉特洛案中，联邦最高法院认为公民的言论自由不是"绝对的"，对于"滥用言论自由的行为"，州政府可以凭借"治安权"予以惩罚，但州政府在对言论自由进行管制时，必须对言论自由做严格的界定，以有效地保护正当的言论自由。④

联邦最高法院认为，以合法的方式"自由讨论政治问题"是"美国宪政体制的一项根本原则"，它能够使政府对"人民的意愿"作出及时的反应，从而最大限度地"维护共和制政府的安全"。但是，加利福尼亚州的《红旗法》并没有对正当与过度的言论自由作明确的区分，而是禁止在一切公共场所使用和展示红旗，这就使州政府有可能惩罚那些正当行使言论自由权的行为。联邦最高法院指出，《红旗法》这一"过于模糊和不确定的"(so vague and indefinite) 规定，不仅侵犯了第 1 条宪法修正案保护的公民的言论自由权，而且也违反了第 14 条宪法修正案的规定，是未经"正当法律程序"剥

---

① *Stromberg v. California*，283 U. S. 359 (1931)，361—362.

② "明确和现实的危险"(Clear and Present Danger) 是一项判断公民的言论是否应受联邦宪法保护的司法标准，是由美国联邦最高法院大法官奥利弗·W. 霍姆斯在 1919 年的"申克诉合众国案"[*Schenck v. United States*，249 U. S. 47 (1919)] 判决中提出的。霍姆斯大法官认为，"任何一种行动的性质，都是由行为发生的环境决定的"；一个人的言论是否受宪法保护，要看这种言论是否"具有造成实际灾祸的明确和现实的危险"；如果一种言论的确能够带来这种危险，"联邦国会有权加以防止"。参见 *Schenck v. United States*，249 U. S. 47 (1919)，52.

③ Kermit L. Hall，et al.，eds.，*The Oxford Companion to the Supreme Court of the United States*，p. 987.

④ *Stromberg v. California*，283 U. S. 359 (1931)，368—369.

夺了人民的"自由"，因而该法不具有任何法律效力，理应予以推翻。①

菲斯克案和斯特龙伯格案判决在美国宪政发展中占有非常重要的地位。虽然联邦最高法院在吉特洛案中确认《权利法案》的言论和出版自由条款可以被"纳入"到第14条宪法修正案中，用以制约州政府，但联邦最高法院在吉特洛案中支持了州法院对吉特洛的有罪判决，"纳入"的实际效用并没有得到发挥。"纳入"原则的真正实施是在菲斯克案和斯特龙伯格案中得到实现的，《权利法案》的适用范围也因此第一次真正得到了历史性的扩展。但是，必须指出的是，在菲斯克案中，联邦最高法院并没有推翻堪萨斯州的《反工联法》，只是认定在菲斯克案所涉及的具体案情中，《反工联法》不能成为裁定菲斯克有罪的依据。在斯特龙伯格案中，联邦最高法院则是遵循"纳入"原则，不仅支持了斯特龙伯格的言论自由权，而且也明确推翻了《红旗法》的合宪性。因此，与菲斯克案相比，斯特龙伯格案判决更明确地显示出联邦最高法院利用《权利法案》约束州政府的司法趋向。

在1931年的"尼尔诉明尼苏达州案"和1937年的"德琼兹诉俄勒冈州案"②中，联邦最高法院继续对公民的表达自由权加以扩展，先后将明尼苏达州对出版物实行"事先审查"（Prior Restraints）的法律和俄勒冈州限制和平集会的法律推翻，进一步防止了州政府侵犯公民的宪法权利。

在由首席大法官休斯拟定的尼尔案判决中，联邦最高法院认为，早在殖民地时代，出版自由就被美国人视为一项反抗专制政府的"压制"和维护人民"自由"的权利。③在现代社会中，为防止政府官员的"渎职和腐败"（malfeasance and corruption），更需要"机敏且勇敢的"（vigilant and courageous）出版机构的大力监督。即使出版自由有可能被别有用心的人"滥用"，但在"报道政府官员的不端行为"时，"丝毫不能降低出版物免受事前审查的必要性"。在联邦最高法院看来，如果必须要对出版物进行限制，出版后的"事后惩罚"（Subsequent Punishment）才是符合联邦宪法相关规定的"适宜的矫正手段"。④

①　*Stromberg v. California*，283 U. S. 359（1931），369.

②　*Near v. Minnesota*，283 U. S. 697（1931）；*De Jonge v. Oregon*，299 U. S. 353（1937）.

③　*Near v. Minnesota*，283 U. S. 697（1931），716—717.

④　*Near v. Minnesota*，283 U. S. 697（1931），719—720.

联邦最高法院认为，虽然出版自由不是"绝对的"，但除非是在非常特殊的情况下（如战争等），对出版物实行"事先审查"都是违宪的。① 这是因为，"人们已经坚信"，《权利法案》所保护的出版和言论自由，"的确是被包含在第14条宪法修正案的正当法律程序条款中的，州政府不得加以侵害"。②

在同样是由首席大法官休斯拟定的德琼兹案中，联邦最高法院指出，公民"举行和平集会"，"合法地讨论"政治问题，"是不能被定性为犯罪的"③，因为"共和政府体制的核心内涵即在于，公民有权通过和平集会，讨论公共事务，并向政府申诉矫正冤情"。④ 联邦最高法院认为，"与言论自由和出版自由一样"，《权利法案》所保护的和平集会权也是公民享有的"一项根本性的权利"⑤，它必须被"纳入"到第14条宪法修正案的"正当法律程序"条款中，以制约州政府的违宪行为。

联邦最高法院在20世纪二三十年代所作的一系列颇具自由主义色彩的判决，使利用第14条宪法修正案"纳入"《权利法案》所保护的表达自由权，成为联邦最高法院司法审查的一个重要趋势。到20世纪五六十年代，随着自由派大法官在联邦最高法院中逐渐占据优势，联邦最高法院进一步巩固了州政府不得任意限制公民表达自由权的司法立场。

首先，联邦最高法院从言论自由权中推论出"结社权"（Right of Association）这一新型公民权利，扩大了《权利法案》约束州政府的范围。虽然结社权是现代社会中公民享有的一项依法成立维护自身合法权益的社会团体的权利，但是，由于美国的联邦宪法和《权利法案》都没有以具体条文对该权利作出确认，因此，州政府往往会强迫解散那些被其认定为危害公共安全或意图颠覆政府的组织，或对这些组织进行各种形式的迫害，这在20世纪50年代中后期的冷战和民权运动时期表现得最为突出。在当时，虽然很多左翼政治组织和黑人民权机构不断受到州政府的打压，但由于没有可供援引的保护公民结社权的法律条文和司法先例，联邦下级法院在审理此类案

---

① *Near v. Minnesota*，283 U. S. 697 (1931)，716.
② *Near v. Minnesota*，283 U. S. 697 (1931)，707.
③ *De Jonge v. Oregon*，299 U. S. 353 (1937)，365.
④ *De Jonge v. Oregon*，299 U. S. 353 (1937)，364.
⑤ *De Jonge v. Oregon*，299 U. S. 353 (1937)，364.

件时大都面临巨大的困难，亟须联邦国会或联邦最高法院对此作出回应。

1958 年，联邦最高法院在审理"全国有色人种协进会诉亚拉巴马州案"① 时，首次确认结社权是一项不可剥夺的公民权利，并将其正式"纳入"到《权利法案》的保护范畴中，扩大了《权利法案》对州政府的约束力。

全国有色人种协进会案缘起于亚拉巴马州的一项公司登记法。按照这项 1940 年制定的法律，所有外州的公司都必须事先在亚拉巴马州备案，然后才能在该州开展相应的活动。1956 年，该州司法部以全国有色人种协进会亚拉巴马州分部未遵守这一法律规定为由，在蒙哥马利县（Montgomery County）的州巡回法院对协进会提起诉讼。亚拉巴马州司法部认为，协进会是一个在该州从事活动的公司，因为协进会在该州不仅设有分部，还有各种附属机构。该组织招收会员、募集经费，对黑人学生申请入读州立大学提供资金和法律援助，并组织了在该州蒙哥马利县举行的"抵制公共汽车"（Bus Boycott）活动，迫使当地政府取消公共汽车上的种族隔离。州司法部认为，协进会的活动不仅给该州居民的"财产和公民权利"造成了"难以挽回的伤害"，而且也违反了该州的公司登记法，属于非法活动。②

很明显，亚拉巴马州政府起诉全国有色人种协进会的目的，并非是要规范外州公司的经营，而是试图阻止协进会亚拉巴马州分部的活动，维持种族隔离制度。尽管协进会抗辩指出，它并非是盈利性的公司，不应当受公司登记法的约束，但最终仍被亚拉巴马州巡回法院认定违法。州巡回法院责令协进会停止一切活动，并提供包括其成员名单在内的档案资料，以便对协进会做进一步调查。在协进会拒绝公布成员名单后，州法院以蔑视法庭为由对协进会罚款 10 万美元。在亚拉巴马州最高法院两次拒绝受理协进会的上诉后，协进会将该案上诉至联邦最高法院，认为亚拉巴马州政府的行为危害了协进会成员的安全，妨碍了协进会的正常工作。③

在上诉审判中，联邦最高法院的 9 名大法官一致裁定，亚拉巴马州法院的判决侵犯了公民的结社权，必须予以推翻。判决首先认为，虽然联邦宪法和《权利法案》并未将结社权确认为公民的宪法权利，但它完全可以从言论

① *NAACP v. Alabama*，357 U. S. 449 (1958).
② *NAACP v. Alabama*，357 U. S. 449 (1958)，452—453.
③ *NAACP v. Alabama*，357 U. S. 449 (1958)，453—454.

自由权中推论出来。这是因为，如果一个人希望更充分地宣示"公共的和个人的观点"，最有效的手段便是结成"社团"（group association）。因此，言论自由与结社是"紧密联系在一起的"。既然第 14 条宪法修正案的"正当法律程序"条款保护《权利法案》所规定的言论自由权，"毫无疑问"，与该权利"不可分割"的结社权，也应当成为第 14 条宪法修正案的保护对象。①

其次，判决认为，在该案中，尽管亚拉巴马州政府并未采取"直接行动"限制公民自由结社，但这并不等于说州政府的行为就没有造成限制公民自由结社权的后果。在联邦最高法院看来，"任何形式的政府行为"，都有可能对公民"不可或缺的权利"，如言论自由、出版自由和结社自由等，构成事实上的限制。② 联邦最高法院认为，在本案中，在协进会成员普遍遭受白人敌视的情况下，如果协进会按照州法院的要求，公布其成员名单的话，就会使协进会成员面临"经济报复"和"肉体伤害"等威胁。这不仅会妨碍协进会成员宣传自己的信仰，并迫使部分成员不得不退出协进会，而且也会使其他的人因担心暴露自己的身份和信仰而打消加入协进会的念头。从这一意义上讲，亚拉巴马州政府强迫协进会登记的行为，就构成了对公民自由结社的"实质性限制"（substantial restraint），联邦最高法院必须对此予以严格审查。③

最后，判决强调指出，尽管州政府可以对公民的结社行为进行管制，但这一权力的行使必须要有"正当的理由"。在本案中，虽然亚拉巴马州政府提出，它要求协进会提供成员名单的目的，是为了调查协进会是否在该州从事了违法活动，但是，"我们却看不出"，提供协进会成员名单与州政府的行为目的之间有任何"实质性的联系"。④ 因此，亚拉巴马州法院不能要求协进会公布其成员名单，对协进会所作的有罪判决也必须予以推翻。

联邦最高法院的全国有色人种协进会案判决，在第 1 条宪法修正案保护言论自由条款的基础上，创造性地将结社权纳入《权利法案》的保护范围内，并借由第 14 条宪法修正案的"正当法律程序"条款，将其应用于约束

---

① *NAACP v. Alabama*，357 U. S. 449（1958），460—461.

② *NAACP v. Alabama*，357 U. S. 449（1958），461.

③ *NAACP v. Alabama*，357 U. S. 449（1958），462—463.

④ *NAACP v. Alabama*，357 U. S. 449（1958），464.

州政府，这不仅扩大了公民权利和公民自由的内涵，而且也加强了《权利法案》对州政府的约束力。

该判决的作出，体现了这一时期联邦最高法院在保护公民权利方面所持的自由主义的司法立场。在该案判决中，联邦最高法院从保护黑人平等宪法权利这一现实需要出发，通过宽泛地解释法律，维护了全国有色人种协进会的合法权利，从而在一定程度上推动了美国当代民权运动的发展。正如美国学者塞缪尔·沃克（Samuel Walker）所言，如果联邦最高法院没有对结社权这一"新的自由"提供保护，"全国有色人种协进会不可能在南方州继续存在下去，民权运动的发展也会因此倒退很多年"[1]。

联邦最高法院巩固公民表达自由权的另一个突出表现，是保护公民申诉不满和监督政府的权利。20世纪五六十年代是美国社会急剧变动的时期，民权运动、反越战运动等社会抗议活动此起彼伏。面对美国民众对社会不公正和违反民意的政府行为的抨击，许多州政府都力图通过限制言论自由，压抑社会的不满。但是，州政府的这种做法遭到了联邦最高法院的反对。在当时，绝大多数的联邦最高法院大法官们都认为，无论民众对政府作出怎样的批评，只要不存在明显的违法行为，公民的表达自由权就必须得到保护。

1963年的"爱德华兹诉南卡罗来纳州案"[2]是联邦最高法院支持公民和平集会，严格保护公民表达自由权的突出例证。1961年3月2日，187名黑人学生在南卡罗来纳州首府哥伦比亚市（Columbia）的州议会广场举行集会，抗议黑人遭受的种族歧视。虽然在整个集会过程中，黑人的行动都是有秩序的，没有出现任何过激的举动，也没有造成交通拥堵，但是，当地警方仍以维持治安为由，拘捕了全部黑人学生。南卡罗来纳州初审法院也以"扰乱治安"（breach of the peace）的罪名，对黑人学生作出了5—30天监禁或10—100美元罚款的处罚。在这一判决得到州最高法院维持后，黑人学生詹姆斯·爱德华兹（James Edwards）将该案上诉到了联邦最高法院。[3]

在由波特·斯图尔特大法官拟定的判决中，联邦最高法院从保护公民

① Samuel Walker, *In Defense of American Liberties: A History of the ACLU*, New York: Oxford University Press, 1990, p.241.

② *Edwards v. South Carolina*, 372 U. S. 229 (1963).

③ *Edwards v. South Carolina*, 372 U. S. 229 (1963), 230—235.

言论自由权的角度，推翻了南卡罗来纳州法院对黑人学生所作的有罪判决。首先，联邦最高法院认为，"长久以来"，包括言论自由在内的"为第 1 条宪法修正案所保护的自由"，已经被确认"受第 14 条宪法修正案保护"，"以防止州政府侵害这些权利"。从本案的事实看，黑人学生进行的抗议活动，正是言论自由这一"基本宪法权利"的"最原初的和最典型的表现形式"（most pristine and classic form），必须予以保护。①

其次，联邦最高法院指出，由于在很多情况下人们的言论都是带有"刺激性和挑战性的"（provocative and challenging），因此，某种言论引起社会的"不安、不满或愤怒"是再正常不过的事情了。如果没有充足的证据，能够确认一种言论会对社会造成"明确和现实的危险"，联邦宪法就没有给政府严格管制言论自由"留出任何空间"。否则，"就会使立法机关、法院或占主导地位的政治或社会集团拥有了统一思想的权力"，这就严重违反了美国的宪政原则。②

最后，联邦最高法院认为，南卡罗来纳州法院之所以认定举行和平集会的黑人学生罪名成立，最根本的原因不是黑人学生"扰乱"了社会治安，而是他们的言论有违"社会上多数人的思想"（the views of the majority of the community）。这种判决严重侵犯了公民的言论自由权，因为"第 14 条宪法修正案不允许州政府将公民和平表达不受欢迎观点的行为认定为犯罪"③。

爱德华兹案判决是联邦最高法院在遵循"纳入"原则的基础上，利用《权利法案》和第 14 条宪法修正案，防止州政府侵犯公民言论自由权的一次成功的努力。该案判决使言论自由获得了更为广大的合法空间，巩固了联邦最高法院保护公民的表达自由不受州政府侵犯的司法立场。

在 1964 年的"纽约时报公司诉沙利文案"和 1969 年的"廷克诉得梅因独立社区校区案"④ 中，联邦最高法院再次在司法审查中表现出坚持保护公民表达自由权的司法立场。

---

① *Edwards v. South Carolina*，372 U. S. 229 (1963)，235.

② *Edwards v. South Carolina*，372 U. S. 229 (1963)，237—238.

③ *Edwards v. South Carolina*，372 U. S. 229 (1963)，237.

④ *New York Times Co. v. Sullivan*，376 U. S. 254 (1964)；*Tinker v. Des Moines Independent Community School District*，393 U. S. 503 (1969).

1960年3月29日，《纽约时报》刊登了一则整版的题为《倾听他们的呐喊》（Heed Their Rising Voices）的政治广告，呼吁社会各界出资援助黑人和平抵制种族隔离的静坐斗争。虽然广告对亚拉巴马州警察处置黑人静坐活动的描述与事实仅有很小的出入，而且也未涉及对任何政府官员的批评，但该州蒙哥马利市的警察局长L. B. 沙利文（L. B. Sullivan）仍然认为，广告对警察行为不准确的描述，会让读者把他与这些行为联系起来，损害了自己的名誉，于是将该广告的4名黑人策划人和纽约时报公司告上了州法庭。经过审判，州法院认定广告策划人和纽约时报公司犯有诽谤罪，应赔偿沙利文名誉损失50万美元。纽约时报公司不服，遂将该案上诉至联邦最高法院。[1]

在由布伦南大法官拟定的判决中，联邦最高法院推翻了亚拉巴马州法院对纽约时报公司所作的有罪判决，维护了出版自由和公民向政府申诉不满的权利。在判决中，联邦最高法院指出，在有关公共事务的讨论中，必须最大限度地保障言论表达的自由畅通，不能轻易地以诽谤罪堵塞言路。在公共事务讨论中使每个人都能够不受拘束地发表自己的意见，是美国宪政体制中的一项基本原则，任何个人和机构都不得违反。

联邦最高法院认为，公民对社会问题的争论应当是"自由、热烈和开放的"（uninhibited, robust, and wide-open），这当中"也会出现一些针对政府和官员的激烈、刻薄有时是令人不快的严厉抨击"。但是，政府绝不能以此为理由，动辄就以诽谤罪加以限制。因为在对公共事务的"自由争论"中，出现"与事实不符的言辞"（erroneous statement）是在所难免的，法律必须给这类言论留有足够的"喘息的空间"（breathing space），不能将"真实性、普遍接受性或社会有效性"作为判定某种言论是否应受法律保护的唯一依据。[2]

判决指出，在公共事务讨论中，政府官员诉求名誉赔偿的法律前提是相当严格的。只有能够充分证明，某人是在"明知言论是虚假的或对事实真伪漠不关心"的情况下发表不实言论的，这一"实际恶意"（actual malice）才能够成为诽谤罪名成立的依据。如果在有关公共事务的讨论中刻意要求陈

---

[1]　Peter Irons, *A People's History of the Supreme Court*, p. 419.

[2]　*New York Times Co. v. Sullivan*, 376 U. S. 254 (1964), 270—272.

述事实的真实性，最终受限制的不仅仅是虚假言论，真实性的言论也会深受其害。因为它使很多人因"担心无法在法庭上证实所述的真实性（尽管确实是真实的）"，或者"担心这样做会花费颇大"，而不得不放弃对政府进行批评，或者仅仅做一些"远离非法地带"（steer far wider of the unlawful zone）的陈述。这就人为地"抑制了公共辩论的活力，限制了公共辩论的多样性"，"从而与第 1 条和第 14 条宪法修正案背道而驰"。①

在廷克案中，联邦最高法院又推翻了艾奥瓦州得梅因独立社区（Des Moines Independent Community）教育主管部门禁止学生佩戴黑臂章抗议美国卷入越战的行政命令，进一步确认了公民以"象征性言论"（symbolic speech）表达自己思想观点的权利。

1965 年 12 月，艾奥瓦州得梅因独立社区的一部分中学生在学校中佩戴黑色臂章，抗议美国政府卷入越战。当地教育主管部门对此加以禁止，并勒令不遵守规定的学生离校。约翰·廷克（John Tinker）等参与此事的学生认为，教育主管部门的规定侵犯了他们享有的为第 1 条宪法修正案所保护的言论自由权，遂将当地教育主管部门告上了联邦地区法院。当这一诉讼请求被驳回后，廷克又将该案上诉至联邦最高法院。②

在由阿贝·福塔斯（Abe Fortas）大法官拟定的判决中，联邦最高法院首先指出，得梅因独立社区教育主管部门的规定带有两个明显的不合理性：第一，教育主管部门作出这一规定的理由不充分，因为没有证据能够证明学生佩戴黑臂章的行为，打扰了学校的正常工作和其他学生的学习。③ 第二，教育主管部门的规定带有歧视性，因为它并没有禁止学生佩戴其他同样具有象征意义的徽章，如与政治运动有关的小胸章和鼓吹纳粹主义的铁十字架等。因此，得梅因独立社区教育主管部门所作的唯独禁止佩戴黑臂章的规定，"是不能获得宪法允许的"。④

其次，联邦最高法院认为，学生佩戴黑臂章实际上是以"象征性言论"表达自己的思想观念，此类言论与"实际说出的言论"（pure speech）并无

---

① *New York Times Co. v. Sullivan*，376 U. S. 254（1964），279—280.

② Kermit L. Hall, et al., eds., *The Oxford Companion to the Supreme Court of the United States*, p. 1023.

③ *Tinker v. Des Moines Independent Community School District*，393 U. S. 503（1969），508.

④ *Tinker v. Des Moines Independent Community School District*，393 U. S. 503（1969），510—511.

本质上的区别，同样应受第 1 条宪法修正案保护。[1]

最后，联邦最高法院认为，无论是在校内还是在校外，学生都拥有包括言论自由在内的为第 1 条宪法修正案所保护的各种权利。"绝不能说学生或老师在踏进学校大门时，就失去了像言论自由或表达自由这样的宪法权利。"[2] 联邦最高法院认为，州政府设立的公立学校必须充分保证学生行使这些宪法权利，不能使自己成为民主社会中的"集权主义飞地"（enclaves of totalitarianism）。[3]

联邦最高法院的纽约时报公司案和廷克案判决都带有浓厚的政治色彩。亚拉巴马州政府之所以认定纽约时报公司犯有诽谤罪，目的在于试图借此阻止人们挑战种族隔离制度。得梅因独立社区教育主管部门所作的禁止学生佩戴黑臂章的规定，也体现了当时美国国内在越战问题上的意见分歧。联邦最高法院对上述两案所作的判决说明，在绝大多数大法官的眼中，政治纷争越是激烈，越是要确保个人尤其是社会弱势群体的宪法权利不受州政府侵害，以实现公民权利的平等。联邦最高法院这一具有自由主义色彩的司法理念，不仅最大限度地维护了公民的表达自由权，而且也进一步提升了《权利法案》对州政府的约束力，使"纳入"原则得到了巩固。

除遵循"纳入"原则，坚持保护公民的表达自由权外，在 20 世纪五六十年代，联邦最高法院对《权利法案》联邦化既有成果的巩固，还表现在对公民宗教自由权的保护上。

宗教自由（Freedom of Religion）是美国宪政体制中的一项重要原则，也是第 1 条宪法修正案所保护的位居首位的公民宪法权利。宗教自由的含义包括两个方面：其一是禁止政府确立国教，实行政教分离（Establishment Clause）；其二是保证公民的信教自由（Free Exercise Clause）。前者是指政府必须平等对待不同的宗教及教派，对于涉及宗教的观念与行为持"中立"的态度；后者是指公民在信仰方面是自由的，不管他们是否信仰宗教，信仰何种宗教或教派，也不管他们的信仰是否符合社会的主流价值观念，政府都不能加以干预。

---

① *Tinker v. Des Moines Independent Community School District*，393 U. S. 503 (1969)，505—506.

② *Tinker v. Des Moines Independent Community School District*，393 U. S. 503 (1969)，506.

③ *Tinker v. Des Moines Independent Community School District*，393 U. S. 503 (1969)，511.

如前所述，由于长期以来《权利法案》的适用范围被限定为只约束联邦政府，因此，在从 18 世纪末《权利法案》生效到 20 世纪 30 年代的一个多世纪里，联邦最高法院几乎没有对州政府违反宗教自由条款的案件做过任何司法判决。这就使美国的司法领域中出现了一个相当大的"真空"地带，人民的宗教自由权也无法得到有效的保护。

例如，在早期的州宪法中，许多州就禁止天主教徒、犹太人和无神论者投票或担任公职。在马萨诸塞州和马里兰州，只有基督徒才能出任州长，还有 4 个州规定州长只能在新教徒中选拔。① 但是，随着 1925 年联邦最高法院在吉特洛案判决中对"纳入"原则的认可，州政府侵犯公民宗教自由权的案件开始被联邦最高法院受理。在一系列案件中，联邦最高法院确认，《权利法案》对宗教自由的保护也同样对州政府具有约束力。在这些案件中，最具影响的是 1940 年的"坎特韦尔诉康涅狄格州案"和 1947 年的"埃弗森诉尤英镇教育委员会案"。②

坎特韦尔案缘起于康涅狄格州在 1917 年制定的一项募捐审批法。根据这一法律，任何人在该州内进行募捐活动前，都必须向州"公共福利委员会"（Public Welfare Council）秘书提出正式申请，只有在募捐被认定为是出于宗教或慈善目的时，才可被授予募捐特许状。1938 年 4 月底，"耶和华见证会"③ 成员牛顿·坎特韦尔（Newton Cantwell）和儿子杰西（Jesse）及拉塞尔（Russell）3 人，在没有获得政府特许的情况下，便在纽黑文市（New Haven）的卡修斯大街（Cassius Street）逐门逐户地宣讲该教派教义并进行募捐。在与当地人发生冲突后，坎特韦尔父子 3 人被当地警方逮捕。在随后的州初审法院和州最高法院的审判中，3 人被裁定违反了该州的募捐审批法并扰乱了社会治安。坎特韦尔父子认为，州法院的判决侵犯了他们的信教自

① C. Herman Pritchett, *Constitutional Civil Liberties*, Englewood Cliffs: Prentice-Hall, 1984, p. 131.

② *Cantwell v. Connecticut*, 310 U. S. 296 (1940); *Everson v. Board of Education of Ewing Township*, 330 U. S. 1 (1947).

③ "耶和华见证会"（Jehovah's Witnesses）由查尔斯·T. 拉塞尔（Charles T. Russell）于 1872 年在美国创立。该教派主张世界末日和耶稣复临论，反对一切有组织的教派和政府，认为只有加入该教派，才能在世界末日来临时得救，从而成为世间耶和华复临的见证人。该教派宣扬信徒们只能参加世界末日时的善恶大决战，拒绝在现世中服兵役。该教派也坚持只对耶和华表示忠诚，因而其教徒反对向美国国旗致敬。参见 Stanley I. Kutler, et al., eds., *Dictionary of American History*, Vol.Ⅳ, New York: Charles Scribner's Sons, 2003, pp. 472—473.

由权，遂将该案上诉至联邦最高法院。[①]

在由欧文·J. 罗伯茨大法官拟定的判决中，联邦最高法院的 9 名大法官一致同意遵循"纳入"原则，推翻康涅狄格州两级法院的判决，在美国宪政史上第一次运用《权利法案》，禁止州政府侵犯公民的信教自由权。

在判决中，联邦最高法院首先认为，虽然州政府有权管理募捐活动，以防止公众受到"欺诈"，但州政府在管理宗教性质的募捐时，权力是十分有限的。因为根据第 1 条宪法修正案的规定，公民享有信教自由，州政府虽然可以利用"治安权"管理公民信教的"行为自由"（freedom of act），但却不能限制公民的"信仰自由"（freedom of believe）。[②]

其次，联邦最高法院认为，在本案中，根据第 1 条宪法修正案有关信教自由的规定，虽然康涅狄格州政府可以规定宗教募捐的"时间、地点和方式"，但却不能禁止出于宗教目的的募捐本身。判决指出，按照康涅狄格州募捐审批法的规定，州"公共福利委员会"秘书有权确定某一募捐活动"是否具有宗教性质"，这就使宗教募捐的合法性完全系于该秘书的主观判断；某些宗教派别就有可能失去合法募捐的权利，甚至会因资金匮乏导致教派解体，使部分公民的信教自由无法得到实现。这种通过"对宗教的审查"，以确定公民是否可以从事宗教活动的做法，侵犯了"为第 1 条宪法修正案所保护的"，"同时也是包含在第 14 条宪法修正案保护范围之内的"信教自由权。[③]

最后，联邦最高法院裁定，康涅狄格州的募捐审批法违反了第 14 条宪法修正案的"正当法律程序"条款。由于该条款"所体现的自由的基本内涵"，是包括第 1 条宪法修正案所保护的各种权利的，因此，公民的信教自由权也是"正当法律程序"条款保护的对象，各州不得对这一权力加以限制。[④]

在通过坎特韦尔案判决，首次确认各州不得侵犯公民的信教自由权后，

[①]　Henry Abraham and Barbara A. Perry, *Freedom and the Court: Civil Rights and Liberties in the United States*, pp. 273—275.

[②]　*Cantwell v. Connecticut*, 310 U. S. 296 (1940), 303—304.

[③]　*Cantwell v. Connecticut*, 310 U. S. 296 (1940), 305.

[④]　*Cantwell v. Connecticut*, 310 U. S. 296 (1940), 303.

联邦最高法院又在埃弗森案中，将《权利法案》的"禁止确立国教"条款"纳入"第 14 条宪法修正案中，对州政府施加限制。

埃弗森案的起因是新泽西州尤英镇（Ewing Township）的教育委员会依照该州教育补贴法的规定，向教会学校的学生家长提供了交通补贴。"新泽西州纳税人协会"（New Jersey Taxpayers' Association）副主席阿奇·R. 埃弗森（Arch. R. Everson）认为，教育补贴法违反了第 1 条宪法修正案的"禁止确立国教"条款，必须予以推翻。[①] 虽然新泽西州地方法院支持了埃弗森的诉讼请求，但随后又被"新泽西州纠错和上诉法院"（New Jersey Court of Errors and Appeals）推翻，埃弗森遂将该案上诉至联邦最高法院。[②]

在该案的审理过程中，联邦最高法院的大法官们在是否支持新泽西州教育补贴法的合宪性问题上分歧非常严重。虽然联邦最高法院最终以 5∶4 的表决结果支持了新泽西州教育补贴法的合宪性，认为新泽西州政府是"中立的"（neutral），"既未支持也未反对教会"，它制定教育补贴法是出于世俗的目的，是为了使包括世俗学校和教会学校在内的所有学生都能享有必要的公共福利，因而也就没有违反第 1 条宪法修正案的"禁止确立国教"条款，[③] 但是，在《权利法案》的"禁止确立国教"条款应该制约州政府问题上，全体 9 名大法官的意见是相当一致的。

正如布莱克大法官代表联邦最高法院拟定的判决所说，根据第 14 条宪法修正案的"正当法律程序"条款，第 1 条宪法修正案中的"禁止确立国教"条款对于联邦政府和州政府都是具有约束力的，即"无论是州政府还是联邦政府，都不得确立官方教会"。由于第 1 条宪法修正案要求政府在宗教事务中必须保持"中立"，因此，与联邦政府一样，州政府既不能资助、反对或强迫他人加入、退出某一教会，也不能以宗教的名义施以惩罚和课税，更不能"以公开或隐蔽的方式参与任何宗教组织或集团的事务，反之亦然"。[④] 联邦最高法院认为，"禁止确立国教"条款的目的是要在政

① Henry Abraham and Barbara A. Perry, *Freedom and the Court: Civil Rights and Liberties in the United States*, p. 303.

② *Everson v. Board of Education of Ewing Township*, 330 U. S. 1 (1947), 3—4.

③ *Everson v. Board of Education of Ewing Township*, 330 U. S. 1 (1947), 18.

④ *Everson v. Board of Education of Ewing Township*, 330 U. S. 1 (1947), 15.

治与宗教之间筑起一道托马斯·杰斐逊所说的"高耸和牢不可破的"（high and impregnable）"政教分离之墙"（a wall of separation between church and State），"不容许它有一点最微小的缺口"。①

坎特韦尔案和埃弗森案是联邦最高法院将《权利法案》中的"信教自由"和"禁止确立国教"条款，分别"纳入"第 14 条宪法修正案的开端。两案判决的作出，意味着州政府也必须像联邦政府那样，在施政过程中充分尊重公民的宗教自由，不得以公权力介入宗教事务。这就使美国人，尤其是那些在宗教信仰方面处于少数地位的人，拥有了防止州政府侵犯其宗教自由的宪法依据。

到 20 世纪五六十年代，在美国民权运动高涨和美国人平等权利意识觉醒的大背景下，联邦最高法院遵循了坎特韦尔案和埃弗森案先例，进一步巩固了在宗教自由方面的"纳入"传统，保护了美国人的宗教自由权不受州政府侵犯。

1963 年的"舍伯特诉弗纳案"② 是联邦最高法院坚持"纳入"原则，防止州政府干预公民信教自由权的典型案例。在该案中，上诉人阿德尔·H. 舍伯特（Adell H. Sherbert）是南卡罗来纳州"基督复临安息日会"（Seventh-Day Adventist Church）的一名女信徒，因拒绝在该教派的安息日（Sabbath Day）星期六工作，被斯帕坦堡县（Spartanburg County）的一家纺织厂解雇，并一直找不到可以在星期六休息的工作。无奈之下，舍伯特向"南卡罗来纳州就业保障委员会"（South Carolina Employment Security Commission）申请失业救济金，但遭到了拒绝。就业保障委员会认为，舍伯特之所以失业，是由其本人在"无正当理由"（without good cause）的情况下拒绝接受"合适的工作"造成的。根据 1936 年《南卡罗来纳州失业补偿金法》（South Carolina Unemployment Compensation Law）的规定，舍伯特不具备申领失业救济金的条件。

舍伯特先后向该县的民事诉讼法院（Court of Common Pleas）和州最高法院提起诉讼，认为该州的就业保障委员会根据失业补偿金法，拒绝为其提

---

① *Everson v. Board of Education of Ewing Township*，330 U. S. 1 (1947)，16，18.

② *Sherbert v. Verner*，374 U. S. 398 (1963).

供失业救济金的做法，剥夺了她的信教自由权。根据第 1 条和第 14 条宪法修正案的规定，南卡罗来纳州的这一行为是违宪的。

但是，舍伯特的这一诉讼请求遭到了两级州法院的驳回。民事诉讼法院认为，舍伯特不能申领失业救济金，完全是由其个人因素造成的，就业保障委员会并无行为不当。州最高法院则提出，失业补偿金法和就业保障委员会"没有给上诉人的信教自由设置任何限制"，更没有禁止上诉人按照自己的认知信奉宗教。因此，不存在剥夺上诉人信教自由权的事实。[①] 在此情况下，舍伯特以就业保障委员会成员查利·V. 弗纳（Charlie V. Verner）为诉讼对象，将此案上诉至联邦最高法院。

在上诉审判中，围绕南卡罗来纳州政府是否侵犯了舍伯特的信教自由权这一问题，联邦最高法院内部出现了两种截然不同的意见。约翰·M. 哈兰和拜伦·R. 怀特大法官从南卡罗来纳州制定失业补偿金法的宗旨出发，主张应维持南卡罗来纳州最高法院的判决。他们认为，南卡罗来纳州失业补偿金法是在"大危机"的特定背景下，为克服经济秩序混乱和保持社会稳定而出台的，其根本目的是资助那些能够工作但找不到工作的"非自愿失业者"（involuntary unemployment），而不是那些本可以找到工作但却因个人原因而无法工作的人。[②] 在本案中，舍伯特即属于后者。因此，南卡罗来纳州就业保障委员会拒绝给舍伯特提供失业救济金，以及州最高法院对这一裁定的支持都是符合州失业补偿金法的基本宗旨的。

哈兰和怀特大法官指出，在本案中，南卡罗来纳州政府并不存在对舍伯特信教自由权的干涉。这是因为，州政府之所以拒绝提供失业救济金，并不是因为舍伯特是一名"基督复临安息日会"的成员而对其进行了故意"歧视"，而是采取了与对待其他因个人原因无法工作的人相同的处理标准，因此根本谈不上涉及信教自由问题。[③]

不仅如此，哈兰和怀特大法官还认为，如果州政府在适用失业补偿金法时，特意将因宗教原因无法工作的人"挑选出来"，给予特别救济的话，就带有了资助教会和确立国教的色彩，就会"违反联邦宪法给予州行为的限

---

① *Sherbert v. Verner*, 374 U. S. 398 (1963), 399—401.

② *Sherbert v. Verner*, 374 U. S. 398 (1963), 418—419.

③ *Sherbert v. Verner*, 374 U. S. 398 (1963), 420.

制"，背离了政府应在宗教问题上采取"中立"立场的宪法原则。①

对于哈兰和怀特大法官的上述观点，布伦南、沃伦和道格拉斯等大法官提出了不同意见。他们认为，审查南卡罗来纳州政府是否侵犯了舍伯特的信教自由权，不能以政府行为是否违反了州法律的宗旨为唯一依据，最关键的是要在具体案情中考察是否存在政府行为损害上诉人信教自由权的"事实"。

布伦南等大法官们认为，虽然南卡罗来纳州的失业补偿金法是为了克服经济危机而作出的，但是该法律却使舍伯特处于了两难境地，即舍伯特要么放弃自己的宗教信仰以维持生计，要么就在一贫如洗的情况下继续坚持其宗教信仰。因此，州政府"在事实上"就将获得社会救济的前提，建立在了"申请人必须违反自己信仰的重要的宗教原则之上"，这就明显侵犯了公民的信教自由权。② 而且，由于南卡罗来纳州设有专门的法律，保护其他将周日视作安息日的教徒（Sunday worshippers）的信教权利，因此，州政府在本案中的行为也带有明显的宗教歧视的嫌疑。③

布伦南等大法官们指出，他们并不否认州政府可以用"治安权"对某些宗教活动进行管制，但他们坚持认为，只有当一种宗教活动严重危害了社会的"最高利益"（paramount interests）时，州政府的限制才是合法的。在本案中，南卡罗来纳州并未提出确凿的证据，证明舍伯特的宗教信仰是与州的公共利益相抵触的，因此，州政府无权干预上诉人的宗教信仰，否则，就侵犯了《权利法案》的"信教自由"原则，这也恰恰是第14条宪法修正案的"正当法律程序"条款所禁止的。④

针对哈兰和怀特大法官提出的向舍伯特提供失业救济就会违反"禁止确立国教"条款的观点，布伦南等大法官们也提出了相反的看法。他们认为，州政府向"基督复临安息日会"信徒提供失业救济，并不代表政府是在资助教会或是在确立官方教会。恰恰相反，州政府只有如此行事，才能严格遵守政府在宗教事务中保持"中立"的立场。这是因为，向"基督复临

---

① *Sherbert v. Verner*, 374 U. S. 398 (1963), 422—423.

② *Sherbert v. Verner*, 374 U. S. 398 (1963), 404, 406.

③ *Sherbert v. Verner*, 374 U. S. 398 (1963), 406.

④ *Sherbert v. Verner*, 374 U. S. 398 (1963), 406—407.

安息日会"信徒提供的是其他教派的信徒都可以享有的社会福利，这既未影响他人的宗教信仰，也不表示"基督复临安息日会"的信徒就具有比其他信徒更高的地位，更不意味着他们可以成为"社会中不劳而获的一员"（a nonproductive member of society）。因此，把向舍伯特提供失业救济等同于政府涉嫌确立官方教会是毫无宪法依据的。①

经过激烈辩论，联邦最高法院最终以7：2的表决结果支持了布伦南等大法官们的观点，并在布伦南大法官拟定的判决中推翻了南卡罗来纳州最高法院的裁决，责令其遵照联邦最高法院的判决重审该案。

舍伯特案判决是联邦最高法院在"纳入"案件先例的基础上，进一步以《权利法案》的"信教自由"原则约束州政府的典型案件。该案判决之所以能够作出，是与自由主义司法理念主导联邦最高法院密切相关的。如前所述，在该案的审理过程中，多数大法官司法审查的重点是法律的"实际后果"，而不是制定法律的目的是否正当。正是在这一务实的司法理念的指导下，才使得联邦最高法院能够着力保护公民的信教自由权，进一步将州政府纳入《权利法案》"信教自由"原则的约束范围内，保证了"纳入"传统的延续。

在20世纪五六十年代，联邦最高法院除了遵循"纳入"原则，保护公民的信教自由权不受州政府侵犯外，还通过对1962年的"恩格尔诉瓦伊塔尔案"②等案件的审理，继续确认州或地方政府不得违反《权利法案》的"禁止确立国教"条款。

恩格尔案缘起于纽约州教育董事会拟定的一则祈祷文。1951年，该董事会建议各地方教育委员会可以要求公立学校的学生，在每天上课前诵读以下祈祷文——"万能的上帝，您是我们的依靠，我们祈求您赐福于我们、我们的父母、老师和国家"③，以教化学生的道德。1958年，这一建议得到了拿骚县（Nassau County）教育委员会的采纳，并在全县公立中小学校中推行开来。

---

① *Sherbert v. Verner*，374 U. S. 398 (1963)，409—410.

② *Engel v. Vitale*，370 U. S. 421 (1962).

③ "*Almighty God，we acknowledge our dependence upon Thee，and we beg Thy blessings upon us，our parents，our teachers，and our country.*" 参见 David G. Barnum，*The Supreme Court and American Democracy*，New York：St. Martin's Press，1993，p. 143.

　　但是，拿骚县教育委员会规定的这一祈祷活动遭到了以史蒂文·I. 恩格尔（Steven I. Engel）为首的 10 名学生家长的强烈反对。他们认为，这一祈祷不仅侵犯了犹太教徒、唯一神教教徒和无神论者的信仰自由，而且，更严重的是，由于该祈祷活动是由政府支持的，因此，它也违反了《权利法案》的"禁止确立国教"条款。①1959 年，恩格尔等人以县教育委员会成员威廉·J. 瓦伊塔尔（William J. Vitale）为诉讼对象，向州法院提起了法律诉讼，要求禁止县教育委员会在公立学校中推行祈祷活动。在诉讼请求被州初审法院和上诉法院驳回后，恩格尔又将该案上诉至联邦最高法院。

　　在庭审中，纽约州教育董事会和拿骚县教育委员会认为，该项祈祷只是为了加强学生的道德修养，而且也不是强制性的，不愿祈祷的学生完全可以保持沉默，因此不能说政府卷入了宗教事务，违反了《权利法案》的"禁止确立国教"条款。

　　在庭审后的大法官会议上，斯图尔特大法官支持州政府的上述观点，认为学校祈祷的目的，只是为了让学生们能够认识到那些美国人"高度珍视的、深植于美国社会中的精神传统（spiritual tradition）"②。但是，斯图尔特大法官的这一观点遭到了参审的另外 6 名大法官（法兰克福特和怀特大法官因故未参审此案）的反对。最终，联邦最高法院以 6∶1 的表决结果推翻了纽约州在公立学校中进行宗教祈祷活动的合宪性。

　　在 1962 年 6 月 25 日公布的由布莱克大法官拟定的判决中，联邦最高法院不仅追溯了美国宗教自由观念发展的历程，而且也从"纳入"原则的角度阐述了纽约州在公立学校中推行宗教祈祷活动的违宪性。联邦最高法院指出，早期欧洲移民之所以远涉重洋拓殖北美，很重要的一个原因便是为了逃避母国官方教会的宗教迫害。虽然在美国独立前，各殖民地也曾出现过确立官方教会的现象，但在 1786 年托马斯·杰斐逊起草的《弗吉尼亚州宗教自由法案》（Virginia Bill for Religious Liberty）通过后，美国人就已经深刻地认识到"政教合一"（a union of Church and States）对人民宗教自由的严重

---

①　Bernard Schwartz and Stephan Lesher, *Inside the Warren Court*, p. 181.

②　Melvin I. Urofsky and Paul Finkelman, *A March of Liberty*: *A Constitutional History of the United States*, Vol. II, p. 829.

危害。第 1 条宪法修正案之所以明确规定公民的宗教自由不受联邦政府的干涉，原因即在于此。①

联邦最高法院认为，随着第 14 条宪法修正案的"正当法律程序"条款对《权利法案》诸原则的"纳入"，州政府不得规定和支持任何官方祈祷也已成为美国社会的共识。② 美国人承认，在社会生活中，拟定"官方的祈祷文"，供人们在宗教活动中诵读，"这根本就不是政府的工作"。③ 在本案中，纽约州在公立学校中推行课前祈祷，无疑是属于宗教活动范畴的。由于"祈愿上帝赐福"的祈祷文是由州教育董事会"指定"的，因此，州政府实际上已经介入了宗教事务，这就完全违背了《权利法案》的"禁止确立国教条款"，必须坚决予以取缔。④

判决指出，纽约州政府所作的学生祈祷是"自愿的"，因而祈祷并不代表政府行为的辩解也是站不住脚的。这是因为，审查一项政府行为或法律是否违反了"禁止确立国教"条款，并不依赖于政府是否"直接强迫"人民信仰某种宗教或教派，只要"政府以其权势、威望和财力"，支持了某一宗教或教派，就对其他宗教组织构成了"间接强制力"，并使它们在宗教事务中处于劣势地位。⑤ 从这一意义上讲，纽约州政府的这一行为违反了政府应在宗教事务中保持"中立"的宪法原则和《权利法案》的"禁止确立国教"条款，联邦最高法院必须予以坚决制止，否则就会出现宗教或教派间的相互"憎恨、不敬"和"蔑视"，甚至宗教迫害的潜在威胁也有可能化为现实，因为"确立国教与宗教迫害是比肩而立的"。⑥

从上述推理出发，联邦最高法院支持了恩格尔等学生家长的上诉请求，要求纽约州法院必须按照联邦最高法院的判决精神重审该案，禁止在公立中小学中继续推行课前宗教祈祷。

恩格尔案判决，是联邦最高法院遵循"纳入"司法先例，以《权利法案》的"宗教自由"条款约束州政府的最著名的案件之一。它对州政府违宪

---

① *Engel v. Vitale*, 370 U. S. 421 (1962), 425—430.
② *Engel v. Vitale*, 370 U. S. 421 (1962), 430.
③ *Engel v. Vitale*, 370 U. S. 421 (1962), 425.
④ *Engel v. Vitale*, 370 U. S. 421 (1962), 424.
⑤ *Engel v. Vitale*, 370 U. S. 421 (1962), 430—431.
⑥ *Engel v. Vitale*, 370 U. S. 421 (1962), 431—432.

事实的重视和对公民宪法权利的优先关注，以及对潜在违宪行为的深切忧虑，都集中体现了自由主义司法理念对联邦最高法院的影响。该案判决的作出，捍卫了《权利法案》所确立的宗教自由原则，进一步确认了《权利法案》的"禁止确立国教"条款对州政府的约束力，这不仅遵循了"纳入"司法传统，而且也加强了对公民宗教自由权的保障。

恩格尔案判决强烈冲击了宗教氛围极为浓厚的美国社会，联邦最高法院也因此受到了美国社会中保守人士的猛烈抨击。例如，亚拉巴马州的联邦众议员乔治·W. 安德鲁斯（George W. Andrews）认为，联邦最高法院的恩格尔案判决是对美国传统价值观念的背叛，这些大法官们在通过布朗案"将黑人塞进了学校"后，"现在又将上帝抛到了九霄云外"。西弗吉尼亚州的联邦参议员罗伯特·C. 伯德（Robert C. Byrd）也批评联邦最高法院是在"摧残美国人的灵魂"。① 南卡罗来纳州的联邦众议员 L. 门德尔·里弗斯（L. Mendel Rivers）则认为，借由恩格尔案判决，联邦最高法院实际上是"正式地宣布了它对上帝的怀疑"。② 另一位联邦众议员约翰·B. 威廉姆斯（John B. Williams）更是耸人听闻地认为，通过审理该案，联邦最高法院实际上是在"刻意和谨小慎微地阴谋以唯物主义替代美国人的思想价值观念"，其目的是要使美国"共产化"。③

不仅如此，部分联邦国会议员还试图通过修改联邦宪法的方式，推翻联邦最高法院的恩格尔案判决。据统计，在该案判决之后的一年内，共有22 名联邦参议员和 53 名联邦众议员分别向联邦国会提交了类似的宪法修正案，声称政府可以在公立学校以及其他公共事务中，向有关人员和机构"提供祈祷文"，但这些修正案都因没有在联邦国会中获得三分之二多数议员的支持而被否决。④

①　Melvin I. Urofsky and Paul Finkelman, *A March of Liberty*: *A Constitutional History of the United States*, Vol. II, p. 829.

②　Paul L. Murphy, *The Constitution in Crisis Times*: *1918—1969*, p. 392.

③　William M. Beaney and Edward N. Beiser, "Prayer and Politics: The Impact of Engel and Schempp on the Political Process", in *The Impact of Supreme Court Decisions*: *Empirical Studies*, Theodore L. Becker and Malcolm M. Feeley (eds.), New York: Oxford University Press, 1973, p. 23.

④　William M. Beaney and Edward N. Beiser, "Prayer and Politics: The Impact of Engel and Schempp on the Political Process", in *The Impact of Supreme Court Decisions*: *Empirical Studies*, Theodore L. Becker and Malcolm M. Feeley (eds.), p. 25.

　　尽管随着冷战的开始和黑人民权运动的发展，公立学校中的宗教祈祷问题渐渐淡出了美国国内政治纷争的漩涡，但在随后的历届联邦国会中，仍有部分议员不间断地提出旨在推翻恩格尔案判决，使公立学校宗教祈祷合法化的宪法修正案。例如，1966 年，伊利诺伊州的联邦参议员埃弗里特·德克森（Everett Dirksen）就向联邦国会提交了一份宪法修正案，争取使公立学校中学生诵读《圣经》或祈祷行为合法化。① 虽然这些宪法修正案同样也都没有被联邦国会通过，但由此可以看出，恩格尔案判决对美国社会和民众心理的强烈冲击远不是时间可以轻易地消弭的。

　　实际上，美国社会中保守人士对恩格尔案判决的抨击，并没有真正理解联邦最高法院所坚持的判断宗教自由的标准。联邦最高法院作出恩格尔案判决，并不反对美国人信仰宗教，而是为了使美国人的宗教自由更具有宪法保障。联邦最高法院所刻意禁止的只是政府不能逾越政教之间的"分离之墙"，它所担心的是一旦容忍政府干预宗教事务，宗教迫害就有可能发生。因此，维护公民宪法权利的至上性、将政府侵犯公民权利的可能性降到最低，这才是联邦最高法院严守宗教自由原则的根本目的。

　　在恩格尔案之后，联邦最高法院又先后在 1963 年的"阿宾顿校区诉谢默普案"和 1968 年的"埃珀森诉阿肯色州案"等案件中，分别将宾夕法尼亚州要求在学校中诵读《圣经》的法律，以及阿肯色州禁止在学校中讲授进化论的法律宣布为违宪，判决所依据的理由也是州政府违反了《权利法案》的"禁止确立国教"条款。②

　　严格地讲，在 20 世纪五六十年代，联邦最高法院围绕《权利法案》的"信教自由"和"禁止确立国教"条款所作的诸多判决，只是对早期最高法院在此类案件中所确立的"纳入"司法传统的继承，并没有多少创新之处。但正是联邦最高法院在自由主义司法理念的指导下对"纳入"原则的坚持，才使得美国社会对宗教自由的认识发生了根本性的变化。在联邦最高法院判决的影响下，美国人不仅坚信自己拥有不可剥夺的宗教自由权，而且也更深

---

　　① 　Melvin I. Urofsky and Paul Finkelman，*A March of Liberty*：*A Constitutional History of the United States*，Vol. II，pp. 830—831.

　　② 　*School District of Abington Township v. Schempp*，374 U. S. 203 (1963)；*Epperson v. Arkansas*，393 U. S. 97 (1968).

刻地认识到保护少数宗教派别人士的信仰自由、尊重无神论者的选择和严守政教分离的重要性。这就在扩大《权利法案》约束范围的同时，也拓展了公民平等宪法权利的内涵，促进了以平等为核心内涵的美国当代宪政思想的发展。

四、司法审查与《权利法案》联邦化的扩大

如果说在 20 世纪五六十年代，联邦最高法院在司法审查中所作的保护公民的表达自由和宗教自由不受州政府侵犯的司法判决，只是在遵循早期最高法院的司法先例的话，那么，在这一时期，联邦最高法院运用《权利法案》限制州政府侵犯刑事被告权利的一系列判决，则全然是"原创性"的。它们不仅扩展了第 14 条宪法修正案"纳入"《权利法案》的内容，而且也引发了美国州级刑事诉讼程序的重大改革。

在《权利法案》中，所占篇幅最多的是对刑事被告宪法权利的保护，如公民的人身、住宅、文件和财产等不受无理搜查和扣压、一罪不二罚、不得自证其罪、陪审团公正而迅速的审判、有权与证人对质和获得律师帮助、不得被要求过多的保释金等。

《权利法案》之所以注重对刑事被告权利的保护，主要是基于北美英属殖民地时期英王对殖民地施以暴政的政治经验。在殖民地时期，英王乔治三世所施暴政的表现之一，便是在他的授权下，皇室官员有权在没有合法搜查证的情况下，强行入室搜查和对殖民地人进行刑讯逼供等。殖民地人对此深恶痛绝，抗议之声此起彼伏。许多美国革命的领导人也将反对皇室政府肆意侵犯刑事被告的权利，视为反抗英王专制统治的重要内容。例如，詹姆斯·奥蒂斯和约翰·亚当斯就曾在波士顿专门领导过反对此类暴行的抗议活动。[①] 在《独立宣言》中，杰斐逊也将取消陪审制度等剥夺刑事被告权利的行为列为英王对殖民地施加的暴政之一。在这种政治背景下，独立后美国人在制定《权利法案》时，重点强调保护刑事被告的权利是不难理解的。

但是，如前所述，由于长期以来《权利法案》被认为仅约束联邦政府，

---

① Archibald Cox, *The Court and the Constitution*, p. 237.

因此，旨在保护刑事被告权利的《权利法案》条款也被广泛认定为只在联邦性案件中才有效。在美国人看来，用《权利法案》严格禁止联邦政府侵犯刑事被告的权利，是防止出现专制暴政的必要手段，但对州政府而言，这些约束却是无关紧要的。这是因为，按照美国的宪政传统，作为与人民联系最为密切同时也是最易受人民监督的政府机关，州政府负有维持地方治安和保护公共利益的最直接的社会管理责任，它有充分的"治安权"，根据各州的社会现实和案件的具体情况，适用不同的刑事诉讼程序。只要州政府的行为没有违反第 14 条宪法修正案的"正当法律程序"条款，刑事审判中所采用的一切调查手段，以及由此而得到的任何证据，都应得到法庭的支持。

美国人对州政府可以适用有别于联邦诉讼程序的认识，也得到了联邦最高法院的认可。虽然联邦最高法院在 1925 年的吉特洛案中就已开始用《权利法案》制约州政府，但由于联邦制原则的约束和地方治安形势的严峻，联邦最高法院中的绝大多数大法官一直拒绝将保护刑事被告权利的《权利法案》条款"纳入"到第 14 条宪法修正案中，未能实现联邦和州两级刑事诉讼程序的统一化。即使在某些上诉案件中，联邦最高法院确认州政府侵犯了刑事被告的合法权利，它也是谨慎地将司法裁判的宪法依据限定在第 14 条宪法修正案的"正当法律程序"条款上，避免将《权利法案》的适用范围扩大到州一级的刑事审判中。

例如，在 1932 年的"鲍威尔诉亚拉巴马州案"和 1936 年的"布朗诉密西西比州案"中，虽然联邦最高法院判决州政府未能给予刑事被告以应有的法律保护，但并未引证《权利法案》作为司法裁判的宪法依据。[①] 在鲍威尔案中，亚拉巴马州斯科茨伯勒市（Scottsboro）的 7 名黑人青年被指控强奸了两名白人女子，在没有律师辩护的情况下，被州法院判处死刑。在对该案的上诉审理中，虽然联邦最高法院推翻了州法院判决，但所援引的宪法依据并不是第 6 条宪法修正案所作的刑事被告有权拥有律师辩护的规定，而是认为州法院在"没有给被告提供律师"的情况下就作出有罪判决，"是对第 14 条宪法修正案'正当法律程序'条款的否认"。[②]

---

① *Powell v. Alabama*，287 U. S. 45 (1932)；*Brown v. Mississippi*，297 U. S. 278 (1936).

② *Powell v. Alabama*，287 U. S. 45 (1932)，71.

在布朗案中，联邦最高法院推翻了密西西比州法院依据口供对 3 名黑人所作的谋杀罪判决，认为黑人的口供是在他们被鞭打得皮开肉绽的情况下作出的[①]，因此，不足以作为指证他们有罪的法律依据。然而与鲍威尔案一样，在此案中，联邦最高法院也没有将推翻州法院判决的根据，建立在第 5 条宪法修正案所作的刑事被告不得被迫"自证其罪"的原则之上，而是认为州政府为获取口供所采取的如此"不符公正原则的手段"，是对第 14 条宪法修正案"正当法律程序"条款的违背[②]，同样没有将《权利法案》适用于约束州政府。

但是，联邦最高法院在上述案件中所采取的回避"纳入"问题的司法行为，并未得到普遍认可。在此后的许多上诉案件中，刑事被告人多次提出诉请，认为《权利法案》中有关刑事被告权利的条款，也应当像"表达自由"条款一样，被"纳入"到第 14 条宪法修正案的"正当法律程序"条款中，以保护州级刑事审判中被告人的权利。然而，由于改革州级刑事诉讼程序对各州的社会稳定和传统道德价值观念都会产生巨大冲击，联邦最高法院的司法权威也有可能会面临挑战，因此，在此后的 20 多年里，联邦最高法院一直拒绝运用《权利法案》审查州级刑事诉讼程序。1937 年的"波尔克诉康涅狄格州案"[③]，是联邦最高法院公开否认《权利法案》对州级刑事诉讼程序具有约束力的典型案件。

在该案中，弗兰克·U. 波尔克（Frank U. Palko）因在康涅狄格州的费尔菲尔德县（Fairfield County）枪杀了两名警察，被康涅狄格州政府以一级谋杀罪（first-degree murder）起诉，但在审判中，陪审团认定波尔克所犯罪行应为二级谋杀罪（second-degree murder），判决其终身监禁并永不得假释。州政府认为初审法院在确认证据等司法程序方面存在许多"错误"，损害了州的利益，遂向州"最高纠错法院"（Supreme Court of Errors）上诉，并迫使初审法院重审该案。最终，陪审团改变了先前的判决，以一级谋杀罪判处波尔克死刑。

波尔克对此表示了强烈抗议，他认为康涅狄格州政府的这一行为，实

---

① *Brown v. Mississippi*, 297 U. S. 278 (1936), 281—282.

② *Brown v. Mississippi*, 297 U. S. 278 (1936), 286.

③ *Palko v. Connecticut*, 302 U. S. 319 (1937).

际上使他因同一罪名遭受了两次处罚，这就严重违反了第 5 条宪法修正案所作的在刑事案件中"任何人不得因同一罪行而两次遭受生命或身体危害"的规定（Double Jeopardy Clause）。由于"第 5 条宪法修正案对联邦政府的约束同样也应当为第 14 条宪法修正案所遵循"，以制约州政府，因此，康涅狄格州法院对他所作的死刑判决应属于违宪操作，不具任何法律效力。在依靠州法院无法纠错的情况下，波尔克将该案上诉至联邦最高法院。①

但是，由于在当时的联邦最高法院中，主张狭义解释《权利法案》适用范围的思想占主导地位，因此，波尔克的上诉请求并没有得到多数大法官们的支持。在由本杰明·卡多佐大法官所作的判决中，联邦最高法院认为，虽然《权利法案》所保护的公民权利应被"纳入"到第 14 条宪法修正案中，以制约州政府，但并不是所有的为《权利法案》所保护的权利都能够成为"纳入"的组成部分，只有那些体现了"一系列有序自由的最本质内核"的权利，才能借助第 14 条宪法修正案的"正当法律程序"条款，用于制约州政府。②

在绝大多数大法官们看来，联邦最高法院之所以在此前的一些案件中，运用《权利法案》所规定的表达自由和宗教自由原则约束州政府，原因在于它们是"根植于美国人传统和良知中"的"根本性的"公正原则，也是其他公民权利的"基础"。如果此类宪法权利和原则遭到了"损害"，那么，"一切自由和正义也就荡然无存了"。③

联邦最高法院认为，《权利法案》对刑事被告所作的诸多保护，如陪审团审判、不得自证其罪以及本案所涉及的一罪不二罚等原则，并不属于上述"根本性"宪法原则的范畴，"如果没有此类原则的约束，公正依然会存在"。④因此，这些《权利法案》原则就只能管制联邦政府，而不应被"纳入"第 14 条宪法修正案，制约州政府，以使州政府拥有更为灵活的自由裁量权，维护社会的公共利益。

---

① Henry Abraham and Barbara A. Perry, *Freedom and the Court: Civil Rights and Liberties in the United States*, pp. 62—63.

② *Palko v. Connecticut*, 302 U. S. 319 (1937), 324—325.

③ *Palko v. Connecticut*, 302 U. S. 319 (1937), 325—327.

④ *Palko v. Connecticut*, 302 U. S. 319 (1937), 325.

在判决的最后，联邦最高法院指出，虽然康涅狄格州政府在同一案件中对波尔克进行了两次审判，但它并不是要"折磨被告人"，而是要尽可能防止"实际存在的法律错误"（substantial legal error）对案件审判造成"侵蚀"，确保裁决的公正性。① 因此，在本案中并不存在侵犯波尔克宪法权利的事实，康涅狄格州法院对波尔克的死刑判决应予以维持。

如前所述，卡多佐大法官在波尔克案中提出的"选择性纳入观"，成为此后联邦最高法院推进"纳入"的主导性的司法理念，对《权利法案》联邦化有着积极的影响。但是，在该案判决中，联邦最高法院拒绝用《权利法案》审查各州刑事诉讼程序的立场，显示出此时联邦最高法院在"纳入"问题上的态度还是非常谨慎的。根据"选择性纳入观"，《权利法案》所保护的某一公民权利是否属于"根本性"的宪法权利，是否应被"纳入"第14条宪法修正案中制约州政府，依赖于法官对该项权利的认识。由于法官在判断过程中不可避免地会受到个人的政治法律思想和道德价值观念等的影响，不同的法官必然会有不同的判定标准，这就使民权保护带有很大的不确定性。在1947年的"亚当森诉加利福尼亚州案"② 中，布莱克大法官之所以对"选择性纳入观"进行批评，原因即在于此。

在亚当森案中，黑人阿德米勒尔·D. 亚当森（Admiral D. Adamson）因被指控在洛杉矶市（Los Angeles）谋杀了一名64岁的白人寡妇，而在加利福尼亚州法院受审。在审判中，亚当森担心检察官会盘问他之前的犯罪记录，因此在法庭上拒绝对州检察官出示的控诉证据做自我辩护。州法院则以此认定亚当森已经默认了自己犯有一级谋杀罪，并判处亚当森死刑。

在向联邦最高法院提交的上诉状中，亚当森认为，加利福尼亚州法院的这一司法行为，违反了第5条宪法修正案所规定的公民"不得在任何刑事案件中被迫自证其罪"的宪法原则（Self-Incrimination Clause），由此对其作出的死刑裁决是不成立的。③

对于亚当森在州级审判程序中是否享有"不得自证其罪"的权利，联

---

① *Palko v. Connecticut*，302 U. S. 319 (1937)，328.

② *Adamson v. California*，332 U. S. 46 (1947).

③ James E. Simon，*The Antagonists：Hugo Black，Felix Frankfurter and Civil Liberties in Modern America*，New York：Simon & Schuster Inc.，1989，pp. 176—177.

邦最高法院的大法官们出现了意见分歧。经过激烈讨论，以法兰克福特、里德等大法官为代表的保守派大法官的观点在联邦最高法院中占据了优势。最终，联邦最高法院以5∶4的表决结果，驳回了亚当森的上诉请求，维持了加利福尼亚州法院的判决。

在由里德大法官拟定的判决中，联邦最高法院遵循了波尔克案先例，认为受第5条宪法修正案保护的公民"不得自证其罪"权利，不是"根本性"的宪法权利，加利福尼亚州政府可以依照其认为最能有效维护刑事审判公正的原则，灵活处理刑事案件，而不必受"不得自证其罪"条款的约束。①

法兰克福特大法官则在"平行意见书"中，从另外一个角度阐述了维持州法院判决的理由。法兰克福特认为，从历史上看，第14条宪法修正案具有"独立的效力"，并不受制于《权利法案》。它是否要对州政府的某种行为加以限制，不是因为那种行为是否违反了《权利法案》，而是要看那种行为是否符合"体现英语国家人们正义观的行为得当和公正标准"②，这就是前述的在"纳入"问题上的"行为得当和公正观"。法兰克福特认为，由于加利福尼亚州法院的司法裁判并未违反公认的行为得当和公正标准，因此，对波尔克所作的有罪判决是成立的。

联邦最高法院的亚当森案判决和法兰克福特在"平行意见书"中提出的"行为得当和公正观"，遭到了布莱克和道格拉斯等大法官们的反对，其中，尤以布莱克大法官所持的"异议"最具影响力。布莱克大法官指出，《权利法案》所保护的公民宪法权利，必须"全部纳入"到第14条宪法修正案中，以便使《权利法案》能够成为同时制约联邦政府和州政府的宪法标准。布莱克认为，有充分的历史事实证明，在联邦国会审议第14条宪法修正案时，"无论是它的提出者、支持者还是反对者"，都认为"制定该修正案的一个主要目的在于借此能将《权利法案》的约束范围扩展到州"。联邦最高法院之所以没有在此前的诸多案件中肯定这一点，只是因为最高法院没有对该修正案的目的做"充分的思考和阐释"。③

①　*Adamson v. California*，332 U. S. 46 (1947)，53—54.

②　*Adamson v. California*，332 U. S. 46 (1947)，66—67.

③　*Adamson v. California*，332 U. S. 46 (1947)，71—72.

布莱克指出，《权利法案》不是一件"过时的 18 世纪的紧身衣（strait jacket）"。虽然《权利法案》是为预防"旧时代的罪恶"（ancient evils）而设计的，但是，无论在哪里，只要"少数人以牺牲多数人的利益为代价寻求获得过大的权力"，那些"旧时代的罪恶"就会不断出现，成为当代人也必须面对的"罪恶"。从这个意义上讲，以《权利法案》来约束州政府并不构成对州权的侵犯，因为只有《权利法案》存在，"人民才不会失去自由"，也才能杜绝一切企图剥夺公民权利的"诡计和行为"。①

布莱克还进一步认为，第 14 条宪法修正案的"原初目的"，是要让"所有的美国人"都能享有"《权利法案》的全面保护"。波尔克案判决所确立的"选择性纳入观"违反了联邦宪法的精神，它使联邦最高法院可以决定，"在《权利法案》所保护的公民权利中"，"究竟有哪些权利以及在多大程度上"，可以经由"纳入"程序约束州政府。这就意味着在联邦国会制定《权利法案》之后，联邦最高法院还可以凭借"自然法"观念，对《权利法案》所保护的公民权利进行选择，这不仅侵夺了联邦国会的立法权，而且也使公民的宪法权利受制于大法官个人的思想意识，这种做法"将无法实现成文宪法的设计目的"。②

布莱克大法官的上述异议，全面阐述了"整体性纳入观"的基本思想，体现了以布莱克和道格拉斯等自由派大法官对保护公民权利的强烈关注。然而，如前所述，由于担心"整体性纳入观"会破坏美国的联邦体制，法兰克福特的"行为得当和公正观"又带有强烈的主观性，因此，联邦最高法院没有接受布莱克和法兰克福特的意见，而是继续遵循了卡多佐大法官的"选择性纳入观"，作为"纳入"的基本路径。

在 1949 年的"沃尔夫诉科罗拉多州案"③ 中，联邦最高法院再次拒绝将《权利法案》所规定的刑事诉讼原则运用于制约州政府。在该案中，科罗拉多州丹佛市（Denver）的外科医生朱利叶斯·A. 沃尔夫（Julius A. Wolf）因涉嫌实施堕胎手术，被科罗拉多州法院判定违反了该州的禁止堕胎法。这一判决遭到了沃尔夫的强烈抗议，在向联邦最高法院提交的上诉状中，沃

---

① *Adamson v. California*，332 U. S. 46 (1947)，89.

② *Adamson v. California*，332 U. S. 46 (1947)，89—90.

③ *Wolf v. Colorado*，338 U. S. 25 (1949).

尔夫认为州法院判定他有罪的刑事诉讼程序是违宪的，因为用于指控他实施堕胎的证据，是州警察在没有搜查证的情况下从他的外科诊所强行获得的。州法院对这种证据的认可违反了第4条宪法修正案的"证据排除规则"（Exclusionary Rule），因而对他所作的有罪判决是无效的。

"证据排除规则"是指在刑事案件审判中，如果用于指控犯罪嫌疑人的证据是通过不合法的手段获得的，法院应将此类证据排除在有效证据之外。这一规则是联邦最高法院通过审理1914年的"威克斯诉合众国案"① 确立的。在该案中，威廉·R. 戴（William R. Day）大法官在判决中推翻了联邦政府对威克斯（Weeks）所作的违反彩票经营法的指控，因为联邦政府提供的指控威克斯有罪的证据，是在没有搜查证的情况下获得的，这种行为违反了第4条宪法修正案所规定的"人民的人身、住宅、文件和财产不受无理搜查和扣押"的宪法原则（Search and Seizure Clause），在此情况下获得的证据也是没有合法效力的。②

在沃尔夫案中，尽管道格拉斯和墨非等大法官坚持认为应该援引第4条宪法修正案规范科罗拉多州的刑事诉讼程序，但联邦最高法院最终还是以6∶3的表决结果遵循了波尔克案先例，支持了科罗拉多州法院的判决。

在由法兰克福特大法官代表联邦最高法院所作的判决中，联邦最高法院认为，虽然第14条宪法修正案并不能把《权利法案》保护的所有权利都"纳入"进来约束州政府，最高法院对这个问题的讨论也"已经结束了"，③ 但是，由于第4条宪法修正案保护公民不受"无理搜查和扣押"的权利，是暗含在卡多佐大法官所提出的"有序自由概念"中的，因而，该权利应当借由"纳入"，用于约束州政府。④

然而，联邦最高法院又认为，通过"无理搜查和扣押"得到的证据是可以在州法院中用于指控刑事被告的，科罗拉多州法院对沃尔夫所作的有罪判决并不违宪。联邦最高法院认为，"证据排除规则"不是第4条宪法修正案明确规定的一项法律原则，而是从该修正案中推论出来的，是作为防止出

---

① *Weeks v. United States*，232 U. S. 383（1914）.

② Kermit L. Hall, et al., eds., *The Oxford Companion to the Supreme Court of the United States*，p. 305.

③ *Wolf v. Colorado*，338 U. S. 25（1949），26.

④ *Wolf v. Colorado*，338 U. S. 25（1949），27—28.

现"无理搜查和扣押"的一种手段而被提出来的。它是否也应该随第 4 条宪法修正案一并被"纳入"到第 14 条宪法修正案中约束州政府，则需要慎重考虑，不能"非常武断地作出回答"。①

联邦最高法院认为，防止出现"无理搜查和扣押"的手段是多种多样的，各州人民既可以要求财产赔偿，也可以起诉警方，甚至可以将违法行使职权的警察开除，②并非只有遵守"证据排除规则"才能防止发生"无理搜查和扣押"行为。在法兰克福特等保守派大法官们看来，在"绝大多数的英语国家里"，"证据排除规则"都不是一个"至关重要的保护性措施"，因此，"我们也绝不能将这种预防手段看作是公民权利不可或缺的组成部分"。③在州级刑事审判中，"第 14 条宪法修正案并不禁止使用经由无理搜查和扣押而得到的证据"。④换句话说，由于"证据排除规则"不是实现社会公正所必要的"根本性"原则，因而也就不能通过"纳入"对州政府发挥约束力。

由此可见，到 20 世纪 40 年代末，联邦最高法院中的多数大法官都坚持认为，应当遵循波尔克案所确立的"选择性纳入观"，谨慎地推进"纳入"进程。由于联邦最高法院认为《权利法案》所保护的刑事被告权利不是"根本性"的宪法权利，因此，在州际刑事审判程序领域中，《权利法案》事实上没有对州政府发挥任何约束力。虽然联邦最高法院的这一司法立场便利了州政府维持地方治安，但也在很大程度上忽视了对刑事被告宪法权利的保护，因而也就不能防止州政府在刑事审判中作出各种侵害公民权利的违法行为，州级刑事审判程序改革进展缓慢。

美国州级刑事诉讼程序改革中出现的这一困境到 20 世纪 60 年代得到了改变。在当时，虽然联邦最高法院中的自由派大法官们仍然遵循了"选择性纳入观"，但却成功开启了将《权利法案》所保护的刑事被告权利"纳入"到第 14 条宪法修正案的进程，几乎所有《权利法案》保护的刑事被告权利，都通过第 14 条宪法修正案的"正当法律程序"条款被用于约束州政府，从而在美国历史上第一次实现了联邦与州两级刑事诉讼程序的统一化。

---

① *Wolf v. Colorado*，338 U. S. 25 (1949)，28.
② *Wolf v. Colorado*，338 U. S. 25 (1949)，31.
③ *Wolf v. Colorado*，338 U. S. 25 (1949)，29.
④ *Wolf v. Colorado*，338 U. S. 25 (1949)，33.

在联邦最高法院启动《权利法案》约束州级刑事司法的过程中，1961年的"马普诉俄亥俄州案"[①] 是最重要的标志性案件。该案缘起于俄亥俄州克利夫兰市（Cleveland）警察对黑人女子多利·马普（Dollree Mapp）的住宅进行的一起无证搜查事件。1957 年 5 月 23 日，克利夫兰市的 3 名警察怀疑一名爆炸案嫌疑人和部分赌具藏匿在马普家中，遂在没有搜查证的情况下强行对马普的住宅进行了突击搜查。虽然警方没有找到任何有关马普包庇犯罪嫌疑人和窝赃的证据，但却意外地发现了一些淫秽图书和图片。警察立刻将马普逮捕，俄亥俄州法院也在随后的审判中以非法拥有淫秽物品罪判处马普入狱。[②]

尽管在 1961 年 3 月联邦最高法院对马普案进行上诉审判时，马普主要是以言论自由权为依据为自己作无罪申诉的，但在沃伦、道格拉斯、布伦南和布莱克等大法官们看来，该案实际上是在沃尔夫案之后，重新又提出了"证据排除规则"是否应被"纳入"到第 14 条宪法修正案中制约州政府这一重大宪政问题。为此，联邦最高法院内部出现了激烈的争论。

哈兰、法兰克福特和惠特克大法官主张继续遵循沃尔夫案先例，认为"证据排除规则"不是第 4 条宪法修正案的内在组成部分，不应当随该修正案一起被"纳入"到第 14 条宪法修正案中，用于约束州政府。[③] 此外，他们还认为，如果联邦最高法院强制州法院遵守"证据排除规则"的话，就严重违反了联邦制原则。这是因为，州政府在州级刑事审判中是拥有"唯一审判权"的，它完全可以根据自己的需要采用不同于联邦司法机关的刑事诉讼程序。联邦最高法院不能把某种"僵化的规则"强加给各州，妨碍州政府处理州内的"特殊问题"，而是应当"耐心地"遵循沃尔夫案先例，使联邦与州的刑事诉讼程序能够保持"适宜的平衡"（proper balance），否则就会动摇联邦体制的根基。[④]

尽管哈兰等大法官们始终强调，遵循沃尔夫案先例能够方便各州整治州内的社会治安，但州级刑事诉讼程序中存在的明显的不公正，还是引发了

---

① *Mapp v. Ohio*，367 U. S. 643（1961）.

② *Mapp v. Ohio*，367 U. S. 643（1961），644—646.

③ *Mapp v. Ohio*，367 U. S. 643（1961），676.

④ *Mapp v. Ohio*，367 U. S. 643（1961），680—681，683.

沃伦、道格拉斯和布莱克等自由派大法官们的担忧。最终，联邦最高法院以6∶3的表决结果推翻了沃尔夫案先例，明确宣布"证据排除规则"同样对州政府具有约束力，从而也支持了马普的上诉请求。

在1961年6月19日公布的由托马斯·C.克拉克大法官拟定的判决中，联邦最高法院首先指出，"证据排除规则"是保证公民不受政府"无理搜查和扣押"，防止政府任意逮捕和迫害公民的关键性原则，既然联邦最高法院已在沃尔夫案中将第4条宪法修正案的"不受无理搜查和扣押"条款"纳入"第14条宪法修正案中，那么"无论是从逻辑上还是从宪政理论上讲"，"证据排除规则"也必须被用于制约州政府，否则，公民就仅在法律上被赋予了"不受无理搜查和扣押"的权利，而在现实生活中却又被剥夺了享有该项"特权"的机会，"不受无理搜查和扣押"条款实际上变成了"一纸空文"（a form of words）。①

判决认为，为保证美国联邦制的顺利运作，联邦政府与州政府应尽最大努力避免发生不必要的"冲突"，以便使二者之间的关系能够建立在"健康型的联邦制"（healthy federalism）基础之上。按照这一思想，联邦与州就必须在刑事审判方面采取统一的诉讼程序，而不能在同受第4条宪法修正案制约的情况下，"证据排除规则"只适用于约束联邦政府，对州政府却不具有任何管束力。在多数派大法官们看来，只有在刑事诉讼中遵循"相同的基本标准"，联邦政府与州政府"在解决犯罪问题上的合作关系"才能得到真正的"促进"。②

判决进一步指出，如果允许州政府可以凭借违宪获得的证据指控公民，那么这一法律诉讼的"捷径"（shortcut）就会"损害"执法活动的"持久效果"（enduring effectiveness）③，从而使保护公民的宪法权利变成了一句"空洞的许诺"。④ 根据上述论证，判决最后裁定，俄亥俄州法院根据警方违宪得到的证据对马普所作的有罪判决是无效的，必须予以撤销。

马普案判决是联邦最高法院扩展"纳入"的范围，推动州级刑事诉讼

---

① *Mapp v. Ohio*，367 U. S. 643（1961），655—656.

② *Mapp v. Ohio*，367 U. S. 643（1961），657—658.

③ *Mapp v. Ohio*，367 U. S. 643（1961），658.

④ *Mapp v. Ohio*，367 U. S. 643（1961），660.

程序改革的首次尝试。虽然马普案判决在公布之初，曾遭到美国社会中保守人士的抨击，认为该判决是对犯罪的纵容和对公共道德的败坏，但它所体现的保护公民平等权利的精神还是逐渐为美国社会所接受。例如，加利福尼亚州最高法院法官罗杰·特雷纳（Roger Traynor）就在马普案判决公布后不久，改变了其先前轻视保护刑事被告权利的立场。原因即在于，马普案判决使特雷纳认识到，如果州政府不遵守"证据排除规则"，人民享有的"宝贵权利"将毫无保障可言。① 各州警察机关在对马普案判决表示了强烈不满后，也不得不开始注意执法程序的合法性。正如一名芝加哥警察所言，马普案判决使警察真正认识到，维护社会治安"除了强壮的体格外"，还应当严守正当的法律程序。②

马普案判决体现了自由主义司法理念对当时的联邦最高法院的深刻影响。在该案中，自由派大法官们并未受保守的司法先例的束缚，而是从保护公民权利和推进州级刑事审判程序改革的现实需要出发，作出马普案判决的。该判决实现了"纳入"进程的重大突破，使第 1 条宪法修正案之外的其他《权利法案》条款开始被"纳入"到第 14 条宪法修正案中，这不仅加强了对公民权利的保护，而且也推动了美国联邦和州刑事审判程序的统一。

马普案之后，联邦最高法院在司法审查中，通过遵循"纳入"原则，将更多的《权利法案》条款适用于规范各州的刑事司法。例如，在 1963 年的"吉迪恩诉温赖特案"③ 中，联邦最高法院就将第 6 条宪法修正案所规定的刑事被告"有权获得律师帮助"条款（Assistance of Counsel Clause），"纳入"对州政府的管制范畴。

在吉迪恩案中，51 岁的克拉伦斯·E. 吉迪恩（Clarence E. Gideon）因涉嫌在佛罗里达州巴拿马城（Panama City）的"贝哈伯台球场"（Bay Harbor Poolroom，也译作"湾港台球场"）行窃，于 1961 年 8 月被佛罗里达州初审法院判处 5 年监禁。吉迪恩不服，向州最高法院提起上诉。他认为，在审判

---

① Melvin I. Urofsky and Paul Finkelman, *A March of Liberty*：*A Constitutional History of the United States*，Vol. II，p. 833.

② Albert W. Alschuler，"Fourth Amendment Remedies：The Current Understanding"，in *The Bill of Rights*：*Original Meaning and Current Understanding*，Eugene W. Hickok，Jr.（ed.），Charlottesville：University Press of Virginia，1991，p. 201.

③ *Gideon v. Wainwright*，372 U. S. 335（1963）.

过程中，初审法院没有按照第 6 条宪法修正案的规定，向无力承担律师费用的他提供免费的律师帮助，因此，初审法院的诉讼程序是违宪的，对他所作的有罪判决也是无效的。但是，佛罗里达州最高法院认为，按照州法律的相关规定，只有在死刑案件中，州政府才可以动用政府资金为刑事被告提供必要的律师辩护，吉迪恩案显然不属于此类案件，故被告人不能对此提出上诉。

在无法依靠州法院保护自己宪法权利的情况下，1962 年年初，吉迪恩在狱中用铅笔写了一封申诉状，以佛罗里达州负责州监狱管理的惩教局（Department of Corrections）局长路易·L. 温赖特（Louie L. Wainwright）为诉讼对象，用"贫民诉讼"（*In Forma pauperis*）① 的方式将案件上诉到了联邦最高法院，并得到了最高法院的受理。②

早在 1942 年，联邦最高法院就曾受理过一宗与吉迪恩案相类似的"贝茨诉布雷迪案"③。在由欧文·J. 罗伯兹大法官拟定的贝茨案判决中，联邦最高法院从"选择性纳入观"出发，认为第 6 条宪法修正案的刑事被告"有权获得律师帮助"条款，不是一项"根本性权利"，"对公平审判并不是必要的"，因而不能被"纳入"到第 14 条宪法修正案中约束州政府。各州有权根据自己对"公正"的认识，对是否为被告提供律师作出独立的裁断。④

但是，在自由派大法官们的推动下，在 1963 年 3 月公布的吉迪恩案判决中，贝茨案判决被联邦最高法院推翻。在由布莱克大法官拟定的判决中，联邦最高法院从现实和历史两个方面证明了刑事被告拥有律师帮助是一项"根本性的"宪法权利，任何个人或政府都不得对此加以剥夺。

联邦最高法院指出，从现实看，在每一宗刑事案件中，政府和家境较好的被告都会聘请律师为本方作辩护，这足以说明律师辩护是刑事案件中的"必需物"（necessities）而不是"奢侈品"（luxuries），"刑事被告有权获得律

---

① "贫民诉讼"（*In Forma Pauperis*）是专门针对贫民的一种诉讼方式。在这类申诉中，当事人不必交纳申诉费，诉讼递交的程序和文书规范也很简化。但是，与正常的诉讼相比，"贫民诉讼"被联邦最高法院受理的概率较低。例如，在联邦最高法院 2003 年开庭期，以"贫民诉讼"方式向联邦最高法院提起诉讼的，只有 1% 被立案审理，而通过正常方式提起诉讼的，被立案审理的比例为 10%。参见 Kermit L. Hall, et al., eds., *The Oxford Companion to the Supreme Court of the United States*, p. 494.

② David G. Barnum, *The Supreme Court and American Democracy*, pp. 153—154.

③ *Betts v. Brady*, 316 U. S. 455 (1942).

④ *Betts v. Brady*, 316 U. S. 455 (1942), 471—472.

师帮助"理应被视作"根本性的"宪法权利，州政府不得加以剥夺。从历史上看，从合众国建立之初开始，联邦和州的宪法和法律都"极其强调"刑事审判程序的合法性，以实现"公正的审判"，使每一位被告都能在法律面前得到"平等的对待"。根据这一"崇高思想"（noble ideal），贫穷的刑事被告也应当像富有的被告一样，在刑事审判中得到律师的帮助。因为在以"对抗制"（adversary system）为主要特征的美国刑事诉讼程序中，贫穷的刑事被告如果缺少律师辩护这一法律保障环节，"就无法确保获得公正审判"。①

根据上述论点，联邦最高法院指出，刑事被告"有权得到律师帮助"是一项"根本性的"公民权利，州政府必须在刑事诉讼程序中严格遵守。佛罗里达州两级法院是在违反《权利法案》此项规定的情况下对吉迪恩作出有罪判决的，故判决不具有法律效力。

吉迪恩案判决是联邦最高法院积极运用《权利法案》加强管束州级刑事审判程序的又一次司法努力，它进一步确保了公民能够在州级刑事诉讼中得到公正审判，从而扩展了"纳入"的范围，推动了州级刑事诉讼程序向平等公正的方向发展。

联邦最高法院通过"纳入"进程，推动美国州级刑事诉讼程序改革的最有影响的表现，是它确立了在审判前的刑侦阶段保护刑事被告免于刑讯逼供的"米兰达警告"（Miranda Warnings）规则。

早在1964年的"马洛伊诉霍根案"② 中，联邦最高法院就已推翻了前述的亚当森案先例，将公民"不得自证其罪"原则"纳入"了第14条宪法修正案中，成为制约州政府的一项重要的宪法原则。在由布伦南大法官所作的马洛伊案判决中，联邦最高法院认为，美国的刑事诉讼程序是"控告性的"（accusatorial），而非"纠问式的"（inquisitorial），即在刑事案件中，控方负有举证的责任，被告人完全可以对自己的言行不作任何陈述，强迫性的证词不能成为判定刑事被告有罪的合法证据。从这一意义上讲，第5条宪法修正案所保护的公民"不得自证其罪"特权"正是这一制度的支柱"，州政府也与联邦政府一样，必须在刑事诉讼中确保此项公民权利不受侵犯。③

---

① *Gideon v. Wainwright*，372 U. S. 335（1963），344.

② *Malloy v. Hogan*，378 U. S. 1（1964）.

③ *Malloy v. Hogan*，378 U. S. 1（1964），7.

但是，马洛伊案判决并不能完全制止在州级刑事案件中，强迫被告自证其罪现象的出现。这是因为，长期以来，在审判前的刑侦阶段，州警察往往会利用各种肉体和精神折磨的手段，迫使被告作出所谓"自愿的"供词，以得到法庭的采用。① 如何在州级案件的刑侦阶段确保公民的"不得自证其罪"权利，就成为摆在联邦最高法院面前的又一个亟待解决的问题。

1966年的"米兰达诉亚利桑那州案"②，为联邦最高法院进一步阐释公民"不得自证其罪"原则提供了契机。在该案中，23岁的欧内斯托·米兰达（Ernesto Miranda）是亚利桑那州的一名卡车司机，文化程度不高。1963年3月，米兰达因涉嫌绑架和强奸妇女，被该州菲尼克斯市（Phoenix）的警方逮捕。在警方的审讯中，虽然米兰达起初否认与犯罪有关，但经过两个小时的审问，米兰达最终对所犯罪行供认不讳，并由警方作了笔录。随后，亚利桑那州法院以米兰达的供词为依据，判处米兰达20年监禁。

但是，在判决宣布后，米兰达在其律师的建议下向亚利桑那州最高法院提起了上诉。米兰达认为，在警察的审讯过程中，警方并没有告知他拥有不自证其罪和获得律师帮助等宪法权利，因此，他所作的供词并不能被视作"自愿性的"，也不能被法庭用作判定他有罪的证据。在州最高法院驳回了这一上诉后，米兰达将该案上诉到了联邦最高法院。③

米兰达案使联邦最高法院内部出现了严重的意见分歧。哈兰、怀特、克拉克和斯图尔特4位大法官认为，虽然联邦最高法院在先前的许多案件中，已将《权利法案》有关刑事诉讼程序的规定"纳入"第14条宪法修正案，制约州政府，但《权利法案》的上述规定只适用于法庭审判阶段，并不对审判前的刑侦阶段有效。他们认为，当州级刑事案件处于刑侦阶段时，

---

① 例如，在1944年的"阿什克拉夫特诉田纳西州案"［*Ashcraft v. Tennessee*，322 U. S. 143（1944）］中，州警察就对犯罪嫌疑人进行了连续36个小时的审讯；在1961年的"罗杰斯诉里士满案"［*Rogers v. Richmond*，365 U. S. 534（1961）］中，州警察威胁犯罪嫌疑人如不招供，就将逮捕其妻子；在1963年的"林纳蒙诉伊利诺伊州案"［*Lynumn v. Illinois*，372 U. S. 528（1963）］中，州警察也威胁犯罪嫌疑人如不坦白，就将取消其享有的社会福利并带走其孩子。参见 Susan Welch et al., *American Government*, St. Paul：West Publishing Company，1988，p. 448.

② *Miranda v. Arizona*，384 U. 436（1966）.

③ Yale Kamisar, "The Right to Be Informed of Legal Rights：The Miranda Warnings", in *The Supreme Court and Human Rights*, Burke Marshall（ed.），Washington D. C.：United States International Communication Agency，1982，pp. 189—190.

约束州警察的只能是第 14 条宪法修正案的"正当法律程序"条款，而不是《权利法案》。在他们看来，只要州警察不是通过强迫、威胁或利诱等明显违反"正当法律程序"的手段得到犯罪嫌疑人的供词的，或者犯罪嫌疑人是主动招供的，不管州警察是否向犯罪嫌疑人宣读了其拥有的宪法权利，这些供词都应当是有效的。他们认为，如果要求州警察必须依照《权利法案》的要求进行审讯的话，就会"大幅度地降低犯罪嫌疑人主动坦白的数量"，从而"严重阻碍"警方的审讯工作。这不仅会损害"长期以来被公认为合理的执法手段"，更会使"社会的公共福利"面临"实际的危险"。①

但是，哈兰等大法官们的上述观点遭到了自由派大法官沃伦、布莱克、道格拉斯、布伦南和福塔斯的反对。在他们看来，虽然哈兰等大法官们强调了有效整治社会治安的迫切性，但他们却忽视了另一个更为重要的现实问题，即在州级案件的刑侦阶段，如果不严格约束警察的执法行为，公民的宪法权利就有可能受到侵犯。

沃伦等大法官们认为，为使每一位公民都能得到平等的法律保护，在州级刑事案件的审讯中，警方必须在事前向犯罪嫌疑人宣读公民有权保持沉默和拥有律师帮助等宪法权利。这是因为，从警察拘捕和审讯犯罪嫌疑人的那一刻开始，犯罪嫌疑人的公民权利实际上就"已处于限制之中了"。如果不被确切地告知其所享有的宪法权利，他就极有可能"非自愿地"作出对自己不利的供词，而这恰恰是《权利法案》所明确禁止的。不仅如此，沃伦等大法官们还以联邦调查局的执法为例，指出警方在执行公务时宣读公民权利，并不会对正常的审讯工作带来多大的困难。②

最终，联邦最高法院以 5∶4 的表决结果，推翻了亚利桑那州法院对米兰达所作的有罪判决，责令重审。在 1966 年 6 月 13 日由首席大法官沃伦所作的判决中，联邦最高法院阐述了在州级刑事案件的刑侦阶段，保护公民"不得自证其罪"权利的重要性及方法。

首先，联邦最高法院认为，《权利法案》所保护的公民"不得自证其罪"

---

① Lucius J. Barker and Twiley W. Barker, Jr., *Civil Liberties and the Constitution*: *Cases and Commentaries*, Englewood Cliffs: Prentice-Hall, 1986, p. 315.

② Bernard Schwartz, *Super Chief*: *Earl Warren and His Supreme Court—A Judicial Biography*, pp. 589—590.

的权利并不仅仅在法庭内有效，在州警察局等其他类似的场所中也同样具有法律效力。这是因为，较之其他场所，警察局更为封闭也更不易受监督，如果没有"充分的保护措施驱散监管环境所固有的强制气氛"，那么，警察所进行的审讯就"背离"了公民"不得自证其罪"这一"合众国最珍视的宪法原则"。① 联邦最高法院认为，在警察局等这些不为一般人所熟悉的场所中，犯罪嫌疑人不仅承受着"无处不在的敌视"带给他的巨大心理压力，而且还要面对警察各种各样的审讯手段。在这种情况下，"不能不说犯罪嫌疑人是在强迫的氛围中讲话的"。②

其次，联邦最高法院明确提出，在州级刑事案件的刑侦阶段，警察必须在审讯前向犯罪嫌疑人正式宣布 4 项告诫，此即后来所称的"米兰达警告"。它包括：第一，在面对警方所提的任何问题时，犯罪嫌疑人都有权保持沉默；第二，犯罪嫌疑人所说的一切都可以在法庭上用作指控他的证据；第三，犯罪嫌疑人有权要求会见律师；第四，如果犯罪嫌疑人无经济能力聘请律师，在回答任何问题之前，可由政府按照其意愿为其聘任一名律师。③

米兰达案判决在美国社会中引起了轩然大波。在许多人的眼中，联邦最高法院的该项判决无异于是在束缚警方执法，纵容犯罪。各州警察对该判决的不满最为强烈，在他们看来，米兰达案判决简直就是"打在他们脸上的一记耳光"，实际上"是在宣布警察比罪犯更可怕"。④ 波士顿市的警察局长埃德蒙·麦克纳马拉（Edmund McNamara）认为，根据米兰达案判决，今后的刑事审判将本末倒置，它将"不再是探寻真相"，而是要寻找警察"技术上的错误"。洛杉矶市市长山姆·W. 约蒂（Sam W. Yorty）认为，米兰达案判决是"铐在警察局手上的又一把手铐"，严重束缚了州警察维持社会治安的权力。北卡罗来纳州的联邦参议员山姆·欧文（Sam Ervin）则认为，联邦最高法院"已经为那些谋杀犯、强奸犯和抢劫犯做得够多的了"，"现在到了为那些不愿意被谋杀、被强奸和被抢劫的人做点什么的时候了"。⑤ 即使

---

① *Miranda v. Arizona*，384 U. 436 (1966)，458.

② *Miranda v. Arizona*，384 U. 436 (1966)，461.

③ *Miranda v. Arizona*，384 U. 436 (1966)，479.

④ Susan Welch et al.，*American Government*，p. 449.

⑤ Lucas A. Powe，Jr.，*The Warren Court and American Politics*，p. 399.

是在联邦最高法院内部，拜伦·R.怀特大法官也对自由派大法官们作出的米兰达案判决进行了抨击。在他看来，米兰达案判决所引发的最大的社会后果是，"那些杀人凶手、强奸犯或其他的罪犯又重新回到了大街上"，"只要他们愿意，他们就可以随时再次作案"。①由此可见，正如美国学者耶尔·卡明赛尔（Yale Kamisar）所说，米兰达案判决促使联邦最高法院的反对派"形成了一股强大的政治力量"，给最高法院带来了巨大的社会压力。②

但是，上述抨击并没有改变联邦最高法院中自由派大法官们的司法趋向。自由派大法官们认为，联邦宪法为每个人都提供了平等的法律保护，即使是犯罪嫌疑人也不例外。司法机关的任务之一，便在于寻找一个既能够有效保护公民的宪法权利，同时又不会妨碍政府维护社会秩序的"平衡点"。按照自由派大法官们的司法理念，要实现这一目标，联邦最高法院不仅应当将《权利法案》的适用范围扩展至州，使所有的美国人都能够享有平等权利，而且，还应当在个人处于劣势的刑事诉讼中保护公民的合法权利不受侵犯。在自由派大法官们看来，只有所有人的平等权利都得到了保护，社会安定才会真正得到保持。从这个意义上讲，米兰达案判决是当时联邦最高法院中自由主义司法理念的突出表现，对于"纳入"司法进程的发展起到了非常重要的推动作用。

在米兰达案之后，联邦最高法院通过对1967年的"克洛普弗诉北卡罗来纳州案"、1968年的"邓肯诉路易斯安那州案"和1969年的"本顿诉马里兰州案"等案件的审理，又将《权利法案》的"陪审团迅速审判"（Speedy Trial Clause）和"一罪不二罚"（Double Jeopardy Clause）等条款，"纳入"第14条宪法修正案中，③使绝大多数维护刑事审判公正性的《权利法案》条款，都成为既管制联邦政府又约束州政府的统一性原则，从而引发了一场波及全美的州级刑事诉讼程序改革。

《权利法案》联邦化的推进，使公民在联邦和州两级政府的管理中，都

---

① Paul L. Murphy, *The Constitution in Crisis Times: 1918—1969*, p. 427.

② Yale Kamisar, "The Warren Court and Criminal Justice", in *The Warren Court: A Retrospective*, Bernard Schwartz (ed.), New York: Oxford University Press, 1996, p. 119.

③ *Klopfer v. North Carolina*, 386 U. S. 213 (1967); *Duncan v. Louisiana*, 391 U. S. 145 (1968); *Benton v. Maryland*, 395 U. S. 784 (1969).

能够获得相同的宪法保护，实现了美国公民权利的统一，这就极大地拓展和提高了美国公民权利保护的范围和力度，在美国宪政发展中发挥了重要的积极作用。

纵观《权利法案》联邦化的历史进程，有两点需要特别强调：其一，美国主流社会思潮的变动和联邦最高法院司法理念的转变，在《权利法案》联邦化过程中发挥了至关重要的作用。正是美国社会对公平、正义的不断追求，以及联邦最高法院的主流司法理念从恪守法律文本转向实现社会需求，才使得《权利法案》联邦化逐步变为现实。其二，尽管联邦最高法院在司法审查中是以"选择性纳入观"作为《权利法案》联邦化的基本原则的，但实际上，在20世纪60年代自由派大法官们的推动下，除个别条款外，几乎整个《权利法案》都被联邦最高法院"纳入"第14条宪法修正案中。① 可以说，在《权利法案》联邦化进程中，联邦最高法院是以卡多佐大法官的"选择性纳入观"为路径，达到了布莱克大法官的"整体性纳入观"的目的。《权利法案》联邦化的进程几近完成，只不过在这一过程中，还仍然保持着"选择性纳入"的外表而已。

---

① 1961年，在《权利法案》所有的26项保护公民权利的条款中，只有8项被"纳入"第14条宪法修正案中，用于约束州政府。随后，联邦最高法院的"纳入"进程逐渐加快。到1969年，只有7项《权利法案》条款还没有被"纳入"第14条宪法修正案中。最新的"纳入"案件是2010年6月28日联邦最高法院裁决的"麦克唐纳诉芝加哥案"［*McDonald v. Chicago*，No. 08–1521 (2010)］。联邦最高法院在该案判决中认为，第2条宪法修正案中的"公民合法持枪权"条款同样适用于各州。到目前为止，尚没有经由"纳入"约束州政府的《权利法案》条款有5项，即第3条宪法修正案的"在和平时期，未经房主同意，士兵不得在民房驻扎"；第5条宪法修正案的"除非根据大陪审团的报告或起诉，不得受判处死罪或其他不名誉罪行之审判"；第6条宪法修正案的"在一切刑事诉讼中，被告……由犯罪行为发生地的州和地区的公正陪审团予以迅速而公开的审判"；第7条宪法修正案的"在普通法的诉讼中，其争执价值超过20元，由陪审团审判的权利应受到保护"；第8条宪法修正案的"不得处以过重的罚金"。

结　语

    1788 年，当美国的建国先贤亚历山大·汉密尔顿在纽约的报刊上撰文，为未来联邦司法机构的独立地位做辩护时，他曾把联邦司法机构尤其是联邦最高法院视为"对宪法授予的政治权力危害最寡"的机构。在汉密尔顿看来，与联邦立法和行政部门相比，联邦最高法院的力量最弱，它"既无军权、又无财权"，"既无强制、又无意志，而只有判断；而且为实施其判断亦需借助于行政部门的力量"。因此，必须采取相应的措施，"使它能以自保"，以防止联邦立法和行政机构的侵犯。① 但是，从 1803 年的"马伯里诉麦迪逊案"确立司法审查制度以来，联邦最高法院已不再是一个"危险性最小的部门"，司法审查在美国宪政发展中所起的重要作用逐渐得到了显现。

    据统计，从 1803 年到 2002 年，在联邦最高法院的司法审查中，被明确宣布为违宪的联邦法律为 158 项，被裁定为违宪的州和地方法律为 1057 项，因与联邦法律相冲突而被宣布为无效的州和地方法律为 224 项，以上各项合计达 1439 项。② 由于联邦最高法院司法审查的案件均涉及与联邦宪法和联邦法律有关的重大问题，因此，司法审查对美国社会发展和宪政演进的影响是深刻的。

    早在 19 世纪 30 年代中期，法国政治学家托克维尔在考察美国后就认为，"在美国，几乎所有政治问题迟早都要变成司法问题"，"司法的语言差

---

    ①　[美] 汉密尔顿、杰伊、麦迪逊：《联邦党人文集》，第 391 页。

    ②　Johnny H. Killian, George A. Costello and Kenneth R. Thomas, eds., *The Constitution of the United States of America: Analysis and Interpretation*, pp. 2119—2383.

不多成了普通语言"。① 在塑造美国宪政这一突出特征的过程中，联邦最高法院的司法审查发挥了关键作用。这是因为，在司法审查过程中，联邦最高法院并不仅仅是在复审由联邦下级法院和州法院上诉的案件，以确保联邦宪法和联邦法律的权威和有效执行，更为重要的是，借由司法审查，联邦最高法院也得以深深地卷入美国的社会和政治生活，使自己成为美国宪政体制运作中不可或缺的一个重要组成部分。正如联邦最高法院大法官奥利弗·W.霍姆斯所说，在美国的宪政架构中，"我们那里非常平静，但众所周知的是，它是风暴中心的平静（quiet of a storm center）"。②

其实，联邦最高法院身处美国宪政运作的"风暴中心"不假，但"平静"却是未必。联邦最高法院在司法审查中所作的诸多判决，不仅引发了美国社会的激辩，而且也往往会在联邦最高法院内部导致大法官之间的分裂。

如前所述，在司法审查制度确立以来 200 多年的美国宪政发展中，联邦最高法院已经在联邦制、经济自由和民权保护等领域中深刻地影响了美国社会的发展。自 20 世纪 70 年代以来，虽然保守派大法官逐渐在联邦最高法院中占据了主导地位，但联邦最高法院仍然显示出强烈的司法能动主义的倾向，它对诸多案件的司法审查都引发了美国社会的激烈争论和对立。

例如，在 1971 年的"斯旺诉夏洛特—梅克伦堡县教育委员会案"③ 中，联邦最高法院裁定，在消除公立学校种族隔离制度的过程中，使用"校车接送"（Busing）的方法，即由政府出资用校车将部分黑人学生送到白人学校就读，同时也把部分白人学生送到黑人学校就读，强制实行黑白合校的做法并不违宪。联邦最高法院认为，虽然消除公立学校的种族隔离是"一项重大任务"，彻底解决这一问题需要耐心和多方面的努力，但是，消除公立学校种族隔离"不应因力求实现学校当局管辖范围之外的更广泛的目的而延迟"。④

在联邦最高法院看来，"校车接送"可能会给某些人带来"不便"，但

---

① ［法］托克维尔：《论美国的民主》（上），第 310 页。

② Oliver W. Holmes, "Speech at a Dinner of the Harvard Law School Association of New York on February 15, 1913", in *Collected Legal Papers*, Oliver W. Holmes, p. 292.

③ *Swann v. Charlotte-Mecklenburg Board of Education*, 402 U. S. 1 (1971).

④ *Swann v. Charlotte-Mecklenburg Board of Education*, 402 U. S. 1 (1971), 22.

这是根除"二元学校体制"（dual school systems）所不可避免的。在没有出现过种族歧视的社会中，学生就近入学是再正常不过的事情，但在美国这样一个曾经"处心积虑地建构和固守种族隔离"的国家里，就近入学只能带来黑白种族间越来越严重的不平等。因此，尽管"校车接送"制度本身并不完善，也很可能会给某些人带来"意想不到的"负担，但这是在消除"二元学校体制"的"过渡期"所不可避免的。①

斯旺案判决引发了美国社会的激烈争论。1971年8月3日，尼克松总统在一份声明中就明确表示了自己对"校车接送"制度的不满。尼克松指出，"我一贯坚决反对用校车接送全国学童的办法来达到种族平衡"，尽管联邦行政机构会按照法院的要求继续执行"校车接送"，但"它们将与每个校区合作"，将"校车接送"控制在"最小的范围"。②1972年6月，联邦国会在对联邦教育法进行修订时也明确规定，联邦教育资金不得被用于任何形式的"校车接送"计划。③

斯旺案判决也在美国普通民众中引发巨大的争议。例如，在1971年10月的一次"盖洛普民意调查"（Gallup Poll）中，有76%的受访者反对"校车接送"。其中，反对"校车接送"的黑人受访者占到了47%，持支持立场的黑人受访者却只有45%。④这说明，尽管联邦最高法院试图通过斯旺案判决，加速消除公立学校中的种族隔离，但其结果却是进一步"分裂了美国人"。⑤

---

① *Swann v. Charlotte-Mecklenburg Board of Education*，402 U. S. 1（1971），28.

② Richard Nixon, "Statement about the Busing of Schoolchildren, August 3, 1971", in *Public Papers of the Presidents of the United States：Richard Nixon*, 1971 Volume, Office of the Federal Register (ed.), Washington, D. C.：United States Government Printing Office, 1972, p. 849.

③ U. S. Congress, "An Act to Amend the Higher Education Act of 1965, the Vocational Education Act of 1963, the General Education Provisions Act (creating a National Foundation for Postsecondary Education and a National Institute of Education), the Elementary and Secondary Education Act of 1965, Public Law 874, Eighty-first Congress, and related Acts, and for Other Purposes" (June 23, 1972), in *United States Statutes at Large*, Vol. 86, p. 371.

④ Davison M. Douglas, ed., *School Busing：Constitutional and Political Developments*, *Vol.2*, *The Public Debate over Busing and Attempts to Restrict Its Use*, New York：Garland Publishing Inc., 1994, p. 71.

⑤ Richard Nixon, "Address to the Nation on Equal Educational Opportunities and School Busing, March 16, 1972", in *Public Papers of the Presidents of the United States：Richard Nixon*, 1972 Volume, Office of the Federal Register (ed.), Washington, D. C.：United States Government Printing Office, 1974, p.429.

与确立"校车接送"制度的合宪性相比，联邦最高法院在 1973 年的"罗诉韦德案"①中对堕胎权的支持，更是引发了美国社会的严重对立。在判决中，联邦最高法院推翻了得克萨斯州《非法堕胎法》（Criminal Abortion Statute）的合宪性，确认堕胎权是公民隐私权（Right of Privacy）的重要组成部分，除非涉及"州的重大利益"（important state interests），州政府不能随意干涉，否则就侵犯了怀孕妇女的平等权利。②

判决指出，尽管有人认为人的生命是从母亲怀孕的那一刻就已开始，但持生命始于出生之后观点的人也随处可见。"联邦最高法院没有必要解决生命究竟始于何时这一难题。"③ 在对堕胎案件进行司法审查时，联邦最高法院重点保护的应该是怀孕妇女的权利，而不是法律地位不清的胎儿的权利。判决认为，虽然联邦宪法没有对其文本中多次出现的"人"（person）一字作出明确定义，但"从一切情形看，联邦宪法中的'人'都是特指出生后的人"，"没有确切的证据能够证明"，该字具有"出生前的胎儿"这一含义。④

在判决中，联邦最高法院将妇女的怀孕期分为三个阶段，在怀孕的前三个月里，堕胎对孕妇不会造成伤害，孕妇有充分的自由权决定是否堕胎。在怀孕的中间三个月，州政府虽可以对堕胎做一定的管理，但仅限于规范堕胎的程序，以保护孕妇的身体健康，堕胎决定应由孕妇与医生协商后作出。只有当怀孕进入最后三个月时，由于胎儿已具备了"存活能力"（viability），且此时堕胎会给孕妇带来很大的风险，州政府禁止堕胎"才拥有了逻辑学和生物学上的合理性"。⑤

虽然联邦最高法院在罗案判决中承认各州有权禁止怀孕期第三阶段的堕胎，但该案判决对孕妇在怀孕期前两个阶段堕胎权的保护，实际上确认了妇女的自由堕胎权。罗案判决不仅使当时美国 49 个州的反堕胎法无效，而且也极大地触动了美国人内心深处的情感。

早在联邦最高法院宣布将对罗案举行庭审前，尼克松总统就在 1971 年

① *Roe v. Wade*，410 U. S. 113 (1973) .
② *Roe v. Wade*，410 U. S. 113 (1973)，152—154.
③ *Roe v. Wade*，410 U. S. 113 (1973)，159.
④ *Roe v. Wade*，410 U. S. 113 (1973)，157.
⑤ *Roe v. Wade*，410 U. S. 113 (1973)，163，164—165.

4月3日的一份声明中明确表达了对联邦最高法院受理罗案的不满，他除了认为堕胎问题应属于州权范畴，联邦政府无权干预外，还把堕胎视为"一种不可接受的控制人口的方式"，"与包括未出生胎儿在内的人类生命的尊严……不相容"。①

罗案判决公布后，美国人在堕胎问题上的态度更是泾渭分明，争议不断。例如，"美国计划生育联合会"（Planned Parenthood Federation of America）主席艾伦·古特马赫（Alan Guttmacher）就对判决给予了赞扬，称这一判决是维护隐私权的"明智和勇敢之举"，保护了"女性的身心健康"。而以犹他州的共和党联邦参议员奥林·哈奇（Orrin Hatch）为代表的反堕胎人士则持相反的观点，认为联邦最高法院的这一判决违背了美国社会的道德准则，罗案判决"就是本世纪的德雷德·斯科特案判决"。此外，在罗案判决之后，共和党联邦议员在每届联邦国会中都提交了推翻堕胎合法化的宪法修正案，只是因反对之声同样强烈，这些修正案才均未能获得通过。②

联邦最高法院对堕胎的支持也遭到了大法官拜伦·R. 怀特和威廉·H. 伦奎斯特的反对。他们认为，1868 年，当旨在保护公民平等权利的第 14 条宪法修正案生效时，美国各州议会"至少制定了 36 项限制堕胎的法律"，③这说明"该修正案的制定者们"并未打算"收回各州管控堕胎的权力"，④管控堕胎仍然是州权的一部分，联邦政府不能干涉。在罗案判决中，联邦最高法院实际上创造了一项第 14 条宪法修正案制定者们"完全不知晓的权利"，这本身就是违宪的。⑤

此外，联邦最高法院在 2000 年 12 月 12 日所作的"布什诉戈尔案"⑥判决，以及在 2013 年 6 月 26 日所作的"合众国诉温莎案"⑦判决，也都极大

---

① Richard Nixon, "Statement About Policy on Abortions at Military Base Hospitals in the United States, April 3, 1971", in *Public Papers of the Presidents of the United States：Richard Nixon*, 1971 Volume, Office of the Federal Register (ed.), p. 500.

② Robert Kelley, *The Shaping of the American Past*, Vol. Ⅱ, p. 771.

③ *Roe v. Wade*, 410 U. S. 113 (1973), 174—175.

④ *Roe v. Wade*, 410 U. S. 113 (1973), 177.

⑤ *Roe v. Wade*, 410 U. S. 113 (1973), 174.

⑥ *Bush v. Gore*, 531 U. S. 98 (2000).

⑦ *United States v. Windsor*, No. 12–307 (2013).

地触动了美国社会的神经。布什案判决中止了佛罗里达州的总统大选重新计票工作，事实上宣告了在乔治·W. 布什（George W. Bush）与艾伯特·戈尔（Albert Gore）的"世纪总统选战"中，戈尔的总统竞选失败。温莎案判决则推翻了 1996 年联邦国会制定的《婚姻保护法》（Defense of Marriage Act）的合宪性，① 确认该法律侵犯了同性恋婚姻者的平等权利，违反了联邦宪法第 5 条修正案的"正当法律程序"条款。在这两宗案件中，联邦最高法院的大法官们都是以 5：4 的表决结果作出裁决的，显示出联邦最高法院内部大法官们之间严重的分裂。而且，这两宗案件也都涉及美国最重大和最敏感的问题，都引发了美国社会各方关于联邦最高法院的角色和"公民权利"内涵的激烈争论。

由此可见，在美国宪政的发展过程中，联邦最高法院司法审查的影响已不单纯地局限在法律层面上，而是在美国的政治生活中深深地打下了自己的烙印，联邦最高法院也因此成为美国政治进程中一个重要的参与者。正如美国政治学家罗伯特·A. 达尔（Robert A. Dahl）所说，如果只是把联邦最高法院看作是一个法律机构，"那就低估了它在美国政治体制中的影响力"。实际上，联邦最高法院也是一个"相当不同寻常的"政治机构，它对那些"有争议的国家政策"能够作出"决策"。② 美国学者斯蒂芬·W. 施密特（Steffen W. Schmidt）等人也认为，只要联邦最高法院的大法官们"对法律进行解释"，他们也就变成了美国政治舞台上的"演员"，成为美国宪政体制中的"决策者"。③

联邦最高法院凭借司法审查介入美国政治事务的做法，引发了美国社会的广泛批评。如前所述，早在进步运动时期，由于联邦最高法院严格审查联邦政府和州政府调控社会和经济的政策，许多美国法律界人士就对司法机关的权力及其与其他政府机构的关系进行了反思，提出了"顺从立法"（Deference to Legislature）的思想，认为美国的司法机关应充分尊重立法机

① U. S. Congress, "An Act to Define and Protect the Institution of Marriage" (September 21, 1996), in *United States Statutes at Large*, Vol. 110, pp. 2419—2420.

② Robert A. Dahl, "Decision-Making in a Democracy: The Supreme Court as a National Policy-Maker", *Journal of Public Law*, Vol. 6, Issue 2, 1957, p. 279.

③ Steffen W. Schmidt, Mack C. Shelley and Barbara A. Bardes, *American Government and Politics Today*, p. 453.

关的意志，为美国各级立法机关有效调控社会运行预留出足够的施政空间。"司法克制"论即是在这种社会思潮中被提出来的，并逐渐为当时的美国社会所接受。罗斯福"新政"时期，"顺从立法"和"司法克制"一度成为美国法律界乃至整个美国社会的主流观念。但是，到20世纪五六十年代，随着联邦最高法院在民权保护领域中日益走向激进，它所坚持的司法能动主义越来越引起美国社会的担忧，并促使很多人反思司法审查权的合宪性及其限度问题。

例如，在1959年发表的《走向宪法性法律的中立主义》一文中，美国哥伦比亚大学教授赫伯特·威克斯勒（Herbert Wechsler）就提出，在司法审查中，司法机关必须"真正按原则办案"，其司法判决必须建立在"超越当下特定结果的分析和推理"的基础上，必须具有"适当的中立性（neutrality）和普适性（generality）"，[①] 否则就意味着法官以自己的思想观念代替了真正的宪法原则。

在1962年出版的《最小危险部门——政治法庭上的最高法院》一书中，耶鲁大学的法学教授亚历山大·M. 比克尔（Alexander M. Bickel）也提出了自己对司法审查权的认识。比克尔认为，司法审查权不仅缺乏坚实的宪法基础，而且还使得司法机关面临着难以化解的"反多数难题"（The Counter-Majoritarian Difficulty），即当非民选的联邦最高法院大法官们宣布一项民选政府机构制定的法律或施政措施为违宪时，多数人的意志就遭到了压制，这正是司法审查不民主的根本原因所在。[②] 比克尔认为，尽管美国社会已逐渐认可并接受了司法审查，但联邦最高法院也必须时刻保持"消极的美德"（passive virtues），即在司法审查中，如果一宗案件所涉及的宪法问题无法从联邦宪法中得出清晰明确的答案，联邦最高法院就应该尽可能地避免作出原则性和宽泛性的判决。

到20世纪90年代，对于保守派大法官主导的联邦最高法院所表现出的强烈的司法能动主义倾向，美国社会也给予了众多的批评。例如，在1997

---

① Herbert Wechsler, "Toward Neutral Principles of Constitutional Law", *Harvard Law Review*, Vol. 73, No. 1, 1959, p. 15.

② Alexander M. Bickel, *The Least Dangerous Branch: The Supreme Court at the Bar of Politics*, Indianapolis: Bobbs-Merrill Educational Publishing, 1962, pp. 16—17.

年出版的《司法能动主义——自由的保障还是安全的威胁?》一书中,马凯特大学的政治学教授克里斯托弗·沃尔夫(Christopher Wolfe)就明确提出,"我坚信司法能动主义是一种不可取的现象"①,美国社会完全可以"通过民主的途径"解决众多棘手的政治问题,联邦最高法院以司法审查的手段来代替立法、行政等民选机构处理重大的政治问题,显然是不合适的。②

1999 年,美国普林斯顿大学的政治学教授基思·E. 惠廷顿(Keith E. Whittington)在其所著的《宪法解释——文本含义、原初意图与司法审查》一书中也认为,在司法审查中,联邦最高法院在很多情况下都背离了解释联邦宪法的"原旨主义"(Originalism)路径,没有严格遵循联邦宪法的文本规定和制宪者们的原初意图,这种趋势必须要得到抑制,否则的话,联邦最高法院将会"从根本上篡夺联邦宪法没有授予它的权力",从而"歪曲美国的宪法设计"。③

很明显,当美国人对联邦最高法院进行批评时,他们除了对司法审查本身的合宪性表示质疑外,更主要的是担心在司法审查中,非民选的联邦最高法院会"篡夺"本应由民主机构行使的权力,从而使它从一个法律机构蜕变成为政治机构。

然而,尽管联邦最高法院可以凭借司法审查影响美国宪政的发展走向,但不可否认的是,"在联邦最高法院中占主导地位的政策观点,从来就没有长期背离过美国立法进程中多数人的主流观念"④。从长时段的角度看,联邦最高法院的司法趋向是符合美国民主机构的政策选择的,司法审查在美国民众中所获得的信任度也并不比其他民选机构低。据 2005 年的一项"盖洛普民意调查"显示,只有 22% 的被调查者表示"非常"或"极其"信任联邦国会,但有超过 40% 的被调查者对联邦最高法院表达了类似的信任感。⑤

① Christopher Wolfe, *Judicial Activism*: *Bulwark of Freedom or Precarious Security*?, Lanham: Rowman & Littlefield Publishers, Inc., 1997, p. x.

② Christopher Wolfe, *Judicial Activism*: *Bulwark of Freedom or Precarious Security*?, p. 58.

③ Keith E. Whittington, *Constitutional Interpretation*: *Textual Meaning*, *Original Intent*, *and Judicial Review*, Lawrence: University Press of Kansas, 1999, p. 47.

④ Robert A. Dahl, "Decision-Making in a Democracy: The Supreme Court as a National Policy-Maker", *Journal of Public Law*, Vol. 6, Issue 2, 1957, p. 285.

⑤ [美] 杰弗里·罗森:《最民主的部门:美国最高法院的贡献》,胡晓进译,任东来校,中国政法大学出版社 2013 年版,第 3 页。

联邦最高法院的司法审查之所以没有长期偏离美国民主机构的主流观念，原因是多方面的。首先，联邦最高法院的司法审查不仅是"被动"的，而且其审查的范围也是有限的。与联邦立法和行政机构不同，联邦最高法院并非主动地介入各种社会纷争，而是只有当真实的案件发生，并且案件的当事人将案件上诉到联邦最高法院后，最高法院才能根据自己的选择，运用司法审查权对相关问题作出司法裁断。联邦最高法院这一"被动反应的姿态"（reactive posture）①，使得司法审查并不会成为主动干预社会运行的政治机制，司法审查对美国"决策"的参与力度是有限的。

不仅如此，在司法审查过程中，联邦最高法院每年受理的上诉案件的数量也是有限的。一般而言，在每年上诉至联邦最高法院的大约7000件案件中，联邦最高法院通常只对其中100件左右的案件发出"调卷复审令"（writ of certiorari），并在举行庭审后作出署名判决。除此之外，在不举行庭审的情况下，联邦最高法院也通常只对其他争议不大的100—200件左右的案件作出不具名的"法庭意见"（Per Curiam Opinion）。②

联邦最高法院在司法审查中所表现出的"被动性"和审查范围的有限性说明，尽管在司法审查中，联邦最高法院选择的大多是对美国社会和政治运作有重大影响的案件，但"联邦最高法院却并不是主导性的国家政策的制定者"。③正如美国学者罗伯特·A.达尔所认为的那样，尽管联邦最高法院是"美国'统治联盟'（dominant alliance）政治领导的一部分"，它也拥有"合法的"解释联邦宪法的权力，但是，联邦最高法院不会"公然反对统治联盟的主要政策"。一般而言，联邦最高法院会在"统治联盟设定的相对狭小的基本政策目标范围内"，选择可以进行司法审查的案件。联邦最高法院可以决定"国家政策实施的时间、效力以及其他的辅助性政策"，但它却"无力影响国家政策的制定过程"。④

---

① Lawrence Baum, "Supreme Court Activism and the Constitution", in *The Constitution and American Political Development: An Institutional Perspective*, Peter F. Nardulli (ed.), Urbana: University of Illinois Press, 1992, p. 154.

② Thomas E. Patterson, *The American Democracy*, Boston: McGraw-Hill, 2003, p. 434.

③ Lawrence Baum, *The Supreme Court*, Washington, D. C.: Congressional Quarterly Inc., 1998, p.206.

④ Robert A. Dahl, "Decision-Making in a Democracy: The Supreme Court as a National Policy-Maker", *Journal of Public Law*, Vol. 6, Issue 2, 1957, pp. 293—294.

其次，联邦最高法院的司法审查受到法院内外各种因素的制约。就外部因素而言，联邦最高法院大法官的选任由民选机构决定，是防止联邦最高法院司法审查偏离民主机构主流观念的首要因素。按照联邦宪法第 2 条第 2 款的规定，联邦最高法院大法官由总统提名，在"取得联邦参议院的建议和同意"后正式任命。虽然在总统提名大法官的过程中，被提名人的从业经验、宗教信仰、种族、性别、地域以及与总统个人的私交等都会影响总统的选择，但被提名人的政治倾向性却是决定总统选择的最重要的因素，也是美国从"立国之初就被确立的重要传统"。① 正如美国著名的政治学家亨利·J. 亚伯拉罕所说，"不管决定总统任命的其他评判标准是什么，总统对被提名者的真正政见的看法却必然是对任何一个提名者的压倒一切的考虑。"②

例如，如前所述，在"1800 年革命"前，联邦最高法院中的全部 6 名大法官都是联邦党人，他们之所以能够进入联邦最高法院，最主要的原因是他们的政治立场与提名和任命他们的乔治·华盛顿总统以及约翰·亚当斯总统是一致的，都主张加强新组建的联邦政府的权力。1902 年，在西奥多·罗斯福（Theodore Roosevelt）总统提名奥利弗·W. 霍姆斯出任联邦最高法院大法官前，促使老罗斯福总统下定决心的最主要的因素，是他从自己的政治盟友那里得到确认，霍姆斯在政治上"完全同意我们的观点"。③

在 1937 年的"法院危机"后，富兰克林·D. 罗斯福总统也是按照自己的政治理念挑选联邦最高法院的大法官人选的。在罗斯福总统一手缔造的"罗斯福法院"中，其选任的 9 名大法官都坚定支持"新政"改革，完全扭转了此前联邦最高法院在"四骑士"的主导下否决"新政"立法的司法立场。

同样，在 1969 年 5 月，理查德·M. 尼克松总统之所以提名时任哥伦比亚特区上诉法院首席大法官的沃伦·E. 伯格（Warren E. Burger），接替离职的厄尔·沃伦出任联邦最高法院首席大法官，最主要的原因是伯格一直都对

---

① ［美］杰弗瑞·A. 西格尔、哈罗德·J. 斯皮斯、莎拉·C. 蓓娜莎：《美国司法体系中的最高法院》，第 252 页。

② ［美］亨利·J. 亚伯拉罕：《法官与总统——一部任命最高法院法官的政治史》，第 58 页。

③ ［美］杰弗瑞·A. 西格尔、哈罗德·J. 斯皮斯、莎拉·C. 蓓娜莎：《美国司法体系中的最高法院》，第 252 页。

沃伦主导的联邦最高法院的司法能动主义倾向持反对态度。早在 1968 年的总统竞选中，尼克松就反复强调，美国必须要尽可能地扭转联邦最高法院的司法能动主义倾向，其手段之一就是今后在选择联邦最高法院大法官的人选时，被提名人应是"严格解释宪法论者"（strict constructionists）。他们应始终秉持一个基本信条，那就是，在司法审判中，"他们是在解释法律，而不是要去创设法律"。① 尼克松认为，联邦最高法院大法官应把自己看作是宪法的"维护者"，而不是一个"放手把自己的社会和政治观点……强加于美国人民的超级立法者"，只有这样的大法官才能"加强与全国犯罪势力作斗争的治安力量"，捍卫"法律和秩序"（law and order）。② 正是尼克松与伯格在政治理念上的一致，才使得就职后的尼克松总统在提名联邦最高法院首席大法官人选时确信，伯格正是他所寻找的能够给美国带来"法律和秩序"的最合适的首席大法官人选。③

联邦参议院在审议总统的大法官提名时，虽然考虑的因素也很多，如被提名者的资历、能力等，但被提名者在公共政策问题上的态度，是联邦参议院审议的重点。例如，1795 年，联邦参议院否决了华盛顿总统提名约翰·拉特利奇出任联邦最高法院首席大法官的决定，原因在于拉特利奇曾在 1794 年反对签署确立美国"中立政策"的《杰伊条约》，从而引发了联邦参议院中联邦党议员的强烈反对。1930 年，当赫伯特·C. 胡佛总统提名联邦第 4 巡回上诉法院法官约翰·J. 帕克（John J. Parker）出任联邦最高法院大法官时，遭到了美国劳工联合会和全国有色人种协进会的持续反对。前者认为帕克对劳工"不友好"，后者则提出帕克反对黑人参与政治，"特别是反对给予黑人选举权"。在这种强大的社会压力下，联邦参议院最终否决了胡佛总统对帕克的提名。④

在经由总统和联邦参议院的提名和审议后，绝大多数的联邦最高法院大法官在上任后，他们的司法观点都基本上与民选机构的主流观念保持一

---

① Thomas M. Keck, *The Most Activist Supreme Court in History: The Road to Modern Judicial Conservatism*, Chicago: The University of Chicago Press, 2004, p. 112.

② [美] 亨利·J. 亚伯拉罕：《法官与总统——一部任命最高法院法官的政治史》，第 1—2 页。

③ Tinsley E. Yarbrough, *The Burger Court: Justices, Rulings, and Legacy*, Santa Barbara: ABC-CLIO, Inc., 2000, p. 4.

④ [美] 亨利·J. 亚伯拉罕：《法官与总统——一部任命最高法院法官的政治史》，第 31、32—33 页。

致，尤其没有与任命他们的总统的政治立场发生严重的冲突。① 根据美国学者罗伯特·西格里亚诺（Robert Scigliano）的统计，在所有的联邦最高法院大法官中，大约有四分之三大法官的司法表现是与总统的期望大致相同的。② 这就意味着，随着民选机构的变化，联邦最高法院大法官的人员构成也会逐渐发生相应的改变，这就在很大程度上保证了联邦最高法院司法审查的趋向与民选机构的主流观念能够保持基本一致。

联邦国会可以通过制定宪法修正案和新法律，以及变更联邦最高法院大法官的数量和上诉管辖权的方式，引导或推翻联邦最高法院判决，这也是保证联邦最高法院的司法审查与民选机构的主流观念相一致的重要手段。虽然在美国宪政史中，联邦国会很少使用此类权力，但这却是控制联邦最高法院司法走向的一个非常重要的潜在的约束手段。③

例如，在前述的 1869 年的"麦卡德尔案"中，联邦国会就制定了一项法律，取消了联邦最高法院对人身保护令状案件的上诉审判权，从而直接导致了联邦最高法官拒审此案，防止了联邦最高法院借由审理此案推翻重要的南方重建法律。在 1865 年至 1870 年间，联邦国会通过制定联邦宪法第 13、14 和 15 条修正案，明确废除了奴隶制度，给予黑人公民资格，并保护黑人的平等权利。这些"重建修正案"的出台，事实上推翻了 1857 年联邦最高法院所作的维护奴隶制度的"德雷德·斯科特诉桑福德案"判决，扭转了联邦最高法院在奴隶制问题上的保守立场。联邦国会所拥有的这些制约联邦最高法院的权力，在很大程度上促使联邦最高法院尽可能避免与联邦国会发生冲突，也使联邦最高法院的司法趋向不会从根本上偏离民选机构的主流观念。

社会舆论同样也在影响着联邦最高法院的司法走向，促使其判决不会偏离民选机构的主流观念。罗伯特·G. 麦克洛斯基曾经说过，"公众的赞

---

① 首席大法官厄尔·沃伦和大法官威廉·J. 布伦南是经常被人们提到的少数例外中的代表。沃伦和布伦南是在 1953 年和 1956 年先后被艾森豪威尔总统提名和任命的，他们进入联邦最高法院后，逐渐表现出明显的司法自由主义倾向，这让秉持政治保守主义观念的艾森豪威尔总统大失所望。据说，当有人问起在总统任内是否犯过什么错误时，艾森豪威尔总统说："是的，我犯过两个错误，错误的主角现在都坐在联邦最高法院的法庭上。"参见 Lawrence Baum, *The Supreme Court*, p. 45.

② Thomas E. Patterson, *The American Democracy*, p. 444.

③ Lawrence Baum, *The Supreme Court*, p. 219.

同为司法决策设置了一个外围边界（outer boundary），一个良好社会的司法理念永远都不可能远离民众的观念"，联邦最高法院"很少会在长时间内全然不顾真切无误的公共情绪的浪潮"。① 美国学者劳伦斯·鲍姆（Lawrence Baum）也认为，虽然联邦最高法院是一个相对封闭的机构，但它是不可能长期坚持那种"在法院之外缺乏足够支持的"司法立场的，因为这会使联邦最高法院"容易招致其他政府机构的攻击"。②

联邦最高法院在堕胎问题上的态度变化是最突出的一个例证。在 1973 年的"罗诉韦德案"之后，美国社会在堕胎问题上的分歧日益严重，主张保护胎儿权利的"生命派"（Pro-Life）和强调维护孕妇权利的"选择派"（Pro-Choice）之间的矛盾不断激化，堕胎问题逐渐成为美国政治活动中一个难以回避的话题。更为严重的是，据美国"全国堕胎联合会"（National Abortion Federation）的统计，从 1977 年到 1987 年，全美遭到炸弹袭击的堕胎诊所有 32 家，被人为纵火的堕胎诊所有 38 家，还有 600 多家的堕胎诊所遭到了反堕胎人士的抗议示威。进入 20 世纪 90 年代后，全美还有数名提供堕胎手术的医生在袭击中遇害或受伤。③

美国社会在堕胎问题上的严重对立，对联邦最高法院构成了巨大压力，并促使联邦最高法院在堕胎问题上的态度开始发生微妙变化。例如，在 1977 年的"马厄诉罗案"和 1980 年的"哈里斯诉麦克雷案"中，联邦最高法院就都裁定，州政府不得动用联邦和州政府共同提供的医疗补助金（Medicaid），向堕胎妇女提供资助。④ 在 1989 年的"韦伯斯特诉生育健康服务中心案"中，联邦最高法院支持了密苏里州的一项法律，该法律禁止利用政府基金资助堕胎和禁止在州政府机构中实行堕胎。⑤ 在 1992 年的"计划生育联盟宾夕法尼亚州东南分部诉凯西案"中，联邦最高法院又部分地支持了宾夕法尼亚州的一项管制堕胎的法律，该法律规定 18 岁以下的孕妇在堕胎前必须征得父母同意，而且必须在咨询过有关机构 24 小时后，她们才能进

---

① Robert G. McCloskey, *The American Supreme Court*, pp. 22, 23.

② Lawrence Baum, *The Supreme Court*, p. 217.

③ David M. O'Brien, *Storm Center: The Supreme Court in American Politics*, New York: W. W. Norton & Company, 2000, p. 17.

④ *Maher v. Roe*, 432 U. S. 464 (1977); *Harris v. McRae*, 448 U. S. 297 (1980).

⑤ *Webster v. Reproductive Health Services*, 492 U. S. 490 (1989).

行堕胎。①

除堕胎案件外，在宗教问题上，联邦最高法院也对社会舆论作出了回应。如前所述，联邦最高法院在"恩格尔诉瓦伊塔尔案"等案件中所作的关于宗教信仰自由的判决，曾在美国社会中引发激烈的争论。判断政教分离的标准是什么，以及公民信仰自由的限度有多大等问题，成为美国社会激辩的核心。在社会舆论的压力下，联邦最高法院在宗教信仰问题上的立场也开始发生微调。

早在 1971 年的"莱蒙诉库兹曼案"② 中，联邦最高法院就确立了一个用于判断政府立法是否违反"禁止确立国教"条款的"莱蒙测试规则"(Lemon Test)。根据这一规则，只有符合以下三个要求，一项法律才能够不被认定违反了"禁止确立国教"条款。其一，该法律必须具有"世俗的立法目的"；其二，该法律的主要目的"既不是为了推动也不是为抑制宗教活动"；其三，该法律必须没有促使"政府过多地卷入宗教事务"。③ 虽然从表面上看，"莱蒙测试规则"的要求非常严格，但实际上，联邦最高法院在运用该规则时，大多会考虑社会舆论的倾向性。

例如，在 1981 年的"威德默诉文森特案"④ 中，联邦最高法院从"言论自由"的角度，判定密苏里州立大学的一项管理规定违宪。根据该规定，学生社团可以使用学校设施举行各种活动，但宗教性的学生团体不得在教室中举行宗教祈祷和讨论。虽然密苏里州立大学坚持认为，该规定符合"禁止确立国教"条款的要求，但联邦最高法院却裁定，密苏里州立大学的这一规定违反了"莱蒙测试规则"的第二项要求，即它没有向宗教性的学生社团提供"平等的路径"(equal access)，使这类社团也可以平等地使用各种校园设施，宣传自己的宗教言论，从而抑制了宗教活动。⑤ 联邦最高法院认为，第 1 条宪法修正案"言论自由"条款的重要性要高于"禁止确立国教"条款，密苏里州立大学对"禁止确立国教"条款的遵守，并不能证明"歧视"学生宣讲

---

① *Planned Parenthood of Southeastern Pennsylvania v. Casey*，505 U. S. 833 (1992).

② *Lemon v. Kurtzman*，403 U. S. 602 (1971).

③ *Lemon v. Kurtzman*，403 U. S. 602 (1971), 612—613.

④ *Widmar v. Vincent*，454 U. S. 263 (1981).

⑤ *Widmar v. Vincent*，454 U. S. 263 (1981), 271.

宗教性言论的自由，符合它的"非常迫切的"（sufficiently "compelling"）利益需求。①

很明显，在该案判决中，联邦最高法院实际上是试图为校园内宗教活动的合宪性寻找一条可行之路，这种意图在很大程度上是联邦最高法院对美国社会中反对禁止校园祷告呼声的一种微妙的回应。

在1983年的"马什诉钱伯斯案"②中，联邦最高法院支持内布拉斯加州议会付费聘请一位牧师，在每天议会开会前进行宗教祈祷。在该案判决中，联邦最高法院回避了"莱蒙测试规则"，认为议会开会前由牧师进行祷告是"深植于美国历史和传统中的"一项习惯，③这种习惯已经成为"美国社会结构的一个组成部分"，"被广大的美国人所接受"，并不违反第1条宪法修正案的"禁止确立国教"条款。④

在1984年的"林奇诉唐纳利案"⑤中，联邦最高法院又支持了罗得岛州波塔基特市（Pawtucket）政府在圣诞节期间在公园内陈列基督诞生像（Creche）的做法。联邦最高法院认为，虽然最高法院承认政教之间应该有一道"分离之墙"，但这种说法并不能准确地说明在美国人的现实生活中政治与宗教之间的关系。⑥要判断政府行为是否违反了"禁止确立国教"条款，必须分析政府行为是否符合"莱蒙测试规则"的要求。联邦最高法院认为，波塔基特市政府在圣诞节期间出资陈列基督诞生像，只是为了庆祝圣诞节，并且向公众说明这一节日的来历，而且，市政府在出资陈列基督诞生像的过程中也没有与宗教组织有任何联系。因此，市政府的这一行为显然是出于"合法的世俗目的"，它既没有"推动宗教活动"，也没有使"政府过多地卷入宗教事务"，并不存在违反"禁止确立国教"条款的事实。⑦

马什案和林奇案判决表明，在政教分离问题上，联邦最高法院极力为美国社会传统和习惯中的宗教活动提供宪法支持，力图消解社会舆论对此前

① *Widmar v. Vincent*, 454 U. S. 263 (1981), 276.

② *Marsh v. Chambers*, 463 U. S. 783 (1983).

③ *Marsh v. Chambers*, 463 U. S. 783 (1983), 786.

④ *Marsh v. Chambers*, 463 U. S. 783 (1983), 792.

⑤ *Lynch v. Donnelly*, 465 U. S. 668 (1984).

⑥ *Lynch v. Donnelly*, 465 U. S. 668 (1984), 673.

⑦ *Lynch v. Donnelly*, 465 U. S. 668 (1984), 681, 684—685.

联邦最高法院强硬树立"分离之墙"的不满。

　　联邦最高法院在堕胎和宗教问题上的态度变化说明，联邦最高法院的大法官们"并非不受公共舆论变化的影响"，而是会在社会舆论的压力下，适时地作出某些调整。正如美国联邦最高法院现任大法官安东宁·斯卡利亚（Antonin Scalia）所说，如果把联邦最高法院看作是一个"持续不变的机构"，而不是一个"在某种程度上必须对社会作出反应"的部门，"这多少有点不切实际"。在斯卡利亚看来，大法官是从不断变动的社会中被挑选出来的，"不管大法官们怎样试图保持不偏不倚，他们的思想中也总是会带有各种社会态度的"。①

　　除了上述的各种外部因素外，联邦最高法院在司法审查中所遵循的原则，也在很大程度上保证了司法审查不会过度偏离民主机构的主流观念。在这些原则中，最重要的有两个。其一，有限的"遵循先例"（Stare Decisis）原则。作为一项普通法传统，"遵循先例"是指如果一项法律原则在某个案件中得到确立，在此后所有类似的案件中，该原则都应当被视为权威性的司法先例而得到遵循。②

　　虽然美国的法律制度源自于英国的普通法，"遵循先例"也是美国联邦最高法院在司法审查中所遵守的一项重要原则，但"遵循先例"原则在美国司法审查中的约束力并不十分严格，联邦最高法院完全可以根据社会的现实需要，推翻过时的司法先例。正如大法官路易斯·D. 布兰代斯所说，在某些涉及联邦宪法的案件中，"当完全不可能依靠立法行为来纠错时"，联邦最高法院"常常会推翻自己先前的判决"，尝试作出新的裁断。联邦最高法院相信，"那种在自然科学中行之有效的反复试验法（trial and error）"，"同样也适用于联邦最高法院司法功能的发挥"。③

　　据统计，从 1803 年到 2002 年，被联邦最高法院推翻的司法先例就达到了 220 项。④1954 年联邦最高法院在"布朗诉教育委员会案"中推翻"普

---

① David M. O'Brien, *Storm Center：The Supreme Court in American Politics*，p. 343.

② Thomas E. Patterson, *The American Democracy*，p. 449.

③ *Burnet v. Coronado Oil & Gas Co.*，285 U. S. 393 (1932)，406—408.

④ Johnny H. Killian, George A. Costello and Kenneth R. Thomas, eds., *The Constitution of the United States of America：Analysis and Interpretation*，pp. 2387—2399.

莱西诉弗格森案"先例，以及在 1962 年的"贝克诉卡尔案"中推翻"科尔格罗夫诉格林案"先例，都是典型的例子。"遵循先例"原则约束力的相对宽松，使得联邦最高法院能够在不同时期根据时代的要求，对社会的现实需求作出积极的回应，从而大大增强了与民选机构的主流观念保持一致的可能性。

其二，"回避政治问题"原则。如前所述，"回避政治问题"原则是指联邦最高法院应尽可能地回避涉及政治问题的案件，以避免与其他"政治机构"发生权力冲突，保持司法独立。这一原则在很大程度上降低了联邦最高法院与民选机构在敏感政治问题上出现意见分歧的可能性，尊重了民选机构的权力和政策选择。当然，在如何界定"政治问题"的含义方面，美国社会是存在不同认识的。但是，即使联邦最高法院介入了被很多人视为涉及"政治问题"的案件，它也总是极力规避就所谓的"政治问题"作出裁决。

例如，在 20 世纪 60 年代的议席分配案件中，联邦最高法院就反复强调，它并非是要迈入"政治棘丛"，而是要行使联邦宪法赋予它的保护公民平等权利的职责。在 2000 年的"布什诉戈尔案"判决中，联邦最高法院也没有就如何进行总统选举作出裁决，而只是从程序正义的角度出发，提出佛罗里达州最高法院一方面允许重新统计总统选举的选票，但另一方面又没有提出重新计票的实施标准，因此，在"当前的情形下"（the present circumstances），州最高法院的裁决不能保护公民的平等投票权，违反了第 14 条宪法修正案的"平等法律保护"条款。[1] 尽管联邦最高法院的这一判决，在事实上注定了艾伯特·戈尔在总统选举中的失败，但从判决本身而言，联邦最高法院并未违反"回避政治问题"原则。

司法审查是美国宪政体制的一个突出特征，正是凭借司法审查，联邦最高法院才真正成为美国权力分立与制衡机制中一个具有强大影响力的政府机构。尽管联邦最高法院的大法官不是由民选产生的，在司法审查的过程中，联邦最高法院也推翻了大量各级政府制定的法律及其施政行为的合宪性，但这并不能说明司法审查就是一种"反多数"的宪政机制。这是因为，大法官的选任程序是由联邦宪法明确规定的，提名、审议和任命大法官的也

---

[1] *Bush v. Gore*, 531 U. S. 98 (2000), 103, 109.

是民选的总统和联邦参议院。这就意味着，联邦最高法院的大法官一旦获得任命，他或她也就成为美国民主机制运作中的合法一员，联邦最高法院所拥有的司法权，以及根据联邦宪法的限权原则所行使的制衡其他政府机构的权力，不仅是合宪的，而且也是带有鲜明的民主色彩的。否则，就只能说明，由民选机构根据民主程序所作的慎重选择，本身却并不为民选机构及其所代表的人民所信任，这显然是一种悖论。

不仅如此，作为美国宪政制衡机制的重要组成部分，司法审查还可以在民选机构违宪施政时，有效地加以干预，从而弥补民主机制运作过程中不可避免会出现的偏差。虽然联邦宪法把保护公民权利和自由，"促进公共福利"作为美国立宪的根本目的，但实际上，联邦宪法所体现的核心宪政理念却是带有明显的"二元论"特点的，即联邦宪法同时包容了人民主权原则和基本法原则，前者强调人民的意志至上，后者则主张对民选机构的权力加以限制，使其不能背离公平正义等基本的宪政观念。① 这种貌似对立的宪政原则的并立说明，美国人并不打算"从二者中选择其中的任何一个，而是试图共享它们的长处"。②

联邦宪法所具有的这种内在的张力，使得民选政府的权力被严格限定在联邦宪法所划定的有限范围内，从而消解了美国立宪时期人们对民主的担忧。③ 在联邦宪法所确立的这种限权机制中，司法审查正是联邦最高法院对其他民选机构施加制衡的最重要的手段。它不仅可以有效地预防民主机制失控，将"多数人暴政"的危险降到最低，更为重要的是，司法审查也为个人尤其是少数人维护自己的宪法权利提供了一个合法的渠道，在很大程度上防止了美国社会出现非理性的过激行为。显然，从上述意义上讲，司法审查的正当性是不容置疑的。

亚历山大·汉密尔顿曾经说过，为了防止民选机构违背人民的意志，制定违宪的法律，"法院必须有宣布违反宪法明文规定的立法为无效之权"，

---

① Robert G. McCloskey, *The American Supreme Court*, p. 12.

② Robert G. McCloskey, *The American Supreme Court*, p. 22.

③ 美国学者查尔斯·梅利亚姆（Charles E. Merriam）在其所著的《美国政治学说史》中，详细阐述了亚历山大·汉密尔顿和约翰·亚当斯等人在美国立宪时期对民主的担忧，并且认为正是这种针对民主的"反动倾向"，直接推动了联邦宪法限权原则的确立。参见［美］查尔斯·梅利亚姆《美国政治学说史》，第51—75 页。

否则，"无异于说，代表的地位反高于所代表的主体，仆役反高于主人，人民的代表反高于人民本身"，但是，司法审查却"并无假定司法权高于立法权的含意"，而是"仅假定人民的权力实在二者之上"。① 美国联邦最高法院司法审查的发展历程清楚地表明，司法审查在制衡其他民选机构权力的同时，实际上也在不断地对民主制进行着完善，使民选政府的管理更能体现人民的意志。尽管在美国宪政的发展过程中，美国社会给予司法审查众多的批评，但不可否认的是，到目前为止，司法审查仍然是美国宪政体制中维护宪法至上和保护公民权利与自由的最重要的机制之一，其权威性是不可动摇的。

---

① ［美］汉密尔顿、杰伊、麦迪逊：《联邦党人文集》，第 392—393 页。

主要参考文献

一、英文档案文献

United States Reports：*Cases Adjudged in the Supreme Court*（Series of Publications）.

United States Statutes at Large（Series of Publications）.

Commager, Henry Steele, ed., *Documents of American History*, Vol. I — II, Englewood Cliffs：Prentice-Hall, Inc., 1973.

Congressional Research Service of the Library of Congress, *Inaugural Addresses of the Presidents of the United States：From George Washington 1789 to George Bush 1989*, Washington D. C.：U. S. Government Printing Office, 1989.

Elliot, Jonathan, ed., *The Debates in the Several State Conventions*, Vol. I — V, Philadelphia：J. B. Lippincott Company, 1891.

Farrand, Max, ed., *The Records of the Federal Convention of 1787*, Vol. I — III, New Haven：Yale University Press, 1911.

Jensen, Merrill, ed., *Tracts of the American Revolution*, *1763—1776*, Indianapolis：The Bobbs-Merrill Company, Inc., 1967.

Office of the Federal Register, ed., *Public Papers of the Presidents of the United States：Richard Nixon*, 1971 Volume, Washington, D. C.：United States Government Printing Office, 1972.

Office of the Federal Register, ed., *Public Papers of the Presidents of the United States: Richard Nixon*, 1972 Volume, Washington, D. C.: United States Government Printing Office, 1974.

Richardson, James D., ed., *A Compilation of the Messages and Papers of the Presidents*, Vol. 3, New York: Bureau of National Literature, Inc., 1897.

Rosenman, Samuel I., ed., *The Public Papers and Addresses of Franklin D. Roosevelt: The Constitution Prevails*, 1937 Volume, New York: The Macmillan Company, 1941.

Thorpe, Francis N., ed., *Federal and State Constitutions*, *Colonial Charters*, *and Other Organic Laws of the States*, *Territories*, *and Colonies Now or Heretofore Forming the United States of America*, Vol. 1—7, Washington D. C.: U. S. Government Printing Office, 1909.

二、英文工具书

Altman, Susan, et al. eds., *The Encyclopedia of African-American Heritage*, New York: Facts on File, Inc., 1997.

Barker, Lucius J. and Barker, Twiley W., Jr., *Civil Liberties and the Constitution: Cases and Commentaries*, Englewood Cliffs: Prentice-Hall, 1986.

Corwin, Edward S., ed., *The Constitution of the United States of America: Analysis and Interpretation*, Washington, D. C.: U. S. Government Printing Office, 1953.

Cushman, Robert F., *Leading Constitutional Decisions*, Englewood Cliffs: Prentice-Hall, Inc., 1987.

Friedman, Leon and Israel, Fred L., eds., *The Justices of the United States Supreme Court*, *1789—1978: Their Lives and Major Opinions*, Vol. III, New York: Chelsea House Publishers, 1980.

Greene, Jack P., ed., *Encyclopedia of American Political History*, Vol. I —III, New York: Charles Scribner's Son, 1984.

Hall, Kermit L., ed., *Major Problems in American Constitutional*

History: *Documents and Essays*, Vol. II, Lexington: D. C. Heath and Company, 1992.

Hall, Kermit L., et al., eds., *The Oxford Companion to the Supreme Court of the United States*, New York: Oxford University Press, Inc., 2005.

Hall, Kermit, Wiecek, William M., Finkelman, Paul, *American Legal History*: *Cases and Materials*, New York: Oxford University Press, 1991.

Johnson, John W., ed., *Historic U. S. Court Cases*: *An Encyclopedia*, New York: Routledge, 2001.

Killian, Johnny H., Costello, George A. and Thomas, Kenneth R., eds., *The Constitution of the United States of America*: *Analysis and Interpretation*, Washington D. C.: U. S. Government Printing Office, 2004.

Kutler, Stanley I., ed., *The Supreme Court and the Constitution*: *Readings in American Constitutional History*, New York: W. W. Norton & Company, 1984.

Kutler, Stanley I., et al., eds., *Dictionary of American History*, Vol. IV, New York: Charles Scribner's Sons, 2003.

Levy, Leonard W. and Karst, Kenneth L., eds., *Encyclopedia of the American Constitution*, New York: Macmillan Reference USA, 2000.

Paddock, Lisa, *Facts about the Supreme Court of the United States*, New York: The H. W. Wilson Company, 1996.

Schultz, David, ed., *Encyclopedia of the Supreme Court*, New York: Facts On File, Inc., 2005.

Witt, Elder, ed., *The Supreme Court A to Z*: *A Ready Reference Encyclopedia*, Washington D. C.: Congressional Quarterly Inc., 1993.

三、英文专著

Abraham, Henry and Perry, Barbara A., *Freedom and the Court*: *Civil Rights and Liberties in the United States*, Lawrence: University Press of Kansas, 2003.

Acheson, Patricia C., *The Supreme Court*: *America's Judicial Heritage*,

New York: Dodd, Mead & Company, 1961.

Alfange, Dean, *The Supreme Court and the National Will*, Garden City: Doubleday, Doran & company, Inc., 1937.

Bailyn, Bernard, et al., *The Great Republic: A History of the American People*, Vol. Ⅰ — Ⅱ, Lexington: D. C. Heath and Company, 1985.

Bailyn, Bernard, *The Ideological Origins of the American Revolution*, Cambridge: The Belknap Press, 1992.

Ball, Howard, *The Warren Court's Conceptions of Democracy: An Evaluation of the Supreme Court's Apportionment Opinions*, New Jersey: Associated University Press, Inc., 1971.

Barnum, David G., *The Supreme Court and American Democracy*, New York: St. Martin's Press, 1993.

Bartley, Numan V., *The Rise of Massive Resistance: Race and Politics in the South During the 1950's*, Baton Rouge: Louisiana State University Press, 1969.

Baum, Lawrence, *The Supreme Court*, Washington, D. C.: Congressional Quarterly Inc., 1998.

Beitzinger, A. J., *A History of American Political Thought*, New York: Harper & Row, Publishers, 1972.

Benson, Allan L., *The Usurped Power of the Courts*, New York: The Pearson publishing company, 1911.

Berger, Raoul, *Congress v. The Supreme Court*, Cambridge: Harvard University Press, 1969.

Berger, Raoul, *Government by Judiciary: The Transformation of the Fourteenth Amendment*, Cambridge: Harvard University Press, 1977.

Berger, Raoul, *The Fourteenth Amendment and the Bill of Rights*, Norman: University of Oklahoma Press, 1989.

Beveridge, Albert J., *The Life of John Marshall*, Vol. Ⅰ —Ⅳ, Boston: Houghton Mifflin Company, 1919.

Bickel, Alexander M., *The Least Dangerous Branch: The Supreme Court at the Bar of Politics*, Indianapolis: Bobbs-Merrill Educational Publishing, 1962.

Black, Charles L., *Structure and Relationship in Constitutional Law*, Baton Rouge: Louisiana State University Press, 1969.

Blum, John M., Catton, Bruce and Morgan, Edmund S., et al., *The National Experience: A History of the United States*, New York: Harcourt, Brace & World, Inc., 1963.

Boudin, Louis B., *Government by Judiciary*, Vol. 1—2, New York: William Godwin, Inc., 1932.

Brinkley, Alan, *The Unfinished Nation: A Concise History of the American People*, Boston: The McGraw-Hill Companies, Inc., 2000.

Burns, James M. et al., *Government by the People*, Englewood: Prentice Hall, Inc., 1975.

Burns, James M., Peltason, J. W., et al., *Government by the People*, Upper Saddle River: Prentice Hall, Inc., 1998.

Choper, Jesse H., *Judicial Review and the National Political Process: A Functional Reconsideration of the Role of the Supreme Court*, Chicago: University of Chicago Press, 1980.

Clark, Walter, *Government by Judges*, Washington, D. C.: Government Printing Office, 1914.

Claude, Richard, *The Supreme Court and the Electoral Process*, Baltimore: The Johns Hopkins Press, 1970.

Clinton, Robert L., *Marbury v. Madison and Judicial Review*, Lawrence: University Press of Kansas, 1989.

Commager, Henry S., *Majority Rule and Minority Rights*, New York: Oxford University Press, 1943.

Cooley, Thomas M., *A Treatise on the Constitutional Limitations Which Rest upon the Legislative Power of the States of the American Union*, Boston: Little, Brown and Company, 1868.

Cottrol, Robert J., et al., *Brown v. Board of Education: Caste, Culture, and the Constitution*, Lawrence: University Press of Kansas, 2003.

Cox, Archibald, *The Court and the Constitution*, Boston: Houghton Mifflin Company, 1987.

Cox, Archibald, *The Role of the Supreme Court in American Government*, New York: Oxford University Press, 1976.

Cox, Archibald, *The Warren Court: Constitutional Decision as an Instrument of Reform*, Cambridge: Harvard University Press, 1968.

Current, Richard N., Williams, T. Harry and Freidel, Frank, *American History: A Survey*, New York: Alfred A. Knopf, Inc., 1979.

Cushman, Robert E., *The Supreme Court and the Constitution*, Washington, D. C.: Public Affairs Committee, 1936.

Dargo, George, *Roots of the Republic: A New Perspective on Early American Constitutionalism*, New York: Praeger Publishers, Inc., 1974.

Dougherty, John H., *Power of Federal Judiciary over Legislation*, New York: G. P. Putnam's Sons, 1912;

Douglas, Davison M., ed., *School Busing: Constitutional and Political Developments*, *Vol.2*, *The Public Debate over Busing and Attempts to Restrict Its Use*, New York: Garland Publishing Inc., 1994.

Douglas, William O., *The Court Years 1939—1975: The Autobiography of William O. Douglas*, New York: Random House, 1980.

Ellis, Richard E., *The Jeffersonian Crisis: Courts and Politics in the Young Republic*, New York: Oxford University Press, 1971.

Ely, John Hart, *Democracy and Distrust: A Theory of Judicial Review*, Cambridge: Harvard University Press, 1980.

Farrand, Max, *The Framing of the Constitution of the United States*, New Haven: Yale University Press, 1913.

Foner, Eric, *The Story of American Freedom*, New York: W. W. Norton & Company, 1998.

Friedman, Lawrence M., *A History of American Law*, New York: Simon & Schuster, Inc., 1985.

Goebel, Julius, Jr., *History of the Supreme Court of the United States*, *Vol. I*, *Antecedents and Beginnings to 1801*, New York: Macmillan Publishing Co., Inc., 1971.

Haines, Charles G., *The American Doctrine of Judicial Supremacy*, Berkeley: University of California Press, 1932.

Hall, Kermit L., *The Magic Mirror: Law in American History*, New York: Oxford University Press, 1989.

Hall, Kermit L., *The Supreme Court and Judicial Review in American History*, Washington, D. C.: American Historical Association, 1985.

Hanson, Royce, *The Political Thicket: Reapportionment and Constitutional Democracy*, Englewood Cliffs: Prentice-Hall, 1966.

Harrington, Matthew P., *Jay and Ellsworth, The First Courts: Justices, Rulings, and Legacy*, Santa Barbara: ABC-CLIO, 2008.

Harris, Robert J., *The Quest for Equality: The Constitution, Congress, and the Supreme Court*, Baton Rouge: Louisiana State University Press, 1960.

Haskins, George Lee and Johnson, Herbert A., *History of the Supreme Court of the United States*, *Vol. II*, *Foundations of Power: John Marshall, 1801—1815*, New York: Macmillan Publishing Co., Inc., 1981.

Heathcock, Claude L., *The United States Constitution in Perspective*, Boston: Allyn and Bacon, Inc., 1968.

Hofstadter, Richard, *Social Darwinism in American Thought*, Boston: The Beacon Press, 1955.

Hofter, P. C., *Law and People in Colonial America*, Baltimore: Johns Hopkins University Press, 1992.

Holmes, Oliver W., *Collected Legal Papers*, New York: Harcourt, Brace and Company, 1920.

Horwitz, Morton J., *The Warren Court and Pursuit of Justice*, New York: Hill and Wang, 1998.

Huebner, Timothy S., *The Taney Court: Justices, Rulings, and Legacy*, Santa Barbara: ABC-CLIO, Inc., 2003.

Irons, Peter, *A People's History of the Supreme Court*, New York: Penguin Books, 1999.

Jackson, Robert H., *The Struggle for Judicial Supremacy: A Study of a Crisis in American Power Politics*, New York: Alfred A. Knopf, 1941.

Kahn, Ronald, *The Supreme Court and Constitutional Theory, 1953—1993*, Lawrence: University Press of Kansas, 1994.

Keck, Thomas M., *The Most Activist Supreme Court in History: The Road to Modern Judicial Conservatism*, Chicago: The University of Chicago Press, 2004.

Kelley, Robert, *The Shaping of the American Past*, Vol., Ⅱ, Englewood Cliffs: Prentice-Hall, Inc., 1990.

Kelly, Alfred H., Harbison, Winfred A. and Belz, Herman, *The American Constitution: Its Origins and Development*, Vol. Ⅰ—Ⅱ, New York: W. W. Norton & Company, Inc., 1991.

Kluger, Richard, *Simple Justice: The History of Brown v. Board of Education and Black America's Struggle for Equality*, New York: Alfred A. Knopf, Inc., 1980.

Knappman, Edward W., ed., *Great American Trials*, Detroit: Visible Ink Press, 1994.

Kramer, Larry D., *The People Themselves: Popular Constitutionalism and Judicial Review*, New York: Oxford University Press, 2004.

Lasser, William, *The Limits of Judicial Power: The Supreme Court in American Politics*, Chapel Hill: The University of North Carolina Press, 1988.

Levy, Leonard W., *Original Intent and the Framers' Constitution*, New York: Macmillan Publishing Co., 1988.

Lineberg, Robert L. et al., *Government in America: People, Politics and Policy*, New York: Harper Collins Publishers, Inc., 1991.

Lively, Donald E., *The Constitution and Race*, New York: Praeger Publishers, 1992.

Lofgren, Charles A., *The Plessy Case: A Legal-Historical Interpretation*,

New York: Oxford University Press, 1987.

Mason, Alpheus T., *The Supreme Court: From Taft to Burger*, Baton Rouge: Louisiana State University Press, 1979.

McCloskey, Robert G., *The American Supreme Court*, Chicago: The University of Chicago Press, 1960.

Miller, John C., *The Federalist Era: 1789—1801*, New York: Harper & Row, 1960.

Morison, Samuel Eliot, Commager, Henry Steele and Leuchtenbury, Williane E., *A Concise History of the American Republic*, New York: Oxford University Press, 1983.

Murphy, Paul L., *The Constitution in Crisis Times: 1918—1969*, New York: Harper & Row, Publishers, 1972.

Murphy, Walter F., *Elements of Judicial Strategy*, Chicago: University of Chicago Press, 1964.

Nelson, William E., *Marbury v. Madison: The Origins and Legacy of Judicial Review*, Lawrence: University Press of Kansas, 2000.

Newmyer, R. Kent, *John Marshall and the Heroic Age of the Supreme Court*, Baton Rouge: Louisiana State University Press, 2001.

Newmyer, R. Kent, *The Supreme Court under Marshall and Taney*, Wheeling: Harlan Davidson, Inc., 1968.

O'Brien, David M., *Storm Center: The Supreme Court in American Politics*, New York: W. W. Norton & Company, 2000.

Owen, Robert L., *Withdrawing Power from Federal Courts to Declare Acts of Congress Void*, Washington, D. C.: Government Printing Office, 1917.

Patterson, Thomas E., *The American Democracy*, Boston: McGraw-Hill, 2003.

Powe, Lucas A., Jr., *The Warren Court and American Politics*, Cambridge: The Belknap Press, 2000.

Pritchett, C. Herman, *Constitutional Civil Liberties*, Englewood Cliffs: Prentice-Hall, 1984.

Russell, Elmer Beecher, *The Review of American Colonial Legislation by the King in Council*, New York: Octagon Books, 1976.

Rutland, Robert A., *The Birth of the Bill of Rights*, *1776—1791*, Boston: Northeastern University Press, 1983.

Schmidt, Steffen W., Shelley, Mack C. and Bardes, Barbara A., *American Government and Politics Today*, Belmont: Thomson Learning, Inc., 2003.

Schwartz, Bernard and Lesher, Stephan, *Inside the Warren Court*, New York: Doubleday & Company, Inc., 1983.

Schwartz, Bernard, *Super Chief: Earl Warren and His Supreme Court—A Judicial Biography*, New York: New York University Press, 1983.

Schwartz, Bernard, *A History of the Supreme Court*, New York: Oxford University Press, 1993.

Schwartz, Bernard, *Main Currents in American Legal Thought*, Durham: Carolina Academic Press, 1993.

Simon, James E., *The Antagonists: Hugo Black, Felix Frankfurter and Civil Liberties in Modern America*, New York: Simon & Schuster Inc., 1989.

Snowiss, Sylvia, *Judicial Review and the Law of the Constitution*, New Haven: Yale University Press, 1990.

Sosin, J. M., *The Aristocracy of the Long Robe: The Origins of Judicial Review in America*, New York: Greenwood Press, 1989.

Squire, Peverill and Lindsay, James M., et al., *Dynamics of Democracy*, Boston: The McGraw-Hill Companies, Inc, 1997.

Storing, Herbert J., *What the Anti-Federalists Were For*, Chicago: The University of Chicago Press, 1981.

Story, Joseph, *Commentaries on the Constitution of the United States*, Boston: Hilliard, Gray, and Company, 1833.

Stuart, Charles B., *Power of the Supreme Court to Declare Acts of Congress Unconstitutional*, Washington, D. C.: Government Printing Office, 1917.

Swisher, Carl B., *History of the Supreme Court of the United States*, *Vol. V, The Taney Period, 1836—1864*, New York: Macmillan Publishing Co., Inc., 1974.

Tiedeman, Christopher G., *A Treatise on the Limitations of Police Power in the United States*, St. Louis: The F. H. Thomas Law Book Co., 1886.

Tushnet, Mark, *Taking the Constitution Away from the Courts*, Princeton: Princeton University Press, 1999.

Urofsky, Melvin I. and Finkelman, Paul, *A March of Liberty: A Constitutional History of the United States*, Vol. I — II, New York: Oxford University Press, 2002.

Vann Woodward, C., *The Strange Career of Jim Crow*, New York: Oxford University Press, 1957.

Walker, Samuel, *In Defense of American Liberties: A History of the ACLU*, New York: Oxford University Press, 1990.

Warren, Charles, *The Supreme Court in United States History*, Vol. I — II, Boston: Little, Brown, and Company, 1926.

Weisbrot, Robert, *Freedom Bound: A History of America's Civil Rights Movement*, New York: W. W. Norton & Company, 1990.

Welch, Susan et al., *American Government*, St. Paul: West Publishing Company, 1988.

Wharton, Francis, *State Trials of the United States during the Administrations of Washington and Adams*, Pennsylvania: Carey and Hart, 1849.

White, G. Edward, *The American Judicial Tradition: Profiles of Leading American Judges*, New York: Oxford University Press, 1976.

White, G. Edward, *The Constitution and the New Deal*, Cambridge: Harvard University Press, 2000.

Whittington, Keith E., *Constitutional Interpretation: Textual Meaning, Original Intent, and Judicial Review*, Lawrence: University Press of Kansas, 1999.

Whittington, Keith E., *Political Foundations of Judicial Supremacy: The Presidency, the Supreme Court, and Constitutional Leadership in U.S. History*, Princeton: Princeton University Press, 2007.

Wiecek, William M., *Liberty under Law: The Supreme Court in American Life*, Baltimore: The Johns Hopkins University Press, 1988.

Wilson, Woodrow, *Constitutional Government in the United States*, New York: Columbia University Press, 1961.

Wolfe, Christopher, *The Rise of Modern Judicial Review: From Constitutional Interpretation to Judge-Made Law*, New York: Basic Books, Inc., 1986.

Wolfe, Christopher, *Judicial Activism: Bulwark of Freedom or Precarious Security?*, Lanham: Rowman & Littlefield Publishers, Inc., 1997.

Wood, Gordon S., *The Creation of American Republic, 1776—1787*, Chapel Hill: The University of North Carolina Press, 1998.

Yarbrough, Tinsley E., *The Burger Court: Justices, Rulings, and Legacy*, Santa Barbara: ABC-CLIO, Inc., 2000.

Ziegler, Benjamin M., ed., *Desegregation and the Supreme Court*, Boston: D. C. Heath and Company, 1958.

四、英文论文

Alschuler, Albert W., "Fourth Amendment Remedies: The Current Understanding", in *The Bill of Rights: Original Meaning and Current Understanding*, Eugene W. Hickok, Jr. (ed.), Charlottesville: University Press of Virginia, 1991.

Amar, Akhil R., "Hugo Black and the Hall of Fame", *Alabama Law Review*, Vol. 53, No. 4, 2002.

Baum, Lawrence, "Supreme Court Activism and the Constitution", in *The Constitution and American Political Development: An Institutional Perspective*, Peter F. Nardulli (ed.), Urbana: University of Illinois Press, 1992.

Beaney, William M. and Beiser, Edward N., "Prayer and Politics:

The Impact of Engel and Schempp on the Political Process", in *The Impact of Supreme Court Decisions: Empirical Studies*, Theodore L. Becker and Malcolm M. Feeley (eds.), New York: Oxford University Press, 1973.

Beard, Charles A., "The Supreme Court: Usurper or Grantee?", *Political Science Quarterly*, Vol. 27, No. 1, 1912.

Bell, Derrick A., "Brown v. Board of Education and the Interest-Convergence Dilemma", *Harvard Law Review*, Vol. 93, No. 3, 1980.

Bernard, Burton C., "Avoidance of Constitutional Issues in the United States Supreme Court", *Michigan Law Review*, Vol. 50, No. 2, 1951.

Black, Barbara. A., "Massachusetts and the Judges: Judicial Independence in Perspective", in *The Judiciary in American Life*, Kermit L. Hall (ed.), New York: Garland Publishing, Inc., 1987.

Black, Charles L., Jr., "The Lawfulness of the Segregation Decisions", *The Yale Law Journal*, Vol. 69, No. 3, 1960.

Bork, Robert H., "Neutral Principles and Some First Amendment Problems", *Indiana Law Journal*, Vol. 47, No. 1, 1971.

Bork, Robert H., "Original Intent and the Constitution", *Humanities*, Vol. 7, Issue 1, 1986.

Boudin, Louis B., "Government by Judiciary", *Political Science Quarterly*, Vol. 26, No. 2, 1911.

Carter, Robert L., "The Warren Court and Desegregation", in *Race, Racism and American Law*, Derrick A. Bell (ed.), Boston: Little, Brown and Company, 1973.

Clark, A. Inglis, "The Supremacy of the Judiciary under the Constitution of the United States, and under the Constitution of the Commonwealth of Australia", *Harvard Law Review*, Vol. 17, No. 1, 1903.

Clark, Walter, "Back to the Constitution", *Virginia Law Review*, Vol. 3, No. 3, 1915.

Corwin, Edward S., "The Supreme Court and Unconstitutional Acts of Congress", *Michigan Law Review*, Vol. 4, No. 8, 1906.

Corwin, Edward S., "The Establishment of Judicial Review (I)", *Michigan Law Review*, Vol. 9, No. 2, 1910.

Corwin, Edward S., "Marbury v. Madison and the Doctrine of Judicial Review", *Michigan Law Review*, Vol. 12, No. 7, 1914.

Corwin, Edward S., "Constitution v. Constitutional Theory", *The American Political Science Review*, Vol. 19, No. 2, 1925.

Corwin, Edward S., "The 'Higher Law' Background of American Constitutional Law (I)", *Harvard Law Review*, Vol. 42, No. 2, 1928.

Corwin, Edward S., "The 'Higher Law' Background of American Constitutional Law (II)", *Harvard Law Review*, Vol. 42, No. 3, 1929.

Corwin, Edward S., "Congress's Power to Prohibit Commerce: A Crucial Constitutional Issue", *Cornell Law Quarterly*, Vol. 18, No. 4, 1933.

Corwin, Edward S., "The Passing of Dual Federalism", *Virginia Law Review*, Vol. 36, No. 1, 1950.

Dahl, Robert A., "Decision-Making in a Democracy: The Supreme Court as a National Policy-Maker", *Journal of Public Law*, Vol. 6, Issue 2, 1957.

Davis, Horace A., "Annulment of Legislation by the Supreme Court", *The American Political Science Review*, Vol. 7, No. 4, 1913.

Dodd, W. F., "The Growth of Judicial Power", *Political Science Quarterly*, Vol. 24, No. 2, 1909.

Dudziak, Mary L., "Desegregation as a Cold War Imperative", *Stanford Law Review*, Vol. 41, No. 1, 1988.

Edwards, Laura F., "The Civil War and Reconstruction", in *The Cambridge History of Law in America*, Vol. II, Michael Grossberg and Christopher Tomlins (eds.), New York: Cambridge University Press, 2008.

Elliott, Charles B., "The Legislatures and the Courts: The Power to Declare Statutes Unconstitutional", *Political Science Quarterly*, Vol. 5, No. 2, 1890.

Fairman, Charles, "Does the Fourteenth Amendment Incorporate the Bill of Rights? The Original Understanding", *Stanford Law Review*, Vol. 2, No. 1.

1949.

Friedman, Barry, "Mediated Popular Constitutionalism", *Michigan Law Review*, Vol. 101, No. 8, 2003.

Glazer, Nathan, "Towards an Imperial Judiciary?", *The Public Interest*, Vol. 41, 1975.

Graber, Mark A., "Constitutional Politics and Constitutional Theory: A Misunderstood and Neglected Relationship", *Law & Social Inquiry*, Vol. 27, No. 2, 2002.

Grey, Thomas C., "Origins of the Unwritten Constitution: Fundamental Law in American Revolutionary Thought", *Stanford Law Review*, Vol. 30, No. 5, 1978.

Harper, Fowler V. and Etherington, Edwin D., "What The Supreme Court Did Not Do during the 1950 Term", *University of Pennsylvania Law Review*, Vol. 100, No. 3, 1951.

Howard, Benjamin C. "A Report of the Decision of the Supreme Court of the United States, and the Opinions of the Judges Thereof, in the Case of Dred Scott versus John F. A. Sanford", *The North American Review*, Vol. 85, No. 177, 1857.

Hughes, Charles E., "Speech Before the Elmira Chamber of Commerce, May 3, 1907", in *Addresses and Papers of Charles Evans Hughes, Governor of New York, 1906—1908*, Charles E. Hughes, New York: G. P. Putnam's Sons, 1908.

Johnston, Alexander, "The First Century of the Constitution", *The New Princeton Review*, Vol. 4, No. 5, 1887.

Kahn, Ronald, "God Save Us from the Coercion Test: Constitutive Decisionmaking, Polity Principals, and Religious Freedom", *Case Western Reserve Law Review*, Vol. 43, Issue 3, 1992.

Kamisar, Yale, "The Right to Be Informed of Legal Rights: The Miranda Warnings", in *The Supreme Court and Human Rights*, Burke Marshall (ed.), Washington D. C.: United States International Communication Agency, 1982.

Kamisar, Yale, "The Warren Court and Criminal Justice", in *The Warren Court: A Retrospective*, Bernard Schwartz (ed.), New York: Oxford University Press, 1996.

Klarman, Michael J., "How Great were the 'Great' Marshall Court Decisions?", *Virginia Law Review*, Vol. 87, No. 6, 2001.

Kramer, Larry D., "We the Court", *Harvard Law Review*, Vol. 115, No. 1, 2001.

Lewis, Anthony, "Earl Warren", in *The Warren Court: A Critical Analysis*, Richard Sailor, Barry B. Boyer and Richard E. Goading, Jr. (eds.), New York: Chelsea House, 1969.

Lewis, Anthony, "Historic Change in the Supreme Court", in *The Supreme Court under Earl Warren*, Leonard Levy (ed.), New York: Quadrangle Books, 1972.

Lurton, Horace H., "A Government of Law or a Government of Men?", *The North American Review*, Vol. 193, No. 662, 1911.

Lutz, Donald S., "The Relative Influence of European Writers on Late Eighteenth-Century American Political Thought", *The American Political Science Review*, Vol. 78, No. 1, 1984.

Mace, George, "The Antidemocratic Character of Judicial Review", *California Law Review*, Vol. 60, No. 4, 1972.

McClain, Emlin, "Written and Unwritten Constitutions in the United States", *Columbia Law Review*, Vol. 6, No. 2, 1906.

Meese, Edwin III, "Speech by Attorney General Edwin Meese III before the American Bar Association, July 9, 1985", in *The Great Debate: Interpreting Our Written Constitution*, Edwin Meese III, et al., Washington, D. C.: Federalist Society, 1986.

Melvin, Frank E., "The Judicial Bulwark of the Constitution", *The American Political Science Review*, Vol. 8, No. 2, 1914.

Mendelson, Wallace, "The Influence of James B. Thayer upon the Work of Holmes, Brandeis, and Frankfurter", *Vanderbilt Law Review*, Vol. 31, 1978.

Murphy, Walter F., "Constitutional Interpretation: The Art of the Historian, Magician, or Statesman?", *The Yale Law Journal*, Vol. 87, No. 8, 1978.

Murphy, Walter F., "The Art of Constitutional Interpretation", in *Essays on the Constitution of the United States*, M. Judd Harmon (ed.), Port Washington: Kennikat Press, 1978.

Patteson, Camm, "The Judicial Usurpation of Power", *The Virginia Law Register*, Vol. 10, No. 10, 1905.

Plucknett, Theodore F. T., "Bonham's Case and Judicial Review", *Harvard Law Review*, Vol. 40, No. 1, 1926.

Prakash, Saikrishna B. and Yoo, John C., "The Origins of Judicial Review", *The University of Chicago Law Review*, Vol. 70, No. 3, 2003.

Reeder, Robert P., "Constitutional and Extra-Constitutional Restraints", *University of Pennsylvania Law Review*, Vol. 61, No. 7, 1913.

Rodgers, H. B., "A Profile of the American City", in *The United States: A Companion to American Studies*, Dennis Sydney Reginald Welland (ed.), London: Methuen & Co. Ltd., 1974.

Rostow, Eugene V., "The Democratic Character of Judicial Review", *Harvard Law Review*, Vol. 66, No. 2, 1952.

Schauer, Frederick, "Judicial Review of the Devices of Democracy", *Columbia Law Review*, Vol. 94, No. 4, 1994.

Schlesinger, Arthur Meier, "Colonial Appeals to the Privy Council (II)", *Political Science Quarterly*, Vol. 28, No.3, 1913.

Schmidt, Christopher W., "Postwar Liberalism and the Origins of Brown v. Board of Education", Doctoral Dissertation, Harvard University, 2004.

Scott, Austin, : "Holmes vs. Walton: The New Jersey Precedent", *The American Historical Review*, Vol. 4, No. 3, 1899.

Shapiro, Martin, "The Constitution and Economic Rights", in *Essays on the Constitution of the United States*, M. Judd Harmon (ed.), Port Washington: Kennikat Press, 1978.

Shapiro, Martin, "The Supreme Court: From Warren to Burger", in *The New American Political System*, Anthony King (ed.), Washington D.C.: American Enterprise Institute, 1978.

Smith, James Morton, "The Sedition Law, Free Speech, and the American Political Process", *The William and Mary Quarterly*, Vol. 9, No. 4, 1952.

Smith, James Morton, "President John Adams, Thomas Cooper, and Sedition: A Case Study in Suppression", *The Mississippi Valley Historical Review*, Vol. 42, No. 3, 1955.

Smith, Joseph H., "An Independent Judiciary: The Colonial Background", in *The Judiciary in American Life*, Kermit L. Hall (ed.), New York: Garland Publishing, Inc., 1987.

Thayer, James B., "The Origin and Scope of the American Doctrine of Constitutional Law", *Harvard Law Review*, Vol. 7, No. 3, 1893.

Treanor, William M., "Judicial Review before 'Marbury'", *Stanford Law Review*, Vol. 58, No. 2, 2005.

Trickett, William, "The Great Usurpation", *American Law Review*, Vol. 40, 1906.

Van Alstyne, William W., "A Critical Guide to Marbury v. Madison", *Duke Law Journal*, Vol. 1969, No. 1, 1969.

Wechsler, Herbert, "Toward Neutral Principles of Constitutional Law", *Harvard Law Review*, Vol. 73, No. 1, 1959.

White, G. Edward, "The Constitutional Journey of 'Marbury v. Madison'", *Virginia Law Review*, Vol. 89, No. 6, 2003.

Yoo, John, "Jefferson and Executive Power", *Boston University Law Review*, Vol. 88, 2008.

五、中文译著

[美] E. 博登海默:《法理学:法律哲学与法律方法》,邓正来译,中国政法大学出版社 1999 年版。

[美] J. 布卢姆等:《美国的历程》(上下册),杨国标、张儒林译,商务印书馆 1995 年版。

北京大学法学院司法研究中心编:《宪法的精神——美国联邦最高法院200 年经典判例选读》,邓海平等译,中国方正出版社 2003 年版。

[美] 伯纳德·施瓦茨:《美国法律史》,王军、洪德、杨静辉译,潘华仿校,中国政法大学出版社 1990 年版。

[美] 伯纳德·施瓦茨:《美国最高法院史》,毕洪海、柯翀、石明磊译,中国政法大学出版社 2005 年版。

[美] 查尔斯·梅里亚姆:《美国政治学说史》,朱曾汶译,商务印书馆1988 年版。

[美] 戴维·M. 奥布赖恩:《风暴眼——美国政治中的最高法院》,胡晓进译,任东来校,上海人民出版社 2010 年版。

邓冰、苏益群编译:《大法官的智慧——美国联邦法院经典案例选》,法律出版社 2004 年版。

[美] 菲利普·方纳编:《杰斐逊文选》,王华译,商务印书馆 1963年版。

[美] 汉密尔顿、杰伊、麦迪逊:《联邦党人文集》,程逢如、在汉、舒逊译,商务印书馆 1995 年版。

[美] 亨利·J. 亚伯拉罕:《法官与总统——一部任命最高法院法官的政治史》,刘泰星译,姚诗夏、朱启明校,商务印书馆 1990 年版。

[美] 亨利·S. 康马杰:《美国精神》,杨静予等译,南木校,光明日报出版社 1988 年版。

[美] 华盛顿:《华盛顿选集》,聂崇信、吕德本、熊希龄译,商务印书馆 1983 年版。

[美] 杰弗里·罗森:《最民主的部门:美国最高法院的贡献》,胡晓进译,任东来校,中国政法大学出版社 2013 年版。

[美] 杰弗瑞·A. 西格尔、哈罗德·J. 斯皮斯和莎拉·C. 蓓娜莎:《美国司法体系中的最高法院》,刘哲玮、杨微波译,北京大学出版社 2011年版。

[美] 凯斯·R. 桑斯坦:《就事论事——美国最高法院的司法最低限度主

义》，泮伟江、周武译，北京大学出版社 2007 年版。

[美] 克里斯托弗·沃尔夫：《司法能动主义——自由的保障还是安全的威胁?》，黄金荣译，中国政法大学出版社 2004 年版。

[美] 肯尼斯·W. 汤普森编：《宪法的政治理论》，张志铭译，生活·读书·新知三联书店 1997 年版。

[美] 劳伦斯·却伯：《看不见的宪法》，田雷译，法律出版社 2011 年版。

[法] 勒内·达维德：《当代主要法律体系》，漆竹生译，上海译文出版社 1984 年版。

[美] 罗伯特·麦克洛斯基：《美国最高法院》，任东来、孙雯、胡晓进译，任东来、陈伟校，中国政法大学出版社 2005 年版。

[美] 梅利尔·D. 彼得森编：《杰斐逊集》（上下卷），刘祚昌、邓红风译，三联书店 1993 年版。

[美] H. W. 佩里：《择案而审——美国最高法院案件受理议程表的形成》，傅郁林、韩玉婷、高娜译，中国政法大学出版社 2010 年版。

[美] 乔治·H. 萨拜因：《政治学说史》（上下册），刘山等译，南木校，商务印书馆 1990 年版。

[美] 塞缪尔·埃利奥特·莫里森等：《美利坚合众国的成长》（上），南开大学历史系美国史教研室译，纪琨校，天津人民出版社 1980 年版。

[美] 斯坦利·I. 库特勒编：《最高法院与宪法——美国宪法史上重要判例选读》，朱曾汶、林铮译，商务印书馆 2006 年版。

[法] 托克维尔：《论美国的民主》（上下卷），董果良译，商务印书馆 1997 年版。

[英] 托马斯·霍布斯：《利维坦》，黎思复、黎廷弼译，商务印书馆 1985 年版。

[美] 托马斯·杰斐逊：《杰斐逊选集》，朱曾汶译，商务印书馆 1999 年版。

[英] 威廉·布莱克斯通：《英国法释义》（第一卷），游云庭、缪苗译，上海人民出版社 2006 年版。

[美] 西尔维亚·斯诺维斯：《司法审查与宪法》，谌洪果译，北京大学出版社 2005 年版。

[古罗马] 西塞罗：《国家篇　法律篇》，沈叔平、苏力译，商务印书馆1999 年版。

[古希腊] 亚里士多德：《尼各马科伦理学》，苗力田译，中国社会科学出版社 1990 年版。

[古希腊] 亚里士多德：《政治学》，吴寿彭译，商务印书馆 1965 年版。

[美] 亚历山大·M. 比克尔：《最小危险部门——政治法庭上的最高法院》，姚中秋译，北京大学出版社 2007 年版。

[美] 约翰·霍普·富兰克林：《美国黑人史》，张冰姿、何田、段志诚、宋以敏译，宋以敏、张冰姿校，商务印书馆 1988 年版。

[英] 约翰·洛克：《政府论》（下篇），叶启芳、瞿菊农译，商务印书馆1982 年版。

六、中文专著

曹德谦：《美国政治制度史》，甘肃人民出版社 1982 年版。

范进学：《美国司法审查制度》，中国政法大学出版社 2010 年版。

范进学：《美国宪法解释方法论》，法律出版社 2010 年版。

龚祥瑞：《比较宪法与行政法》，法律出版社 1985 年版。

胡锦光主编：《违宪审查比较研究》，中国人民大学出版社 2006 年版。

李昌道：《美国宪法史稿》，法律出版社 1986 年版。

任东来、陈伟、白雪峰等：《美国宪政历程：影响美国的 25 个司法大案》，中国法制出版社 2004 年版。

任东来、胡晓进、白雪峰、翟艳芳：《在宪政的舞台上——美国最高法院的历史轨迹》，中国法制出版社 2007 年版。

沈宗灵：《美国政治制度》，商务印书馆 1980 年版。

王希：《原则与妥协：美国宪法的精神与实践》，北京大学出版社 2000年版。

张定河：《美国政治制度的起源与演变》，中国社会科学出版社 1998年版。

张千帆、包万超、王卫明：《司法审查制度比较研究》，译林出版社 2012年版。

张千帆：《西方宪政体系》（上册·美国宪法），中国政法大学出版社 2004 年版。

七、中文论文

白雪峰：《论 19 世纪末 20 世纪初美国联邦最高法院的"司法达尔文主义"》，《清华法治论衡》2004 年第 4 辑。

白雪峰：《论美国法形成的历史轨迹》，《史学月刊》2001 年第 3 期。

白雪峰：《论美国司法独立的确立》，《美国研究》2000 年第 3 期。

白雪峰：《美国联邦最高法院与〈权利法案〉联邦化》，《文史哲》2012 年第 1 期。

白雪峰：《美国沃伦法院述评》，《南京大学学报》（哲社版）2005 年第 4 期。

白雪峰：《上帝与权利之间的艰难选择：从"恩格尔诉瓦伊塔尔案"看美国宪政》，《甘肃社会科学》2005 年第 4 期。

白雪峰：《司法自由主义与沃伦法院研究》，博士学位论文，南京大学，2001 年。

白雪峰：《沃伦法院与美国议席分配制度改革》，《世界历史》2001 年第 3 期。

薄瑾：《美国司法审查制度研究》，硕士学位论文，辽宁大学，2012 年。

曾初云：《美国司法能动主义述评》，《河北理工大学学报》（社会科学版）2006 年第 3 期。

程汉大：《司法克制、能动与民主——美国司法审查理论与实践透析》，《清华法学》2010 年第 6 期。

崔雪丽：《美国宪法解释研究》，博士学位论文，山东大学，2011 年。

冯静：《美国司法积极主义哲学论》，博士学位论文，上海交通大学，2012 年。

顾寅跃：《1937 年"宪法革命"与美国最高法院的转变》，硕士学位论文，华东政法大学，2011 年。

郭巧华：《美国司法审查制度的渊源及其确立》，《史学月刊》2008 年第 9 期。

韩大元：《美国司法审查制度在政治生活中的作用》，《法学评论》1985

年第 3 期。

何海波：《多数主义的法院：美国联邦最高法院司法审查的性质》，《清华法学》2009 年第 6 期。

侯学宾、刘哲：《美国宪法解释中原旨主义的内在困境》，《法律方法》2009 年第 8 卷。

侯学宾：《美国宪法解释中的原旨主义——一种学术史的考察》，《法制与社会发展》2008 年第 5 期。

胡晓进、任东来：《保守理念与美国联邦最高法院——以 1889—1937 年的联邦最高法院为中心》，《美国研究》2003 年第 2 期。

胡晓进：《美国伦奎斯特法院保守性初探——以联邦主义问题的相关判决为中心》，《南京大学学报》（哲学·人文科学·社会科学）2004 年第 3 期。

黄先雄：《司法谦抑论——以美国司法审查为中心》，博士学位论文，湘潭大学，2007 年。

黄正东：《美国司法审查权的历史与现状》，《社会科学》1984 年第 8 期。

江振春：《美国联邦最高法院裁决中的自然法解释》，《美国研究》2011 年第 2 期。

雷安军：《美国司法审查理论基础：自然法和制衡分权学说》，《江苏警官学院学报》2008 年第 5 期。

雷安军：《美国现代司法审查的兴起》，《北方法学》2011 年第 6 期。

李桂林：《司法能动主义及其实行条件——基于美国司法能动主义的考察》，《华东政法大学学报》2010 年第 1 期。

李琦：《司法审查正当性论争之辨析》，《法律科学》（西北政法大学学报）2012 年第 6 期。

李强：《美国联邦最高法院与司法审查》，硕士学位论文，山东大学，2007 年。

李毅：《美国联邦最高法院的司法审查权》，《法学杂志》1999 年第 1 期。

刘昂：《试论美国司法审查制度的现代化嬗变——从沃伦大法官典型判例展开》，硕士学位论文，西南政法大学，2009 年。

刘冰净：《论美国的司法能动主义——以联邦最高法院司法的实践为视角》，硕士学位论文，华中师范大学，2012 年。

刘大生：《美国司法审查制度是如何产生的——对一种流行说法的质疑》，《江苏行政学院学报》2006年第6期。

刘佳：《浅析美国的司法能动主义》，硕士学位论文，山东大学，2012年。

刘连泰：《自然法理论在宪法解释中的运用——以对美国宪法的解释为例》，《浙江社会科学》2009年第9期。

刘练军：《论司法自制——以美国案例为材料》，《中国矿业大学学报》（社会科学版）2007年第1期。

刘练军：《司法审查之思想源流与制度预设——论美国制宪会议有关司法审查的辩论》，《厦门大学法律评论》2007年6月第13辑。

马洪伦：《论美国宪法原意主义方法论之争——20世纪70—80年代》，博士学位论文，山东大学，2012年。

马洪伦：《美国宪法解释理论中的原旨主义和实用主义》，《云南大学学报·法学版》2011年第2期。

庞凌：《论司法审查的正当性基础》，博士学位论文，苏州大学，2008年。

钱福臣：《美国司法审查制度介评》，《学术交流》1997年第5期。

饶志静：《原旨主义与美国宪法解释理论的论争》，《广西政法管理干部学院学报》2008年第1期。

任东来、白雪峰：《当自由遇到"生命"的时候》，《法学家茶座》2005年第9辑。

任东来：《美国宪法的英国普通法传统》，《美国研究》2002年第4期。

任东来：《试论美国最高法院与司法审查》，《美国研究》2007年第2期。

桑东辉：《从堕胎权之争看美国宪政及美国社会——以"罗伊诉韦德案"为例》，《中华女子学院学报》2005年第5期。

施嵩：《美国司法能动主义评析》，《云南大学学报》2010年第2期。

施嵩：《美国宪法解释的原意主义研究》，博士学位论文，山东大学，2010年。

施嵩：《美国宪法解释理论与实践中的原意主义——基于美国宪政历程的考察》，《法律方法》2009年第9卷。

舒扬：《略论美国的违宪审查权》，《重庆师范学院学报》（哲学社会科学版）1987年第1期。

隋永舜：《美国最高法院与种族隔离制度的演变》，《山东师范大学学报》（人文社会科学版）2002 年第 3 期。

孙谦：《美国司法审查制度评介》，《河北法学》1984 年第 1 期。

汪新胜：《美国司法审查制度研究》，硕士学位论文，武汉大学，2005 年。

王春鹏：《论美国宪法解释中的原意主义》，硕士学位论文，山东大学，2008 年。

王卉：《论美国司法积极主义》，硕士学位论文，山东大学，2011 年。

王庆珍：《以司法权制衡行政权——美国司法审查制的启示》，《学术界》1997 年第 1 期。

王韶迦：《第四脚注与美国司法审查制度——卡罗琳产品案的历史分析》，硕士学位论文，华东政法大学，2008 年。

徐炳：《美国司法审查制度的起源——马伯里诉麦迪逊案述评》，《外国法译评》1995 年第 1 期。

杨建军：《美国司法能动的历史发展》，《浙江工商大学学报》2010 年第 4 期。

张定河：《美国的司法审查制度》，《山东师范大学学报》（社会科学版）1991 年第 2 期。

张静文：《美国司法审查制度的起源》，硕士学位论文，华东政法大学，2011 年。

张锐智：《司法审查权是实现美国分权制衡政治的可靠保证——西方政体可借鉴性思考之一》，《辽宁大学学报》1988 年第 6 期。

张翔：《美国宪法解释理论中的原旨主义》，《山东社会科学》2005 年第 7 期。

张毅：《最高法院与美国宪法的发展》，《美国研究》1987 年第 4 期。

赵衡：《美国司法审查制度成因初析》，硕士学位论文，苏州大学，2003 年。

周永坤：《违宪审查的民主正当性问题》，《法制与社会发展》2007 年第 4 期。

朱仁华：《美国违宪审查的历史探渊》，《环球法律评论》2007 年第 5 期。

朱苏力：《制度是如何形成的？——关于马歇尔诉麦迪逊案的故事》，《比较法研究》1998 年第 1 期。

中英文案例索引

A

B

J

K

N

P

Q

S

中英文主题索引

A

C

D

H

J

L

N

R

S

T

W

X

Y

Z

后　记

　　本书是我承担的国家社科基金项目"美国司法审查制度的起源与实践"（项目批准号：06CSS007）的结项成果，也是多年来我对美国联邦最高法院和司法审查制度进行研究的一些心得。

　　在美国的宪政体制中，联邦最高法院是权力分立与制衡机制中的重要一环，这主要得益于它所拥有的司法审查权。凭借这一权力，联邦最高法院可以在具体的案件审判中，通过对联邦宪法的权威解释，审查联邦、州与地方政府的法律和施政行为的合宪性。司法审查不仅使联邦最高法院得以在美国的宪政体制中发挥极为重要的制衡作用，而且也使联邦最高法院深深地卷入了美国的社会政治生活。在美国宪政史中，联邦最高法院所作的诸多案件判决都成为美国人争论不休的话题，它也因此被称为美国社会政治的"风暴中心"。正是基于这个原因，自19世纪初联邦最高法院确立司法审查制度以来，美国政界、学术界就对该制度进行了持续和深入的研究，各种观点层出不穷，研究成果蔚为大观。可以说，透过对联邦最高法院和司法审查制度的研究，能够更全面地认识美国的宪政设计，更深入地理解美国宪政体制的运作机制。

　　我对美国联邦最高法院和司法审查制度的兴趣始于多年前攻读硕士和博士学位期间。在这一过程中，我的两位导师张定河教授和李庆余教授都给予了我巨大的帮助。我清楚地记得，为了完成张定河教授布置的外文原著阅读和翻译作业，曾经有一个学期我几乎整天都在研读詹姆斯·M. 伯恩斯（James M. Burns）等人撰写的英文版的《民治政府》（*Government by the*

People）一书。正是那段时间的研读和张老师不断的释疑解惑，才使我认识到联邦最高法院对美国宪政运作的深刻影响，也开始萌生了研究美国联邦最高法院和司法审查制度的冲动。在跟随李庆余教授攻读博士学位时，李老师鼓励我在硕士学位论文《论美国司法独立的确立》的基础上，对美国联邦最高法院和司法审查制度做更深入的研究，并指导我完成了博士学位论文《司法自由主义与沃伦法院研究》。时至今日，两位可敬的导师在校园、书房和电话中对我的教诲还历历在目，这不仅令我深怀感恩，而且更让我获得了在学术上不断进步的动力。可以说，硕士和博士阶段的学习和研究，在很大程度上提升了我对美国联邦最高法院和司法审查制度的认识，也为我后续的研究和本书的写作奠定了基础。

本课题研究和本书的出版，也受惠于其他各方的帮助和支持。2008 年初，我曾到美国得克萨斯大学奥斯汀分校法学院的贾梅尔法学研究中心（Jamail Center for Legal Research）做访问学者。该中心负责公共事务的乔纳森·普拉特（Jonathan Pratter）先生对我的研究工作给予了巨大的支持，他不仅主动为我安排了独立的办公室，而且也在图书借阅、电子资源利用等方面提供了诸多便利。法学院的小卢卡斯·A. 鲍威（Lucas A. Powe, Jr.）教授是美国宪法学和联邦最高法院史研究领域中的著名学者，在我做访问学者期间，我曾多次围绕课题研究中遇到的问题向鲍威教授请教，并聆听了鲍威教授主讲的"美国宪法"（Constitutional Law）课程。这些交流和学习澄清了我在课题研究中遇到的一些疑惑，也给了我许多思考问题的灵感，使我在后续的研究中受益匪浅。

在本书的研究和成稿过程中，部分研究成果曾以学术论文和著作章节的形式先期发表和出版，期间得到了诸多学界同仁的指正，这对我开阔研究思路、深化课题研究都大有裨益。

本书所用的资料，除大部分来自于我个人的收集外，还有一些资料是学界同仁、同学和朋友从多渠道为我提供的，这种学术友谊始终让我心存感激，成为我学术研究的重要支撑。

本书的出版得到了我所在的山东大学历史文化学院的大力支持。学院在经费紧张的情况下，仍然坚持学术发展为要，立项出版"山东大学历史学书系"，并多方筹措资金资助出版。本书有幸成为"书系"中的一本，得到了学院的出版资助，在此深表感谢。

本书的出版也是与家人的鼓励和支持分不开的。为了让我安心研究，我的夫人黄虹女士在工作之余承担了繁重的家务，从无怨言。同时，黄虹还利用她娴熟的图书馆学知识，从数据库中为我收集了许多珍贵的美国政府档案文献。我的儿子白阳也乖巧懂事，关心体贴。夫人和儿子的理解和支持，既是我人生的幸运，也是我完成本课题和出版本书的强大动力。在本书的写作过程中，我的父母也给予了我莫大的鼓励。虽然父母都已年迈，但他们仍然一如既往地支持我的学术研究。在每次的电话中，他们说得最多的是要我保重身体，好好工作，不要挂念他们。我远在外地，教学和科研任务繁重，不能经常回家看望父母，我的两位姐姐默默地承担起照顾父母的责任，缓解了我研究中的后顾之忧。每念及此，对亲人们的感激和感动总是难以言表。

最后，还要感谢人民出版社的王萍女士。在本书出版立项和编辑过程中，王萍女士给予了我无私的帮助，付出了巨大的辛苦。王萍女士所表现出的严谨细致和高度负责的态度令人钦佩，特此感谢。

白雪峰

2015 年 7 月谨识于山东大学知新楼

责任编辑:宫 共
封面设计:肖 辉

图书在版编目(CIP)数据

美国司法审查制度的起源与实践/白雪峰 著. -北京:人民出版社,2015.8
ISBN 978-7-01-015110-6

Ⅰ.①美… Ⅱ.①白… Ⅲ.①司法监督-研究-美国 Ⅳ.①D971.26

中国版本图书馆 CIP 数据核字(2015)第 176444 号

美国司法审查制度的起源与实践
MEIGUO SIFA SHENCHA ZHIDU DE QIYUAN YU SHIJIAN

白雪峰 著

人民出版社 出版发行
(100706 北京市东城区隆福寺街 99 号)

环球印刷(北京)有限公司印刷 新华书店经销

2015 年 8 月第 1 版 2015 年 8 月北京第 1 次印刷
开本:710 毫米×1000 毫米 1/16 印张:30.25
字数:480 千字

ISBN 978-7-01-015110-6 定价:75.00 元

邮购地址 100706 北京市东城区隆福寺街 99 号
人民东方图书销售中心 电话 (010)65250042 65289539